全国法律专业学位研究生教育指导委员会秘书处推荐教材

总主编 曾宪义 王利明

21世纪法学系列教材

经济法学原理与案例教程

（第三版）

徐孟洲 著

中国人民大学出版社

·北京·

编审委员会

总　序

曾憲義

在人类文明与文化的发展中，中华民族曾作出过伟大的贡献，不仅最早开启了世界东方文明的大门，而且对人类法治、法学及法学教育的生成与发展进行了积极的探索与光辉的实践。

在我们祖先生存繁衍的土地上，自从摆脱动物生活、开始用双手去进行创造性的劳动、用人类特有的灵性去思考以后，我们人类在不断改造客观世界、创造辉煌的物质文明的同时，也在不断地探索人类的主观世界，逐渐形成了哲学思想、伦理道德、宗教信仰、风俗习惯等一系列维系道德人心、维持一定社会秩序的精神规范，更创造了博大精深、义理精微的法律制度。应该说，在人类所创造的诸种精神文化成果中，法律制度是一种极为奇特的社会现象。因为作为一项人类的精神成果，法律制度往往集中而突出地反映了人类在认识自身、调节社会、谋求发展的各个重要进程中的思想和行动。法律是现实社会的调节器，是人民权利的保障书，是通过国家的强制力来确认人的不同社会地位的有力杠杆，它来源于现实生活，而且真实地反映现实的要求。因而透过一个国家、一个民族、一个时代的法律制度，我们可以清楚地观察到当时人们关于人、社会、人与人的关系、社会组织以及哲学、宗教等诸多方面的思想与观点。同时，法律是一种具有国家强制力、约束力的社会规范，它以一种最明确的方式，对当时社会成员的言论或行动作出规范与要求，因而也清楚地反映了人类在各个历史发展阶段中对于不同的人所作出的种种具体要求和限制。因此，从法律制度的发展变迁中，同样可以看到人类自身不断发展、不断完善的历史轨迹。人类社会几千年的国家文明发展历史已经无可争辩地证明，法律制度乃是维系社会、调整各种社会关系、保持社会稳定的重要的工具。同时，法律制度的不断完善，也是人类社会文明进步的显著体现。

由于发展路径的不同、文化背景的差异，东方社会与西方世界对于法律的意义、底蕴的理解、阐释存有很大的差异，但是，在各自的发展过程中，都曾比较注重法律的制定与完善。中国古代虽然被看成是“礼治”的社会、“人治”的世界，被认为是“只有刑，没有法”的时代，但从《法经》到《唐律疏议》、《大清律例》等数十部优秀成文法典的存在，充分说明了成文制定法在中国古代社会中的突出地位，唯这些成文法制所体现出的精神旨趣与现代法律文明有较大不同而已。时至20世纪初叶，随着西风东渐、东西文化交流加快，中国社会开始由古代的、传统的社会体制向近现代文明过渡，建立健全的、符合现代理性精神的法律文明体系方成为现代社会的共识。正因为如此，近代以来的数百年间，在西方、东方各主要国家里，伴随着社会变革的潮起潮落，法律改革运动也一直呈方兴未艾之势。

从历史上看，法律的文明、进步，取决于诸多的社会因素。东西方法律发展的历史均充分证明，推动法律文明进步的动力，是现实的社会生活，是政治、经济和社会文化的变迁；同时，法律内容、法律技术的发展，往往依赖于一大批法律专家以及更多的受过法律教育的社会成员的研究和推动。从这个角度看，法学教育、法学研究的发展，对于法律文明的发展进步，也有着异常重要的意义。正因为如此，法学教育和法学研究在现代国家的国民教育体系和科学研究体系中，开始占有越来越重要的位置。

中国近代意义上的法学教育和法学研究，肇始于19世纪末的晚清时代。清光绪二十一年（公元1895年）开办的天津中西学堂，首次开设法科并招收学生，虽然规模较小，但仍可以视为中国最早的近代法学教育机构（天津中西学堂后改名为北洋大学，又发展为天津大学）。三年后，中国近代著名的思想家、有“维新骄子”之称的梁启超先生即在湖南《湘报》上发表题为《论中国宜讲求法律之学》的文章，用他惯有的富有感染力的激情文字，呼唤国人重视法学，发明法学，讲求法学。梁先生是清代末年一位开风气之先的思想巨子，在他的辉煌的学术生涯中，法学并非其专攻，但他仍以敏锐的眼光，预见到了新世纪中国法学研究和法学教育的发展。数年以后，清廷在内外压力之下，被迫宣布实施“新政”，推动变法修律。以修订法律大臣沈家本为代表的一批有识之士，在近十年的变法修律过程中，在大量翻译西方法学著作，引进西方法律观念，有限度地改造中国传统的法律体制的同时，也开始推动中国早期的法学教育和法学研究。20世纪初，中国最早设立的三所大学——北洋大学、京师大学堂、山西大学堂均设有法科或法律学科目，以期“端正方向，培养通才”。1906年，应修订法律大臣沈家本、伍廷芳等人的奏请，清政府在京师正式设立中国第一所专门的法政教育机构——京师法律学堂。次年，另一所法政学堂——直属清政府学部的京师法政学堂也正式招生。这些大学法科及法律、法政学堂的设立，应该是中国历史上近代意义上的正规专门法学教育的滥觞。

自清末以来，中国的法学教育作为法律事业的一个重要组成部分，随着中国社会的曲折发展，经历了极不平坦的发展历程。在20世纪的大部分时间里，中国社会一直充斥着各种矛盾和斗争。在外敌入侵、民族危亡的沉重压力之下，中国人民为寻找适合中国国情的发展道路而花费了无穷的心力，付出过沉重的代价。从客观上看，长期的社会骚动和频繁的政治变迁曾给中国的法治与法学带来过极大的消极影响。直至70年代末期，以“文化大革命”宣告结束为标志，中国社会从政治阵痛中清醒过来，开始用理性的目光重新审视中国的过去，规划国家和社会的未来，中国由此进入长期稳定、和平发展的大好时期，以这种大的社会环境为背景，中国的法学教育也获得了前所未有的发展机遇。

从宏观上看，实行改革开放以来，经过二十多年的努力，中国的法学教育事业所取得的成就是辉煌的。首先，经过“解放思想，实事求是”思想解放运动的洗礼，在中国法学界迅速清除了极左思潮及苏联法学模式的一些消极影响，根据本国国情建设社会主义法治国家已经成为国家民族的共识，这为中国法学教育和法学研究的发展奠定了稳固的思想基础。其次，随着法学禁区的不断被打破、法学研究的逐步深入，一个较为完善的法学学科体系已经建立起来。理论法学、部门法学各学科基本形成了比较系统和成熟的理论体系和学术框架，一些随着法学研究逐渐深入而出现的法学子学科、法学边缘学科也渐次成型。1997年，国家教育主管部门和教育部高校法学学科教学指导委员会对原有专业目录进行了又一次大幅度调整，决定自1999年起法学类本科只设一个单一的法学专业，按照一个专业招生，从而使法学学科的布局更加科学和合理。同时，在充分论证的基础上，确定了法学专业本科教学的14门核心课程，加上其他必修、选修课程的配合，由此形成了一个传统与更新并重、能够适应国家和社会发展需要的教学体系。法学硕士和博士研究生及法律硕士专业学位研究生的专业设置、课程教学和培养体系也日臻完善。再次，法学教育的规模迅速扩大，层次日趋齐全，结构日臻合理。目前中国有六百余所普通高等院校设置了法律院系或法律本科专业，在校本科学生和研究生已达二十余万人。除本科生外，在一些全国知名的法律院校，法学硕士研究生、法律硕士专业学位研究生、法学博士研究生已经逐步成为培养的重点。

众所周知，法律的进步、法治的完善，是一项综合性的社会工程。一方面，现实社会关系的发展，国家政治、经济和社会生活的变化，为法律的进步、变迁提供动力，提供社会的土壤。另一方面，法学教育、法学研究的发展，直接推动法律进步的进程。同时，全民法律意识、法律素质的提高，则是实现法治国理想的关键的、决定性的因素。在社会发展、法学教育、法学研究等几个攸关法律进步的重要环节中，法学教育无疑处于核心的、基础的地位。中国法学教育过去二十多年所走过的历程令人激动，所取得的成就也足资我们自豪。随着国家的发展、社会的进步，在21世纪，我们面临着更严峻的挑战和更灿烂的前景。“建设世界一流法学教育”，任重道远。

首先，法律是建立在经济基础之上的上层建筑，以法治为研究对象的法学也就成为一门实践性很强的学科。社会生活的发展变化，势必要对法学教育、法学研究不断提出新的要求。经过二十多年的奋斗，中国改革开放的前期目标已顺利实现。但随着改革开放的逐步深入，国家和社会的一些深层次问题，比如说社会主义市场经济秩序的真正建立、国有企业制度的改革、政治体制的完善、全民道德价值的重建、环境保护和自然资源的合理利用等等，也已经开始浮现出来。这些复杂问题的解决，无疑最终都会归结到法律制度的完善上来。建立一套完善、合理的法律制度，构建理想的和谐社会，乃一项持久而庞大的社会工程，需要全民族的智慧和努力。其中的基础性工作，如理论的论证、框架的设计、具体规范的拟订、法律实施中的纠偏等等，则有赖于法学研究的不断深入，以及高素质人才特别是法律人才的养成，而培养法律人才的任务，则是法学教育的直接责任。

其次，21世纪是一个多元化的世纪。20世纪中叶发生的信息技术革命，正在极大地改变着我们的世界。现代科学技术，特别是计算机网络信息技术的发展，使传统的生活方式、思想观念发生了根本的改变，并由此引发许多人类从未面对过的问题。就法学教育而言，在21世纪所要面临的，不仅是教学内容、研究对象的多元化问题，而且还有培养对象、培养目标的多元化、教学方式的多元化等一系列问题，这些问题都需要法学界去思考、去探索。

中国人民大学法学院建立于1950年，是新中国诞生后创办的第一所正规高等法学教育机构。在半个多世纪的岁月中，中国人民大学法学院以其雄厚的学术力量、严谨求实的学风、高水平的教学质量以及丰硕的学术研究成果，在全国法学教育领域处于领先地位，并开始跻身于世界著名法学院之林。据初步统计，中国人民大学法学院已经为国家培养法学专业本科生、硕士生、博士生一万余人，培养各类成人法科学生三十余万人。经过多年的努力，中国人民大学法学院形成了较为明显的学术优势，在现职教师中，既有一批资深望重、在国内外享有盛誉的法学前辈，更有一大批在改革开放后成长起来的优秀中青年法学家。这些老中青法学专家多年来在勤奋研究法学理论的同时，也积极投身于国家的立法、司法实践，对国家法制建设贡献良多。

有鉴于此，中国人民大学法学院与中国人民大学出版社经过研究协商，决定结合中国人民大学法学院的学术优势和中国人民大学出版社的出版力量，出版一套“21世纪法学系列教材”。自1998年开始编写出版本科教材，包括按照国家教育部所确定的法学专业核心课程和其所颁布印发的《全国高等学校法学专业核心课程基本要求》而编写的14门核心课程教材，也包括法学各领域、各新兴学科教材及教学参考书和案例分析在内，到2000年12月3日在人民大会堂大礼堂召开举世瞩目的“21世纪世界百所著名大学法学院院长论坛暨中国人民大学法学院成立五十周年庆祝大会”之时，业已出版了50本作为50周年院庆献礼，到现在总共出版了80本。为了进一步适应高等法学教育发展的形势和教学改革的需要，最近中国人民大学法学院与中国人民大学出版社决定将这套教材扩大为四个系列，即：“本科生用书”、“法学研究生用书”、“法律硕士研究生用书”以及“司法考试用书”，总数将达二百多本。我们设想，本套教材的编写，将更加注意“高水准”与“适用性”的合理结合。首先，本套教材将由中国人民大学法学院具有全国影响的各学科的学术带头人领衔，约请全国高校优秀学者参加，形成学术实力强大的编写阵容。同时，在编写教材时，将注意吸收中国法学研究的最新的学术成果，注意国际学术发展的最新动向，力求使教材内容能够站在21世纪的学术前沿，反映各学科成熟的理论，体现中国法学的水平。其次，本套教材在编写时，将针对新时期学生特点，将思想性、学术性、新颖性、可读性有机结合起来，注意运用典型生动的案例、简明流畅的语言去阐释法律理论与法律制度。

我们期望并且相信，经过组织者、编写者、出版者的共同努力，这套法学教材将以其质量效应、规模效应，力求成为奉献给新世纪的精品教材，我们诚挚地祈望得到方家和广大读者的教正。

2006年7月1日

序　　言

法学教育是高等教育的重要组成部分，是建设社会主义法治国家、构建社会主义和谐社会的重要基础，并居于先导性的战略地位。在我国社会转型的新世纪、新阶段，法学教育不仅要为建设高素质的法律职业共同体服务，而且要面向全社会培养大批治理国家、管理社会、发展经济的高层次法律人才。近年来，法学教育取得了长足的进步，法科数量增长很快，教育质量稳步提高，培养层次日渐完善，目前已经形成了涵盖本科生、第二学士学位生、法学硕士研究生、法律硕士研究生、法学博士研究生的完整的法学人才培养体系，接受法科教育已经成为莘莘学子的优先选择之一。随着中国法治事业的迅速发展，我们有理由相信，中国法学教育的事业大有可为，中国法学教育的前途充满光明。

教育的基本功能在于育人，在于塑造德才兼备的高素质人才。法学教育的宗旨并非培养只会机械适用法律的“工匠”，而承载着培养追求正义、知法懂法、忠于法律、廉洁自律的法律人的任务。要完成法学教育的使命，首先必须认真抓好教材建设。我始终认为，教材是实现教育功能的重要工具和媒介，法学教材不仅仅是法学知识传承的载体，而且是规范教学内容、提高教学质量的关键，对法学教育的发展有着不可估量的作用。

第一，法学教材是传授法学基本知识的工具。初学法律，既要有好的老师，又要有好的教材。正如冯友兰先生所言：“学哲学的目的，是使人作为人能够成为人，而不是成为某种人。其他的学习（不是学哲学）是使人能够成为某种人，即有一定职业的人。”一套好的教材，能够高屋建瓴地展示法律的体系，能够准确简明地阐释法律的逻辑，能够深入浅出地叙述法律的精要，能够生动贴切地表达深奥的法理。所以，法学教材是学生学习法律的向导，是学生步入法律殿堂的阶梯。如果在入门之初教材就有偏颇之处，就可能误人子弟，学生日后还要花费大量时间与精力来修正已经形成的错误观念。

第二，法学教材是传播法律价值理念的载体。好的法学教材不仅要传授法学知识，更要传播法律的精神和法治的理念，例如对公平、正义的追求，尊重权利的观念。本科、研究生阶段的青年学子，正处在人生观、价值观形成的阶段，一套优秀的法学教材，对于他们价值观的塑造和健全人格的培养具有重要意义。

第三，法学教材是形成职业共同体的主要条件。建设社会主义法治国家，有赖于法律职业共同体的生成。一套好的法学教材，向法律研习者传授共同的知识，这对于培养一个接受共同的价值理念、共同的法律思维、共同的话语体系的法律共同体，具有重要的作用。

第四，法学教材是所有法律研习者的良师益友。没有好的教材，一个好的教师或可弥补教材的欠缺和不足，但对那些没有老师指导的自学者而言，教材就是老师，其重要作用是显而易见的。

长期以来，在我们的评价体系中，教材并没有获得应有的注重，对学术成果的形式优先考虑的往往是专著而非教材。在不少人的观念中，教材与创新、与学术精品甚至与学术无缘。其实，要真正写出一部好的教材，其难度之大、工作之艰辛、影响之深远，绝不低于一部优秀的专著，它甚至可以成为在几百年甚至更长的时间内发挥作用的传世之作。以查士丁尼的《法学阶梯》为例，所谓法学阶梯，即法学入门之义，就是一部教材。但它概括了罗马法的精髓，千百年来，一直是人们研习罗马法最基本的著述。日本著名学者我妻荣说过，大学教授有两大任务：一是写出自己熟悉的专业及学术领域的讲义乃至教科书；二是选择自己最有兴趣、最看重的题目，集中精力进行终生的研究。实际上，这两者是相辅相成的。写出一部好教材，必须要对相关领域形成一个完整的知识体系，还要能以深入浅出的语言将问题讲清楚、讲明白。没有编写教材的基本功，实际上也很难写出优秀的专著。当然，也只有对每一个专题都有一定研究，才能形成对这个学术领域的完整把握。

虽然近几年我国法学教育发展迅速，成绩显著，但是法学教育也面临许多挑战。各个学校的师资队伍和教学质量参差不齐，这就更需要推出更多的结构严谨、内容全面、角度各有侧重、能够适应不同需求的法学教材，为提高法学教学和人才培养质量、保障法学教育健康发展提供前提条件。

长期以来，中国人民大学法学院始终高度重视教材建设。作为新中国成立后建立的第一所正规的法学教育机构，中国人民大学法律系最早开设了社会主义法学教学课堂，编写了第一套社会主义法学讲义，培养了新中国第一批法学本科生和各学科的硕士生、博士生，产生了新中国最早的一批法学家和法律工作者。中国人民大学法律系因此被誉为“新中国法学教育的工作母机”。半个多世纪以来，中国人民大学法学院为社会主义法制建设培养了大批优秀的法律人才，并为法学事业的振兴和繁荣作出了卓越贡献，也因此成为引领中国法学教育的重镇、凝聚国内法律人才的平台和沟通中外法学交流的窗口，并在世界知名法学院行列中崭露头角。为了对中国法学教育事业作出更大的贡献，我们有义务也有责任出版一套体现我们最新研究成果的法学教材。

承蒙中国人民大学出版社的大力支持，我们组织编写了本套教材，其中包括本科生用书、法律硕士研究生用书、法学研究生用书和司法考试用书四大系列，分别面向不同层次法科教育需求。编写人员以中国人民大学法学院教师为主，反映了中国人民大学法学院整体的研究实力和学术视野。相信本套教材的出版，一定能够为新时期法学教育的繁荣发展发挥应有的作用。

是为序。

2006年7月10日

第三版修订说明

《经济法学原理与案例教程》(第二版)于2010年3月出版发行以来，又有6年多了。在这期间，我们党召开了十八大。2013年11月，党的十八届三中全会作出《中共中央关于全面深化改革若干重大问题的决定》，提出“关于使市场在资源配置中起决定性作用和更好发挥政府作用”的重大理论观点；2014年10月，党的十八届四中全会作出《中共中央关于全面推进依法治国若干重大问题的决定》，提出“全面推进依法治国，总目标是建设中国特色社会主义法治体系，建设社会主义法治国家”。实现这个总目标，国家就要加强重点领域立法。为此，近年来在市场经济重点领域，全国人大和国务院新颁布或修改了一大批经济法律、行政法规。在上述背景下，作者修改和更新了本书第二版的部分内容，决定出版第三版。

本书第三版的修订体现在：第一，根据全面深化改革和依法治国的决定精神，对保障市场在资源配置中起决定性作用的市场规制法方面，对具体法律制度充实了新内容；第二，在保障更好发挥政府作用的市场监管制度和宏观调控法具体制度，也进行了较为全面修订，吸收和补充了经济法规范性文件中的新观点和新规则；第三，更新了参考文献、参考法规、引例案例、背景材料和思考题。

在本书第三版的修订过程中，王美舒、马维双、张蕾、杨柳、高飞、廖志强、顾侃、宋耀龄、陈博建和陈贺同学参与了部分内容的修订工作，在此表示衷心感谢！对于书中存在的疏漏和不足之处，敬请读者批评指正。

徐孟洲

2016年4月28日于中国人民大学明德法学楼804室

编写说明

经济法学是一门以经济法律现象为主要研究对象的知识体系，在中国法学体系中是最富生命力的新兴学科。目前，作为全国各高等院校法学本科专业开设的核心课程之一的经济法学教材，其公开出版的各种版本较多，但针对法律硕士研究生使用的专门教材则属鲜见。为了满足我国培养经济法律高级人才的需要，作者针对法律硕士教育的特点，专门撰写了这部主要供法律硕士研究生使用的《经济法学原理与案例教程》。

《经济法学原理与案例教程》一书是在吸收我国众多经济法教材精华的基础上完成的。全书共分三编 18 章：第一编为经济法总论，第二编为市场规制法，第三编为宏观调控法。本书特色之处表现为：首先，具有学术的前沿性。作者以中国社会主义民主、法治理念为指导，将近年来我国形成的各种经济法学新观点纳入了该书的逻辑新体系，使其理论能够站立于 21 世纪初的学术前沿。其次，紧密联系中国实际。全书依据中国社会主义经济法治建设的伟大实践，研究、分析和阐述我国当代经济法的理论、原则和观点，各章的具体制度都体现中国的实际与精神。再次，内容新颖、结构独特。作者本着“观点新颖、结构科学、阐述简明、通俗易懂”的撰稿原则，全力收集最新文献，并将作者某些尚未发表的研究成果融于全书之中。在体系安排上，在总论的统率下呈现“一体两翼”结构，突出了以消费者为中心的逻辑体系。最后，助读材料选配精要。本书力避抽象乏味，每章均选配制作了“引例”、“案例”、“背景资料”、“问题与思考”、“参考文献”和“参考法条”等有利于理解的助读材料，使经济法学的基本原理和制度深入浅出、活泼清新。

本书为作者独著，由于工作量大，时间紧，除了本人全力以赴之外，本书的写作还得到了身边诸位爱将的鼎力相助，他们是：徐阳光、叶姗、周俊鹏、董慧凝、林树杰、曹培倩、郭辉、毕元丽、周武等，特别是徐阳光同学协助本人做了大量的资料收集和编辑整理工作。同时，对中国人民大学出版社编辑们的精心工作一并致以诚挚的感谢！

书中错漏与不妥之处在所难免，敬请学界同仁与广大读者批评指正，容再版时修正。

中国人民大学法学院　**徐孟洲**

2006年8月11日于北京世纪城

目 录

第一编 经济法总论

第二编 市场规制法

第五章

第六章

第九章 金融经营规制法律制度

第十章 外贸经营规制法律制度

第三编　宏观调控法

第一编

经济法总论

第一章
经济法基本理论

参考文献

(一) 著作

1. 刘文华主编．经济法．4 版．北京：中国人民大学出版社，2012. 第一，二，三章

2. 刘文华．中国经济法基础理论．北京：法律出版社，2012. 第一，二，三章

3. 李昌麒，刘瑞复主编．经济法．北京：法律出版社，2004. 第二，三章

4. 徐孟洲．耦合经济法论．北京：中国人民大学出版社，2010.

5. 史际春主编．经济法．2 版．北京：中国人民大学出版社，2010. 第二，四章

6. 张守文主编．经济法学．5 版．北京：北京大学出版社，2012. 第二，四章

7. 程宝山．经济法基本理论研究．郑州：郑州大学出版社，2003. 第四，五章

8. 单飞跃．经济法的理念与范畴的解析．北京：中国检察出版社，2002

9. 王全兴．经济法基础理论专题研究．北京：中国检察出版社，2002

(二) 论文

1. 徐孟洲．经济法的对象、根据和体系结构研究．见：徐杰主编．经济法论丛．第 2 卷．北京：法律出版社，2001

2. 徐孟洲．论中国经济法的客观基础与人文理念．法学杂志，2004 (4)

3. 杨紫烜．论科学发展观与中国经济法的理念．见：吴志攀主编．经济法学家 (2004)．北京：北京大学出版社，2005

参考法规

1.《中华人民共和国宪法》

2.1986年《关于〈中华人民共和国民法通则（草案）〉的说明》

3.美国1890年《谢尔曼法》

4.1964年《捷克斯洛伐克社会主义共和国经济法典》

引例 1998年中国香港特别行政区政府直接入市操作等法律现象

在实行市场经济的社会里，随着生产社会化、市场化程度的大幅度提高，市场竞争的日益激烈，社会经济生活中出现了一系列新的法律现象：(1)“在企业变成一头垄断的野猪时，防止它到处乱撞”①，于是美国在1890年制定了《谢尔曼法》，于1914年制定了《克莱顿法》和《联邦贸易委员会法》。(2) 1906年，作家厄普顿·辛克莱（Upton Sinclair）描写当时美国的屠宰中心——芝加哥的屠宰业黑幕的小说《屠场》(*The Jungle*) 出版后，很多美国人连肉都不敢吃了。因这本书所引发美国的消费者保护运动，促使美国政府制定了《食品和药品法》《肉品检疫法》等食品、药品和化妆品法案。(3) 面对亚洲金融危机，中国香港特别行政区政府于1998年8月动用巨额港元入市公开操作，并推出30条措施强化金融监管。② (4) 1994年以来，由于春运、暑运、黄金周、节假日我国铁路客运繁忙，于是国务院“允许部分铁路客运票价适当浮动”“适当上浮”，1997年12月制定《中华人民共和国价格法》。这些法律现象是否属于传统的民法和行政法的调整范围？这些新法律现象具有哪些共同的特点？在实行市场经济的国度里为什么还会出现这样的法律现象？

经济法学是一门以研究经济法现象为对象的法学学科，是中国法学体系中新兴的应用法学学科。经济法虽然诞生于20世纪初的发达资本主义国家，但当代中国的经济改革与对外开放，却为我国社会主义经济法和经济法学的繁荣发展提供了肥沃的土壤。自1979年以

① ［美］萨缪尔森、诺德豪斯：《经济学》，高鸿业等译，12版，上册，83页，北京，中国发展出版社，1992。

② 1998年8月，中国香港特别行政区政府针对国际投机“大鳄”的市场炒作，动用近千亿港元入市操作。1998年9月5日，为了巩固香港的货币发行制度，减少投机者操纵市场使银行同业市场和利率出现动荡的机会，香港金管局推出7项技术性措施。这7项措施集中在港元兑美元的兑换保证和有关银行港元流动资金贴现方面的新措施两个方面。1998年9月7日，为强化金融监管，香港特别行政区财政司公布了严格香港证券及期货市场纪律的30条措施。这30条新措施的实施涉及联合交易所、期货交易所、香港中央结算有限公司、证券及期货事务监察委员会和财经事务局共5个机构。特区政府坚守自由经济政策，并且不会在香港实施外汇管制，但是为了保持香港金融安全与稳定，政府必须通过财政司的30项措施与金管局的7项措施，增强货币及金融系统抵御国际投机者跨市场操控的能力。

来，矢志于经济法学研究的理论与法律工作者经过二十几年的探索与创新，至今，中国社会主义经济法学理论框架已经构建，经济法思想得到了广泛传播，经济法学已经成为我国法学百花园中的夺目奇葩。理论的生命力在于"与时俱进"。在全面推进经济体制改革和依法治国，建设中国特色社会主义法治国家的历史进程中，中国经济法学研究紧密结合和服务于经济发展与改革的实践，又取得了新的成果。

经济法学研究的基本理论问题是反映经济法本质、指导经济法所有的具体法律制度，事关经济法存在与发展的根本性问题。其中对经济法是什么、它在历史上如何产生、它有何作用、它自身的构造与体系等基本理论问题的研究，是贯穿经济法学发展全过程的，要与时俱进，不断完善。

第一节　经济法的概念和体系

阐述经济法概念问题，就是要回答经济法是什么。它要涉及经济法作为独立部门法的调整对象、本质特征、体系结构和地位等问题。

一、经济法的调整对象

要明确经济法的概念，必须研究其调整对象。"任何概念都是关于对象的属性的思想，它是对象及其性质间的有机联系和关系在思维抽象中概括的反映。"① 确立独立部门法的主要标准"是法的调整对象，即法所调整的社会关系"②。因此，调整对象问题是任何部门法学理论中的核心问题。对经济法调整对象的认识直接关系到经济法的概念，关系到经济法的本质、原则、体系等一系列基本问题。可以说，众多关于经济法理论问题的论争都是围绕经济法的调整对象展开的。明确和统一经济法的调整对象是确立经济法独立地位和生存发展的根本问题，也是经济法学研究的最基本的理论问题。自1979年以来，法学界特别是经济法学界投入了极大的时间与精力进行研究。目前，中国经济法学界对经济法调整对象的认识中最具代表性的有国家干预协调说、管理经营说、市场调节与宏观调控关联耦合说和社会公共利益说：

1. 国家干预协调说，即国家标准说。该学说主要包括：一是需要国家干预说，该说认为"经济法的调整对象是国家需要干预的社会经济关系"③；二是国家协调关系说，该说认为"经济法应调整在国家协调本国经济运行过程中发生的经济关系"④；三是国家调节说，该说认为经济法调整的对象是"在国家调节社会经济过程中发生的社会关系，即国家经济调节关系"⑤。国家标准说体现了国家管理经济的职能，反映了国家对经济活动的干预。以国家管理或干预为标准，区分了经济法调整的经济关系与民法调整的经济关系性质之不同。但是单以国家干预或管理为标准难以严格区分经济法与行政法在调整对象上的不同性质。

---

① 刘瑞复：《新经济法论》，133页，北京，中国政法大学出版社，1991。

② 孙国华主编：《法理学教程》，381页，北京，中国人民大学出版社，1994。

③ 李昌麒主编：《经济法学》，34页，北京，中国政法大学出版社，1999。

④ 杨紫烜：《国家协调论》，载《经济法研究》，第1卷，北京，北京大学出版社，2000。

⑤ 漆多俊主编：《经济法学》，11页，武汉，武汉大学出版社，1998。

2. 管理经营说，即纵横统一说。该学说将以带有管理经营性的经济关系纳入经济法调整对象范围，独树一帜，影响广泛。该说认为“中国经济法主要调整社会生产和再生产过程中，以各种组织为基本主体参加的经济管理关系和经营协作关系”①，并主张将经济管理关系（纵向经济关系）和经营协作关系（横向关系）统一纳入经济法调整对象的范围，故也称“纵横统一说”。“作为经济法调整对象的经济关系，‘纵’不包括非经济的管理关系、国家意志不直接参与或应由当事人自治的企业内部管理关系；‘横’不包括公有制组织自由的流转和协作关系及其实体权利、义务不受国家直接干预的任何经济关系。”② 该说认识到经济法具有公法与私法因素交融的特点，经济法既符合现代市场经济的实际，又是单纯行政命令式计划经济的对立物。自1979年以来，“在关于经济法调整对象的众多观点中，影响最广泛且赞同者曾经最多的，莫过于‘纵横统一说’”③。

3. 市场调节与宏观调控关联耦合说④，即耦合说。该学说借用物理学上的“耦合”概念，认为在市场经济体制下，通过民主法治途径促进市场机制与宏观调控相互配合而共同作用于社会经济生活，也是一种社会科学上的耦合现象。能够反映市场机制调节与国家宏观调控关联耦合客观要求的，以促进和稳定二者耦合为目标，以调整市场规制关系和宏观调控关系为主要任务的法律形式就是经济法部门。⑤“经济法的调整对象包括两个方面，一个是宏观调控关系，一个是市场规制关系。”⑥

4. 社会公共利益说，即社会标准说。该学说主要包括：一是社会公共性说，该说认为“经济法调整对象是以社会公共性为根本特征的经济管理关系”⑦；二是直接社会性说，该说认为“经济法的调整对象似可概括为具有直接社会性的经济关系”⑧。社会标准说强调经济法调整对象所具有的社会性、公益性和管理性特征，其论证具有说服力，它以社会公共性既区别于属于私法调整的社会个体或私人相互之间经济关系的民法对象，又区别于属于公法调整的以行政权力主体为主导的经济行政关系。但是社会标准说如果对社会性不加限定，则以社会性所划定的社会经济关系的范围太广泛，势必难以区分经济法与环境保护法、劳动和社会保障法等部门法之间的本质差别。

本书采用市场调节与宏观调控关联耦合说。根据该学说，中国经济法的调整对象可以确定为在社会生产与再生产领域发生的市场规制关系和宏观调控关系。这两种社会关系在本质上都是具有社会性与管理性特征的经济关系。所以，哪些经济关系属于经济法调整对象，应当以社会性标准和管理性标准来衡量。

社会性标准是指从社会利益出发来衡量现实存在的经济关系归属的分类标准。任何社会都是由众多社会单元（或称社会个体）构成的。所谓社会单元，是指由人组成的社会的某个局部、某个企业或某个单位。个人也可以成为社会单元，即当个人作为从事某项经营或消费活动的独立主体时，其经济活动必会对周围社会发生影响，于是个人便成为与社会

---

① 刘文华：《中国经济法基础理论》，78页，北京，学苑出版社，2002。
② 刘文华主编：《经济法》，4版，41页，北京，中国人民大学出版社，2012。
③ 王全兴：《经济法基础理论专题研究》，69页，北京，中国检察出版社，2002。
④ 参见李昌麒、刘瑞复主编：《经济法》，9页，北京，法律出版社，2004。
⑤ 参见徐孟洲：《市场机制与宏观调控的经济法耦合》，载《法学家》，1996（2）
⑥ 张守文主编：《经济法学》，12页，北京，北京大学出版社，2005。
⑦ 王保树主编：《经济法原理》，30页，北京，社会科学文献出版社，1999。
⑧ 王源扩等：《经济效率与社会正义——经济法学专题研究》，10页，合肥，安徽大学出版社，2001。

整体相对的一个社会单元。社会单元至少具有如下三个特性：社会单元是社会整体的一个部分，具有局部性或个别性；社会单元自成体系，具有独立性；社会单元大可至一个地区、一个城市等，小可至一个企业甚至一个自然人，具有多层次性。任何一个社会单元的活动均可分为两部分：一是其内部活动；二是其外部活动，即与周围环境的关系。与社会单元的两类活动相对应，必然有两类经济利益：一是社会单元自身的经济利益；二是社会单元在与外界交往中所形成的社会经济利益，如企业对广大消费者、对行业、对国家、对生态环境等的影响而形成的社会利益。[①] 社会单元利益是指社会单元自身的经济利益。社会利益是与社会单元利益相对应的概念，它是指社会的总体利益或多个社会单元的公共利益。在现代社会，作为社会管理者的国家，其利益与社会利益往往是一致的，尤其在实行社会主义市场经济的国家，国家利益与社会利益在根本上应是统一的，而社会利益与国家利益相矛盾的经济关系不是太普遍。因此，以社会性标准认定的经济关系多数具有社会性与国家意志性。

管理性标准是指从组织、指导、诱导、监督、规划和控制等管理方法出发来衡量现实存在的经济关系归属的分类标准。管理是与自理、自治、自律相对应的概念。管理性标准也是一种客观的标准，是主要标准之一。一般而言，社会利益主导的经济关系带有管理性。运用管理性标准主要识别应属于经济法调整的具有社会利益性的平等主体间的经济关系，例如，国有企业之间的产权交易关系，是经济法的调整的对象。虽然这种交易关系主体双方的地位平等，也是出于双方自愿，但是这种交易要受《关于加强国有企业产权交易管理的通知》（国办发明电〔1994〕12 号）和《关于加强企业国有产权转让监督管理工作的通知》（国资产发〔1995〕54 号）等规范性文件的约束，因此，带有政府管理性质。这种“直接体现国家意志而具有组织管理性的流转和协作关系”[②] 要由管理性标准来认定。

（一）市场规制关系

为了保障市场机制调节的健康运行，需要确认市场主体生产经营者的法律地位，规制它们的生产经营行为，维护公平竞争秩序，确认和保护消费者权益。因此，市场规制就是国家通过制定行为规范引导、调节、控制、监督市场主体的经济行为和规范、约束市场监管主体的管理行为，从而保护消费者利益的一系列行为。国家在规制市场主体（生产经营者和消费者）和市场监管主体的行为过程中所发生的生产经营规制关系、市场竞争关系、市场监管关系等，就是我国经济法调整的市场规制关系。[③] 概括而言，“市场规制关系，就是在国家规制市场行为过程中发生的社会关系”[④]。

（二）宏观调控关系

宏观调控关系，或称宏观经济调控关系，它是国家对国民经济和社会发展运行进行规划、调节和控制过程中发生的经济关系，它涉及现实社会中的国民经济整体利益、社会公共利益和国家根本与长远利益。其内容十分广泛，主要包括以下几类宏观经济调控关系：(1) 财税调控关系；(2) 金融调控关系；(3) 规划调控关系；(4) 产业调控关系；(5) 投资调控关系；(6) 储备调控关系；(7) 价格调控关系；(8) 涉外调控关系，等等。详见本

---

① 参见郑杭生、李强等：《社会运行导论》，72 页，北京，中国人民大学出版社，1993。

② 史际春、邓峰：《经济法总论》，53 页，北京，法律出版社，1998。

③ 详见本书第三章第三节的相关阐述。

④ 张守文主编：《经济法学》，6 版，214 页，北京，北京大学出版社，2014。

书第十四章第一节的相关阐述。

总之，从上述市场规制关系和宏观调控关系看，我国经济法调整的社会关系的共同特点是经济性、社会性和管理性。这是它们成为我国经济法调整对象的客观根据。

【案例】 **江苏铁本事件案：违反经济法的严重后果**

根据新华社2004年4月28日报道，江苏铁本钢铁有限公司于2002年年初筹划在常州市和扬中市建设设计能力为840万吨的大型钢铁联合项目，2003年6月开始施工。经国家发改委、国土资源部、监察部对江苏铁本钢铁有限公司违法建设钢铁项目的调查，现已查明：该项目在建设过程中，当地政府及有关部门严重违反国家有关经济法律、法规，越权分22次将投资高达105.9亿元的建设项目分拆审批，违法审批征用土地6 541亩，并组织实施征地拆迁，对企业违法行为监管不力。铁本事件涉及一千四百多户，四千多名农民被迫搬迁。不少过上小康生活的农民已有八个多月无“家”可归、无地可种。这是一起典型的地方政府及有关部门和企业经营者严重违反经济法的案件。

二、经济法的本质特征

经济法的本质特征也是经济法的基本理论问题之一，它是人们对经济法现象深入研究后所作的一种抽象概括。经济法的本质特征具有一般法意义上的社会性和阶级性。此处使用“经济法本质特征”一词，其含义是指经济法区别于其他法律部门的特有征象，是反映经济法本质属性的概括性标志。准确、科学地把握经济法的本质特征，有助于人们更加深刻地理解经济法。近年来，中国经济法学界很重视把经济法同相邻的各个部门法及各层次的经济法子部门法加以比较研究，从不同的视角概括经济法之本质特征：

(1) 经济法具有经济性。从经济法的名称看，亦表明了“经济法具有经济性，这是不言而喻的，因为经济法的调整对象发生在直接物质再生产领域，并具有经济目的性”[①]，“从经济法的作用领域、调整对象、调整目的、调整手段等诸多方面来看，经济法具有突出的经济性”[②]。

(2) 经济法具有社会本位性。“经济法是维护社会整体利益的社会本位法”[③]，“经济法调整对象的社会公共性是它区别于其他法的调整对象的一个最根本的特征”[④]，“经济法调整的经济关系的直接社会性，是它区别于民商法调整对象的基本特征”[⑤]，“经济法以社会为本位”[⑥]，“经济法是社会本位之法”[⑦]，“经济法是经济性与社会性的有机统一，本质在于保障社会整体经济利益”[⑧]，“经济法所树立的社会本位的理念促进了社会观念的进步”[⑨]。

---

① 刘文华主编：《经济法》，4版，49页，北京，中国人民大学出版社，2012。
② 张守文：《经济法理论的重构》，221页，北京，人民出版社，2004。
③ 徐孟洲：《经济法教程》，12页，北京，中共中央党校出版社，2004。
④ 王保树主编：《经济法原理》，33页，北京，社会科学文献出版社，1999。
⑤ 王源扩等：《经济效率与社会正义——经济法学专题研究》，11页，合肥，安徽大学出版社，2001。
⑥ 王全兴：《经济法基础理论专题研究》，149页，北京，中国检察出版社，2002。
⑦ 薛克鹏：《经济法的定义——社会公共利益论》，354页，北京，中国法制出版社，2003。
⑧ 程宝山：《经济法基本理论研究》，97页，郑州，郑州大学出版社，2003。
⑨ 徐杰：《论经济法的产生与发展》，载《经济法论丛》，第1卷，北京，法律出版社，2000。

(3) 经济法具有国家适度干预性。"'需要国家干预说'将国家适度干预界定为经济法的本质特征与基本原则"[①],"经济法是国家干预、从事经济活动,参与经济关系的产物"[②],经济法规范国家组织管理、国家协调、国家调控、国家规制、国家调节、国家参与经济关系等都体现了经济法具有国家适度干预性。

(4) 经济法具有综合性。经济法是综合调整法,这是从横向平面、纵向过程和整体上来谈经济法的调整机制属性。随着社会化和现代市场经济的发展,经济关系复杂多变、相互联结、相互渗透,产生了对经济关系进行综合治理、系统调整的客观要求,经济法正反映了经济关系分化和综合这两种发展趋势要求。

(5) 经济法具有公法与私法的耦合性。"在对经济关系的法律调整中,公法与私法耦合是指公法与私法相互独立而又相互依存,私法调整手段与公法调整手段的互相借用。一般层面的表现就是公法私法化和私法公法化,更深层次的结合即体现为市场机制与宏观调控机制的耦合,直接导致了公私耦合法(即社会法)的诞生,经济法就是公私耦合法的典型代表。"[③] 从经济法的全部法律规范看,它是公法的强制性规范与私法的任意性规范的耦合。

三、经济法概念的全面考察

一般认为,经济法的概念最早是由法国空想社会主义者提出的,后来为大陆法系各国广为使用。对经济法的理解,因考察的角度不同,其含义也不同。为了准确理解和使用经济法一词,我们应当全面考察经济法的概念。

(1) 经济法是国家法律体系中的独立法律部门。这是从法的体系角度考察,即通常所说的实质意义上理解的经济法的概念。对此,法学界意见并不一致。本书认为,中国经济法是调整在社会生产与再生产领域发生的市场规制关系和宏观调控关系的法律规范系统。它是我国社会主义法律体系中的独立法律部门。"经济法是在国家干预市场活动过程中逐渐发展起来的一个法律门类,一方面与行政法的联系很密切,另一方面又与民法商法的联系很密切,往往在同一个经济法中包括两种不同性质法律规范……因而具有相对的独立性。"[④]

(2) 经济法是经济法律、经济法规的总称。从国家立法体系(或称规范性文件体系、法律渊源体系)角度看,所谓经济法是泛指一系列具有经济内容的法律、行政法规等规范性文件的总称。从经济立法体系理解的经济法是法的表现形式意义上的经济法。当然,形式意义上的经济法,可以是指一个国家的《经济法典》。但是,迄今为止,世界上仅制定过唯一一部经济法典,即 1964 年的《捷克斯洛伐克社会主义共和国经济法典》。

(3) 经济法是一门新兴的法学学科。从科学研究的对象看,经济法是指以研究现实经济法律现象内在规律和历史上经济法律现象的产生、发展规律为对象的法律科学门类。作为法学学科部门来使用的经济法,是指经济法学。

---

① 单飞跃、卢代富等:《需要国家干预——经济法视域的解读》,2 页,北京,法律出版社,2005。

② 潘静成、刘文华主编:《经济法》,2 版,69 页,北京,中国人民大学出版社,2005。

③ 徐孟洲:《耦合经济法论》,37 页,北京,中国人民大学出版社,2010。

④ 杨景宇:《我国的立法体制、法律体系和立法原则》(第十届全国人大常委会法制讲座第一讲),载 http://news.3xinhuanet.com/zhengfu/2003.11/04/content_1159807htm。

全面理解经济法的概念，我们不可忽视其阶级本质属性和社会性问题。经济法和其他任何部门法一样，作为社会上层建筑的组成部分，具有国家意志性，反映和体现着掌握国家政权的统治阶级的意志，是国家管理和规范经济活动的法律工具之一。经济法反映现代化大生产的一般要求，它以维护全社会整体利益为宗旨，以社会责任为本位，因此，经济法又具有社会性。

四、经济法的体系

构建一个科学的经济法体系，对于深化经济法自身的认识和发展，概览经济法的外在全貌，把握经济法的内在构成要素，厘清经济法与相关法律部门的关系，确立经济法的部门法地位，都具有重要意义。自中国经济法学孕育形成以来，经济法学界对经济法体系进行了重点研究，由于对调整对象范围认定不同，形成了框架多样的经济法体系。最具代表性的观点有：

1. 经济法体系的二元结构。“基于经济法所调整的两类社会关系，经济法的体系可以分为两大部分，即宏观调控法和市场规制法。”① “经济法体系由调整市场竞争关系的市场竞争法和调整宏观调控关系的宏观调控法所构成。”②

2. 经济法体系的三元结构。“按照经济关系及其经济法调整的内在逻辑，经济法可以大致分为经济组织法、经济管理法和经济活动法三个部分。”③ 作为国家调节社会经济的经济法，“经济法体系便有三个基本构成，即三个基本方面的法律：（1）市场障碍排除法（市场规制法）；（2）国家投资经营法；（3）国家引导促进法（或称宏观调控法）”④。

3. 经济法体系的四元结构。“经济法的体系应该采取如下结构：第一，企业组织管理法。第二，市场管理法。第三，宏观调控法。第四，社会保障法。”⑤ “经济法体系主要应当由以下几部分构建。1. 市场主体规制法。2. 市场秩序规制法律制度。3. 宏观经济调控和可持续发展战略保障法律制度。4. 社会分配法律制度。”⑥

本书按照经济法调整的经济关系之内在逻辑，将经济法大致分为确认经济法主体法律地位及资格取得的主体法、调整市场规制关系的市场规制法和调整宏观调控关系的宏观调控法三个部分，即所谓中国经济法的“一体两翼（即经济法主体、市场规制法和宏观调控法两翼）”⑦ 结构体系。

第二节　经济法的价值与理念

一、经济法的价值

法的价值是指作为主体的人与作为客体的法之间的关系中，法对人的积极意义和有用

① 张守文主编：《经济法学》，34页，北京，北京大学出版社，2005。
② 邱本：《经济法通论》，30页，北京，高等教育出版社，2004。
③ 刘文华主编：《经济法》，4版，68页，北京，中国人民大学出版社，2012。
④ 漆多俊主编：《经济法学》，98页，北京，高等教育出版社，2003。
⑤ 杨紫烜主编：《经济法》，56页，北京，北京大学出版社、高等教育出版社，1999。
⑥ 李昌麒：《中国经济法现代化的若干思考》，载《经济法论文选萃》，北京，中国法制出版社，2004。
⑦ 潘静成、刘文华主编：《经济法》，2版，229页，北京，中国人民大学出版社，2005。

性。经济法是法体系中的重要部门法，它具有一般法的价值，同时也有其独特的价值。对法的价值的研究是法学研究的一个古老的课题，但对经济法价值的研究却是一个新课题。近年来经济法学对经济法的价值的研究越来越深入，并取得了许多可喜的成果。

1. 经济法的“和谐价值论”。“笔者认为，经济法的价值表现为实质正义、社会效益、经济自由和经济秩序的和谐，它们在本质上是统一的，但又表现为不同的方面。”[①]

2. 经济法的“总体价值论”。在法的“秩序—效率—公平—正义”价值链中，“经济法的中心价值环节应是：社会总体经济效率和社会总体（实质）经济公平”[②]。

3. 经济法的“二元价值论”。“经济法的价值，主要包括两个方面：一方面是经济法的内在价值，即经济法作为一种部门法，其自身具有的内在功用，它体现的是经济法的有用性或使用价值……另一方面是经济法的外在价值，即社会公众或研究者所认同的或所期望的经济法具有或应当具有的价值。”[③] 本书赞同将“和谐价值论”作为我国经济法的价值取向。

二、经济法的理念

经济法的理念，是指经济法的指导思想、基本精神和立法宗旨，是对经济法起长效作用的文化内涵。经济法理念的重要性决定了经济法学者必然要通过种种方式，直接或间接地回答这一问题。近年来我国经济法学者加大了关于经济法理念的探索，取得了一批研究成果。具有代表性的观点有：有学者提出了“经济法的自由理念”“经济法的公平理念”“经济法发展理念”“经济法安全理念”等观点[④]；有学者提出“经济法的理念是经济社会化条件下的实质公平正义，其核心内容是社会整体经济利益的实现”[⑤]。

发展市场经济，就要处理好政府和市场的关系，就要破除政府行政主导经济的行政经济法的“思维定势”，更新经济法的理念，真正树立“以消费者为本、社会整体利益优先、平衡协调和实质公平”的经济法新理念。

（一）经济法以消费者为本

中国经济法发展要适应和促进社会主义市场经济的发展，首先必须树立以消费者为本的核心理念：

1. “以人为本”的理念要求经济领域应“以消费者为本”

消费者和经济最为密切。人们首先必须吃、喝、住、穿，然后才能从事政治、科学、艺术、宗教，等等。吃、喝、住、穿，是消费者在天地间的第一要义。因此，人人都是消费者，“以人为本”，在经济领域内，就是以消费者为本。“以消费者为本”是现代社会“以人为本”理念的要求，是着力解决关系人民群众切身利益的突出问题的必然要求。消费者的保护应是经济法的第一要义。

2. 从经济学的理论看，消费者应该得到优先保护

根据马克思主义的经典理论，消费是社会再生产完整运行体系的一个不可缺少的环

---

① 史际春：《探究经济和法互动的真谛》，138页，北京，法律出版社，2002。

② 漆多俊：《经济法价值、理念与原则》，载《经济法论文选萃》，北京，中国法制出版社，2004。

③ 张守文：《经济法理论的重构》，292～293页，北京，人民出版社，2004。

④ 参见单飞跃：《经济法的理念与范畴的解析》，北京，中国检察出版社，2002。

⑤ 史际春、李青山：《论经济法的理念》，载《华东政法学院学报》，2003（2）。

节。马克思在著名的《〈政治经济学批判〉导言》中，科学分析了生产、分配、交换、消费四个社会再生产环节的相互依存、互相媒介的辩证关系，并把生产看成是手段，把消费看成是目的，而分配和交换则是中间的过渡环节。消费是生产的出发点，是生产的目的。“没有需要，就没有生产。”对消费者权益的保护，有利于消费的实现，也能促进生产。亚当·斯密在其名著《国富论》中指出，“消费是一切生产的唯一目的，生产者的利益，只有在能促进消费者利益时，才应加以注意。”只有当消费者的权利得到充分的保护时，才能刺激消费者的消费需求，从而增加产品和服务的供给，实现国民经济持续增长的目标。因此，无论从消费在抽象的社会再生产环节中的地位看，还是从刺激消费、扩大需求、促进国民经济增长的现实角度考虑，对消费和消费者的保护都应当得到充分的尊重。新常态下在消费需求上，模仿型、排浪式消费阶段基本结束，个性化、多样化消费渐成主流。

3. 消费者处于弱者地位，应该给予特殊的保护

相比经济管理者和生产经营者，消费者处于弱者的地位，法律应给予特殊的保护，因为：第一，在消费者与经营者的交易中，经营者与消费者的利益形态不同，经营者所承担的是经济风险，而消费者除了承担经济风险还必须承担生存风险，因为消费品本身可能存在危害人身和财产安全的风险。第二，在消费品交易中，经营者的利益可以得到及时的满足，而消费者的需求只有在交易完成、获得并使用消费品后才能得到满足，双方的利益并不平衡。第三，经营者和消费者的信息掌握程度严重不对称。在消费者和经营者的关系中，信息天然地集中在经营者一方，经营者从事商品、服务的生产与提供，有关商品的成分、性能、构建、功能、作用、成本等与商品、服务本身有关的各种信息由经营者天然地垄断，消费者对商品、服务的认识在绝大多数情况下必须依靠经营者提供的信息才能实现，如果经营者提供不真实或者不充分的信息，消费者就可能作出错误的判断和选择。尤其随着科技的发展，商品和服务越来越复杂，消费者对商品或者服务作出准确的判断几乎不可能。第四，经营者可能处于垄断的地位。在不完全竞争的市场中，垄断者支配市场，消费者无其他选择，不得不购买垄断者提供的产品或服务，不得不接受质次价高的消费品。

因此，与实力强大的经营者相比，分散、弱小的消费者显然处于弱者地位。在消费者和经营者的利益衡量中，消费者应当优于经营者得到法律的保护，以实现实质的公平正义。另外，管理者负有保护消费者和经营者权利并监督经营者履行相应义务的职责，且现代社会越来越强调政府的服务行政，管理者的权力配置均应以消费者和经营者的保护和规制所需为其界限，政府的权力是手段而非目的。因此，在经济法的视野中，在其主体的体系构造中，消费者应处于核心地位；经营者的生产经营目的是为消费者提供有偿服务与商品，管理者应服务于消费者和经营者。对于所有的经营者与管理者而言，消费者是“上帝”。这是“以人为本”的应有之义，也是经济法的立法必须加以贯彻的理念。

（二）社会整体利益优先

经济法是社会整体利益本位法。从维护社会整体利益或公共利益出发，是经济法独立和存在的根本依据之一。因此，经济法在调整经济关系的过程中，应注意发挥其利益协调的功能。在社会整体利益与个体利益发生冲突时，国家权力的介入应使个体利益服从于社会整体利益。强调社会整体利益优先原则并不等于国家权力可以任意地介入私人领域并侵害私人利益，相反，国家权力在介入经济生活的过程中必须遵守合法性的要求，在介入的范围、程度、条件、程序等诸方面都应如此。在履行社会整体利益优先原则时，特别要防

止国家经济职能机关借维护社会整体利益之名，滥用国家权力，侵害个人或经营者的权益。社会经济总体效益优先，兼顾社会公平，是各国经济法普遍适用的基本原则。

(三) 实质公平

相对而言，实现形式公平难，而要做到实质公平就更难。需要更好发挥政府的作用，促进经济社会实质公平。

公平与效率是任何法的基本价值，经济法也要维护和实现公平与效率价值。但是，价值是一个由多元要素构成的、以多种形态存在的体系，在该体系内部多元价值要素的位阶并非固定不变，在社会发展的不同阶段和特定时期，总有一种价值处于某一法律部门相对优先地位，因此，公平价值和与其相对应的效率价值在不同法律部门的地位是不同的。对经济法来说，它所确认和保护的公平是形式与实质相统一的公平，是社会总体公平。社会公平反映经济法本质特征，是其基本的目的价值。与效率价值相比，它处于优先地位。这是因为：

第一，在市场经济条件下，公平与效率是有分工的，市场追求效率，政府管理社会公平。政府是维持社会安定的，它的职能是实现社会公平。经济法赋予政府经济管理职能与职责，通过对资源的合理分配、对市场主体的全方位服务、对市场主体的全生命周期监管，促进社会公平。市场机制能够激发社会成员创造倍增的大量社会财富，却无法自动实现社会财富的公平合理分配，这是市场机制作用最大的局限。换言之，市场主体的逐利本性和效率法则表明，当收入分配结果呈现出较大的差异，甚至高低悬殊时，其内部并不存在一种纠偏的再分配机制。越是运行有效的市场机制，不仅无法改变要素的既有分布状态，而且由于价值规律的作用，分配不公的程度越有自我增强的趋势。因此，必须借助政府的调节机制，以实现公平分配的目标，避免社会发展步入“拉美化陷阱”。公平分配社会财富，作为政府的一种公共服务，通过持续、规范的再分配措施，如预算制度、财政转移支付制度、价格补贴制度、贴息贷款等，以经济法手段矫正不合理的财富分配，避免出现两极分化的“哑铃型”社会分层结构，以期促进社会成员公平分享经济增长的成果，是政府应尽的社会责任，也是市场经济不可或缺也无法提供的公共产品。“效率经由市场，公平通过政府”这句名言，鲜明地指出了公平问题的分量，指出了政府掌握的资源分配与社会公平问题的密切关系。中国经济体制改革三十多年了，但旧有的传统经济体制观念和制度的影响与制约作用仍然很强。目前的国民收入分配格局中，仍然存在着不合理的现象，譬如居民收入在国民收入分配中的比重偏低，在初次分配中工资所占比重偏低，城乡居民不同社会群体之间收入分配的差距还比较大。这些不仅造成了消费与投资关系的不平衡，而且也影响了社会的和谐稳定。当下，收入分配仍然是全社会最热切关注的话题。“改革收入分配”是深化改革的主要任务。

与经济法不同，民法调整商品关系，它反映市场机制的要求，因而它更注重效率价值目标。当然，强调经济法的社会公平值价，并不排斥效率价值。在经济法价值体系中也有效率价值，特别是对资产的利用和对资金的使用也应当注重效率。

第二，实现社会和谐价值是经济法的根本任务。经济法主要调整社会性经济关系，而采用公平合理分配原则和方式是调整社会性经济关系的基石。公平分配社会财富是实现社会和谐的前提之一。改革开放三十多年来，中国由一个贫穷落后的国家成长为全球第二大经济体。然而目前社会的贫富差距却日渐悬殊。综合各类居民收入来看，一般将基尼系数 0.4 作为监控贫富差距的警戒线。而我国基尼系数已越过警戒线，达到了 0.47，表明中国社会的贫富差距已经突破了合理的限度。社会财富、国民收入以及公共资源在社会成员和地区之间的分配，严重偏离了社会公平合理原则，其负外部性是十分显见的。因此，矫正社会财富、国民收入以及公共资源分配不公的现象，实现社会和谐价值是经济法的根本任务。

第三，经济法的公平分配性价值功能强大。法的分配性价值属于法的工具性价值，它具有分配或中介其他价值（如财富、权利等）的作用。法是国家分配社会财富的有力工具，国家通过所有权制度、债权制度、遗产继承制度、劳动法制度、价格法制度、财政预算制度和税法制度等，分配社会财富，使社会成员取得合法的财富。经济法所具有的强大的资源和利益配置的功能，使法的工具性价值体系中的分配性价值在经济法中体现得十分充分。国家可以通过利用经济法的分配性价值，促进法所中介的价值目标的实现，尤其是和谐价值目标的实现。

经济法是通过公平分配、公平交易、限制市场的自由放任和合理调控经济的经济法制度来实现社会实质公平的。从我国现实情况来看，影响社会公平的因素主要有分配不公、价格扭曲、权力经济、不适当的差别政策、税收不公、不正当竞争和垄断等因素，而要克服这些因素，民法是难以发挥其作用的。因此，经济法必须把维护社会公平作为自己的一项基本原则。

（四）平衡协调

怎么平衡以达到利益协调、产业协调、地区协调、经济发展方式的协调？就要更好地发挥政府的作用。经济法通过市场规制与宏观调控法律制度，促进政府更好地发挥服务、监管和调控作用，实现多元利益协调、产业协调、地区协调、经济发展方式的协调。

德国著名法学家耶林指出："法律的目的是平衡个人利益与社会利益，实现利己主义与利他主义的结合。"① 但是，由于法律部门的个性差异，其对平衡理念的追求也不相同。经济法崇尚平衡、器重协调方法。国内一些资深的学者主张平衡协调是经济法的一种本质属性，即"经济法是平衡协调法"②。平衡协调是构成经济法理念的基本要素，因为，正是平衡协调原则把全面、协调和可持续发展有机结合起来，成为实现经济法"以消费者为本"核心理念的手段和保障。

"以消费者为本"要求经济社会与人的协调发展。协调发展是指各项发展目标要配合适当，各种发展手段要配合适当，发展时机、发展顺序要配合适当。一方面，在平衡协调理念的视野下，经济增长只是发展目标之一，单纯追求经济增长可能导致经济与社会进步的失调、人与自然发展的不和谐。因为单纯的经济增长并不等于也不能带来社会的全面进步与发展。除经济增长外，发展还包括社会福利的增加、生态环境的改善、人的素质及生活水平的提高，等等。因此，只有在经济与社会、人与环境、物质与精神、当代人与未来人之间实现了平衡，才能算是实现了"以人为本"的目标，否则，很可能陷入有增长无发展，特别是没有进步的恶性怪圈。另一方面，只有大力推进协调发展才能实现平衡。因此，经济法平衡协调的整调理念，能够贯穿到经济法的各种制度与各个环节之中，能够提供促进协调发展的强制动力，实现"以消费者为本"所要求的协调发展。

树立经济法的平衡协调理念，要求经济法的立法和执法要从整个国民经济的协调发展

① 转引自张文显：《二十世纪西方法哲学思潮研究》，129页，北京，法律出版社，1996。
② 刘文华、徐孟洲主编：《经济法》，19页，北京，法律出版社，2009。

和社会整体利益出发，协调多元利益主体的行为，平衡其相互利益关系，以引导、促进或强制实现社会整体发展目标与个体利益目标的统一；在平衡协调理念指导下，实现市场、社会、国家三者之间的互补、互动和平衡协调发展，最终实现社会整体经济利益。

第三节　经济法基本原则

经济法的基本原则是贯穿于经济法制全过程，并为经济法所确认和体现的总的指导思想与根本法律准则。它是经济法的性质、任务、目的、调整对象和调整方法的综合概括，是经济法本质的集中体现。自中国经济法学孕育、形成以来，经济法学界对经济法的基本原则进行了重点研究，从不同角度阐明和概括了经济法的基本原则，形成了多项基本原则。这些经济法基本原则，其表述用词虽不同，但反映的内容较为一致。

1. 经济法的社会本位原则

"法的本位是法的本质的集中体现，是划分法律部门的不可忽视的重要标准。"① "'社会本位'，是以维护社会公共利益为出发点的经济法的本位思想。"② 经济法是社会整体利益本位法。从维护社会整体利益或公共利益出发，是经济法独立和存在的根本依据之一。因此，经济法在调整经济关系的过程中，应注意发挥其利益协调的功能。在社会整体利益与个体利益发生冲突时，国家权力的介入应使个体利益服从于社会整体利益。强调社会整体利益优先原则并不等于国家权力可以任意地介入私人领域并侵害私人利益，相反，国家权力在介入经济生活的过程中必须遵守合法性的要求，在介入的范围、程度、条件、程序等诸方面都应如此。在履行社会整体利益优先原则时，特别要防止国家经济职能机关借维护社会整体利益之名，滥用国家权力，侵害个人或经营者的权益。"社会经济总体效益优先，兼顾社会公平，是各国经济法普遍适用的基本原则。"③

2. 经济法的平衡协调原则

平衡协调既是经济法理念，也表现为经济法的基本原则。所谓"经济法的平衡协调原则，是指经济法的立法和执法要从整个国民经济的协调发展和社会整体利益出发，来协调利益主体的行为，平衡其相互利益关系，以引导、促进或强制实现社会整体发展目标与个体利益目标的统一"④。因为"经济法是协调经济运行的法律。平衡理念是经济法的基本理念，在这一理念指导下，实现市场、社会、国家三者之间的互补、互动和平衡协调发展，最终实现社会整体经济利益"⑤，所以平衡协调原则"是由经济法的社会性和公私交融性所决定的一项普遍原则，是不同社会经济制度下的经济法所共同遵循的一项主导性原则"⑥。

3. 经济法的责权利效相统一原则

责权利效相统一原则，是指在经济法律关系中各管理主体和经营主体所承受的权

① 张忠军：《经济法学》，35页，北京，中国城市出版社，2004。

② 李昌麒等：《经济法与社会法关系考辨》，载法苑精萃编辑委员会编：《中国经济法学精萃》(2004年卷)，北京，高等教育出版社，2004。

③ 漆多俊：《经济法价值、理念与原则》，载《经济法论文选萃》，北京，中国法制出版社，2004。

④ 张忠军：《经济法学》，42页，北京，中国城市出版社，2004。

⑤ 程宝山、周志明：《论经济法的平衡理念》，载吴志攀主编：《经济法学家》(2004)，北京，北京大学出版社，2005。

⑥ 刘文华主编：《经济法》，4版，53页，北京，中国人民大学出版社，2012。

（力）利、利益、义务和职责必须相一致，不应当有脱节、错位、不平衡等现象存在。责权利效相统一原则是在社会主义市场经济或以公有制为主导的市场经济条件下，作为经济法灵魂的一项根本性原则。“责、权、利、效相统一也是经济法与行政法的一个重大区别。”①

经济法的上述三大原则，鲜明地表达了经济法所要追求的价值目标。社会本位原则反映了经济法维护社会公共利益的本位思想；平衡协调原则体现了经济法力求实现实质正义和社会公平；责权利效相统一原则不仅体现了经济法追求的秩序、效率的价值，而且是公有制与市场经济之契合和联结点。经济法这三项原则协同一致，致力于实现社会公正，维护公共利益和市场自由与效率的统一。

第四节　经济法责任问题

近年来，我国经济法学界在经济法责任理论领域取得研究成果，提出了经济法责任独立性的观点。目前，关于经济法责任独立性的主要观点分为以下三大类。

一、经济法责任的固有与援引说

该说肯定经济法有自己独立的法律责任，但认为经济法责任应该包括两种：一种是经济法所固有的法律责任，指由经济法本身的性质和特征所决定的经济责任和组织监管责任。另一种是经济法援引的法律责任，包括行政责任和刑事责任等。②

二、经济法综合责任说

该说在经济法责任理论中产生最早，横跨历史阶段最多，影响也最大。该说在承认经济法具有自己独立法律责任的基础上，否认经济法责任有自己独立的法律责任形式，进而认为经济法上的法律责任或者只是直接借用传统的民事责任、刑事责任、行政责任的责任形式，或者就是由上述三类传统责任构成的综合责任制度。③

三、经济法责任独立说

该说积极肯定经济法责任是与民法责任、刑法责任和行政法责任等相并列的独立法律责任，对所谓的“综合责任说”提出质疑，强调经济法责任可以有自己独立的法律责任形式，而并非对传统民法、刑法、行政法法律责任形式的简单综合。④ 有的学者超越传统的

---

① 刘文华：《中国经济法基础理论》，156页，北京，学苑出版社，2002。

② 参见刘瑞复：《经济法原理》，2版，36页，北京，北京大学出版社，2002。

③ 参见陶和谦主编：《经济法学》，53页，北京，群众出版社，1983；张宏森、王全幸主编：《中国经济法原理》，114页，上海，上海社会科学出版社，1989；刘文华主编：《新编经济法学》，62页，北京，高等教育出版社，1993；吕忠梅、刘大洪：《经济法的法学和法经济法学分析》，166页，北京，中国检察出版社，1998；程信和：《发展、公平、安全三位一体——经济法学的基本范畴问题探析》，载《华东政法学院学报》，1999（1）；李昌麒主编：《经济法学》，121页，北京，中国政法大学出版社，1999；杨紫烜、徐杰主编：《经济法学》，34页，北京，北京大学出版社，2001，等等。

④ 参见石少侠：《经济法新论》，95页，长春，吉林大学出版社，1996；漆多俊：《经济法基础理论》，3版，191～195页，武汉，武汉大学出版社，2000。

法律部门和法律责任理论，运用经济分析方法从公私成本补偿的角度讨论了经济法责任的归责基础，基于经济学的基本假设论述了经济法责任与经济法二元主体结构及相关权益结构的关联性，进而对一些具体的经济法责任形态进行了典型性分析。[①] 有的学者更加关注对经济法具体责任形式的挖掘和提炼，认为经济法责任具有鲜明的社会性和经济性，因此经济法责任形式主要包括财产和其他经济利益方面的责任、经济行为方面的责任、经济信誉方面的责任、经济管理行为方面的责任等。[②]

本书认为经济法责任是与民法责任、刑法责任和行政法责任等相并列的独立法律责任，而承担经济法责任的具体形式包括哪些，还需要进行总结与理论概括。

第五节　中国经济法学产生与发展历程

经济法的面世，是各国市场经济法律体系发展在20世纪的重要成果之一。经济法学在中国的出现肇始于20世纪30年代中华民国时期[③]，但现代中国经济法学（即我国社会主义经济法学）是在20世纪70年代末开始的中国经济体制改革、民主法制建设和法学复兴的大背景以及经济法现象大量出现的基础上产生的。从1978年缘起至2015年，中国经济法学已经走过了37年的历程，笔者将其产生与发展历程划分为三个阶段。

一、中国经济法学孕育形成阶段（1978年至1983年）

以研究对象特定化、研究人员专门化、研究队伍规模化为学科形成标准，笔者认为1978年至1983年应是中国经济法学的孕育形成阶段。从1978年开始，中国实行改革开放政策，进行以经济建设为中心的社会主义现代化建设，并提出大力加强民主法制建设。大规模的改革与建设，触动了经济关系演变与发展，社会上出现了各种经济主体之间以及不同经济个体与国家或社会整体之间的经济利益的冲突现象，为了调节与平衡经济利益，解决不同经济行为所引起的矛盾与冲突，使社会经济健康有序地发展，在经济领域有越来越多的制度和管理措施需要得到经济立法的支持与巩固，客观上要求有专门调整改革中出现的新经济关系的法律部门，中国经济法应运而生。这一时期经济立法成果初显：1979年制定《中华人民共和国森林法（试行）》《中华人民共和国中外合资经营企业法》，1980年制定《中华人民共和国个人所得税法》，1981年制定《中华人民共和国经济合同法》等十多部经济法律。

在经济体制改革、民主法制建设、经济法律现象涌现和法学复兴的大背景下，一大批从事法学、经济学和管理学的学者都对“经济法”的探究产生了浓厚兴趣，并投入精力开展研究。1981年刘隆亨教授的《经济法简论》在北京大学出版社公开出版发行。与此同时，以中国人民大学学者译的［苏］莫斯科大学与斯维尔德洛夫法学院合编的《经济法》（1980年）[④]、［苏］B. B. 拉普捷夫主编的《经济法理论问题》（1981年）[⑤] 和辽宁大学学者

---

① 参见张守文：《经济法责任理论之拓补》，载《中国法学》，2003（4）。

② 参见漆多俊：《经济法基础理论》，190～195页，武汉，武汉大学出版社，2001。

③ 参见张世明：《中国经济法历史渊源原论》，252页，北京，中国民主法制出版社，2002。

④ 该书由中国人民大学苏联东欧研究所译，中国人民大学出版社1980年出版。

⑤ 该书由中国人民大学法律系民法教研室译，中国人民大学出版社1981年出版。

编著的《日本经济法概要》（1982年）[①] 等论著为代表的国外经济法文献公开出版发行。这一期间，“经济法各类读物至少有54种，经济法学的论文、译文和其他文章至少有320篇”[②]；1981年8月成立“国务院经济法规研究中心”，各高校纷纷组建经济法教研室，从而形成了庞大的经济法学研究队伍；“从1980年起一些院校陆续开设了经济法课程，标志着中国经济法学的形成”[③]。这一时期，法学界多数学者承认经济法是中国新兴的法律部门，但对中国经济法的调整对象范围的认识过于宽泛，当时占主流的观点认为经济法是包括合同法、劳动法、环保法在内的调整经济关系的法，“认为经济关系包括横向经济关系和纵向经济关系，这就是我们通常认为的‘大经济法’”[④]。因此，这一阶段也可称为“大经济法学”阶段。此时经济法学研究不仅对象宽泛，而且明显带有计划经济和苏联法学影响的痕迹。

二、经济法学的调整与过渡阶段（1984年至1991年）

1984年党的十二届三中全会通过《关于经济体制改革的决定》，提出实行有计划商品经济体制。1986年4月六届全国人大第四次会议通过《中华人民共和国民法通则》（以下简称《民法通则》）。《民法通则》的颁布从立法上确立了经济法的地位，同时大体上划分了民法与经济法的调整对象的范围。在实行有计划商品经济体制和经济法地位确立的背景下，中国经济法学发展思路进行了调整，发展开始向深度推进。这一时期经济法学界大多数学者不再坚持“大经济法”的观点，而主张经济法调整经济管理关系和一定条件下的或者需要国家干预的横向经济关系及企业组织内部经济关系。例如，调整烟草买卖关系的《中华人民共和国烟草专卖法》（1991年）、调整企业内部经济关系的《中华人民共和国全民所有制工业企业法》（1988年，以下简称《企业法》）等属于经济法的体系。因此，在这一时期由于中国经济体制改革处于有计划商品经济向市场经济过渡的阶段，所以反映在经济法学的发展上也呈现出明显的调整与过渡性特点。

三、经济法学成熟与稳定发展阶段（1992年至2015年）

1992年党的十四大提出建立社会主义市场经济体制的目标。1993年3月29日八届全国人大第一次会议通过的宪法修正案，把“国家实行社会主义市场经济”“国家加强经济立法，完善宏观调控”等内容载入了宪法，这为建立和发展社会主义市场经济提供了宪法依据，对经济法的发展具有重大意义。在这一时期，全国人大常委会把加快经济立法作为第一位的任务，大胆探索，勇于实践，围绕市场经济体制的主要环节，努力构筑社会主义市场经济法律体系框架。自1979年至2015年，国家制定的属于经济法体系内的经济法律有五十多件，其中包括：在规范经济主体方面，制定了企业法、中外合资经营企业法、公司法、企业破产法、商业银行法等；在市场规制法方面，制定了产品质量法、价格法、反不正当竞争法、反垄断法、消费者权益保护法、银行业监督管理法、广告法等；在宏观调控法方面，制定了预算法、企业所得税法、税收征收管理法、中国人民银行法、对外贸易

---

① 该书由辽宁大学日本研究所译，地质出版社1982年出版。

② 肖江平：《中国经济法学史研究》，98页，北京，人民法院出版社，2002。

③ 潘静成、刘文华主编：《经济法》，2版，10页，北京，中国人民大学出版社，2005。

④ 史际春主编：《经济法教学参考书》，4页，北京，中国人民大学出版社，2002。

法等；在振兴经济和能源资源法方面，制定了农业法、土地管理法、森林法、矿产资源法、电力法、煤炭法、节约能源法、民用航空法等。目前，一个独立的比较完整的经济法体系在我国已初步构成。

在这一时期，经济立法的加强，为社会主义市场经济的培育和发展提供了重要的法治条件，也极大地促进了经济法学理论的发展与完善。中国经济法学学术研究与活动交流向广度和深度发展。在经济法总论方面，进一步论证了经济法产生的客观基础，明确了经济法的部门法地位，从法的形式理性与实质理性出发综合分析和构建了以社会为本位的经济法理念和基本范畴，使中国经济法的理论体系更加完善。在经济法分论方面，经济法主体理论摆脱了传统民事主体理论的影响，提出了经济法主体制度、经济法责任制度和以经营者、消费者、社会中间层主体和政府组成的新型主体体系，同时，在现代企业制度、特殊企业形态研究上硕果累累；以反不正当竞争法和反垄断法为核心的竞争法研究异军突起，带动了整个市场规制法理论的全面提升；以财税法、金融法研究为重点的宏观调控法理论研究向纵深发展，并在国际上产生较大的影响；由于国家实施“西部大开发”战略、振兴东北、解决“三农”问题和建设节约型社会的驱动，经济振兴法和资源能源法方面的研究成为热点。总之，自 1992 年以来，中国经济法学学科发展呈现全方位、立体化、精细化的特点，总体上步入了成熟稳定的发展阶段。

第六节　中国经济法学发展的趋势

党的十八届三中全会通过的《中共中央关于全面深化改革若干问题的决定》，是全面推进改革、进一步深化经济体制改革、促进经济社会全面发展的纲领性文件。党的十八届四中全会通过的《中共中央关于全面推进依法治国若干重大问题的决定》，提出建设中国特色社会主义法治体系，建设社会主义法治国家。与此相应，我国经济法学研究工作者应该抓住历史机遇，适应新形势，将经济法学研究水平提升到一个新的层次。经济法学者必须继续解放思想、勤奋敬业、开拓创新，紧扣时代主题，展开卓有成效的研究，将经济法学的研究推进到一个崭新的阶段。展望未来，我国经济法学研究的发展趋势将呈现以下特点：

一、经济法学研究方法将注重社会科学各种研究方法的综合运用

现代社会科学研究，呈现出一种明显的发展趋势：社会科学各学科之间的融合、贯通、互动性增强。这不仅表现在一些概念和范畴（如公平和效率）在学科间的移植和通用上，还体现为理论范式（如寻租理论和控权理论）和思维模式的彼此渗透和相互影响上，更突出展现为各种研究方法的广泛吸纳与综合运用方面。经济法学研究要广泛采用社会科学的各种研究方法，拓宽研究视野和途径，开辟经济法学研究的新境界。

二、经济法学研究将更加关注本土资源

中国经济法中的诸多理念与制度，因其依托于中国特定的社会背景、历史文化、特定的经济发展阶段，而都具有特定的时空维度和典型的本土色彩。基于中国社会主义市场经济模式的经济、社会状况而产生的法律意识、法律机制环境以及学者本身长期形成的研究习惯，都会构成经济法学赖以存续和发展的路径。中国经济法的发展有着丰富的本土资

源，我们在借鉴、移植国外的立法例时必须使之与本土法律资源、本国经济发展相协调。只有立足于本土资源、本国的经济实践，经济法的发展才能把握住社会前进的脉搏。

三、宏观调控法研究将向系统化、规模化、精准化方向推进

随着市场在我国资源配置中起决定性作用地位的确立，宏观调控体制改革的深化越来越成为向市场经济体制转轨的重心。今后的改革将会致力于宏观调控体制改革和制度创新，其核心是政府改革及职能转变，改进和完善政府的决策和执行机制，正确处理政府与市场的关系，形成政府与市场的良性互动。经济法学是一门应用性很强的部门法学科，又是与市场经济建设联系最为密切的法学学科，因此，宏观调控体制改革和制度创新必然导致经济法学中的宏观调控法研究将向系统化、规模化、精准化方向推进。

四、经济法的基础理论研究与各部门法、具体制度研究联系将更加紧密

经济法的研究应当深化基础理论研究，否则，经济法就不可能得到大的发展，就不可能向深度和广度掘进和拓展。但是，经济法的研究同样要注意经济法的各个部门法、各具体制度的研究，没有各部门法、各具体制度的深入、广泛的研究，经济法的基础理论也不可能得到丰富和发展。所以必须强调经济法基础理论的研究要深化，经济法部门法、具体制度的研究要强化，前者应从后者吸取营养，后者应得到前者的有效指导，从而实现前述的两者之间的良性循环和共同发展，达到经济法研究与实践中的理论指导制度、制度反衬理论的良性互动。目前在这方面仍需作进一步努力。

五、促进经济法的实施将是经济法学研究的中心任务

改革开放三十几年来，毋庸置疑，我国经济法立法工作取得了巨大成就，具有中国特色的经济法体系已基本形成。但是，我国经济法的贯彻实施状况不容乐观，存在的问题较多，距离经济法治的目标还有相当的差距。经济法学研究必须针对经济法治建设中的这些趋势和问题，及时地提出立法修改建议和制度建设措施，为修改和完善立法提供依据和参考。

【问题与思考】

1. 经济发展新常态与中国经济法

在2014年亚太经合组织工商领导人峰会开幕式上，习近平总书记指出，“中国经济呈现出新常态，有几个主要特点。一是从高速增长转为中高速增长。二是经济结构不断优化升级，第三产业、消费需求逐步成为主体，城乡区域差距逐步缩小，居民收入占比上升，发展成果惠及更广大民众。三是从要素驱动、投资驱动转向创新驱动。新常态将给中国带来新的发展机。”2014年12月召开的中央经济工作会议指出，认识新常态，适应新常态，是当前和今后一个时期我国经济发展的大逻辑。我国理论界也对新常态展开了深入的研究，认为我国社会主义市场经济发展已经进入新常态阶段。中国经济发展新常态的思想观点，是我国当代马克思主义经济理论的科学发展。

思考：以上述材料为线索，研究分析以下问题：当前我国经济发展新常态有何特点？

我国经济法为什么要适应新常态？经济法的发展如何反映新常态？经济法制度的改革与发展如何适应新常态？

2. 收入分配制度改革与中国经济法

2014 年，党中央、国务院在全面分析经济社会发展形势、统筹协调各方面利益关系的基础上，经过反复研究，决定改革公务员工资制度，规范公务员收入分配秩序。2014 年 9 月，经国务院批准，人事部、财政部印发《公务员工资制度改革实施办法》。我国公务员工资制度遵循的原则是：按劳分配原则、社会平衡原则、公平竞争原则、增强激励原则、正常增资和物价补偿原则等。要体现科学化、规范化、制度化、法制化。在统一原则指导下，根据我国国情和改革发展的实际，通过立法建立公务员薪酬制度统一的体系，使公务员工资在统一的目标、原则、依据、方法的指导下运行，将公务员的工资标准、增资方式和调整程序等用法律的形式确定下来。目前，我国收入分配领域存在一些不容忽视的问题，城乡之间、地区之间、行业之间的收入差距不断扩大，一些行业收入水平过高，分配秩序比较混乱。推进公务员工资制度改革，重在建立公务员工资分配新机制和一个好的制度框架，同步推进事业单位工作人员收入分配制度改革，并对机关事业单位离退休人员待遇作适当考虑。深化收入分配制度改革，必须让全体人民享受改革发展的成果。

思考：以该材料为例，分析经济法的理论和基本原则对收入分配制度改革具有哪些指导意义？

3. “以人为本”的科学发展观与中国经济法

“坚持以人为本，树立全面、协调、可持续的发展观，促进经济社会和人的全面发展”，是党的十六届三中全会对我们党所倡导的科学发展观作出的高度概括。具体来说，有这样几层含义：其一，充分肯定人在经济社会发展中的主体地位和作用。既要强调人在经济社会发展中的主体地位，又要强调人在经济社会发展中的主体作用。其二，经济社会发展必须坚持尊重人、解放人和塑造人。尊重人，就是尊重人的社会价值和个体价值，尊重人的独立人格、不同需求、能力差异，尊重人的创造和权利。解放人，就是不断冲破一切束缚人的聪明才智充分发挥的体制、机制、观念。塑造人，就是既把人塑造成权利的主体，又把人塑造成责任的主体。其三，在研究和解决经济社会发展问题时，既要坚持并运用历史的尺度，又要坚持并运用人的尺度，真正着眼于依靠人、为了人。①

思考：以该材料为例，分析中国经济法如何贯彻和落实“以人为本”的科学发展观。

---

① 参见许晓平：《以人为本：科学发展观的基本价值取向》，载《人民日报》，2004-06-07。

第二章 经济法主体

参考文献

（一）著作

1. 刘文华主编．经济法．4版．北京：中国人民大学出版社，2012．第五，六章

2. 李昌麒，刘瑞复主编．经济法．北京：法律出版社，2004．第四章

3. 徐孟洲．耦合经济法论．北京：中国人民大学出版社，2010．第七章

4. 史际春主编．经济法．2版．北京：中国人民大学出版社，2010．第九章

5. 王全兴．经济法基础理论专题研究．北京：中国检察出版社，2002．第八，九，十章

6. 张守文．经济法理论的重构．北京：人民出版社，2002．第十四章

（二）论文

1. 张士元．论经济法主体．见：杨紫烜主编．经济法研究．第1卷．北京：北京大学出版社，2005

2. 徐孟洲，谢增毅．论消费者及消费者保护在经济法中的地位．现代法学，2005（4）

3. 李友根．论经济法主体．当代法学，2004（1）

4. 徐孟洲，叶姗．经营者：基经济法规范与原理的分析．现代法学，2007（5）

参考法规

1.《中华人民共和国反不正当竞争法》(1993 年) 第 2 条
2.《中华人民共和国价格法》(1997 年) 第 3 条
3.《中华人民共和国消费者权益保护法》(2013 年修订) 全文
4.《中华人民共和国广告法》(2015 年修订) 第 2 条
5.《中华人民共和国反垄断法》(2007 年) 第 12 条

引例　查处和打击非法经营问题

《楚天时报》2015 年 7 月 22 日报道：大冶市金牛镇个体经营者王某未经许可非法经营烟草专卖品，严重扰乱市场秩序。2014 年 1 月，王某从他人手中购进卷烟准备对外销售，在金牛镇接货时被大冶市烟草专卖局执法人员抓获，当场查获“游泳”牌、硬“中国梦”黄鹤楼牌卷烟 226 条，经湖北省烟草专卖局认定卷烟价值 2.5 万余元。后经湖北省烟草产品质量监督检验站检验，以上查获的卷烟均系伪劣卷烟。《合肥晚报》2015 年 7 月 23 日报道：今年以来，高新区市场监管局联合蜀山区烟草专卖局针对高新区内无证、无照经营的商户进行查处，截至 6 月底，共立案 13 起，结案 6 起。非法经营，是指未经许可经营专营、专卖物品或其他限制买卖的物品，买卖进出口许可证、进出口原产地证明以及其他法律、行政法规规定的经营许可证或者批准文件，以及从事其他非法经营活动，扰乱市场秩序，情节严重的行为。《证券法》规定，中介机构从事股票交易，必须有“证券从业资格证书”。2006 年 12 月 12 日，国务院办公厅发布《关于严厉打击非法发行股票和非法经营证券业务有关问题的通知》，其中也强调，要“将非上市公众公司监管纳入法制轨道”。

对经营者未经许可非法经营烟草专卖品、非法发行股票和非法经营证券业务等的查处、取缔，涉及经济法主体的含义、资格取得以及未取得主体资格而非法从事经济活动的严重后果等经济法问题。

法的一切制度安排都是通过确认法律主体资格，赋予其权利（或权力）和要求其履行义务（或职责），从而规范主体的行为，调整主体之间发生的社会关系，使一般的社会关系上升为法律关系。法律主体，就是法律关系的参加者，是法律关系中权利（或权力）的享受者和义务（或职责）的承担者。① 法律主体问题是任何部门法学研究的基本问题之一。经济法主体是经济法学的一个基本范畴。研究经济法主体问题对于构建完备的经济法体系、深化和完善经济法学理论都具有重要意义。

① 参见孙国华、朱景文主编：《法理学》，364 页，北京，中国人民大学出版社，1999。

第一节　经济法主体的概念和体系结构

一、经济法主体的含义

经济法主体是经济法律关系构成的基本要素，是经济法律关系的直接参与者。它既是经济权利（或权力）的享受者，又是经济义务（或职责）的承担者。具体而言，所谓经济法主体，是指具有直接从事或管理生产经营、分配、交换、消费活动的经济权利能力和经济行为能力，依法成立并能独立享受经济权利（或权力）和承担经济义务（或职责）的主体。为理解这一定义，应当把握以下几点：

1. 经济法主体是一种独立的法律主体

所谓独立的法律主体，是指在任何一种法律关系中能直接参与，并以自身的行为享受权利、承担义务，对其行为的法律后果承担责任的主体。某种社会主体能以自身的法律行为参与某种法律关系，理所当然地成为不同法律关系的主体。经济法主体是经济法律关系的直接参与者，它既是经济权利的享受者，又是经济义务的承担者，对其行为的法律后果能够承担法律责任，因此，经济法主体如同民事主体、行政法主体一样，也是一类独立的法律主体。

2. 经济法主体必须是直接从事或管理生产经营、分配、交换、消费活动的主体

法律关系的主体具体地、直接地参与什么社会活动，对于它成为哪种法律关系的主体有决定意义。换言之，法律关系主体参与的社会活动的性质是决定它成为哪个部门法律关系主体的基本依据。因此，经济法主体所进行的经济管理活动和直接从事生产经营、分配、交换和消费活动的性质，是使其成为经济法主体的先决条件。这是经济法主体区别于其他法律关系主体的显著标志之一。

3. 经济法主体具有经济权利能力和经济行为能力

凡是法律关系的主体，都应具有能够依法享有权利和履行义务的法律资格，即权利义务能力，简称“权利能力”。具有权利能力的人要独立地享有权利、行使权利、履行义务，还必须具有行为能力。[①] 民事法律关系主体必须具有民事权利能力和民事行为能力，这主要由民法对民事主体享有民事权利的资格和履行民事义务的能力要求进行规定。经济法主体则必须具备经济权利能力和经济行为能力，这主要通过经济法的具体法律规范对经济法主体享有经济权利的资格和履行经济义务的能力要求进行规定。

4. 经济法主体必须是依法享受经济权利（或权力）和承担经济义务（或职责）的当事人

任何法律关系都是以权利和义务为核心内容的社会关系，而一般的社会关系之所以能够成为权利和义务关系，是因为它是法律调整的结果。没有权利、义务就谈不上什么法律关系，经济法律关系同样如此。经济法律关系的具体权利和义务，必须由经济法主体享有和承担。因此，经济法主体只能是享受经济权利（或权力）和承担经济义务（或职责）的社会主体。经济法主体是经济法律、法规所规定和确认的经济权利（或权力）和经济义务（或职责）的载体，两者互为依存，关系密切。作为经济法主体的经济管理者，其拥有经济管理权力，同时必须履行经济管理职责。

---

① 参见张文显：《法哲学范畴研究》（修订版），101页，北京，中国政法大学出版社，2001。

5. 经济法主体必须是依法成立或合法存在的主体

什么人或组织可以成为法律关系主体以及成为何种法律关系的主体，是由一国的法律规定或确认的。[①] 任何法律关系的主体都必须依法成立或合法存在。民事主体由民事法律规范所规定或确认，经济法主体则必须由经济法的具体法律规范所规定或确认，这是经济法主体得以确立的基本前提。因此，经济法主体必须是依照经济法规范成立或者由经济法规范确认其合法存在资格的法律关系主体。

二、经济法主体体系结构

法律部门的调整对象决定着该部门法的法律关系的主体。因此，经济法的调整对象对经济法的主体体系结构的组成具有决定意义。经济法的主体种类的确定及主体体系结构的形成在很大程度上是由经济法的调整对象决定的。而经济法所调整的对象是发生在社会生产与再生产领域的市场规制关系和宏观调控关系。凡是依照国家法律的规定，有权参加上述经济法律关系，并以自己的法律行为承担一定法律后果的社会主体，均能成为经济法的主体。

关于经济法的主体体系，有学者从理论上加以概括，例如决策主体、管理主体与实施主体，经济管理主体与经济活动主体，管理主体与管理受体、规制主体与受制主体等。[②] 但这些概括过于理论化，缺乏现行法的支持。也有学者沿用一般法律或者民法的主体，将经济法的主体概括为自然人、法人和其他组织或国家、社会组织和公民等，而这无法反映经济法主体的特定身份及经济法主体所承载的特殊权利义务。近年来，有学者将经济法的主体概括为经营者、消费者和政府。[③]

经济法主体的概括及类型化必须表明该类主体承载着经济法的权利（权力）义务（职责）。笔者认为，将经济法的主体概括为消费者、经营者和经济管理者三类，能够体现经济法调整的市场规制关系和宏观调控关系的要求，能够表明经济法主体所承载的经济法的权利（权力）、义务（职责）的特殊性。在消费者、经营者和经济管理者这三类主体体系中，消费者和经营者的概念已经为我国《反不正当竞争法》《反垄断法》《价格法》和《消费者权益保护法》等所使用，并且法律对其也有明确定义，是经济法律、法规确认和保护的对象。我国《反不正当竞争法》第 2 条规定："本法所称的经营者，是指从事商品经营或者营利性服务（以下所称商品包括服务）的法人、其他经济组织和个人。"我国台湾地区在"消费者保护法"中也将"企业经营者"作为法律的概念，规定"企业经营者：指以设计、生产、制造、输入、经销商品或服务为营业者"。"企业经营者"和"经营者"的外延是相近的。宏观调控法中规制的对象为经济管理者，调控的经济关系也主要作用于经营者、消费者的行为而实现。因此，消费者和经营者是经济法确认和保护的典型的固有的主体。

此外，作为经济管理者的国家、各级政府及其国家机关，它们在社会经济生活中或充当市场监管主体或充当宏观调控的实施机关，从而成为经济法调整的市场规制关系和宏观调控关系的参加者，承载着经济法的权利（权力）、义务（职责），因此，当国家、各级政

---

① 参见张文显：《法哲学范畴研究》（修订版），102 页，北京，中国政法大学出版社，2001。

② 参见肖江平：《中国经济法学史研究》，238～240 页，北京，人民法院出版社，2002。

③ 参见李友根：《论经济法主体》，载《当代法学》，2004（1）。

府或者国家机关参加经济法律关系时，它们也是经济法的主体。各级政府是国家的主要经济管理者，但除了政府之外，其他国家机构或者组织也行使经济管理的职能，也可以成为经济法的主体，例如，国家权力机关也行使经济管理、监督的职能，要对国家预算进行审批和对特别重大的经济个案进行监督。由此可见，国家权力机关也可以成为经济法的经济管理者主体。再者，行业协会或者其他组织（例如银行业协会、商会、消费者保护组织）等具有准公共职能的机构，经法律授权行使经济管理职权时，也可以成为经济法的管理主体。而这些经济管理主体难以被纳入政府的范畴。因此，将经济法的一类主体概括为"经济管理者"，一方面可以反映其在经济法中承担的经济管理职能，另一方面又可以将政府之外的承担经济管理职能的机构和组织纳入经济法的主体体系，应更具说服力。需注意的是，此处的经济管理者仅指国家、各级政府或者国家机关和其他依法承担公共管理或行业管理职能的机构，非指企业管理者。它们作为经济法的主体时，主要以公共管理者的身份出现。①

第二节　消费者

一、消费者的概念

在经济学上，消费者是与政府、企业相并列的参与市场经济运行的三大主体之一，是与企业相对应的市场主体；在法学上，消费者是各国的消费者保护法的主体，也是经济法的基本主体。② 经济法的消费者，是指为了日常生活或公共产品消费需要而购买、使用商品、公共产品（以下所称商品包括公共产品）或者接受服务，享受消费服务权益的社会个体，主要包括为了满足生活消费或公共产品消费需要而购买、使用商品或者接受服务的自然人，也包括有上述行为的法人和其他社会组织。③ 消费者是经济法的核心主体。

众所周知，在国民经济活动的整个领域主要有三大主体之间的活动及所发生的关系，即国家或政府、企业（生产经营者）和消费者。它们之间的运作又集中反映为国家或政府和企业的管理与被管理的关系，国家或政府和消费者之间的指导、保护与被指导、被保护的关系，以及经营者与消费者之间因消费者购买、使用商品或者接受服务而发生的关系。这三种经济关系均是经济法所调整的对象，而后两者均直接关系着消费者这一主体。而法律调整国家与经营者之间关系的最终目的，也应是满足消费者物质和文化的需要。因此，消费者应是经济法的核心主体，它在经济法主体的体系构成中占有中心地位。

经济法的消费者的消费活动主要是指生活消费。作为社会再生产四大环节之一的消费既是生产、交换和分配这三个环节的目的，也是它们活动的归宿。而消费有两大领域，即生产消费和生活消费：生产消费是以物质资料生产为目的的劳动力和生产资料的消费，而生活消费是以劳动力的再生产为目的的生活资料的消费，主要是自然人的消费。生活消费又主要表现为购买和使用各类物质资料，即商品的消费和接受各种形式服务，如商业性劳

---

① 参见徐孟洲、谢增毅：《论消费者及消费者保护在经济法中的地位——"以人为本"与经济法主体和体系的新思考》，载《现代法学》，2005（4）。

② 参见张守文主编：《经济法学》，2版，356页，北京，北京大学出版社，2006。

③ 参见张士元：《论经济法主体》，载杨紫烜主编：《经济法研究》，第1卷，129页，北京，北京大学出版社，2005。

务服务、文化教育劳务服务、政府公共事业劳务服务、卫生保健劳务服务、旅游劳务服务、信息劳务服务，等等。法律所规范和保护的消费者行为主要是指消费者生活消费，其范围包括购买商品、使用商品和接受服务这三项内容，即法律所调整的生活消费的形式既包括购买商品和接受服务这两种形式，还包括使用商品这种形式；当商品的使用者与购买者，不是同一个主体时，商品使用者的权益也受到法律保护。

经济法的消费者主要是指作为消费者的自然人，但也应该包括有偿取得商品和服务、满足生活资料消费或公共产品消费需要的法人和其他社会组织。对消费者的外延一般有两种界定：一种是狭义的消费者，仅指购买、使用或者接受服务的自然人；另一种是广义的消费者，不仅包括自然人，还包括购买、使用或者接受服务的法人和其他社会组织。

许多国家和国际组织采用狭义的解释，如国际标准化组织消费者政策委员会（COPOLCO）把“消费者”一词定义为“为个人目的购买或使用商品和服务的个体社会成员”。我国许多法学著作也采用这一提法。

一些国家或地区的法律采用广义的消费者的概念。日本2001年《金融商品销售法》将金融消费者界定为“资讯弱势的一方当事人，即在金融商品交易之际，相对于金融机构的专业知识，一般无论是自然人或法人，基本上属于资讯弱势者”。该法的保护对象，不仅仅是自然人，只要是不具备金融专业知识，即使是法人，也在该法保护范围之内。我国台湾地区2011年6月通过的“金融消费者保护法”第4条规定：“本法所称金融消费者，指接受金融服务业提供金融商品或服务者。但不包括下列对象：一、专业投资机构。二、符合一定财力或专业能力之自然人或法人。”同时，第3条规定：“本法所定金融服务业，包括银行业、证券业、期货业、保险业、电子票证业及其他经主管机关公告之金融服务业。”

我国《消费者权益保护法》第2条规定，“消费者为生活消费需要购买、使用商品或者接受服务，其权益受本法保护”。这里的“消费者”没有明确界定其范围是仅指消费者个人。因此，本书对作为经济法主体的消费者采广义说，即消费者不仅为自然人，也包括法人和其他社会组织。

二、消费者在经济法主体体系中的地位

在确定经济法的主体为消费者、经营者和经济管理者之后，以何者为中心、三者的利益如何衡量就成为一个重要问题。我国经济改革的理论和实践要求，应以消费者为中心构建经济法的主体体系。

1. “以人为本”的理念要求“以消费者为本”

“以人为本”是科学发展观的重要理念。从政治战略层面而言，以人为本，就是要把人民的利益作为一切工作的出发点和落脚点，把人民群众作为推动历史前进的主体，不断满足人的多方面需要和实现人的全面发展。但在法律层面上分析，以人为中心，维护人的尊严，尊重和保护人权，是“以人为本”的尺度。[①]“以人为本”所指之人，虽然也应包括抽象意义上的人，即包括广大的国民及子孙后代，但更多的是指消费层面之自然人，因为，只有自然人才谈得上“人”的全面发展。“以人为本”和经济法的社会责任本位理念不谋而合，两者均强调对经济法的消费者保护的重要意义。因此，笔者认为，“以人为本”

① 参见王建武等：《什么是以人为本?》，载《学习时报》，2004（242）。

在经济法层面的反映应当就是“以消费者为本”，消费者的保护应是经济法的第一要义。

2. 从经济学的理论出发，消费者也应该得到优先的保护

根据马克思主义的经典理论，消费是社会再生产完整运行体系的一个不可或缺的环节。马克思在著名的《〈政治经济学批判〉导言》中，科学分析了生产、分配、交换、消费这四个社会再生产环节的互相依存、互相媒介的辩证关系，并把生产看成是手段，把消费看成是目的，而分配和交换则是中间的过渡环节。消费是生产的出发点，是生产的目的。“……没有消费，也就没有生产”①。消费者权利的保护，有利于消费的实现，也能促进生产。亚当·斯密在其名著《国富论》中指出，“消费是一切生产的唯一目的，生产者的利益，只有在能促进消费者利益时，才应加以注意”②。只有消费者的权利得到充分保护，才能刺激消费者的消费需求，从而增加产品和服务的供给，实现国民经济持续增长的目标。因此，无论从消费在抽象的社会再生产环节中的地位看，还是从刺激消费、扩大需求、促进国民经济增长的现实角度考虑，消费和消费者的保护都应当得到充分的尊重。

3. 消费者处于弱者地位，应该给予特殊的保护

尽管经济法是政府干预经济或者管理经济之法，但是，经济法并非单纯维护国家利益之法，“经济法追求对社会公共利益的保护”③。经济法以维护社会整体利益为自己的价值追求，政府或管理者尽管被赋予了强大的管理职权，但由于管理者的特殊地位，经济法无须对其进行特殊的保护；相反，在赋予其权力的同时，还必须对其权力的行使进行约束和规范，保证其不侵犯经营者、消费者等市场主体的正当权利。相比于管理者和经营者，消费者处于弱者的地位，按照经济法平衡协调理论，经济法应给予其特殊的保护，因为：第一，在消费者与经营者的交易中，经营者与消费者的利益形态不同，经营者所承担的是经济风险，而消费者除了承担经济风险还必须承担生存风险，因为消费品本身可能存在危害人身和财产安全的风险。第二，在消费品交易中，经营者的利益可以得到即时的满足，而消费者的需求只有在交易完成、获得并使用消费品后才能得到满足④，双方的利益并不平衡。第三，经营者和消费者的信息掌握程度严重不对称。在消费者和经营者的关系中，信息天然地集中在经营者一方，经营者从事商品、服务的生产与提供，有关商品的成分、性能、构造、功能、作用、成本等与商品、服务本身有关的各种信息由经营者天然地垄断，消费者对商品、服务的认识在绝大多数情况下必须依靠经营者提供的信息才能实现，如果经营者提供的信息不真实或者不充分，消费者就可能作出错误的判断和选择。尤其随着科技的发展，产品和服务越来越复杂，消费者对商品或者服务作出准确的判断几乎不可能。第四，经营者可能处于垄断的地位。在不完全竞争的市场中，垄断者支配市场，消费者别无他选，不得不购买垄断性经营者提供的产品⑤，不得不接受质次价高的消

---

① 马克思：《〈政治经济学批判〉导言》，载《马克思恩格斯选集》，3版，第2卷，691页，北京，人民出版社，2012。

② ［英］亚当·斯密：《国民财富的性质和原因的研究》，郭大力、王亚南译，227页，北京，商务印书馆，1974。

③ 王保树：《论经济法的法益目标》，载《清华大学学报（哲社版）》，2001（5）。

④ 参见李昌麒等：《消费者保护法》，7页，北京，法律出版社，1997。

⑤ 参见李昌麒主编：《中国经济法治的反思与前瞻：2000年全国经济法学理论研讨会论文精选》，430页，北京，法律出版社，2001。

费品。

因此，与实力强大的经营者相比，分散、弱小的消费者显然处于弱者地位。在消费者和经营者的利益衡量中，消费者应当优于经营者得到法律保护，以实现实质的公平正义。另外，管理者负有保护消费者和经营者权利并监督经营者履行相应义务的职责，而且，现代社会越来越强调政府的服务行政，经济管理者的权力配置均应以消费者和经营者的保护和规制所需为其界限，政府的权力是手段而非目的。因此，在经济法的视野中，在其主体的体系构造中，消费者应处于核心地位：经营者的生产经营目的是为消费者提供有偿服务与商品，管理者应服务于消费者和经营者。对于所有的经营者与管理者而言，消费者是"上帝"。这是"以人为本"的应有之义，也是经济法必须贯彻的基本理念。

三、消费者的一般权利与义务

消费者作为在经济法主体体系中居于核心地位的主体类型，必然享有经济法所规定的权利并承担义务。依据中国经济法理论及经济法法律规范的规定，笔者将消费者的一般权利、义务进行如下归纳：

(一) 消费者的一般权利

1. 自主消费权。消费者作为社会生产、分配、交换、消费等经济环节中的重要主体，应当享有获得产品或享受服务的消费权利。这是所有消费者的最基本的权利，也是消费者主体得以存在的前提。经济管理者和生产经营者必须为消费者提供多样化的产品和服务，以保障其自主消费权的实现。

2. 保障安全权。消费者在经济法律关系中，享有保障人身和财产安全不受侵犯的权利。我国《消费者权益保护法》第 7 条规定了该项权利，具体包括：(1) 人身安全权；(2) 财产安全权。人身安全权包括健康不受损害和生命安全有保障等多方面的内容。人身健康和财产安全的确定，有主观标准和客观标准。主观标准是人们制定的标准，包括国家和有关部门制定的国家标准、行业标准。其中分为强制性标准和推荐性标准。此外，还有企业标准。客观标准即实践标准，是人们在正常使用（无不当使用）的情况下，所应达到的安全标准，亦即消费者有权期待的，不会引起人身、财产安全问题的安全性。客观标准是主观标准的基础，在没有主观标准时则是一种补充。①

3. 知悉真情权。知悉真情权是指消费者享有知悉其购买、使用的商品或者接受服务的真实情况的权利。具体地说，消费者有权根据商品或服务的不同情况，要求经营者提供商品的价格、产地、生产者、用途、性能、规格等级、主要成分、生产日期、有效期限、检验合格证明、使用方法说明书、售后服务或者服务的内容、规格、费用等有关情况。

4. 自主选择权。自主选择权是指消费者在购买产品和接受服务的过程中，享有自主选择生产经营者、自主选择商品品种和服务方式、自主决定购买或不购买商品、接受或不接受服务的基本权利。这是消费者的一项核心权利。现实中的搭售、强卖甚至谩骂、殴打，都是侵犯消费者自主选择权的表现形式。

5. 公平交易权。公平交易权是指消费者在购买商品或者接受服务时享有获得质量保障和价格合理、计量正确等公平交易条件的权利。我国《消费者权益保护法》第 10 条列出的

① 参见潘静成、刘文华主编：《经济法》，2 版，273 页，北京，中国人民大学出版社，2005。

公平交易条件是：（1）质量保障。包括商品质量安全，商品质量能保证其应有的使用性能、符合经营者在其商品上或商品包装上或产品说明中标示的产品标准等内容。（2）价格合理。不得非法牟利，更不可暴利“宰人”。当前存在的问题是：乱涨价、“搭车涨价”、变相涨价以及牟取暴利等。（3）计量正确。应采用正确的法定计量单位，使用经检验合格的计量工具，计算要准确。我国采用国际通用公制。（4）拒绝强制交易权。

6. 获得赔偿权。获得赔偿权是指消费者在购买、使用商品或者接受服务受到人身、财产损害时享有依法请求并获得赔偿的权利。这是弥补消费者所受损害的必不可少的救济性权利，与保障安全权等其他权利紧密相连。

为使受害的消费者能够方便、及时、有效地获得赔偿，联合国《保护消费者准则》第28条规定：“各国政府应当制定并维护法律，使消费者或有关组织能够通过迅速、公平、花费不多和容易进行的正式或非正式的程序取得赔偿。”如设立小额索赔法庭，建立集团诉讼制度等。我国《民事诉讼法》第十三章规定了简易程序；此外，还规定了代表人诉讼以及消费者组织和行政主管机关的调解、仲裁组织的仲裁等。这些都有助于消费者此项权利的落实。

7. 依法结社权。依法结社权是指消费者享有依法成立维护自身合法权益的社会团体的权利。这是宪法规定的公民基本权利中的结社权在经济法中的进一步落实。之所以强调消费者的结社权，主要是基于以下几个方面的考虑：首先，改善消费者在市场交易中的地位。从法律上看，经营者和消费者是平等的。但在实践中，消费者始终处于弱者地位。消费者依法结社可以使消费者从分散、弱小走向集中和强大，通过集体的力量来改变自己的弱者地位，以与实力雄厚的经营者相抗衡。其次，成立消费者社会团体具有实际意义。这些消费者组织在维护消费者合法权益、促进经济发展和维护社会稳定方面起着重要的作用。最后，有利于国际合作。消费者保护运动自20世纪初最早在美国兴起，到50年代末期，许多国家都成立了国家一级的消费者组织。1960年，国际消费者组织联盟在美国、英国、荷兰、澳大利亚和比利时5个国家的消费者组织的发起下宣告成立。1987年9月，中国消费者协会被接纳为该联盟的正式会员。

8. 知识获取权。知识获取权是指消费者享有获得有关消费和消费者权益保护方面的知识的权利。有关消费知识获取权具体包括：关于消费商品和服务的基本知识、关于消费市场和经营者的知识、有关消费者权益保护方面的知识。具体包括：知晓有关消费者权益保护的主要法律、法规；知晓消费者应有的权利和经营者应有的义务；了解有关保护消费者的国家机关和消费者组织；了解保护消费者的各种途径和程序：行政保护、仲裁保护、司法保护、社会保护等。获取知识的方式包括接受教育、自我教育等。其中，自我教育是基础。知识获取权实际上是宪法中的受教育权在经济法律关系中的具体化，这既是消费者的一项权利，也是消费者的一项义务。

9. 维护尊严权。维护尊严权是指消费者在从事经济法律行为时享有人格尊严应当受到尊重、民族风俗习惯应得到尊重的权利。我国《消费者权益保护法》第14条对此作出规定。

10. 监督批评权。监督批评权是指消费者享有对经营者的行为及保护消费者权益工作进行监督和批评的权利。既包括对经营者的行为进行监督，也包括对相关经济管理主体在保护消费者权益工作中的失职、舞弊、腐败等问题进行监督。监督批评的方式包括检举、控告、批评、建议和投诉等。

【背景资料】 **消费者权利的历史渊源**

从历史上看，一般认为，最早提出消费者保护思想的，是1756年英国王室法庭首席法官曼斯菲德。他针对当时法律所奉行的“小心选购，出门不换”主义，提出了“买受人付给完整价金，应获得完美商品”的意见，从而第一个明确阐述了消费者保护的思想。但在世界上最早明确提出消费者权利的是美国总统约翰·肯尼迪。他针对美国消费者问题日益严重的情况，于1962年3月15日向国会提出了关于保护消费者利益的特别国情咨文，即《保护消费者利益的总统特别命令》或称《总统关于消费者利益的白皮书》，指出消费者应享有的四项权利：一是获得商品的安全保障的权利，二是获得正确的商品信息资料的权利，三是对商品有自由选择的权利，四是有提出消费者意见的权利。1969年美国总统尼克松又提出了第五项权利——“消费者的索赔权”，进一步完善了消费者的权利体系。

肯尼迪于1962年3月15日提出的“四权论”影响深远，因此，国际消费者组织联盟于1983年作出决定，将每年的3月15日定为“国际消费者权益日”。“四权论”也逐渐为世界各国所认同并在实践中加以发展，并相继增加了获得合理赔偿的权利、获得有益于健康的环境的权利和享受教育的权利。

目前，各国消费者保护法所规定的权利并不完全一致，例如，1968年的韩国《消费者保护法》规定了7项消费者权利，1984年的西班牙《消费者和使用者利益保护法》规定了消费者的6项权利，我国《消费者权益保护法》规定了消费者的9项权利。在国际组织方面，欧洲《消费者保护宪章》提出5项权利，即：(1) 要求得到保护、援助的权利；(2) 要求损害赔偿的权利；(3) 得到信息的权利；(4) 接受教育的权利；(5) 成立代表机构和获得咨询的权利。1985年4月，联合国大会通过的《保护消费者准则》提出了保护消费者权益的一般原则，实际上是提出了消费者的6项权利，即：(1) 健康、生命安全；(2) 经济利益；(3) 充分的信息和选择；(4) 消费教育；(5) 损害赔偿；(6) 组织团体和表达意见。国际消费者组织联盟提出8项权利，即：(1) 有权得到必要的物品和服务借以生存；(2) 有权得到公平的价格和选择；(3) 有得到安全的权利；(4) 有获得充足资料的权利；(5) 有权寻求咨询；(6) 有得到公平赔偿和法律援助的权利；(7) 有权得到消费者教育；(8) 有权享受一个健康的环境。

马克思曾说过：“权利决不能超出社会的经济结构以及由经济结构制约的社会的文化发展。”[①] 消费者权利的内容（种类），其多少都是相对的，不可能固定不变，也不可能是一个模式。归根结底，它是由各国的社会、经济发展水平、文化水平和法治环境决定的。

(二) 消费者的一般义务

1. 支付相应对价的义务。消费者在享受产品和接受服务的同时，必须支付相应的对价。这是一项广义的义务，不仅指消费者在购买生产经营者提供的商品和接受服务过程中支付对价的义务，也包括消费者在享受国家提供的公共产品和公共服务时，必须履行依法

① 《马克思恩格斯选集》，3版，第3卷，364页，北京，人民出版社，2012。

纳税、依法缴纳相关费用的义务。

2. 节约资源的义务。社会资源是有限的，我们建设的是和谐的、可持续发展的国民经济社会，因此，消费者必须履行节约资源的义务，贯彻国家建设节约型社会的政策。

3. 理性消费的义务。消费者在享有基本权利的同时，也必须履行相应的消费义务，包括自己主动学习获取知识和接受相关的教育，努力学习辨别产品的性能和质量，要做到“理性消费”。

4. 理性维权的义务。消费者在维护自己的消费权益过程中，必须运用法律赋予的手段和途径，不得采取过激和不合法的手段，要做到“理性维权”。

5. 遵守法律的义务。消费者必须遵守国家的法律规定，做一个合格的消费者。

第三节　经营者

一、经营者的含义和法律特征

经营者（即生产经营者），是指以营利为目的，依法获准进入市场，从事商品生产、销售或提供有偿服务的法人、合伙企业及其他社会组织和个人。它是与消费者相对应的另一方当事人（简称“经营者”）。经营者可以是个体经营者，也可以是合伙、企业法人和公司；经营者可以是财产所有者、使用者、收益者，也可以是投资者、生产制造商、销售商、中介组织，等等。经营者作为经济法的主体，它们参与最广泛的商品生产经营和营利性服务，享有充分的自主经营权和财产权，可以进入市场，开展生产经营与公平竞争活动。①

经营者作为经济法的主体，已为诸多具体经济法法律所确认。例如，1993年颁布的《中华人民共和国反不正当竞争法》第1条明确立法宗旨之一就是“保护经营者和消费者的合法权益”，第2条更是明确界定：该法所称的经营者，是指从事商品经营或者营利性服务的法人、其他经济组织和个人。《价格法》第3条第3款规定：“本法所称经营者是指从事生产、经营商品或者提供有偿服务的法人、其他组织和个人。”其他诸如《广告法》《消费者权益保护法》都使用了“经营者”的概念。《产品质量法》中虽多用商品生产者、销售者的概念，但有从事服务经营者一称。于1993年颁布、2002年修订的《中华人民共和国农业法》则直接使用了“农业生产经营组织”的概念，在第2条第2款界定：该法所称农业生产经营组织，是指农村集体经济组织、农民专业合作经济组织、农业企业和其他从事农业生产经营的组织。由此可见，将经营者作为经济法的主体，具有现实基础和法律依据。

经营者作为经济法的主体，具有以下基本法律特征：

1. 经营者是与消费者相对应的一方当事人。在生产、分配、交换、消费的经济生活环节中，除去经济管理主体，就是经营者与消费者的关系最为密切。在我国《反垄断法》《反不正当竞争法》《消费者权益保护法》《产品质量法》《价格法》《广告法》等诸多经济法法律中，都主要从该两者的对应关系上进行具体的法律调整。因此，在经济法领域，经营者必然是和消费者对应的一类经济法主体。

2. 经营者是一个经济实体。作为经营者，无论是充当生产者、销售者或服务的提供者，

---

① 参见张士元：《论经济法主体》，载杨紫烜主编：《经济法研究》，第1卷，127页，北京，北京大学出版社，2005。

还是作为机构投资者、竞争者或纳税人，它首先必须应有相应的财产或经费，是一个能从事经济活动的经济实体，没有进行相应经济活动所需的财产或经费，就不能成为经营者。

3. 经营者以营利为目的。经济法律关系的特征之一就是经济性，因此，参与经济法律关系的生产经营者必然要求是以营利为目的的市场主体，这是生产经营者作为经济法的主体的一个基本特征。因此，不以营利为目的的法人及非法人主体，不能成为经济法上的经营者。即使是以实现特殊政策为目的的特殊企业，虽然不以营利为直接目的，但仍必须讲究一定的营利性，因此，特殊企业可以作为经营者。

4. 经营者必须具有直接从事生产经营活动的经济权利能力和行为能力，是依法获准进入市场的经济活动主体。这是法律资格特征。由法律规定或确认其进入市场从事生产经营活动的资格，是经营者的一个基本特征。凡是不具有直接从事生产经营活动的经济权利能力和行为能力资格的，并未经经济法获准进入市场活动的主体不是经济法上的经营者，例如本章【引例】中的无照经营烟草销售的商户、无“证券从业资格证书”而从事股票交易的中介机构等，就不能成为经济法中的经营者，其违法进入市场从事经济活动的行为也不能获得法律的保护；再如党、团组织、军队等也不能成为经济法中的经营者。经济法关心的是某主体是否有资格进行某项生产经营活动，从中抽象出经营者的概念，而不论其究竟是法人还是法人的内部组织。

5. 经营者行为的价值取向反映了典型的经济法特性。这也是经营者作为经济法的主体区别于其他法律主体的重要特征之一。例如，民法一般以私人利益为出发点，通过确立民事主体地位平等、私有财产神圣不可侵犯、契约自由来保障民事主体的权利和自由；而经济法以社会整体利益（公益）为价值取向，要求经营者承担社会责任。经济法的经营者制度着眼于对市场环境、竞争秩序、社会的整体利益的保护。

二、经营者的分类

经营者根据不同的标准，可以进行多种分类。

根据人数的多少，经营者可以分为组织生产经营者和个体生产经营者。组织生产经营者又分为法人组织生产经营者和非法人组织生产经营者。非法人组织生产经营者包括个人合伙经营者、合伙型联营组织经营者以及法人组织分支机构经营者。例如商业银行的分行、支行，有经营金融许可证，也是经营者；企业的内部承包者只要拥有经营许可证，登记注册，也可以成为生产经营者。

根据承担责任的方式不同，经营者可以分为独立承担责任的生产经营者和非独立承担责任的生产经营者。法人组织生产经营者是典型的独立承担责任经营者，非法人组织生产经营者和个体生产经营者是典型的非独立承担责任经营者。

根据所有制类型的不同，经营者可以分为全民所有制生产经营者、集体所有制生产经营者、民营生产经营者、混合所有制生产经营者等。

根据从事行业的性质不同，经营者还可以分为特殊行业生产经营者（典型如特殊企业）和一般竞争性行业生产经营者（典型如普通的公司、企业）等。

三、经营者的一般权利与义务

（一）经营者的一般权利

1. 所有权及其他物权。经营者对在从事经济法律行为中所投入和获得的财产，享有占有、使用、收益、处分的权利，包括公司的法人财产权等。

2. 自主生产经营的权利。经营者享有自主经营的权利，凡属完全适用市场竞争的经营者，任何单位和政府部门非依法律不得对其下达指令性计划和任务，即使是依法必须受国家指令性计划约束的经营者，也有权接受或者拒绝任何政府部门和单位在指令性计划外安排的生产任务。自主生产经营的权利还包括企业有权自行销售本企业的产品；承担指令性计划的企业，有权自行销售计划外超产的产品和计划内分成的产品，有权自行选择供货单位，购进生产需要的物资。

3. 依法自主定价的权利。经营者依法享有自主定价的权利，具体包括：(1) 自主制定属于市场调节的价格；(2) 在政府指导价规定的幅度内制定价格；(3) 制定属于政府指导价、政府定价产品范围内的新产品的试销价格，特定产品除外；(4) 检举、控告侵犯其依法自主定价权利的行为。这在《全民所有制工业企业法》《价格法》中都有明确的规定。

4. 拒绝摊派的权利。经营者有权拒绝任何机关和单位向其摊派人力、物力、财力。除法律、法规另有规定外，任何机关和单位以任何方式要求经营者提供人力、物力、财力的，都属于摊派。

5. 依法结社的权利。经营者享有依法组成自己的维权组织的结社自由。结社权不仅仅是消费者的权利，也是经营者的权利。尤其是在国际贸易竞争中，经营者通过行使结社权，组成自己的商会或行业协会组织，能够更有利于维护自己的合法权益。

6. 享有平等竞争、公平交易的权利。生产经营者的这项权利包括两方面：一是经营者彼此之间的平等竞争权，包括在市场准入、投资管制、税率、贷款、工商管理等方面应当受到平等的对待，确保社会经济秩序中的公平竞争。有权针对不正当竞争行为依法提出举报和控诉。二是经营者之间及和消费者之间享有公平交易的权利。除国家规定的自然垄断行业的生产经营者不得拒绝给消费者提供商品或服务的情形之外，其他经营者都享有自主选择、公平交易的权利，任何单位和个人不得强制经营者从事交易。

7. 获得救济的权利。经营者的合法权益受到侵害时，有权依法投诉、起诉和要求赔偿。有权利就应当有救济，对任何法律主体都是如此。

（二）经营者的一般义务

1. 遵守法律和国家政策的义务。经营者必须遵守国家法律的规定，这是经营者的首要义务；同时还必须遵守国家的经济政策，如宏观经济政策、产业政策、竞争政策、投资政策等。

2. 遵守公平、诚实、信用的原则和遵守商业道德的义务。这也是经营者必须遵循的一项基本义务。

3. 承担社会责任的义务。无论是企业公司还是个体工商户、自然人，作为经营者，都必须从公共利益与环境保护、对劳动者利益保护等多方面承担相应的社会责任。

4. 依法生产、销售或提供服务的义务。经营者必须依法生产、经营，不得通过非法途径从事生产、经营，不得损害国家、集体和个人的合法权益。

5. 提供符合法定要求或合同约定的商品和服务的义务。经营者必须按照产品质量法、标准化法等法律、法规的规定，或依据有效合同的约定，提供符合相应标准和要求的产品和服务，不得生产国家明令淘汰的产品，不得掺杂、掺假，不得以假充真、以次充好，不得以不合格产品冒充合格产品等。

6. 保障人身和财产安全的义务。在一般正常情况下，这也是经营者的基本义务。经营者应保证其商品的安全性，对于可能危及人身、财产安全的，应说明真实情况、做好明确警示、说明正确使用方法、标明危害防止方法。而且，所作的“说明”“标明”，均应能够让一般知识水平的消费者所能理解和接受。在非正常情况下，即当经营者发现其商品存在严重缺陷，即使正确使用，仍有可能造成消费者人身、财产损害时，经营者必须立即且同时履行报告义务（向有关行政部门报告）、告知义务（告知购买的消费者）、采取防止措施的义务。此外，经营者不得对消费者进行侮辱、诽谤，不得对消费者搜身、搜物，不得侵犯消费者的人身自由。

7. 维护市场秩序和开展公平竞争的义务。经营者在从事市场行为、参与市场竞争活动时，必须维护市场秩序，依法开展公平竞争，不得进行法律所防范和制止的垄断行为与不正当竞争行为，以维护消费者、相关竞争者利益和社会公共利益。

8. 出具凭证和单据的义务。凭证或服务单据，一般指购物或接受服务的发票、保修单等。它们都属书面凭据，是日后消费者要求经营者履行“三包”等责任和发生纠纷后消费者要求索赔的有力证据。因此，经营者必须依法向消费者出具凭据和单据，未出具凭证和单据，或凭证、单据内容不周延，都不能排除其依法应承担的义务，也不能剥夺消费者依法应该享受的权利。

9. 听取意见和接受监督的义务。消费者不仅在购买商品时，而且在不购买商品时，也有权对经营者及其商品提出意见和建议。经营者对此应当听取，并接受消费者的监督，而且要接受社会的监督。

10. 不得从事不公平、不合理交易的义务。与消费者的公平交易权相呼应，经营者不能以单方意思表示（如格式合同、通知、声明、店堂告示等）的形式，作出对消费者不公平、不合理的规定，不得限制和侵犯消费者的利益，不得用以弱化自己应尽的义务和逃避法律责任。

【案例】　　经营者未履行安全保障义务案

2002年5月11日中午，9岁男童严某与同龄同学王某结伴离家外出游玩。两人来到居所附近的某公园，未买门票即从公园围墙空隙处入园，公园收费检票人员见状未予阻止。公园内有一个状似游泳池、无安全警示标志的景观池，曾有游客在池内游泳时淹死。严某和王某到该池池边后，严某即下池游泳，王某因水冷而离去，当时园内无工作人员和其他游客。次日上午，严某的尸体在公园景观池内被民警等人发现。为此，严某父母诉至法院，要求某公园赔偿死亡补偿费、丧葬费等损失9万元。

法院经审理后认为，严某虽无票擅入公园，但园方对此明知不予阻止，故双方在事实上已形成游客与公共服务场所间的关系。公园作为经营者，对消费者的人身、财产安全负有保障义务，其对有安全风险的景观池未采取任何安全防范措施，对独自游玩的未成年游客未作安全注意，负有主要过错责任。严某父母放任严某外出，系未妥当履行监护责任；严某应注意自身安全，不该擅自游泳，也有过错。据此，判决某公园按主要责任赔偿严某父母损失5万余元。

本案的争议焦点在于如何正确认识作为经营者的公园对作为消费者的严某负有的安全保障义务。从经营者的法定义务来看，根据我国《消费者权益保护法》第7条、第18条第1款的规定，消费者在购买、使用商品和接受服务时享有人身、财产安全不受损害的权利。经营者应当保证其提供的商品或者服务符合保障人身、财产安全的要求。对可能危及人身、财产安全的商品和服务，应向消费者作出真实的说明和明确的警示。本案中，某公园景观池内曾有游客游泳时淹死，公园应当知道该池对游客存在安全风险，理应实施设置明确警示标志等措施。但公园没有采取任何安全防范措施，致使严某下池游泳而淹死。因此，某公园未履行对游客法定的安全保障义务，已构成侵权。

从经营者的约定义务分析，根据我国《合同法》第60条的规定，在经营者与消费者之间还存在由诚实信用原则派生之互相照顾、通知、保密、保护等与游乐合同内容相关的附随义务。双方之间还可能基于约定或经营者的单方承诺而存在高于法律规定的安全保障义务。某公园默认严某入园游乐，双方即建立合同关系，公园就负有注意游客安全并予以合理保护等附随义务，尤其是在游客为未成年人且无监护人在场的情况下，公园应对其履行较之于成年游客更谨慎的安全保障义务。因此，某公园让严某入园游玩，且不发现、不阻止其在有安全风险的水池内独自游泳，系未履行对游客约定的安全保障附随义务，已构成违约。

考察经营者是否已履行了安全保障义务，主要看是否达到了法律、法规、规章、操作规程等所要求达到的程度，是否达到了同类经营者所应当达到的通常注意程度，是否达到了一个诚信善良的经营者应当达到的注意程度。

综上所述，经营者对消费者负有侵权法上的安全保障义务，同时也负有合同法上的安全保障义务。在损害后果发生后，受害方可选择侵权责任或违约责任向经营者主张损害赔偿。一般情况下，选择侵权赔偿更有利于对受害消费者的保护。

第四节　经济管理者

一、经济管理者的概念

经济管理者，是指在经济法律关系中拥有法定管理职权和承担法定管理职责的当事人。它们主要是根据宪法及相关法律规定设立的，由宪法及相关法律明确其性质、职能、任务、隶属关系等，承担决策、协调、执行、监督等经济管理职能的组织或者机构；也包括由国家法律授权，承担某种政府的或社会的经济管理职能的其他社会组织。经济管理者具体可分为国家经济决策机关、国家经济执行机关和国家经济监督机关三种基本类别。

二、经济管理者的一般职权与职责

从权力、责任[①]的角度来考察，经济管理主体的权力、责任主要是指其经济职权和

① 权力（power）是指“通过做或不做某一给定的行为，改变一种给定的法律关系的能力”（Black's Law Dictionary，West Publishing Co.，1979，p. 1053）。权力对于持有者（power holder）而言，并不意味着某种自由或利益，权力的实质在于权力人能改变他人法律关系的能力。与权力相对应的概念是责任（liability）。权力与责任的关系是，“我能够，你必须接受”。这不同于权利和义务。权利（right）是一人对他人的一种具有法律强制力的请求，请求他人必须作一定的行为或不作一定的行为。（See *Black's Law Dictionary*，West Publishing Co.，1979，p. 1189）. 权利总是与义务（obligation）相对应的，用霍菲尔德的话（W. N. Hohfeld）的话说，权利、义务的关系是，“我主张，你必须”。转引自张文显：《现代西方法理学》，144～150页，北京，北京大学出版社，1996。

职责。[①]

正如有的学者所言：经济职权和职责主要由经济管理者所承担，依法确立并行使。二者高度统一，权责之主体对其不可抛弃。[②] 本书在此分别介绍经济管理主体的一般职权与职责。

（一）经济职权

经济职权是指法律赋予经济管理主体在实施市场规制和宏观调控等行为过程中所享有的权力。有学者指出，这是一种命令与服从性质的权力，是国家机关或其授权单位干预经济活动具有合法性的前提条件，无经济职权而进行的非法干预活动，不仅违反经济法之本意，而且将产生不利于行为人的否定性法律后果。[③]

经济管理主体的职权，主要包括以下内容：

1. 经济决策权。经济决策权是指经济管理主体针对市场规制和宏观调控过程中的问题，进行决定的权力。经济决策权既表现为定期的决策，如国民经济和社会发展规划的制定，也表现为临时性的决策，如国家在遭遇金融危机时，为整顿金融秩序而进行的决策。经济决策权也可以进一步划分为宏观经济调控决策权、规划决策权、货币发行权、基准利率决定权、汇率调节决策权、税率决定权等具体权力，这些权力由相应的国家机关按照其各自的职能分工享有和行使。[④]

2. 经济执行权。经济执行权是指经济管理主体依据经济决策权行使的结果，对市场规制和宏观调控中遇到问题，采取执行措施的权力。这是经济决策权的进一步落实。经济执行权具体又包括经济禁止权、经济许可权、经济取消权、经济处罚权等内容。

3. 经济监督权。经济监督权是经济管理主体依法对社会经济各个领域进行监察和督促的权力。在我国，经济监督权主要由国家各级权力机关和各级政府的发展改革、财政、税务、物价、质量、工商、审计、国资监管、银行监管、证券监管和保险监管等诸多部门行使。

（二）经济职责

经济职责是经济管理主体在依法实施市场规制和宏观调控行为过程中，所负担的必须为或不为一定行为的责任。其实，经济职权与经济职责并无本质区别，经济职权同时也是其享有者必须履行的经济职责，经济职责则同时当然包含着相应的职权和权力。因此，本书在此不再对经济职责的含义和内容作进一步的分析。目前经济法教科书中对经济职权和经济职责的关系及内容的介绍，基本上都采取这样一种观点和做法。[⑤]

---

① 值得一提的是，有学者借用了行政学中的“权限”一词，使用了“经济法主体的权限”（或“经济权限”）这一提法，认为，经济法主体的权限是指法律赋予经济法主体的经济职权和经济职责、经济权利和经济义务的总和。具体到不同的经济法主体类型而言，经济法主体的权限系由国家干预主体的经济职权和经济职责、社会中间层主体的经济自治权限以及市场主体的经济权利和经济义务构成。参见李昌麒、刘瑞复主编：《经济法》，103页，北京，法律出版社，2004。

② 参见刘文华主编：《经济法》，4版，90～91页，北京，中国人民大学出版社，2012。

③ 参见李昌麒、刘瑞复主编：《经济法》，104页，北京，法律出版社，2004。

④ 参见上书，104～106页。

⑤ 参见刘文华主编：《经济法》，4版，90～91页，北京，中国人民大学出版社，2012；李昌麒、刘瑞复主编：《经济法》，104页，北京，法律出版社，2004。

三、国家经济决策机关

经济法的国家经济决策机关，是指根据我国宪法和有关法律规定，在经济法律关系中享有决策权的国家机关，主要是指各级国家权力机关。[①] 经济法的基本任务是实现国家对国民经济的组织和管理。国家对国民经济的管理，不是企业、个人意志的反映，而是国家意志的反映。国家权力机关行使国家的最高决策权，这种决策实际上是国家决策的具体化，是国家决策的引申和发展，其决策权力反映在整个国民经济的全过程，并具体分为若干个阶梯和层次。在经济法律关系中，只有决策主体享有最高决策权和各层次的决策权。

我们可以把国家经济决策机关作如下分类：

1. 最高决策机关，主要是指全国人民代表大会及其常务委员会。国家权力机关作为经济法主体的资格直接来自我国宪法和有关组织法的规定。在计划和预算法律关系中，根据《宪法》第62条的规定，全国人民代表大会有权"审查和批准国民经济和社会发展计划和计划执行情况的报告"，有权"审查和批准国家的预算和预算执行情况的报告"。相应地，全国人民代表大会常务委员会，在全国人民代表大会闭会期间，有权"审查和批准国家经济和社会发展计划，国家预算在执行过程中所必须作的部分调整方案"。

2. 地方各级决策机关，主要是指县以上地方各级人民代表大会及其常务委员会。根据法律的规定，地方各级人民代表大会有权在本行政区域内"审查和决定地方的经济建设、文化建设和公共事业建设的计划"，"审查和批准本行政区域内的国民经济和社会发展计划、预算以及它们执行情况的报告"。

由此可见，我国中央和地方各级权力机关在国民经济管理活动中，享有在全国或本行政区域范围内的国民经济和社会发展决策权。除此之外，任何国家机关和组织、个人均没有这项决策权力。而经它们审查、批准和下达的国家和地方的国民经济和社会发展计划、预算和决策，是一种重要的法律事实，这种法律事实的产生必然导致各类重大的经济法律关系的产生、变更或终止。同时，它们这种决策行为本身要对国家负责，对人民负责。因此，国家各级权力机关应作为经济法律关系的主体。

四、国家经济执行机关

国家经济执行机关主要是指行使国家经济职权的各级国家行政机关。它们是国家经济决策机关的执行机关，其职能是专司执行、负责管理。国家经济执行机关也是分层次的，不同层次的管理主体的经济职权和管理权的范围是不同的。国家经济管理机关在法定的职权范围内，享有各自的经济职权。国家经济执行主体又可分为中央国家经济执行主体、地方各级国家经济执行主体，主要包括国务院、县以上地方各级人民政府及其下设的管理部门，以及管理部门下属的职能机构。

根据我国宪法规定，国务院负责编制和执行国民经济和社会发展计划；领导和管理经济工作和城乡建设；领导和管理教育、科学、文化、卫生、体育和计划生育工作。县以上地方各级人民政府依照法律规定的权限管理本行政区域内的经济、教育、文化、卫生、体

---

① 参见张士元：《论经济法主体》，载杨紫烜主编：《经济法研究》，第1卷，124页，北京，北京大学出版社，2005。

育事业和城乡建设事业。在整个国民经济体系中，它们不享有全国、全局的最高经济决策权和地方各级的经济决策权，也不是直接的生产者，而是国民经济各部门、各行业的组织者、管理者。

在中央和地方各级管理机关中，按各个主体的任务、专业分工和组织形式的不同，又可以划分为以下两类：

1. 综合管理机关。就是在经济法律关系中，其职权范围涉及国民经济各个领域的综合管理部门，如各级发改委、财政、中央银行、工商行政、国资等公权力部门。

2. 部门或专业管理机关。在经济法律关系中，其职权范围是针对某个部门或行业实行管理职能的管理机关，如工业与信息化部、商务部、国土资源部、农业、食品药品监管等中央各经济主管部（局）以及地方主管经济的（局）等。

五、国家经济监督机关

国家经济监督机关，是指根据宪法和有关法律规定，在社会经济活动和国民经济管理活动中享有监督权的国家机关，它们包括各级国家权力机关、国家行政机关、行使专项监督权的专门机关、非国家机关的组织以及人民群众。它们的任务在于确认、制止和纠正一切违反法律、法规的经济行为，以及危害和破坏经济秩序的活动。[①] 监督权行使的范围主要是对经济领域生产、流通、消费和分配等各个环节实行严格、全面、系统的监督。经济法的国家经济监督主体按其职能和法律地位来划分，主要有以下几类：

1. 权力监督机关，即指国家最高权力机关与地方各级权力机关，对全国及所辖地区的立法、执法和司法的全面监督，以及对制定并实施国民经济和社会发展计划、经济活动的监督。全国人民代表大会及其常务委员会和地方各级人民代表大会及其常务委员会，不仅是全国以及地方各级立法机关，根据宪法和有关组织法的规定，它们还享有广泛的监督权力。权力监督主体主要可划分为最高权力监督主体和地方各级权力监督主体。

2. 行政监督机关。国家各级行政机关具有重要的监督职能，它们所实施的法律监督的重要内容就是广泛的经济监督，包括具有隶属关系的上下级国家行政机关之间存在的经济法律监督，以及国家行政机关系统内设立的专门经济监督机关对相应的国家机关及其公务员、其他社会实体所实施的经济法律监督。国家行政监督主体按其监督内容和法律地位又可划分为：（1）一般性行政监督机关。一般性行政监督主体主要反映在两个方面：一方面是指具有行政隶属关系系统内部之间的经济法律监督，它包括国务院对下属部门和地方各级人民政府实施的经济监督，地方各级人民政府中的上级人民政府对下级人民政府所实施的经济监督以及下级人民政府对上级人民政府的监督；另一方面是指政府各职能部门在其权限范围内对其所主管的经济工作所进行的监督，如统计监督、会计监督、银行监督、财务监督、信贷监督、物价监督、产品质量监督、税务监督、工商行政监督以及标准和计量监督，等等。（2）专门行政监督机关。这是指国家行政机关系统内部设立的专门监督机关所实施的经济法律监督的主体，主要包括行政监察机关和审计监督机关。

行政监察机关主要是指国家监察部以及县以上人民政府所设立的监察厅、局，它们是行使监察职能的专门机关。它们有权依法对国家行政机关及其公务员等执行法律、法规的

---

① 参见张士元：《经济法探索之路》，63页，北京，华夏出版社，2007。

情况以及违法违纪行为进行监督检查、受理案件、申诉处理等具有法律效力的专门监督活动。其监督内容是广泛的，而经济监察是其重要内容，因此，监察部门是最重要的行政监察主体。

审计监督机关是指享有审计监督权的国家机关，它们主要是指中央和地方各级审计机关。根据我国宪法规定，国务院设立国家审计署，县以上地方各级人民政府设立地方各级审计局，它们通过对审计权的行使，对国务院各部门和地方各级人民政府的财政收支、企业事业单位以及其他与国家财政有关的财务收支及经济效益进行审计监督。审计监督主体代表国家依法独立行使审计监督权，不受任何机关、社会团体和个人的干涉。其审计监督的范围主要有：对国家财政计划、信贷计划的执行及其结果进行审计监督；对国有企事业和基本建设单位、金融企业的财务收支及其经济效益进行审计监督；对国家行政机关和有国家资金或者国家补助单位的财务收支进行审计监督；对严重侵占国有资产、造成严重损失和浪费以及其他严重损害国家利益等违反财经纪律的行进行专案审计，等等。

国家为了加强对国有重点大型企业的财务监督，评价国有重点大型企业主要负责人员的经营管理业绩，还实行了稽查特派员制度：稽查特派员由国务院派出，代表国家对重点大型企业行使监督权力。稽查特派员只对国务院负责。

第五节　经济法主体资格的取得

一、经济法主体资格取得的法律依据

经济法律关系主体资格，是指经济法主体应该具有的权利能力和行为能力，前者是指当事人依法得以参加某种经济法律关系，并在该经济法律关系中享有权利和承担义务的能力；后者则是指主体以自己的行为行使权利和履行义务的能力。经济法主体资格的取得，主要是来自法律的授权和有关组织章程的规定。[①]

1. 宪法是取得经济法主体资格的根本依据

宪法作为国家的根本大法，是确立经济法主体资格的基本法律依据。宪法对国家权力机关、行政机关及其职能部门在国民经济管理活动中的职权、地位均作了明确的、原则的规定，从而使这些国家机构在经济法律关系中能够取得主体资格的法律地位。

同时，宪法还对我国不同所有制形式的各类经济组织在国民经济管理活动中的地位、国家对它的基本方针也作了明确规定，这些内容又为具体法律确认经济组织在经济法律关系中的地位提供了基本法律依据。宪法中对公民基本权利和义务的规定，也为在具体的经济法律中规定公民在从事国民经济管理活动与生产经营活动中的作用和地位提供了基本法律依据。

2. 有关国家机构的组织法是取得经济法资格的重要依据

我国的全国人民代表大会组织法、国务院组织法、地方各级人民代表大会和地方各级人民政府组织法等，对国家机构在国民经济管理活动中的任务和职责、进行经济管理活动的原则和方式、法律责任以及它们的设置、建立的程序等均作了规定。因此，国家机构组

① 参见张士元：《经济法探索之路》，65页，北京，华夏出版社，2007。

织法是确认国家机构经济法律关系主体资格的重要法律依据。

3. 有关法律特别是经济法律是取得经济主体资格的主要依据

有关法律，特别是一些重要的经济法律，它们所调整的经济关系涉及国民经济各个部门，对整个国民经济具有计划、组织、监督、调节和制约作用，有的则是直接调整国民经济特定部门的经济关系的。它们不仅规定了经济法主体的权利和义务等实体内容，而且确认了有关国家机关、社会组织和公民个人在特定经济关系中所处的法律地位，从而确定了有关组织的主体资格。某些专项经济法律，如《中华人民共和国证券法》《中华人民共和国保险法》，对我国金融机构的性质、职权、法律地位、金融机构主体资格应具备的条件以及设立的程序等均作了规定，这些法律就成为这些金融机构取得主体资格的基本法律依据。

我国的公司法、国有企业法、合伙企业法、中外合资经营企业法、中外合作经营企业法、外资企业法，等等，对这些企业的性质、任务、原则、基本权利和义务、法律地位以及设立、变更、终止的程序等均作了规定，确认了这些企业在国民经济活动中的地位，进而为确认它们在具体经济法律关系中的主体资格提供了法律依据。

此外，一些综合性的专项经济法律对其所规范的经济关系中涉及的有关主体的法律地位和主体资格作了规定，如《中华人民共和国矿产资源法》对我国矿产资源的勘探、开发、利用和保护，有关经济管理部门、矿山企业、公民个人的职权、责任、权利和义务等均作了具体、明确的规定，这也为这些特定的经济法律关系的主体资格的取得提供了法律依据。

4. 有关行政法规，特别是专项和综合性的经济法规，也是取得经济法主体资格的依据

有关的行政法规，特别是专项和综合性的经济法规，作为经济管理主体领导和管理经济工作的规范准则，也是确定经济法主体资格的重要法律依据。如《中华人民共和国企业法人登记管理条例》和《中华人民共和国公司登记管理条例》，对我国企业法人和公司应具备的基本条件、登记的主管机关、登记的程序以及企业法人和公司的变更、终止等所作的规定，为经济法律关系主体特别是企业法人和公司主体资格的取得、变更与终止提供了法律依据。

此外，企业章程和有关社会实体的组织章程的基本内容一经有关部门确认，即对企业和当事人均有法律约束力，企业需要在章程规定的范围内从事生产经营活动。我国《民法通则》和有关法律均把企业章程作为取得法人资格的必备条件，因此，企业章程也应视为在法律规定（或授权）以外，取得经济法主体资格的重要依据。①

二、经济法主体资格取得的方式

经济法的主体主要是由消费者、经营者和经济管理者等主体所组成的。但不是任何社会组织实体都能够成为经济法的主体，只有以自身的行为直接参加了经济法律规范所规制的经济活动、享有经济权利（职权）和承担经济义务（责任）的经济实体才能成为经济法的主体。各类经济法主体由于性质、职能、作用及各自的法律地位的差别，在主体资格取

① 参见张士元：《论经济法主体》，载杨紫烜主编：《经济法研究》，第1卷，134～136页，北京，北京大学出版社，2005。

得的方式上也是不同的，大体有以下几种方式[①]：

1. 根据法律、法规的规定或者根据有关国家机关的决定、命令和特别授权而取得

这是经济管理主体取得经济法主体资格的基本方式，即它们的成立是以宪法、法律和行政法规、地方性法规为依据的，这是它们设立的基本前提。当然，资格的取得还应具备相应的条件，如实质性条件：其成立已获得有关国家机关的批准；有法律、法规规定的权限；有法定的编制并按编制配备人员；设置了办公地点和必要的办公条件，并由政府公告其成立。一些授权性经济管理主体资格的取得还要经有关国家机关的特别授权。

2. 通过核准登记注册的方式而取得

经营者主体是依这种方式而取得经济法主体资格的。任何经营者要取得经济法主体资格，必须到相应的工商行政管理机关办理设立的登记注册事项，经审查合格并发给营业执照，才能取得经济法主体的资格。根据我国现行法律规定，按照企业经营者不同的情况，它们在向工商行政管理部门办理登记注册之前有的还要履行设立的批准手续；有主管部门的企业经营者的设立，办理企业登记前必须要经过相应主管部门批准与认可，才能办理登记注册事宜；某些没有主管部门或者法律、行政法规规定企业经营者设立不必经过有关主管部门审批的，企业只要符合法律规定的条件，即可办理开业的登记注册，从而取得经济法主体资格；对于某些特大型企业经营者，如全国性金融机构和全国性工商业总公司，还要由国务院作出专门规定，特别批准，即采取"特许状"形式批准设立后，才能办理登记注册事宜。

3. 个人经营者按照法定程序取得进行某种经营活动的资格

目前主要包括以下几种情况：从事工商业经营的个体工商户，他们在法律允许的范围内，依法经工商行政管理部门核准，取得营业执照的，具备经济法主体资格；农村的村民在法律允许的范围内，按照承包合同的规定从事农业生产或其他经营活动的，依承包合同取得经济法主体资格；两个或两个以上的公民依照协议各自提供资金、实物、技术等，共同经营、共同劳动，经登记批准后的个人合伙，也能成为经济法主体；在某些特殊经营活动领域，由于法律作了专门的规定，公民个人也可以作为特定经济法律关系中的主体，如个人所得税法律关系中作为纳税主体的个人。

4. 因经营者主机构的设立，其内部组织或者分支机构派生而取得

如前所述，企业经营者的内部组织或者分支机构也是经济法的一种主体，但其主体资格的取得，不同于上述三种情况。它们主体资格取得的方式是由于它们所依附的企业已经取得了法律的主体资格地位，它们是相应的企业经营者的所属机构，因此，作为所属单位的派生物，它们因主机构的设立而派生出自己的主体地位。分支机构与内部组织尽管均为企业经营者派生物，但两者主体资格的取得在程序上仍有所区别：企业经营者分支机构的设立应列入企业章程，同时要在分支机构所在地的工商行政管理部门办理登记注册事宜，经过核准登记，才能取得主体资格，如商业银行的分支机构；而企业内部组织无须经过这些程序，一旦为有关经济法律、法规所调整，即能成为特定的经济法主体。

---

① 参见张士元：《论经济法主体》，载杨紫烜主编：《经济法研究》，第1卷，136～138页，北京，北京大学出版社，2005。

【问题与思考】

1. “携带假名牌赴欧受罚”与消费者的义务

据新华网北京报道，2006 年 4 月，一位北京游客到法国旅游时，因携带的阿迪达斯背包是假冒而被当地海关没收。此报道一石激起千层浪：

(1) 网民辩论针锋相对。

许多读者普遍反映以后想去欧洲旅游的话，一定不要携带假名牌。一些读者对严罚知假买假者表示赞同，认为制假、贩假的源头在于买假，严罚买假会从源头上遏制假名牌的泛滥。还有一些读者认为欧洲重罚购假行为的最大启示是，消费者应该树立正确的消费观念。

许多读者对此表示反感，认为消费者才是制售假名牌的受害者。一位读者在网上留言：“我买的时候怎么知道是假的?”这代表了不少持反对态度的读者的看法。同时，部分读者认为，仅靠名牌商品的厂家人员直接用眼睛辨别假名牌，缺乏可操作性，可能会出现误判的情况。

(2) 专家观点也有分歧。

知识产权专家陶鑫良教授此前对媒体表示：使用服装、箱包类假冒商品和使用盗版软件是有区别的。根据我国法律和最高人民法院的司法解释，盗版软件属于被打击对象，但使用服装、箱包类假冒商品则不同，“每次使用盗版软件都会形成一次复制，是累计定罪；而携带假冒商品就像看盗版书，不能说看了一次就侵犯了作者的著作权”。

也有学者认为，仅凭穿戴假冒名牌产品就认定为违法并罚没，是轻率和不负责任的。此外，穿戴假冒名牌产品是一种非常轻微的违法。海关当局当场没收假冒名牌产品，要求游客立即交出物品，造成游客尴尬甚至当众出丑，这也是非人性化的。

不过专家表示，知假购假本系侵权行为，公民应有足够的法律意识，杜绝购买假冒名牌产品。

(3) 国家旅游局发出善意提醒。

中国游客背假包被罚一事曝出后，国家旅游局发布公告称：欧洲部分国家制定了针对入境游客穿着、携带假名牌的处罚办法和法规，为避免不必要的麻烦，中国赴欧洲旅游的游客不要穿着、携带或购买假冒名牌物品。

思考：本报道涉及了本章所界定的消费者的哪些权利和义务? 消费者的理性消费需要哪些制度的支持? 需要哪些主体的参与?

2. 如何认识经济法主体权利、义务的一致性

我国《消费者权益保护法》制定于 1993 年，当时考虑到消费者和经营者存在经济力量的过分悬殊，消费者处于弱势地位，因此，在《消费者权益保护法》中，我们规定了消费者的 9 项权利和经营者的 10 项义务。随着经济的深入发展，对企业经营者权益的保护呼声开始高涨，甚至有人大代表在两会期间提出了《关于制定“企业经营者合法权益保障法”的议案》。实际上，不少地方立法机关制定了保障企业经营者合法权益的条例和办法。例如，《郑州市非公有制企业权益保障条例》经郑州市第十一届人民代表大会常务委员会第

十八次会议于2001年2月23日通过，自2001年7月1日起施行。安徽省于2002年出台了《企业和企业经营者权益保护条例》，广东省也正在制定《企业和企业经营者权益保护条例》。

思考：《消费者权益保护法》仅规定了消费者的权利和经营者的义务，是否违背了法理学中的权利、义务相一致的原则？对企业经营者权益保护呼声高涨的根源在哪？目前地方政府关于企业权益保障的条例存在哪些特点？《关于制定"企业经营者合法权益保障法"的议案》是否可行？如何正确认识经营者的权利和义务问题？

第二编

市场规制法

第三章

市场规制法原理

参考文献

（一）著作

1. 刘文华主编．经济法．4版．北京：中国人民大学出版社，2012．第十章

2. 张守文主编．经济法学．6版．北京：北京大学出版社，2014．第十一章

3. 徐孟洲主编．市场竞争的法律调整与对策．北京：中国政法大学出版社，1993

4. 邱本．自由竞争与秩序调控——经济法的基础建构与原理阐释．北京：中国政法大学出版社，2001

5. 王继军．市场规制法研究．北京：中国社会科学出版社，2005

6. 叶秋华，宋凯利，郝刚．西方宏观调控法与市场规制法研究．北京：中国人民大学出版社，2005

7. 时建中主编．经济法基础理论文献辑要．第1辑．北京：中国政法大学出版社，2009

8. ［日］金泽良雄．经济法概论．满达人译．北京：中国法制出版社，2005．第四章

（二）论文

1. 徐孟洲．市场机制与宏观调控的经济法耦合．法学家，1996（2）

2. 肖江平．市场规制法的主体范畴．见：吴志攀主编．经济法学家（2004）．北京：北京大学出版社，2005

3. 时建中．论市场规制法．经济法制论坛，2004（5）

4. 廖志雄．市场准入法律制度研究．见：史际春主编．经济法学评论．第4卷．北京：中国法制出版社，2004

参考法规

1.《中华人民共和国反不正当竞争法》(1993年）总则
2.《中华人民共和国反垄断法》(2007年）总则
3.《中华人民共和国价格法》(1997年）总则
4.《中华人民共和国产品质量法》(2009年修正）总则
5.《中华人民共和国广告法》(2015年修订）总则

引例 美国《谢尔曼法》：世界上第一部现代意义上的反垄断法

19世纪末、20世纪初，自由竞争给资本主义创造了巨大经济财富的同时也导致了生产和财富的进一步集中，西方各主要资本主义国家先后进入垄断资本主义阶段。各种大的垄断组织相继出现，利益驱使他们凭借着自己雄厚的经济实力垄断市场、限定价格，严重损害了自由、公平的竞争体制和市场秩序，垄断所导致的市场权力的膨胀与滥用，也侵害了社会各阶层的利益，特别是中小企业和消费者的利益，甚至构成对民主、公平等社会理念的直接威胁和破坏，并进而危及整个社会体制。于是，社会各阶层力量联合起来同垄断财阀斗争，并且对他们进行法律规制的呼声日益高涨。1883年美国亚拉巴马州通过了第一部反托拉斯法，随后，美国有18个州各自制定了自己的反托拉斯法。1890年，美国国会两院通过了《保护贸易与商业不受非法限制与垄断危害法》，即《谢尔曼法》，这是世界上第一部现代意义上的反垄断法。随后，美国又先后制定了《克莱顿法》《联邦贸易委员会法》等一系列反垄断法律。与此同时，反不正当竞争法也逐渐摆脱了对侵权法的依附地位：1896年德国制定了世界上第一部成文的反不正当竞争法——《抵制不正当竞争法》，对当时德国市场经济领域层出不穷的不正当竞争现象进行规制，并在此基础上形成了世界上第一个完整的反不正当竞争法律体系。

对市场主体（主要包括经营者和消费者）行为的引导和保护，可以加强对市场主体的约束，协调个体利益与整体利益、社会公共利益的矛盾，防范和制止市场机制作用与宏观调控作用的冲突。经济法在对市场主体行为的引导和保护方面，具有特殊作用，正是这些作用的发挥促进了市场机制与宏观调控机制的耦合。经济法如何对市场主体的行为进行引导和保护？这主要是通过发挥市场规制法的作用实现的。市场规制法作为规制市场主体的行为、防止市场失灵、维护市场竞争秩序的法律制度，是经济法体系的主要组成部分。市场规制法通过规制市场主体的具体经济行为，调整微观经济关系，达到维护市场自由、公平秩序的目的；通过维护良好的市场秩序而最终达到维护消费者与经营者的权益和社会公共利益的目的。市场规制法是经济法体系的三大主要组成部分之一，即经济法“一体两翼”（即经济法主体、市场规制法和宏观调控法）中的一翼。本章主要阐述市场规制法的概念、调整对象、基本原则和体系结构等一般原理性问题。

第一节　市场规制法概述

一、市场、市场规制与市场规则体系

（一）市场及其调节机制

市场的概念虽有多种含义，但是通常可以归纳为如下三种：其一，市场是指聚集买卖双方以交换商品和劳务的实际场所。这是最早的，也是传统的市场概念，如农贸市场等。其二，市场是一种交易机制，即参与交易活动的所有买者和卖者之间的频繁交换共同决定商品和服务的价格与交易量的机制。① 市场遵循价值规律，通过许多交易活动影响资源配置，所以市场是配置资源的"无形之手"。这是经济学上对市场的解释，通常说的"市场调节""市场机制"中的市场就是经济学意义上的市场。其三，市场营销学认为，市场就是指某项产品或劳务的现实的或潜在的购买者的集合。这是从企业或卖方的角度对市场的理解。②

在市场经济条件下，社会再生产的生产、交换、分配和消费的全部活动，是受市场影响的，受市场的调节、支配和制约。市场的调节主要依靠市场内的价格、供求、竞争、风险等市场制约要素构成的调节机制发挥作用。所谓市场调节机制，是指市场机体内的价格、供求、竞争、风险、利率、工资等要素之间互为因果、互相制约的联系和作用。

价格是市场调节的一个核心因素。市场经济社会必须靠以价格体系为信号的市场调节机制来运行。价格被认为是用货币表示的一种产品和另一种产品的交换比率。价格体系可以解决经济社会生产什么，怎样生产和为谁生产的基本经济问题。价格体系由许多个别价格构成，而个别价格是由需求和供给决定的。③ 可以说，市场的供求和竞争等要素都是围绕着价格展开的，市场竞争可以被看作是各主体围绕着价格而进行的一场博弈。"价格是交换商品和服务所必须支付的代价。当供给和需求的力量可以自由发挥作用时，价格乃是稀缺程度的度量。价格传递关键性的经济信息。当一家厂商所使用的资源的价格很高时，该厂商就有节约使用这种资源的激励。当厂商的一种产品的价格很高时，该厂商就有多生产这种产品的激励，而消费者则有减少使用这种产品的激励。通过这些和其他方式，价格为我们的经济系统提供了有效使用资源的激励机制。"④

---

① 参见［美］保罗·A·萨缪尔森、威廉·D·诺德豪斯：《经济学》，肖琛主译，17版，21页，北京，中国邮电出版社，2004。

② 参见许绍李等编：《市场学》，2版，15页，北京，高等教育出版社，1997。

③ 参见高鸿业、吴易风主编：《现代西方经济学》，上册，17页，北京，经济科学出版社，2000。

④ ［美］约瑟夫·E·斯蒂格利茨：《经济学》，黄险峰、张帆译，3版，上册，67页，北京，中国人民大学出版社，2005。

（二）市场规制的理论基础

市场经济本质上是一种自由的经济，在价格、供求、竞争、风险、利率等要素的自发调节下，依市场主体利益最大化的驱动，靠自由的市场竞争来实现社会资源的自动配置和社会经济的高速发展。但是，随着竞争的深入开展，市场主体的趋利本质使得一些经营者为了获得不当的相对竞争优势而开展各种各样的不正当竞争，这些现象既危及竞争秩序和竞争环境，又影响到社会福利目标的有效实现。竞争机制还会异化为垄断的形式，从而破坏竞争机制并摧毁市场经济本身。这种被称为“市场失灵”的矛盾是内在于市场机制本身的，市场是没办法靠自身的调节机制来解决这种矛盾的，必须借助于市场机制以外的力量来加以克服和弥补。这种市场机制以外的力量就是国家的公权力。

从社会学的意义上来分析，在大多数的市场上，虽然各市场主体在法律上的地位是平等的，但是由于生产和资本的集中，一些企业所占的份额越来越大，而广大中小企业，无论是资本还是掌握的知识、技术，都不能和这些大的企业抗衡，在交易中常常处于不利的地位。而广大单个和分散的消费者相对于企业来说就处于更加弱势的地位。实际生活中，虽然名义上市场双方当事人的法律地位是平等的，但是由于市场结构的不平衡，或者说市场双方经济支配力的悬殊差异，市场交易双方的权利和义务在实质上并不平等，从社会学的角度来看，这就是一种社会不安定的因素。①

因此，市场需要国家的适当干预，国家干预可以采取政治、行政、经济和法律等手段，其中运用法律进行规制与调控是最科学有效的，而且也只有国家能够对市场进行法律规制，因为在一国范围内，只有国家才有立法权，它最有能力代表公共利益，而其他社会组织没有这种权力，也往往从自身利益考虑问题，或者是只能代表少数群体的利益干预市场，因此，市场规制就是国家运用公权力介入社会经济生活，克服和弥补“市场失灵”和“市场实质不公平”的主要手段。确切地说，所谓市场规制，就是国家通过制定行为规范引导、调节、控制、监督市场主体的经济行为和规范、约束市场监管主体的管理行为，从而保护消费主体利益的管理系统。这是建设统一开放、竞争有序的市场体系，促使市场在资源配置中起决定性作的保障。

（三）市场规则体系

市场机制要素，如价格、利率、竞争等需要规则，市场行为本身也需要规则的约束，政府机关的市场管理更需要规则的约束。我国社会主义市场经济发展的实践证明，要维护市场秩序必须“健全市场规则、加强市场管理、清除市场障碍”。应当说，健全的市场规则是加强市场管理和清除市场障碍的前提与依据。而市场规则是由一系列规则构成的规则系统，包括市场准入规则、市场退出规则、市场交易规则和市场竞争规则，等等。市场规则体系一般是由市场商业道德规范、政策规范、法律规范等构成的有机体系。

市场规则体系中的法律规则系统是由市场主体法、市场交易法、市场规制法和市场监管法四个子系统所构成的。目前法学界一般认为，市场主体法、市场交易法大部分规范应纳入民法体系，而市场规制法和市场监管法一般应纳入经济法体系。因为市场主体法、市场交易法是市场规则的基础性法律体系，市场主体平等，市场交易遵循自愿、等价交换和当事人意思自治原则，这些内容在民法的框架内能够很好地加以调整。而市场规制法和市

① 参见王保树主编：《经济法原理》，190页，北京，社会科学文献出版社，1999。

场监管法是具有国家干预色彩的市场法律规则，其作用在于引导和保护市场主体进入市场，为进行公平交易和其他市场行为创造一个和谐的外部环境。市场规制法以社会本位为宗旨，以平衡协调为原则，运用国家公权力对市场经济行为进行引导、规范、制约和保护，以弥补民法调整功能作用之不足。一国健全的市场经济法治体系，离不开民法和经济法的相互配合作用的发挥，它们是促进市场经济持续、稳定与和谐发展的主要法律手段。

二、市场规制法的概念和调整对象

（一）市场规制法的概念

市场规制法是调整市场规制关系的法律规范系统。“市场规制关系，就是在国家进行市场规制过程中发生的社会关系。”① 具体而言，国家在规制市场主体和市场监管主体的行为过程中发生的生产经营规制关系、市场竞争关系、市场监管关系，即我国经济法调整的市场规制关系。

我国经济法理论中关于“规制”的词语使用，主要借鉴日本的学术著作。日本学者植草益认为，“规制”一词来源于英文“regulation”或“regulatory constraint”，其含义是有规定的管理，或有法规条例的制约。② 它与“管制”“控制”“制约”等概念有紧密联系，但又有一定的区别。在日本学术界一般将“regulation”译为“规制”，以区别于“管制”“控制”等概念。在我国，“规制”一词是20世纪80年代从日本引进的名词。③

规制作为法律用语，其含义是丰富的。据日本著名经济法学家金泽良雄先生解释：一般所谓“规制”，“在最狭义上，可以理解为是由于对一定行为规定了一定的秩序，而起到限制的作用”，广义上“可将‘国家的干预’换言为‘规制’。规制涉及消极的（权利限制）和积极的（促进保护）两个方面”④。因为，他认为经济法按其本质，应是以国家对经济干预之法为中心而形成的。只就此见解而言，体现于经济法中的“国家的干预”，对经济法的性质具有重要的意义。在这里可以将这种“国家的干预”换成“规制”一词。

目前，我国学术界对“市场规制法”这一概念尚有争议，例如在各类经济法教材中对前面界定的市场规制法的体系内容，采用了“市场调控法”“市场运行法”“市场竞争法”等概念。一般“市场调控法”这一概念容易使人误解为国家宏观调控法的内容也属于“市场调控法”的范畴；而“市场运行法”这一概念的含义更为宽泛，采用这一概念的学者将市场规制法的内容与合同法的内容放在一起，统称为“市场运行法”，即将经济法与民法的内容组合在一起，体系上显然不科学（尽管可能出于教材内容体系完整的需要而这样组合，但从法学体系上讲是不科学的）；而“市场竞争法”这一概念的含义较为狭窄，虽然产品质量、商业广告、价格属于市场竞争的重要手段，但一般意义上理解的“市场竞争法”的内容应包括“反垄断法”“反不正当竞争法”，所以，“市场竞争法”这一概念难以概括市场规制法律制度的全部内容。因此，使用“市场规制法”的概念可以更直观、明确“市场规制法”的调整对象是市场规制关系，是比较准确、科学的。

应当指出，同样采用“市场规制法”概念的学者，对其所包括的内容看法也不尽一

① 张守文主编：《经济法学》，267页，北京，北京大学出版社，2005。

② 参见［日］植草益：《微观规制经济学》，朱绍文等译，304页，北京，中国发展出版社，1992。

③ 参见潘静成、刘文华主编：《经济法》，2版，342页，北京，中国人民大学出版社，2005。

④ ［日］金泽良雄：《经济法概论》，满达人译，45页，兰州，甘肃人民出版社，1985。

致。例如，滥用合同自由、利用合同形式进行欺诈等行为往往会破坏公平竞争的市场秩序，加强对合同的必要监督管理十分重要，因此也可以将“合同监督管理法”列入“市场规制法”中，但是许多学者并不把“合同监督管理法”纳入“市场规制法”体系。

(二) 市场规制法的调整对象

国家在对市场规制过程中发生的社会性和管理性的市场规制关系是市场规制法的调整对象。

对市场规制法调整对象的研究是市场规制法的重点和理论热点。有学者认为，市场规制法的调整对象主要包括：(1) 市场规制关系。它是基于“市场失灵”，由规制主体依法定职权或授权对市场主体的行为进行监管，以维护市场秩序的关系。它可进行不同的分类，如依规制对象的基本类型不同，分为竞争规制关系、交易规制关系和中介规制关系等；依规制对象的具体内容不同，分为市场进入（退出）规制关系、合同规制关系、价格规制关系、广告规制关系、计量规制关系、财务规制关系等；依规制所在领域不同，分为劳动力市场规制关系、生产资料规制关系、金融市场规制关系和农业规制关系等。(2) 受规制的市场关系，主要包括：1) 竞争关系，即竞争主体之间在经营中相互争夺市场的社会关系，具有当事人的多元性和开放性、产生的自动性和非意思表示性、内容的双方同一性和相互对立性等特点。2) 交易关系，即市场主体之间的商品交换关系。[①] 有学者认为市场规制法的调整对象包括市场竞争行为、市场交换行为和政府规制行为三方面。[②]

具体来说，市场规制法的调整对象范围主要包括以下几个方面：

1. 生产经营规制关系

生产经营规制关系是指生产经营者在从事受到国家有质量、价格、计量、标准和特殊经营要求的生产经营活动中发生的规制关系，具体可分为三个部分：一是一般性的生产经营规制关系，主要是指必须接受国家在产品质量、安全、价格、计量、标准、广告、商标、经济合同等方面的管理所发生的生产经营规制关系。二是具体的生产经营规制关系，主要是指工业、农业、服务业三大产业生产经营活动中所发生的规制关系。三是特殊的生产经营规制关系，主要包括国有资产经营管理、烟草、军工产品等生产经营活动中发生的规制关系。

2. 市场竞争关系

市场竞争关系，即生产经营者之间的市场竞争关系。竞争机制是发挥市场配置资源的基础性作用的重要机制，也是将市场主体追求利润最大化的内在动力转化为面向市场竞争的外在压力，使企业和其他经济组织富有活力、积极进取的重要机制。但是竞争是把“双刃剑”，无限制的自由竞争所造成的各种“反竞争行为”，构成了对市场机制本身的直接破坏，比如，市场经济的自由发展会产生垄断；垄断的出现，会限制竞争机制发挥作用，抑制竞争的有限进行，阻碍市场对资源的优化配置而难以提高社会的经济效率。“一旦竞争受到排斥，市场经济便丧失了维持经济秩序和保障自由的力量。”[③] 同时，各市场主体以自身的利益为出发点，追求多元的利益目标，在追求利润最大化的过程中，必然存在着个人利益和他人利益、社会利益的矛盾。在利益的驱使下，个别主体为了获得不正当的竞争优

---

① 参见王全兴：《经济法基础理论专题研究》，578～588页，北京，中国检察出版社，2002。

② 参见金鑫主编：《经济法新论》，115～117页，上海，上海辞书出版社，2003。

③ ［德］路德维希·艾哈德：《社会市场经济之路》，232页，武汉，武汉大学出版社，1998。

势，获取更多的本位利益，会采取牺牲其他经营者和消费者利益的手段，进行不正当竞争行为，如假冒商标、诋毁商誉、商业贿赂、虚假宣传、传销等，这些都会破坏正常的市场秩序。但是这种破坏又是内生于市场体制的，市场无法靠自己的力量消除这种破坏。另外，自由竞争所造成的市场主体对社会公共利益的忽视与损害构成了市场机制持续、有效、健康运行的潜在制约。为维护公平竞争的市场秩序，使市场经济能够和谐发展，国家必须加强反垄断、反不正当竞争方面的立法，依法加强对市场竞争活动的规制，规范经营者的市场竞争行为，查处限制竞争行为和不正当竞争行为。

值得注意的是，直销行为也属于市场竞争关系的一个重要内容。直销与传销有着密切关系，在国外，直销和传销不分，都是指通过销售员而不通过店面销售产品。而在中国，两者有着严格的区分。直销是指直销企业招募直销员，由直销员在固定营业场所之外直接向最终消费者推销产品的经销方式。直销作为众多现代经销模式中的一种，可以有效地降低企业的运营成本，对于促进市场经济条件下商品流通的发展有着积极作用。但是，由于这种经销模式在交易过程中存在很大程度的信息不对称性，直销人员也具有分散性的特点，所以，极容易引发一些不规范甚至违法行为的发生，进而损害广大消费者和直销从业人员的切身利益。加之直销这种经销方式进入我国时间不长，公众对直销的认识也存在一定程度的偏差，区别合法直销和非法传销的能力相对薄弱。因此，国务院于 2005 年 8 月 10 日通过了《直销管理条例》，考虑到我国的特殊国情，还同时颁布了《禁止传销条例》，明确规定："传销，是指组织者或者经营者发展人员，通过对被发展人员以其直接或者间接发展的人员数量或者销售业绩为依据计算和给付报酬，或者要求被发展人员以交纳一定费用为条件取得加入资格等方式牟取非法利益，扰乱经济秩序，影响社会稳定的行为。我国对传销行为一律予以查处和禁止。"

【背景资料】 **直销与传销的立法发展**

直销作为一种经营模式最早起源于美国，之后传入欧洲、日本等其他国家和地区。直销具有减少流通环节、节省广告投入、实行面对面服务等优点，因而在一些国家迅速传播开来。但因其同时具有交易上的隐蔽性、参与人员的分散性、交易对象的不确定性等特征，在其逐步发展的同时，也很快衍生出一些商业欺诈行为，特别是传销、"金字塔诈骗"和"老鼠会"等，严重扰乱了正常的经济秩序。为此，各国政府都在严格规范的前提下开放直销经营活动；同时，通过立法严厉打击利用直销名义进行的欺诈活动，如美国的"禁止金字塔计划"法案、日本的《无限连锁链防止法》、马来西亚的《直销法》等。

20 世纪 90 年代初，一些国外直销公司开始进入中国。由于我国正处于社会主义市场经济发展的初级阶段，市场发育程度较低，有关管理法规不够完善，直销逐渐发展成为各种形式的传销活动，不仅干扰了正常的经济秩序，严重损害人民群众的利益，还严重影响了我国的社会稳定。针对这种情况，1998 年 4 月，国务院发布《关于禁止传销经营活动的通知》（国发［1998］10 号），明确指出：传销经营不符合我国现阶段的国情，已造成严重危害，对传销经营活动必须坚决予以禁止。自此之后，在国务院的统一部署下，工商、公安等部门认真履行职责，对各种传销活动进行了严厉打击，取得了显著成效，大规模、公开化的传销活动得到了有效遏制。

近年来，传销进一步发展为以“拉人头”欺诈等为主要形式的违法犯罪活动。为了逃避打击，传销活动也由公开转入地下，采取更为隐蔽、更为恶劣的手段进行不法活动，且近年来有愈演愈烈之势，不仅严重扰乱正常的市场经济秩序，也直接危害人民群众的生命财产安全，破坏社会稳定。传销的危害突出表现在：一是传销不仅违反了国务院禁止传销的规定，还违反了国家有关法律、法规的规定。二是传销侵害的多是弱势群体。三是引发治安违法行为和刑事犯罪行为。四是对社会伦理道德造成冲击。五是传销组织者、策划者对参加人员实施精神控制。

有鉴于此，为了维护广大人民群众的切身利益和市场经济秩序，国务院要求各级人民政府和执法部门要严格执法，对传销活动一经发现，坚决取缔。为了进一步加大对传销的打击力度，防止欺诈，保护公民、法人和其他组织的合法权益，维护社会主义市场经济秩序，保持社会稳定，构建和谐社会，国务院于2005年8月颁布《直销管理条例》的同时，颁布了《禁止传销条例》，从法律上明确禁止任何单位和个人从事传销，并对传销的定义、表现形式、打击传销的工作机制、措施和程序、法律责任等作出了明确规定。

《直销管理条例》的颁布也是中国履行“入世”承诺的表现。根据“入世”承诺，我国应当在2004年年底取消对外资在无固定地点的批发或零售服务领域设立商业存在方面的限制，并制定与WTO规则和中国“入世”承诺相符合的关于无固定地点销售的法规。这里所称的“无固定地点销售”，其主要形式之一就是直销。作为国际社会间一个负责任的成员，中国政府一向十分注重履行自己的对外承诺。制定上述条例正是我们履行上述承诺的一个重要举措。

【案例】 **“永健”保健品非法传销案**①

2005年11月3日，沂源县工商局公平交易局的执法人员接到群众的咨询，群众询问某公司的营销行为是不是合法的。经过研究，县局初步认定这是一种传销行为，并决定对此案进行调查。通过调查查明，银杏保健品公司的营销方式为：“消费者”购买一单价款为1 280元的“永健”银杏系列产品，即成为公司“优惠顾客”，即得推荐他人购买“永健”银杏系列产品的资格，当推荐三人成为公司的“优惠顾客”后，“消费者”便成为公司“嘉宾顾客”而享有“消费分红”的权利，每周分红一次。“消费者”自成为“嘉宾顾客”后的下一周开始，第一周分红600元，第二周分红500元，以后每周300元，直到分红53 310元为止。在此轮分红过程中，当分红达到10 000元时，公司扣下1 280元，再购买一份公司产品，成为一个新的“优惠顾客”，当再推荐至三人且每人购买一单（1 280元）产品时，即又成为公司“嘉宾顾客”，又享有分红的权利，分红率同上，以此类推。

这起保健品传销案件，属于国务院颁布、于2005年11月1日起施行的《禁止传销条例》第7条第2款所规定的传销行为，即通过发展人员，要求被发展人

① 参见《“永健”保健品传销覆灭记》，载中国直销网，http：//www.zhixiaowang.com/chuanxiao/400018.htm。

员以认购商品方式变相交纳费用，取得加入的资格，牟取非法利益的传销活动。传销带有隐蔽性和集团性，有的犯罪分子还利用传销组织进行其他违法犯罪活动。传销和直销具有密切联系，有很大的相似性，因此，我们要区分传销与合法的直销。合法的直销和非法的传销最根本的区别是：合法的直销公司有自己的工厂，生产和销售的产品都是国家批准的，公司和直销员是合作关系，利益是建立在销售商品的基础之上；非法传销公司没有自己的工厂，而是将其他厂家粗劣的产品逐层传销给下线会员，每一层都要加上中间利润，这种借着商品的转换而赚取中间利润的"间接贩卖"，使商品和实际的价格相差甚远，而且传销的层次越多，商品价格就越高，这样底层人员的产品根本卖不出去，而传销不准退货，经济上受到极大的损失。

3. 市场监管关系

市场监管关系，是指政府在对金融、商贸、电信、电力、土地市场等进行监察、督促、引导和管理活动中产生的经济管理关系，主要包括银行业监管关系、证券业监管关系、保险业监管关系、商贸监管关系、土地监管关系及电信、电力监管关系等。

【背景资料】　中国证监会发布《关于清理整顿违法从事证券业务活动的意见》

2015年7月13日消息，中国证监会12日发布了《关于清理整顿违法从事证券业务活动的意见》，并将自公布之日起施行。

中国证监会表示，一段时期以来，部分机构和个人借助信息系统为客户开立虚拟证券账户，借用他人证券账户、出借本人证券账户等，代理客户买卖证券，违反了《证券法》《证券公司监督管理条例》关于证券账户实名制、未经许可不得从事证券业务的规定，损害了投资者合法权益，严重扰乱了股票市场秩序。

而这些违法现象又出现了卷土重来的势头，可能再次危及股票市场平稳运行，必须予以清理整顿。现就有关事项提出如下意见：

一、各证监局应当按照中国证监会《关于加强证券公司信息系统外部接入管理的通知》（证监办发［2015］35号）要求，督促证券公司规范信息系统外部接入行为，并于2015年7月底前后完成对证券公司自查情况的核实工作。

中国证券业协会从2015年8月份开始，依据其《证券公司外部接入信息系统评估认证规范》，认真开展相关评估认证工作。

二、中国证券登记结算公司应当按照《证券法》第一百六十六条的规定，严格落实证券账户实名制，进一步加强证券账户管理，强化对特殊机构账户开立和使用情况的检查，严禁账户持有人通过证券账户下设子账户、分账户、虚拟账户等方式违规进行证券交易。

三、各证券公司应当按照《证券公司监督管理条例》第二十八条的规定以及证券账户管理规则，在为客户开立证券账户时，对客户申报的姓名或者名称、身份的真实性进行审查，保证同一客户开立的资金账户和证券账户的姓名或者名称一致。证券公司不得将客户的资金账户、证券账户提供给他人使用。对通过外部接入信息系统买卖证券情形，证券公司应当严格审查客户身份的真实性、交易账户及交易操作的合规性，防范任何机构或者个人借用本公司证券交易通道违法从事交易活动。

四、信息技术服务机构等相关方，直接或者间接违法从事证券活动的，应当清理整顿。中国证监会《关于加强证券公司信息系统外部接入管理的通知》发布前的存量可以持续运行，按照有关规定逐步规范，但不得新增客户、账户和资产。

五、证券投资者应当按照法律法规和中国证监会的有关规定，严格遵守证券账户实名制要求开立证券账户。任何机构和个人不得出借自己的证券账户，不得借用他人证券账户买卖证券。

六、对违法从事证券活动的行为，中国证监会将依法查处；涉嫌犯罪的，依法移送公安机关。

七、本意见自公布之日起施行。

市场规制法调整的是产品质量关系等市场规制关系，构成宏观调控法所调整的宏观经济关系的微观基础。市场规制法是经济法体系的三大主要组成部分之一，是经济法“一体两翼”（即经济法主体、市场规制法和宏观调控法）中的一翼。

三、我国市场规制法的发展概况

我国关于规范市场行为和维护市场秩序的法律法规的制定，随着改革开放的进行而逐步进行。1980年制定的《关于开展和保护社会主义竞争的暂行规定》（已失效）、1983年公布的《关于加强市场和物价管理的通知》和《城乡集市贸易管理办法》、1987年《关于认真解决商品搭售问题的通知》等具有市场规制法的一些形式和内容，但因与计划经济体制相联系，更多的是具有统制或管理的色彩。1993年2月22日第七届全国人大常委会通过的《中华人民共和国产品质量法》，同年9月2日第八届全国人大常委会通过的《中华人民共和国反不正当竞争法》、10月31日通过的《中华人民共和国消费者权益保护法》等，构成我国市场规制法体系的核心内容和基础性法律文件。近二十年来制定的大量法律，如《反垄断法》《广告法》《价格法》《拍卖法》《招标投标法》《计量法》《标准化法》《会计法》等，充实和丰富了我国市场规制法的内容，成为其重要组成部分。

第二节 市场规制法的基本原则和作用

一、市场规制法的基本原则

市场规制法的基本原则，是贯穿于市场规制法之中的，人们在市场规制法的立法、执法、守法过程中必须遵循的根本准则或者说根本指导思想。它是由市场规制法的目的和调整对象的性质所决定的。市场规制法的原则既是立法机关制定市场规制法的指导思想，又是司法机关进行司法活动的基本依据，也是一切市场经济活动主体的行为准则。关于市场规制法的基本原则问题在学界争议也比较大，但是它又是一个很重要的问题。当前研究市场规制法的基本原则是有其现实意义的：其一，市场规制法基本原则的确立，是我国市场经济法律体系重新整合、市场规制法律体系走向完善和成熟的重要标志；其二，市场规制法基本原则的确立，能够弥补我国市场规制法律规范和条文存在较多缺陷的现状。

有学者认为，市场规制法有四个原则，分别为：第一，维护市场活动中的经济民主原则。市场活动中的经济民主乃是经济民主的主要内容，它是指市场主体对经济活动的平等和广泛参与。第二，保障市场活动中的实质公平原则。在市场经济中，公平体现为市场主体在平等的市场环境中，依据共同的经营规则进行市场交易和竞争。其具体要求是市场主体的竞争环境、交易和竞争结果都应当公平。第三，维护市场运行的整体效率原则，是指市场体系中各类市场在运行中所取得的综合经济和社会绩效。第四，倾斜保护弱者利益原则。[①] 有学者认为，市场规制法的基本原则有三：国家干预适度原则、保护公平竞争原则以及社会公益原则。国家干预适度原则，就是要求国家干预经济生活要从社会公益的角度出发，把握适度、得当。保护公平竞争原则是指国家要为当事人创造一个公平的竞争环境和竞争条件，使它们能够在相同的条件和外部环境中参与竞争，促进竞争机制在市场中发挥积极作用。社会公益原则是指，国家规制市场经济生活要以社会公益为基本的出发点和最终归宿。[②] 笔者认为，上述对市场规制法基本原则的概括都没有立足于市场规制法区别于其他经济法部门的基本特征。有的对基本原则的概括外延太宽，如“国家干预适度”“社会公益原则”和保障市场活动中的实质公平原则，这些原则太过抽象，可以上升为整个经济法的基本原则。上述原则的概括还有一点不足之处就是脱离了市场活动本身的规律性，仅就法律形式而言，并没有触及法律背后的经济基础，这才是市场规制法的经济实质和基础，法律形式只是对经济内容加以规定和提炼。

市场规制法的基本原则主要有以下几项：

1. 尊重价值规律、供求规律和竞争规律，依法适度管理的原则

价值规律、供求规律和竞争规律是市场机制赖以存在和发挥作用的基本规律。任何违背这些客观规律的市场行为和市场管理行为，都是注定要失败的。市场规制法要保障市场经济活动更加“经济和理性”，提高经营者的整体效益和消费者的整体福利，必须遵循和体现相关的市场运行规律。市场规制法只有充分尊重和体现相关经济规律，才能引导市场主体依法从事经济合理行为，实现综合效益和宏观经济的目标，实现自身的各类调整目标。[③] 国家对市场进行管理，目的在于弥补市场不足而不是替代市场，所以，在强调管理的重要性的同时，必须强调管理的合理性、适度性和有效性，把握好管理的范围、方式和力度，这就必须尊重市场客观经济规律，否则，就会因国家对市场干预过度而否认市场运行规律，从而最终否认市场经济，也会导致窒息市场主体活力的严重后果。对于我国这样一个有着长期片面强调国家主义历史、农业经济统治传统、市场经济赖以存在的市场意识贫乏、刚脱离计划经济阴影的我国来说，市场规制的立法、执法，调整市场监督、管理和协调关系，必须顺应价值规律、供求规律和竞争规律，使市场规制法的所有规范都符合这些规律的要求。

依法适度管理就是要求国家对市场秩序的管理要从维护良好的市场秩序这个立足点出发，并遵循市场运行的规律，把握适度、得当。国家对经济的管理必须在一定的“度”内，适度可以促进经济增长，而“过”和“不及”都会阻碍经济的发展。这个“度”是个弹性的标准，必须根据不同时期的经济发展情况和市场运行状况来判断。比如反垄断法的执行力度和司法力度在不同时期相差很大，受到政府经济政策的影响很大。如在20世纪五六十年代，美国风行保护中小企业的意识和政策，反垄断法的执行即非常严格；而在80年

① 参见李昌麒主编：《经济法学》，213～216页，北京，中国政法大学出版社，2002。

② 参见王继军、张钧：《论市场规制法的基本原则》，载《山西大学学报（哲学社会科学版）》，2003（3）。

③ 参见张守文：《经济法理论的重构》，221页，北京，人民出版社，2004。

代后，随着美国面临的国际竞争压力增大及世界范围内企业兼并的潮流盛行，美国对反垄断法的执行力度放松，对垄断行为的认定从结构主义转向行为主义。“市场失灵”会产生效率损失，国家对之管理正是为了弥补这种效率损失。但是，由于国家也是一个有限理性的经济主体，政府不是万能的，也会产生“政府失灵”问题，它在管理经济活动中能够克服市场缺陷的同时，也存在着可能抑止市场活力甚至违背经济规律的风险，所以，当国家能以最低的风险和成本牺牲挽回最大的市场效率损失时，就是最佳、最理想的国家管理，即国家管理的适度、得当。

2. 统一规制、分级监管的原则

所谓“统一规制”，主要指在市场规制或管理方面全国要有统一的法律制度、法定的管理机构，避免出现各级地方立法机构或国务院各部委分别立法而破坏法制统一的后果，避免对各种市场管理机构各自职权及相互关系界定不明而政出多门的混乱状况，这样才能维护全国市场的统一性。对于人口众多、幅员辽阔、市场众多的中国来说，仅有统一的法律制度、统一的管理机构，统一规制并不一定能落实。国民经济运行存在不同的环节和层次，而且国家大、情况复杂，要处理好重大市场规制或管理问题，必须发挥地方积极性，必须实行分级管理，赋予地方和部门必要的规制权，维护当地市场秩序和促进当地经济的发展。统分结合的原则反映了市场规制体系内部结构的客观实际，具有科学性。市场规制法确认这一原则，从法律上保障合理分权，既能使整个国家市场管理行为的协调和全国市场的统一得到切实保证，又能充分调动地方、部门的积极性。统一规制、分级监管的原则要求明确中央和地方各级政府有关部门的各自市场规制职权及相互关系，通过“分级监管”，使统一的市场规制法律得到实施、统一的市场规制发挥作用。

3. 维护公平竞争的原则

公平竞争原则是市场规制法确定和维护的基本原则，也是市场规制法反映社会化市场经济之内在要求的一项核心原则。所谓公平竞争，是指市场竞争主体的法律地位平等和经济机会均等。在市场竞争中，一切竞争者处于平等的法律地位，服从同一法律规则。经济机会均等是经营主体都有进入市场并进行平等竞争的机会，不允许某个竞争者独占机会，也不允许对任何竞争者进行歧视。维护公平竞争原则要求国家为当事人创造一个公平的竞争环境和竞争条件，使它们能够在相同的条件下和外部环境中参与竞争，促进竞争机制在市场中发挥积极作用。维护公平竞争原则和制度的出现，是通过国家的“有形之手”来纠正市场这一“看不见之手”导致的弊端，同时又力求使“看不见的手”在最大范围内、最高程度上发挥作用的产物。[①] 在此原则中对公平竞争加上“维护”表明了市场规制法和国家在维护市场经济及其竞争秩序中的一种积极和能动的作用。市场规制法所维护的公平竞争既包括形式意义上的公平竞争，也包括实质意义上的公平竞争。这也符合经济法所追求的实质公平的理念。

4. 保护弱者和消费者合法权益的原则

在现代市场经济条件下，市场主体间的强者、弱者是客观存在的。强者拥有强大的经济实力和组织网络，在市场活动中居于显著优势地位；弱者或消费者经济势力小，处于无组织的分散状态，因此，他们在市场活动中最容易受到伤害。这就要求国家从维护社会公

---

① 参见史际春、邓峰：《经济法总论》，167页，北京，法律出版社，1998。

平与正义出发，在立法、执法和法律救济等方面，对市场主体间的弱者一方给予特别保护。对弱者的保护实质上也是为市场竞争储备后生力量，为经济长远发展积累能量，因为今天的弱者可能明天就会变成强者。同时，保护市场上弱者的权益也是体现了市场经济社会应该具有的社会良心，有利于社会的和谐、稳定。对消费者合法权益的保护，实质是保护消费、促进消费，从而保护生产、促进生产，有利于社会经济的发展。所以，保护弱者和消费者合法权益的原则应该被确定为市场规制法的基本原则。

5. 违法行为法定原则

违法行为法定，即违法行为由法律明示。在市场经济条件下，市场瞬息万变，市场主体要及时作出经营决策并实施某种经营行为。如果法律将市场主体可以实施的行为都一一规定下来，那是不可能的。法律可以做到的，只能是为市场主体划定一个不允许实施的行为的范围，即法律未明示规定禁止的行为，应视为合法行为，行为人应不受制裁。违法行为包含三个方面的基本要求：一是法无明文规定不制裁，即实施行制裁必须有法定依据，没有法定依据不能实施制裁；二是市场管理机关必须在法定职权范围内实施制裁；三是市场管理机关实施制裁必须遵循法定程序，违反法定程序的，制裁行为即无效。

二、市场规制法的作用

市场规制法的作用主要体现在以下四个方面：

一是创造公平竞争的市场环境，协调经营者相互之间的利益关系。创造公平竞争的市场环境，是指通过立法和执法使一切市场主体处于平等的法律地位，服从同一法律制度，并坚决查处、制裁垄断和不正当竞争等不法行为，推动和保护正当竞争。

二是维护消费者的合法权益，协调经营者与消费者之间的利益关系。消费者的消费是经济发展的原动力，保护消费者的权益能鼓励消费者消费，扩大内需，从而刺激经济的发展。维护消费者的合法权益，必然要以经营者切实履行其应尽的合法诚实经营义务为基础，所以要通过立法明确经营者的义务。尤其在我国消费者自我保护意识不强的情况下，增强消费者自我保护的法律意识，大力查处经营者损害消费者合法权益的违法行为，方便消费者为维护自己的合法权利提出申诉、申请仲裁或提起诉讼，显得尤为重要、尤为迫切。这促使经营者为面向市场争夺更多的消费者而面向内部加强和改善经营管理，切实转换经营机制，促进我国市场经济的健康发展。可以说，维护消费者权益是整个市场规制法的落脚点，消费者权益保护法自不用说，反垄断法和反不正当竞争法的作用亦在于促使生产者和经营者遵守市场规则，自由和公平地开展竞争，从而提供更多价廉质优的产品，最终提高消费者的福利。因此，竞争法实质上也是消费者权益保护法，整个市场规制法甚至整个经济法体系都是以维护消费者权益为中心而构建起来的。

三是为政府对市场进行管理提供法律依据，规范和约束政府管理市场的行为。在市场经济条件下，政府对市场的管理同样不是万能的，必然要以不妨碍市场机制的正常发挥为前提，以弥补市场缺陷为目的。市场经济是一种法治经济。这一共识所指的不仅是基本的社会经济关系有法可依，以及法律成为调整社会经济关系的主要手段，而且主要是指政府干预有法可依、有法必依，政府干预必须守法。[①] 所以，必须通过立法明确政府对市场管

① 参见邱本：《自由竞争与秩序调控——经济法的基础建构与原理阐释》，352～353 页，北京，中国政法大学出版社，2001。

理的职能机构、职能范围、方式程序，既使其具有权威性、强制性，以维护市场的正常秩序，又避免主观性、随意性等滥用权力破坏市场机制的行为出现，建立必要的监督制约机制，从而防止政府的过度干预酿成“政府失败”的恶果。

四是促进社会主义市场经济体制的建立和完善，推动社会主义市场经济的发展。社会主义市场经济体制的改革和完善，必须更大程度地发挥市场在资源配置中的决定性作用，增强企业的活力和竞争力。市场机制是资源配置的主要手段，它能通过供求、价格、竞争之间的相互作用与影响，推动资源的合理流动与分配，提高资源的使用效率，从而促进社会经济的发展。人们通常把市场机制的这种客观作用，形象地比喻为“无形的手”或“看不见的手”。市场规制法在“无形之手”对资源配置的基础上，通过立法、执法，充分发挥“有形之手”排除“无形之手”在某些方面不能发挥作用的“功能性障碍”的作用，整顿和规范市场经济秩序，打破行业垄断和地区封锁，促进一个统一开放、竞争有序的现代市场体系的形成。

第三节　市场规制法的体系结构和地位

一、市场规制法的体系结构

市场规制法是一个集合概念，包括我国在内的任何一个国家都没有制定一部统一的市场规制法，而是从维护市场秩序的各个方面分别立法。但是，市场规制法又是一个有机的统一整体。在这个有机整体中，以市场规制法基本原则为指导，各个组成部分须相互协调、互相配合，实现政府维护市场秩序和公平交易的目的。根据市场规制法的调整对象的范围和基本内容，市场规制法体系主要由以下几部分构成：

（一）生产经营规制法

1. *产品质量法*

产品质量法是调整国家在对生产经营者的产品质量进行监管和对消费者权益进行保护过程中所发生的社会关系的法律规范的总称。产品的高质量意味着高成本、高投入，这和市场主体追求自己利润的最大化相矛盾。产品质量高低是市场交易秩序优劣的一个基本尺度。市场规制法旨在保障进入市场的商品的质量。同时产品质量是市场竞争的一项主要内容。为了维护市场秩序，政府必须运用强制性的法律手段确保产品质量。因此，产品质量法是市场规制法的主要组成部分之一。

2. *价格法*

价格法是调整生产经营者在价格形成和国家在价格监管过程中发生的社会关系的法律规范的总称。价格关系是指与价格的制订、运行和监督检查有关的各种社会关系。它具体包括：价格的制定关系，价格的运行关系，各级价格主管部门对价格的监督检查关系。我国价格法所称的价格包括商品价格和服务价格。所谓商品价格，是指各种有形产品和无形资产的价格。所谓服务价格，是指各类有偿服务的收费。市场的核心是价格，市场配置资源的作用主要通过价格调节来实现。为了保持价格形成机制的健全，稳定市场物价，国家必须协调、监督和管理价格关系。因此，价格法是市场规制法的主要组成部分之一。

3. *广告法*

广告法是调整广告关系的法律规范的总称。广告关系是指国家对广告活动进行监督管理过程中发生的社会关系。广告可以传播经济信息、促进市场交易、指导消费。我国的广告业发展迅速，但是广告业的发展中也碰到了一些问题，危害最大的就是利用广告虚假宣传，进行不正当竞争，因此，必须对利用广告进行不正当竞争的行为予以规制，广告法是市场规制法的基本内容。发展市场经济，必须制定和完善广告法，依法加强政府对广告的管理。

4. 商标法

商标法是指调整商标关系的法律规范的总称。商标法属于知识产权法领域的主要内容，但是从生产经营的角度来看，经营者对商标的使用与生产经营活动密切相关，因此，商标法也是规制生产经营活动的重要法律制度。

5. 计量法和标准化法

计量法是调整计量关系的法律规范的总称。标准化法是调整国家在制定标准和实施标准化过程中发生的社会关系的法律规范的总称。商品的生产和市场交易离不开计量和标准，因此，计量法和标准化法也是市场规制法的基本内容。

6. 经济合同法

《中华人民共和国合同法》是民法和经济法综合调整的反映，而以民法和经济法综合调整市场经济关系则是社会发展和进步的要求。按照经济法的思想，现代市场经济生活中客观存在着一种不同于民事合同的经济合同，这种经济合同是经济法用以管理与协调商品交换和货币流通的一种积极手段，体现了市场经济与宏观调控的有机结合。[①] 经济合同主要包括两种类型：一是合同主体至少有一方是政府的经济合同，例如政府采购合同，平等的地区、部门和财政主体之间为实现一定经济目的而形成的经济协作合同。需要注意的是，政府作为一方主体参与经济合同法律关系时，并不是以管理者的身份出现。而是以经济法意义上的消费者主体或经营者主体的身份出现。这也是经济合同法归属于经济法范畴而非行政法范畴的重要原因。二是合同双方主体虽然都不包括政府，但合同的内容以及订立形式上要接受政府监督和管理的经济合同，例如金融服务合同，供用电、水、气、热合同，建设工程合同，政府和社会资本合作协议，等等。调整上述经济合同关系的法律规范的总称即为经济合同法。我国现行《合同法》中规定的部分具有经济合同性质的合同也应当从《合同法》中剥离出来，这部分内容应当与法律尚未规定的经济合同内容放在一起，统一由属于经济法部门的“经济合同法”来调整。

【背景资料】　　政府和社会资本合作模式（PPP 模式）

1. 2015 年 5 月 22 日，国务院办公厅转发《财政部、发展改革委、人民银行〈关于在公共服务领域推广政府和社会资本合作模式指导意见〉的通知》（国办发［2015］42 号）

该意见对充分激发社会资本活力，打造大众创业、万众创新和增加公共产品、公共服务“双引擎”，在改善民生中培育经济增长新动力作出了重要部署。该意见指出，在能源、交通运输、水利、环境保护、农业、林业、科技、保障性安居工程、医疗、卫生、养老、教育、文化等公共服务领域，鼓励采用 PPP 模

① 参见徐孟洲：《新〈合同法〉是民法和经济法综合调整的反映》，载《法学家》，1999（3）。

式，吸引社会资本参与，为广大人民群众提供优质高效的公共服务。

财政部、国土资源部、住房城乡建设部等《关于运用政府和社会资本合作模式推进公共租赁住房投资建设和运营管理的通知》（财综［2015］15号）明确了包括财政政策、税费政策、土地政策、收购政策、融资政策等在内的政府支持PPP模式公共租赁住房的政策体系，要求各地区从2015年开始组织开展公共租赁住房项目PPP模式试点和实施工作。

2. 葛洲坝签订130亿元PPP项目合作框架协议

中国葛洲坝集团股份有限公司董事会于2015年5月26日公告称，公司于5月24日与贵阳综合保税区管委会签订了《贵阳综合保税区建设项目PPP合作框架协议》。根据协议，公司与贵阳综合保税区管委会以PPP的模式合作投资建设贵阳综合保税区部分基础设施项目。其中，贵阳综合保税区管委会负责项目的立项、勘察、规划、设计、拆迁、用地报建等工作；葛洲坝负责按项目的融资计划进行融资和按施工总承包方式承建项目。双方合作项目总投资额约130亿元，具体项目根据贵阳综合保税区基础设施建设发展进程落实。

7. 产业经营规制法

上述生产经营规制法并不区分具体的行业性质，而是从产品、价格、广告、计量、经济合同管理等方面对所有行业的生产经营行为进行法律规制。而产业经营规制法是指调整工业、农业、服务业中的生产经营规制关系的法律规范的总称，属于具体的市场规制法律制度的范畴。

8. 国有资产经营规制法

国有资产经营规制法，是指调整国有资产经营规制关系的法律规范的总称。国有资产经营规制关系是指，国家为实现国有资产的保值和增值，对投入各类企业公司（包括国有及国有控股企业、国有参股企业、中外合资经营企业和中外合作经营企业等）中的资产进行经营活动中产生的社会关系。国有资产经营规制法属于特别的市场规制法律制度。

（二）市场竞争法

市场竞争法是调整经营者之间的市场竞争关系和制止滥用行政权力排除、限制竞争关系的法律规范系统。市场竞争关系和制止滥用行政权力排除、限制竞争关系就是竞争法的调整对象。市场竞争法主要由反不正当竞争法和反垄断法组成。反不正当竞争法主要是反对经营者出于获取不正当利益的目的，违反市场交易中的诚实信用原则和公认的商业道德，通过使用不正当竞争手段而获取相对竞争优势。而反垄断法是从保护市场竞争，防止和制止垄断行为，防止和制止滥用行政权力排除、限制竞争的行为出发，使市场保持足够的竞争者，以使交易相对方和消费者在市场上有选择商品的机会，因此，反垄断法是维护经营者、消费者的合法权益和社会公共利益的法。

（三）市场监管法

市场监管法是调整市场监管关系的法律规范系统。所谓市场监管关系，是指政府在对金融、商贸、电信、电力、土地市场等进行监察、督促、引导和管理活动中产生的经济监督与管理关系，主要包括银行业监管关系、证券业监管关系、保险业监管关系、商贸监管关系、土地监管关系和电信、电力监管关系等。与此相适应，市场监管法体系包括银行业监管法、证券业监管法、保险业监管法、商贸监管法、土地监管法、电信监管法、电力监管法等。

最后需要指出的是，生产经营规制法、市场竞争法和市场监管法等各方面在市场规制法体系中环环相扣，互为补充，发挥各自不可替代的特有功能，构成一个完整的维护市场秩序的法律调整系统。

二、市场规制法的地位

市场规制法的地位，是指其在我国经济法律体系中的地位。市场规制法是经济法体系的主要组成部分，属于经济法的范畴。

对于经济法的调整对象及相应的体系，目前我国法学界仍有较大分歧。但市场规制关系和宏观经济调控关系属于经济法的调整对象，可以说已成为经济法学界大多数学者的共识。笔者认为，为弥补市场缺陷，需由政府在尊重市场客观经济规律的前提下对经济进行适度干预，这已为世界上绝大多数市场经济国家所承认。经济法恰恰适应了这一要求，既突破了经济活动是市民的私事、国家不干预的观念，又突破了计划经济中国家无处不在的观念，使公法与私法适当融合、渗透，成为国家对经济依法适度干预的重要部门。经济法一手牵着市民社会，一手牵着国家，以科学发展观和“以人为本”之精神为指导，用平衡协调的方法把国家和市民社会和谐地糅合在一起。从经济法的主旨在于弥补市场失灵和纠正政府失灵，以及国家对经济适度干预角度看，市场规制法应属经济法这一独立法律部门的主要子部门之一。

经济法融公法和私法于一体，在尊重市场主体的私权利的前提下，以适度的公权力手段对市场经济进行必要的法律调整，正是适应了现代市场经济发展的需要。所以，经济法绝不是公法规范和私法规范的简单组合，当然也不是民法规范和行政法规范的简单组合。笔者认为，如果对《反不正当竞争法》《产品质量法》《价格法》《消费者权益保护法》《广告法》等法律的规范形式进行实证分析，不难发现其大量的规范都是从维护市场的正常秩序和社会公众利益的角度出发，以义务性规范和禁止性规范的形式，规定了经济主体的各种相关的义务。这和民法规范主要以授权性规范的形式规定民事主体的私权利（包括有形无形财产权和人身权）显然不同，也和行政法规范主要规定国家及国家授权的行政机关的权力和义务（包括职权和职责）显然不同。我国《反垄断法》的规范内容形式，主要也是规定市场经营主体的相关义务，其规范的形式也大多是义务性规范和禁止性规范，这与民法规范主要是以授权性规范形式规定民事主体的私权利显然不同。

市场规制法与宏观调控法都是以社会整体利益为本位，都具有公法与私法相互融合、渗透的特点，在调整对象上具有同质性，因此，它们在法律调整内容与方法等方面存在紧密联系。但是，在经济法体系中，市场规制法与宏观调控法又是两个相互独立的子系统。市场规制法主要调整微观经济关系，大多针对企业公司或其他经营者的经济行为，维护市场秩序；而宏观调控法是调整宏观经济调控关系，调节的是社会宏观经济利益，主要规范和约束政府经济行为，促进经济与社会全面、协调和可持续发展。

【问题与思考】

1. “蓝极速网吧”纵火案与“依法适度管理原则”

2002年6月16日凌晨2时40分许，位于北京市海淀区学院路20号院内非法经营的“蓝极速”网吧发生火灾。经公安消防部门现场勘查，火灾造成25人死亡、13人受伤。经公安机关调查确认：这场火灾是两名未成年人因泄私愤故意纵火所致。同时，网吧的经营者不仅未办理任何手续就非法经营，而且不按规定配置消防设施和器材，还用铁护栏将所有窗户都封死。事发当晚，又将网吧唯一对外通道——大铁门从外面锁住，致使火灾发生时室内人员无法逃生。因此，经营者对此事负有不可推卸的责任。2002年8月27日，北京市第一中级人民法院依法作出一审判决：二人以放火罪，分别被判无期徒刑和12年有期徒刑；“蓝极速”网吧的非法经营者被判3年有期徒刑。

北京市市长刘淇在火灾发生的当天召开的安全防火和安全生产紧急会议上宣布，北京市要对所有网吧停业整顿，重点整顿网吧以及娱乐场所。一是本市要有效地限制发展网吧，要求政法部门重新修改有关网吧管理、整顿的法规，制定严格的管理措施。二是从现在起，市有关部门和各区县政府要对网吧逐个进行拉网检查。三是市文化、公安、工商等部门和各区县政府要迅速行动，集中力量严厉打击“黑网吧”，没收其非法所得和经营工具；对于情节严重的，吊销其营业执照，并将其登入工商信用监督系统。同时积极发动群众举报“黑网吧”，绝不允许其非法经营。四是网吧及其他公共娱乐场所要符合防火安全规定。五是整顿网吧的工作要落实到各区县政府、各街道办事处和各乡镇政府，要实行拉网检查整顿，对于“黑网吧”一个都不能漏网。会议还明确提出，今后在北京不鼓励发展网吧，有关部门对“网吧”不再审批发证。

2002年6月28日，文化部、公安部、信息产业部、国家工商总局共同宣布，从7月1日起，将联合开展“网吧”等互联网上网服务营业场所专项治理行动。此一行动将持续到8月31日，为期两个月。期间要求各地一律停止审批新的“网吧”等互联网上网服务营业场所，也不得审核批准先有“网吧”等增添或更新设备。

相关数据：据公安机关的统计，北京市在2002年有两千四百多家网吧，其中开业手续和证照不全的网吧二千二百多家。其中，同时具有文化、公安、工商三部门审批核发的“三证”的合法经营者不足两百家。而这种现象在全国具有普遍性。

思考：

(1)“蓝极速网吧”是一家没有合法营业执照的黑网吧，在“蓝极速网吧”所酿成的悲剧当中，政府相关职能部门是否负有行政不作为责任？除了肇事者应负刑事责任和民事赔偿责任，政府是否也应承担部分经济赔偿责任？受害人能否提出国家赔偿？

(2)本案中北京市政府实施了三个“一刀切”的做法：所有网吧停业整顿；对“网吧”不再审批发证；今后在北京不鼓励发展网吧。这是否具有法律依据？请结合本案分析经济管理主体在市场规制过程中如何做到“依法适度管理的原则”。

2. 2015年7月24日，乐山高新区管委会参加乐山市政府在成都举行的PPP项目推介会，包装推出旅游综合体等5个项目，现场签订2个框架合作协议。高新区包装推出旅游综合体项目、交通运输项目、保障性工程项目、城市开发等PPP项目5个，总投资141亿元。高新区管委会现场分别与博大绿泽国际公司就乐山高新区泊滩堰旅游休闲综合体项目签订框架合作协议，与深圳金证科技股份公司签订高新区园区道路建设项目合作框架协议。

思考：运用经济法的基础理论分析PPP项目合作协议的法律性质。

第四章
产品质量法律制度

参考文献

（一）著作

1. 刘文华主编．经济法．4版．北京：中国人民大学出版社，2012年．第十三章

2. 史际春主编．经济法．2版．北京：中国人民大学出版社，2010. 第十九章

3. 徐士英主编．产品召回制度：中国消费者的福音．北京：北京大学出版社，2008

4. 周新军．产品责任立法中的利益衡平——产品责任法比较研究．广州：中山大学出版社，2007

5. 张庆，刘宁，乔栋．产品质量责任：法律风险与对策．北京：法律出版社，2005

6. 谭玲．质量侵权责任研究．北京：中国检察出版社，2003

（二）论文

1. 徐孟洲，谢增毅．一部颇具经济法理念的产品质量法——兼评我国《产品质量法》的修改．法学家，2001（5）

2. 王利明．关于完善我国缺陷产品召回制度的若干问题．法学家，2008（2）

3. 郭禾，郑其斌．我国缺陷汽车产品召回制度的模式．中国质量与品牌，2004（3）

参考法规

1.《中华人民共和国产品质量法》（2009年修正）
2.《中华人民共和国标准化法》（1988年）
3.《中华人民共和国食品安全法》（2015年修订）
4.《中华人民共和国药品管理法》（2015年修正）
5.《中华人民共和国认证认可条例》（2003年）
6.《缺陷汽车产品召回管理条例》（2012年）

引例 格林曼诉尤巴电器公司缺陷产品侵权案

原告格林曼在按说明书使用被告尤巴电器公司生产的多用电器削木机床时，一块木头从机器中飞出来，击中格林曼的头部，造成重伤。后经调查表明，该电器属于缺陷产品，它与事故有直接关系。加州最高法院在该案的判决中表示：制造人将其产品置于市场，知悉其将不会被检查是否具有瑕疵而使用时，则就此项具有缺陷商品对人身所造成的损害，应负无过失责任，也称严格责任。这是美国司法实践史上第一次正式确认严格责任为产品责任的归责原则。自此，严格责任理论不仅为美国绝大多数州所采纳，也被规定在美国法学会作出的《第二次侵权法重述》中。①

我国的产品质量法是市场规制法的重要组成部分，以保障、提高产品质量，保护消费者合法权益，规范市场竞争秩序为其立法宗旨，以于1993年颁布并经2000年修正的《中华人民共和国产品质量法》（以下简称《产品质量法》）为主要表现形式。它将产品的监督管理与产品质量责任结为一体，强调事前、事中、事后监督的统一，以及国家监督、社会监督和企业自我监督管理的有机联系，是在借鉴外国产品责任理论、结合我国产品质量立法和实践经验的基础上，制定的一部符合中国国情、具有中国特色的现代产品质量法。

《产品质量法》以及与产品质量相关的其他法律法规、规章及其他规范性文件一起构成了我国产品质量的综合法律制度。主要包括《标准化法》《食品安全法》《药品管理法》《认证认可条例》《产品质量监督抽查管理办法》《缺陷汽车产品召回管理条例》等法律法规。

我国产品质量法律制度包括产品质量监督管理制度与产品质量责任制度两个方面。产品质量监督管理制度由一系列互相联系、互相依存、自成体系的各项制度组成，如工业产品生产许可证制度、产品质量标准制度、企业质量体系认证制度、产品质量认证制度、产品质量监督制度、产品质量检查制度、缺陷产品召回制度等。其中很多制度不乏中国特色。我国产品质量责任制度不同于西方产品责任制度，提出了独有的“产品质量责任”的

① 参见谭玲：《美国产品责任法概况》，载《海外法学》，1986（1）。

概念，并对生产者和销售者的产品责任适用不同的归责原则。该制度亦是我国产品质量法的一大特色。

由于生产、制造产品和提供服务是经营者进行经济活动的起点和直接目的，是经营者之间竞争的手段，是市场交易的标的，而且产品和服务的质量直接涉及消费者的权益，因而在社会经济生活中，对经营者的生产经营行为进行经济法规制，维护市场秩序，保障、提高产品质量，以满足消费者需求是发展经济的最终目的。因此，产品质量法是市场规制法乃至整个经济法体系的核心部分，应当将其置于市场规制法体系中的首要地位。

第一节 产品质量法概述

一、产品与产品质量

(一) 产品

产品是产品质量法中最基本的概念，可以从自然属性和法律属性两个方面进行定义。从自然属性来讲，产品是指劳动力通过劳动工具对劳动对象进行加工所形成的，适合人类生产和生活需要的一定的劳动成果，包括生产资料和消费资料，是人类生存和发展的物质条件。从法律属性来讲，产品是指经过某种程度或方式加工用于消费和使用的物品，但并不包括所有的物品。综观各国法律，对“产品”的表述范围并不完全相同，概括起来，有广义和狭义的两种解释。广义的“产品”泛指一切经过工业处理的东西，无论是否可以移动、是否经过加工，包括工业产品、农业产品，任何可销售、可使用的制成品，如美国《统一产品责任示范法》将产品定义为“具有真正价值的、为进入市场而生产的，能够作为组装整件或者作为部件、零件交付的物品，但人体组织、器官、血液组成成分除外”。狭义的“产品”概念仅指可移动的工业制成品，如欧盟《产品责任指令》规定：“产品是指初级农产品和狩猎物以外的所有动产，即使已被组合在另一动产或不动产之内。”

但是，随着经济的发展，特别是信息产业和高新技术的突飞猛进，人类可利用的资源越来越多，生产出来的产品种类也越来越丰富，可能造成使用者伤害的物品也越来越多，因此，各国的立法和司法实践也趋向于对产品作广义的解释。

我国法律同样对产品进行了较为宽泛的解释。《产品质量法》第2条第2款规定，产品“是指经过加工、制作，用于销售的产品”。第3款规定，“建筑工程不适用本法规定”。但是，建筑工程使用的，经过加工、制作，用于销售的建筑材料、建筑构配件和设备，属于产品的范畴。

可见，我国《产品质量法》所确定的“产品”必须满足以下四个基本条件：首先，必须是经过加工、制作的物品，既不包括未经过加工的天然品，如原煤、原矿、天然气、石油等，也不包括初级农产品，如未经加工、制作的农、林、牧、渔业产品和猎物。其次，必须是用于销售的物品，自产自用的物品不在其列。再次，不动产不能作为产品对待。最后，根据《产品质量法》第73条的规定，军工产品，即武器装备、弹药及其配套产品，包括专用的原材料、元器件，不包含在该法所称“产品”之列，其质量监督管理办法，由国务院、中央军事委员会另行制定。但是军工企业生产的民用产品适用该规定。

【司考真题】

依照《产品质量法》的规定，下列何种产品属于该法所称的产品？（单项选择题）

A. 芝麻油　　B. 大坝　　C. 冰毒　　D. 电力

答案：A。

解析：本题考查《产品质量法》的适用范围。依据《产品质量法》第2条的规定，再运用单选题解题常用的排除法，可以很容易知道A项为正确答案。注意，《产品质量法》调整的产品有两个基本要素：第一，经过了加工制作；第二，必须是用于销售的。

（二）产品质量

产品质量是指产品性能在正常使用条件下，满足合理使用用途要求所必须具备的物质、技术、心理和社会特性的总和。根据国际标准化组织颁布的ISO 8402—86标准，产品质量的含义是指“产品或服务满足规定或潜在需要的特征的总和”。该定义中所称的“需要”往往随时间、空间的变化而变化，与科学技术的不断进步有着密不可分的关系。“需要”可以转化为具有具体指标的特性和特征。

一般说来，产品质量包括以下几个方面的指标：（1）性能；（2）适用性；（3）安全性；（4）耐用性；（5）可靠性；（6）经济性；（7）卫生性；（8）其他。其中，适用性和安全性是产品质量最重要的两项指标。由产品瑕疵形成的产品不适用和由产品缺陷产生的产品不安全亦是最主要的两大产品质量问题。

我国《产品质量法》第26条规定，产品质量应当符合三项基本要求，即：不存在危及人身、财产安全的不合理的危险，有保障人体健康、人身、财产安全的国家标准、行业标准的，应当符合该标准；具备产品应当具备的使用性能，但是，对产品存在使用性能的瑕疵作出说明的除外；符合在产品或者其包装上注明采用的产品标准，符合以产品说明、实物样品等方式表明的质量状况。

二、产品质量法的概念和性质

产品质量法，是指调整产品质量规制关系的法律规范系统。产品质量法主要包括关于产品质量监督管理、产品质量责任、产品质量损害赔偿和处理产品质量争议等方面的法律规定。于1993年颁布、2000年7月修正的《产品质量法》是我国产品质量法的主要表现形式。该法与相关的其他产品质量法律法规、规章及其他规范性文件一起构成了我国产品质量的综合法律制度，主要包括《标准化法》《食品安全法》《药品管理法》《认证认可条例》《产品质量监督抽查管理办法》《缺陷汽车产品召回管理条例》等法律法规。

【司考真题】

某医院给病人高某开的治疗湿疹的药物，使用后反而加重了病情。经检验，这批药因在医院库房存放过久已经变质。下列有关该案处理的表述中哪些是正确的？（多项选择题）

A. 对医院应依据《产品质量法》进行处罚

B. 对医院应依据《药品管理法》进行处罚

C. 医院应赔偿给高某带来的损失

D. 药品生产者应承担赔偿责任

答案：ACD。

解析：本题考查《产品质量法》的适用范围及与相关法律规范的关系。涉及两个法律，即《产品质量法》和《药品管理法》。对于销售失效、变质产品的行为，前者第52条有明文规范，而后者没有此种情形的处罚规定，因此，本案应当适用《产品质量法》进行处罚。故A项正确，B项错误。根据《产品质量法》第41条和第43条的规定，受害者可以向生产者和销售者要求赔偿。本案中，医院属于销售者，应当与药品生产者共同承担赔偿责任。因此，CD两项都正确。

西方发达国家的产品质量法以产品责任立法为主，属于民法范畴，而我国的产品质量法融产品质量管理法和产品责任法为一体，具有治理综合化、管理系统化、功能社会化等特征，体现了现代经济立法趋势，具有公法和私法融合的特点，属于经济法体系，是经济法之市场规制法的基本组成部分，是经济法综合运用各种调整手段规范政府和市场主体的行为，国家介入经济生活以维护社会整体利益之理念的反映。

【背景资料】　我国《食品安全法》2009年颁布以来首次大修，新增条文50条[①]

2015年4月24日下午，全国人大常委会办公厅召开新闻发布会，有关方面负责人就新修订的《食品安全法》《广告法》的有关问题答记者问。全国人大常委会法工委行政法室副主任黄薇指出，这次新《食品安全法》的法律修改力度非常大，原来104条，现在足足增加了50条，变成154条。主要修改是八个方面的制度构建。

第一，完善统一权威的食品安全监管机构，由分段监管变成食药监部门统一监管。

第二，明确建立最严格的全过程的监管制度，对食品生产、流通、餐饮服务和食用农产品销售等各个环节，食品生产经营过程中涉及的食品添加剂、食品相关产品的监管、网络食品交易等新兴的业态，还有在生产经营过程中的一些过程控制的管理制度，都进行了细化和完善，进一步强调了食品生产经营者的主体责任和监管部门的监管责任。

第三，更加突出预防为主、风险防范，对食品安全风险监测、风险评估这些食品安全中最基础的制度进行了进一步的完善，增设了责任约谈、风险分级管理等重点制度，重在防患于未然，消除隐患。

第四，实行食品安全社会共治，充分发挥各个方面包括媒体、广大消费者在食品安全治理中的作用，形成整个社会有序参与食品安全，形成社会共治的格局。

第五，突出对特殊食品的严格监管，有几类：保健食品、特殊医学用途配方食品、婴幼儿配方食品，对这些特殊食品的监管作了进一步完善。

第六，加强了对农药的管理。食用农产品是食品安全的源头，所以，农药的管理对于保障食品安全至关重要。对农药管理方面，在食品安全法中也作了有针对性的规定，强调对农药的使用实行严格的监管，加快淘汰剧毒、高毒、高残留农药，推动替代产品的研发应用，鼓励使用高效、低毒、低残留的农药，特别强调剧毒、高毒农药不得用于瓜果、蔬菜、茶叶、中草药材等国家规定的农作物，并对违法使用剧毒、高毒农药的，增加规定由公安机关予以拘留处罚这样一个严厉的处罚手段。

---

① 参见《黄薇：食品安全法新修订后增加50条增至154条》，载人民网，http：//npc.people.com.cn/n/2015/0424/C14576-26901033.html，访问日期：2015-07-27。

第七，加强对食用农产品的管理，将食用农产品的市场销售纳入《食品安全法》的调整范围，同时在具体制度方面，对批发市场的抽查检验、食用农产品建立进货查验记录制度等等进行了完善。

第八，建立最严格的法律责任制度，刚才我也说到了，通过法律制度的完善，进一步加大违法者的违法成本，加大对食品安全违法行为的惩处力度。

三、产品质量法的宗旨

我国《产品质量法》明确规定该法的立法宗旨为“加强对产品质量的监督管理，提高产品质量水平，明确产品质量责任，保护消费者的合法权益，维护社会经济秩序”。总的来说，产品质量立法有三个方面的宗旨：

1. 保障并提高产品质量

保障和提高产品质量是产品质量法的直接目的。企业参与市场竞争，主要是应当依靠产品的质量，为保障产品应有的质量，首先是靠企业自身的努力。但是在市场竞争中，有些企业为了牟取利益，不惜采取牺牲质量的做法，偷工减料、以次充好，丧失了市场竞争应有的性质。因此，通过产品质量法律制度对此进行管理和监督是极为必要的。尤其是在我国市场经济初级阶段，商业道德和市场规则尚未成为绝大多数市场主体遵循的行为准则、竞争法制尚未完善健全的条件下，质量管理显得尤为重要和必要。对产品质量进行管理和监督，是为了更好地发挥市场经济的资源配置作用，促使企业不断采用新的技术和工艺、改进技术，提高质量，节省资源，使市场资源得到更优化的利用。

2. 维护消费者的合法权益

维护消费者的合法权益是产品质量立法的重要目的和任务。消费者通过有偿取得商品或接受服务，参与社会再生产的过程，没有消费者的消费活动就没有社会再生产的继续进行。因此，保障消费者的合法权益，是保障社会经济正常运转的重要任务。产品质量法在传统的合同法规范和侵权行为法规范的基础上，顺应历史的发展，渗入了保护消费者的法律需要才得以完善起来。可以这样认为，现代意义上的产品质量法是传统民法与消费者权益保护法相结合的成果。因此，不管是西方国家的产品责任法，还是发展中国家新建立的产品质量管理法律制度，都把消费者权益的保护列为产品质量法的立法宗旨之一，明确地提出消费者在监督产品质量中的权利，“无过失责任”的提出以及在消费者权益保护法中规定缺陷产品的责任等，都是为了更好地维护消费者的合法权益。

3. 规范社会竞争秩序

良好市场秩序的建设是现代市场经济法制的中心内容，因此，围绕着市场秩序制度的优化，现代市场经济法制的每一项立法都有使命实现这一神圣的目标，并把它细化在法律规范的设计中。我国《产品质量法》第5条明确规定：“禁止伪造或者冒用认证标志等质量标志；禁止伪造产品的产地，伪造或者冒用他人的厂名、厂址；禁止在生产、销售的产品中掺杂、掺假，以假充真，以次充好。”第50条和第53条并明确规定了对上述行为的处罚措施。此外，《产品质量法》第57条、第66条和第67条还分别规定了对于在产品质量检验、认证中伪造检验结果、出具虚假证明，在产品监督抽查中违规索取样品、违规收费，以及违规向社会推荐生产者的产品，以监制、监销等方式参与产品经营活动的处罚措施。《产品质量法》中的这些规定，都是同反不正当竞争法律规范有密切联系的，可以说是从产品质量管理方面来维护公平的市场竞争秩序。因此，从总体上讲，产品质量法与广告法、反不正当竞争法等都是市场秩序法律制度体系中的一部分，有着共同的立法宗旨。

四、产品质量法的调整对象

产品质量法的调整对象是产品质量规制关系。具体而言，产品质量规制关系主要包括两个方面：一是政府各级产品质量监管部门与生产者、销售者之间在产品质量监督、管理活动中产生的规制关系；二是在生产、交换过程中，产品生产经营者之间以及它们和消费者之间的涉及产品质量的规制关系，以及由此产生的法律责任方面的关系。

我国经济已进入一个由数量型经济向质量型经济转变的新阶段，国内国际市场的经济竞争基本上是围绕着质量这一中心而展开，其中，产品质量和服务质量问题的重要性越来越突出。产品质量不仅是产品的生命线，也是关系到消费者的利益和安全的重要问题。产品的高质量意味着高成本、高投入，这和市场主体追求自己利润的最大化显然既矛盾又统一。有战略眼光的经营者重视其产品或服务的高质量，以占领市场、建立信誉、追求自己利润的最大化为目标；而目光短浅的经营者往往以低成本低投入为手段，为了自身利益不惜以损害他人及整个市场秩序为代价，表现为对其生产的产品质量“不负责任”，以低质量的产品或服务冒充质量合格或高质量的产品或服务，甚至制造假冒伪劣产品，以假充真、以次充好，甚至生产有毒有害产品，严重危及消费者的人身及财产安全去追求高额利润、损害消费者的合法权益，并造成社会资源的浪费，也严重影响我国经济的有效增长和我国经济的国际竞争能力。所以，产品质量规制关系是市场规制法的重要调整对象之一。只有通过产品质量立法，加强国家对生产经营者产品质量的规制和对消费者消费产品的权益的保护，才能维护正常的生产与市场秩序，提高我国各产业的整体素质和国际竞争能力。

【背景资料】 **2013 年全国消协组织受理投诉情况分析**①

根据全国消协组织受理投诉情况统计，2013 年共受理消费者投诉 702 484 件，解决 635 748 件，投诉解决率 90.5%，为消费者挽回经济损失 117 157 万元。目前我国消费类产品质量状况仍不容乐观。其中质量问题占投诉比例的 42.9%。

2013 年在商品投诉中投诉量居前几位的分别为通信类产品、食品、服装、汽车及零部件。

投诉热点问题主要涉及以下几个方面：第一，网络购物投诉居高不下。假冒伪劣商品同样存在于“网购”市场，有的商家服务质量差，逾期发货，发货不符合约定等问题存在；售后服务难兑现。“网购”纠纷时常发生。第二，家用汽车及零部件投诉增加明显，家电售后承诺难兑现。第三，保健品普遍存在夸大虚假宣传等违规行为，消费者使用后无法达到宣传效果。第四，手机质量频繁出现质量问题，多次维修或更换新机后仍不能正常使用，经营者不履行相应的“三包”义务。

---

① 参见《2013 年全国消协组织受理投诉情况分析》，载中国消费者协会网站，http://www.cca.org.cn/web/xfxx/picShow.jsp?id=66799。

第二节　产品质量监督管理制度

一、产品质量监督管理体制

产品质量监督管理体制是指国家为加强对产品质量的监督管理而设置的管理机构，以及划分各管理机构间权责的制度。

《产品质量法》第7条规定，各级人民政府应当把提高产品质量纳入国民经济和社会发展规划，加强对产品质量工作的统筹规划和组织领导，引导、督促生产者、销售者加强产品质量管理，提高产品质量，组织各有关部门依法采取措施，制止产品生产、销售中违反该法规定的行为，保障该法的实行。该规定赋予各级人民政府在产品质量方面统筹规划和组织领导的职权，对于加强产品质量监督管理工作的权威性、协调国家各产品质量监督部门间的利益关系具有重要作用。第8条规定，国务院产品质量监督部门主管全国产品质量监督工作。国务院有关部门在各自的职责范围内负责产品质量监督工作。县级以上地方产品质量监督部门主管本行政区域内的产品质量监督工作。县级以上地方人民政府有关部门在各自的职责范围内负责产品质量监督工作。

现行国务院产品质量监督部门是国家质量监督检验检疫总局，它是国务院主管全国质量、计量、出入境商品检验、出入境卫生检疫、出入境动植物检疫和认证认可、标准化等工作，并行使行政执法职能的直属机构。按照国务院授权，将认证认可和标准化行政管理职能，分别由国家质量监督检验检疫总局管理的中国国家认证认可监督管理委员会和中国国家标准化管理委员会承担。国务院产品质量监督部门要对省（自治区、直辖市）质量技术监督机构实行业务领导，并且统一管理、监督和综合协调全国的认证认可以及全国标准化工作。

国家有关部门，主要指国家工商行政管理总局、国家食品药品监督管理局、国家中医药管理局等。工商行政管理部门与质量技术监督部门的职权分工大概如下：(1) 生产流通领域中的产品质量问题，由质量技术监督局查处，工商行政管理部门给予协助；(2) 生产、经销掺假产品、冒牌产品的，由工商行政管理部门查处，质量技术监督局给予协助；(3) 倒卖、骗卖劣质产品的，若质量技术监督局发现，则由其处理，工商行政管理部门给予协助；若工商行政管理部门发现，则由其处理，质量技术监督局给予协助。

依据产品质量法的规定，产品质量监督部门、其他国家机关以及产品质量检验机构必须做到：其一，依法独立于生产者，不得向社会推荐生产者的产品；其二，不得以对产品进行监制、监销等方式参与产品经营活动。

二、产品质量监督管理主要制度

【案例4—1】　　安徽阜阳“大头娃娃”案

2004年3月，媒体广泛曝光了安徽阜阳地区出现的劣质奶粉导致婴儿发育畸形甚至死亡的恶劣事件，引起中央高度重视。2004年4月19日，国家质检总局、卫生部组成专项调查组，从北京奔赴安徽阜阳，拉开查“毒”大幕。调查发现，阜阳市查获的55种不合格奶粉共涉及10个省、自治区、直辖市的40家企业，既有无厂名、厂址的黑窝点，也有盗用其他产名的企业，还有证照齐全的企业。这些不合格奶粉充斥了阜阳市各区县的乡镇和农村市场，严重危害了婴幼儿的身体健康。当地相关部门立即在调查组配合协助下，对此案涉及的违法行为予以了严厉查处。①

此案暴露了实施产品质量监督管理制度过程中存在的问题，如监管部门之间信息不沟通，政府职能配合、协作意识和能力不足；行政执法部门重审批轻监管，政府部门大量存在消极行政、不作为的情况；农村市场建设遭到忽视等。

但从产品质量监督管理的制度设计看，我国产品质量管理具有系统性、整体性，各项监督管理制度也规定得正确、科学。实践中，却因经营者的利益目标、地方政府的政绩要求、相关机关行政能力不足、消费者消费水平和意识等问题，出现了管理“空白”“扯皮”“断层”现象。因此，政府及相关部门切实积极地按照产品质量立法的要求，对产品质量实行系统、全面的管理，成为当务之急。

产品质量监督管理制度由一系列互相联系、互相依存、自成体系的各项措施、制度组成。按照产品质量法及相关规定，产品质量监督管理措施、制度主要有：

1. 企业内部质量管理措施。《产品质量法》第 3 条规定，生产者、销售者应当建立健全内部产品质量管理制度，严格实施岗位质量规范、质量责任以及相应的考核办法。企业的内部质量管理具体包括劳动者自检、生产过程互检、专职检验等具体措施。

2. 政府宏观质量管理制度。政府质量管理是加强产品质量管理的重要保障。现阶段质量振兴的主要目标是：从根本上提高我国主要产业的整体素质和企业的质量管理水平，使我国的产品质量、工程质量和服务质量跃上一个新台阶。为了实现该目标，不可忽视各级人民政府统筹规划产品质量工作的宏观作用。

3. 工业产品生产许可证制度。生产许可证是国家机关赋予企业生产某项产品的资格凭证。它既是政府对企业产品质量认可的一种证明文件，也是政府实行市场准入的重要措施。我国对于公布名录的工业产品实行生产证许可制度，即未取得生产证者不得生产《实施工业产品生产许可证制度的产品目录》中的产品，否则构成违法，应承担相应责任。【案例 4—1】中查处的部分企业，即为无证生产的非法企业。

4. 标准化管理制度。《产品质量法》规定：国家鼓励推行科学的质量管理方法，采用先进的科学技术，鼓励企业产品质量达到并且超过行业标准、国家标准和国际标准。可能危及人体健康和人身、财产安全的工业产品，必须符合保障人体健康和人身、财产安全的国家标准、行业标准；未制定国家标准、行业标准的，必须符合保障人体健康和人身、财产安全的要求。【案例 4—1】中查获的劣质奶粉多为掺杂、掺假的不合格产品，远远达不到国家标准，严重违反了国家的标准化管理法律制度。

5. 强制认证制度。2003 年 8 月 1 日，我国开始对涉及人类健康和安全、动植物生命和健康以及环境保护和公共安全的产品实行强制性认证制度。列入认证目录的产品，必须经指定机构认证获得认证证书和认证标志后，方能进口、出厂销售以及在经营活动中使用。

6. 产品抽查制度。《产品质量法》规定，国家对于可能危及人体健康和人身、财产安全的产品，影响国计民生的重要工业产品以及消费者、有关组织反映有质量问题的产品，以抽查为主的方式实现对产品质量的监督管理。

---

① 资料来源：http：//www. sun2008. com/news/special/C12154/03/。

7. 产品召回制度。它是指产品进入流通领域后，若发现存在有害消费者健康、财产安全的危险，产品的制造者或经销者应当及时采取有效措施，收回流通中的缺陷产品，防止危害再发生的制度。

由此可见，我国产品质量管理具有全面性和系统性。一方面强调企业内部质量管理和政府外部质量管理的统一，以及政府宏观管理与相关职能部门的微观监督的统一；另一方面监督管理生产流通的全过程，包括生产前的生产许可证制度、生产过程中的标准认证制度，以及流通环节的监督、检查、召回制度。

第三节　质量标准与认证制度

一、产品质量标准制度

产品质量标准是指对产品的结构、规格、质量、检验方法所作的技术规定。它是判断产品合格与否的最主要的依据之一。对产品质量实行标准化管理，是我国对产品质量进行管理的一项重要制度。我国制定了《中华人民共和国标准化法》（以下简称《标准化法》）及其实施条例，并在1997年发布了《质量振兴纲要（1996—2010年）》。

产品质量标准分为国家标准、行业标准和企业标准等。对需要在全国范围内统一的技术要求，应当制定国家标准。国家标准由国务院标准化行政主管部门制定。对没有国家标准而又需要在全国某个行业范围内统一的技术要求，可以制定行业标准。行业标准由国务院有关行政主管部门制定，并报国务院标准化行政主管部门备案，在公布国家标准之后，该项行业标准即行废止。对没有国家标准和行业标准而又需要在省、自治区、直辖市范围内统一的工业产品的安全、卫生要求，可以制定地方标准。地方标准由省、自治区、直辖市标准化行政主管部门制定，并报国务院标准化行政主管部门和国务院有关行政主管部门备案，在公布国家标准或者行业标准之后，该项地方标准即行废止。

企业生产的产品没有国家标准和行业标准的，应当制定企业标准，作为组织生产的依据。企业的产品标准须报当地政府标准化行政主管部门和有关行政主管部门备案。已有国家标准或者行业标准的，国家鼓励企业制定严于国家标准或者行业标准的企业标准，在企业内部适用。

国家标准、行业标准分为强制性标准和推荐性标准。保障人体健康，人身、财产安全的标准和法律、行政法规规定强制执行的标准是强制性标准，其他标准是推荐性标准。省、自治区、直辖市标准化行政主管部门制定的工业产品的安全、卫生要求的地方标准，在本行政区域内是强制性标准。强制性的国家标准的代号为“GB”。强制性标准，必须执行。不符合强制性标准的产品，禁止生产、销售和进口。对于推荐性标准，国家鼓励企业自愿采用。推荐性国家标准的代号为“GB/T”。

除此之外，产品质量标准还包括国际标准和约定标准。国际标准是指由国际标准化组织（ISO）和国际电工委员会（IEO），以及ISO确认并公布的其他国际组织制定的标准。约定标准主要是企业自己标明采用的标准和条件。《产品质量法》规定，未制定国家标准、行业标准，可能危及人体健康和人身、财产安全的工业产品必须符合保障人体健康，人身、财产安全的要求。产品质量法对产品标准进行规定，正是为了保障消费者和其他使用者的人体健康和人身、财产安全，因此，企业一旦在商品上或者其包装上标明采用哪种标准，也就是为自己设定了产品质量的担保条件。如果达不到这一标准，就要承担产品质量责任。

二、企业质量体系认证制度

企业质量体系认证是指依据国际通用的“质量管理和质量保证”系列标准，经过认证机构对企业的质量体系进行审查，通过颁发认证证书的形式，证明企业的质量体系和质量保证能力符合相应要求的活动。我国《产品质量法》第 14 条规定，国家根据国际通用的质量管理标准，推行企业质量体系认证制度。

企业质量体系认证实行企业自愿申请原则，由企业向国务院产品质量监督部门认可的或者国务院产品质量监督部门授权的部门认可的认证机构提出企业质量体系认证申请。经认证合格的，由认证机构颁发企业质量体系认证证书。国务院于 2003 年颁布了《中华人民共和国认证认可条例》(以下简称《认证认可条例》)，是企业质量体系认证的重要法律依据之一。根据该条例的规定，认证机构应当对获准本认证机构质量体系认证的企业实施有效的跟踪调查，依法及时暂停、撤销不能持续符合认证要求的企业使用质量体系认证证书等。

三、产品质量认证制度

产品质量认证制度是指认证机构依据产品标准和相应的技术要求，对申请认证的产品进行检验，对符合相应标准和相应技术要求的产品颁发认证证书和标志予以证明的制度。我国《产品质量法》第 14 条第 2 款规定：“国家参照国际先进的产品标准和技术要求，推行产品质量认证制度。”《认证认可条例》也是产品质量认证的重要法律依据。实行产品质量认证制度的目的在于保证和提高产品质量，提高产品信誉，增强产品的竞争能力，同时扩大和促进对外贸易以及发展国家间的产品质量认证合作，提高我国产品在国际市场的竞争力。

我国产品质量认证实行自愿认证与强制认证相结合的原则。一般产品的认证由企业自行决定；对涉及人类健康和安全、动植物生命和健康以及环境保护和公共安全的产品实行强制性认证制度。除建设工程、军工产品外，凡有国家标准和行业标准的产品，均属强制认证的范围。

我国产品质量认证工作由国务院标准化行政主管部门统一管理，具体认证工作由标准化行政主管部门设立的或者授权国务院其他行政主管部门设立的行业认证委员会负责。认证机构必须独立，不得与行政机关存在利益关系，不得接受任何可能对认证活动的客观、公正产生影响的资助，不得从事任何可能对认证活动的客观、公正产生影响的产品开发、营销等活动，不得与认证委托人存在资产、管理方面的利益关系。认证活动应当遵循客观独立、公开公正、诚实信用的原则进行；并且从事认证认可活动的机构及其人员，对其知悉的国家秘密和商业秘密负有保密义务。

我国的产品质量认证主要分为安全认证和合格认证。安全认证是指以安全标准为依据进行的认证或只对产品中有关安全的项目进行的认证。合格认证是指对产品的全部性能、要求，依据标准或相应技术要求进行的认证。认证机构经审查，对符合标准或要求的申请，颁发产品质量认证证书，准许企业在其获准认证的产品上使用规定的产品质量认证标志。所谓“产品质量认证标志”，是指由产品质量认证机构设计，按照法定程序批准、发布的一种用以证明某项产品符合规定标准或者技术规范，经过认证机构允许，可以在获准认证的产品上使用的专用标志。它代表产品的质量，也是企业信誉的象征。

我国现有9个工业产品质量认证标志，分别是PRC标志（电子元器件合格认证标志）、长城标志（电子产品安全认证标志）、方圆Q标志（电子元器件以外的合格产品认证标志）、方圆S标志（电子元器件以外产品的安全认证标志）、标样标志（实物标准认证）、SG标志（汽车用安全玻璃产品安全认证标志）、CCES标志（卫星地球站设备合格认证标志）、方圆S标志的变形标志（消防产品的安全认证标志）、萌芽标志（玩具安全认证标志）。此外，我国还通过了“QS”标志以示食品安全。

【背景资料】 **ISO 9000、ISO 14000与ISO 22000**

ISO 9000族标准是国际标准化组织质量管理与质量保证技术委员会（ISO/TC 176）制定的质量管理体系标准，出版于1987年，1994年修订第二版后，正式发布的ISO 9000族标准达到22个。2000年年底，ISO/TC 176对ISO 9000族标准又进行了修订。修改后的ISO 9000族标准由四个基本标准及若干个支持性技术报告组成，已发布的22个标准的主要内容被纳入其中。这四个基本标准是：ISO 9000《质量管理体系概念和术语》、ISO 9001《质量管理体系要求》、ISO 9004《质量管理体系指南》、ISO 10011《质量管理体系审核指南》。同时，ISO/TC 176和ISO/TC 207（国际标准化组织环境管理技术委员会）联合将ISO 10011.1～ISO 10011.3、ISO 14010～ISO 14012等6个标准合并成一个标准，即ISO 10011《质量管理体系审核指南》，于2001年正式发布实施。ISO 9000族国际标准问世以来，在全球范围内得到广泛的采用，已被一百多个国家和地区转化为本国标准，对于推动质量管理工作、促进国际贸易发挥了重要作用。

ISO 14000系列标准是为了顺应国际环境保护的发展，满足国际经济贸易发展的需要，由国际标准化组织（ISO）第207技术委员会（ISO/TC 207）组织制定的环境管理体系（EMS）标准。采用与ISO 9000相同的PDCA（Plan-Do-Check-Action）管理模式。目前正式颁布的有ISO 14001、ISO 14004、ISO 14010、ISO 14011、ISO 14012共5个标准。其中ISO 14001是系列标准的核心标准，也是唯一可用于第三方认证的标准。ISO 14004是EMS的实施指南，提供了有关程序和方法，供企业参考选择。ISO 14010、ISO 14011、ISO 14012分别阐述了环境审核的原则、程序和对审核员的资格要求。

ISO 22000是在丹麦标准协会的倡导下，通过国际标准化组织协调，将相关的国家标准在国际范围内整合，最终形成的统一的国际食品安全管理体系。2005年9月1日，ISO发布最新国际标准——ISO 22000：2005《食品安全管理体系——对食物链中任何组织的要求》，作为技术性标准对企业建立有效的食品安全管理体系进行指导。该标准既可以单独用于认证、内审或合同评审，也可与其他管理体系，如ISO 9001：2000组合实施。2006年3月，ISO又出台了《ISO/TS 22004：2005食品安全管理体系——ISO 22000：2005实施指南》，为食品供应链中的各类组织提供了有用的建议。

第四节 产品质量监督检查制度

产品质量监督检查制度是我国产品质量法的特色规定。产品质量监督具有监督主体的广泛性和监督过程的全面性，包括企业自我监督、社会监督和国家监督。产品质量检查制度亦是国家监督的一种具体形式，通常以产品抽查的方式实现国家对产品质量的监督与管理。

一、产品质量监督制度

根据《质量管理和质量保证国家标准》(GB/T 6583—1994) 对质量监督的定义，质量监督是指为了确保满足质量规定的要求，对实体的状况进行连续的监视和验证并对记录进行分析。所谓产品质量监督管理，是指对产品质量监督活动的计划、组织、指挥、调解和监督制度的总称。我国的产品质量监督主要有以下三种形式：

1. 产品质量的企业自我监督

企业自我监督的主要任务是按照技术标准和订货合同对产品质量进行严格检验，包括原材料、外购件、半成品、成品以及主要的工序质量检验，对新产品能否正式投产提出意见，签发成品合格证书等。此外，还有生产、经营者的自律，主要是通过行业协会等组织制定质量公约、守则，共同遵守、互相监督，依靠道德力量、信誉保证实施。如一些地区出现了数家企业联合起来，共同向社会公众作出产品质量承诺，接受社会监督。这就是企业自我监督和社会公众监督相结合的一种表现形式。

2. 产品质量的社会监督

所谓社会监督就是广泛动员和组织全社会各方力量，对产品质量进行关注、监督和评议，促进企业提高产品质量，维护国家和消费者的利益。社会监督的具体形式有消费者投诉、群众评议、舆论揭露等多种形式。

3. 产品质量的国家监督

产品质量的国家监督是指代表国家的政府专职机构实施的监督，可以分为抽查型质量监督和评价型质量监督。抽查型质量监督是国家质量监督机构在市场上通过抽取样品进行监督检验，对照标准检验其是否合格，从而责成企业采取改进措施，直到达到技术标准的要求；评价型质量监督是指国家质量监督部门对企业的生产条件、产品质量考核合格后，颁发某种证书，确认和证明这一产品已经达到要求的质量水平。我国《产品质量法》中的“产品认证”制度就是这种类型。此外，国家颁发“许可证”制度也属于国家监督的具体形式。

二、产品质量检查制度

产品质量检查是一项强制性的行政措施，它以监督抽查为主要方式，目的在于加强对生产、流通领域的产品质量实施监督，以督促企业提高产品质量，从而保护国家和广大消费者的利益，维护社会经济秩序。

监督检查的重点是三类产品：第一类是可能危及人体健康和人身、财产安全的产品，如药物、食品等；第二类是影响国计民生的重要工业产品，如钢铁、石油制品等；第三类是消费者、有关组织反映有质量问题的产品。

产品质量检查的方式可分为国家监督抽查和市场商品质量监督两种，以前者为主要方式。按照《产品质量国家监督抽查管理办法》的规定，国家监督抽查分为定期实施和不定期实施两类。这项工作一般由国家质量监督检验检疫局组织实施，并发布国家监督抽查通报，具有广泛性、权威性和计划性。各级人民政府产品质量监督部门根据本地产品质量的实际情况与需要，随机对本地市场产品进行抽查，灵活性高。

为了保护企业的合法权益，《产品质量法》第15条还特别规定：国家监督抽查的产品，地方不得另行重复抽查；上级监督抽查的产品，下级不得另行重复抽查。根据监督抽查的需要，可以对产品进行检验。检验抽取样品的数量不得超过检验的合理需要，并不得向被检查人收取检验费用。监督抽查所需检验费用按照国务院规定列支。生产者、销售者对抽查检验的结果有异议的，可以自收到检验结果之日起15日内向实施监督抽查的产品质量监督部门或者其上级产品质量监督部门申请复检，由受理复检的产品质量监督部门作出复检结论。

第五节　缺陷产品召回制度

缺陷产品召回制度，是产品治理监督管理体系中的一项重要制度。缺陷产品召回既可以将产品缺陷可能给消费者、社会造成的损害消除在萌芽状态或者降低到最低点，也可以促进生产者提高社会责任意识，增强企业的竞争力，因而具有重要意义。

一、缺陷产品召回的概念与特点

缺陷产品召回是指对于流通中存在缺陷的产品，在可能导致损害发生的情况下，产品生产经营者采取发布公告、通知等措施敦促消费者交回缺陷产品，经营者采取有效措施消除缺陷、防止损害发生的一种事先救济措施，以求“防患于未然”或将损失最小化。具有如下特点：

首先，缺陷产品召回是一种针对具有同一性、系统性缺陷的产品采取的事先救济措施，在产品造成损害的事实尚未发生前采取，目的在于防止损害发生。这也是其与“三包”制度的主要区别，因为“三包”主要针对个别产品出现的个别问题，主要解决的是非系统性缺陷。

其次，缺陷产品召回是质量担保的补充形式，并不是经营者承担的附加产品义务。因为经营者对产品质量负有的担保义务是持续的、多环节的，对于存在产品缺陷尚未造成损害发生的产品，理应负有担保义务。

再次，缺陷产品召回具有明显的社会利益导向。因为产品召回面向众多消费者，这无疑会增加企业的额外经营成本。可是，缺陷产品的召回必然有利于消费者的身体健康和财产安全以及社会整体利益。

最后，缺陷产品召回有主动召回和强制召回两种方式。前者主要基于经营者的商业道德和经营环境，后者则具有立法的强制力。

【案例4—2】　　武汉森林动物园砸奔驰案[①]

2000年12月，武汉森林动物园购奔驰轿车一辆，不久即出现发动机噪声大、

① 参见《武汉车主砸大奔事件追踪报道》，载新浪网，http：//auto.sina.com.cn/special/19000/special_19020.shtml。

轴头漏油、仪表板失灵等问题，在要求退车、赔款遭到销售商、制造商拒绝，5次大修后毛病仍在，双方无法协商的情况下，车主遂于2001年12月26日请来5名大汉砸车，引起轩然大波。2002年1月，车主将车运抵北京，要求销售商、制造商进行质量鉴定，被拒绝。而留给车主的唯一解决途径——诉讼，也因案件发生时，我国没有一个技术鉴定部门可以接受个人委托作汽车技术鉴定而无法提供证据，难以达到维权目的。本案虽然没有进入诉讼阶段，却促使了我国汽车产品质量管理法律体系中的一个重要规范性文件——《缺陷汽车产品召回管理规定》的及时出台。因此，本案被称为我国《缺陷汽车产品召回管理规定》出台的助推剂。

二、我国缺陷产品召回制度的立法现状

我国缺陷产品召回制度较欧美国家实行得晚。《消费者权益保护法》第18条第2款规定："经营者发现其提供的商品或者服务存在严重缺陷，即使正确使用商品或者接受服务仍然可能对人身、财产安全造成危害的，应当立即向有关行政部门报告和告知消费者，并采取防止危害发生的措施。"该规定被认为是建立我国缺陷产品召回制度的基本依据。

2004年3月12日，国家质量监督检验检疫总局、国家发改委、商务部、海关总署联合制定发布《缺陷汽车产品召回管理规定》，并于2004年10月1日起开始实施。该规定标志着全国范围内以缺陷汽车产品为试点首次实施召回制度。

2007年7月26日，国务院颁布《关于加强食品等产品安全监督管理的特别规定》，其中第9条规定，"生产企业发现其生产的产品存在安全隐患，可能对人体健康和生命安全造成损害的，应当向社会公布有关信息，通知销售者停止销售，告知消费者停止使用，主动召回产品，并向有关监督管理部门报告；销售者应当立即停止销售该产品。销售者发现其销售的产品存在安全隐患，可能对人体健康和生命安全造成损害的，应当立即停止销售该产品，通知生产企业或者供货商，并向有关监督管理部门报告"，从而以行政法规的形式大大扩展了缺陷产品召回制度的适用范围。此后，我国缺陷产品召回立法进一步加速：2007年8月27日，国家质量监督检验检疫总局同时颁布《儿童玩具召回管理规定》和《食品召回管理规定》。同年12月10日，国家食品药品监督管理局颁布了《药品召回管理办法》。2012年10月10日，国务院第219次常务会议通过《缺陷汽车产品召回管理条例》，自2013年1月1日起施行。不难看出，我国正在致力于构建一套全面、完善的缺陷产品召回制度。

【背景资料】 **缺陷产品召回的地方实例**

在《缺陷汽车产品召回管理规定》《缺陷汽车产品召回管理条例》颁布、实施之前，我国已存在缺陷产品召回的实例和与缺陷产品召回相关的个别地方性法规。2002年10月17日，宜家家居总部宣布，在全球范围内停止销售并召回一款可能对儿童健康产生不良影响、名为"恩纳迪"的毛绒玩具熊。该决议遂对中国境内的宜家家居产生约束力。上海市于2003年1月1日起实施的《消费者保护条例》，则补充、完善了《消费者权益保护法》第18条第2款的规定，对缺陷商品可以采用主动召回、强制召回或建议召回的方式予以召回，但该条例并不具备全国范围的普适性。

三、缺陷汽车产品召回制度

（一）缺陷汽车产品召回的范围

依据《缺陷汽车产品召回管理条例》（以下简称《召回条例》），凡在中华人民共和国境内从事汽车产品生产、进口、销售、租赁、修理活动的，适用条例规定。考虑到我国经济发展需要和汽车产业管理要求，我国按照汽车产品种类分步实施召回制度。首先从M1类车辆（包括驾驶员座位在内，座位数不超过9座的载客车辆）开始实施，

2006年2月20日，国家质量监督检验检疫总局、国家发改委、商务部、海关总署又联合发布了《关于对M2和M3类车辆实施缺陷召回管理的公告》，规定自2006年8月1日起对M2、M3类车辆（包括驾驶员座位在内，座位数超过9座的载客车辆）实施缺陷汽车召回制度。2009年3月11日，国家质量监督检验检疫总局、国家发改委、商务部、海关总署、工业和信息化部联合发布了《关于对N类和O类车辆实施召回管理的公告》，规定自2009年9月1日起对N类和O类车辆实施召回管理，从而进一步扩大了缺陷汽车产品召回的范围。

根据《召回条例》，“缺陷”是指由于设计、制造、标识等原因导致的在同一批次、型号或者类别的汽车产品中普遍存在的不符合保障人身、财产安全的国家标准、行业标准的情形或者其他危及人身、财产安全的不合理的危险。“召回”是指汽车产品生产者对其已售出的汽车产品采取措施消除缺陷的活动。

据中国之声《新闻晚高峰》报道，从2004年10月1日，《缺陷汽车产品召回管理规定》正式实施起，到2014年10月1日，中国汽车召回制度实施整整10年。10年间，我国共计进行汽车召回793次，召回汽车1 688.5万辆。应该说，10年来，召回制度有效减少了汽车和其相关产品质量安全事故的发生。

【案例4—3】 **神龙汽车有限公司汽车召回案**[①]

2006年4月11日，神龙汽车有限公司在无用户投诉、无事故或伤害发生的情况下，根据《缺陷汽车产品召回管理规定》的要求，向国家质量监督检验检疫总局递交了召回报告，计划于2006年4月18日开始召回2006年3月9日以前生产的部分型号的富康和爱丽舍轿车。神龙汽车将免费为召回汽车更换改进合格的发电机碳刷支架总成，消除因发电机碳刷支架存在毛刺，可能引起碳刷与集电环接触不良，导致发电机不发电、车辆不能启动，影响车辆正常行驶这一缺陷。此次召回将涉及富康9 986辆、爱丽舍9 320辆。

本案涉及的部分型号的富康和爱丽舍轿车，使用了不合格的发电机碳刷支架，是一种制造缺陷，属于缺陷汽车产品召回的范围。

（二）缺陷汽车产品召回的程序

《召回条例》将缺陷汽车召回分为“制造商主动召回”和“主管部门指令召回”两种程序。

---

① 参见《神龙汽车有限公司因部分富康和爱丽舍轿车发电机工作不良发出的召回公告》，载中国汽车召回网，http://www.qiche365.org.cn/index/recall/recall.d.jsp? rbno=RB2006A100080012。

1. 主动召回程序

主动召回是指制造商自行发现，或者通过企业内部信息系统，或者通过销售商、修理商和车主等相关各方关于其汽车产品缺陷的报告和投诉，或者通过主管部门的有关通知方式获知缺陷存在，将召回计划在主管部门备案后，按照《召回条例》中有关主动召回的程序规定，实施缺陷汽车产品召回。【案例4—3】中，神龙汽车有限公司主动向国家质量监督检验检疫总局提交召回报告，并提出了维修改进的措施，即为主动召回的典型。

具体程序为：生产者向主管部门提交汽车产品缺陷报告→制定召回计划并向主管部门备案→发布召回公告，向销售商、租赁商、修理商和车主通知缺陷→发布召回通知书（在指定网站上公布缺陷情况供公众查询）并备案→按计划实施召回→按计划提交召回阶段报告和召回结束总结报告→主管部门对召回效果进行评估→合格，召回结束；不合格，继续召回（其他补救措施）。

2. 指令召回程序

指令召回是指主管部门在制造商获知缺陷存在而未采取主动召回行动，或者制造商故意隐瞒产品缺陷，或者以不当方式处理产品缺陷的情况下，强制要求制造商按照指令召回程序的规定进行的缺陷汽车产品召回。

根据《召回条例》，国务院产品质量监督部门调查认为汽车产品存在缺陷的，应当通知生产者实施召回。生产者既不按照通知实施召回又不在规定期限内提出异议的，或者经国务院产品质量监督部门依照规定组织论证、技术检测、鉴定确认汽车产品存在缺陷的，国务院产品质量监督部门应当责令生产者实施召回；生产者应当立即停止生产、销售、进口缺陷汽车产品，并实施召回。国务院产品质量监督部门应当及时向社会公布已经确认的缺陷汽车产品信息以及生产者实施召回的相关信息。

具体程序为：主管机关发布指令召回通知书（生产者如有异议，可以自收到通知之日起15个工作日内向国务院产品质量监督部门提出异议）→生产者提交召回计划→主管部门审查、批准（未被批准的，生产者应按主管部门提出的意见进行修改→生产者发出召回通知书并备案，在指定媒体发布召回通知→采取召回措施的生产者每3个月向主管部门提交召回阶段性进展情况报告［主管部门根据效果决定生产者是否应采用更有效的召回措施）→生产者提交召回完成总结报告→主管部门审查召回结果（未能达到预期效果的，责令再次召回）对审查结果有异议的，生产者可申请行政复议或提起行政诉讼，其间主管部门的决定暂不执行］。

（三）缺陷汽车产品召回的法律责任制度

按照《召回条例》生产者违反产品召回相关义务的，应承担相应的法律责任。

有下列情形之一的，由产品质量监督部门责令改正，处缺陷汽车产品货值金额1%以上10%以下的罚款；有违法所得的，并处没收违法所得；情节严重的，由许可机关吊销有关许可：（1）未停止生产、销售或者进口缺陷汽车产品；（2）隐瞒缺陷情况；（3）经责令召回拒不召回。

从事缺陷汽车管理职能的管理机构及其工作人员，受其委托进行缺陷调查、检验和认定的工作人员，徇私舞弊，违反保密规定的，给予行政处分；直接责任人徇私舞弊，贪赃枉法，构成犯罪的，依法追究刑事责任。

有关专家作伪证，检验人员出具虚假检验报告，或捏造散布虚假信息的，取消其相应资格；造成损害的，承担赔偿责任；构成犯罪的，依法追究刑事责任。销售商、租赁商、修理商应当向生产者和主管部门报告所发现的汽车产品可能存在的缺陷的相关信息，配合主管部门进行相关调查，提供调查需要的有关资料，并配合生产者进行缺陷汽车的召回。若违反此报告配合义务，质量监督检验检疫部门可以酌情处以警告、责令改正等处罚，情节严重的，处以1 000元以上5 000元以下的罚款。【案例4—3】中，倘若销售商、租赁商、修理商发现了相关型号的神龙富康和爱丽舍轿车存在发电机缺陷，应及时向神龙汽车有限公司和产品质量主管部门报告。

第六节　产品质量责任制度

产品质量责任制度是指生产者、销售者以及对产品质量负有直接责任的责任者，因违反产品质量法所规定的产品质量义务所应承担的法律责任的制度。

一、产品质量义务

义务即为积极意义上的责任。所谓"产品质量义务"，是指产品质量法规定的生产者、销售者在生产经营过程中必须作出一定行为和不得作出一定行为的要求，包括积极义务和消极义务两个方面。由《产品质量法》第三章专章规定。

（一）生产者的产品质量义务

按照我国《产品质量法》的规定，生产者具有以下三方面的产品质量义务：

1. 保证产品质量的义务（第26条）

保证产品质量是生产者的首要产品质量义务，生产者应当保证产品质量符合以下要求：第一，不存在危及人身、财产安全的不合理危险，有保障人体健康和人身、财产安全的国家标准、行业标准的，应当符合该标准的规定；第二，具备产品应当具备的使用性能，对产品存在的使用性能的瑕疵必须作出明确的说明；第三，当生产者根据国家规定或者自己的约定，以产品标准、产品说明、实物样品等方式表明产品质量时，产品的质量状况必须符合该明示担保的要求。以上三项是法律对生产者的产品质量的强制性要求，三项义务必须同时做到，不可或缺。

2. 保证符合产品标志的要求（第27条、第28条）

生产者在其产品上或者其包装上的说明必须符合对产品标志的规定：第一，必须有产品质量检验合格的证明和以中文标明的产品名称、生产厂名和厂址；第二，根据产品的特点和使用要求，需要标明产品规模、等级、所含主要成分的名称和含量的，用中文相应予以标明，需事先让消费者知晓的，应当在外包装上标明或者预先向消费者提供有关资料；第三，限制使用的产品，应当在显著位置清晰地标明生产日期和安全使用期或者失效的日期；第四，使用不当，容易造成产品本身损坏或可能危及人身、财产安全的产品，应当有警示标志或中文警示说明；第五，对于易碎、易燃、易爆、有毒、有腐蚀性、有放射性等危险物品以及储运中不能倒置和有其他特殊要求的产品，必须注意其包装、运输等特殊要求，必须要有警示标志或中文警示说明，标明储运注意事项。当然，并非所有产品的包装均须同时符合上述五项要求。裸装食品和难以附加标志的裸装产品，可不附加产品标志。

3. 禁止性规定（第29条、第30条、第31条、第32条）

除上述义务之外，法律还规定生产者不得违反若干禁止性的规定，如不得生产国家明令淘汰的产品；不得伪造产地，不得伪造或者冒用他人的厂名、厂址、质量标志；不得掺杂、掺假，不得以假乱真、以次充好；不得以不合格的产品冒充合格产品等。

(二) 销售者的产品质量义务

《产品质量法》还规定了销售者应当承担的产品质量义务。

1. 销售者进货时的产品质量义务（第33条）

销售者应当执行产品的检查验收制度，即销售者在进货时必须查明货物的质量、合格证、生产日期、认证标志等是否完整齐全，应当拒绝接收不符合产品质量法或者合同规定的产品，尤其是要坚决抵制伪劣产品，通过销售这一环节来保障产品质量制度的实行。

2. 销售前保证产品质量的义务（第34条）

销售者在进货以后、销售以前对产品质量负责，不能忽视可能引起的质量问题。如果进货时产品质量没有问题，在销售时出现质量问题，销售者必须承担相应的责任。

3. 保证符合产品标志的要求（第36条）

销售者销售的产品的标志应当符合《产品质量法》第27条的规定，即销售者和生产者在产品标志方面具有相同的义务。除此之外，销售者还应“严把产品标志关”，向生产者索要合法、齐全的标志和说明，不可妥协地接受其不合格甚至假冒的产品标志。销售者尤其不可以“另起炉灶”，假冒产品标志。销售者对消费者更负有直接告知产品警示标志和警示说明的义务。

4. 禁止性规定（第35条、第37条～39条）

销售者不得销售国家明令淘汰并停止销售的产品和失效、变质的产品。此外，与生产者一样，销售者同样不得伪造产地；不得伪造或者冒用他人的厂名、厂址；不得伪造或者冒用他人的认证标志等质量标志；不得掺杂、掺假，以假乱真、以次充好；不得以不合格的产品冒充合格产品等。

【司考真题】

下列哪些产品的包装不符合《产品质量法》的要求？（多项选择题）

A. 某商场销售的“三星”彩电只有韩文和英文的说明书

B. 某厂生产的火腿肠没有标明厂址

C. 某厂生产的香烟上没有标明“吸烟有害身体健康”

D. 某厂生产的瓶装葡萄酒没有标明酒精度

答案：ABCD。

解析：本题考查产品的包装要求。《产品质量法》第27条要求产品或者其包装上的标志必须真实，并符合法定要求。本题中，A项没有中文说明，B项没有标明厂址，C项没有警示标志（“吸烟有害身体健康”），D项没有标明酒精含量。故正确答案为ABCD。

二、产品质量责任概述

产品质量责任是指生产者、销售者以及其他对产品质量负有作为或不作为义务者，未履行产品质量法规定的产品质量义务时应受的法律制裁，包括有关产品质量的民事责任、行政责任和刑事责任。其中产品质量民事责任是产品质量责任中的主要责任形式。因为民事责任的主要目的在于对受害人的补偿和挽回经济损失，这是产品质量事故中的受害人最关心的问题；而行政责任和刑事责任的重心在于对加害人的惩戒，对于受害人而言并不能因此得到直接的补偿。

产品质量民事责任又可分为因产品瑕疵而发生的合同责任和因产品缺陷而发生的产品

责任。产品责任与产品质量责任是密切联系但并不相同的两个概念。产品责任是一种民事责任，即产品侵权引起的民事法律责任。按照国际上通用的理解，它是指“生产者和销售者对于因其生产和销售有缺陷产品而使该产品的购买者、使用者乃至其他相关者遭受人身伤害或财产损失而进行赔偿的法律责任”，是一种在缺陷产品给消费者造成实际损害后的消极责任和事后责任。而产品质量责任既是事前责任也是事后责任，更是一种综合责任。

三、产品质量民事责任

民事责任是民事法律关系的主体违反民事义务或者侵害他人的民事权利所应当承担的法律后果，它以民事义务为前提。根据当事人违反义务的性质，可以将民事责任分为违反合同的民事责任和侵权责任。产品质量法中的民事责任可分为产品瑕疵担保责任和产品缺陷损害赔偿责任两种。

（一）产品瑕疵担保责任

产品瑕疵担保责任是一种合同关系引起的责任，它是指在产品买卖关系中，一方当事人为了全面履行买卖关系中所承担的义务，向对方当事人作出明示或者默示的保证和承诺，按照这种保证和承诺，如果产品存在瑕疵，保证和承诺方应当承担由此而引起的法律后果。明示担保是卖方证明其产品符合规定标准的说明、广告或标签；默示担保是依据法律的规定产生，卖方必须对产品应当具有的商销性或特定产品的适用性进行无条件的担保，尽管不以书面的形式出现，但从产品投放市场之时起，这种默示的担保就自动依法产生。《美国统一商法典》对此作了明确的规定。[①] 在英美法中，违反担保属于合同法的范畴。以违反担保为理由提起诉讼，卖方和买方之间得有契约关系。但是，产品质量的损害案件中，消费者和制造商或销售商并不一定存在明确的契约关系，因此，为了保护消费者的利益，美国法院的判例往往不强调契约因素，使原告处于较为有利的地位。原告无须证明被告有疏忽的行为，而只要证明产品有缺陷，并证明被告违反了其对产品质量和性能的明示或默示的担保。

产品“瑕疵”与产品存在“缺陷”不同。“瑕疵”是合同法上的概念，是指产品质量不符合法律规定或当事人约定的质量标准。“缺陷”是产品质量法上的概念，是指产品对使用者或消费者的人身和财产安全有危害。依合同法属于瑕疵产品的并不一定有对人身、财产的危害，因而，不一定属于产品质量法上的缺陷产品；在产品质量法上属于有缺陷的产品，也可能在合同法上并无瑕疵，属于质量合格产品。[②]

我国《产品质量法》第40条规定了销售者承担产品瑕疵担保责任的情形：(1) 不具备产品应当具备的使用性能而事先未作说明；(2) 不符合在产品或者其包装上注明采用的产品标准；(3) 不符合以产品说明、实物样品等方式表明的质量状况。销售者承担责任后，属于生产者或者属于向销售者提供产品的其他销售者（简称“供货者”）的责任的，销售者有权向生产者、供货者追偿。生产者之间、销售者之间、生产者与销售者之间订立的买

---

① 《美国统一商法典》第二编第314条规定了商销性默示担保：“如果卖方出售货物时，该货物的商销性担保应默示反映在买卖契约中。”第315条规定了适合特定用途的默示担保：“如果卖方在订立契约时有理由知道买方对货物所要求的特定用途，而且买方信赖卖方的技能和判断能力来挑选或提供合适的货物，则卖方就承担了货物必须适合这种特定用途的默示担保。”

② 参见《经济法律大词典》，8版，479、645～646页，北京，中国财政经济出版社，1992。

卖合同、承揽合同有不同约定的，合同当事人按照合同约定执行。

承担产品瑕疵担保责任的主要方式有对具有瑕疵的产品进行修理、更换、重做、退货和赔偿损失等。

(二) 产品缺陷损害赔偿责任

产品缺陷损害赔偿责任，即产品责任，是指因侵权而应当承担的法律责任，是指产品的生产者或者经营者所生产经营的产品因存在缺陷，给消费者或其他使用者造成人身伤害或财产损害所产生的民事赔偿责任。

1. 产品缺陷的判断标准

"产品缺陷"是产品质量法的核心概念之一，指产品存在不合理的危险，而这种危险是在产品离开生产者或销售者之前就已经存在的。依据缺陷产生的原因不同，可将缺陷分为设计缺陷、制造缺陷、表示缺陷、开发危险（是指依当时科学技术水平不可能发现的缺陷）。产品存在缺陷，不仅是实行召回制度的前提，更是承担产品责任的前提，与产品质量责任具有密切的联系。因此，如何确定产品缺陷具有重要意义。

"缺陷"的确定通常有两个标准：其一，推定性标准，即仅规定衡量产品是否有缺陷的一般条件，如我国有关法律将"不合理的危险性"作为衡量"缺陷"是否存在的推定性标准，这种标准在适用上有灵活性；其二，确定性标准，即明确规定产品的质量和安全标准，如果产品不符合该标准，就是有"缺陷"的产品。

我国参照国际立法惯例，在《产品质量法》第46条中规定："本法所称缺陷，是指产品存在危及人身、他人财产安全的不合理危险。"同时，更进一步详细规定了"产品有保障人体健康、人身、财产安全的国家标准、行业标准的，是指不符合该标准"[①]。前者为推定性标准，后者为确定性标准。其中，"不合理的危险"具体包括两种情况：一是产品本身应当不存在危及人身、财产安全的危险性，只因设计、生产上的原因，导致产品存在危及人身、财产安全的危险。二是产品本身的性质具有一定的危险性，在正常合理使用的情况下，不会发生危及人身、财产安全的危险，但因产品设计、制造等原因，导致产品在正常合理使用的情况下存在危及人身、财产安全的危险，或者生产者未能用警示标志或警示说明，清楚地告诉使用者使用的注意事项，未能提醒使用者对危险的预防，而导致的危及人身、财产安全的危险。

正因为我国法律在判断产品缺陷上同时存在推定性标准和确定性标准两种标准，所以必然会出现符合国家标准、行业标准却又客观存在不合理危险的情况。虽然现有法律对此并未明确规定，司法实践中已经出现这方面的案例。

【案例4—4】　宏信化工公司诉干燥设备厂买卖合同纠纷案[②]

2002年2月5日，宏信化工公司与干燥设备厂签订工矿产品买卖合同，约定：宏信化工公司向干燥设备厂购买干燥机一台，单价7万元，质量按行业标准，三包期6个月，供方指导安装调试。2002年3月20日，干燥设备厂安装调试完毕干燥机，交付使用，宏信化工公司付清全部货款。2002年7月29日下午2时

---

① 关于产品的标准参见本章第三节"质量标准和认证制度"的相关阐述。

② 参见王炎、王卫华、吴剑平：《行业标准能否成为免责事由》，载中国民商法律网，http://www.civillaw.com.cn/weizhang/default.asp?id=16547。

50分，宏信化工公司在使用干燥机干燥硼氢化钾的过程中发生爆炸。双方就赔偿协商未果，宏信化工公司遂于2002年12月18日将干燥设备厂告上法院。原告认为，被告对设备没有安装静电导除装置，本身也无接地装置，是导致爆炸的直接原因，所以被告提供的设备存在缺陷，理应承担责任，并且自己没有操作上的不当。被告辩称，干燥机的行业标准中未有需要安装静电导除和接地装置的明确要求，其产品符合行业标准，是合格产品，爆炸是由于原告使用乙醇洗涤不当造成的。

处理此类案件的关键在于对《产品质量法》第46条的解释。需要注意的是，随着社会生产力的不断进步和物质生产的极大丰富，生产者和销售者信息不对等的地位越来越明显。而且产品侵权责任制度的出发点是加强生产者的责任，强化保护消费者的利益。因此，对该条应作出利于消费者一方的解释，即产品除符合国家标准或行业标准外，还应符合一般标准，不存在不合理危险，至少满足消费者对产品在正常使用过程中获得安全保障的合理预期。该案法官的裁决即体现了这一精神，认为干燥设备厂生产的干燥机虽然符合行业标准，在适用性上不存在不符合标准的问题，但由于未安装静电导除和接地装置，所以客观上存在着因静电积聚而导致爆炸的可能性，存在着明显的不合理危险，对消费者的人身和财产安全构成了威胁，所以应视为产品存在缺陷，应由干燥设备厂承担相应的产品责任。

2. 产品责任的归责原则

【案例4—5】 陈梅金、林德鑫诉日本三菱汽车工业株式会社损害赔偿纠纷案

1996年9月13日，原告陈梅金、林德鑫之子林志圻在乘坐被告生产的日本三菱吉普车时，因前挡风玻璃在行驶途中突然爆裂而被震伤致猝死。原告诉称，被告作为生产者应对其生产的产品负责，保证其提供的商品符合保障人身、财产安全的要求。据此请求判令被告对林志圻之死承担责任。被告辩称，前挡风玻璃生产厂家日本旭硝子株式会社两次鉴定和中华人民共和国国家建材局安全玻璃质量监督检验中心的分析测试，均认为事故车的挡风玻璃是在受到较大外力冲击的情况下爆破的。故事故车辆无产品质量问题，不存在产品缺陷，因此谈不上因产品缺陷造成损害。原告的诉讼请求没有事实根据和法律依据，应当驳回。①

本案是有关产品责任的典型案件，曾引起广泛的报道和关注，因为此案的一审和二审法院认定事实完全相同，但判决却截然相反。一审的错判正是因为适用了错误的归责原则，使得原告遭受了败诉的不公平判决。

关于产品缺陷损害赔偿责任的归责原则，我国《产品质量法》采用以无过错责任原则为主，以过错责任原则为例外的立法形式。

生产者的产品责任适用无过错责任原则，体现为《产品质量法》第41条的规定：因产品存在缺陷造成人身、缺陷产品以外的其他财产损害的，生产者应当承

① 参见吴合振主编：《最高人民法院公报案例评析——民事卷：一般民事案例》，447页，北京，中国民主法制出版社，2004。

担赔偿责任。同时《产品质量法》第42条第2款规定：销售者不能指明缺陷产品的生产者以及不能指明缺陷产品的供货者的，亦适用无过错责任原则。无过错责任原则亦称严格责任原则，只要具备产品缺陷、损害事实、产品缺陷和损害事实之间存在因果关系这三个要件，责任即成立，除非存在法定的免责事由。由于受害者作为原告往往处于信息不对等的弱势地位，不可能将因果关系论证清楚、准确，尤其是某些产品的结构、成分非常复杂，消费者很难充分、准确地分析论证致害原因。所以应将举证责任转移至作为经营者的被告，由其承担举证不能的败诉风险。

【案例4—5】中，二审法院及时纠正了一审法院适用过错责任原则的错误，认为产品质量侵权应适用无过错责任原则，即以原告的损害结果为核心，不论被告主观上是否存在过失或故意，如果被告不能证明其存在法定的免责情形，就应当承担相应的产品责任。同时，二审法院将证明事故车前挡风玻璃存在缺陷的举证责任分配给三菱公司承担。由于日本旭硝子株式会社不是法定鉴定部门，且该单位与鉴定结果存在着利害关系，因此该社出具的鉴定报告不予采信。而国家建材局安全玻璃质量监督检验中心出具的报告，是在前挡风玻璃从日本运回中国后已失去检验条件的情况下，仅凭照片和相当破碎的玻璃实物得出的推断性分析结论，并且没有说明致前挡风玻璃突然爆破的外力是什么，对本案事实没有证明力，也不予采信。故二审法院认为三菱公司举证不能而改判其败诉。

作为例外，在追究销售者的赔偿责任时采用过错责任原则。《产品质量法》第42条规定：由于销售者的过错使产品存在缺陷，造成人身、他人财产损害的，销售者应当承担赔偿责任。但销售者如果能够证明自己没有过错，则不必承担赔偿责任。可见，这里的过错是一种推定过错，销售者负有举证责任，否则不能免除赔偿责任。

为平衡各方利益，体现法律的公正，在民事损害赔偿责任的承担上，《产品质量法》还规定了生产者的免责事由：(1) 未将产品投入流通；(2) 产品投入流通时，引起损害的缺陷尚不存在；(3) 将产品投入流通时的科学技术水平尚不能发现缺陷的存在。

3. 产品责任的追究与承担方式

为了充分保护受损害消费者的合法权益，其损害赔偿请求，既可向生产者提出，也可向销售者提出。生产者、销售者履行赔偿责任后，非责任方可以向过错方追偿。属于产品的生产者的责任，产品的销售者赔偿的，产品的销售者有权向产品的生产者追偿；属于产品的销售者的责任，产品的生产者赔偿的，产品的生产者有权向产品的销售者追偿。在某些特殊的情况下，还可追究有关机构的连带赔偿责任。《产品质量法》第57条规定：产品质量认证机构违反产品质量法的有关规定，对不符合认证标准而使用认证标志的产品，未依法要求其改正或者取消其使用认证标志资格的，对因产品不符合认证标准而给消费者造成的损失，与生产者、销售者承担连带赔偿责任。第58条规定：社会团体、社会中介机构对产品质量作出承诺、保证，而该产品又不符合其承诺、保证的质量要求，给消费者造成损失的，与产品的生产者、销售者承担连带责任。

承担产品责任最主要的方式是赔偿损失，因产品缺陷而致人身或财产受损害的赔偿主要有三种：

一是对人身损害的赔偿。《产品质量法》第44条第1款规定："因产品存在缺陷造成受害人人身伤害的，侵害人应当赔偿医疗费、治疗期间的护理费、因误工减少的收入等费用；造成残疾的，还应当支付残疾者生活自助具费、生活补助费、残疾赔偿金以及由其扶养的人所必需的生活费等费用；造成受害人死亡的，并应当支付丧葬费、死亡赔偿金以及由死者生前扶养的人所必需的生活费等费用。”

二是对财产损害的赔偿。《产品质量法》第44条第2款规定：“因产品存在缺陷造成受害人财产损失的，侵害人应当恢复原状或者折价赔偿。受害人因此遭受其他重大损失的，侵害人应当赔偿损失。”

三是对精神损害的赔偿。因产品责任致使受害人人格权利受到损害，特别是造成人身伤害时，产品生产者或销售者应当依法承担精神损害赔偿责任。

【案例4—6】 “贾国宇案”

1995年3月8日，17岁少女贾国宇因为卡式炉燃气罐爆炸被炸伤并毁容。1997年3月15日，北京市海淀区人民法院民事审判庭座无虚席，历时两年的卡式炉燃气罐爆炸伤害索赔案一审宣判：受害人贾国宇依法获得10万元伤残赔偿金。该案迈出了《消费者权益保护法》关于精神损害赔偿的决定性一步。这个选在“3·15”判决的案子，作为一个标志，对后来的最高人民法院关于精神损害赔偿的司法解释产生了重大影响。

贾国宇精神损害赔偿案的胜诉，对各地保护消费者精神权益的司法实践起到了很大的促进作用，在产品责任领域，甚至整个民法侵权领域，该案对于确立精神损害赔偿都具有里程碑意义。但当“精神与尊严受到侵害理应得到赔偿”的观念逐步得到社会各界的认同之后，如何计算消费者在尊严受到侵害后的损失，又成了见仁见智的话题。在自由裁量权的范围内，法官们的判决变得五花八门，损害赔偿额从几百元到上百万元不等。1999年8月，广东省通过的《广东省实施〈中华人民共和国消费者权益保护法〉办法》首次将精神损害的赔偿额度定为5万元以上。一年以后，浙江省消协也出台了相应的实施办法。虽然各地方法院在司法实践中陆续有所突破，但精神损害赔偿真正确立其法律地位又经过了多年。

2001年3月10日，最高人民法院发布《关于确定民事侵权精神损害赔偿责任若干问题的解释》，在《民法通则》和《消费者权益保护法》的基础上，第一次明确规定了精神损害赔偿的范围、标准以及提起诉讼请求的主体资格。该司法解释第1条第1款规定：“自然人因下列人格权利遭受非法侵害，向人民法院起诉请求赔偿精神损害的，人民法院应当依法予以受理：（一）生命权、健康权、身体权；（二）姓名权、肖像权、名誉权、荣誉权；（三）人格尊严权、人身自由权。”因此，因产品责任致使受害人人格利益受到损害，特别是造成人身伤害时，产品生产者或销售者应当承担精神损害赔偿责任。

4. 产品责任时效

全面理解产品责任时效需要把握两点：一方面，产品责任时效是诉讼时效。《产品质量法》第45条第1款规定了产品责任的诉讼时效为2年，自当事人知道或应当知道其权益受到损害时起计算。超过2年，受害人丧失胜诉权。《民法通则》第136条第2项规定产品质量不合格的诉讼时效为1年。另一方面，产品责任时效是指请求权时效。《产品质量法》第45条第2款规定要求赔偿的请求权期限为10年。但是，未超过明示的安全使用期的除外。

【司考真题】

1. 根据《产品质量法》规定，下列哪一说法是正确的？（单项选择题）

A.《产品质量法》对生产者、销售者的产品缺陷责任均实行严格责任

B.《产品质量法》对生产者产品缺陷实行严格责任，对销售者实行过错责任

C. 产品缺陷造成损害要求赔偿的诉讼时效期间为二年，从产品售出之日起计算

D. 产品缺陷造成损害要求赔偿的请求权在缺陷产品生产日期满十年后丧失

答案：B。

解析：本题考查的知识点有产品责任的归责原则、诉讼时效与请求权。选项A错误，选项B正确。我国《产品质量法》对生产者、销售者的产品缺陷责任分别作了不同的规定，对生产者实行严格责任，对销售者实行过错责任。

选项C、D错误。《产品质量法》第45条规定：因产品存在缺陷造成损害要求赔偿的诉讼时效期间为2年，自当事人知道或者应当知道其权益受到损害时起计算。因产品存在缺陷造成损害要求赔偿的请求权，在造成损害的缺陷产品交付最初消费者满10年丧失；但是，尚未超过明示的安全使用期的除外。

2. 张某从甲商场购买一电热毯，电热毯为乙厂所产。使用中电热毯发生漏电，致使房间着火，烧毁价值5 000元的财产，张某本人也被烧伤致残。下列何种表述是正确的？（不定项选择题）

A. 甲商场和乙厂应对张某的损失承担连带责任

B. 张某因身体伤害要求赔偿的诉讼时效为1年

C. 张某可以向被告请求精神损害赔偿

D. 张某遭受的财产损失不属于产品责任，而属于违约责任

答案：AC。

解析：本题考查的知识点有产品责任的概念、追究、承担方式及诉讼时效。张某由于电热毯存在漏电缺陷而遭受了产品以外的其他财产损失，属于产品责任，并非产品的瑕疵担保责任（违约责任）。结合前文有关产品责任形式和追究程序的论述，易知甲商场和乙厂应对张某的损失承担连带责任，张某可以向被告请求精神损害赔偿。根据《产品质量法》第45条第1款的规定，张某因身体伤害要求赔偿的诉讼时效为2年，自其知道或应当知道其权益受到损害时起计算。

3. 甲从国外低价购得一项未获当地政府批准销售的专利产品“近视治疗仪”。甲将产品样品和技术资料提交给我国X市卫生局指定的医疗产品检验机构。该机构未作任何检验，按照甲书写的文稿出具了该产品的检验合格报告。随后，该市退休医师协会的秘书长乙又以该协会的名义出具了该产品的质量保证书。该产品投入市场后，连续造成多起青少年因使用该产品致眼睛严重受损的事件。现除要求追究甲的刑事责任外，受害者还可以采取哪些民事补救方法？（多项选择题）

A. 要求甲承担损害赔偿责任

B. 要求该卫生局承担连带赔偿责任

C. 要求该检验机构承担连带赔偿责任

D. 要求该退休医师协会承担连带责任

答案：ACD。

解析：本题主要考查产品质量认证机构的连带赔偿责任。根据《产品质量法》第42

条、第57条第3款、第58条的规定，甲作为销售者，理应承担损害赔偿责任；该检验机构不对产品作任何检验，出具虚假证明，也应承担连带赔偿责任；退休医师协会对该产品作出不实的保证，也应承担连带赔偿责任；卫生局在本案中未作任何行为，即使要追究其法律责任，也应当根据《国家赔偿法》的规定，不存在连带赔偿责任。

4. 关于产品缺陷责任，下列哪一选项符合《产品质量法》的规定？（单项选择题）

A. 基于产品缺陷的更换、退货等义务属于合同责任，因产品缺陷致人损害的赔偿义务属于侵权责任

B. 产品缺陷责任的主体应当与受害者有合同关系

C. 产品缺陷责任一律适用过错责任原则

D. 产品质量缺陷责任一律适用举证责任倒置

答案：A。

解析：本题考查的知识点包括产品缺陷责任的构成要件、归责原则以及举证责任分配。根据《产品质量法》第40条、第41条的规定，可知A项正确。根据《产品质量法》第41条第1款规定可知产品缺陷责任的主体不一定要与受害者有合同关系；而产品责任适用的归责原则是无过错责任原则，而非过错责任原则。此外，最高人民法院《关于民事诉讼证据的若干规定》第4条第6项规定，“因缺陷产品致人损害的侵权诉讼，由产品的生产者就法律规定的免责事由承担举证责任”。据此，产品责任属于特殊侵权的情形，也是法律规定的实行特殊举证责任的情况，但是，上述规定的情况并非都属于举证责任倒置的情况，举证责任倒置的情况有：(1) 因新产品制造方法发明专利引起的专利侵权纠纷诉讼；(2) 因环境污染引起的损害赔偿诉讼；(3) 因医疗行为引起的侵权诉讼。不包括产品缺陷责任纠纷的举证，因此BCD项说法错误。

5. 孙某从某超市买回的跑步机在使用中出现故障并致其受伤。经查询得知，该型号跑步机数年前已被认定为不合格产品，超市从总经销商煌煌商贸公司依正规渠道进货。下列哪些选项是正确的？（多项选择题）

A. 孙某有权向该跑步机生产商索赔

B. 孙某有权向煌煌商贸公司、超市索赔

C. 超市向孙某赔偿后，有权向该跑步机生产商索赔

D. 超市向孙某赔偿后，有权向煌煌商贸公司索赔

【答案】 ABCD。

【解析】 本题考查产品缺陷责任。《产品质量法》第43条规定：因产品存在缺陷造成人身、他人财产损害的，受害人可以向产品的生产者要求赔偿，也可以向产品的销售者要求赔偿。属于产品的生产者的责任，产品的销售者赔偿的，产品的销售者有权向产品的生产者追偿。属于产品的销售者的责任，产品的生产者赔偿的，产品的生产者有权向产品的销售者追偿。本案中，孙某可以基于侵权向产品的生产商、销售商（包括经销商商贸公司和直接销售商超市）主张权利，超市承担责任后，可以依法追偿。

四、产品质量行政责任

行政责任是指行政主体及行政相对人犯有一般违法行为所应承担的行政法上的责任。行政责任可分为行政处分和行政处罚两种。产品质量责任的行政责任主要是行政处罚。行政处罚是指国家行政机关依法惩戒违反行政法律规范的个人或组织的一种行政活动。我国

《产品质量法》规定：生产、销售不符合保障人体健康、人身、财产安全的国家标准、行业标准的产品的；生产国家明令淘汰的产品的；销售失效、变质产品的；包装、产品标志不符合《产品质量法》有关规定的；在产品中掺杂、掺假，以假充真、以次充好，或者以不合格的产品冒充合格产品的；伪造产品产地，伪造、冒用他人厂名、厂址，冒用认证标志等质量标志的，应当承担产品质量的行政责任，受到行政处罚。行政处罚方式有责令停止生产和销售、没收违法生产的产品；违法者因此而获得收入的，可以处以没收违法所得、罚款；责令公开更正等；另外，对于严重违反产品质量法的生产者和销售者，还可采用吊销营业执照的处罚，这是较为严厉的处罚方式。法律规定，吊销营业执照的权力只由工商行政管理部门行使，根据违反者产品质量责任的性质和程度，可采取不同的行政处罚措施。

五、产品质量刑事责任

我国的《产品质量法》对违反该法并触犯刑律的严重行为还规定了应当承担刑事责任，它们是：(1) 生产不符合人体健康、人身、财产安全的国家标准、行业标准的产品，在产品中掺杂、掺假、以假乱真、以次充好，或者以不合格的产品冒充合格产品的，性质严重，构成犯罪的行为；(2) 销售失效、变质的产品，构成犯罪的；(3) 以暴力、威胁方法阻碍产品质量监督部门或者工商行政管理部门的工作人员依法执行职务的；(4) 产品质量监督部门或者工商行政管理部门的工作人员滥用职权、玩忽职守、徇私舞弊，构成犯罪的行为；(5) 产品质量检验机构、认证机构伪造检验结论或者出具虚假证明，构成犯罪的；(6) 各级人民政府工作人员和其他国家机关工作人员包庇、放纵产品生产、销售中违反该法规定的行为，或者向从事违反该法规定的生产、销售活动的当事人通风报信，帮助其逃避查处，或者阻挠、干预产品质量监督部门或者工商行政管理部门依法对产品生产、销售中违反该法规定的行为进行查处，造成严重后果，并且上述行为构成犯罪的。

【问题与思考】

1. 朱某诉雀巢公司的“雀巢巧伴侣”案

原告朱某在某超市购买被告雀巢公司的“雀巢巧伴侣”产品后，在网上发现，该种产品含有转基因成分。原告认为，被告厂商没有尽到告知义务，遂以侵犯消费者知情权为由，向某市第二中级人民法院提起诉讼。

法院受理后，即委托该市农科院对该产品进行检测。农科院依据《巢式 PCR 方法》检测出含转基因成分。随后，被告委托数家具有转基因食品检测资格的机构进行检测，均得出不含转基因成分的结论。在被告的要求下，法院组织复检。复检采用农业部发布的行业推荐标准——《转基因植物及其产品检测大豆定性 PCR 方法》，亦得出不含转基因成分的结论。原告认为巢式 PCR 检测方法更先进、更科学，应采纳根据该标准得出的结论。被告认为，自己的产品根据复检报告不含有转基因成分，因此不存在标识问题，也无从谈起侵权。

思考：法律如何对转基因产品进行规制？

2. 小偷诉某公司缺陷产品案

2009 年，甲公司制造了一缺陷产品，但主观上不知情，连同其他产品一并销售给乙公司。某日小偷丙将该产品窃回家中，在使用中该产品爆炸，造成丙右眼失明，丙向法院起诉甲公司，要求甲公司赔偿，后法院将乙公司追加为第三人参加起诉。在诉讼中甲公司认为，公司在制造产品中已尽了足够的注意，主观上无过错，不应承担责任。乙公司称丙为非法占有他人财产，不受法律保护。

思考：甲、乙公司各自的主张是否能够成立？理由何在？

3. 陈某诉某厂化妆品损伤皮肤案

上海市某区人民法院受理了一起化妆品损伤皮肤案，原告陈某诉称：因使用了被告某品牌化妆品厂的产品造成面部皮肤严重损伤，要求被告赔偿经济损失。被告辩称：原告使用的化妆品虽确为本厂生产的产品，但该产品是厂内正在研制过程的实验品，并未投入市场，且不知原告获得该产品的途径。经法庭调查查明，原告使用的化妆品是其作为该化妆品厂检验员的男友从成品车间偷出来送给她的，该产品下月即将在市场出售。法庭委托有关产品检验机构对化妆品进行技术检测，检验结果为，该厂生产的化妆品不存在对人体皮肤损害的缺陷，是合格产品。法院请来皮肤专家进一步对原告进行皮肤测试，结论是原告皮肤属于特殊的过敏性皮肤，对某些化妆品具有特殊的过敏性。

思考：A厂是否要承担产品责任？为什么？

第五章
价格法律制度

参考文献

（一）著作

1. 刘文华主编．经济法．4版．北京：中国人民大学出版社，2012. 第十四章

2. 杨紫烜主编．经济法．5版．北京：北京大学出版社，高等教育出版社，2014. 第二十九章

3. 漆多俊主编．经济法学．3版．北京：高等教育出版社，2014. 第二十章

4. 卞耀武，田燕苗．中华人民共和国价格法释义．北京：法律出版社，1998

（二）论文

1. 韦大乐．《价格法》的成效与完善建议．法学杂志，2003（4）

2. 张瑞萍．反垄断法视野内的价格问题——兼评我国现有相关立法的缺陷．法商研究，2002（3）

3. 胡锦光，林毅．乔占祥诉铁道部2001年春运价格上浮案研究．判解研究，2002（2）

参考法规

1.《中华人民共和国价格法》（1997年）

2.《价格违法行为行政处罚规定》（2010年修订）

3.《价格行政处罚程序规定》（2013年修改）

4.《政府制定价格听证办法》（2008年修订）

5.《价格违法行为举报处理规定》（2014年修订）

6.《政府制定价格行为规则》（2006年修订）

引例 乔占祥诉铁道部2001年春运票价上浮案[①]

2000年7月，被告（铁道部）向国家计委上报了《关于报批部分旅客列车实行政府指导价的实施方案》（铁财函［2000］253号，以下简称《实施方案》）。《实施方案》称："根据经国务院批准的国家计委《关于对部分旅客列车运输实行政府指导价的请示》，我部拟订了对部分旅客列车实行政府指导价的实施方案。其中关于春运票价上浮方案为'春节前（除夕除外）14天，自哈尔滨、上海、广州、北京等局始发，到达指定局（省）的部分列车，春节后23天（初一、初二除外）自北京、上海、广州等局始发到达指定局（省）的部分旅客列车实行票价上浮。春运期间票价最高上浮幅度原则上不超过国务院批准的上浮标准，即：旅行速度100公里以下30%、100公里以上40%'。"同年11月8日，国家计委以计价格（2000）1960号文批准了铁道部的《实施方案》。铁道部于12月21日作出《关于2001年春运期间部分旅客列车票价上浮的通知》，该通知决定2001年1月13日至22日、1月26日至2月17日，春运期间在北京铁路局、上海铁路局、广州铁路（集团）公司等始发的部分直通列车的票价上浮20%至30%。该通知经公布于2001年春运期间实施。

原告（乔占祥）于2001年1月17日、1月22日，分别购买了2 069次列车从石家庄到磁县、石家庄到邯郸的火车客票两张，支付票款37元，比上浮前多支付人民币9元。为此，乔占祥以被告所作通知程序违法为由诉至一审法院。

北京市第一中级人民法院判决认定，原告作为购票乘客与被告所作《关于2001年春运期间部分旅客列车票价上浮的通知》有法律上的利害关系，有权提起行政诉讼。原告坚持对该通知提起行政诉讼的请求缺乏法律依据。被告作出的2001年春运期间部分旅客列车价格上浮决定是经过市场调查、方案拟订、上报批准的，程序未违反有关法律规定。遂以（2001）一中行初字第149号行政判决，驳回原告的诉讼请求。

原告不服，上诉至北京市高级人民法院。

北京市高级人民法院经审理认为：被上诉人铁道部所作通知，是铁路行政主管部门对铁路旅客票价实行政府指导价所作的具体行政行为，该行为对于铁路经营企业和乘客均有行政法律上的权利义务关系。乔占祥认为该具体行政行为侵犯其合法权益而向人民法院提起行政诉讼，是符合行政诉讼法规定的受案范围的。但在对原具体行政行为提起诉讼的同时一并请求确认复议机关不履行转送的法定职责，不符合行政诉讼法的规定，且其在复议申请中亦未提出转送审查的请求，故一审判决驳回原告的该项请求并无不当。

铁路列车旅客票价直接关系群众的切身利益，依照《价格法》第18条的规定，政府在必要时可以实行政府指导价或者政府定价。根据《铁路法》第

---

① 参见北京市高级人民法院（2001）高行终字第39号行政判决书。

25条"国家铁路的旅客票价……由国务院铁路主管部门拟订，报国务院批准"的规定，铁路列车旅客票价调整属于铁道部的法定职责。铁道部上报的《实施方案》所依据的计价格（1999）1862号文已经国务院批准，其所作通知是在经过市场调查的基础上又召开了价格咨询会，在向有权机关上报了具体的实施方案，并得到了批准的情况下作出的，应视为履行了必要的正当程序。虽然，《价格法》第23条规定，"制定关系群众切身利益的公用事业价格、公益性服务价格、自然垄断经营的商品价格等政府指导价、政府定价，应当建立听证会制度"。但，由于在铁道部制定通知时，国家尚未建立和制定规范的价格听证制度，要求铁道部申请价格听证缺乏具体的法规和规章依据。据此，上诉人乔占祥请求认定被上诉人铁道部所作通知程序违法并撤销该具体行政行为理由不足。综上，一审判决认定事实清楚，适用法律正确，程序合法。上诉人上诉理由不足，其诉讼请求二审法院不予支持。依照《中华人民共和国行政诉讼法》第61条第1项的规定，判决驳回上诉，维持原判。

建立和完善有中国特色的社会主义市场经济，必然要求市场在政府宏观调控下对资源配置起基础性作用。市场经济的基本规律是价值规律，价值规律对社会生产、流通、分配和消费的调节作用是通过市场机制来实现的，而价格机制是市场机制的核心，市场优化资源配置的作用必须通过价格机制来实现。能不能建立起新的社会主义市场经济体制，在一定意义上讲，取决于能否建立、健全新的价格形成机制和价格调控机制。法律手段既是规范市场主体行为、创造市场价格机制正常运转的必要条件和提高资源配置效率的有效工具，也是规范政府行为、保障价格调控措施的科学性和有效性、提高宏观调控效果的必要保证。因此，必须将价格关系纳入法律的调整范围。为了保证市场价格的正常形成和运行，我国的价格法律制度规定了经营者定价的权利和义务，也规定了政府在某些领域定价时应当举行价格听证会，同时还规定对各种价格行为进行监督检查，强化对各种价格行为的监督。总之，价格法律制度对于我国社会主义市场经济体制的形成起着重要的作用。

第一节 价格法概述

一、价格与价格体系

（一）价格的含义

市场经济的核心是市场，而市场的核心则是价格，市场对资源的配置作用主要是通过价格调节来实现。在一国国民经济的发展中，价格是国民经济运行的综合反映，是各方面经济活动主体利益关系的调节机制，因此，价格问题直接关系到经济发展、群众生活和社会稳定，在整个社会经济运行中，价格有着不可替代的作用。

价格有狭义和广义之分。狭义的价格，是指商品价值的货币表现，是商品同货币的交换比例，它反映着一定的生产关系。广义的价格，不仅包括商品价格，还包括服务价格和生产要素价格。

【背景资料】 **商品价格·服务价格·生产要素价格**

商品价格是指各类有形产品和无形资产的价格，其中有形产品是指消费品、生产资料等有实物形态和物质载体的产品，如农产品、工业品等；无形资产是指长期使用而没有实物形态的资产，包括：专利权、非专利权、商标权、著作权、土地使用权、商誉权等。

服务价格是指各类有偿服务的收费，即：不出售实物，以一定的设备、工具和服务性劳动，为消费者或经营者提供某种服务所收取的费用。服务价格具体可分为五种：(1) 公用事业收费，主要包括交通、邮政、电信、城市供水、排水、供热、供电、供气等服务收费；(2) 公益服务收费，主要指教育收费、医疗服务收费等；(3) 中介服务收费，包括信息咨询费、结算费、配送费、培训费、公证服务收费、会计事务收费、律师事务收费、审计事务收费、价格事务收费、资产和资信评估机构服务收费、经纪人服务收费，以及典当行、拍卖行、职业介绍所、婚姻介绍所、人才交流中心服务收费，还有计量检查、质量检查、生产检验等检查认定机构的服务收费；(4) 其他经营性服务收费，指的是企业、事业单位以营利为目的，借助一定场所、设备和工具提供服务所收取的费用，如修理费、餐饮费、体育比赛费、文化娱乐费、旅游费、物业管理费、广告费、金融委托代理费、保险费、运费等；(5) 国家行政机关收费，指的是国家行政机关、司法机关及其授权单位在社会与经济管理过程中一种特殊的价格形式，主要有注册登记费、特许权使用费、环境保护治理费、行政司法调解诉讼费等。

生产要素价格，是指在物质生产经营过程中所必须具备的基本因素价格，如劳动、土地、资本、企业家才能等价格。目前随着科技的发展和知识产权制度的建立，技术商品在一定程度上作为一种相对独立的要素投入生产，进行市场交换，因此也形成了生产要素价格。概括地说，生产要素价格体系由土地价格、资金价格、汇价汇率、劳动力价格以及技术商品价格等构成。

(二) 价格形式

我国的价格形式共分为三类，即市场调节价、政府指导价以及政府定价。市场调节价是指由经营者自主制定，通过市场竞争形成的价格。这里所称的经营者是指从事生产、经营商品或者提供有偿服务的法人、其他组织和个人。政府指导价是指由政府价格主管部门或者其他有关部门，按照定价权限和范围规定基准价及其浮动幅度，指导经营者制定的价格。政府定价是指由政府价格主管部门或其他有关部门，按照定价权限和范围制定的价格。目前我国大多数商品和服务的价格实行市场调节价，极少数商品和服务价格实行政府指导价和政府定价。

(三) 价格构成与价格体系

价格构成与价格体系是两个不同的概念。价格构成又称为价格结构，是指构成价格的各个要素及其在价格中的组成状况。根据《价格法》的规定，具体的价格构成包括生产商品与提供服务的社会平均成本、税金、利率以及正常的流通费用等。而价格体系则是价格的种类和各种价格形式之间相互关系的总称。[①] 价格体系可以按照不同的标准作出不同的分类，如按照国民经济的发展部门可以把价格体系分为工业品价格、农产品价格、交通运输价格、邮政电信价格、建筑产品价格、饮食服务价格等；按照商品流通过程或流通环节可以把价格体系分为工业品出厂价格、农产品收购价格、批发价格、零售价格、商品的地区差别价格、商品的季节性差别价格等；按照宏观经济调控中价格的形成方式可以将价格体系分为市场调节价、政府指导价以及政府定价等。合理的价格体系是市场经济健康发展的重要保障，也是市场优化配置资源、创造公平竞争环境的重要手段。改革开放以来，我国围绕价格体系完善进行了一系列改革，使价格的形成机制更加符合价值规律作用的要求，市场价格总水平基本保持稳定，较好地保护了广大消费者的价格权益，维护了市场秩序的稳定。

二、价格法的概念和我国价格立法

（一）价格法的概念

价格法是调整价格关系的法律规范的总称。价格关系是生产经营者在价格形成过程中和国家在价格监管与调控过程中发生的社会关系，具体说来，主要包括以下两类关系：价格规制关系和价格宏观调控关系。由于价格宏观调控关系是宏观调控法的调整对象，所以本节只阐述市场规制法调整的价格规制关系。

在市场经济条件下，价格是商品价值以一定数量货币标价的形式，是商品生产和商品交换发展到一定阶段的产物。价值决定价格，价格随供求关系的变化而围绕价值波动。价格的高低，是资源相对稀缺程度的灵敏信息反映，它涉及产业、行业、产品结构的调整；价格高低，涉及经营者与消费者两者利益的均衡，涉及千家万户的利益和社会的稳定。价格机制是市场机制中最为重要的机制，价值规律、供求规律、竞争规律正常发挥作用的重要条件之一，就是价格机制能正常发挥作用。同时因为价格的形成必须通过交换在公平的竞争环境中形成，所以合理价格的形成也需要有比较充分的、公平的市场竞争环境。价格规制关系又包括以下几类关系：

(1) 各级价格主管部门、业务主管部门和工商企业等经营者之间，在制定、执行和管理价格过程中所发生的各种关系。

(2) 各级价格主管部门、业务主管部门、工商企业和消费者之间在确定作价原则，制定、调整和执行商品价格及非商品收费中所发生的各种关系。

(3) 各级政府部门、价格主管部门、业务主管部门、工商企业和公民之间，在物价监督和检查过程中所发生的价格监管关系。

(4) 各种商品的生产者和经营者相互之间以及它们与消费者之间相互提供商品和服务所发生的价格关系。

(5) 单位、个体工商户和个人因认真执行或违反物价方针、政策和法律，而发生的奖励或惩罚关系。

总之，价格问题是直接关系到普通群众生活和社会和谐的重要问题。因此，依法加强价格管理，严肃查处价格欺诈、牟取暴利等价格违法行为甚为重要。所以，价格规制关系

---

① 参见刘文华主编：《经济法》，224页，北京，中国人民大学出版社，2012。

是市场规制法的又一重要调整对象。

(二) 我国价格立法

新中国成立以来，国家大多运用行政手段控制价格机制运行，直到1987年9月11日国务院发布《中华人民共和国价格管理条例》，才开始注重运用法律管理价格。1997年12月29日，八届全国人大常委会第二十九次会议通过了《中华人民共和国价格法》，使之成为我国调整价格关系的基本法律。此外，国务院各部门还发布了《关于制止低价倾销工业品的不正当价格行为的规定》《价格监督检查管辖规定》《关于商品和服务实行明码标价的规定》《禁止价格欺诈行为的规定》《政府价格决策听证办法》《价格行政处罚程序规定》《价格违法行为举报规定》《价格监测规定》《价格监测质量管理暂行办法》《政府定价行为规则》等一系列的规章，这些规章与《价格法》一起，构成了我国的价格法律体系。

由于我国的市场经济体制还不成熟，市场机制不完善，在某些领域竞争不充分或竞争无秩序，生产经营者定价行为不规范，致使市场价格的形成缺乏良好的竞争秩序和市场规则的有效制约。在我国市场上，价格非因供求原因而过分偏离价值，经营者以次充好、假冒商标、价格垄断、囤积居奇等不法行为的泛滥，使价格机制不能很好地发挥作用，不能把资源配置到最有效率的地方，从而影响到整个市场机制的效率和运作，对整个宏观经济发展的质量和速度都产生了负面影响，正常的市场秩序更加无从谈起。物价水平是一个重要经济指标，稳定物价也是我国宏观调控的目标。通过对价格的制定和执行的规制，能够实现维持整体物价稳定的宏观调控目标。从对单个的价格制定和执行的规制到宏观的价格稳定，我们可以看到市场规制法和宏观调控法发生了耦合，宏观调控法和市场规制法在综合调整上日益融合。

三、价格法在市场规制中的地位和作用

价格法的作用在于运用法律手段保证贯彻国家的价格方针和政策，加强对价格总水平的调控，促进市场经济秩序的健全和完善。

具体来说，价格法的作用主要体现在以下几方面：

1. 规范价格行为

价格是商品价值的货币表现，所有进入流通领域的商品都有价格，社会经济活动中的任何单位和个人都与价格相联系，价格反映着各种商品交换的经济关系，表示着参与市场活动的当事人的利益趋向，价格关系错综复杂，矛盾重重，因此，价格行为必须是有规则、有秩序地进行。确立有关价格行为的基本规则，规范价格行为，是我国《价格法》的首要目的，也是《价格法》的重要作用之一。

2. 合理配置资源

在我国社会主义市场经济中，市场机制的作用主要通过价格来体现，为了使价格能灵活地反映市场供求关系和资源的稀缺程度，从而更好地使资源达到优化配置，就需要形成一个能使价格合理平稳运行的市场环境。《价格法》主要规范价格形成的原则、方式和程序，禁止不正当的市场价格竞争行为，为确保价格的合理形成发挥重要作用，为合理配置资源提供必要的前提条件。

3. 保护消费者和经营者的合法权益

市场经济要求以法律手段切实保护市场经营主体的正当权益，只有这样，社会主义企业才能建立起一个有活力、健康、良性运行的经营机制。与此同时，广大消费者的切身利

益也与价格问题密切相连，不正当的价格行为会严重侵害消费者的正当权益。《价格法》严禁损害消费者利益的各种不正当价格行为，明确规定经营者因价格违法行为给消费者造成损失的，应负责赔偿；同时，它还赋予消费者参与政府定价的权利，明确消费者有权对各种价格行为进行监督，对价格违法行为进行举报，并受有关部门的保护等。从另一角度讲，《价格法》对非法价格行为的限制和禁止，同样保护了经营者正当竞争的权益。因此，《价格法》的制定和颁布为保护消费者、经营者的合法权益发挥着重要作用。

第二节 经营者的价格行为

一、经营者的概念

经营者和消费者一并构成市场经济活动中最广泛的经济法律关系主体。经营者作为经济法主体，参与最广泛的商品生产经营和营利性服务，享有充分的自主经营权和财产权，在各种市场中自由开展生产经营和公平竞争活动。《价格法》第 3 条规定："本法所称经营者是指从事生产、经营商品或者提供有偿服务的法人、其他组织和个人。"由此可见，经营者是指以营利为目的，从事商品生产、销售和提供有偿服务的法人、合伙企业以及其他社会组织和个人。经营者既可以是个体经营者，也可以是合伙企业或公司法人；经营者既可以是财产所有者、使用者、收益者，也可以是投资者、生产制造商、销售商、中介组织，等等。

【背景资料】 **《价格法》中的"经营者"认定问题**

根据 2003 年 9 月 18 日《国家发展改革委办公厅关于对〈价格法〉中的"经营者"如何认定的复函》，(1) 在价格行为上依照《价格法》的规定享有权利的经营者，应当是依法取得经营资格的合法经营者。(2) 依照《价格法》第 2 条关于"在中华人民共和国境内发生的价格行为，适用本法"的规定，凡在经营活动中有《价格法》规定的应受处罚的价格违法行为，不论违法者是否依法取得经营资格，都应依法处罚。

二、经营者的定价行为

我国实行并在逐步完善宏观经济调控下主要由市场形成价格的价格机制。价格的制定应当符合价值规律，大多数商品和服务的价格实行市场调节价，极少数商品和服务的价格实行政府指导价或者政府定价。除不适宜竞争的垄断性强的以及对社会稳定、经济长期发展有重大影响的极少数商品和服务仍实行政府指导价、政府定价外，其他绝大多数商品和服务都要实行市场调节价，由经营者自主定价，即"谁生产，谁经营，谁服务，谁定价"。因此，按照《价格法》的规定，除依法适用政府指导价或者政府定价外，其余均实行市场调节价，市场上商品和服务的价格，由经营者依法自主制定。政府指导价、政府定价的范围由《中央定价目录》和《地方定价目录》规定。在目录以外的商品和服务，均由经营者自主定价。这样，就依法确立了市场调节价即经营者自主定价在价格形成中的主导地位，使生产经营者能够直接根据市场价格和供求的变化，决定生产经营活动。这对于促进企业自主决策、自我约束、自我发展具有十分重大的意义，同时也为进一步规范经营者的价格行为，防止欺诈和暴利行为，增强国家宏观调控能力奠定了基础。

界定经营者自主定价的范围必须有一个客观的标准，这个标准的选择是否正确直接关系到上述价格机制能否发挥其应有的作用。目前，界定经营者自主定价范围的标准是，商品和服务的价格是否适宜于在市场竞争中形成，适宜者则由各经营者自主定价。从实践来看，这一标准具体分解为三个方面：(1) 垄断程度。凡不适宜或难以形成竞争的商品和服务，即垄断性强的商品和服务，由于缺乏市场机制，放开价格容易形成垄断价格，不但难以形成正确反映价值和供求关系的合理的市场价格，而且会产生资源浪费、技术停滞、分配不公等与垄断伴生的弊端，故对这些商品和服务应实行政府指导价或政府定价。(2) 资源约束程度。凡资源稀缺、供给弹性较小的产品，由于受自然条件的限制，供给往往不能很快增加，或根本难以增加，如果放开价格，由市场调节，易引起价格的持续上涨，使资源遭到掠夺性开发，这些商品同样宜实行政府指导价或政府定价。(3) 重要程度。凡与国民经济发展和人民生活关系重大的极少数商品价格、重要的公用事业价格、重要的公益性服务价格，政府可以实行政府指导价或者政府定价。

经营者自主定价，应当遵循公平、合法和诚实信用的原则。在社会主义市场经济体制中，经营者享有广泛的价格决策权，但这并不意味着经营者在定价时可以为所欲为，相反他们必须坚持遵循一定的基本准则。经营者定价原则既体现了我国社会主义市场经济发展的内在规律要求，又体现了我国民法的基本原则在价格领域的具体运用。所谓公平原则是指在市场交易中，经营者的价格行为应当符合价值规律，遵循等价交换原则，合理制定价格。所谓合法原则是指经营者的价格活动应当符合国家价格法律、法规和规章的规定，违法的价格行为将受到查处，并承担相应的法律责任。所谓诚实信用原则是指经营者要开诚布公，货真价实，信守承诺，说到做到。

经营者自主定价的基本依据是其生产经营成本和市场供求状况。对于市场调节价，虽然企业有自主定价的权利，但市场形成价格是有其客观规律的。在市场形成价格时，决定价格水平高低的诸多因素中，生产经营成本是基本因素，供求关系是最终的决定因素。生产经营成本，是经营者在生产商品和提供服务过程中发生的各种活劳动和物化劳动耗费的总和，类似于《企业会计准则》中“费用”的概念，既包括直接材料、直接人工和制造费用，又包括财务费用、管理费用和销售费用。只有将生产经营成本核定准确，才能制定出合理的商品差价和价格。在市场经济中，价格的形成还受到供求关系的制约，供大于求，则价格下降；供不应求，则价格上升，这种供求规律在任何市场经济国家都是客观存在的。如果供求关系变化以后，价格没有及时调整，供求关系就会通过各种形式表现自己。经营者制定价格必须尊重供求规律，主动适应供求变化，及时调整价格，并相应调整自己的生产经营活动。

经营者在自主定价时既享有一定的价格权利，也承担着一定的价格义务。表现在：

(一) 经营者的价格权利

经营者的价格权利，是指法律对经营者能够作出或者不作出一定的价格行为，以及要求他人相应作出或者不作出一定的价格行为的许可与保障。按照《价格法》的规定，经营者的价格权利主要有以下四项：

1. 自主制定属于市场调节价的商品和服务的价格的权利

在社会主义市场经济体制中，绝大多数商品和服务实行市场调节价，由经营者自主制定价格。经营者的定价权受法律保护，任何单位和个人不得侵犯。经营者的这一价格权利，对于加强其成本核算与管理，努力降低产品成本，有着重要意义。由于市场调节价要求价格在市场竞争中形成，经营者要想获利就必须将市场可销价格作为上限，将生产经营成本作为价格下限，同时必须遵循社会主义条件下合理的价格竞争原则，抛弃那种不择手段的价格竞争方式，因此，经营者获取最大利润的唯一合法途径就是努力改进生产经营管理，降低生产经营成本，为消费者提供价格合理的商品和服务。

2. 在政府指导价规定的幅度内制定价格的权利

政府指导价，是政府价格主管部门或者其他有关部门，按照定价权限和范围规定基准价及其浮动幅度，指导经营者制定的价格。该价格属于双重定价主体的价格形式，由政府规定基准价及其浮动幅度，引导经营者据以制定具体价格。政府指导价既体现了国家行政定价强制性的一面，又体现了经营者定价相对灵活性的一面；既能适应价格稳定的要求，又能满足市场变动的要求。在政府规定的限度内，经营者有权根据市场供求情况，制定具体价格，从而保证价格对经济发展的杠杆作用。

3. 除特定产品外，制定属于政府指导价、政府定价产品范围内的新产品的试销价格的权利

新产品一般指全国范围内没有生产过的产品，或在原理、用途、性能、结构、材质等某一方面或几方面有新改进的产品。试销价格是工业品试制阶段的销售价格。由于新产品一般尚未定型，质量和效用也不稳定，试制成本可变性大，且没有同类产品可供比较，因此，合理制定新产品的试销价格，对于调动企业生产新产品的积极性以及新产品的推广使用，对于政府将来制定正式价格具有十分重要的作用。新产品试销价格的作价原则为，既要考虑生产部门试制成本高、批量小的实际情况，以利于发展生产，又要考虑消费者和使用单位的承受能力，充分估计到试销产品发展过程中数量、质量等方面变化的特点，以便推广使用。通过试销测试消费者对新产品的质量、效用等方面的评价和需求量的大小，以研究改进质量和确定产量。试销价格经过一段时间后，可转为正式价格，按定价权限制定政府指导价或政府定价。所谓特定产品，是指不允许在市场竞争中形成价格的产品，如武器等军工产品。

4. 检举权和控告权

经营者依法自主定价的权利，是法律赋予的。当经营者的合法价格权益受到来自外部任何方面的侵犯时，经营者有权向政府价格主管部门检举、控告其侵权行为。《价格法》赋予经营者检举、控告权，就是为了保护经营者的合法定价权。

(二) 经营者的价格义务

经营者的价格义务，是指法律规定经营者必须作出一定行为或者不得作出一定行为的约束。经营者的价格义务包括作为义务和不作为义务两大类，其中的作为义务概括起来主要有以下六项：

1. 遵守法律、法规的义务

国家价格法律、法规、规章和政策是为建立社会主义市场经济体制，规范价格行为，维护市场竞争秩序，稳定市场价格总水平，发挥价格合理配置资源的作用，促进经济发展和社会稳定而制定的。因此，遵守国家价格法律、法规、规章和政策，是经营者进行价格活动时应履行的首要义务，经营者必须自觉地把自己的价格行为限制在国家价格法律、法规、规章和政策所限定的范围之内。

2. 执行依法制定的政府指导价和政府定价的义务

对于依法制定的政府指导价、政府定价，经营者必须执行。政府指导价和政府定价带

有强制性，政府指导价和政府定价是在市场调查的基础上，听取各有关方面的意见，权衡各方当事人之间的利益之后确定的，其一旦确定就具有法律约束力，经营者不得擅自改变。虽然经营者就政府指导价和政府定价可以向有关部门反映执行中的问题，提出价格调整建议，但在政府未改变价格之前，仍必须严格执行。

3. 执行法定的价格干预措施、紧急措施的义务

当重要商品和服务的价格显著上涨或者市场价格总水平出现剧烈波动时，政府必须及时采取一些非正常的干预措施、紧急措施，以平抑市场物价。价格干预措施和紧急措施是政府运用行政手段对价格进行宏观调控的措施，是保持市场价格基本稳定的需要，也是保证国家社会安定的需要。经营者严格执行政府采取的这些措施是义不容辞的义务。

4. 实行明码标价的义务

明码标价是价格管理的一项行政性强制措施，是价格管理的基本形式和内容之一。按照《价格法》的规定，经营者销售、收购商品和提供服务，应当按照政府价格主管部门的规定明码标价，注明商品的品名、产地、等级、计价单位、价格或者提供服务的项目、收费标准等有关情况。经营者不得在标价之外加价出售商品，不得收取未予标明的费用。明码标价必须是在出售商品或提供服务之前标示的商品或服务各项指标基础上的真实价格，其目的是让消费者对商品或服务在事前有一个最基本的了解，它不但有利于经营者出售商品和提供服务，而且有利于消费者购买商品和接受服务；不但有利于企业售货员的协作，而且有利于接受群众监督，防止利用价格进行不正当竞争。明码标价有卡片标价、挂牌标价、实物标价等形式，但无论哪种标价形式，经营者都应做到完整准确，醒目美观；坚持有货有价、有价有签、一货一签、货签相符；要注明商品的品名、产地、等级、规格、型号、计价单位、价格或者提供服务的项目、收费标准等有关情况。

5. 健全内部价格管理制度的义务

按照《价格法》的规定，经营者应当根据其经营条件建立、健全内部价格管理制度，准确记录与核定商品和服务的生产经营成本，不得弄虚作假。经营者内部价格管理制度是经营者协调内部价格管理工作秩序、规范内部自身价格行为的准则。建立、健全经营者内部价格管理制度，是经营者遵守国家价格法律、法规，贯彻国家价格方针政策，提高经营者价格管理水平的保证。经营者内部价格管理制度主要有定调价管理制度、经营者内部价格报告和检查制度。定调价管理制度包括：价格目标管理制度、定调价程序管理制度、价格配套管理制度和价格折扣制度等。经营者内部价格报告和检查制度主要包括：价格通知制度、价格工作联系制度、明码标价制度、定价效果报告制度、内部价格监督检查制度。

要求有经营条件的经营者建立、健全内部价格管理制度，一是为了约束经营者严格按照法定的定价依据，比较科学地制定价格；二是便于价格主管部门的监督检查，经营者有了健全的内部价格管理制度，就能够提供价格监督检查所必需的账簿、单据、凭证、文件以及其他资料，价格主管部门可以容易判断是否有价格违法行为。

6. 提供价格监督检查所必需的资料的义务

按照《价格法》的规定，经营者接受政府价格主管部门的监督检查时，应当如实提供价格监督检查所必需的账簿、单据、凭证、文件以及其他资料。对于经营者来说，在价格监督检查中必须承担两项义务：（1）服从义务。价格主管部门进行价格监督检查代表国家，经营者不能与之对抗，拒绝价格监督检查的，价格主管部门可以强制检查或者依法追究其法律责任。（2）协助义务。价格监督检查是为了规范价格行为，促进公平竞争。对价

格活动进行价格监督检查，是价格主管部门的职权。协助价格主管部门工作，接受价格监督检查，如实提供价格监督检查所必需的账簿、单据、凭证、文件以及其他资料，是经营者的义务。经营者在提供有关资料时，必须真实、客观、全面，不得隐瞒，不得凭空捏造，否则将承担法律责任。

三、经营者的不当价格行为

经营者的价格义务中，除了上述六项作为义务外，还有价格不作为义务。经营者的价格不作为义务是指经营者所不得从事的不正当价格行为。在市场经济中，经营者的不正当价格行为有很多种，这些行为的发生不仅损害了其他经营者和消费者的利益，而且破坏了正常的市场秩序，造成经济生活的紊乱，因此，《价格法》明令禁止经营者从事不正当价格行为。归纳起来，经营者的不当价格行为主要有下列表现形式：

1. 价格垄断行为

《价格法》规定，经营者不得“相互串通，操纵市场价格，损害其他经营者或者消费者的合法权益”。这里所说的“相互串通，操纵市场价格”的行为实际上就是价格垄断行为。所谓价格垄断行为，是指经营者通过协议、串通等形式，操纵、控制市场价格，排挤价格竞争，侵害其他经营者和消费者合法权益的经营行为。竞争是市场经济的本质属性，价格竞争是经营者之间进行市场竞争的最重要的方式和手段，如果经营者在市场竞争中消除或限制价格竞争，则构成价格垄断。

价格垄断行为是为了通过限制市场竞争来牟取超额利润，对市场经济的正常发展危害极大。首先，它直接损害有关经营者和消费者的合法利益，表现最为突出的就是企业共同涨价，使消费者无法从价格上进行选择，只能高价购买商品，承受不合理的经济负担。其次，垄断价格行为妨碍了竞争机制应有功能的充分发挥。市场竞争机制的一个重要功能就是准确反映供求关系，优化资源配置，引导生产经营者正确决策。而价格垄断行为的存在，使商品价格无法准确反映供求关系，从而误导了生产和消费，不利于资源的优化配置，不利于社会生产力的发展，造成社会资源的极大浪费。最后，价格垄断行为还限制了经营者之间的公平竞争，破坏了竞争秩序，成为暴利产生的根源。因此，凡实行市场经济的国家和地区，基本上都通过反垄断等法律，对这种行为严加禁止。我国目前出现的价格垄断形式主要有以下两种：(1) 横向价格垄断。经营者通过协议、串通、默契等手段，排挤或限制价格竞争，实行价格垄断，如合谋实行最低或最高限价；实施各种形式的行业保护价格协议；采取一致行动限定或固定价格；实施排他性的交易条件和价格协议，限制价格自由公平竞争等。(2) 纵向价格垄断。经营者在供应、生产、销售各环节纵向关系中，以协议等形式限制价格竞争，实行价格垄断，如供应商限定制造商的供应渠道和制成品的出厂价格；制造商向经销商供货交易时，限定经销商的经销渠道和转售价格；销售商限定批发商、零售商的进货渠道和销售价格；批发商向零售商供货交易时，限定零售商的进货渠道和销售价格等。

2. 低价倾销行为

低价倾销行为，是指经营者在依法降价处理商品之外，以排挤竞争对手或者独占市场为目的，以低于个别成本和社会平均成本的价格销售商品，扰乱正常的生产经营秩序，损害国家利益或者其他经营者的合法权益的行为。低价倾销对合理价格的形成影响和危害较大。它不但使价格信号失真，误导社会资源配置，导致市场价格机制紊乱，破坏公开、公正的竞争环境，而且它违反市场经济诚实信用的原则和公认的商业道德准则，侵害竞争对手的合法权益。另外，企业在低价倾销的恶性竞争中会两败俱伤，如果是国有企业，还会导致国有资产的非正常流失。

我国改革开放三十年来，在大部分时间里一直伴随着物价上涨过程，宏观价格管理和调控的重点是如何防止企业涨价。但是20世纪90年代末，受国内外市场供需变化影响，我国很多产品出现了供大于求的状况，导致了低价倾销现象的出现。为制止低价倾销行为，1998年，国家计委会同有关部门制定了《关于制止低价倾销工业品的不正当价格行为的规定》《关于制止低价倾销平板玻璃的不正当竞争行为的暂行规定》（已失效）、《关于制止低价倾销钢材的不正当竞争行为的暂行规定》（已失效）等一系列规范性文件，行业主管部门依据规定发布了部分行业产品平均生产成本，引导企业合理定价。1999年，国家计委还发布了《关于制止低价倾销行为的规定》，对低价倾销行为的表现形式、低于成本的界定、低价倾销的调查与处罚作了规定。判断是否构成低价倾销行为，一看手段，二看目的，三看后果。所谓看手段，是看经营者定价是否低于社会平均成本并低于个别成本，舍本销售；看目的，即看其是否是为了排挤竞争对手或者独占市场；看后果，即看其是否扰乱了正常的生产经营秩序，损害国家利益或其他经营者的合法权益，如引发恶性低价竞销，阻碍或威胁竞争对手的生存和发展，造成国家税收损失等。需要注意的是，有些以低于成本价出售商品的情况并不属于不正当价格行为，如降价处理鲜活商品、季节性降价、处理积压商品等。

3. 价格歧视行为

所谓价格歧视，实质上是一种价格差异，通常指商品或服务的提供者在向不同的接受者提供相同等级、相同质量的商品或服务时，在接受者之间实行不同的销售价格或收费标准。西方经济学中将“价格歧视”定义为：在同一时间对同一种商品向不同的购买者索取不同的价格。经营者没有正当理由就同一种商品或者服务，对条件相同的若干买主实行不同的售价，否则即构成价格歧视行为。价格歧视是一种重要的垄断定价行为，是垄断企业通过差别价格来获取超额利润的一种定价方式。它在使垄断企业获取更多垄断利润的同时，使条件相同的若干买主处于不公平的地位，妨碍了它们之间的正当竞争，因此，其具有限制竞争的危害，世界各国的反垄断法律基本上都对它作出了限制。

实行价格歧视是经营者获取超额利润的手段，价格歧视的实现一般依赖于三个条件：第一，市场存在不完善性。当市场竞争不充分，信息不畅通，或者由于种种原因市场被分割时，经营者常利用这一点实行价格歧视。第二，各个市场对同种商品的需求弹性不同。这时，经营者对需求弹性小的市场实行高价格，以获得超额利润。第三，有效地把不同市场或市场的各部分分开。地区封锁和限制贸易自由等各种障碍往往有利于经营者实行价格歧视。由此看来，要限制价格歧视就必须尽力消除其实现的环境条件。我国《价格法》规定，经营者提供相同商品或者服务，不得对具有同等条件的其他经营者实行价格歧视。

4. 价格欺诈行为

价格欺诈行为，是指经营者利用虚假或者使人误解的标价形式或者价格手段，欺骗、诱导消费者或者其他经营者与其进行交易的行为。《价格法》对此作了禁止性规定，即经营者不得“利用虚假的或者使人误解的价格手段，诱骗消费者或者其他经营者与其进行交易”。

2001年，国家计委发布《禁止价格欺诈行为的规定》，对现实经济生活中存在的价格欺诈行为进行界定。2015年，国家发改委发布《关于〈禁止价格欺诈行为的规定〉有关条款解释的通知》，对其中有关条款进行了解释。经营者的价格欺诈行为主要表现为下列方式：(1) 标价签、价目表等所标示商品的品名、产地、规格、等级、质地、计价单位、价格等或者服务的项目、收费标准等有关内容与实际不符，并以此为手段诱骗消费者或者其他经营者购买；(2) 对同一商品或者服务，在同一交易场所同时使用两种标价签或者价目表，以低价招徕顾客并以高价进行结算；(3) 使用欺骗性或者误导性的语言、文字、图片、计量单位等标价，诱导他人与其交易；(4) 标示的市场最低价、出厂价、批发价、特价、极品价等价格表示无依据或者无从比较；(5) 降价销售所标示的折扣商品或者服务，其折扣幅度与实际不符；(6) 销售处理商品时，不标示处理品和处理品价格；(7) 采取价外馈赠方式销售商品和提供服务时，不如实标示馈赠物品的品名、数量或者馈赠物品为假劣商品；(8) 收购、销售商品和提供服务带有价格附加条件时，不标示或者含糊标示附加条件；(9) 其他欺骗性价格表示。

【案例】 **国家发改委发布典型通信价格欺诈案例**

国家发改委于2006年3月公布通信行业存在的6类通信价格欺诈典型案例，提醒消费者警惕类似的价格欺诈行为，并已经部署各级价格主管部门，对通信行业价格欺诈行为进行重点检查。这6类通信价格欺诈行为包括①：

第一类：提供通信服务不如实标示全部费用。

案例：在固定电话上用IP卡拨打长途，需要从IP卡中支付长途通话费并交纳固定电话IP接入费。但很多通信公司在推出IP卡长话业务时，往往只宣传使用IP电话打长途每分钟0.30元、比普通长途电话每分钟省0.40元的内容。

第二类：提供通信服务使用误导性语言夸大价格优惠。

案例：某通信公司开展长途电话服务优惠活动，在宣传单上标注："长途电话注册优惠期间国内长途每分钟消费0.20元。"消费者理解为长途电话每分钟0.20元，如果预存200元、300元、500元和1 000元，还可获赠预存金额一半的话费。事实上，该公司所谓的每分钟0.20元是按照优惠套餐折算而来的。

第三类：销售通信产品标示市场最低价与实际不符。

案例：某通信产品销售店在宣传广告纸上写明该店所经营的21种手机执行"全市最低价"，实际上，经物价检查人员核实，该店有2种手机的价格，明显高于其他手机店。

第四类：销售通信产品隐瞒价格附加条件。

案例：一手机销售店宣传购买手机按标价减200元，但隐瞒了必须在该店入网并预存200元话费才能享受减免的价格附加条件。经营者的这些手法，消费者往往在上当后才恍然大悟。

第五类：提供通信服务不履行价格承诺。

案例：某通信公司在广告中承诺，虚拟网用户付月租费10元，可以无限制通话。在实际执行中，该公司从2005年9月起对虚拟网用户通话时间超过1 000分

① 参见《国家发改委发布6类通信价格欺诈案例》，载《中国青年报》，2006-03-21。

钟的部分另行收费，没有履行交易前的价格承诺。

第六类：提供信息服务无端占用消费者付费时间。

案例：部分通信经营者向用户提供交通、气象等信息服务时，经常在语音服务中插播商业广告，占用由消费者付费的收听时间。实际上是消费者自掏腰包，收听并不需要的商业广告信息。

5. 牟取暴利行为

按照《价格法》的规定，经营者不得违反法律、法规的规定牟取暴利。这里所称的牟取暴利，是指通过不正当的价格手段在短时间内获得巨额利润。暴利行为严重背离价值，也不反映供求关系，不但破坏市场经济等价交换、公平竞争的基本法则，而且严重损害消费者的合法权益，另外还为经营者提供虚假的价格信号，误导投资方向，破坏资源的合理配置，扭曲产业结构。为此，1995 年 1 月 25 日，经国务院批准，国家计委发布实施了《制止牟取暴利的暂行规定》，各地相继制定了有关实施细则。制止牟取暴利的法律、法规规定了区分暴利与合理利润的标准，规定经营者经营某一商品或服务，其价格水平或差价率或利润率不得超过同一地区、同一时期、同一档次、同种商品或服务的市场平均价格或平均差价率或市场平均利润率的合理幅度。平均价格或平均差价率或市场平均利润率以其社会平均成本为基础测定，合理幅度按照其与国民经济和社会发展的关系或者与居民生活的密切程度、市场供求状况和不同行业、不同环节、不同商品或者服务的特点规定。实施这项法规的具体商品和服务项目及合理幅度由各地选择确定。制止牟取暴利，其实质是要求经营者依据商品和服务的质量、成本以及市场供求状况等因素，合法、合理、规范定价。判断是否属于暴利，应当把行为和效果结合起来进行界定。根据《价格法》的规定，经营者通过改善经营管理，运用新技术，降低生产经营成本，提高效益实现的高额利润，不属于暴利。

6. 哄抬价格行为

哄抬价格行为，是指经营者捏造、散布涨价信息，哄抬价格，推动商品价格过高上涨的行为。哄抬价格行为是一种故意扰乱市场秩序的行为，尤其是在商品供不应求时，捏造、散布涨价信息，可能会引起商品价格过高上涨，造成市场秩序混乱，引起消费者恐慌，形成经济和社会的不稳定。因此，《价格法》对此予以严厉禁止。

第三节 政府的定价行为

一、政府定价行为的概念和种类

（一）政府定价行为的概念

政府定价行为，是指政府价格主管部门或其他有关部门（以下简称“有定价权的政府部门”）在制定或调整实行政府指导价、政府定价的商品和服务的价格时，有关受理申请、调查、论证或听证、审核、决策、公告、跟踪调查和定期审价等公务活动。政府定价行为是一种价格调控行为，政府作为定价主体制定价格，是政府对价格活动进行直接管理的一项重要内容。政府的定价权在什么范围内行使，直接关系到市场形成价格机制的正常运行，从而影响到市场在资源配置中的主导作用的发挥，同时也关系到人民生活的稳定和社会经济的健康发展。为规范政府定价行为，提高政府制定价格的科学性、公正性和透明度，保护消费者和经营者的合法权益，2006 年国家发改委根据《价格法》，制定了《政府制定价格行为规则》。

（二）政府定价的种类和范围

按照不同的标准可以对政府定价行为作出不同的分类。

1. 以政府定价的效力不同为标准，可以将政府定价行为分为制定政府指导价行为和制定政府定价行为两种：前者只规定商品或服务的基准价及其浮动幅度，以指导经营者制定价格，经营者在政府确定的基准价的基础上，在规定的浮动幅度内根据市场供求关系状况自主确定自己的价格；后者则由有定价权的政府部门直接确定商品或服务的价格，由经营者直接执行，经营者在执行过程中不能擅自改变该类商品或服务的价格。

2. 以政府定价的机关级别不同为标准，又可以把政府定价行为分为中央政府定价行为和地方政府定价行为：前者的定价机关是国务院价格主管部门或其他部门，它们按照中央定价目录规定的定价权限和具体适用范围制定政府指导价和政府定价，其中重要的商品和服务的政府指导价和政府定价应按照规定报国务院批准；后者的定价机关是省、自治区和直辖市人民政府价格主管部门和其他有关部门，它们按照地方定价目录规定的定价权限和具体适用范围制定本地区执行的政府指导价和政府定价。

对于后一种分类而言，其中，定价权限和适用范围具体依据中央和地方定价目录确定，中央定价目录由国务院价格主管部门即国家发改委价格司制定、修订，报国务院批准后公布；地方定价目录由省、自治区、直辖市人民政府价格主管部门按照中央定价目录规定的定价权限和具体适用范围制定，经本级人民政府审核同意，报国务院价格主管部门审核后公布。省、自治区、直辖市人民政府以下地方各级人民政府不得制定价格目录。

另外，明确政府行使定价权的法律界限，促使政府在法律规定的范围内制定价格非常必要。《价格法》规定了实行政府指导价或政府定价的范围，具体包括：（1）与国民经济发展和人民生活关系重大的极少数商品价格；（2）资源稀缺的少数商品价格；（3）自然垄断经营的商品价格；（4）重要的公用事业价格；（5）重要的公益性服务价格。政府价格主管部门须据此制定中央和地方定价目录。定价目录应当根据经济社会发展情况适时调整，并及时向社会公布。

【背景资料】　　我国将进一步深化能源资源性产品价格改革

近年来，伴随着水价、电价、油价调整的呼声，能源资源性产品价格改革成为全社会关注的热点。2009 年 8 月，国家发改委发布《近期能源资源产品价格改革进展》，介绍了 2009 年上半年水、电力、成品油价格改革的进展及下一步的工作计划。①

在水价改革方面，报告指出我国污水处理收费和水资源费征收制度普遍建立，非居民用水超定额加价制度全面实施，居民用水阶梯式水价制度逐步施行。但同时，城市供水价格、污水处理费、水资源费等仍然存在征收标准偏低、征收范围偏窄等问题。为确保水价改革稳妥实施，国家发改委明确要求当前水价调整

① 参见国家发改委发布的《近期能源资源产品价格改革进展》，载 http：//www.sdpc.gov.cn/xwzx/xwtt/t20090803_294568.htm。

要建立以有利于促进节约用水、合理配置水资源和提高用水效率为核心的水价形成机制，重点缓解污水处理费偏低的问题。同时，进一步简化水价分类，实现工商业用水同价；积极推行居民生活用水阶梯式水价制度，减少水价调整对低收入家庭的影响；提高居民节水意识；做好对低收入家庭的保障工作，确保其基本生活用水，保障其基本生活水平不降低。

在电价改革方面，报告指出按照电价改革的最终目标（即发电、售电价格由市场竞争形成，输电、配电价格由政府制定），2009年上半年在积极推进上网电价、销售电价等方面的价格改革取得了成效。下一步的工作目标是：指导各地开展电力用户与发电企业直接交易试点；研究制定大型并网光伏电站标杆上网电价，完善生物质发电价格机制；抓紧研究下发销售电价分类结构的指导办法，减少交叉补贴；进一步规范电能交易价格管理办法。

在成品油价格和税费改革方面，报告指出按照完善后的成品油价格形成机制，国内成品油价格实行与国际市场原油价格有控制的间接接轨，以国际市场原油价格为基础，根据国内平均加工成本、税收、流动环节费用和适当利润确定。下一步将继续坚决执行经国务院批准的成品油价格形成机制，同时要充分考虑社会各方面的承受能力，适时调整并适度控制成品油价格。

二、政府定价原则

政府定价原则是贯穿政府定价活动始终的基本行为准则，是政府定价行为科学性的重要保证。政府定价必须坚持以下七项原则：

1. 合法原则

制定或调整实行政府指导价、政府定价的商品和服务的价格，应当遵守合法原则。凡法律、行政法规以及其他规范性文件规定的定价权限和定价程序，有政府定价权的部门都应按照有关规定执行。合法原则是判断政府定价行为效力的首要标准。另外，制定政府指导价、政府定价，还应在国家政策的指导下进行，因为这些政策直接反映了国民经济与社会发展的根本要求。

2. 公平原则

政府制定价格应符合市场经济规律和社会发展的需要，要有利于各行各业生产的发展和人民生活水平的提高，因此，政府定价还要遵守公平原则，这里的公平不仅包括实质公平，而且包括形式公平。制定政府指导价、政府定价，应当依据有关商品或服务的社会平均成本和市场供求情况、国民经济与社会发展要求以及社会承受能力，实现合理的购销差价、批零差价、地区差价和季节差价，实现经营者之间、消费者之间利益的平等和公平。

3. 公正原则

制定政府指导价、政府定价，应重点考虑社会承受能力，主要是经营者的承受能力和消费者的承受能力。经营者的承受能力指的是维持正常的生产经营的能力，消费者的承受能力是指消费者的购买能力和消费水平。政府指导价、政府定价应当能够反映市场供求状况，适应市场供需双方的需要，力求价格公正，使经营者和消费者双方都能够接受和满意。

4. 效率原则

政府指导价、政府定价应随市场供求变化而及时调整。政府定价应当讲求效率，认真执行有关期限的规定，比如有定价权的政府部门应当在收到申请报告后30个工作日内作出制定或调整价格的决策，需要报上级有定价权的政府部门或本级人民政府审批的，应当在此期间提出上报意见。由于客观原因难以在规定时间内作出决策的，应当说明理由并提出价格决策的最后时限。

5. 合理原则

制定或调整政府指导价、政府定价，一般应当依据有关商品和服务的社会平均成本、市场供求状况、国民经济与社会发展要求以及社会承受能力等因素合理确定。与国际市场联系紧密的，还应当参考国际市场价格。制定的政府指导价、政府定价应能够合理有效地调节市场供求。

6. 集体审议原则

政府制定或调整商品和服务的价格，实行集体审议制度。有定价权的政府部门应建立价格审议委员会或其他集体审议方式，负责听取制定或调整价格的汇报，咨询有关情况，审议并作出是否制定或调整价格的决策意见。集体审议原则是政府定价的科学性、合法性、公平性、公正性以及合理性的重要保证。

7. 定期审查原则

价格主管部门应当对列入中央和地方定价目录的重点商品和服务的价格定期审查。审查的内容包括：(1) 政府指导价、政府定价的执行情况；(2) 原制定或调整价格的依据是否发生变化，企业经营状况、成本、劳动生产率和市场供求变化对价格的影响；(3) 政府制定价格的原则、形式和方法是否仍然符合实际情况。定期审查期限由价格主管部门根据不同商品和服务的性质、特点等因素确定。有定价权的政府部门可以根据经济运行情况和社会各方面的反映，或者在审查中发现由于制定或调整价格决策的依据发生重大变化，导致价格水平明显偏高或偏低时，按照规定的定价权限直接制定或调整价格。

三、政府定价的依据

政府制定价格应当有一定的依据。根据《价格法》第21条的规定，制定政府指导价、政府定价，应当依据有关商品或者服务的社会平均成本和市场供求状况、国民经济与社会发展要求以及社会承受能力，实行合理的购销差价、批零差价、地区差价和季节差价。《政府制定价格行为规则》第5条规定，制定价格应当依据有关商品或者服务的社会平均成本和市场供求状况、国民经济与社会发展要求以及社会承受能力。商品或者服务价格与国际市场价格联系紧密的，可以参考国际市场价格。

1. 社会平均成本。这是制定政府指导价和政府定价的基本依据。社会平均成本是指部门内不同企业生产同种商品或提供同种服务的平均成本，是商品和服务的定价成本，按社会平均成本定价是价值规律的要求。在实践中必须使价格能补偿正常生产和合理经营条件下的部门平均成本，并在这个基础上保证经营者取得合理盈利。以社会平均成本为基础制定价格，对于社会主义市场经济的发展、降低成本、节约社会资源起着促进作用。当然有极少数价格，由于国家政策的需要，也可以暂时低于它的部门平均成本，但执行的时间不宜太长，否则就会在一定限度内造成使用方面的浪费。

2. 市场供求状况。市场供求状况不仅是经营者制定市场调节价的主要依据，也是政府制定政府指导价和政府定价的重要依据。商品和服务的价值决定商品和服务的价格，价格决定于供求，价格又反过来影响供求，它们是相互影响、相互制约的关系。

3. 国民经济与社会发展的要求。凡是国民经济和社会发展鼓励发展的商品和服务，价格上就要支持；凡是国民经济和社会发展限制发展的，价格上就要限制。价格要符合国家的产业政策。政府对某些商品定价，必要时还要考虑计划生育政策、民族政策、地区政策等。

4. 社会承受能力。由于历史、体制等复杂原因，目前有部分由政府制定价格的商品和服务的价格水平依然偏低；即使目前价格水平比较合理的商品和服务，随着成本提高和市场供求变化，有些价格也需要适时提高。在提高这些商品和服务的价格时，不仅要考虑经营者提价的需要，而且要考虑消费者承受的可能；不仅要考虑上游企业的要求，而且要考虑对下游企业的影响。例如按照《全民所有制工业企业转换经营机制条例》(2011年修改)的要求，企业为实现政府规定的社会公益目标或者生产指令性计划产品，由于定价原因造成的政策性亏损，价格主管部门应当有计划地调整或者放开产品价格予以解决。不能调整或者放开产品价格的，经财政部门审查核准，给予相应的补贴或者以其他方式补偿。

政府在考虑上述因素之后进行定价时应当实行合理的购销差价、批零差价、地区差价、季节差价。上述各种差价的实质是商品在生产经营过程中社会必要劳动消耗的差异。

四、政府定价的程序

严格的程序是实现政府定价的合法性和科学性的重要条件。政府定价程序由不同阶段的工作事项所构成，具体说来包括：

（一）申请和初步审查

制定或调整价格，可以由要求制定或调整价格的行业主管部门、行业协会、消费者协会或经营者提出书面申请报告，报有定价权的政府部门，也可以由有定价权的政府部门根据《价格法》的规定直接确定。

有定价权的政府部门收到制定或调整价格的申请报告后，应当对申请报告进行初步审查。初步审查包括以下内容：(1) 现行价格水平、建议制定或调整的价格水平、单位调价幅度、调价额；(2) 制定或调整价格的依据和理由；(3) 制定或调整价格对相关行业及消费者的影响；(4) 制定或调整价格的相关数据资料，包括财务决算报表和该行业近三年来的生产经营成本变化情况。

（二）调查评审

制定或调整列入价格听证目录及政府价格主管部门认为需要听证的商品和服务的价格，应当按照《政府制定价格听证办法》的有关规定执行。制定关系群众切身利益的公用事业价格、公益性服务价格和自然垄断经营的商品价格等政府指导价、政府定价，应当实行定价听证。听证的具体项目通过定价听证目录确定，但容易引发抢购、囤积，造成市场异常波动的商品价格，通过其他方式征求意见，不纳入定价听证目录。中央定价听证目录由国务院价格主管部门依据中央定价目录制定并公布；地方定价听证目录由省级人民政府价格主管部门依据地方定价目录制定并公布。法律、法规、规章规定实行定价听证的项目自动进入定价听证目录。制定定价听证目录以外的政府指导价、政府定价，定价机关认为有必要的，也可以实行定价听证。

（三）集体审议

制定或调整商品和服务价格的方案形成后，应当提交集体审议机构审议。集体审议可以采用价格审议委员会讨论、办公会议讨论等方式。提交集体审议的材料包括：(1) 制定或调整商品和服务的价格、成本调查资料和相关背景材料。(2) 制定或调整价格的初步方案。(3) 制定或调整价格对申请人、相关行业和消费者的影响。(4) 社会各方面对方案的意见和建议。(5) 经过听证的，还应当提交附有听证会议代表签名的听证会纪要。影响全国的重要商品和服务的价格方案应当按照规定报国务院批准。有定价权的政府部门是行业主管部门的，价格决策前应当书面征求价格主管部门的意见。有定价权的政府部门应当在收到申请报告后30个工作日内作出制定或调整价格的决策，需要报上级有定价权的政府部门或本级人民政府审批的，应当在此期间提出上报意见。需要听证的价格决策，其时限按《政府制定价格听证办法》的规定执行。由于客观原因难以在规定时间内作出决策的，应当说明理由并提出价格决策的最后时限。

(四) 公告

制定或调整价格实行公告制度。除涉及国家秘密外，政府指导价、政府定价制定或调整后，由制定或调整价格的政府部门在媒体和指定报刊上公布。制定或调整价格方案公布后，有定价权的政府部门应当在一定时期内对价格执行情况进行监测和跟踪调查，了解价格政策落实情况，发现问题及时提出改进措施。

(五) 跟踪调查和监测

制定或调整价格的决定实施后，定价机关应当对价格决定的执行情况进行跟踪调查和监测。跟踪调查和监测的内容应当包括：(1) 价格的执行情况，执行中存在的问题；(2) 企业经营状况、成本、劳动生产率和市场供求变化对价格的影响；(3) 相关商品或者服务市场供求状况和价格的变化情况；(4) 社会各方面对所制定价格的意见。

五、价格决策听证制度

(一) 价格决策听证的概念、范围、形式以及原则

政府价格决策听证，是指制定或调整实行政府指导价或者政府定价的重要商品和服务的价格前，由政府价格主管部门组织社会有关方面，对制定价格的必要性、可行性进行论证。实行价格决策听证，是提高政府价格决策的科学性和透明度、促进政府价格决策的民主化和规范化的必要举措。凡制定或调整列入价格听证目录及政府价格主管部门认为需要听证的商品和服务的价格，都应当按照国家计委2008年12月1日起施行的《政府制定价格听证办法》的有关规定举行价格听证。

实行政府价格决策听证的项目是中央和地方定价目录中关系群众切身利益的公用事业价格、公益性服务价格和自然垄断经营的商品价格。政府价格主管部门可以根据定价权限确定并公布听证目录。列入听证目录的商品和服务价格的制定应当实行听证。制定听证目录以外的关系群众切身利益的其他商品和服务的价格，政府价格主管部门认为有必要的，也可以实行听证。

政府价格决策听证采取听证会的形式，并应当遵循公正、公开、客观和效率的原则。政府价格决策要充分听取各方面的意见。除涉及国家秘密和商业秘密外，听证会应当公开举行。听证过程应当接受社会监督。

(二) 听证的组织

列入听证目录的商品和服务价格的制定，由政府价格主管部门组织听证。省级以上定价机关制定价格需要听证的，由同级政府价格主管部门组织听证。省级人民政府授权市、县人民政府制定价格的，由市、县人民政府价格主管部门组织听证。制定在局部地区执行

的价格需要听证的，政府价格主管部门可以委托下级政府价格主管部门组织听证。委托听证的，应当出具书面委托书。

听证会设听证主持人，听证主持人由政府价格主管部门有关负责人担任。听证会设3至5名听证人。听证人由政府价格主管部门指定的工作人员担任，部分听证人也可以由政府价格主管部门聘请社会知名人士担任。听证会参加人由消费者、经营者、与定价听证项目有关的其他利益相关方、相关领域的专家学者、政府价格主管部门认为有必要参加听证会的政府部门、社会组织和其他人员组成。听证会参加的人数和人员的构成比例由政府价格主管部门根据听证项目的实际情况确定，其中消费者人数不得少于听证会参加总人数的2/5。

听证会参加人由下列方式产生：消费者采取自愿报名、随机选取方式，也可以由政府价格主管部门委托消费者组织或者其他群众组织推选；经营者、与定价听证项目有关的其他利益相关方采取自愿报名、随机选取方式，也可以由政府价格主管部门委托行业组织、政府主管部门推荐；专家、学者、政府部门、社会组织和其他人员由政府价格主管部门聘请。政府价格主管部门可以根据听证项目的实际情况规定听证会参加人条件。听证会参加人有向有关经营者、行业组织、政府主管部门了解与听证事项相关情况，出席听证会，就听证事项发表意见、阐明理由的权利，也负有保守国家秘密和商业秘密、遵守听证会纪律的义务。

公开举行的听证会设旁听席。旁听人员由政府价格主管部门根据公民、法人或者其他组织报名情况，按照报名顺序选取或者随机抽取。旁听人员不得进行发言、提问，不得有妨碍听证秩序的行为。公开举行的听证会设记者席。与会采访的新闻媒体由政府价格主管部门根据新闻媒体报名情况，按照报名顺序选取或者随机抽取。政府价格主管部门可以邀请新闻媒体采访听证会。

(三) 听证程序

根据《政府制定价格听证办法》，定价机关是政府价格主管部门（含与其他部门联合定价）和市、县人民政府的，由政府价格主管部门提起；定价机关是其他部门的，由该部门向政府价格主管部门提起。

定价听证方案应当包括：拟制定价格的具体项目；现行价格和拟制定的价格、单位调价额和调价幅度；拟制定价格的依据和理由；拟制定价格对经济、社会影响的分析；其他与制定价格有关的资料。

听证会举行30日前，政府价格主管部门应当通过政府网站、新闻媒体向社会公告听证会参加人、旁听人员、新闻媒体的名额、产生方式及具体报名办法。听证会举行15日前，政府价格主管部门应当通过政府网站、新闻媒体向社会公告听证会举行的时间、地点，定价听证方案要点，听证会参加人和听证人名单。

听证会可以一次举行，也可以分次举行。听证会按照如下议程进行：(1) 主持人宣布听证事项和听证会纪律，介绍听证会参加人、听证人；(2) 定价听证方案提出人陈述定价听证方案；(3) 定价成本监审人介绍定价成本监审结论及相关情况；(4) 听证会参加人对定价听证方案发表意见，进行询问；(5) 主持人总结发言。

听证会举行后，听证人应当根据听证笔录制作听证报告。听证报告包括下列内容：听证会的基本情况；听证会参加人对定价听证方案的意见；听证人对听证会参加人意见的处理建议。处理建议应当包括对听证会参加人主要意见采纳与不采纳的建议和理由说明。政府价格主管部门应当在听证会举行后15日内将听证笔录、听证报告一并提交定价机关。

定价机关作出定价决定时应当充分考虑听证会的意见。定价机关根据听证会的意见，对定价听证方案作出修改后，政府价格主管部门认为有必要的，可以再次举行听证会，或者采取其他方式征求社会意见。定价机关作出定价决定后，应当通过政府网站、新闻媒体向社会公布定价决定和对听证会参加人主要意见采纳情况及理由。定价机关需要报请本级人民政府或者上级定价机关批准后才能作出定价决定的，上报定价方案时应当同时提交听证报告。定价机关可以通过政府网站、新闻媒体就听证事项听取社会各方面的意见。

制定在局部地区执行的价格或者降低价格的，听证会可以采取下列简易程序：只设主持人；听证会参加人由消费者、经营者构成；听证会按照上文中所述会议议程第1、4、5项规定的议程进行。

第四节 价格监督检查

一、价格监督检查的概念和种类

（一）价格监督检查的概念

价格监督检查包括价格监督和价格检查两个方面，其中的价格监督又包括国家监督和社会监督两种不同的形式。具体地讲，国家监督和价格检查联系在一起，是指价格主管部门依法对经营者遵守价格法律、法规、规章、政策的情况进行监督、检查，对其中的价格违法行为予以法律制裁；而社会监督则是指消费者组织、职工价格监督组织、居委会、村委会、消费者、新闻单位等对经营者和政府的价格行为所进行的监督活动的总称。价格监督检查的目的在于，防止和纠正经营者的违法行为，保障价格法律、法规、规章、政策的实施和执行，实现国家价格管理职能，督促经营者依法开展经营活动，减少和预防不当价格行为，保护消费者的合法权益。

（二）价格监督检查的种类

价格监督检查可根据不同的标准进行分类，通常有：

1. 一般价格监督检查和特定价格监督检查

这是依价格监督检查的对象是否确定所作的分类。一般价格监督检查是价格主管部门针对不特定的经营者实施的，具有巡查性和普查性。特定价格监督检查是价格主管部门针对特定的经营者实施的检查。这两种价格监督检查可以同时使用，并非截然分开。

2. 全面价格监督检查和专项价格监督检查

这是以价格监督检查的内容为标准划分的。全面价格监督检查是价格主管部门在一定时间对公民、法人、其他组织以及其他国家机关遵守价格法律、法规、规章、政策情况进行全面的集中检查。专项价格监督检查是价格主管部门对某一行业、某类重要商品价格或者服务价格进行的监督检查。

3. 经常价格监督检查和临时价格监督检查

这是以价格监督检查的时间是否中断为标准划分的。经常价格监督检查是价格主管部门对经营者日常实施的监督检查。临时价格监督检查是价格主管部门对经营者的突然性监督检查，如节假日市场检查。

4. 联合价格监督检查和单独价格监督检查

这是以监督检查主体的多少为标准划分的。联合价格监督检查是指两个以上的国家机关对经营者某一方面的情况进行的检查。单独价格监督检查是价格主管部门单独对经营者遵守价格法律、法规、规章、政策的情况进行的监督检查。

二、价格监督检查的机构和内容

（一）价格监督检查的机构

价格监督检查属于价格主管部门的一种经济管理职能，是保证价格法律、法规、规章、政策得以正确实施的重要手段。价格监督检查机构是指依法行使价格监督检查和处理价格违法行为的职权的国家机关。各级价格主管部门是价格监督检查的机构，价格监督检查机构内设不同的职能部门，以国家名义，进行价格监督检查。国家和地方县以上各级人民政府均设有价格主管部门和价格监督检查机构。国家价格主管部门是国家发改委，该委下设价格司和价格监督检查司，其中，价格司负责监测、预测价格总水平变动，提出价格总水平的调控目标、调控政策和价格改革建议；起草商品价格和收费方面的法律、法规；拟订重要商品价格和收费政策并组织实施；提出价格管理的范围、原则和办法；拟订和调整中央政府管理的商品价格和收费标准；组织重要农产品成本调查。价格监督检查司负责指导价格监督检查工作，组织实施价格检查，依法处理商品价格和收费的违法行为和违法案件；承担中央各部门、省级人民政府和中央企业的价格违法案件的审理工作；起草价格监督检查的行政法规、规章，按规定受理价格处罚的复议案件和申诉案件。价格监督检查机构是价格监督检查司。省、市、县级价格主管部门是各级物价局，它们负责组织实施价格监督检查的具体工作。

除国家监督外，价格行为还受到社会的监督。社会监督是指调动社会各方面的力量，通过各种各样的方式和途径，对价格行为进行的监督。其中消费者组织、职工价格监督组织、居民委员会、村民委员会等组织以及消费者是最具代表性的对价格行为进行社会监督的主体，除此以外，新闻单位有权对价格行为进行舆论监督。

（二）价格监督检查的内容

1. 宣传国家价格法律和政策，保证其贯彻执行。国家价格法律和政策是国家实现宏观经济管理目标及价格总水平控制目标的首要保证，其正确贯彻实施，依赖于提高全体公民对国家价格法律、政策的认识和贯彻国家价格法律、政策的自觉性。因此，开展价格监督检查工作，既要监督检查价格法律、政策的执行情况，及时纠正和处理价格违法行为；又要大力进行宣传，加强各方面自觉守法的意识，维护其严肃性。

2. 监督中央和地方各项价格调控措施的贯彻落实，确保价格改革和管理任务的实施。中央和地方各项价格调控措施是促进国民经济的根本转变，实现经济建设的持续、健康发展的重要手段，需要有计划、有步骤地贯彻落实。各地区、各部门、各单位都要服从统一部署，认真遵照执行，不得擅自行动、影响和阻碍调控措施的落实。价格监督检查通过查处各种价格越权行为和价格违法行为，发挥着推动和保障价格调控措施贯彻落实的作用，从而保证价格改革和价格管理各项任务的顺利完成。

3. 建立完善的价格监督检查网络，有效地规范价格行为。在进一步稳定各级价格监督检查队伍、加强专业价格监督检查工作的基础上，要重视和加强对职工价格监督和街道价格监督工作的指导，建立和完善价格举报、舆论监督制度，充分发挥社会各界和消费者参与价格监督的作用，形成专群结合、社会参与、日趋完善的价格监督网络，逐步拓宽价格监督检查的覆盖面。在保障国家整体利益的前提下，保护经营者和消费者的合法权益，制裁无视国家法律、政策的各种价格违法行为，促进生产和经营单位端正经营思想，完善自我约束机制，规范价格行为，建立正常的价格秩序。

4. 健全和完善价格监督检查法制建设。加快立法，力争尽快构筑起适应社会主义市场经济需要的价格监督检查法规体系。严格依法行政，提高办案质量，确保价格行政执法的严肃性。强化执法手段，有效地查处和遏制各种乱涨价、乱收费行为。依照法律的规定，价格行政执法有较大的自由裁量权，如罚款在2万元至20万元、5万元以下，等等。为加强执法监督，防止和纠正执法活动中宽严失度、滥用职权、以权谋私等现象，从中央到各省、市，国家价格主管部门建立了一系列约束机制，有《物价检查人员守则》《价格行政执法人员廉洁自律规定》《苏州市市场价格行为监督管理办法》，等等。

三、价格监督检查机构的职权

在我国，国家设专门机构负责价格监督检查工作，经营者必须接受政府价格监督检查机构的监督检查。政府价格主管部门进行价格监督检查时，可以行使下列职权：(1) 询问当事人或有关人员，并要求其提供证明材料和与价格违法行为有关的其他资料；(2) 查询、复制与价格违法行为有关的账簿、单据、凭证、文件及其他资料，核对与价格违法行为有关的银行资料；(3) 检查与价格违法行为有关的财物，必要时可责令当事人暂停相关营业；(4) 在证据可能灭失或者以后难以取得的情况下，可以依法先行登记保存，当事人或者有关人员不得转移、隐匿或者销毁。

在价格监督检查过程中，经营者、政府部门价格工作人员应履行一定的义务：经营者在接受政府价格主管部门的监督检查时，应当如实提供价格监督检查所必需的账簿、单据、凭证、文件以及其他资料；政府部门价格工作人员不得将依法取得的资料或者了解的情况用于依法进行价格管理以外的任何其他目的，不得泄露当事人的商业秘密。

四、价格违法行为举报制度

为保障公民、法人或者其他组织（包括外国人、无国籍人、外国组织）依法行使举报价格违法行为的权利，规范价格主管部门对价格违法行为举报的处理，根据《价格法》《价格违法行为行政处罚规定》等法律、行政法规，国家发改委制定了《价格违法行为举报处理》，自2014年5月1日起施行。

公民、法人或者其他组织对违反价格和收费法律、法规、规章和其他规范性文件规定的行为，可以通过12358举报电话、信件、互联网、传真、走访等形式向价格主管部门提出价格举报。举报有下列情形之一的，价格主管部门不予受理：举报事项不属于价格主管部门职权范围的；没有明确的被举报人的姓名（名称）、地址的；没有提供被举报的价格违法行为的具体事实的；对同一个价格违法行为的举报，其他机关已经受理的；对被举报的价格违法行为已经作出处理决定，举报人提出举报，但没有提供新的事实的。

价格主管部门应当自收到举报之日起7个工作日内告知举报人是否受理或者转办。价格主管部门依法对被举报的价格违法行为进行调查后，依据《价格行政处罚程序规定》的规定作出行政处罚、不予行政处罚、移送有关行政机关处理等决定或者不予立案的，为举报办结。价格主管部门应当在举报办结后15个工作日内告知举报人对被举报的价格违法行为的处理结果。

因生活消费需要购买商品或者接受服务的消费者，可以单独或者在进行价格举报时一并对涉及自身价格权益的民事争议提出投诉。价格投诉应当在争议发生之日起1年内提出，并提供本人的身份证明、民事请求事项及相关证据。消费者在价格举报时一并提出价格投诉的，价格投诉由受理价格举报的价格主管部门管辖。消费者单独提出价格投诉的，由争议发生地的市、县价格主管部门管辖。价格投诉应当自受理之日起60日内办结，并告知消费者。当事人一方拒绝调解、未能达成调解协议或者不执行调解协议的，消费者可以通过民事诉讼、仲裁等方式维护自身合法权益。

第五节　价格法律责任

价格法律责任是指价格主体违反价格法所规定的义务应当承担的法律责任。价格法律责任主要包括以下几种：

一、经营者的法律责任

经营者不执行政府指导价、政府定价以及法定的价格干预措施、紧急措施的，责令改正，没收违法所得，可以并处违法所得5倍以下的罚款；没有违法所得的，可以处以罚款；情节严重的，责令停业整顿。经营者违反明码标价规定的，责令改正，没收违法所得，可以并处5 000元以下的罚款。

经营者有《价格法》规定的不正当价格行为之一的，责令改正，没收违法所得，可以并处违法所得5倍以下的罚款；没有违法所得的，予以警告，可以并处罚款；情节严重的，责令停业整顿，或者由工商行政管理机关吊销营业执照。有关法律对不正当价格行为的处罚及处罚机关另有规定的，可以依照有关法律的规定执行。其中价格垄断行为和低价倾销行为是全国性的，由国务院价格主管部门认定；属于省及省以下区域性的，由省、自治区、直辖市人民政府价格主管部门认定。

经营者因价格违法行为致使消费者或者其他经营者多付价款的，应当退还多付部分；造成损害的，应当依法承担赔偿责任。

经营者被责令暂停相关营业而不停止的，或者转移、隐匿、销毁依法登记保存的财物的，处相关营业所得或者转移、隐匿、销毁的财物价值1倍以上3倍以下的罚款。拒绝按照规定提供监督检查所需资料或者提供虚假资料的，责令改正，予以警告；逾期不改正的，可以处以罚款。

二、地方政府及价格工作人员的法律责任

根据《价格法》的规定，地方各级人民政府或者各级人民政府有关部门违反价格法的规定，超越定价权限和范围擅自制定、调整价格或者不执行法定的价格干预措施、紧急措施的，责令改正，并可以通报批评；对直接负责的主管人员和其他直接责任人员，依法给予行政处分。

价格工作人员泄露国家秘密、商业秘密以及滥用职权、徇私舞弊、玩忽职守、索贿受贿，构成犯罪的，依法追究刑事责任；尚不构成犯罪的，依法给予处分。

【问题与思考】

1. “天价机票”纠纷背后的价格法问题

2005 年 8 月 25 日，老家在榆林的胡大伟因生病想提前返校。为急于参加一次考试，他一咬牙花了 730 元买了海航 7516 次航班的机票。到西安后，他从网上找到民航基准价一算，发现这个航班的机票价格远远高于规定的浮动幅度。细心的胡大伟算了一下：如果按照有关规定，空中距离为 470 千米的这条航线，以每千米 0.75 元的基准价计算，每张机票应为 352.5 元，再加上上浮 25%的最高限价，每张机票最高票价应为 440 元，显然现在执行的票价高出限价 290 元。

胡大伟遂将海航告上法庭，要求被告“退还不当收费 289.37 元”，并承担诉讼费用。2005 年 9 月 7 日，榆林市榆阳区人民法院正式受理此案。

据《中国青年报》报道，西安—榆林的“天价机票”事件引发了政协委员的调研和人大代表的叫停。榆林市政协委员曹雨生调研后认为，“榆林到西安 470 千米，票价却高达 730 元，平均每千米 1.55 元，海航所得的垄断利润竟然达到了同行业平均利润的 12.43 倍，这显然与有关法律法规及情理不符”。这里的基准价，是指 2004 年 4 月 20 日国家民航总局和国家发改委联合出台的《民航国内航空运输价格改革方案》。该方案中规定了两类定价标准：一种是市场调节价，不规定票价浮动幅度，由企业自主确定机票价格；一种是浮动幅度价，票价以每千米 0.75 元为基准价，上浮不超过 25%，下浮不超过 45%。但在上述两部门出台的《关于国内航空运价管理有关问题的通知》的附件三中，榆林往返西安航线属于“已经与其他替代运输方式形成竞争”“实行市场调节价，不规定票价浮动幅度”的航线，不受该方案确定的基准价、浮动上限、下限的限制。

政协委员们认为，定价标准的一个核心问题是“飞机是否同其他替代运输方式形成竞争”。同榆林到西安的其他运输工具比较，从榆林到西安空中飞行时间是 50 分钟，但坐汽车和火车却需十多个小时。山路蜿蜒曲折，要受颠簸之苦，相对于飞机，汽车、火车很难与其形成替代性竞争。因此，海航在这条航线上是独家垄断经营。“既然不存在同类竞争对手，又怎能说是形成了替代性竞争？”一位政协委员据此反问。①

思考：(1) 本案“西安—榆林”的航线服务是否属于“不适宜或难以形成竞争的商品和服务，即垄断性强的商品和服务”？(2) 该航线定价是否符合本章所介绍的“界定经营者自主定价范围的标准”？ (3) 该案都涉及哪些具体的价格法问题和反垄断法问题？(4) 如何从法律视角评析政协委员们的上述意见？

2. 银行卡跨行查询收费的价格法问题

从 2006 年 6 月 1 日起，中国银行、中国工商银行、中国农业银行、交通银行、中国建设银行均开始向客户收取 ATM 跨行查询手续费（每笔 0.3 元）。全国人大代表、广东省惠州市环保局副局长黄细花，就各银行未经听证便对跨行查询业务收取手续费的问题，向全国人大常委会寄出了一份紧急建议：一是建议银行的上级主管部门（银监会）对有损广大

① 参见何春中：《核心调查：西安—榆林“天价机票”引官司》，载《中国青年报》，2006-01-26。

存款人和金融消费者利益的行为加强监管；二是建议国家价格主管部门，对本次收费暂时叫停，待组织听证后，再行实施；三是建议有关方面对银行中间服务收费加强法律审查，是否违反价格法、合同法等国家法律的规定；四是建议国家审计总署对国有银行中来自公众的资金，如年卡费等，进行审计，并公布用途、去向。全国人大常委会很快给了黄细花回函，表示全国人大常委会已将她的紧急建议作为822号建议转中国银监会、国家发改委、审计署三部门分别研究办理。[①]

思考：(1) 银行卡跨行查询收费是否属于需要组织价格听证的范围？(2) 银行金融机构目前的做法是否违反了价格法、合同法？请表明自己的观点，并列出具体的法律依据。

3. 春运火车票涨价与价格决策听证

思考：(1) 结合本章的【引例】，如何看待春节铁路客票涨价问题？(2) 铁路作为自然垄断行业，票价涨价与一般竞争性行业的产品或服务的价格调整在操作上应有哪些不同？(3) 如何完善我国的价格决策听证制度？

① 参见邓新建：《银行卡跨行查询收费是否合法》，载《法制日报》，2006-06-24。

第六章 反垄断法律制度

参考文献

(一) 著作

1. 国家工商行政管理局条法司．现代竞争法的理论与实践．北京：法律出版社，1993

2. 徐孟洲．市场竞争的法律调整与对策．北京：中国政法大学出版社，1993

3. 种明钊主编．竞争法．2版．北京：法律出版社，2008

4. 王晓晔．反垄断法与市场经济．北京：法律出版社，1998

5. 吴宏伟．竞争法有关问题研究．北京：中国人民大学出版社，2000

6. 孔祥俊．反垄断法原理．北京：中国法制出版社，2001

7. 沈敏荣．法律的不确定性——反垄断法规则分析．北京：法律出版社，2001

8. 邵建东编著．竞争法教程3版．北京：知识产权出版社，2005

9. 王先林．WTO竞争政策与中国反垄断立法．北京：北京大学出版社，2005

10. 徐孟洲，孟雁北．竞争法．2版．北京：中国人民大学出版社，2014

(二) 论文

1. 王晓晔．入世与中国反垄断法的制定．法学研究，2003 (2)

2. 徐孟洲．试论社会主义市场竞争与反垄断法．中国人民大学学报，1993 (4)

3. 胡光志．行政垄断及反行政垄断法的经济学分析．中国法学，2004 (4)

4. 李剑．横向垄断协议法律适用的误读与澄清——评“深圳有害生物防治协会垄断案”．法学，2014 (3)

5. 张泽悟．行业协会横向垄断协议的司法审查——深圳市有害生物防治协会横向垄断协议纠纷案评析．科技与法律，2013 (3)

参考法规

1.《中华人民共和国反垄断法》(2007年)

2.《中华人民共和国反不正当竞争法》(1993年) 第二章

3.《中华人民共和国价格法》(1997年) 第14条

4.《中华人民共和国电信条例》(2014年修订) 第4、17、42条

5. 国家工商行政管理局《关于禁止公用企业限制竞争行为的若干规定》(1993年)

6. 国务院《关于禁止在市场经济活动中实行地区封锁的规定》(2001年)

7. 国家发展和改革委员会《反价格垄断规定》(2010年)

8. 商务部《关于外国投资者并购境内企业的规定》(2009年)

9. 美国1890年《谢尔曼法》、1914年《克莱顿法》

10. 国家工商行政管理总局《工商行政管理机关禁止垄断协议行为的规定》(2010年)

11. 国家工商行政管理总局《工商行政管理机关禁止滥用市场支配地位行为的规定》(2010年)

12. 国务院《关于经营者集中申报标准的规定》(2008年)

13. 商务部反垄断局《关于经营者集中申报的指导意见》(2014年修订)

14. 国务院反垄断委员会《关于相关市场界定的指南》(2009年)

15. 日本1947年《禁止垄断法》

16. 德国1949年《反对限制竞争法》

17. 欧盟1957年《欧洲经济共同体条约》(《罗马条约》) 第85～94条

引例 美国微软垄断案①

美国微软垄断案可谓一波三折，举世瞩目。在该案长达4年的审理过程中，从反垄断法的角度分析，有四个法律文件值得重视：(1) 哥伦比亚地区法院杰克逊法官在一审中发出的事实认定书 (finding of laws，1999-05-11)；(2) 法律结论书 (conclusion of laws，2000-03-04)；(3) 一审最终判决 (final judgment，2000-08-06)；(4) 上诉法院于2001年6月28日作出的二审判决书。前三个法律文书是一个有机整体，代表了一审中杰克逊法官对“微软垄断案”事实认定、定罪、处罚三位一体的全部观点。而上诉法院的二审判决书则集中反映了该法院与地区法院在“定罪”和“处罚”两方面的不同意见，也是微软最终能逃脱制裁的关键所在。在事实认定上，上诉法院对杰克逊法官在一审事实认定书中所载事实全部予以接受，杰克逊法官在

① 参见廖振、梁远航：《论知识经济时代反垄断法的制度设计和价值取向——“微软垄断案”二审判决分析》，载《社会科学研究》，2003 (1)。

一审中认定的事实包括：(1) 微软公司的产品Windows操作系统是一种为其他应用软件提供平台的软件，该产品在同类的操作系统市场上占有高达90%的市场份额，而且这种市场份额受到极高的进入壁垒的保护，因此可以断定，在操作系统软件这一“相关市场”上，微软具有垄断力。(2) 微软公司从这种垄断地位中大获其利，同时，它也对可能替代的其他技术心存警惕。当1995年微软发现网景公司的Navigator网络浏览器在未来有可能发展成操作平台，从而威胁其对操作系统市场的垄断时，微软开始采用反竞争的手段遏制Navigator的发展。(3) 微软认为消灭Navigator最好的办法是推出自己的网络浏览器，夺取浏览器市场的份额。但是，微软公司的IE浏览器功能上与Navigator相差无几，微软为了迅速打败对手，利用自己在操作系统市场上的垄断地位，将IE与Windows捆绑销售。首先，微软要求IBM、DELL等PC制造商（OEM）必须在计算机上预装IE浏览器，同时不得装Navigator，否则就不发给预装Windows的许可证，这种“排他性协议”又称为“合同捆绑”；其次，1998年微软推出新一代的操作系统Windows98，干脆把IE浏览器从技术上“捆绑”进了Windows，使二者成为一个整体：一旦有人试图卸载IE，就会导致整个Windows系统崩溃。这样，微软从合同与技术两方面将IE与Windows捆绑在一起，向消费者强行推销。该行为导致网景公司的Navigator在浏览器市场上的份额急剧下降，业绩一蹶不振，最终在1998年被美国在线收购。而微软公司则一箭双雕，既消除了对其在操作系统市场上垄断地位的潜在威胁，又抢占了浏览器市场，达到其进军互联网的目的。在“微软垄断案”一审的法律结论书中，杰克逊法官以上述认定事实为基础，根据《谢尔曼法》第1、2条，认定微软的行为触犯了该法的规定，具体罪名如下：(1)“维持垄断罪”，即以反竞争的手段维持其在操作系统软件市场上业已存在的垄断地位；(2)“企图垄断罪”，即微软公司企图通过捆绑，使自己的IE浏览器在浏览器市场上占有垄断地位；(3) 微软公司的捆绑行为本身构成“搭售”(tying)，违反了《谢尔曼法》第1条的规定，应适用“本身违法原则”(Per Se Doctrine) 处理；(4) 微软公司与制造商之间签订的排他性协议构成纵向限制，违反《谢尔曼法》第1条禁止合谋限制商业贸易行为的规定；(5) 微软公司的反竞争行为同样违反了原告各州的反垄断法。据此，杰克逊法官于2000年6月8日作出裁决，要求微软必须拆分为两个公司：一个为操作系统公司，另外一个为软件公司。微软公司提出上诉。半年之后，上诉法院对此案作出了重新判决：(1) 同意地区法院对微软公司在操作系统市场上“维持垄断罪”的认定；(2) 撤销对微软公司“企图垄断浏览器市场”的裁决；(3) 杰克逊法官关于“捆绑”本身违法的判决无效，发回重审。另外，鉴于杰克逊法官一审时对微软公司的偏激态度和程序上的瑕疵，二审法院裁定由杰克逊法官作出的分拆微软公司的判决无效，“微软垄断案”整体发回地区法院另选法官重新审理。考拉尔·科特利法官接手此案后，敦促此案的各方达成协议，微软公司与司法部和9个州于2001年11月达成了和解协议。这个和解协议给了计算机厂商更大的自由，允许计算机厂商在Windows计算机上隐去一些微软公司的图标，在其生产的计算机中使用竞争的软件。根据和解方案，禁止微软公司对选择非微软公司产品的公司进行报复，同时也禁止微软公司与其他公司签署专门支持某些微软公司软件的协议。Windows操作系统软件将根据标准的许可证向主要厂商出售，不过，根据购买的数量，仍允许微软公司提供折扣。但有9个州不同意和解，它们要求微软公司更大限度地披露代码，使其竞争对手的软件更好地与Windows兼容。它们还要求微软公司发布取消附加软件的Windows操作系统，以便为网络浏览器和媒体播放器等竞争的软件提供机会。2002年11月1日，美国地区法院法官考拉尔·科特利对微软垄断案作出裁决，支持微软公司一年前与美国政府和9个州达成的和解协议，驳回了其余9个州要求对微软实施更严厉的制裁的请求。考拉尔·科特利法官指出，其余9个州的补救方案没有法律依据，这些建议在多数情况下都不会得到经济分析师们的支持。

反垄断法是保护市场竞争，防止和制止垄断行为，提高经济运行效率，维护经营者、消费者合法权益和社会公共利益，促进社会主义市场经济健康发展的重要法律制度，素有“经济宪法”之称。同时，反垄断法也是市场经济国家管理经济的重要政策工具。特别是在经济全球化的条件下，世界各国普遍重视利用反垄断法律制度，防止和制止来自国内国外的垄断行为，维护经营者和消费者合法权益，促进技术创新和技术进步，提高企业竞争力，保证国民经济的健康、持续、协调发展。

本章主要介绍垄断的概念、垄断形式、反垄断法的性质和地位、反垄断法所禁止的主要垄断行为、适用除外制度及反垄断法执法机构设置等基本问题。

第一节　反垄断法概述

一、垄断的概念

垄断是与竞争相对立的范畴。一般地说，垄断排斥竞争，竞争亦排斥垄断。这是性质上不同的两种经济行为。垄断行为给市场竞争带来的弊病是显而易见的。但还应看到，垄断存在的客观性和一定的合理性，垄断对经济发展具有某些积极作用。因此，研究社会主义市场竞争的法律调整，制定具有中国特色的反垄断法，不能不认真研究垄断的概念、垄断的内容和形式。

在经济学领域，垄断是指少数大公司、企业或者若干企业的联合独占生产和市场。它们控制一个甚至几个生产部门的生产和流通，在该部门的经济活动中取得统治地位，操纵这些部门产品的销售价格和某些生产资料的购买价格，以保证获取高额垄断利润。

关于垄断的法学或法律概念，各国法学工作者和立法者有不同的理解，没有比较一致的定义。各国法律对垄断行为及其表现形式的规定，都采用列举的方式。根据各国法律对垄断形式的规定，我们分析一下垄断是怎样一种经济现象，代表的是一种什么样的经济力量。

第一，垄断是一种排斥和控制竞争活动的经济力量。所谓排斥，是指在一定的交易领域内，垄断者使其他企业公司和经济组织的经济活动难以正常进行，从而把它们从市场上驱逐出去的行为。所谓控制，是指垄断者对其他企业公司和经济组织的生产经营活动进行约束，妨碍它们在经济活动中自由竞争的行为。垄断的排斥和控制力量，给竞争者进入市场造成困难，所以垄断必然削弱竞争的活力和效率。

第二，垄断代表的是一种根据某种共同利益而联合起来的社会力量，是一种有组织的联合力量。垄断者往往采取合谋性协议、安排或协同行动，形成联合力量，对局外企业或中小企业的经济活动加以限制，以实现其稳定的经济统治。

第三，垄断者谋取经济利益，是依靠对市场的操纵和独占实现的。垄断者通过滥用市场优势和过度集中经济力，独占或操纵市场，获取高额利润。垄断利润的存在加深了社会财富和收入分配的不平等，并且妨碍资源的合理配置，严重削弱了市场对资源配置的基础性作用。

第四，垄断是一种具有违法性和危害性的经济行为。根据各国的立法精神和司法实践，垄断行为一般是受国家法律明文禁止的。所以构成垄断一般具有违法性。但某些国家垄断经营的、对社会公共利益有保护性的则适用除外制度，不在违法性垄断之列。例如，美国的反托拉斯法豁免了农业、运输业、通信事业、国有企业等重要部门和企业，允许这些部门和企业实行垄断经营。这种情形下的垄断不属于法律的禁止范围，所以不具有违法性。垄断的危害性是指由于垄断使某一生产或流通领域的竞争遭受实质性的限制和损害。

总之，法律上的垄断概念，与经济学上的垄断概念有一定的差别。法律规定禁止和反对的垄断，是指违反法律或社会公共利益，通过合谋性协议、安排或协同行动，或者通过滥用经济优势地位，排斥或控制其他正当的经济活动，在一定的生产领域或流通领域内实质上限制竞争的经济行为。法律上的垄断概念，强调了垄断的违法性和社会危害性特征。法律规定未禁止的垄断不属于垄断行为。显然，法律上的垄断概念要比经济学的垄断概念范围小得多。

二、垄断的形式

垄断是市场经济发展的产物。随着社会生产力的不断进步，商品生产和商品交换的高度发展，垄断的表现形式越来越多样化、复杂化。各国根据自己的特点，在反垄断法中对垄断行为作出了不同的规定。

美国是对垄断行为管制最为严格的国家。如早期的《谢尔曼法》作了两项重要的原则性规定：(1) 任何独占垄断者或企图独占垄断者，或者任何其他人联合或共谋，借以独占垄断州际间或与外国之间的贸易或商业之任何一部分者，将被视为刑事犯罪。(2) 任何以托拉斯或共谋等方式作出的合同、组合，如被用以限制州际间或与外国之间的贸易或商业时，均属非法。

日本《禁止垄断法》把垄断行为分为以下三类：(1) 私人垄断和不正当交易限制；(2) 经济力的过度集中；(3) 不公正交易方法。

欧洲经济共同体关于禁止垄断的规定体现在《欧洲经济共同体条约》(《罗马条约》)的第 85 条和第 86 条。第 85 条规定：凡足以影响成员国之间的贸易，并以阻碍、限制或妨害共同市场内部竞争为目的，或具有这种效果的所有企业间的协议，企业联合组织的决定和联合一致的做法，都是与共同市场相抵触的，应该予以禁止。第86条规定：一个企业或两个以上的企业在共同市场内或在共同市场的很大部分滥用其优势地位，并足以影响共同体国家之间的贸易的，应加以禁止。

虽然各国对垄断形式的具体规定很不一致，但我们可以把它概括为三种基本类型：

1. 垄断协议

所谓垄断协议，即通常所说的卡特尔，是指企业之间通过合谋性协议、安排或者协同行动，相互约束各自的经济活动，违反公共利益，在一定的交易领域内限制或妨碍竞争。这里所说的"协议"是广义上而言的，并不要求具有形式上的合同，只要它们之间存在共谋或达成默契，即可构成。

垄断协议又可以分成两类：横向限制，纵向限制（详见第二节的分析）。

2. 滥用市场支配地位

所谓滥用市场支配地位，是指企业通过其市场力量的优势地位，限制竞争者进入市场或以其他方式不适当地限制竞争。美国与大陆法系国家对经济优势地位的规定是不同的。美国反垄断法较为严厉，只要存在经济优势地位，即为反垄断法所禁止，并不要求滥用行为的存在。而在大陆法系各国以及英国等国家，企业的市场支配地位并不单独构成违法，必须同时有对优势地位的滥用行为的存在，才为反垄断法所禁止。

3. 经营者集中

经营者集中是指经营者合并，经营者通过取得其他经营者的股份、资产以及通过合同等方式取得对其他经营者的控制权，或者能够对其他经营者施加决定性影响的情形。经营者集中是经济活动中的普遍现象。经营者集中的结果具有两面性：一方面有利于形成规模经济，提高经营者的竞争力；另一方面又可能产生或者加强市场支配地位，对市场竞争产生不利影响。因此，各国反垄断法都对经营者集中实行必要的控制，以防止因经济力的过于集中而影响市场竞争。控制的主要手段是对经营者集中实行事先或者事后申报制度，并由反垄断执法机构进行审查，决定是否允许经营者实施集中。

以上所述主要适用于商品市场。随着科学技术的不断发展，技术转让逐渐成为国内、国际经济活动的主要方面，技术转让中的限制性商业行为也成为反垄断法研究的重要课题。

关于技术转让中的限制性商业行为，迄今为止尚无一个统一的定义。根据有关的国际文件和国内立法规定，我们可以认为，技术转让中的限制性商业行为主要指技术供方凭借其优势地位，对技术受方利用、吸收和改进技术以及销售技术产品实施不适当的限制，从而损害受方利益的行为。

目前世界大多数国家的立法对于技术转让交易中的限制性商业行为都采用列举方式加以规定。一般说来，限制性商业行为主要包括以下几种：(1) 搭售，即技术供方在向技术受方提供技术的同时，迫使技术受方购买他不愿购买的另一项技术、原材料、零配件以及中间产品；(2) 一揽子许可，即技术供方要求受方接受一系列的专利和非专利技术，而其中有些技术是受方所不需要的；(3) 限制使用领域，即技术供方限制技术用途；(4) 地域限制，即技术供方对技术受方使用技术和销售技术产品的地区加以限制；(5) 回授，即技术供方要求受方对所提供的技术作改进时，将改进的技术向供方通报、转让或构成供方许可之一部分；(6) 技术使用费的限制，即技术供方向技术受方要求不合理的技术使用费；(7) 数量限制，即技术供方对技术受方利用转让技术生产产品的最低产量或最高产量加以限制；(8) 限制受方获得类似的竞争性技术，以防止其竞争地位受到削弱；(9) 合同期满后的限制，即技术供方在技术合同期满后禁止技术受方继续使用技术；(10) 权利不争议条款，即在合同中载有要求技术受方不得对供方提供的技术的有效性提出异议，不得在协议有效期内对该专利的有效性提起诉讼的条款。

综上所述，垄断形式是多样的、复杂的，随着社会生产力的不断发展和科学技术的不断前进，商品交换和技术转让不断增加，垄断形式也会表现得更多，更为复杂。

三、反垄断法及其性质和地位

(一) 反垄断法的含义

由于各国经济情况和立法传统不同，对反垄断法的概念和调整对象的范围的理解也有一定的差别，有的国家将反垄断法和反不正当竞争法合二为一，也有的国家将二者分别立法。另外，反垄断法的称谓也是多种多样的。例如，美国称反垄断法为“反托拉斯法”，英国称为“垄断企业和限制性贸易惯例（调查和控制）法”“限制性贸易惯例法”，德国称为“反竞争限制法”，日本称为“关于禁止私人垄断和确保公正交易的法律”，在联合国国际贸易法委员会的文件中称为“管制限制性商业惯例的法律”。虽然称谓不同，但其基本内容是大体一致的。根据各国的法律规定，可以看出，反垄断法是有关禁止阻碍、限制或妨害竞争的企业间协议、合谋、联合行动和滥用经济优势的行为，借以保护市场公平竞争，维护市场秩序的法律规范体系。我国的反垄断法，是指通过对垄断协议、滥用市场支配地位、经营者集中等垄断行为进行规制，进而预防和制止垄断行为，保护公平竞争，提高经济运行效率，维护消费者利益和社会公共利益，促进社会主义市场经济健康发展的法律规范体系。

(二) 反垄断法的性质和地位

从反垄断法的概念和基本内容看，笔者认为反垄断法应属于经济法体系的组成部分，是国家干预经济的重要法律手段。因为经济法是调整国家在管理、协调经济生活和经济实体在国家指导下进行生产经营活动中产生的经济关系的法律规范体系。它是国家管理或干预经济生活的现实在法律上的反映。所以，西方发达国家的多数学者认为，反垄断法是“经济宪法”“市场经济宪章”等，把反垄断法放在经济法的核心地位上。日本著名经济法学者金泽良雄在其《经济法概论》一书中，谈到禁止垄断法作为经济法的意义时指出，反垄断法是“具有经济法性质的一种法律”①。

从反垄断法产生的背景看，反垄断法是在高度发达的市场经济条件下，为了防止和消除自由竞争所引起的垄断现象，使市场经济机制得以健康运转而制定的法律。市场竞争对于企业、公司和所有经济实体都是一种压力。它们在市场竞争中不可避免地要承担风险。市场主体都有一种这样的倾向，即在取得同样利润的情况下，通过单独的或联合的行为来限制竞争，以减少风险。市场主体的这种限制竞争的力量将削弱竞争机制的功能和作用，破坏一个市场经济社会的正常运行。这种限制竞争的力量来自市场内部，来自市场主体的利益冲动，市场调节机制本身又不具备自动消除这些障碍的能力，因而只有依靠国家的干预来消除这种限制竞争或垄断的现象。反垄断法正是体现了国家对这种市场经济现象的干

---

① ［日］金泽良雄：《经济法概论》，满达人译，184页，兰州，甘肃人民出版社，1985。

预。所以说反垄断法体现了经济法的本质特征，是经济法的重要组成部分。

从反垄断法的利益保护结构看，反垄断法以社会公共利益为本位，维护整个社会利益、国家利益，保护市场竞争秩序，保护所有竞争者和消费者的利益。这一点和经济法的利益保护结构是一致的，而不同于民法的个人权利本位。所以，西方学者大多认为反垄断法是公法，同时具有社会法的性质。这与作为私法的民法是性质不同的。

在我国，反垄断法的性质和地位如何呢？笔者认为，反垄断法仍然是我国经济法体系中的基本法律之一。因为社会主义市场经济的大力发展，也不可避免地导致垄断和竞争矛盾的加剧。为了处理好这对矛盾，从保护社会主义市场竞争和国家利益出发，从维护广大竞争者和消费者的利益出发，促进竞争机制功能的充分发挥，打破地区封锁和条块垄断、行政性垄断，必须把国家管理市场经济活动、制止垄断现象的经济政策规范化、规律化。反垄断法则是保障这种经济管理手段和政策措施的法律工具。我国于2007年制定了《反垄断法》。这是一部具有里程碑意义的法律，它对市场经济的普遍性和中国的特殊性作了很好的概括，进一步完善了我国的经济法体系，也标志着社会主义市场经济及法治在我国进入了新的发展阶段。

四、世界各国反垄断立法概况①

反垄断法目前在我国还是一种全新的法律制度。但美国早在一百多年前就已经颁布了这种法律。1865年美国南北战争结束后，随着全国铁路网的建立和扩大，原来地方性和区域性的市场迅速融为全国统一的大市场。大市场的建立一方面推动了美国经济的迅速发展，另一方面也推动了垄断组织即托拉斯的产生和发展。1879年美孚石油公司即美国石油业第一个托拉斯的建立，标志着美国历史上第一次企业兼并浪潮的开始，托拉斯从而在美国成为不受控制的经济势力。过度的经济集中不仅使社会中下层人士饱受垄断组织滥用市场势力之苦，也使市场普遍失去了活力。在这种背景下，美国在19世纪80年代爆发了抵制托拉斯的大规模群众运动，这种反垄断思潮导致1890年《谢尔曼法》(*Sherman Act*)的诞生。《谢尔曼法》是世界上最早的反垄断法，从而也被称为世界各国反垄断法之母。

从《谢尔曼法》问世到第二次世界大战结束，这期间除美国在1914年颁布了《克莱顿法》和《联邦贸易委员会法》作为对《谢尔曼法》的补充外，其他国家的反垄断立法几乎是空白。然而，第二次世界大战一结束，形势产生了很大的变化。首先，在美国的督促和引导下，日本在1947年颁布了《禁止私人垄断和确保公正交易法》，德国于1957年颁布了《反对限制竞争法》。1958年生效的《欧洲经济共同体条约》第85条至第90条是欧共体重要的竞争规则。此外，欧共体理事会还于1989年颁布了《欧共体企业合并控制条例》，把控制企业合并作为欧共体竞争法的重要内容。意大利在1990年颁布了反垄断法，它是发达市场经济国家中颁布反垄断法最晚的国家。现在，经济合作与发展组织（OECD）的所有成员国都制定了反垄断法。

发展中国家反垄断立法的步伐比较缓慢。直到20世纪80年代后期，虽然有联合国大会的号召，联合国贸发会还就管制限制性商业实践提供了技术援助，但是颁布反垄断

① 该部分参考王晓晔：《反垄断法是维护社会主义市场经济秩序的基本法律制度》（全国人大常委会举行第十七次法制讲座讲稿），载中国法学网，http：//www.iolaw.org.cn/shownewsasp？id=1408。

法的发展中国家仍然不足 12 个，它们包括亚洲的韩国、印度、巴基斯坦和斯里兰卡。发展中国家当时对反垄断法普遍不感兴趣的主要原因是，这些国家的许多产业部门或者主要产业部门是由国有企业经营的。为了维护国有企业的利益，国家自然就会在这些部门排除竞争。此外，当时所有的社会主义国家实行计划经济体制，不允许企业间开展竞争，这些国家自然也没有制定反垄断法的必要性。我国也是这种情况。因为我们当时认为计划经济是最好的经济制度，把竞争视为资本主义制度下的生产无政府状态，认为竞争对社会生产力会造成严重的浪费和破坏，我国当时也完全不可能建立一种崇尚竞争和反对垄断的法律制度。

20 世纪 80 年代后期以来，随着世界各国经济政策总的导向是民营化、减少政府行政干预和反垄断，各国反垄断立法的步伐大大加快了。这一方面表现在亚洲、非洲和拉丁美洲的许多发展中国家纷纷制定或者强化了它们的反垄断法，另一方面表现在原苏联和东欧集团的国家也都积极进行这方面的立法。据统计，世界上目前颁布了反垄断法的国家大约有八十四个。发展中国家以及原苏联和东欧国家之所以积极制定和颁布反垄断法，主要的原因是国有垄断企业的经济效益普遍不能令人满意。因此，除了一些特殊的行业，这些国家都已经开始在原先国家垄断经营的部门注入了私人经济，甚至在电信、电力、煤气等传统上被视为自然垄断的行业引入了竞争机制。现在，世界各国都已经普遍地认识到，垄断不仅会损害企业的效率、损害消费者的利益，还会遏制一个国家或者民族的竞争精神，而这种竞争精神才是一个国家经济和技术发展的真正动力。

【背景资料】 **经济学家对反垄断法的批评**①

“反垄断法本来是用来对付垄断者‘高价格、低质量’的行为的，但是现在情况恰恰相反，消费者前所未有地享受着不断降低的价格以及不断提高的质量。一些竞争对手，日子越来越难过，便转而向政府寻求行政帮助。最近政府几宗针对微软、英特尔、Visa 与万事达卡的反垄断诉讼，始作俑者都不是消费者，而是被告企业的竞争对手。这个现象令人忧虑。自由竞争才是信息产业健康发展的根本动力。我们呼吁有关当局撤销那些证据不足的反垄断起诉。”

——240 位经济学家给美国总统的公开信

“无论是法官还是立法者都缺乏足够的证据断定一个企业到底是推动了竞争还是抑制了竞争。控制垄断的更有效的办法是鼓励竞争者进入行业，包括国外的竞争者。”

——诺贝尔经济学奖得主加里·贝克

“多年来，我对反垄断法的认识发生了重大的变化。我刚入行的时候，作为一个竞争的支持者，我非常支持反垄断法，我认为政府能够通过实施反垄断法来推动竞争。但多年的观察告诉我，反垄断法的实施并没有推动竞争，反而抑制了竞争，因为官僚总舍不得放弃调控的大权。我得出结论，反垄断法的害处远远大于好处，所以最好干脆废除它。”

——诺贝尔经济学奖得主米尔顿·弗里德曼

① 转引自薛兆丰：《不要学美国的反垄断法》，载《南方周末》，2001－05－12。

> “我赞成竞争，所以从来不反对以竞争的方法去争取垄断。微软官司的法官公布他的见解后，好些人大声拍掌，尤其是那些曾经与微软竞争的败军之将。我认为这些人不明白市场，不明白竞争，更不明白美国的反垄断法例是怎样一回事。说来不容易相信：美国的反垄断法例是完全没有法律的，永远都是武断，很有点乱来。”
>
> ——香港大学经济金融学院院长张五常

五、我国的反垄断立法

党的十一届三中全会以来，随着我国经济生活中出现了竞争，我国开始注意反垄断立法。1980年10月国务院发布的《关于开展和保护社会主义竞争的暂行规定》首次在我国提出了反垄断，特别是反对行政垄断的任务。该暂行规定指出：“在经济活动中，除国家指定由有关部门和单位专门经营的产品外，其余的不得进行垄断、搞独家经营。”“开展竞争必须打破地区封锁和部门分割。任何地区和部门都不准封锁市场，不得禁止外地商品在本地区、本部门销售。”此后，我国逐步制定了一些涉及反垄断的法律、法规。比较重要的是1997年12月颁布的《价格法》和1993年颁布的《反不正当竞争法》，以及国务院颁布的《关于禁止在市场经济活动中实行地区封锁的规定》（2001年）、《中华人民共和国电信条例》（2002年）等一系列规范性文件。

随着我国经济体制改革的继续深入和对外开放的不断扩大，我国反不正当竞争法、价格法、招标投标法、电信条例等有关法律、行政法规中一些防止和制止垄断行为的规定，已经不能完全适应我国发展社会主义市场经济和参与国际竞争的需要。因为：一是经营者滥用市场支配地位垄断价格、掠夺性定价、强制交易、搭售和附加不合理交易条件，或者相互之间达成价格联盟、划分市场、限制产量等各种形式的垄断协议，直接危害市场竞争，损害消费者和其他经营者的合法权益，妨碍了全国统一、竞争有序的市场体系的建立。此外，行政机关和法律、法规授权的具有管理公共事务职能的组织滥用行政权力，排除、限制竞争的现象还不同程度地存在，反垄断法对此也需要明确予以制止。二是随着经济全球化的加剧和我国对全球经济影响力的提高，国内、国际经济结构调整不断加快，企业间的合并、重组日趋活跃。同时，在有的地区、有的行业中，垄断的苗头也已开始显现，迫切需要引导和规范，以避免产生严重限制甚至排除竞争的后果。三是我国作为市场经济国家，需要通过建立并实施较为完善的反垄断法律制度给市场经营者以公开、透明并可预期的行为准则，规范市场经济秩序。

为适应我国社会主义市场经济的发展，满足我国参与国际市场竞争的需要，1998年，全国人民代表大会将制定反垄断法列入立法规划。1999年，当时的国家经贸委和国家工商局联合提出了《中华人民共和国反垄断法大纲》（征求意见稿）；2001年10月，提出了《中华人民共和国反垄断法》（征求意见稿）；2006年6月，在全国范围内发布了《中华人民共和国反垄断法》（征求意见稿）。2007年8月30日，《中华人民共和国反垄断法》正式通过，并于2008年8月1日正式实施。

《反垄断法》的制定和实施，为我国进一步深化改革开放，营造公平有序的市场竞争环境，促进国际贸易和经济技术合作，保持经济活力，加强国家宏观调控，提供了更为有效的法律保障。

基于反垄断法的性质、地位和作用，笔者认为，我国在反垄断立法中坚持了以下四个基本的指导思想：

一是反垄断法律制度既要符合国际惯例，严格禁止典型的、世界各国普遍达成共识的严重限制、排除竞争的垄断行为，又要针对我国企业作为市场主体尚不成熟，市场存在着竞争不充分、不适度的实际情况，特别是各类企业发展不平衡，竞争能力亟待提高的客观要求，在制度安排上力求明确，宽严适度，便于掌握和运用，以有助于培养企业依法自主、自律、自强的能力，有利于改进技术、提高产品质量，有利于保护消费者权益。

二是反垄断法律制度既要有利于保护市场竞争，创造和维护良好的市场竞争环境，更要与国家现行有关产业政策相协调，有利于企业做大做强和规模经济的发展。发挥反垄断法律制度的导向功能和约束功能，使其成为制止垄断、鼓励竞争、提高引进外资质量、促进经济结构调整的有力的政策工具。

三是反垄断法必须起到维护国家经济健康、有序运行的作用。这是世界各国特别是发达国家普遍奉行的原则。反垄断法应该鼓励有利于经济发展、有利于市场竞争、有利于保护消费者权益的企业并购，同时也要坚决保护关系国家利益、关系国计民生的产品和市场的竞争格局，坚决反对以获取垄断利益为目的的恶意并购。反垄断法的制定和实施要能够发现并制止排除和限制竞争、损害国家经济运行安全的并购行为，要建立起一套能够根据变化的情况适时进行调整的应对机制。

四是反垄断法既是经营者的行为规范，又是国家维护市场竞争秩序的主要手段。与市场经济发达国家相比，我国这方面的实践经验不足，而且经济生活又具有多样性、多变性、复杂性的特点，因此，在当前的反垄断法中要将反垄断的基本原则、基本制度确立起来，做到界限清晰、概念明确、言简意赅、留有余地，便于操作执行，经过一段时期的实践，积累经验后，再及时加以修改和完善。其实，这也是各国反垄断立法所遵循的原则。

第二节　垄断协议

一、垄断协议的含义和分类

(一) 垄断协议的含义

所谓垄断协议，就是通常所说的卡特尔，是指企业之间通过合谋性协议、安排或者协同行动，相互约束各自的经济活动，违反公共利益，在一定的交易领域内排除、限制竞争的行为。我国《反垄断法》第13条第2款界定为："本法所称垄断协议，是指排除、限制竞争的协议、决定或者其他协同行为。"

经营者达成垄断协议是经济生活中一种最常见、最典型的垄断行为，往往造成固定价格、划分市场以及阻碍、限制其他经营者进入市场等排除、限制竞争的后果，对市场竞争危害很大，为各国反垄断法所禁止。但同时，在实践中经营者达成的某些协议虽然具有限制竞争的后果，但整体上有利于技术进步、经济发展和社会公共利益。因此，各国反垄断法又大都规定在一定情况下，对经营者达成的这类协议予以豁免。

垄断协议必须具备以下条件：第一，企业之间存在相互约束的共同行为或协调行动，即当事人企业都必须受共同行动或协商行动的约束，不许擅自行动；第二，企业之间存在共谋，即企业之间通过协商或默契，形成了共同的认识，其形式可能表现为协议，也可能通过当事人的共同行为或协商行动才能表现出来；第三，当事人企业的行为必须在客观上引起了限制或妨害竞争的效果，也就是说，企业之间通过共谋，采取共同行为或者协调行动，必然产生了当事人之间竞争的回避，或者限制了第三人在该市场中的竞争力量。

【背景资料】 **关于“卡特尔”**

卡特尔，德文为“Kartell”，英文和法文为“Cartel”，皆源自拉丁文“Charta”，其原意为“小纸张”“小文件”。在欧洲诸主要语言中，“卡特尔”最早是指中世纪骑士进行马上比武时向对方下的战书，后用来泛指交战双方的书面协议。

在反垄断法领域，学者一般将企业之间的横向限制称为卡特尔。其实，卡特尔是一个可以在不同意义上加以使用的术语。它既可以指企业之间的一种协议行为，也可以指通过这种协议行为建立起来的垄断组织，还可以指限制竞争的协议或决议。[①] 而且卡特尔在被用来指代限制竞争协议行为时，也存在不同的使用情况。卡特尔有时仅指横向的限制竞争协议行为，例如德国《反限制竞争法》第一编“限制竞争行为”之下，第一章就是“卡特尔协议、卡特尔决议及联合一致的行为”，第二章则为“纵向协议”。有时在一些论著中往往也使用“纵向卡特尔”或“垂直卡特尔”的术语。这时的卡特尔实际上就是指代整个联合限制竞争的行为，而不仅限于横向的限制竞争协议行为。不仅如此，有时卡特尔这一术语还有进一步泛化的情况，被用来指代所有的垄断或限制竞争的行为。典型的如德国的《反限制竞争法》又通常被称为“卡特尔法”，其反垄断机构称为卡特尔局。因此，“卡特尔”一词可以在不同的意义上使用。

（二）垄断协议的分类

根据反垄断法理论，垄断协议行为又可以分成两类：横向限制竞争行为和纵向限制竞争行为。

1. 横向限制竞争行为

横向限制竞争行为是指处于同一生产或流通环节的、经济水平相当的企业之间通过协议，以控制企业经济活动的某一特定方面。它的一个主要特征是当事人处于同一生产或流通环节，或同为生产者，或同为销售者，或同为购买者。另外，当事人之间的经济实力应当是相当接近的，只有实力相当才能达到平等的横向限制，否则，将形成滥用经济优势地位，而非横向限制竞争行为。横向限制竞争行为主要包括以下几个方面：

（1）直接或间接地固定价格或其他交易条件。固定价格是较为常见的垄断形式，意指各竞争者通过明示或默示的协议，将其产品的售价固定在统一的水平上；

（2）限制生产、销售、技术发展或投资，即通过横向限制，达到市场供给和市场需求平衡，进而限制了该产品市场的竞争；

（3）瓜分市场，即各竞争者之间达成协议，划分销售地区或购买地区，以消除彼此间在市场上的竞争；

（4）联合抵制交易，即许多供应商联合起来，对某个或某些不按自己意图销售产品的零售商实行抵制，不与其从事交易；

---

① 参见曹士兵：《反垄断法研究》，206页，北京，法律出版社，1996。

(5) 歧视第三方竞争者或进行集体抵制以排除第三方竞争者进入市场，即竞争者之间通过协议，采取协调行动，把第三方竞争者从该市场上驱逐出去。

【案例 6—1】 深圳市惠尔讯科技有限公司与深圳市有害生物防治协会横向垄断协议纠纷上诉案

上诉人深圳市惠尔讯科技有限公司（以下简称惠尔讯公司）因与被上诉人深圳市有害生物防治协会（以下简称有害生物防治协会）横向垄断协议纠纷一案，不服广东省深圳市中级人民法院于2011年9月19日作出的（2011）深中法知民初字第67号民事判决，向本院提起上诉。本院受理后，依法组成合议庭对本案进行了审理。本案现已审理终结。

原审法院查明：一、深圳市有害生物防治协会和深圳市经工商注册登记从事“除四害”服务企业的基本情况。深圳市有害生物防治协会系经深圳市民政局合法登记的社团法人，业务范围包括有害生物防治行业的政策研究、技术鉴定和推广应用；行业质量评估；会员培训；行业资质评定等。目前，该协会的会员单位共268家。深圳市市场监督管理局出具的《关于提供我市除“四害”企业名单的复函》证明，深圳市注册登记有除“四害”经营范围的企业共838户。深圳市除深圳市有害生物防治协会之外，另有深圳市南山区有害生物防治协会，该协会会员也均为从事有害生物防治业务。二、深圳市有害生物防治协会与其会员单位签订《自律公约》的相关事实。深圳市有害生物防治协会与取得《深圳市有害生物防治服务资格等级证》的所有会员单位均签订了《深圳市有害生物防治服务诚信自律公约》，《自律公约》的第五条规定，本公约适用范围为深圳市内招投标承包的有害生物防治协会工程，对于在防治工程承包竞投中，为达到承揽工程的目的，报价低于深物价【1997】55号的除“四害”消杀服务收费标准及其他相关收费标准的80%以下者，视为不正当竞争行为。《自律公约》的第六条对报价低于前述标准的行为规定了处罚措施。深圳市有害生物防治协会对此予以确认。2010年10月18日，深圳市有害生物防治协会对参与深圳市龙岗区坂田街道办四害防治服务政府采购项目的三家公司（深圳市升阳升清洁服务有限公司、深圳市大兴清洁服务有限公司和深圳市正立业卫生服务有限公司）违反《自律公约》第五条的行为进行了处罚，吊销三公司的服务资格等级证书等。三、惠尔讯公司主张与深圳市正立业卫生服务有限公司签订《合同》并遭受损失的相关事实。惠尔讯公司与向深圳市正立业卫生服务有限公司（以下简称“正立业公司”）于2010年8月23日签署了《深圳市除“四害”有偿服务合同书》，《合同书》第七条明确，该服务费是根据惠尔讯公司的实际消杀服务面积，按照市物价局《关于除“四害”消杀服务收费标准的批复》、《深圳市有害生物防治服务诚信自律公约》计算，按每平方米0.1元×80%的价格进行计算服务费。正立业公司支付了2010年8月23日至2011年2月22日期间的消杀费336元。惠尔讯公司向正立业公司出具了发票，并加盖了公章。惠尔讯公司主张，由于深圳市有害生物防治协会与其会员公司签订《自律公约》固定服务价格，致使惠尔讯公司失去了本可以获得更低廉价格的机会，多支付了服务费，造成其损失。四、深圳市相关部门对于除“四害”服务收费标准的规定。广东省政府印发的《广东省定价目录》明确规定授权市、县人民政府在省规定的国家指导价范围内制定包括除“四害”服务费的具体标准，制定除“四害”服务费。深圳市物价局于1997年颁布了深物价【1997】55号《关于除“四害”消杀服务收费标准的批复》，对机关和企事业单位除四害的消杀服务收费标准确定为每月每平方米0.1元。为了证明深圳市物价局1997出具的除四害收费标准已远远不能满足目前的成本价格，深圳市有害生物防治协会提供了广州市物价局2000颁发的《广州市物价局关于除“四害”有偿服务收费的通知》，按照室内面积分为不同级别，除四害服务的最低价格为每月每平方米0.15元，高于深物价【1997】55号的规定。深圳市爱国卫生运动委员会办公室发布的深爱卫办【2003】31号《关于建立有害生物防治有偿服务不正当竞争举报制度的通知》明确：在防治公证承包竞争中，为达到承揽工程的目的，报价严重偏离深物价【1997】55号文的除“四害”、深价联字【2003】8号文的防治收费标准规定，以低于市场成本价承揽除虫灭鼠、白蚁防治业务的行为属于不正当竞争行为。

在庭审中，深圳市有害生物防治协会申请深圳市正立业卫生服务有限公司的法定代表人虞尚正作为证人出庭作证，虞尚正称深圳市正立业卫生服务有限公司与惠尔讯公司签订的《深圳市除“四害”有偿服务合同书》为虚假合同，双方均没有实际履行合同，该份合同的签订只是为了诉讼目的，因此惠尔讯公司并没有任何实际的损失。

原审法院认为，深圳市正立业卫生服务有限公司在庭审前出具了书面证言，惠尔讯公司将其作为证据提交，在该份证言中深圳市正立业卫生服务有限公司并没有说明合同系虚假。《深圳市除“四害”有偿服务合同书》加盖了正立业公司的公章并出具了合法有效的税务发票，虞尚正虽然否认自己担任法定代表人的公司签订的合同与出具发票的真实性，但并没有提供其他证据否定该证据。作为深圳市正立业卫生服务有限公司的法定代表人；虞尚正应当非常清楚其公司已出具的书面证言；其次，作为一个合法经营公司的管理人员，也应当清楚为诉讼目的虚构交易的行为是法律所禁止的。因此，虞尚正在本案诉讼中的陈述的证明力值得质疑，在没有其他证据否认合同与发票的真实性前提下，单凭其口头陈述，不足以否定深圳市正立业卫生服务有限公司为惠尔讯公司提供有偿的除“四害”服务的事实，对虞尚正的证言，原审法院不予采信。

以上事实，有《社会团体登记证书》《深圳市除“四害”有偿服务合同书》、服务费发票、《深圳市有害生物防治服务诚信自律公约》、《深物价（1997）55号关于收费标准的批复》、正立业公司和升阳升公司的会员证书、资格证书、自律公约及证词、广东省定价目录、深圳市有害生物防治服务理事会会议纪要等、深圳市爱国卫生运动委员会办公室发布的深爱卫办【2003】31号《关于建立有害生物防治有偿服务不正当竞争举报制度的通知》、《深圳市有害生物防治服务理事会会议纪要》、《关于提供我市除“四害”企业名单的复函》以及庭审笔录等证据在案佐证。

另查明，惠尔讯公司于2010年9月8日向原审法院提起诉讼，请求判令：(1) 确认《深圳市有害生物防治服务诚信自律公约》属“垄断协议”，该“公约”无效；(2) 深圳市有害生物防治协会赔偿惠尔讯公司消杀服务费损失一元；

(3) 深圳市有害生物防治协会承担全部诉讼费用。

原审法院认为，《反垄断法》第五十条规定，经营者实施垄断行为，给他人造成损失的，依法承担民事责任。惠尔讯公司主张深圳市有害生物防治协会组织有竞争关系的协会会员固定除“四害”服务的价格，固定商品价格达成垄断协议。

本案需要首先明确相关市场的范围，并在此范围基础上判断深圳市有害生物防治协会的行为是否构成垄断。庭审中双方均确认本案所涉及的相关服务市场系提供除“四害”有偿服务的市场。而相关地域市场，是指需求者获取具有较为紧密替代关系的服务的地理区域，经营者在此区域内更容易产生竞争关系。原审法院认为，鉴于深圳市有害生物防治协会所有会员均在深圳注册，更容易向深圳地区提供服务，也更易被深圳客户所查找，惠尔讯公司所主张深圳市有害生物防治协会的行为构成垄断协议的标准也是在深圳市物价局规定的价格基础上的统一价格，因此原审法院支持惠尔讯公司的主张，认为相关地域市场是在深圳市。

本案的争议焦点在于：第一，深圳市有害生物防治协会与其协会会员签订的《自律公约》的行为是否构成固定价格的行为。第二，深圳市有害生物防治协会的行为是否具有正当性和合理性。

第一，深圳市有害生物防治协会与其协会会员签订的《自律公约》的行为是否构成固定价格的行为。垄断协议的前提是“排除、限制竞争”，判断是否构成垄断协议的基本原则在于协议是否具有排除、限制竞争的目的、效果以及不合理地限制了竞争。深圳市有害生物防治协会与协会会员签订的《自律公约》第五条虽然规定会员提供除“四害”服务的价格不得低于《深物价（1997）55号》规定的每平方米0.1元的80%，在已有政府规定的指导价基础上做出的限制过低折扣规定，并没有完全固定或统一除“四害”服务的市场价格，价格空间仍然有灵活调整的幅度。根据深圳市市场监督管理局出具的函件证明深圳市注册登记有“除四害”经营范围的企业共838户，深圳市有害生物防治协会的会员单位为268户，占全市提供该类服务的32%。除深圳市有害生物防治协会之外，深圳市另有深圳市南山区有害生物防治协会为同一类别的行业协会，因此深圳市有害生物防治协会与268户会员在深圳市的防治消杀市场影响力是有限的。

原审法院注意到，惠尔讯公司在本案中只提供了深圳市有害生物防治协会与其会员签订的《自律公约》规定不得低于政府在相关服务的指导价格的80%的证据，而没有提供因《自律公约》的签订而导致深圳区域内提供同类消杀服务的组织减少或出现市场价格增加或者服务质量降低的证据。在现行民事诉讼证据制度并未针对垄断案件做出举证责任的特别安排，因此仍必须遵循“谁主张、谁举证”的举证分配责任原则。惠尔讯公司未能证明因为《自律公约》的签订，产生了限制市场竞争的实际影响从而达到排除或限制竞争的目的。根据深圳市有害生物防治协会会员的数量，法院也难以得出其具有限制市场竞争的影响力的结论。此外，惠尔讯公司主张因为《自律公约》的签订而致使其遭受损失，但其未能举证证明在深圳地区存在低于其签订的合同价格，因此惠尔讯公司认为其遭受损失的主张没有事实依据。

第二，深圳市有害生物防治协会的行为是否具有正当性和合理性。即使因为

《自律公约》的签订限制了市场竞争，原审法院认为深圳市有害生物防治协会的行为具有一定的正当性。反垄断法设立的目的在于保护公平竞争，维护社会公共利益和消费者利益。反垄断法并不支持为争取市场而牺牲社会公共利益的单纯低价行为。构成垄断协议的前提是“排除、限制竞争”，说明垄断协议的认定原则是合理原则，如果经营者之间的协议具有其他正当目的，即或存在横向限制的事实，也可以豁免而不被法律禁止。《中华人民共和国反垄断法》第十五条第一项第四款规定，经营者能够证明所达成的协议属于为实现节约能源、保护环境、救灾救助等社会公共利益的，不适用本法第十三条和第十四条关于垄断协议的规定。提供除“四害”消杀服务有别于普通服务，有害生物防治工作涉及大量的有毒有害药物，无论是消杀的过程中药物的使用，还是消杀的效果都涉及人民群众的生命健康安全，对使用消杀服务的企业员工、周边居民的身体健康以及环境保护等具有重大影响，也与当地卫生防疫等紧密相关，是一项事关社会公共利益的服务。深圳市物价局出具的【1997】55号文对除“四害”服务的指导价格从1997年规定出台后一直未再出具新的指导性意见，而从1997年到本案起诉之日已过十三年，这期间提供除“四害”服务的人工成本早已上涨。必须在保证支付人工成本的前提下以及在保证盈利维持企业经营的前提下，如果企业为争取市场而肆意降低收费标准，必定会在提供消杀服务的产品上降低成本，如此也只会导致提供的除四害服务达不到规定标准从而影响环境和人体健康，在卫生防疫方面产生负面影响。作为参考，广州市与深圳市属于同一消费水平的城市，广州市物价局2000年出台的除“四害”有偿服务收费的指导价格也远远高于深圳市有害生物防治协会与其会员签订的《自律公约》的价格。深圳市爱国卫生运动委员会办公室发布的深爱卫办【2003】31号《关于建立有害生物防治有偿服务不正当竞争举报制度的通知》也明确禁止报价严重偏离深物价【1997】55号文的除“四害”以低于市场成本价承揽消杀业务。因此深圳市有害生物防治协会与其会员签订的《自律公约》对于价格的限定是为遵守深爱卫办【2003】31号的规定以及保证会员企业向消费者提供的消杀服务质量避免恶性竞争的目的，具有合理性和正当性。深圳市有害生物防治协会与其会员签订的《深圳市有害生物防治服务诚信自律公约》对于提供除“四害”服务的价格约定不属于垄断协议。

综上，原审法院认为惠尔讯公司的诉讼请求缺乏事实与法律依据，依照《中华人民共和国民事诉讼法》第六十四条第一款、《最高人民法院关于民事诉讼证据的若干规定》第六十六条、七十三条的规定，判决：驳回惠尔讯公司的诉讼请求。案件诉讼费100元，由惠尔讯公司承担。

惠尔讯公司不服上述判决，向本院提起上诉，请求：1. 撤销原判，改判确认《深圳市有害生物防治服务诚信自律公约》属于垄断协议，无效；2. 改判深圳市有害生物防治协会赔偿惠尔讯公司消杀服务费损失一元并承担惠尔讯公司调查制止垄断行为所产生的合理开支；3. 本案一审、二审诉讼费用由深圳市有害生物防治协会负担。理由是：一、原审判决认定事实错误，深圳市有害生物防治协会在深圳市消杀行业具有垄断地位。1. 根据深圳市有害生物防治协会提交的深圳市城市管理局签发的《关于行政审批制度改革后续工作的情况报告》第一条第四款提到各除虫灭老鼠服务机构领取工商营业执照以后，须到深圳市有害生物防治协会登记，便于行业协会管理；该条第五款提到白蚁防治队伍资质移交深圳市有害生物防治协会管理，政府主管部门对深圳市有害生物防治协会的授权，以及其进行行业资质评定等业务范围，使得深圳市有害生物防治协会在本行业中具有垄断地位。2. 原审判决认定深圳市有害生物防治协会的会员单位为268户，但根据深圳市有害生物防治协会公开的网站资料，该协会的会员单位已有350户，占深圳市注册登记有“除四害”经营范围的企业838户的42%。3.《深圳市有害生物防治服务诚信自律公约》（以下简称“自律公约”）的相关约定，造成实际上要参与深圳市有害生物防治工程（消杀行业）招标投标，须具备深圳市有害生物防治协会评定的资质证书。可见，深圳市有害生物防治协会在深圳市消杀行业招投标承包领域具有100%的影响力，导致形成投标的最低限价，达成价格同盟。综上，深圳市有害生物防治协会在行业协会的横向比较、会员占比、招标投标承包领域，在深圳市具有绝对影响力，拥有垄断地位。二、原审判决认定深圳市有害生物防治协会的行为具有正当性和合理性，属于认定事实错误。不能因为其行为主观上的所谓正当合理，就可以在客观上行不法不义之举，何况深圳市有害生物防治协会的行为不具备正当性或合理性。综上，为保护惠尔讯公司合法权益，请求二审法院查明事实，撤销原审判决，支持惠尔讯公司的全部上诉请求。

深圳市有害生物防治协会答辩称：(2011) 深中法知民初字第67号民事判决，认定事实清楚，适用法律正确，应当予以维持。理由是：1. 惠尔讯公司不具备上诉人的主体资格。其一，根据反垄断法的规定，消费者取得垄断纠纷民事诉讼上诉人主体资格的前提条件是经营者实施了垄断行为，消费者因经营者的垄断行为遭受了实际损失，惠尔讯公司没有证据证明其确因深圳市有害生物防治协会的所谓“垄断行为”遭受了损失。其二，惠尔讯公司与深圳市正立业卫服务有限公司签署的合同时为了诉讼而签订的，约定的服务内容并不存在。2. 深圳市有害生物防治协会与会员单位拟定的“自律公约”不属于垄断协议。其一，从“自律公约”的制定目的看，有害生物防治工作涉及人民群众的生命健康安全，有必要对该行业进行规范，制止不正当竞争，因此，“自律公约”并非达到垄断消杀市场的目的。其二，从“自律公约”的实施结果看，没有证据显示会员企业通过“自律公约”实现超过合理利润的“垄断利润”，或者限制了该行业的正当竞争。其三，从“自律公约”的内容看，规定不得低于深圳市物价局批复中收费标准的80%是合法合理的。其四，从消杀企业市场准入和消杀企业的资质等级评级来看，协会颁发的资质证书、等级证书仅是协会内部会员之间相互承认的，对外没有约束力。也即，只要经过工商注册登记就能够从事有害生物防治业务，是否持有深圳市有害生物防治协会颁发的资质，并不能影响其从事有害生物防治业务。3. 深圳市有害生物防治协会与会员签订的“自律公约”的行为并不构成垄断。其一，“自律公约”并非以垄断市场为目的；其二，“自律公约”制定后客观上不可能达到垄断市场的结果；其三，“自律公约”是为了维护社会公共利益服务的，根据《反垄断法》的规定，并不构成垄断。

本院查明，原审法院查明的事实属实，本院予以确认。

二审诉讼期间，深圳市有害生物防治协会向本院提交了深圳市爱国卫生运动委员会办公室于2012年5月14日出具的《证明》一份，以证明截至2012年5月

6日，深圳市有害生物防治协会有会员单位271家，已通过2011年度除虫灭鼠服务资格等级证或白蚁防治服务资格等级证年审的会员单位有187家，已签订《深圳市有害生物防治服务诚信自律公约》或《深圳市白蚁防治服务诚信自律公约》或两种公约的企业共187家。经当庭质证，惠尔讯公司认为，该证据在二审提交，已过举证时限，对其真实性认可，但对其合法性及与本案的关联性不予认可。

惠尔讯公司向本院提交了三份证据。证据1、“2011年会员名单”（复印件），拟证明深圳市有害生物防治协会会员截至2011年5月17日达357家，具有绝对影响力；证据2、“深圳市龙岗区政府采购中心招标公告”（复印件），拟证明在政府采购除“四害”消杀服务招标中要具有深圳市有害生物防治协会颁发的资质证书；证据3、“出租车发票及2张交寄邮件的收据”（未提交入卷，仅当庭出示）。经当庭质证，深圳市有害生物防治协会对证据1的真实性予以认可，但对其证明内容不予认可；证据2的真实性由法院确认，对证明内容不予认可；证据3的真实性由法院确认，但认为该证据与本案无关。

另查明，截至2012年5月6日，深圳市有害生物防治协会有会员单位271家，已通过2011年度除虫灭鼠服务资格等级证或白蚁防治服务资格等级证年审的会员单位共有187家，已签订《深圳市有害生物防治服务诚信自律公约》或《深圳市白蚁防治服务诚信自律公约》或两种公约的企业共187家。

本院认为，本案为横向垄断民事纠纷。根据本案双方当事人在二审中的上诉和答辩意见，本案争议焦点是：（一）深圳市有害生物防治协会与其会员签订的《深圳市有害生物防治服务诚信自律公约》的行为是否构成固定服务价格的行为；（二）深圳市有害生物防治协会的行为是否具有正当性。

（一）关于深圳市有害生物防治协会与其会员签订的“自律公约”是否构成固定服务价格的行为的问题。惠尔讯公司主张，深圳市有害生物防治协会组织有竞争关系的协会会员通过签订垄断协议，固定除“四害”服务的价格，构成垄断行为。固定服务价格的行为，是指具有竞争关系的经营者利用合同、章程或者其他协同行为，达成固定服务价格的协议，从事排除、限制竞争的行为。本案中，深圳市有害生物防治协会是否构成固定服务价格的行为，首先，必须明确本案是否存在《反垄断法》意义上的相关市场。庭审中惠尔讯公司、深圳市有害生物防治协会均确认本案所涉及的提供除‘四害’有偿服务的深圳市市场为《反垄断法》意义上的相关市场。其次，必须界定相关服务市场的地域范围。深圳市有害生物防治协会的主管部门系深圳市爱国卫生运动委员会办公室，其所有会员单位均在深圳注册，与其提供的除“四害”有偿服务表现出较强竞争关系的地理区域，更主要局限于深圳市，《自律公约》的约束力也仅限于深圳市，且惠尔讯公司主张深圳市有害生物防治协会与其会员签订的《自律公约》构成垄断协议的标准是在深圳市物价局规定的服务价格基础上的统一价格，因此，本案相关市场中的地域范围可以界定为深圳市。再次，深圳市有害生物防治协会与其会员签订的《自律公约》第五条虽然有“……凡违反下列行为者，均视为不正当的竞争行为：1. 在防治工程承包竞标中，为达到承揽工程的目的，报价低于深物价【1997】55号的除‘四害’消杀服务收费标准及其他收费标准的80%以下者（不含80%）……”的规定，但该规定是在已有政府规定的指导价基础之上，结合深圳市经济社会发展的总体水平，作出的限制、制止行业内不正当竞争的措施，并没有完全固定或者强制性统一除“四害”服务的市场价格，实际服务价格仍然留有较大空间或者调整幅度，该服务市场的价格形成机制也并没有因该《自律公约》的存在遭受到严重扭曲。最后，判定深圳市有害生物防治协会的行为是否构成垄断，是否对深圳市除“四害”服务市场竞争产生排除、限制影响，还需根据前述相关市场的界定，确定深圳市有害生物防治协会在相关市场是否已经产生了排除、限制竞争的效果。惠尔讯公司主张深圳市城市管理局签发的深城管【2004】204号《关于行政审批制度改革后续工作的情况报告》给深圳市有害生物防治协会的授权、行业资质评定业务范围、会员单位的数量占比、招标投标范畴以及深圳市有害生物防治协会在行业协会的横向比较等，可以证明深圳市有害生物防治协会在相关市场具有绝对的影响力，但惠尔讯公司提供的证据，不足以证明深圳市有害生物防治协会在除“四害”相关服务市场具有排除、限制了相关市场竞争的效果。相反，深圳市市场监督管理局《关于提供我市除四害企业名单的复函》、深圳市爱国卫生运动委员会办公室出具的证明等证据，证明2011年7月29日涉及有除“四害”经营范围的企业有838家、深圳市有害生物防治协会有会员单位271家、签订《自律公约》的只有187家，从签订《自律公约》服务企业的数量上看，签订《自律公约》的187家企业，仅占838家中22.31%，且除深圳市有害生物防治协会之外，深圳市另有深圳市南山区有害生物防治协会为提供同类服务的行业协会，可见，深圳市有害生物防治协会与其271户会员在深圳市除“四害”消杀服务市场的影响力是有限的。又，深圳市城市管理局《关于行政审批制度改革后续工作的情况报告》（深城管【2004】204号）仅规定，“各除虫灭鼠服务机构领取工商营业执照以后，须到深圳市有害生物防治协会登记，便于行业协会管理”，没有证据显示未签订《自律公约》的600多家企业在承揽业务时，因此受到排挤或者歧视，或者因《自律公约》的签订导致深圳市相关市场提供同类除“四害”消杀服务的组织明显减少、市场服务价格提高或者服务质量降低。因此，综合以上因素，现有证据不能证明深圳市有害生物防治协会中的187家企业在深圳市除“四害”服务市场具有绝对影响力，也不能证明《自律公约》具有严重排除、限制除“四害”相关服务市场竞争的效果。原审判决根据现有证据，认定深圳市有害生物防治协会与其会员签订的《自律公约》不属于垄断协议并无不当，应当予以维持。

（二）关于深圳市有害生物防治协会的行为是否具有正当性的问题。深圳市有害生物防治协会针对惠尔讯公司对其行为构成垄断的指控，抗辩认为其与会员签订的《自律公约》不具有排除、限制竞争的效果，且其行为具有正当性。反垄断法的目的并非保护、倡导无序竞争，而是保护市场公平竞争，维护消费者利益和社会公共利益，促进市场良性健康发展。就本案而言，深圳市爱国卫生运动委员会办公室发布的爱卫办【2003】31号《关于建立有害生物防治有偿服务不正当竞争举报制度的通知》（以下简称《通知》）指出“……当前，有害生物防治有偿服务市场的不正当竞争行为日趋突出，扰乱了市场的正常秩序，影响了除虫灭鼠和白蚁防治的效果，社会反应很大……”《通知》明确禁止在防治工程承包竞争中，为达到承揽工程的目的，报价严重偏离深物价【1997】55号文的除“四害”、深价联字【2003】8号文白蚁防治收费标准规定，以低于成本价承揽除虫灭鼠、白蚁防治业务的行为。深圳市有害生物防治协会与其会员签订《自律公约》正是为了进一步落实上述规定，确保除“四害”市场有序竞争，维护消费者利益和公共利益。此外，深圳市物价局下发深物价【1997】55号文至《自律公约》签订之时，已过十余年，期间随着我国社会发展进步，社会经济领域发生了很大变化，除“四害”消杀服务市场及其服务价格的形成机制、标准也相应发生了较大变化。在此情况下，深圳市有害生物防治协会以深圳市深物价【1997】55号《通知》为根据、以广州市物价局2000年出台的除“四害”有偿服务收费指导价格作为参考，与其会员签订《自律公约》，禁止在防治工程承包竞投中，为达到承揽工程的目的，实施报价低于深物价【1997】55号《通知》规定的除“四害”消杀服务收费标准及其他相关收费标准的80%以下的不正当的竞争行为，并作为签订《自律公约》的会员单位之间自我约束、自我监督、自我管理的行为规范，其本身并不违反法律规定，且从实施的实际效果看，如前所述，尽管深圳市有害生物防治协会与其会员签订的《自律公约》一定程度上限制了会员企业的服务行为，但《自律公约》并没有严重排除、限制深圳市除“四害”消杀服务相关市场竞争的效果，也即竞争并未被实质性削弱。因此，原审法院认定深圳市有害生物防治协会与其会员签订《自律公约》的行为具有正当性，其正当性抗辩成立并无不当，本院予以支持。

至于深圳市有害生物防治协会答辩中提出的惠尔讯公司诉讼主体资格问题，因惠尔讯公司认为《自律公约》违反反垄断法而发生争议，并据此提起诉讼，要求深圳市有害生物防治协会承担民事责任。因此，惠尔讯公司系本案适格主体，可以依法参加本案诉讼并主张权利。

综上所述，原审判决认定事实清楚，适用法律正确，应当予以维持。上诉人深圳市惠尔讯科技有限公司上诉理由不能成立，应予驳回。依照《中华人民共和国民事诉讼法》第一百五十三条第一款第（一）项的规定，判决驳回上诉，维持原判决。

2. 纵向限制竞争行为

纵向限制竞争行为是指处于不同流通环节的企业之间的垄断。它的主要特征是发生在不同流通环节的企业之间，如生产者与批发商、批发商与零售商之间等。纵向限制竞争行为主要有以下几个方面：

（1）维持转售价格。通常是在制造者与销售者、批发商与零售商之间达成协议，规定销售者或零售商必须按固定的价格转售其商品。

（2）附不当约束条件交易，即以交易对方接受额外的义务作为与它们订立合同的条件，而这些额外义务按其性质或商业习惯，与该合同的标的是毫无联系的；

（3）附不当排他条件交易，即处于不同环节的企业之间进行交易时，以约定达成交易的一方不与另一方的竞争者进行经济往来为条件。也就是说，一方不向另一方的竞争者供给物资、资金及其他经济上的利益，从而限制了竞争。

【案例6—2】　　辽宁建筑材料工业协会组织企业垄断协议案①

2010年11月30日，辽宁省建筑材料工业协会组织辽宁10余家水泥生产企

① 参见《中国工商报》，载http：//www.cicn.com.cn/content/2013-08/07/content_129808.htm。

业召开会议，以“节能减排、产能过剩”为由签订了自律公约，内容主要涉及两个方面的协议垄断条款。第一，冬季限产。按照协议要求，所有参与企业要在2010年12月15日至2011年2月28日停产，进行设备检修和维护。跨省集团限产时间内如不停窑，继续生产熟料运往省外本集团其他企业使用，要确保所生产熟料全年全部销往省外内部企业，限产期间不准转供省内内部粉磨站，熟料基地不准有熟料落地储存。为保证停产约定能实际履行，约定“以窑为单位交纳违约保证金，若违背约定，按严重违约处罚，全额没收保证金，转为停窑企业的补偿”。第二，价格自律。2011年3月1日开工生产后，熟料每吨最低价260元。

国家工商总局于2011年7月授权辽宁省工商局对该协会及有关企业正式进行立案调查。辽宁省工商局认为，在辽宁水泥市场，水泥熟料生产企业处于市场优势地位。本案当事人正是凭借这种市场优势地位，为了避免竞争者之间“相互压价”，通过限制熟料生产、减少对粉磨企业的熟料供应来限制或排除竞争。2012年3月至8月，辽宁省工商局对涉案当事人分别作出行政处罚决定，共罚款1 637万元。

二、各国关于垄断协议的禁止性规定

鉴于垄断协议行为对市场竞争的巨大危害，各国反垄断法都确立了禁止垄断协议的基本原则，并规定了非常严格的法律责任。这是反垄断法的主要支柱之一。

美国《谢尔曼法》第1条规定：任何契约、以托拉斯形式或其他形式的联合、共谋，用来限制州际间或与外国之间的贸易或商业，是非法的。任何人签订上述契约或从事上述联合或共谋，是严重犯罪。如果参与人是公司，将处以不超过100万美元的罚款；如果参与人是个人，将处以10万美元以下罚款，或3年以下监禁。或由法院酌情并用两种处罚。《欧洲共同体条约》第85条第1款禁止企业之间的协议、企业联合组织的决议以及企业之间相互协调的行为，如果这些协议、决议以及行为能够影响成员国之间的贸易，而且以妨碍、限制或者扭曲共同体市场内部的竞争为目的，或者能够产生这样的后果。德国《反限制竞争法》第1条规定：“处于竞争关系之中的企业之间达成的协议、企业联合组织作出的决议以及联合一致的行为，如以阻碍、限制或扭曲竞争为目的或使竞争受到阻碍、限制或扭曲，则是禁止的。”日本《禁止垄断法》第3条禁止事业人进行不正当竞争的交易限制，而根据该法第2条第6项，所谓“不正当交易限制，是指事业人以契约、协议或其他名义，与其他事业人共同决定、维持或者提高交易价格，对数量、技术、产品、设备或者交易对象等加以限制，相互间约束或完成其事业活动，从而违反公共利益，对一定交易领域内的竞争构成实质性的限制”。我国台湾地区“公平交易法”第14条规定禁止事业者为联合行为，其第7条规定：“本法所称联合行为，谓事业以契约、协议或其他方式之合意，与有竞争关系之他事业共同决定商品或服务之价格，或限制数量、技术、产品、设备、交易对象、交易地区等，相互约束事业活动之行为而言。”

对于垄断协议行为的构成要件进行分析，有助于正确理解和适用垄断协议的禁止性规则。在各国反垄断法中，对垄断协议的行为主体有着不同的规定。美国《谢尔曼法》第8条规定：“本法提到的‘人’，包括依据美国联邦法律、州法、准州法或外国法律成立的，经上述法律授权的现存公司及联合会。”这实际上承认一切具有法律人格的自然人和组织都是协议垄断行为的主体。在欧洲共同体和德国的竞争法中，协议垄断行为的主体是“企业”。这里的“企业”是一个功能性的概念，不仅包括具有独立法人人格的一切形态的企业，而且还包括自由职业者、从事市场活动的国家及其他公权力载体。日本《禁止垄断法》规定的主体是指“事业人”，指从事商业、金融业以及其他事业的人，其范围也非常广泛，包括一切从事市场交易行为的主体。可见，各国法律和实践对于垄断协议行为的主体都界定得很宽泛。

在客观方面，垄断协议的行为主体必须订立了限制竞争的协议、作出了限制竞争的决议或者实施了限制竞争的协调行为。甚至仅仅达成限制竞争的合意，垄断协议即告成立，行为人是否将限制竞争的合意付诸实施并不影响垄断协议行为的成立。

在主观上，一般要求行为主体具有过错，这种过错即限制竞争的共同意图。在各国以往的执法实践和司法实践中，都非常强调主体之间必须在主观上具有限制竞争的合意，并且还要求这种合意具有相互性和共同性。由于主观上的过错很难证明，实践中通常是利用间接证据推断出垄断协议行为，因此总的趋势是降低主观过错方面的要求。如德国于1998年修订《反限制竞争法》第1条时，就删除了企业之间订立卡特尔协议必须具备“共同目的”这一侧重于行为人主观意图的规定，而改称“处于竞争关系中的企业”。“共同目的”是德国卡特尔法中历来使用的术语，其确切的法律意义在解释上和实践中一直颇多争议。所以此次修订第1条规定时取消了这一徒增困惑的要件。这样，只要企业之间存在竞争关系（包括现实的竞争和潜在的竞争），那么它们就不得订立卡特尔协议，而它们在从事此项行为时是否具有“共同目的”则可在所不问。如果说，“共同目的”侧重于行为人的主观意图，因而不具备明确、特定的客观意义，那么，“处于竞争关系之中”则着眼于客观的市场关系，因而是可以客观化、特定化的要件。这无疑是有利于贯彻卡特尔禁止原则的。①

垄断协议侵犯的客体，即反垄断法所保护的自由竞争的机制和公平竞争的秩序。

三、我国《反垄断法》对垄断协议的规制

垄断协议是反垄断法的重要调整对象之一。我国《反垄断法》在第二章专章规定了垄断协议，对其的规制采取一般禁止规定与类型列举相结合的立法例。首先，在第13条第2款作出一般性概括：“本法所称垄断协议，是指排除、限制竞争的协议、决定或者其他协同行为。”其次，依据垄断协议主体的不同，《反垄断法》第14条和第15条将其分为以下两类：其一是具有竞争关系的经营者达成的垄断协议，其二是经营者与交易相对人达成的垄断协议。分别对应上述横向限制竞争行为和纵向限制竞争行为。此外，《反垄断法》第16条还特别强调，行业协会不得组织本行业的经营者从事《反垄断法》禁止的协议垄断行为。

（一）横向垄断协议

横向垄断协议是指两个或两个以上因生产、销售同一类型产品或提供同一类服务而处于相互直接竞争关系中的竞争者，通过共谋而实施的限制竞争行为。我国《反垄断法》所禁止的具有竞争关系的经营者达成的垄断协议主要包括以下六种：（1）固定或者变更商品

---

① 参见邵建东：《德国新修订的〈反限制竞争法〉介评》，载《南京大学法律评论（特刊）》，2000年春季卷。

价格；(2) 限制商品的生产数量或者销售数量；(3) 分割销售市场或者原材料采购市场；(4) 限制购买新技术、新设备或者限制开发新技术、新产品；(5) 联合抵制交易；(6) 国务院反垄断执法机构认定的其他垄断协议。

(二) 纵向垄断协议

纵向垄断协议是指两个或两个以上在同一产业中处于不同阶段而有买卖关系的经营者，通过共谋而实施的限制竞争行为。由于纵向垄断协议行为是非竞争者之间的联合行为，因此对竞争的影响比横向垄断协议行为要小。因此，反垄断法在对其进行规制时，适用除外的情形远比横向垄断协议行为多。可以说，纵向垄断协议行为原则上都是允许的，除非对社会整体利益的实现构成威胁。

我国《反垄断法》所禁止的经营者与交易相对人达成的垄断协议主要包括以下三种：(1) 固定向第三人转售商品的价格；(2) 限定向第三人转售商品的最低价格；(3) 国务院反垄断执法机构认定的其他垄断协议。

除《反垄断法》外，我国其他法律对垄断协议方面的内容也有所涉及。如，《反不正当竞争法》第 15 条禁止串通投标卡特尔："投标者不得串通投标，抬高标价或者压低标价。投标者和招标者不得相互勾结，以排挤竞争对手的公平竞争。"《招标投标法》第 32 条也有类似规定。《价格法》第 14 条第 1 项禁止价格卡特尔行为：经营者不得有下列不正当价格行为："相互串通，操纵市场价格，损害其他经营者或者消费者的合法权益"。

【案例 6—3】 北京锐邦涌和科贸有限公司和强生（上海）医疗器材有限公司、强生（中国）医疗器材有限公司纵向垄断协议案

北京锐邦涌和科贸有限公司（以下简称锐邦公司）是强生（上海）医疗器材有限公司和强生（中国）医疗器材有限公司在北京地区从事缝合器及缝线产品销售业务的经销商。2008 年 1 月 2 日，强生公司与锐邦公司签订经销合同，约定锐邦公司自 2008 年 1 月 1 日至 12 月 31 日在强生公司指定的相关区域销售爱惜康缝线部门的产品。附件中规定了锐邦公司的经销区域以及经销指标及锐邦公司不得以低于规定的产品价格销售。2008 年 3 月，锐邦公司在北京大学人民医院举行的强生医用缝线销售招标中以最低报价中标。4 月。强生公司人员对锐邦公司的低价竞标行为提出警告。7 月 1 日，强生公司致函锐邦公司，以其在竞标中私自降低销售价格以获取非授权区域的缝线经销权为由，扣除保证金 2 万元，并取消其在北京阜外医院、北京整形医院的销售权。锐邦公司向强生公司反映无果。8 月 15 日起，强生公司不再接受锐邦公司医用缝线产品订单。9 月，强生公司停止了供货，直至合同期满。2009 年，双方未续签合同。2010 年 8 月 11 日，锐邦公司诉至法院，主张经销合同中的限制最低转售价格条款，构成反垄断法禁止的纵向垄断协议，要求强生公司赔偿其经济损失一千四百余万元。2012 年 5 月 18 日，一审法院判决驳回锐邦公司的全部诉讼请求。锐邦公司随即提起上诉，二审法院经三次开庭审理，于 2013 年 8 月 1 日作出终审判决，认定强生公司的行为属于《反垄断法》禁止的垄断行为，应当对于其行为造成锐邦公司的经济损失承担赔偿责任。

一审法院认为，经销合同中限制锐邦公司向第三人转售最低价格的条款是否属于垄断协议需考量其是否具有排除、限制竞争的效果，具体而言，需要考察产品在相关市场所占份额、相关市场的上下游竞争水平、该条款对产品供给数量和价格的影响程度等因素，且原告锐邦公司应对此承担举证责任。但因为原告所提供的证据不能有效对上述事实加以证明，故驳回原告的全部诉讼请求。

二审法院认为本案存在六个争议点：（1）本案是否应当适用《反垄断法》；（2）上诉人锐邦公司是否属于本案诉讼的适格原告；（3）《反垄断法》第14条所规定的垄断协议是否应当以具有排除、限制竞争效果为构成要件；（4）对限制最低转售价格协议具有排除、限制竞争效果的举证责任应如何分配；（5）本案中原、被告签订的限制最低转售价格协议条款是否构成反垄断法所禁止的垄断协议；（6）本案中的赔偿损失应当如何计算。法院依据案件事实，认定医用缝线市场竞争不充分，强生公司占有较大份额的市场，其限制最低转售价格的动机在于回避价格竞争，该行为限制竞争的效果很明显，而促进竞争的效果不明显，所以，强生公司限制最低转售价格协议属于我国《反垄断法》意义上的纵向价格垄断协议，也就是说，该协议是《反垄断法》规制的非法行为。①

第三节　滥用市场支配地位行为

禁止滥用市场支配地位行为的制度，在反垄断法中属于行为规制的范畴，但又是与结构有关的行为规制。由于具有市场支配地位的企业具有滥用这种地位的可能性，相对于其他企业更容易从事违法行为，因而反垄断法需要对其进行特别的监督和控制。这也是各国反垄断法的三大实体支柱之一。

一、市场支配地位概述

（一）市场支配地位的含义

市场支配地位（market dominant position），又称“控制市场地位”，系德国《反限制竞争法》和《欧洲共同体条约》使用的概念。其他国家或地区的反垄断法并没有明确这个概念。美国反托拉斯法使用的相应概念是“垄断力”（monopoly power），即企业在特定的相关市场上具有控制价格或排除价格的能力。日本《禁止垄断法》则使用了“垄断状态”，用以表示事业者在一定规模的相关市场上，占有较高的市场份额，从而对市场竞争产生明显不利影响的状态。我国台湾地区“公平交易法”使用的是“独占”概念。各国反垄断法中对此的称谓不完全一致，但它们所指的经济现象却是大致相同的，一般都是指一个经营者或者数个经营者作为整体在相关市场内具有能够控制商品价格、数量或者其他交易条件，或者能够阻碍、影响其他经营者进入相关市场的能力的市场地位。其中的“相关市场”，是指经营者在一定时期内就相关商品或者服务进行竞争的范围或者区域。一般来说，具有市场支配地位的经营者都是市场份额较大、实力较雄厚的大公司、大企业。因此，虽然各国反垄断法一般都不禁止经营者通过竞争取得市场支配地位，但都禁止经营者滥用其市场支配地位排除、限制竞争的行为。

---

① 上海市高级人民法院（2012）沪高民三（知）终字第63号民事判决书，载中国裁判文书网，http://www.court.gov.cn/zgcpwsw/sh/zscq/201311/t20131107_162359.htm，访问日期：2015-07-25。

我国《反垄断法》采纳了“市场支配地位”的概念，该法第 17 条第 2 款明确界定：“本法所称市场支配地位，是指经营者在相关市场内具有能够控制商品价格、数量或者其他交易条件，或者能够阻碍、影响其他经营者进入相关市场能力的市场地位。”其中，“相关市场”是指“经营者在一定时期内就特定商品或者服务进行竞争的商品范围和地域范围”。

(二) 市场支配地位的认定标准

根据什么样的标准来认定某个经营者是否具有市场支配地位，一直是各国反垄断立法都要解决的问题。西方国家曾讨论过不同的标准，包括市场结果方案、市场行为方案和市场结构方案。依市场结果方案，企业的销售价格和生产成本之间的显著差别而产生的非同寻常的盈利可归结为缺乏竞争，从而可得出企业取得了市场支配地位的结论。依市场行为方案，一个企业如果在确定其销售和价格政策的时候，不受其竞争者的销售和价格政策的影响，这个企业就是占支配地位的企业。而依市场结构方案，一个企业在特定市场上占有相当大的市场份额，就决定了该企业具有市场支配地位。在反垄断法实践中，市场结果方案、市场行为方案都不能单独作为确定市场支配地位的基本依据，而市场结构方案则是被优先使用的。尽管市场份额不是决定市场支配地位的唯一标准，还必须同时考虑其他因素，如对新的竞争者进入市场的障碍、企业的财力、企业垂直联合的程度、企业转向生产其他产品的可能性、交易对手转向其他企业的可能性以及市场行为等，但是市场份额在确定市场支配地位中仍然具有决定性的意义。①

许多国家的反垄断法在规定禁止滥用市场支配地位时都试图对市场支配地位本身作出界定，这种界定是从各国自身的实际情况和具体的政策取向出发的，因而各自规定的具体内容就不尽相同，由此也在一定程度上反映出各国反垄断法之间宽严程度的差异。但多数国家的立法也都是以市场份额对企业具有市场支配地位进行法定推断。不过，【引例】中的美国微软垄断案也告诉了我们，知识经济时代单凭“市场份额”已不足以判断“垄断力”的存在，“进入壁垒”“替代商品”的重要性正在上升，成为法官作出判断的重要依据。笔者认为，认定经营者是否具有市场支配地位，应当综合具体因素进行推定。此外，立法中还需要考虑两个和两个以上的经营者作为一个整体的情形，因此，在市场份额的认定方面，如果数个经营者作为一个整体存在，则需要综合彼此的市场份额进行认定。

我国《反垄断法》对市场支配地位的认定标准作了具体的规定。该法第 18 条规定，认定经营者具有市场支配地位，应当依据下列因素：(1) 该经营者在相关市场的市场份额，以及相关市场的竞争状况；(2) 该经营者控制销售市场或者原材料采购市场的能力；(3) 该经营者的财力和技术条件；(4) 其他经营者对该经营者在交易上的依赖程度；(5) 其他经营者进入相关市场的难易程度；(6) 与认定该经营者市场支配地位有关的其他因素。

【背景资料】 **结构主义·行为主义**

从 20 世纪中期以来，国际反垄断立法的思潮和实践发生了革命性的变化。反垄断立法已经从过去单纯的“结构主义”转向了“行为主义”。结构主义反垄断法主要针对的是市场结构，重点是对行业集中状态进行规制，拥有市场支配地位

---

① 参见［德］P. 贝伦斯：《对于占市场支配地位企业的滥用监督》，载王晓晔编：《反垄断法与市场经济》，204～205 页，北京，法律出版社，1998。

本身即是反垄断法所禁止的。而行为主义反垄断法主要针对的是市场行为，重点是对经营者滥用市场支配地位的行为进行规制。对于市场支配地位本身，反垄断法并不禁止。美国对垄断的控制方式率先逐渐从严格的结构主义模式转向温和的行为主义模式。欧洲各国的反垄断法目前都普遍采用行为主义垄断控制模式，从而形成了一些巨型的跨国公司和超巨型的经营者集中行为。

“结构主义”和“行为主义”也反映在对违反了反垄断法的经营者如何进行惩罚的方面：结构主义往往采取切割、解散经营者的严厉措施，从根本上改变市场结构，恢复竞争秩序；而行为主义则较为温和，不主张从结构上拆分违法经营者，而采取责令其停止违法行为和损害赔偿的方法。在【引例】“美国微软垄断案”中，一审法官提出的拆分方案就是典型的“结构主义”的体现，而原、被告在2001年达成的临时性协议则主要对微软公司进行“行为规制”，该项协议反映和契合了美国20世纪末、21世纪初重兼并轻垄断的社会发展趋势，其中更透视出了知识经济时代企业生存的法则。

（三）市场支配地位的形态

根据不同的标准，可以对市场支配地位的形态作不同分类。在反垄断法上，市场支配地位的形态多种多样，而不是仅限于独占或寡头。例如，德国《反限制竞争法》第19条第2款规定了以下几种情形：没有竞争者、没有实质上的竞争、突出的市场地位、寡头、法律推定的独占和寡头。综合起来，市场支配地位大致有以下几种形态[①]：

1. 经营者在相关市场上处于无竞争状态，即根本没有竞争对手

这是经济学上所谓的“独占”或完全垄断。这种独占地位，可以依据法律规定获得和维持，也可以是一种自然垄断状态。企业在相关市场上没有竞争者，不面临来自任何方面的现实的或潜在的竞争，当然可以任意左右和控制市场，因此，其具有支配市场的地位。

2. 在相关市场上不存在实质性的竞争，即意味着某个经营者具有准垄断地位

考察经营者是否具有准垄断地位，可以从两个方面着手：一是分析经营者的市场行为，从其实际实施或可以实施的市场行为中，推断出该经营者是否具有准垄断地位。二是考察经营者的市场结构要素，如该经营者占有的市场份额以及其他一些重要的结构特征。从各国的法律适用实践看，执法机关和司法机构倾向于对市场行为和市场结构的各种因素作综合的和整体的考察。

3. 具有压倒性地位或突出的市场地位

这是指一个经营者相对于其他竞争对手而言，具有压倒性的或突出的市场地位。此处所谓压倒性或突出的市场地位仅仅是一个相对的概念，必须根据相关市场上的具体情况来确定。除了重点考察该经营者的市场份额之外，还要考虑其他各种相关的结构因素。

4. 寡占地位

寡占地位是指两个或两个以上的经营者，在相关市场上不存在实质上的竞争，而在整体上具备垄断、准垄断或突出的市场地位，并且在对外关系上统一采取行动。

5. 法律推定具有市场支配地位的情形

各国反垄断法一般从其市场份额的占有情况来推定经营者具有市场支配地位。如德国

---

① 本书关于市场支配地位的形态的内容，参见邵建东编著：《竞争法教程》，248～249页，北京，知识产权出版社，2003。

《反限制竞争法》第19条第3款规定，一个经营者占有1/3市场份额的，由三个或者三个以下经营者组成的整体共同占有50%的市场份额，或者由五个或五个以下经营者组成的整体共同占有2/3市场份额的，都可以推定其具有市场支配地位。不过，如果这些经营者能够证明在现有竞争条件下，它们之间能够开展实质性的竞争，或者这些经营者整体上相对于其他竞争者不具有突出的市场地位，上述推定不成立。

在我国《反垄断法》中第19条也规定，有下列情形之一的，可以推定经营者具有市场支配地位：(1)一个经营者在相关市场的市场份额达到1/2的；(2)两个经营者在相关市场的市场份额合计达到2/3的；(3)三个经营者在相关市场的市场份额合计达到3/4的。有前述第2项、第3项规定的情形，其中有的经营者市场份额不足1/10的，不应当推定该经营者具有市场支配地位。被推定具有市场支配地位的经营者，有证据证明不具有市场支配地位的，不应当认定其具有市场支配地位。

二、滥用市场支配地位的行为及其法律规制

在大多数国家的反垄断法中，市场支配地位本身并不违法，只有对这种地位加以滥用才是违法的，因此，如何确认滥用市场支配地位的行为就成为各国反垄断立法的关键问题。何为"滥用"呢？从一般意义上说，滥用是指行为人在行使权力时，超出法律和道德所规定的范围，而给他人和社会造成损害的行为。在各国反垄断立法中，都没有对滥用一词的概念作出规定，而只是对滥用行为作了列举。

需要注意的是，滥用市场支配地位的行为与正常的市场行为之间并不存在一条明确的界限，其表现形式多样并且是不断变化的。因此，各国（地区）立法对滥用市场支配地位行为的分类和列举也不尽一致。例如，《罗马条约》第86条的规定较为详细地反映了滥用市场支配地位行为的具体形式：(1)直接或间接地强迫接受不公平的收购价格、销售价格或其他交易条件；(2)对生产、销售或技术发展施加对消费者不利的限制；(3)在相同的交易中，对其他贸易对手采用不同的条件，从而使它们在竞争中处于不利的地位；(4)以对方接受额外的义务作为与它们订立合同的条件，而这些额外义务按其性质或商业习惯，与该合同的标的并无联系。德国《反限制竞争法》第19条第4款列举了下列四类滥用市场支配地位的行为：(1)无正当理由，妨碍其他企业参与竞争；(2)向交易相对人索取过高的报酬和其他交易条件；(3)给予交易相对人不公平待遇；(4)拒绝他人进入自己的网络或其他基础设施。我国台湾地区"公平交易法"第10条列举的滥用市场支配地位行为包括：(1)以不公平的方法，直接或间接阻碍其他事业参与竞争；(2)对商品价格或服务报酬，予以不当之决定、维持或变更；(3)无正当理由，使交易相对人给予特别优惠；(4)其他滥用市场地位的行为。

笔者认为，尽管各国（地区）立法列举不尽一致，但滥用市场支配地位的行为基本上可以分为两种基本类型：一是针对同业竞争者所实施的滥用行为，二是针对交易相对人所实施的滥用行为。前者包括掠夺性定价或不当贱卖、垄断高价和不当低价收买、独家交易、搭售或附加不合理的交易条件、市场封锁、设施垄断、滥用知识产权和技术优势，等等，构成要件上强调无正当理由妨碍他人的公平竞争，并且产生了实质性影响；后者包括价格歧视等差别待遇、强制交易、不当拒绝交易，等等，构成要件上强调"不正当或不公平"的因素。这既是反垄断法中的"合理原则"的体现，也是反垄断法具有不确定性的重要原因之一。

我国《反垄断法》实际上就是从上述两个方面来考虑的。根据我国《反垄断法》第17条的规定，禁止具有市场支配地位的经营者从事下列滥用支配地位的行为：（1）以不公平的高价销售商品或者以不公平的低价购买商品；（2）没有正当理由，以低于成本的价格销售商品；（3）没有正当理由，拒绝与交易相对人进行交易；（4）没有正当理由，限定交易相对人只能与其进行交易或者只能与其指定的经营者进行交易；（5）没有正当理由搭售商品，或者在交易时附加其他不合理的交易条件；（6）没有正当理由，对条件相同的交易相对人在交易价格等交易条件上实行差别待遇；（7）国务院反垄断执法机构认定的其他滥用市场支配地位的行为。此外，该法第55条还规定，经营者滥用知识产权，排除和限制竞争的行为，适用本法。

在处理滥用市场支配地位的垄断行为时，基于“合理原则”，应当允许被指控实施滥用市场支配地位行为的经营者对有关指控进行抗辩，为自己的行为进行辩护。如果处于市场支配地位的经营者能够对自己被指控的行为作出客观合理的解释，即它采取的行为是维护自己合法利益的恰当手段，并且主观上出于善意，反垄断主管机构和法院就可以不认定其为滥用行为。例如，拒绝交易是出于购买者本身的不当行为，或者出于技术上和为使用者安全考虑的搭售是必要的、适当的。允许这种抗辩是要在处于市场支配地位的经营者的利益与其竞争者的利益之间进行平衡协调，防止不适当地偏向某一方。[①] 这也是经济法的平衡协调本质和基本原则的体现。

【案例6—4】 微软垄断案中的滥用市场支配地位行为分析[②]

本章【引例】美国微软垄断案，主要涉及的就是滥用市场支配地位的垄断行为问题。二审法院之所以推翻一审判决，其原因主要在于对于以下实体问题二审法院与一审法院存在严重分歧：

1. 对于地区法院认定“微软以反竞争行为维持其在操作系统市场上的垄断地位”的结论，上诉法院予以确认，但对一审判决中没有明确说明的该罪的构成标准进行了补充性的阐述。该法院认为，被告构成“维持垄断”必须有两个要件：一是被告已经在相关市场处于垄断地位，二是其用“反竞争的手段”维持这种地位。前者需要原告准确定义“相关市场”的范围并以市场份额、进入壁垒等因素说明垄断力的存在；后者则要求原告证明垄断者的行为有必然的“反竞争的后果”，并反驳垄断者基于“正当竞争的理由”（pro-competitive justification）提出的抗辩。上诉法院认为微软在操作系统市场上有95%的份额，尤其强调该份额又受到高进入壁垒的保护，因此具有垄断力；而该公司的捆绑、排他性协议等行为也明显具有“反竞争目的”，且没有足够的“正当竞争的理由”可以成立，因此构成“维持垄断罪”。

2. 上诉法院不同意地区法院对于“微软以反竞争行为企图在浏览器市场上进行垄断”的结论。美国反垄断法判例认为，“要证明谢尔曼法第2条的‘企图垄

① 参见王先林：《从微软垄断案看市场支配地位及其滥用——兼论我国反垄断立法相关问题》，载史际春主编：《经济法学评论》，第1卷，64～65页，北京，中国法制出版社，2000。

② 参见廖振、梁远航：《论知识经济时代反垄断法的制度设计和价值取向——“微软垄断案”二审判决分析》，载《社会科学研究》，2003（1）。

断’，原告必须证明：1. 被告进行了掠夺性或反竞争的行为；2. 被告有企图垄断的意图；3. 被告取得垄断力量有‘成功的绝对可能性’（a dangerous probability of success)”。两审法院正是在对第三个要件的认定上产生了分歧。

在杰克逊法官看来，微软将IE浏览器和Windows捆绑的行为以及造成IE在浏览器市场上份额大幅上升的后果本身就证明了微软垄断浏览器市场“成功的绝对可能性”。“IE在浏览器市场上的份额已经达到50%以上，在2001年将超过60%，而且其上升趋势仍在继续……当‘企图垄断’的其他两个要件已满足时，被告控制50%以上的市场份额本身就可以看成是‘成功的绝对可能性’。”

上诉法院认为，杰克逊法官的认识忽略了一个重要事实，即微软的捆绑之所以成功是建立在两个公司的浏览器功能相似的基础上，这意味着一旦有另一个竞争者开发出功能明显优于IE的浏览器，顾客仍然会选择新浏览器安装到自己的计算机上，微软IE的市场份额会马上降低。“潜在进入者”可能性的存在使微软的垄断只是暂时性的、不可靠的。因此，上诉法院认为要证明微软真的在浏览器市场上有垄断“成功的绝对可能性”，必须证明微软在浏览器市场上也像它在操作系统市场上一样建立起了阻止新进入者的壁垒。而地区法院和原告都忽略了这一点。由于原告对以上两点都证明不力，因此上诉法院撤销了该项指控：“鉴于原告无论是在地区法院还是在本庭的口头辩护中，都没有就浏览器相关市场进行任何界定，也不能提出清晰的证据证明微软能建立起重大壁垒，我们不认为应该再给原告一次证明的机会，因此，该项指控无须发回地区法院重审，直接撤销。”

3. 两审法院争议的焦点是“捆绑”行为本身是否构成违反《谢尔曼法》第1条的规定的垄断行为。在整个“微软垄断案”中，最富争议的莫过于如何给微软的“捆绑”行为定性。微软公司宣称它们的行为是一项创新，提高了Windows的功能并满足了消费者的需要。但在杰克逊法官的眼里，该行为是一种“搭售”，搭售损害了消费者的选择权，同时也排斥“搭卖品”市场的竞争者。杰克逊法官认为，“搭售行为的目的不会超出扼杀竞争之外”，因此，“这一行为本身就是违法的，无须对该行为造成的确切损害作详细调查，或对其适用作出辩解”。可见，杰克逊法官在此使用了“本身违法原则”来判定搭售行为的性质。但是，在涉及“本身违法原则”时，还需要讨论“由谁来判断搭售是否成立”。在这一问题上，杰克逊法官把决定权交给了消费者。

上诉法院对上述问题却有不同的认识。该法院认同了微软关于应该由“技术精英”引导知识经济时代消费者消费的观点。微软在上诉状中声称，将IE整合入Windows是一种有益的创新，但由于技术的复杂性和顾客消费的惰性，消费者可能无法在短时间内了解这种创新的好处，如果单一屈从于“个体顾客的选择”，将会“阻止企业向它们的产品中整合新功能，从而损害创新”。上诉法院在其判决中婉转地认可了这一点。

同时，上诉法院也提出：“本身违法原则”只是适用于那些“除了损害竞争之外没有一点益处”的行为。搭售在传统垄断法上被视为“本身违法”只是因为在工业时代，搭售的确难以带来可以弥补其对竞争造成的危害的社会福利。然而，在本案中，上诉法院认为搭售的确带来了一些不可低估的社会福利，主要有：(1) 捆绑IE使Windows（结卖品）本身的功能得到加强，“这是以前的案例中没有料到的"；(2)"许多在技术动力时代十分有益的进步来自于捆绑，而平台软件本身又具有无可比拟的创新特点"，在这里，上诉法院举出了IBM公司将磁盘与驱动器捆绑的例子；(3)"把IE加入Windows不单独收费，使人们更加普遍地熟悉了互联网，减少了公众访问互联网的成本，至少因此促使网景公司停止对Navigator收费……这些行为提高了网络浏览软件的质量，降低成本，提高可靠性，从而使消费者受益。"鉴于此，上诉法院认为，不能贸然地断定该捆绑是"本身违法"的，而应比较其带来的正、负影响，再决定它的性质，"因此，我们裁定将该项指控发回地区法院，要求他们以'合理原则'重新评价微软的捆绑行为"。

在判决的最后，上诉法院小心翼翼地表示了自己对知识经济时代搭售行为如何认定无法把握的态度："我们手边没有证据可以认为'本身违法原则'对软件市场不合用，也不敢轻易设定一个先例，要求以后法庭在考虑搭售行为的正当性时每次都必须使用'合理原则'。我们对本案的理解仅仅限于：在软件领域机械地照搬'本身违法原则'将给操作系统软件的革新，乃至PC市场、网络市场到整个信息产业罩上一层乌云。"

不难看出，微软垄断案涉及了相关市场的界定、市场支配地位的认定、滥用市场支配地位行为的认定以及"本身违法原则"的适用等诸多问题，是反垄断法律实践中难得的经典案例。

三、我国关于滥用市场支配地位的其他规定

除《反垄断法》以外，我国其他相关法律对滥用市场支配地位行为也有所规定，如《反不正当竞争法》第6条规定："公用企业或者其他依法具有独占地位的经营者，不得限定他人购买其指定的经营者的商品，以排挤其他经营者的公平竞争。"国家工商行政管理局于1993年12月发布的《关于禁止公用企业限制竞争行为的若干规定》对公用企业作出了解释，并列举了公用企业限制竞争的种种表现。《反不正当竞争法》第20条、第23条以及前述若干规定，规定了对公用企业等滥用市场支配地位行为限制竞争的处罚措施以及利害关系人的救济途径。此外，我国《反不正当竞争法》还规定了低价倾销行为。《价格法》第14条第2项还规定，经营者不得"在依法降价处理鲜活商品、季节性商品、积压商品等商品外，为了排挤竞争对手或者独占市场，以低于成本的价格倾销，扰乱正常的生产经营秩序，损害国家利益或者其他经营者的合法权益"，不得"提供相同商品或者服务，对具有同等交易条件的其他经营者实行价格歧视"，这实际上也是对滥用市场支配地位行为的禁止，因为经营者只有具备了市场支配地位，才可能实施非法低价倾销和价格歧视等限制竞争行为。

【案例6—5】　华为公司诉美国IDC公司滥用市场地位垄断案

【案情介绍】

2011年12月6日，华为公司以美国交互数字集团（Inter Digital，以下简称IDC）滥用市场支配地位为由向广东省深圳市中级人民法院提起反垄断诉讼，请求法院判令其停止垄断行为，并索赔人民币2 000万元。深圳市中级人民法院一

审判决认定IDC实施了垄断行为，判其赔偿华为公司人民币2 000万元，但同时驳回了华为公司提出的关于IDC对必要专利一揽子许可构成捆绑搭售行为的诉求。一审判决后，双方当事人均提起上诉。2013年10月28日，广东省高级人民法院终审维持了深圳市中级人民法院的一审判决，判定IDC实施了垄断行为，判决其赔偿华为公司人民币2 000万元，并不予认可华为公司提出的关于IDC公司对必要专利一揽子许可构成捆绑搭售行为的诉求。

华为公司与交互数字通信有限公司（以下简称交互数字）就涉案专利许可在中国广东省深圳市等地进行了多次谈判。嗣后，交互数字向华为公司发出专利许可要约，其内容包括专利许可使用费数额。

据查，交互数字许可给苹果公司7年（从2007年6月29日始）的专利许可使用费为5 600万美元；许可给三星公司4年（2009—2012）的专利许可使用费为4亿美元。另查明，美国苹果公司、韩国三星公司一直是全球排前几名的手机生产商，而华为公司尚未列入该排名。但即使是在此种情形下，交互数字也向华为公司提出了远远高于美国苹果公司和韩国三星公司的必要专利许可使用价格。

通过对比，华为公司所拥有的专利在质量及数量上均远远超过交互数字，即华为公司专利的市场和技术价值远远超越交互数字。而在交互数字自身违背公平、合理、无歧视义务的情况下，其向美国国际贸易委员会和美国特拉华州地方法院对华为公司提出必要专利的禁令之诉，要求禁止华为公司使用其必要专利。据查，华为公司在与交互数字的谈判中一直处于善意状态，而交互数字在美国提起诉讼的目的在于逼迫华为公司接受过高的专利许可交易条件。

而由于华为公司的生产活动主要在中国深圳，交互数字在美国提起的必要专利禁令之诉，会对华为公司出口产品的行为产生排除、限制性影响，所以交互数字的该行为明显违背其作为3G标准之必要专利权人所应负担的公平、合理、无歧视义务，属于滥用市场支配地位的行为，受我国反垄断法约束。

据调查，交互数字向华为公司发出的必要专利授权许可要约之条件中，还包括将部分标准必要专利以及部分非必要专利捆绑搭售的意思表示；对此，华为公司认为交互数字构成滥用市场支配地位，而交互数字认为其属于合理的交易行为。

【裁判结果】

一审法院判决如下：

“一、交互数字技术公司、交互数字通信有限公司、交互数字公司立即停止针对华为技术有限公司实施的过高定价和搭售的垄断民事侵权行为；

“二、交互数字技术公司、交互数字通信有限公司、交互数字公司自本判决生效之日起十日内连带赔偿华为技术有限公司经济损失人民币2 000万元；

“三、驳回华为技术有限公司的其他诉讼请求。”

华为公司、交互数字均不服原审判决，提起上诉。二审法院判决：驳回上诉，维持原判。

【裁判理由】

（一）关于相关市场的界定问题

相关市场是指经营者在一定时期内就特定商品或者服务进行竞争的商品范围

和地域范围，在反垄断执法实践中，通常需要界定相关商品市场和相关地域市场。

相关市场范围的大小主要取决于商品（地域）的可替代程度。在市场竞争中对经营者行为构成直接和有效竞争约束的，是市场里存在需求者认为具有较强替代关系的商品或能够提供这些商品的地域，界定相关市场主要从需求者角度进行需求替代分析。而当供给替代对经营者行为产生的竞争约束类似于需求替代时，也应考虑供给替代。

1. 相关商品市场

在对本案相关市场进行界定时，必须把握必要专利所具有的如下基本特征：一旦某一专利技术成为必要专利被选入标准后，参与该行业竞争的产品制造商/服务提供商就必须提供符合标准的商品/服务，这意味着其不得不实施相关必要专利技术，而无法做规避设计以绕过该必要专利。

这种标准带来的封锁效应与专利权自身具有的法定垄断属性相结合，使必要专利成为产业参与者唯一且必须使用的技术，产业参与者不得不寻求必要专利权人的许可，否则，将丧失参与竞争的前提和条件。因此，必要专利与一般专利不同，其并不存在充足的实际的或潜在的近似替代品。

首先，从需求替代分析。本案各方当事人均认可，交互数字在中国和美国分别享有3G无线通信技术WCDMA、CDMA2000、TD—SCDMA标准下的大量必要专利。由于每个必要专利技术均是3G无线通信标准体系所必不可少的组成部分，拒绝任何一个必要专利的许可均将导致相关产品制造商无法使用相关技术，从而无法生产出符合标准的产品，被排除在目标市场的准入之外，因此，涉案必要专利技术成为华为公司唯一且必须使用的技术，并无其他技术可供替代。

虽然如交互数字所说，2G、4G标准可以替换3G标准，但随着转移到标准中的资源增加和转换到另一个标准的成本升高，这种转换是困难的。而就本案而言，华为公司为了执行3G无线通信技术标准，已经作出了大量先期投入，这些成本投入不可撤回，若立即放弃该标准而转向其他标准，不仅需承受上述先期投入的成本，还需承受巨大的转换成本和市场风险，这显然是难以执行甚至不可能的。

其次，从供给替代分析，如前所述，专利与标准相结合后，必要专利成为唯一的且必须实施的技术，必要专利权人成为所涉技术市场唯一的供给方。故在涉案必要专利许可市场，并不存在可与交互数字相竞争的经营者。同时，由必要专利自身固有的法定垄断性所决定，亦不存在其他经营者通过短期的合理投入即可转向成为必要专利经营者的可能。

综上，本案的相关商品市场是交互数字在3G无线通信技术中的WCDMA、CDMA2000、TD—SCDMA标准下的每一个必要专利许可市场构成的集合，换句话说，交互数字在中国和美国的3G无线通信技术标准（WCDMA、CDMA2000、TD—SCDMA）中的每一个必要专利许可市场，均构成一个独立的相关市场，本案的相关市场是该一个个独立相关市场的集合。

2. 相关地域市场

由于知识产权具有地域性，在不同的法域，其存在及使用必须符合当地的法律。因此，在专利许可市场中，其许可范围必然与相关专利权所及的地域范围相关。从这个意义而言，即使交互数字在每个国家所获取的相关必要专利，技术方案的内容即使一致，但其权利却是相互独立的，其存在的基础以及行使的范围均不相同，因此彼此之间并不构成竞争关系或者替代关系。所以，虽然交互数字的专利权范围、华为公司的产品遍及全球，但本案的相关地域市场仍为中国市场和美国市场。

（二）关于交互数字在相关市场是否具有支配地位的问题

本案的相关市场是该一个个独立相关市场的集合。由于在知识产权与标准相结合的情况下，产品制造商要生产符合标准的产品，实施必要专利必不可少且不可替代，必要专利的专利权人从而获得超越专利权内涵的市场支配力量。交互数字作为涉案必要专利许可市场唯一的供给方，其在3G标准中的每一个必要专利许可市场具有完全的份额，故其完全具有阻碍或者影响其他经营者进入相关市场的能力。而且，由于交互数字仅以专利授权许可作为其经营模式，自身并不进行任何实质性生产，不需依赖或者受制于3G标准中其他必要专利权利人的交叉许可，故其市场支配力未受到有效制约。因此，交互数字在相关必要专利许可市场具有支配地位。

（三）关于被控行为是否构成滥用市场支配地位的问题

1. 关于是否构成过高定价的问题

本案中，法院根据交互数字年报披露的内容、其他被许可人的销售收入和其他情况，推算其对其他公司的专利许可费率。交互数字认为原审法院对于必要专利定价的比较方法错误，不应将交互数字对其他公司一次性收取的专利许可费直接折算成按实际销售量收取的专利许可费率，从而与对华为公司的许可价格进行比较。

一般来讲，固定许可费与按许可费率收取是两种不同标准的专利许可费收取方式，两者不宜直接比对。但作为持有证据的一方，交互数字始终不愿在本案中提交相关专利许可使用合同，披露其对其他公司按许可费率收取的情况。因此，法院按照现有证据事实进行推断，具有一定的科学性和合理性。同时，交互数字亦始终无法否认，即使就同样方式授权许可的专利使用费用来看，交互数字拟对华为公司一次性收取的固定专利许可使用费，亦均明显不合理地高于其授权给苹果公司的一次性专利许可使用费用。

另外，交互数据无法就其过高收费的正当性和合理性加以证明；且其在谈判中提出附加要求并在美国提起相关诉讼，进一步加强了过高定价的不合理性和不公平。违反了公平、合理、无歧视的法律原则。

综上，法院综合考虑相关许可费的比对、其他公司实际情况、交叉许可情况以及交互数字相关诉讼情况等各因素，认定交互数字就涉案必要专利许可对华为公司的报价，构成不公平的过高定价。

2. 关于是否构成搭售的问题

就搭售而言，应当根据案件具体情况区分来看。在华为公司提出的两类搭售行为中，法院进行了不同判定。

首先，就交互数字将某非必要专利捆绑销售的行为，法院认为：因为该非必要专利一般都存在可替代性，将其捆绑销售，导致必要专利权利人在必要专利许可市场上的市场力量延伸到该非必要专利市场，从而将阻碍或限制相关竞争。因此，认定交互数字该部分相关搭售行为违反《反垄断法》。

其次，关于交互数字将部分必要专利捆绑搭售的行为。法院认为：由于标准技术条件下，必要专利本身就具有唯一性和不可替代性，将其一起捆绑销售，不仅符合效率，而且不会产生如非必要专利般的将在某技术市场上的支配力不当延伸、限制相关市场竞争的问题。同时，从无线通信领域来看，由于必要专利在各个地域均形成不同的权利，对该范围内的必要专利进行打包许可符合效率原则，特别是对跨国公司而言有利于降低成本，进而有利于提高消费者福利。在华为公司没有提出反驳证据的情况下，不宜认定该行为是限制竞争、违反《反垄断法》的。

故此，对此类搭售行为，法院认定其不构成滥用市场支配地位。

第四节　经营者集中

经营者集中是经济活动中的普遍现象。经营者集中的结果具有两面性：一方面，有利于形成规模经济，提高经营者的竞争力；另一方面，又可能产生或者加强市场支配地位，对市场竞争产生不利影响。因此，各国反垄断法都对经营者集中实行必要的控制，以防止因经济力的过于集中而影响市场竞争。

一、经营者集中的含义

经营者集中是各国反垄断法规制的重要对象，但在具体称谓上不尽一致，有“企业兼并”“企业结合”等多种表述。本书主张采用“经营者集中”的概念，并指出，反垄断法的“经营者集中”与企业公司法中的“企业合并”“企业并购”是不同的。经营者集中是一个具有独特内涵的概念，具体是指经营者合并，经营者通过取得其他经营者的股份、资产以及通过合同等方式取得对其他经营者的控制权，或者能够对其他经营者施加决定性影响的情形。

反垄断法规制经营者集中和公司法中的合并、并购规则，其侧重点是不同的。反垄断法规范经营者集中，注重于经营者集中对市场竞争关系产生的影响，旨在维护一个均衡的和竞争性的市场结构，确保市场主体之间开展充分和有效的竞争。而企业公司法规范企业兼并或公司合并，主要是为了确立企业或公司在合并时应当遵循的行为准则、组织原则和程序，以维护公司或企业的债权人和股东的合法权益，确保市场交易的安全性和稳定性。此外，企业公司法上的兼并或合并强调参与合并的企业或公司的主体资格的消灭或变更，而反垄断法上的经营者集中除了包括可能产生这些后果的行为之外，还包括其他多种行为，其侧重点并非在于被合并或兼并的公司之法律人格的变化，而在于集中的经营者对被集中的经营者在经营管理即竞争决策方面的影响和控制，亦即在于经营者集中对市场竞争可能产生的后果。①

---

① 参见邵建东编著：《竞争法教程》，229页，北京，知识产权出版社，2003。

我国《反垄断法》对经营者集中进行了规定。经营者集中包括下列三种情形：(1) 经营者合并；(2) 经营者通过取得股权或者资产的方式取得对其他经营者的控制权；(3) 经营者通过合同等方式取得对其他经营者的控制权或者能够对其他经营者施加决定性影响。

经营者集中以其影响市场的效果和程度为标准，可分为三种具体类型：横向集中、纵向集中和混合集中。横向集中又称水平集中，是指生产经销同类产品或者提供同类服务的同行业的经营者之间进行的集中，参与集中的经营者通常处于直接的竞争关系之中。纵向集中又称水平集中，是指处于不同经营层次和经营环节上的经营者之间进行的集中，参与合并的经营者之间是某种交易关系，如产品的制造商与其前置层次的供应商或后置层次的销售商进行合并。混合集中泛指分属于不同行业、不同经营层次的企业之间进行的集中，包括横向集中和纵向集中以外的其他所有形式的集中，具体又有产品扩张型集中、市场扩张型集中和纯粹的混合集中。

虽然各国反垄断法对经营者集中的监控原则上适用于所有类型的集中形式，但是在实践中，横向集中可以消灭竞争对手，减少竞争者数量，直接影响市场结构，因此，各国法律对经营者集中的控制主要集中在横向集中上。美国为了突出对横向集中的关注，更直接地将经营者集中分为横向集中和非横向集中，非横向集中实际上就是指纵向集中和混合集中。[①]

二、经营者集中的事实构成

根据各国的立法规定及实践分析，经营者集中的事实构成主要分为以下几种类型：

(一) 经营者合并

经营者合并是指一个经营者完全取得另一个经营者的财产，另一个经营者的主体资格消灭，或若干个经营者的财产归于一个经营者所有，而若干个经营者的主体资格消灭，最终实现一种组织上的合并，包括吸收合并和新设合并两种形式。美国《克莱顿法》第7条A规定的企业合并即包括这种直接的合并，合并的主体可以是公司、合伙组织或其他经营组织。这种集中实际上是一种财产集中和组织集中的结合，一般要求参与集中的经营者在集中前必须都是法律上和经济上的独立实体。

(二) 取得股份（资产）

取得股份（资产）作为经营者集中的一种事实构成，是指经营者取得其他经营者足够数量的具有表决权的股份或者资产，进而达到直接或间接支配其他经营者的目的。美国《克莱顿法》第7条起初只禁止取得股份，而不禁止取得资产，1950年《赛勒—克弗维尔法》增加了关于取得资产的规定。目前，各国反垄断法都将取得股份（资产）作为经营者集中的一种主要方式，但在所取得的股份（资产）应达到何种程度才视为经营者集中上有不同的规定。涉及经营者集中申报的标准问题，将在后文进行分析。

(三) 经营集中

经营集中是指经营者通过与另一经营者达成协议等方式，取得对其他经营者的控制权或者达到能够对其他经营者施加决定性影响的行为。经营集中中虽然被集中者的财产和股份没有发生权属上的转移，在法律上也依然保持独立地位，但由于其在经营管理方面以及

---

① 参见李昌麒、刘瑞复主编：《经济法》，291页，北京，法律出版社，2004。

展开竞争方面受制于集中者，因而丧失了自主决策权。因此，经营集中可能达到的实际效果是，若干个经营者变成一个单一的经营主体和竞争主体。

经营集中主要是通过集中者与被集中者之间订立协议达成的。在实践中，这种协议具有多种形式：第一，一个经营者与另一个经营者订立控制协议，另一个经营者自愿接受控制，形成康采恩或企业集团；第二，一个经营者与另一个经营者订立利润上缴协议，约定另一个经营者必须将其全部或者部分利润缴纳给前者；第三，一个经营者与另一个经营者订立营业租赁或转让协议，约定将另一个经营者的生产经营租赁或者转让给前者；第四，一个经营者与另一个经营者订立委托经营协议，约定由前者来经营后者的全部活动。

三、经营者集中的法律控制

经营者集中是经济活动中的普遍现象。在许多情况下，经营者集中都是为了取得和提高规模经济效益，从主观意图来看不一定都以限制竞争为目的，但极有可能产生或者加强市场支配地位，对市场竞争产生不利影响。因此，各国反垄断法都对经营者集中实行必要的控制，以防止因经济力的过于集中而影响市场竞争。控制的主要手段是对经营者集中实行申报制度，并由反垄断执法机构进行审查，决定是否允许经营者实施集中。

（一）经营者集中的申报

经营者集中的申报是指经营者在进行集中之前，为了使反垄断执法机关知悉和了解经营者的集中计划，并就该计划是否合法作出判断，而由经营者向有关机构提供必要的文件和资料的一项制度。申报制度，是反垄断法对经营者集中进行监控的一项预防性措施，有利于国家全面了解经营者集中的现状和趋势，从而掌握采取行动的主动权。

经营者集中的申报标准关系到国家对经营者集中的控制程度。国务院2008年8月3日公布的《关于经营者集中申报标准的规定》规定的申报标准为：

（1）参与集中的所有经营者上一会计年度在全球范围内的营业额合计超过100亿元人民币，并且其中至少两个经营者上一会计年度在中国境内的营业额均超过4亿元人民币；（2）参与集中的所有经营者上一会计年度在中国境内的营业额合计超过20亿元人民币，并且其中至少两个经营者上一会计年度在中国境内的营业额均超过4亿元人民币。

营业额是判断一起经营者集中是否需要申报的基本依据。2009年11月21日，商务部公布的《经营者集中申报办法》在第4条规定了营业额的范围，同时对“在中国境内”作了规定，即：营业额包括相关经营者上一会计年度内销售产品和提供服务所获得的收入，同时扣除相关税金及其附加；“在中国境内”是指经营者提供产品或服务的买方所在地在中国境内。

《经营者集中申报办法》第5条规定了参与集中的单个经营者营业额的计算范围，明确规定具有控制关系的经营者之间发生的营业额不计算在内。此外，在参与集中的单个经营者之间或者参与集中的单个经营者与未参与集中的经营者之间有共同控制的其他经营者的情况下，参与集中的单个经营者的营业额还应当包括被共同控制的经营者与第三方经营者之间的营业额，且此营业额只计算一次。

商务部是经营者集中反垄断审查执法机构，承担受理和审查经营者集中申报的具体执法工作。根据我国反垄断法的相关规定，经营者集中达到上述申报标准的，经营者应当事先向商务部申报，未申报的不得实施集中。经营者集中有下列情形之一的，可以不予申报：（1）参与集中的一个经营者拥有其他每个经营者50%以上有表决权的股份或者资产的；（2）参与集中的每个经营者50%以上有表决权的股份或者资产被同一个未参与集中的经营者拥有的。

经营者向商务部申报集中，应当提交下列文件、资料：（1）申报书；（2）集中对相关市场竞争状况影响的说明；（3）集中协议及相关文件；（4）参与集中的经营者经会计师事务所审计的上一会计年度财务会计报告；（5）商务部要求的其他文件、资料。经营者提交的文件、资料不完备的，应当在商务部规定的期限内补交文件、资料。经营者逾期未补交文件、资料的，视为未申报。

（二）经营者集中的审查

各国反垄断法并非一律禁止经营者集中，而只是禁止那些可能对市场竞争产生重大不利影响的集中行为。因此，确立经营者集中的审查制度，尤其是明确审查的原则和标准就显得十分关键。

根据我国《反垄断法》的规定，反垄断执法机构应当自收到经营者提交的符合法律规定的文件、资料之日起30日内，对申报的经营者集中进行初步审查，作出是否实施进一步审查的决定，并书面通知经营者。反垄断执法机构作出决定前，经营者不得实施集中。国务院反垄断执法机构作出不实施进一步审查的决定或者逾期未作出决定的，经营者可以实施集中。

反垄断执法机构决定实施进一步审查的，应当自决定之日起90日内审查完毕，作出是否禁止经营者集中的决定，并书面通知经营者。作出禁止经营者集中的决定，应当说明理由。审查期间，经营者不得实施集中。

有下列情形之一的，反垄断执法机构经书面通知经营者，可以延长前述规定的审查期限，但最长不得超过60日：（1）经营者同意延长审查期限的；（2）经营者提交的文件、资料不准确，需要进一步核实的；（3）经营者申报后有关情况发生重大变化的。

反垄断执法机构逾期未作出决定的，经营者可以实施集中。

审查经营者集中，应当考虑下列因素：（1）参与集中的经营者在相关市场的市场份额及对市场的控制力；（2）相关市场的市场集中度；（3）经营者集中对市场进入、技术进步的影响；（4）经营者集中对消费者和其他有关经营者的影响；（5）经营者集中对国民经济发展的影响；（6）反垄断执法机构认为应当考虑的影响市场竞争的其他因素。对于外资并购境内企业或者以其他方式参与经营者集中，涉及国家安全的，除依照《反垄断法》的规定进行经营者集中的审查外，还应当按照国家有关规定进行国家安全审查。

经营者集中具有或者可能具有排除、限制竞争效果的，反垄断执法机构应当作出禁止经营者集中的决定。但是，经营者能够证明该集中对竞争产生的有利影响明显大于不利影响，或者符合社会公共利益的，反垄断执法机构可以作出对经营者集中不予禁止的决定。对不予禁止的经营者集中，反垄断执法机构可以决定附加减少集中对竞争产生不利影响的限制性条件。

反垄断执法机构应当将禁止经营者集中的决定或者对经营者集中附加限制性条件的决定，及时向社会公布。

【案例6—6】　　波音与麦道合并案

波音公司和麦道公司分别是美国航空制造业的“老大”和“老二”，居世界航空制造业的第一位和第三位。1996年年底，波音公司用166亿美元兼并了麦道公司。在干线客机市场上，合并后的波音不仅成为全球最大的制造商，而且是美国市场唯一的供应商，占美国国内市场的份额几乎达100%。但是，美国政府不仅没有阻止波音兼并麦道，而且利用政府采购等措施促成了这一兼并活动。其主要原因是：首先，民用干线飞机制造业是全球性寡占垄断行业，虽然波音公司在美国国内市场保持垄断，但在全球市场上受到来自欧洲空中客车公司的越来越强劲的挑战。面对空中客车公司的激烈竞争，波音与麦道的合并有利于维护美国的航空工业大国地位。其次，尽管美国只有波音公司一家干线民用飞机制造企业，但由于存在来自势均力敌的欧洲空中客车公司的竞争，波音公司不可能在开放的美国和世界市场上形成绝对垄断地位。如果波音公司滥用市场地位提高价格，就相当于把市场拱手让给空中客车公司。

由此可见，美国政府在监管企业购并时，不仅仅根据国内市场占有率来判断是否形成垄断，还考虑在整个世界市场范围内是否能够形成垄断。对全球性寡占垄断行业，需要分析全球市场的条件，而不局限于本国市场范围。同时，还考虑国家整体产业的竞争力。因此，在执行反垄断法时，美国政府还是以国家利益为重，为了提高美国企业在全球的竞争力，支持大型企业的重组和并购。

【案例6—7】 可口可乐收购汇源案

可口可乐是全球最大软饮料制造商，汇源果汁集团为中国最大的纯果汁制造商。2008年9月3日，可口可乐宣布以24亿美元收购汇源果汁。香港上市公司汇源果汁同时也公告，称可口可乐旗下全资附属公司以179.2亿港元收购汇源果汁全部已发行股本。

2008年9月18日，可口可乐公司向商务部递交经营者集中反垄断申报材料。经申报方补充，申报材料达到《反垄断法》第23条规定的要求，11月20日，商务部对此项集中予以立案审查。12月20日，在初步审查基础上，商务部决定对该案进行进一步审查。经审查，商务部认定，此项集中将对竞争产生不利影响。集中完成后，可口可乐公司可能利用其在碳酸饮料市场的支配地位，搭售、捆绑销售果汁饮料，集中限制果汁饮料市场竞争，对消费者以及中国果汁饮料市场造成不良影响。为了减少集中对竞争产生的不利影响，商务部与可口可乐公司就附加限制性条件进行了商谈，可口可乐公司对商务部提出的问题提出了解决方案。经评估，商务部认为，可口可乐公司的方案不能有效减少此项集中对竞争产生的不利影响。2009年3月18日，商务部正式宣布，根据《反垄断法》第28条禁止可口可乐收购汇源。这是《反垄断法》自2008年8月1日实施以来首个未获审查通过的案例。

【案例6—8】 商务部关于附加限制性条件
批准丸红公司收购高鸿公司100%股权经营者集中反垄断审查决定的公告

中华人民共和国商务部（以下简称商务部）收到日本丸红株式会社（以下简称丸红公司）收购美国高鸿控股有限责任公司（Gavilon Holdings，LLC，以下简称高鸿公司）100%股权的经营者集中反垄断申报。经审查，商务部决定附加限制性条件批准此项经营者集中。根据《中华人民共和国反垄断法》（以下简称《反垄断法》）第三十条，现公告如下：

一、立案和审查程序

2012年6月19日，商务部收到丸红公司收购高鸿公司100%股权的经营者集中反垄断申报。经审核，商务部认为该申报文件、资料不完备，要求申报方予以补充。7月31日，商务部确认经补充的申报文件、资料符合《反垄断法》第二十三条的要求，对该项经营者集中申报予以立案并开始初步审查。8月30日，商务部决定对此项经营者集中实施进一步审查。经进一步审查，商务部认为此项经营者集中对中国大豆进口市场可能具有排除、限制竞争效果。11月28日，经申报方同意，商务部决定延长进一步审查期限，截止时间为2013年1月27日。在上述审查期间，申报方就商务部提出的竞争问题提交了解决方案，经审查认为不能有效解决该案竞争问题。2013年1月25日申报方申请撤回案件并于1月31日重新申报。2月5日，商务部予以立案。3月5日，商务部决定对此项经营者集中实施进一步审查。

审查过程中，商务部征求了相关政府部门、行业协会和相关企业的意见，了解了相关市场界定、市场结构、行业特征、未来发展前景等方面信息，并对申报方提交的文件、资料的真实性、完整性和准确性进行了审核。

二、竞争分析

商务部按照《反垄断法》及配套规定，对此项经营者集中进行了审查，深入分析了该项经营者集中对市场竞争的影响，认为其在中国大豆进口市场可能具有排除、限制竞争的效果。

（一）交易概况

丸红公司在日本注册成立，总部位于日本东京，在东京、名古屋和大阪证券交易所上市。丸红公司是大型综合贸易公司，在全球范围内从事食品原料、食品、纺织品、原材料、纸浆和纸张、化学品、能源、金属和矿产资源以及运输机械的贸易。在中国大宗农产品进口市场，丸红公司2011年和2012年进口量均居首位。丸红公司在中国境内设有24家子公司和分支机构，拥有成熟的分销渠道和健全的物流仓储设施。

高鸿公司在美国注册成立，总部位于美国内布拉斯加州奥马哈市，是一家私人持股公司。高鸿公司是大宗商品管理公司，在全球范围内从事谷物和配料、化肥以及能源产品的采购、存储和加工、运输和物流、推广和经销以及风险管理服务。以存储能力衡量，高鸿公司是目前北美第三大谷物采购、存储和经销公司，其在美国经营140多家谷物装载点及大型谷物存储设施，并拥有经销网络。高鸿公司还从美国境外如巴西、澳大利亚和乌克兰等关键产区采购谷物。高鸿公司在中国境内设有1家分支机构。

2012年5月29日，丸红公司与高鸿公司签署了《股权收购协议》（以下简称《协议》）。根据《协议》，丸红公司将通过Gold Marble投资公司（丸红公司为本交易而建立的全资子公司）收购高鸿公司全部股权。交易完成后，丸红公司将间接持有高鸿公司100%的股权。

（二）相关市场

丸红公司从美国、加拿大、巴西、澳大利亚、印度、乌克兰等主要生产区域的农户（约占20%）或其他贸易商（约占80%）处采购大豆、小麦、玉米、动物油脂等大宗农产品，并销往日本、中国、韩国、中国台湾地区、印度尼西亚、越南、美国、加拿大、墨西哥、中美洲地区、加勒比地区、欧洲经济区等地。在中国，丸红公司进行大豆、大豆产品、玉米、干粗酒糟等大宗农产品贸易。2012年，丸红公司出口到中国的大宗农产品总量约1 060万吨，其中大豆1 050万吨。

高鸿公司从美国、加拿大和澳大利亚的农户（约占85%）或其他贸易商（约占15%）处采购大豆、玉米、动物油脂等大宗农产品，并销往北美、亚洲、欧洲、拉丁美洲、非洲、加勒比海地区、中东以及大洋洲。在中国，高鸿公司进行黄玉米、大豆、豆粕以及饲料与食物配料等大宗农产品贸易。2012年，高鸿公司出口到中国的大宗农产品总量约40万吨。

根据双方经营范围、方式及商品特性，需求和供给替代等因素，商务部认为中国大豆、玉米、豆粕以及干粗酒糟的进口市场为相关商品市场。同时，考虑到上述商品的实际贸易情况、消费习惯、运输、关税等因素，相关地域市场为中国，同时考虑了全球范围的因素。

（三）竞争分析

此项经营者集中涉及的相关商品中，中国是世界最大的大豆进口国，2012年中国大豆进口量占全球大豆贸易总量的60%，占中国国内供应量的80%。丸红公司经营的大豆99%出口到中国市场。高鸿公司在北美大豆采购、仓储、物流方面具有相当的能力。此项经营者集中将使丸红公司在拥有中国大豆进口市场综合优势的基础上整合高鸿公司北美大豆市场的潜在能力，提高丸红公司向中国出口大豆的能力，可能实质性增强其在中国大豆进口市场的控制力，产生排除、限制竞争的效果。

1. 中国大豆进口市场。

2012年，中国进口大豆5 838万吨。作为主要出口商，丸红公司向中国出口大豆1 050万吨，居第一位。其他出口商，如阿彻丹尼尔斯米德兰公司（ADM）、嘉吉公司、托福国际集团、路易达孚公司、邦吉公司等向中国出口大豆量均远低于丸红公司。与主要竞争对手相比，丸红公司在中国大豆市场的分销能力和客户资源方面也具有一定优势。2012年，高鸿公司在全球的大豆销售量为510万吨，同时高鸿公司在北美大豆采购、仓储、物流领域具有一定规模，其拥有美国商用谷物存储能力的7%，在美国大豆主产区拥有多个采购平台，并在美国西北海岸拥有出口设施。

此项经营者集中完成后，丸红公司将可能利用高鸿公司在北美大豆采购、仓储、物流等方面的能力，扩大其大豆采购来源。同时，丸红公司凭借其在中国市场健全的营销网络和丰富的客户资源，大幅提高对中国的大豆出口，从而进一步强化其在中国大豆进口市场已具有的领先地位，增强其对中国大豆进口市场的控制力。

进入大豆贸易市场需要具备获取大豆资源的渠道以及营销网络，且需具备相当的规模经济条件，才能参与有效的市场竞争，市场进入难度较大。最近5年，全球大豆贸易市场和中国大豆进口市场均没有重要的新市场进入者。此项经营者集中将大幅增加丸红公司掌握的全球大豆资源，提高潜在竞争者进入相关市场的难度。市场进入难以减轻或消除此项经营者集中引起的排除、限制竞争效果。

目前，中国大豆高度依赖进口，国内大豆压榨企业集中度低，生产规模小，议价能力较弱。此项经营者集中可能进一步削弱下游大豆压榨企业的议价能力。

综上，此项经营者集中完成后，丸红公司在中国大豆进口市场的控制力进一步增强，市场进入难度进一步增加，可能具有排除、限制相关市场竞争的效果，最终可能损害下游客户及最终消费者利益。

2. 中国玉米、豆粕、干粗酒糟进口市场。

在中国玉米、豆粕和干粗酒糟进口市场，丸红公司和高鸿公司合并后市场份额分别为6%、4.5%和8.4%，且市场上存在众多强有力的竞争对手，能够对合并后实体形成竞争制约。反垄断审查认为，此项经营者集中难以在中国玉米、豆粕和干粗酒糟进口市场产生排除、限制竞争效果。

三、附加限制性条件的商谈

在审查期间，商务部向申报方指出了此项经营者集中在中国大豆进口市场可能产生的竞争问题，并就如何减少此项经营者集中对竞争的不利影响进行了多轮商谈。经评估，商务部认为，丸红公司于2013年4月17日向商务部提交的救济方案能够减少此项经营者集中对竞争产生的不利影响。

四、审查决定

经审查，商务部认为丸红公司收购高鸿公司100%股权案对中国大豆进口市场可能具有排除、限制竞争效果。根据丸红公司向商务部作出的承诺，商务部决定附加限制性条件批准此项经营者集中。交易双方应当履行如下义务：

（一）此项经营者集中完成后，维持丸红公司和高鸿公司向中国出口和销售大豆业务的分离与独立，包括但不限于以下内容：

1. 本决定生效之日起6个月内，丸红公司应设立两家独立的法人实体，组建两支独立的运营团队负责向中国出口和销售大豆。丸红公司将通过丸红大豆子公司向中国出口和销售大豆。高鸿公司将通过高鸿大豆子公司向中国出口和销售大豆。丸红公司应就上述两家独立实体的设立制订实施方案，在报告监督受托人并经商务部批准后实施，接受本决定项下的监督。

2. 维持丸红大豆子公司与高鸿大豆子公司之间的分离和独立，包括但不限于人事任免、采购、营销、销售、定价等方面。为确保上述独立性，丸红公司和高鸿公司应事先制定保障措施，报告监督受托人并经商务部批准后实施，接受本决定项下的监督。

3. 此项经营者集中完成后，丸红大豆子公司不得从高鸿美国资产（高鸿公司单独控制的位于美国的用于产品采购和出口的资产）采购大豆，除非交易依据公平市场条件进行。若集中完成后，丸红公司位于美国的收购和出口资产将转移并合并至高鸿资产，丸红大豆子公司基于公平合理原则采购大豆的义务将同时扩展适用于这些资产。为确保公平交易原则的实施，丸红公司和高鸿公司应事先制定相应保障措施（包括在丸红大豆子公司和高鸿美国资产之间可能设置的防火墙），报告监督受托人并经商务部批准后实施，接受本决定项下的监督。

4. 丸红大豆子公司和高鸿大豆子公司之间不得交换竞争性信息。竞争性信息是指任何可能导致丸红大豆子公司和高鸿大豆子公司之间协调彼此经营行为的信息，包括但不限于中国大豆销售价格，与采购或销售商业条款相关的信息、成本信息、目前或潜在客户、客户谈判和客户名单、营销和战略规划等。为确保实现上述目标，丸红公司和高鸿公司应事先制定保障措施，特别是在丸红大豆子公司和高鸿大豆子公司之间设置防火墙，确保双方不会交换竞争性信息。上述措施报告监督受托人并经商务部批准后实施，接受本决定项下的监督。

（二）根据商务部《关于实施经营者集中资产或业务剥离的暂行规定》，丸红公司应委托独立的监督受托人对丸红公司履行上述义务的情况进行监督。

自本决定实施起的24个月期间内，丸红公司应当每6个月就其遵守上述第（一）项义务的情况向商务部和监督受托人报告。24个月期满后，丸红公司可以向商务部提出解除上述第（一）项义务的申请。该申请应说明本决定项下附加限制性条件的实施情况和解除上述义务的理由并提供相关证据。商务部将依申请并根据市场竞争状况做出是否解除的决定。

为履行上述义务，丸红公司应当在监督受托人确定后10天内提交详细的操作方案并报商务部批准后实施。

商务部有权通过监督受托人或自行监督检查丸红公司履行上述义务的情况。丸红公司未适当履行上述义务，商务部将根据《反垄断法》相关规定作出处理。

本公告自发布之日起生效。

中华人民共和国商务部

二〇一三年四月二十二日

第五节　滥用行政权力排除、限制竞争

一、滥用行政权力排除、限制竞争的含义和根源

滥用行政权力排除、限制竞争主要是指行政机关和法律、法规授权的具有管理公共事务职能的组织滥用行政权力实施的限定交易、地区封锁等排除、限制竞争行为。学者多称此为“行政性垄断”，这是在研究垄断或限制竞争行为时，为与传统的市场经营主体的垄断或限制竞争行为（经济性垄断）相区别而提出来的概念。[①]

需要注意，滥用行政权力排除、限制竞争行为的主体是政府及其所属部门以及法律、法规授权的具有管理公共事务职能的组织。就行政机关而言，在通常情况下，滥用行政权力排除、限制竞争的主体是地方各级政府及其所属部门，但也不应当排除中央政府即国务院本身作为限制竞争行为的主体。因为一方面，国务院下属各部门依职权实施的行政行为，实质上归属于国务院实施的行为；另一方面，中央政府本身也有可能实施限制竞争的行为。此外，我国的事业组织等单位也被赋予一定的行政管理权力，这些组织在行使行政权力时，其地位与一般的行政机关具有等同性，因此，“法律、法规授权的具有管理公共事务职能的组织”也可能成为滥用行政权力排除、限制竞争行为的主体。

不管在中国还是外国，也不管在过去、现在还是将来，滥用行政权力排除、限制竞争都是对竞争损害最甚的行为，这是古典经济学派早已指出的。之所以会存在政府部门滥用

① 参见李昌麒、刘瑞复主编：《经济法》，293页，北京，法律出版社，2004。

行政权力排除、限制竞争的可能性，这主要是因为在政府行政管理活动中存在个别官员与个别私人企业“共谋”的可能性，甚至存在某些政府机构与个别私人企业之间在利益上的“一致性”。这即是说，政府有可能会越过它的权限范围，以不合理的方式影响市场竞争。特别是因为和其嫡系企业的特殊经济利益关系，政府可能会妨碍、限制或者排斥其他企业参与竞争，从而使政府滥用行政权力限制竞争的行为成为市场经济体制下见怪不怪的现象。因此，各国反垄断法都不同程度地含有禁止滥用行政权力排除、限制竞争的内容，不管是成文法，还是判例法。否则，反垄断法在维护市场竞争秩序中就不会有很大的效力。[①] 与此同时，国家还应依法加强和完善对行政权力运行的规范和监督，并通过深化改革，转变政府职能，防止和消除滥用行政权力排除、限制竞争的行为。

二、滥用行政权力排除、限制竞争的表现形式

实践中，滥用行政权力排除、限制竞争的行为具有多种形式。我国于 1993 年颁布的《反不正当竞争法》第 7 条明确规定：“政府及其所属部门不得滥用行政权力，限定他人购买其指定的经营者的商品，限制其他经营者正当的经营活动。政府及其所属部门不得滥用行政权力，限制外地商品进入本地市场，或者本地商品流向外地市场。”这既包含了滥用行政权力实施的限定交易行为，也包括地区封锁行为。2001 年国务院《关于禁止在市场经济活动中实行地区封锁的规定》第 5 条进一步强调：“任何地方不得制定实行地区封锁或者含有地区封锁内容的规定，妨碍建立和完善全国统一、公平竞争、规范有序的市场体系，损害公平竞争环境。”并在第 4 条列举了所禁止的 8 种地区封锁情形。

2007 年制定的《反垄断法》在上述立法的基础上，进一步列举了禁止滥用行政权力排除、限制竞争的具体情形，主要包括：

1. 行政机关和法律、法规授权的具有管理公共事务职能的组织不得滥用行政权力，限定或者变相限定单位或者个人经营、购买、使用其指定的经营者提供的商品。此即典型的限定交易行为。

2. 行政机关和法律、法规授权的具有管理公共事务职能的组织不得滥用行政权力，实施下列行为，妨碍商品在地区之间的自由流通：(1) 对外地商品设定歧视性收费项目、实行歧视性收费标准，或者规定歧视性价格；(2) 对外地商品规定与本地同类商品不同的技术要求、检验标准，或者对外地商品采取重复检验、重复认证等歧视性技术措施，限制外地商品进入本地市场；(3) 采取专门针对外地商品的行政许可，限制外地商品进入本地市场；(4) 设置关卡或者采取其他手段，阻碍外地商品进入或者本地商品运出；(5) 妨碍商品在地区之间自由流通的其他行为。

3. 行政机关和法律、法规授权的具有管理公共事务职能的组织不得滥用行政权力，以设定歧视性资质要求、评审标准或者不依法发布信息等方式，排斥或者限制外地经营者参加本地的招标投标活动。

4. 行政机关和法律、法规授权的具有管理公共事务职能的组织不得滥用行政权力，采取与本地经营者不平等待遇等方式，排斥或者限制外地经营者在本地投资或者设立分支机构。

---

① 参见王晓晔主编：《经济法学》，144～145 页，北京，社会科学文献出版社，2005。

5. 行政机关和法律、法规授权的具有管理公共事务职能的组织不得滥用行政权力，强制经营者从事《反垄断法》规定的垄断行为。

6. 行政机关不得滥用行政权力，制定含有排除、限制竞争内容的规定。

【案例6—9】 我国垄断性行业的7种典型垄断行为[①]

黑龙江省工商局决定自2006年4月起，对供电、供水、供气、交通运输、专营专卖等与人民群众生活密切相关的垄断性行业开展专项执法，重点查处下列七种垄断行为：

一是供电部门强制用户购买其提供的电表、电线、配电箱、变压器等用电设备；强行向用户收取用电预付款或用电押金；强制用户购买用电保险或搭售不必要的商品；强制向用户收取用电底度费；强制用户接受其指定的施工企业的用电设计、安装工程等服务；滥用农网改造中的独占地位，强制农民购买其指定的产品和滥收费用等。

二是供水部门限定他人购买其指定的经营者的水泵、阀门、水管等；强制用户购买水表或强行要求用户更换智能水表；强制用户购买不必要的"用水卡"；强制他人接受其指定的给水工程施工服务等；强制向用户收取用水底度费等。

三是供气部门强制他人购买和使用其提供的或者限定他人只能购买和使用其指定的燃气灶具；强制用户购买不必要的商品；强制用户购买意外伤害保险；强制向用户收取用气底度费等。

四是交通运输部门强制用户接受其指定的经营者提供的延伸服务；强制用户购买保险或者参加保价运输；强制用户到其指定的售票点购票并收取费用等。

五是石油、化工企业滥用批发成品油的独占地位，搭售商品、滥收费用或者实行差别待遇。

六是有线电视台强制用户接收其不必要的服务或购买不必要的商品；利用电视信号载波及发送的独占地位，限定用户购买其指定的经营者的商品。

七是邮政部门强制用户接受特快专递服务、礼仪礼品服务；强制搭售明信片、集邮册等商品；强制保价和保险；在用户邮寄包裹时，限定用户只能使用其提供的包装物而不得使用其他经营者提供的符合标准要求的包装物；在用户承兑汇款时，强制用户按取款比例参加邮政储蓄或征订报刊或购买其他商品等。

第六节 反垄断法的适用除外制度

反垄断法对于垄断协议、滥用市场支配地位、经营者集中等垄断行为，规定了较为严格的禁止措施。但是，在某些特殊的事业部门和经济领域中，完全贯彻自由竞争、禁止垄断的原理，并不一定能够适应国民经济健康发展的需要，于是就产生了反垄断法的适用除外制度。

---

① 参见张惠萍、曲静：《省工商局对供电供水供气交通运输等行业开展专项执法》，载《黑龙江日报》，2006-04-03。

一、适用除外制度的概念和意义

适用除外制度，又称例外制度、豁免制度，是指国家为了保护整个国民经济的健康发展，在反垄断法等有关法规中规定的对某些行业或企业垄断行为不适用垄断禁止政策的法律制度。

首先，适用除外制度是对反垄断法的禁止垄断制度的放宽。反垄断法的目的是禁止垄断，保护自由竞争，而适用除外制度是反垄断法适用范围的例外，是对某些竞争限制或垄断行为的保护，客观上必然造成一定的生产或流通领域内的竞争限制。我们姑且不谈适用除外制度的目的，无论其形式或内容，都是对反垄断法适用范围的限制，也可以说是垄断禁止制度在某些行业或部门的放宽。

其次，适用除外制度是反垄断法的重要组成部分。从一定意义上讲，适用除外制度限制了反垄断法的适用范围，是反垄断法的适用范围问题。这如同我国的《企业破产法》中规定的法律适用范围一样，是破产法体系的一个重要组成部分。另外，适用除外制度是在一定条件下，把某些协议垄断或利用经济优势行为作为例外容许的，不管其数量有多少，都应把它放在禁止垄断法的例外位置。

最后，适用例外制度对于保证国民经济的健康发展具有重要意义。在现实经济生活中，有许多部门和行业没有形成合理竞争，自由竞争没有受到充分的法律保护，对这些部门和行业如果引进自由竞争机制，将会导致巨大的浪费，也不利于该行业和部门的发展，因此对这些行业和部门有必要实行垄断经营。这就是说，对于垄断不仅要看到它的弊病，而且还要看到它存在的客观性和合理性，一定程度的垄断对于经济发展也有积极意义，如垄断会产生更大的规模经济或经济效益；非过度的垄断没有完全消除竞争，还存在着集团之间的竞争、垄断组织内部的竞争和国际市场的竞争等；垄断在一定程度上也有利于技术进步，通过竞争对手的压力和垄断因素对技术创新收益的保护，可以促进生产者加速技术创新；垄断使集团与中小企业组成较稳固的协作网，可避免较弱小的企业在竞争中被淘汰的危险等。以电力为例，不仅要建立发电厂，而且还必须架设输送到各个用户的电线，如果让几个企业去竞争，就会明显地造成资源的浪费，而且将来形成垄断的可能性极大。在另外一些部门，如对外经济贸易事业，如果实行全面的垄断禁止政策，就可能造成本国企业在对外贸易中的不利地位，影响本国的经济发展。因此，国家从整个社会利益出发，规定对某些行业、部门等的适用除外制度是非常必要的。只有在反垄断法中建立合理的禁止垄断制度和适用除外制度，二者相辅相成，共同作用于整个国民经济领域，才能保障国民经济的健康发展。

二、适用除外制度的范围

反垄断法不仅就禁止性规定的形式和范围作出明确规定，而且还要规定适用除外制度的范围。只有对二者的表现形式和范围作出明确规定，才能使垄断管理机关在处理垄断案件时，正确、严格适用法律，保护合法垄断，限制和制裁非法垄断。

西方发达国家的反垄断法对于适用除外制度的范围作了较为详细的规定。从各国反垄断立法来看，适用除外制度主要包括以下几个方面：

1. 反垄断法不完全适用于公益事业，如铁路、邮电、军工等部门。这些部门涉及整个国民经济的发展和人们的基本生活，而且不宜实行自由竞争，一般都由国家垄断经营。德国《反限制竞争法》规定，该法全部或部分不适用于农业、邮电、能源、银行等行业的企业。日本《禁止垄断法》规定，该法不适用于经营铁道事业、电力事业、瓦斯事业等的事业者所进行的生产、销售或者有关供给行为等该事业上的固有行为。即使在反垄断法规定最为严厉的美国，也规定了一系列的适用除外制度。1915年《海运法》规定，海运事业关于最低运费的协议，不在取缔的范围之内；1992年的《卡普—弗尔斯特法》、1926年的《合作市场法》和1937年的《农业市场协定法》，扩大了对农业市场的联合组织的适用除外，还规定农业生产者和销售者可以订立协定，进行联合购销；1943年《煤炭工业法》规定，烟煤的采掘工业不属于反垄断法管辖范围，直接由美国内政部管理；1945年《麦卡仑法》，把保险业置于反垄断法管辖范围之外。另外一些国家还通过制定单行法规、办法，规定某一行业或某种卡特尔在某一时期内不适用反垄断法，以此增强法的灵活性。

2. 反垄断法不适用于国际贸易中的限制性的商业行为。西方发达国家的反垄断法主要是针对国内商业或贸易活动的，而对于国际贸易中的限制性商业行为基本上不予禁止。这是因为西方发达国家都实行奖励出口的政策，力争使本国的出口商能在国际市场上同外国商人进行竞争时处于更为有利的地位。所以，在西方发达国家，出口卡特尔、国际卡特尔等组织的存在，都被认为是合法的。最早在法律上对于出口贸易中的限制性商业行为不加限制的是美国。美国于1918年颁布的《韦布—波默林法》规定，美国出口商可以通过组成联合会之类的形式出口其成员的货物，或在其成员间划分市场，或就出口销售的价格和其他条件达成联合一致的协议。只要这些协议不是有意地、人为地限制美国国内贸易，或影响美国国内的价格，或限制美国国内其他竞争者的出口，美国反托拉斯法就不予制止。自从美国开此先例后，各发达国家竞相效仿，在其反垄断立法中，规定了对“纯粹的”出口卡特尔的适用除外。这种受政府支持的出口卡特尔，实际上具有准官方的性质，是发达国家推行贸易保护主义的有力工具。①

3. 对一些垄断协议的适用除外。固然，反垄断法是禁止垄断协议的，但并不是所有的经营者之间的协议、决定或联合行动都属于反垄断法禁止之列。如果垄断协议有利于国民经济发展，或者并不损害社会和消费者的利益，反垄断法并不加以禁止。例如，按照《罗马条约》第85条第3款的规定，如果垄断协议、决定和做法有助于改进产品的生产、分配或促进技术、经济的发展，并使消费者在价格、产品或服务的质量等方面得到一部分的利益，并不在该条禁止之列。欧洲共同体理事会于1965年通过一项规则，把下列几类协定排除在禁止范围之外：只涉及两个企业，不对第三者产生影响的协定；关于工业产权，尤其是关于专利、多用途模型、设计或商标权的协定；关于制造方法的使用权与使用、利用工艺流程有关的知识的使用协定等。1971年，该理事会制定了另一项规则，宣布有关采用标准或型号的协议，产品的工艺研究与发展、开发的协定，专业分工的协定，也不受第85条规定的禁止。在美国、日本和其他发达国家，甚至发展中国家的反垄断法中也有类似的规定。

三、我国反垄断法的适用除外制度

我国《反垄断法》在考虑我国特殊情况的前提下，借鉴国外的立法经验，对我国反垄

---

① 参见盛愉、魏家驹：《国际法新领域简论》，78、97页，长春，吉林人民出版社，1984。

断法的适用除外制度作了具体的规定，这主要表现在以下几个方面：

1. 对某些特定行业的国有经济予以保护。《反垄断法》第 7 条规定，国有经济占控制地位的关系国民经济命脉和国家安全的行业以及依法实行专营专卖的行业，国家对其经营者的合法经营活动予以保护，并对经营者的经营行为及其商品和服务的价格依法实施监管和调控，维护消费者利益，促进技术进步。上述行业的经营者应当依法经营，诚实守信，严格自律，接受社会公众的监督，不得利用其控制地位或者专营专卖地位损害消费者利益。

2. 对一些垄断协议的适用除外。《反垄断法》第 15 条规定，经营者能够证明所达成的协议属于下列情形之一的，不适用禁止垄断协议的规定：(1) 为改进技术、研究开发新产品的；(2) 为提高产品质量、降低成本、增进效率，统一产品规格、标准或者实行专业化分工的；(3) 为提高中小经营者经营效率，增强中小经营者竞争力的；(4) 为实现节约能源、保护环境、救灾救助等社会公共利益的；(5) 因经济不景气，为缓解销售量严重下降或者生产明显过剩的；(6) 为保障对外贸易和对外经济合作中的正当利益的；(7) 法律和国务院规定的其他情形。属于上述第 1 项至第 5 项情形，不适用禁止垄断协议规定的，经营者还应当证明所达成的协议不会严重限制相关市场的竞争，并且能够使消费者分享由此产生的利益。此外，《反垄断法》第 56 条还规定，农业生产者及农村经济组织在农产品生产、加工、销售、运输、储存等经营活动中实施的联合或者协同行为，不适用《反垄断法》。

3. 对合理使用知识产权行为的保护。《反垄断法》第 55 条规定，经营者依照有关知识产权的法律、行政法规规定行使知识产权的行为，不适用本法；但是，经营者滥用知识产权，排除、限制竞争的行为，适用本法。

4. 经营者集中控制的豁免规则。《反垄断法》第 28 条规定，经营者能够证明该集中对竞争产生的有利影响明显大于不利影响，或者符合社会公共利益的，国务院反垄断执法机构可以作出对经营者集中不予禁止的决定。

第七节　反垄断法的执法机构、执法程序及法律责任

一、反垄断法的执法机构

垄断管理机关是反垄断法的执法机构，只有在反垄断法中明确规定其地位和职权，才能保证其确认和处理垄断行为的权威性，确保反垄断法的贯彻实施。在这方面，我们同样需要根据我国的实际情况，并借鉴西方国家反垄断法执行机构的设置办法，建立精简、高效、权威的垄断管理机构。这个管理机构必须与企业没有行政隶属关系和经济利害关系，能够监督、检查和处理任何市场垄断行为；必须同反不正当竞争法和其他保护市场竞争的专门法的执行机关相结合。

在我国《反垄断法》制定过程中，关于执法机构的设置，笔者认为，有两种不同的可行方案：第一种方案，可以考虑设立一个专门的国家市场竞争管理委员会。该机构是国务院领导下监督和管理全国市场竞争工作的综合职能部门，地位要高于国家工商行政管理局。该委员会内专设处理反垄断案件的行政执法机关。该机关的主要职权应包括检查监督权、调查取证权、审核批准权、命令禁止权、行政和经济处罚权等。地方各级人民政府内

设立相应的市场竞争管理委员会，为执行反垄断法和反不正当竞争法，行使自己的职权。第二种方案，可以考虑将反垄断执法作为中央事权，由国务院规定的承担反垄断执法职责的机构负责。同时，为了保证反垄断执法的统一性、公正性和权威性，另专门成立国务院反垄断委员会，专司组织、领导反垄断工作，就国家反垄断政策进行研究提出建议，协调重大反垄断案件的处理以及协调反垄断执法机构的工作等职责。最终，《反垄断法》采纳了第二种方案，确立的反垄断执法机构体系为"反垄断委员会"和"反垄断执法机构"的双层框架模式。这是一种现实可行的选择，也具有合理性。

根据《反垄断法》的规定，国务院设立反垄断委员会，负责组织、协调、指导反垄断工作，履行下列职责：(1) 研究拟订有关竞争政策；(2) 组织调查、评估市场总体竞争状况，发布评估报告；(3) 制定、发布反垄断指南；(4) 协调反垄断行政执法工作；(5) 国务院规定的其他职责。国务院反垄断委员会的组成和工作规则由国务院规定。

国务院规定的承担反垄断执法职责的机构（统称国务院反垄断执法机构）依法负责反垄断执法工作。国务院反垄断执法机构根据工作需要，可以授权省、自治区、直辖市人民政府相应的机构，依法负责有关反垄断执法工作。

二、垄断案件的执法程序

我国《反垄断法》对垄断案件的处理程序作了明确的规定，分为调查程序、行政复议和行政诉讼程序以及利害关系人的民事诉讼程序。

(一) 调查程序

1. 调查程序的启动

根据我国《反垄断法》第38条的规定，调查程序的启动分为两种情形：一是依职权调查，即反垄断执法机构自行发现涉嫌垄断行为后依法进行调查。二是接到举报后展开调查。对涉嫌垄断行为，任何单位和个人有权向反垄断执法机构举报，反垄断执法机构应当为举报人保密。举报采用书面形式并提供相关事实和证据的，反垄断执法机构应当进行必要的调查。

2. 调查程序的展开

反垄断执法机构调查涉嫌垄断行为，可以采取下列措施：(1) 进入被调查的经营者的营业场所或者其他有关场所进行检查；(2) 询问被调查的经营者、利害关系人或者其他有关单位或者个人，要求其说明有关情况；(3) 查阅、复制被调查的经营者、利害关系人或者其他有关单位或者个人的有关单证、协议、会计账簿、业务函电、电子数据等文件、资料；(4) 查封、扣押相关证据；(5) 查询经营者的银行账户。

我国《反垄断法》规定，执法机构展开对涉嫌垄断行为的调查需要遵循以下程序性要求：首先，采取上述规定的措施，应当向反垄断执法机构主要负责人书面报告，并经批准。其次，反垄断执法机构调查涉嫌垄断行为，执法人员不得少于2人，并应当出示执法证件。执法人员进行询问和调查，应当制作笔录，并由被询问人或者被调查人签字。最后，反垄断执法机构及其工作人员对执法过程中知悉的商业秘密负有保密义务。

3. 经营者在调查程序中的权利和义务

我国《反垄断法》规定，被调查的经营者、利害关系人或者其他有关单位或者个人应当配合反垄断执法机构依法履行职责，不得拒绝、阻碍反垄断执法机构的调查。

被调查的经营者、利害关系人有权陈述意见。反垄断执法机构应当对被调查的经营者、利害关系人提出的事实、理由和证据进行核实。

4. 处理决定

反垄断执法机构对涉嫌垄断行为调查核实后，认为构成垄断行为的，应当依法作出处理决定，并可以向社会公布。

5. 经营者承诺

为鼓励、促使涉嫌垄断的经营者主动认识到自己行为的违法性，提高反垄断执法机构的审查效率，很多国家的反垄断法都规定了经营者和解制度。这一制度在我国《反垄断法》中体现为“经营者承诺”。

我国《反垄断法》第45条规定，对反垄断执法机构调查的涉嫌垄断行为，被调查的经营者承诺在反垄断执法机构认可的期限内采取具体措施消除该行为后果的，反垄断执法机构可以决定中止调查。中止调查的决定应当载明被调查的经营者承诺的具体内容。

反垄断执法机构决定中止调查的，应当对经营者履行承诺的情况进行监督。经营者履行承诺的，反垄断执法机构可以决定终止调查。

有下列情形之一的，反垄断执法机构应当恢复调查：（1）经营者未履行承诺的；（2）作出中止调查决定所依据的事实发生重大变化的；（3）中止调查的决定是基于经营者提供的不完整或者不真实的信息作出的。

（二）行政复议和行政诉讼程序

我国《反垄断法》第53条针对经营者对处理决定不服的情形，作了如下具体规定：

1. 对反垄断执法机构依据《反垄断法》第28条、第29条作出的决定不服的，可以先依法申请行政复议；对行政复议决定不服的，可以依法提起行政诉讼。

2. 对反垄断执法机构作出的上述规定以外的决定不服的，可以依法申请行政复议或者提起行政诉讼。

（三）利害关系人的民事诉讼程序

我国《反垄断法》第50条规定：经营者实施垄断行为，给他人造成损失的，依法承担民事责任。这实际上赋予了利害关系人依法提起民事诉讼的权利。

三、《反垄断法》的法律责任

为了保证反垄断法的威慑力，惩罚违法行为人，反垄断法必须规定严格的罚则，追究违法行为人的法律责任。罚则包括何种行为要处罚；根据违法行为的不同程度和情节，作出民事制裁、经济制裁和行政制裁；情节严重，构成犯罪的，还应追究其刑事责任。

1. 垄断协议引起的法律责任

经营者违反法律规定，达成并实施垄断协议的，由反垄断执法机构责令停止违法行为，没收违法所得，并处上一年度销售额1%以上、10%以下的罚款；尚未实施所达成的垄断协议的，可以处50万元以下的罚款。

经营者主动向反垄断执法机构报告达成垄断协议的有关情况并提供重要证据的，反垄断执法机构可以酌情减轻或者免除对该经营者的处罚。

行业协会违反法律规定，组织本行业的经营者达成垄断协议的，反垄断执法机构可以处50万元以下的罚款；情节严重的，社会团体登记管理机关可以依法撤销登记。

2. 滥用市场支配地位引起的法律责任

经营者违反法律规定，滥用市场支配地位的，由反垄断执法机构责令停止违法行为，没收违法所得，并处上一年度销售额1%以上10%以下的罚款。

3. 经营者集中引起的法律责任

经营者违反法律规定实施集中的，由国务院反垄断执法机构责令停止实施集中、限期处分股份或者资产、限期转让营业以及采取其他必要措施恢复到集中前的状态，可以处50万元以下的罚款。

4. 滥用行政权力排除、限制竞争引起的法律责任

行政机关和法律、法规授权的具有管理公共事务职能的组织滥用行政权力，实施排除、限制竞争行为的，由上级机关责令改正；对直接负责的主管人员和其他直接责任人员依法给予处分。反垄断执法机构可以向有关上级机关提出依法处理的建议。

法律、行政法规对行政机关和法律、法规授权的具有管理公共事务职能的组织滥用行政权力实施排除、限制竞争行为的处理另有规定的，依照其规定。

5. 经营者实施垄断引起的民事责任

经营者实施垄断行为，给他人造成损失的，依法承担民事责任。

6. 经营者妨碍执法审查和调查引起的法律责任

对反垄断执法机构依法实施的审查和调查，拒绝提供有关材料、信息，或者提供虚假材料、信息，或者隐匿、销毁、转移证据，或者有其他拒绝、阻碍调查行为的，由反垄断执法机构责令改正，对个人可以处2万元以下的罚款，对单位可以处20万元以下的罚款；情节严重的，对个人处2万元以上10万元以下的罚款，对单位处20万元以上100万元以下的罚款；构成犯罪的，依法追究刑事责任。

7. 反垄断执法机构工作人员的法律责任

反垄断执法机构工作人员滥用职权、玩忽职守、徇私舞弊或者泄露执法过程中知悉的商业秘密，构成犯罪的，依法追究刑事责任；尚不构成犯罪的，依法给予处分。

【问题与思考】

1. 经济学家的批评与反垄断法的困境

本章第一节【背景资料】“经济学家对反垄断法的批评”虽然针对的是美国反垄断法，但由于美国的反托拉斯法代表了当今世界上反垄断法的最高水平，因而，这也可以说是对各国反垄断法的批评。

思考：经济学家批评反垄断法的缘由何在？反垄断法究竟存在哪些困境和缺陷？

2. 微软在欧盟垄断败诉案分析

微软在美国的垄断案，可以说是微软公司取得了最终的胜利。但微软在国外的被诉垄断案却没有如此顺利。据《第一财经日报》2005年1月26日报道，2004年3月，欧盟裁定微软非法利用操作系统的垄断优势打击竞争对手，并对微软处以创纪录的4.97亿欧元（约合6.66亿美元）的罚款。同时，欧盟要求微软从Windows操作系统中删除媒体播放器软件，并同竞争对手共享产品信息。微软随后提起了上诉，并要求在上诉结果产生之前延期执行欧盟的处罚措施。2004年12月，欧盟法院驳回了微软的请求。微软表示，服从欧盟的裁定。微软将首次在欧盟推出不带媒体播放器的Windows操作系统，其售价同完整版一样，而且这一版本只在欧盟内部发行。

针对此案，有学者认为，“该案不在于是否添加媒体播放器，重要之处在于微软以后是否还能采用捆绑式销售方式。今后微软在中国国内推出自己的Windows新版本时，如果捆绑杀毒软件或是即时通信——MSN等其他软件，那么中国政府就可以参考欧盟的做法，而腾讯公司也可以控告微软存在垄断”。

思考：微软的捆绑是否合法？腾讯控告微软因捆绑MSN软件形成垄断是否具有可行性？请结合本章【引例】进行分析。

3. 微软美国垄断案、波音麦道合并案与反垄断法的不确定性

比较本章【引例】和【案例6—6】两个案例，尽管微软在操作系统市场上的垄断程度还不如合并后的波音公司对美国国内干线民用飞机市场的垄断程度高，但监管机构没有制止波音和麦道的合并，倒是微软曾一度面临被分拆的危险（最终因种种原因未被分解）。两者的不同境遇，充分反映了全球化背景下美国的反垄断战略：为了保持市场竞争，促进技术进步，反垄断是要继续坚持的，但是，对一个企业是否采取反垄断措施，则要从全球竞争而不仅是国内市场竞争着眼。两者的最大不同在于，微软在操作系统市场上还没有一个像样的竞争对手，再加上美国计算机产业在世界上的优势地位，即使分解微软也不会影响美国在这一市场上的垄断地位。而波音有空中客车这样强劲的竞争对手，如果波音不与麦道合并，美国航空工业的整体优势就不能充分发挥，最终可能损害美国的国家利益。

思考：什么是反垄断法的模糊行和不确定性？美国反垄断法执行中的灵活性和不确定性所遵循的基本原则是什么？

4. 湖北汉川“政府红头文件下达喝酒任务”事件分析

据新华社2006年4月7日报道，湖北省汉川市政府办公室下发红头文件，给市直机关和各乡镇农场下达喝酒任务，全市各部门全年喝“小糊涂仙”系列酒价值总目标为200万元，完成任务的按照10%奖励，完不成的通报批评。这份“喝酒文件”全名为汉川政办发(2006) 11号《关于倡导公务接待使用小糊涂仙系列酒的通知》。通知称：各乡、镇人民政府，各农、养殖场，办事处、开发区，市政府各部门，湖北云峰酒业有限公司是最早来我市落户的引进企业之一，其生产的“小糊涂仙”酒去年跻身“中国白酒品牌20强”。2005年该企业纳税超过1 300万元，是我市纳税过千万元的六家企业之一。而目前该酒在我市的市场份额却很低，为此，我市公务接待倡导使用云峰酒业生产的“小糊涂仙”系列酒。这份文件还附有“各地各单位使用和促销小糊涂仙系列酒分解表”，合计起来，2006年全市“小糊涂仙”系列酒计划销售额为200万元。

思考：如何从反垄断法学的视角分析该事件的违法性？该事件的深层根源何在？

5. 哈尔滨“哈飞赛豹”事件分析

据《成都商报》2006年4月19日报道，为贯彻创建节约型机关的要求，哈尔滨市发出通知，主要内容包括：(1) 各地区、各部门、各单位更新或新增轿车时，一律购买哈飞赛豹轿车。(2) 各级公安、交通、税务、工商、物价、国土资源、环保、质量技术监督、食品药品监管和安全生产监管等部门的执法用车，一律购买哈飞汽车。(3) 购置哈飞赛豹轿车以外车型的小轿车，各级财政部门一律不予安排资金，公安车管部门不予办理车辆落户手续。

思考：如何从反不正当竞争法、反垄断法、政府采购法、行政许可法等角度对该事件的违法性进行分析？

6. 航空票价淡季偏高背后的法律问题

据《北京青年报》2006年3月22日报道，根据经验，“春运”过后，国内民航市场总要进入一个客流减少时期。在这个一直持续到4月上旬的“淡季”，各航空公司往往都要放出各种折扣的低价机票“招徕”乘客。然而，在2006年的“淡季”，经调查显示，国内主要航线票价都偏高，票价都维持在6折以上，而且多条航线票价出奇一致。对此航空公司否认价格联盟，但承认“会通通气”。专家认为，价格达成默契也是一种垄断。机票的价格会随着供求关系的变化而自动变化，不过实际操作中仍会有一种“价格领导”现象，即小的航空公司会向那些规模大、实力强的大航空公司报出来的机票价格“自动看齐”。这种情况下，即便各家航空公司的客座率不一样，可能最终反映出来的机票价格还是相同的。“其实这种在价格上达成默契的情况也是一种垄断，因为这已经形成了利益联合体。”

思考：根据反垄断法中关于垄断协议的理论，本案中航空公司的价格联动行为是否构成价格联盟的垄断行为？

7. 广东省汽车GPS运营市场行政垄断案分析

2011年1月，广东省工商局根据投诉线索，查明某市政府在强制推广应用卫星定位汽车行驶记录仪工作中，指定该市XSK导航科技有限公司的卫星定位汽车行驶监控平台为市级监控平台，强制其他GPS运营商必须将所属车辆的监控数据通过XSK导航科技有限公司上传并交纳费用，否则不予通过车辆年审。省工商局认为该市政府的行为超出了法定权限和有关政策要求，干预了企业正常经营活动，对市场竞争格局带来了不利影响，损害了其他GPS运营商的合法权益，违反了《反垄断法》第32条规定，构成滥用行政权力排除、限制竞争行为，遂建议广东省政府纠正该市政府滥用行政权力排除、限制竞争行为，恢复该市汽车GPS运营市场竞争格局。

思考：对于行政机关滥用行政权力排除、限制竞争的垄断行为，反垄断执法机构只能对有关上级机关提出依法处理的建议。试从反垄断、行政法等角度分析建议权与处理权的分离。

第七章
反不正当竞争法律制度

参考文献

(一) 著作

1. 国家工商行政管理局条法司．现代竞争法的理论与实践．北京：法律出版社，1993

2. 种明钊主编．竞争法．2版．北京：法律出版社，2008

3. 徐孟洲．市场竞争的法律调整与对策．北京：中国政法大学出版社，1993

4. 吴宏伟．竞争法有关问题研究．北京：中国人民大学出版社，2000

5. 邵建东编著．竞争法教程．3版．北京：知识产权出版社，2005

6. 孔祥俊．反不正当竞争法的适用与完善．北京：法律出版社，1998

7. 徐孟洲，孟雁北．竞争法．2版．北京：中国人民大学出版社，2014

(二) 论文

1. 邵建东．论反不正当竞争法中的一般条款．法学，1995 (2)

2. 王先林．试论诚实信用原则与反不正当竞争法——兼论我国反不正当竞争法封闭性之克服．政法论坛，1996 (1)

3. 沈德咏．关于治理商业贿赂的法律思考．中国纪检监察报，2005-10-27

参考法规

1.《中华人民共和国反不正当竞争法》(1993年)

2. 国家工商行政管理局《关于禁止公用企业限制竞争行为的若干规定》(1993年)

3. 国家工商行政管理局《关于禁止有奖销售活动中不正当竞争行为的若干规

定》(1993年)

4. 国家工商行政管理局《关于禁止侵犯商业秘密行为的若干规定》(1998年修订)

5. 国家工商行政管理局《关于禁止商业贿赂行为的暂行规定》(1996年)

6. 最高人民法院《关于审理涉及计算机网络域名民事纠纷案件适用法律若干问题的意见》(2001年) 第4、7条

7. 最高人民法院《关于审理不正当竞争民事纠纷案件适用法律若干问题的解释》(2007年)

8.《保护工业产权巴黎公约》第10条

9. 美国1914年《联邦贸易委员会法》第5条

10. 美国法学会1985年《反不正当竞争法重述》

11. 德国1949年《反对限制竞争法》

12. 欧盟1957年《欧洲经济共同体条约》(《罗马条约》)

引例 "3Q大战"——奇虎诉腾讯不正当竞争纠纷案

2010年10月29日，奇虎公司、奇智公司推出一款名为"360扣扣保镖"的安全工具。360称该工具全面保护QQ用户的安全，防止QQ窃取用户隐私等功能。对此腾讯公司作出强烈回应，认为奇虎公司的行为不仅破坏了其合法的经营模式，导致其产品和服务的完整性和安全性遭到严重破坏，使其商业信誉和商品声誉亦遭到严重损害，奇虎公司的行为违反了公认的商业道德，构成不正当竞争，减少了原告的增值业务交易机会和广告收入，给腾讯公司造成了无法估量的损失，亦导致用户不能再享受优质、安全、有效的即时通信服务，最终损害用户的利益，故向广东省高级人民法院起诉，请求法院判令奇虎公司：(1) 立即停止涉案不正当竞争行为，包括但不限于停止开发、传播和发行"扣扣保镖"及相关软件，停止已发行和传播的"扣扣保镖"软件现有功能，停止诋毁原告及原告的产品和服务的行为；(2) 连续3个月在其网站首页显著位置、在新浪网等门户网站首页显著位置、在《法制日报》等报纸头版显著位置，就其不正当竞争行为向原告赔礼道歉，消除影响；(3) 连带赔偿原告经济损失1.25亿元；(4) 承担原告维权支出的合理费用及全部诉讼费用。一审判决被告奇虎公司败诉：(1) 奇虎公司、奇智公司连带赔偿腾讯公司、腾讯计算机公司经济损失及合理维权费用共计500万元。(2) 奇虎公司、奇智公司连续15日在其网站首页显著位置、在新浪网等门户网站首页显著位置，连续7日在《法制日报》等报头版显著位置，就其不正当竞争行为向腾讯公司、腾讯计算机公司赔礼道歉，消除影响。同时驳回了腾讯公司的其他诉讼请求。奇虎公司不服判决，上诉至最高人民法院。

最高人民法院开庭审理了此案，经审理将争议焦点归纳为5点，本书摘录了前4点。

焦点一：奇虎公司"扣扣保镖"是否破坏了QQ软件及其服务的安全性、

完整性，是否符合互联网行业商业惯例，是否违背了诚实信用原则和公认的商业道德而构成不正当竞争?

(1) 奇虎公司利用了用户对计算机安全、隐私泄露等的关注、恐惧或者预防心理，使得用户通常会按照“扣扣保镖”的相应提示进行相关的操作，并最终导致QQ软件的相应功能键全部或者部分无法使用。奇虎公司为达到其商业目的，诱导并提供工具积极帮助用户改变QQ软件的运行方式，并同时引导用户安装其360安全卫士，替换QQ软件安全中心，破坏了QQ软件相关服务的安全性并对QQ软件整体具有很强的威胁性，并不能认定为为QQ用户提供技术中立的修改工具。

(2) 认定行为是否构成不正当竞争，关键在于该行为是否违反了诚实信用原则和互联网行业公认的商业道德，并损害了他人合法权益。免费平台与广告或增值服务相结合的商业模式是本案争议发生时互联网行业惯常的经营方式，也符合我国互联网市场发展的阶段性特征。奇虎公司专门针对QQ软件开发、经营“扣扣保镖”，以帮助、诱导等方式破坏QQ软件及其服务的安全性、完整性，减少了被上诉人的经济收益和增值服务交易机会，干扰了被上诉人的正当经营活动，损害了被上诉人的合法权益，违反了诚实信用原则和公认的商业道德。判断商业模式是否损害消费者权益，消费者是其相关消费体验的最佳判断者，经营者非以损害他人合法权益和谋求不正当商业利益为目的，提供尽可能便利消费者选择或者更好满足消费需求的中立性技术工具或者手段，非但不会受到法律禁止，还会得到市场激励。而且，经营者采取哪一种商业模式，取决于市场竞争状况和消费者选择。后来商业模式得以改进和服务质量得到提高，不能当然将其作为判断先前商业模式是否损害消费者权益和具有不正当性的依据。消费者享受特定免费服务与付出多余的时间成本或者容忍其他服务方式并无当然的“对价”关系。“扣扣保镖”通过使用破坏网络服务提供者合法商业模式、损害网络服务提供者合法权益的软件来达到既不浏览广告和相关插件，又可以免费享受即时通信服务的行为，已超出了合法用户利益的范畴。

(3) 行业性规范常常反映和体现了行业内的公认商业道德和行为标准，可以成为人民法院发现和认定行业惯常行为标准和公认商业道德的重要渊源之一。

焦点二：奇虎公司是否构成商业诋毁?

(1) 认定是否构成商业诋毁，其根本要件是相关经营者之行为是否以误导方式对竞争对手的商业信誉或者商品声誉造成了损害。即使某一事实是真实的，但由于对其进行了片面的引人误解的宣传，仍会对竞争者的商业信誉或者商品声誉造成损害。

(2) 判断上诉人是否存在捏造、散布虚伪事实之行为，其基本前提是看上诉人宣传的内容是否符合客观实际、是否属于片面陈述真实的事实而容易引人误解的情况。

综上，经营者对于他人的产品、服务或者其他经营活动并非不能评论或者批评，但评论或者批评必须有正当目的，必须客观、真实、公允和中立，不能误导公众和损人商誉。经营者为竞争目的对他人进行商业评论或者批评，尤其要善尽谨慎注意义务。上诉人无事实依据地宣称QQ软件窃取用户隐私、存在严重安全问题，造成了用户对QQ软件及其服务的恐慌及负面评价，使相关消费者对QQ软件的安全性产生怀疑，影响了消费者的判断，并容易导致相关用户弃用QQ软件及其服务或者选用“扣扣保镖”保护其QQ软件。这种评论已超出正当商业评价、评论的范畴，突破了法律界限，其行为构成商业诋毁行为。

焦点三：奇虎公司是否在经营“扣扣保镖”时将其产品和服务嵌入QQ软件界面，是否取代了被上诉人QQ软件的部分功能以推广自己的产品，从而构成不正当竞争？

正当的市场竞争是竞争者通过必要的付出而进行的诚实竞争。不付出劳动或者不正当地利用他人已经取得的市场成果，为自己谋取商业机会，从而获取竞争优势的行为，属于食人而肥的不正当竞争行为。上诉人在经营“扣扣保镖”时，将自己的产品和服务嵌入QQ软件界面，取代了被上诉人QQ软件的部分功能，其根本目的在于依附QQ软件强大用户群，通过对QQ软件及其服务进行贬损的手段来推销、推广360安全卫士，从而增加上诉人的市场交易机会并获取市场竞争优势。此行为本质上属于不正当地利用他人市场成果，为自己谋取商业机会，从而获取竞争优势的行为。因此，上诉人在给被上诉人造成经济损失的同时推销自己的产品，增加自己的交易机会，违反了诚实信用和公平竞争原则，构成不正当竞争行为。

焦点四：关于技术创新、自由竞争和不正当竞争的界限的问题。

互联网的发展有赖于自由竞争和科技创新，互联网行业鼓励自由竞争和创新，但这并不等于互联网领域是一个可以为所欲为的法外空间。竞争自由和创新自由必须以不侵犯他人合法权益为边界，互联网的健康发展需要有序的市场环境和明确的市场竞争规则作为保障。是否属于互联网精神鼓励的自由竞争和创新，仍然需要以是否有利于建立平等公平的竞争秩序、是否符合消费者的一般利益和社会公共利益为标准来进行判断，而不是仅有某些技术上的进步即应认为属于自由竞争和创新。技术革新应当成为公平自由竞争的工具而非干涉他人正当商业模式的借口。本案中，上诉人以技术创新为名，专门开发“扣扣保镖”对被上诉人QQ软件进行深度干预，本院难以认定其行为符合互联网自由和创新之精神

焦点五：赔偿数额的确定（略）。

综上，本院认为，一审判决认定事实清楚，适用法律正确。依照《中华人民共和国反不正当竞争法》第二条、第十四条、第二十条，《中华人民共和国民事诉讼法》第一百七十条第一款第（一）项之规定，判决如下：驳回上诉，维持原判。

竞争是人类社会生活中普遍存在的一种社会现象。瞬息万变的现实世界，到处充满着尖锐激烈的竞争，诸如经济竞争、商业竞争、科技竞争、体育竞赛、文艺演出比赛以及国际竞争，等等。正是这种富有进取性和排他性的竞争推动着社会蓬勃发展。商品生产经营者之间的竞争，是经济领域里的竞争，是市场上的竞争，所以人们把这种竞争称为经济竞争或市场竞争。运用法律手段维护公平的市场竞争秩序是市场经济发展的内在要求，也是广大生产经营者和消费者的强烈愿望。因此，当代各国普遍重视竞争法律制度的建设。反不正当竞争法是竞争法体系的核心内容之一，是保护市场竞争秩序的主要法律手段。

本章主要介绍反不正当竞争法的基础理论问题、不正当竞争行为的主要表现形式及法律规制。

第一节 反不正当竞争法概述

一、反不正当竞争法的概念和立法宗旨

(一) 反不正当竞争法的概念

反不正当竞争法是指调整不正当竞争规制关系的法律规范系统。形式意义上的反不正当竞争法，是指我国八届全国人大常委会第三次会议于 1993 年 9 月 2 日通过的《中华人民共和国反不正当竞争法》(以下简称《反不正当竞争法》)；实质意义上的反不正当竞争法，是指与反不正当竞争有关的法律、法规、规章及其他规范性文件。

需要注意的是，学者有时将反不正当竞争法区分为广义和狭义两个层面的含义。广义的反不正当竞争法相当于“竞争法”。广义的反不正当竞争法规范的“不正当竞争”包括三类行为：一是“垄断行为”，主要是指经营者自己或者通过经营者集中等方式，形成对一定市场的独占或控制；二是“限制竞争行为”，主要是指经营者滥用市场支配地位或几个经营者通过协议等联合方式损害竞争对手的行为；三是“不正当竞争行为”，主要是指经营者采用欺骗、胁迫、利诱以及其他违背诚实信用和公平竞争商业惯例的手段从事市场交易。[①] 狭义的反不正当竞争法仅仅规制上述第三种不正当竞争行为。我国现行《反不正当竞争法》采用的是综合调整模式，不仅禁止狭义的不正当竞争行为，也规范垄断和限制竞争行为，是在广义上使用“反不正当竞争法”的概念。当前，随着《反垄断法》的颁布和实施，我国的竞争法采纳了二元立法模式，即对狭义的不正当竞争行为和垄断行为进行区分，予以分别立法调整，由《反垄断法》专门对典型的垄断行为进行规制。因此，我国立法机关应尽快对现行《反不正当竞争法》进行修订，将现行《反不正当竞争法》中与垄断、限制竞争相关的条款尽快归入到《反垄断法》中。

(二) 反不正当竞争法的立法宗旨

制定任何法律都必须遵循一定的指导思想，确立自己的立法宗旨。我国《反不正当竞争法》第 1 条就明确规定了立法宗旨，即：为保障社会主义市场经济健康发展，鼓励和保护公平竞争，制止不正当竞争行为，保护经营者和消费者的合法权益，制定此法。

因此，我国的反不正当竞争法的立法宗旨至少有三层含义：

1. 保障社会主义市场经济健康发展。《反不正当竞争法》是在 1993 年 3 月《宪法》修

---

① 参见国家工商行政管理局条法司：《现代竞争法的理论与实践》，17 页，北京，法律出版社，1993。

正案通过后制定的，修正后的《宪法》已经确认：国家实行社会主义市场经济。所以《反不正当竞争法》保障的是社会主义市场经济。市场经济的基本运行机制之一是竞争机制，即优胜劣汰。竞争给经济带来活力，使企业打破高枕无忧、相安无事的停滞局面，而不断自我改造、完善和发展。但竞争也会带来副产品，即不正当竞争。利用竞争机制就要发扬其积极因素，克服其消极因素，使竞争符合社会主义市场经济健康发展的要求，有利于发展社会生产力，有利于提高人民物质文化生活水平，有利于提高综合国力。

2. 鼓励和保护公平竞争，制止不正当竞争行为。只有创造公平竞争环境，才能真正区分优劣，优胜劣汰的竞争机制才能发挥有效的作用。近年来，由于宏观调控能力的削弱，市场的组织管理和市场法律体系建设没有跟上，我国现实经济生活中不正当竞争已不是个别偶发的现象，而是发展到了相当严重的程度。制售假冒伪劣商品已成为社会一大公害，欺骗性销售等行为也愈演愈烈，导致市场竞争秩序紊乱，市场活力大大削弱，甚至出现负效应。因此，必须鼓励和保护公平竞争，制止不正当竞争行为。

3. 保护经营者和消费者的合法权益。不正当竞争行为的受害者，首先是经营者，而最终是消费者。《反不正当竞争法》在立法宗旨中规定保护经营者和消费者二者的合法权益，说明立法者既考虑到政企分离后作为市场经济主体的经营者的合法权益，又不忘为人民服务宗旨在社会主义市场经济条件下的具体体现。在市场经济中，经营者和消费者之间的权益关系，既有一致的一面，也有对立的一面。经营者要竞争，在竞争中求生存，采用正当竞争（因而也是公平的、合法的竞争）做法，改进技术、提高效率、提高质量、降低成本，以最优的商品获取最大的利润，这与消费者优质优价的需求是一致的；而采用不正当竞争手段，不仅侵犯了其他经营者的权益，也使消费者深受其害。所以立法者反对不正当竞争，就是保护经营者与消费者的合法权益。

二、反不正当竞争法与相邻法律的关系①

反不正当竞争法内容的广泛性使其不可避免地会与有关法律发生交叉。例如，它与专利法、商标法等均既有联系又有区别。

反不正当竞争法和商标法的共同之处在于：它们都是为维护公平交易的市场秩序服务的。二者的区别是：商标法通常是通过注册程序使商标成为法律的保护对象，其手段是确认注册人享有独占的排他权利，以排除对商标权的侵害，商标权是一种静态的权利；反不正当竞争法是通过维护流通秩序，在动态中制止不正当的竞争行为。商标法的效力也与反不正当竞争法不同。从空间上看，商标权在全国范围内受保护，反不正当竞争法对于其保护对象，只限于其形成市场利益的地域内进行保护；从时间上看，注册商标只在商标权存续期间受保护，商标权届满，若权利人不作续展，则不再受法律保护。但基于反不正当竞争法所受保护的对象，则只要该对象存在，就永久地受到保护。

反不正当竞争法与专利法互有交叉，主要涉及两个问题：一是对没有专利权的智力成果的盗用，二是滥用专利权。盗用无专利权的智力成果，是一种不正当竞争行为。例如，商品包装、装潢必须获得外观设计专利，才受专利法保护，所以即使是知名商品特有的包装、装潢，如没有申请专利，专利法也不保护。但是，出现这种情况，当事人可以依反不

① 与反不正当竞争法关联紧密的部门法或法律规范还包括民法、消费者权益保护法、产品质量法等，囿于篇幅，本书仅介绍反不正当竞争法与商标法、专利法的关系。

正当竞争法得到保护。我国《反不正当竞争法》第5条规定：擅自使用知名商品特有的名称、包装、装潢，或者使用与知名商品近似的名称、包装、装潢，造成和他人的知名商品相混淆，使购买者误认为是该知名商品的，这种行为属于不正当竞争行为，依照《反不正当竞争法》应负法律责任。滥用专利权，是指对某项发明创造享有专利权的人，对他人生产制造的并没有进入他的专利保护范围的产品，以侵犯专利权相威胁或警告的行为。

第二节　不正当竞争行为的范围

一、不正当竞争的含义

保护和发展社会主义市场经济，必须反对和制止不正当竞争。所谓“不正当竞争”，依照我国《反不正当竞争法》的定义，是指经营者违反《反不正当竞争法》的规定，损害其他经营者的合法权益，扰乱社会经济秩序的行为。“不正当竞争”这个术语一般认为出自1883年《保护工业产权巴黎公约》。该公约规定，凡在工商活动中违反诚实经营的竞争行为即构成不正当的竞争行为。此后，许多西方国家从不同的角度概括了不正当竞争的内涵，都把违反诚实信用原则和公平竞争原则作为不正当竞争概念的核心内容。我国较早采用“不正当竞争”概念的是1982年颁布的《广告管理暂行条例》。

不正当竞争涉及的社会关系比较广泛，因此，它的概念容易和市场竞争中的其他侵权行为相混淆。为准确把握不正当竞争的概念，应当明确以下几点：

第一，实施不正当竞争行为的主体是经营者，即我国《反不正当竞争法》所指的：从事商品经营或者营利性服务（以下所称商品包括服务）的法人、其他经济组织和个人。

第二，实施不正当竞争行为所侵犯的客体是由我国反不正当竞争法保护的，而为不正当竞争行为人所损害和扰乱的市场竞争秩序和社会关系。

第三，不正当竞争者在客观上必须有实施反不正当竞争法规定的不正当竞争行为的客观事实。

第四，实施不正当竞争的行为人主观上有不遵循自愿、平等、公平、诚实信用的原则，不遵守公认的商业道德的过错。

二、关于不正当竞争行为的范围的三种学说

我国《反不正当竞争法》第2条第1款规定：经营者在市场交易中，应当遵循自愿、平等、公平、诚实信用的原则，遵守公认的商业道德。第2款规定：本法所称的不正当竞争，是指经营者违反本法规定，损害其他经营者的合法权益，扰乱社会经济秩序的行为。与此同时，该法又在第二章“不正当竞争行为”中专门列举了11种不正当竞争行为。由此产生的问题是，第2款中违反“本法”规定，究竟是专指违反《反不正当竞争法》第二章各项禁止性规定，还是应当同时包括经营者违反《反不正当竞争法》的其他规定，特别是违反自愿、平等、公平、诚实信用的原则以及公认的商业道德而实施的行为，是否是不正当竞争行为？这直接关系到不正当竞争行为的范围问题。围绕着这一问题，在学术界和实务界形成了三种看法：

（一）法定主义说

法定主义说认为，《反不正当竞争法》所承认的不正当竞争行为，仅限于该法第二章

所列明的各项不正当竞争行为。这也就是说，需要依法制裁的不正当竞争行为限于第二章列明的各项行为，除非另有法律规定，不允许执法机关随意认定不正当竞争行为。这种观点强调不正当竞争行为的法定性，遵循“法无禁止即许可”的原则。

【背景资料】 **法定主义说的主要理由**①

首先，符合立法者的意图。根据参与反不正当竞争立法的人士的介绍，对《反不正当竞争法》第2条第2款的理解，关键在于对“违反本法规定”这几个字的理解上。在国务院提交全国人大常委会审议的反不正当竞争法（草案）中，其第3条规定：“本法所称不正当竞争，是指经营者在经营活动中，违背诚实信用的原则和公认的商业道德，损害或者可能损害其他经营者合法权益的行为。”草案的这一规定的好处是弹性大，除法律明确规定的几种不正当竞争行为外，随着市场经济的发展新出现的不正当竞争行为，可以依据这一规定的精神加以认定，进行处理。缺点是给执法部门的授权太大，对同一种行为可能处理不一。全国人大常委会在审议草案时，根据我国的实际情况，特别是当时的状况，对草案的这一规定进行了修改，修改的核心是增加了“违反本法规定”这几个字。从立法机关对草案条文的刻意修改中，可以得出“市场竞争中的不正当竞争行为就是第二章规定的十一种行为”的结论。

其次，如果立法机关有意授权行政执法机关或司法机关在法律明文规定的不正当竞争行为之外，认定其他不正当竞争行为，就会在《反不正当竞争法》中写上一个兜底性的条款，比如“其他不正当竞争行为”。既然《反不正当竞争法》没有这样的条款，说明立法机关不具有授权的意图。

再次，不正当竞争行为有一个很大的特点，这就是它的不确定性，判断某种行为是否是不正当竞争行为是很不容易的。因此，确定一种行为是不正当竞争行为的条件是极其严格的，在不正当竞争行为范围的确定上，只允许法律作出判断，而不允许执法机关在法律之外进行判断。

最后，我国没有像一些外国那样建立级别很高并具有很高权威性的执法部门作为反不正当竞争法的主管机关。考虑到我国执法机关的实际水平和状况，不能将认定不正当竞争行为的一般权力赋予执法机关。至少就当前而言，还难以想象由基层的执法部门对需要根据经济形势变化进行判断的不正当竞争行为进行认定和查处，否则，执法部门就可能将很多正当的竞争行为当作不正当竞争行为进行制裁，这样，必然会影响到法律的稳定性，背离反不正当竞争法的立法宗旨。

（二）有限的一般条款说

有限的一般条款说认为，现行《反不正当竞争法》第2条第2款是一项有限的一般条款。一方面，虽然法定主义说比较符合立法的原意，但此说在理论上不尽合理，在实践中也不利于维护竞争秩序，而一般条款说虽然具有灵活性的优点，但是从我国的执法现状看，不加限制地赋予执法机关根据个案随时认定不正当竞争行为的权力，也会导致权力的

---

① 参见邵建东：《我国反不正当竞争法中的一般条款及其在司法实践中的适用》，载《南京大学法律评论》，2003（1）。

滥用，不利于维护市场秩序的稳定。另一方面，由于《反不正当竞争法》第四章规定的法律责任是与第二章规定的不正当竞争行为相对应的，因此即使将其第 2 条第 2 款作为一般条款对待，对于行政执法机关也没有实际意义，因为行政执法机关即使确认了新的不正当竞争行为，也无法给予行政处罚。有限的一般条款说突出强调了行政处罚遵循法定主义原则的事实。根据此项原则，只有《反不正当竞争法》明文规定给予行政处罚的不正当竞争行为，监督检查部门才有权给予行政处罚；虽然规定为不正当竞争行为，而未规定行政处罚条款的，或者法律没有明文规定的不正当竞争行为，均不能给予行政处罚。所以，第 2 条的规定充其量只能是一项有限的一般条款：仅仅对司法机关来说是一般条款，对行政执法机关来说则不是一般条款。①

（三）一般条款说

一般条款说认为，我国《反不正当竞争法》中是存在一般条款的。有的学者认为，这条一般条款就是《反不正当竞争法》第 2 条第 2 款的法定定义②；有的学者则强调诚实信用原则是反不正当竞争法一般条款的核心③；另有学者侧重于将“公认的商业道德”作为一般条款的内涵。④ 事实上，《反不正当竞争法》第 2 条的两款规定在内容上本来就是不能完全割裂开来的，因此，应当认为一般条款既体现在第 2 条第 1 款对遵守“诚实信用”“公认的商业道德”等竞争基本原则的表述中，也反映在第 2 条第 2 款对“不正当竞争”概念的定义中。本书赞同一般条款说。

【背景资料】　　一般条款说的主要理由⑤

学者认为，一般条款说具有显而易见的合理性。首先，规范市场竞争关系的反不正当竞争法具有特别明显的不周延性和滞后性。一部反不正当竞争法不可能对现实经济生活中已经存在的一切竞争行为和竞争关系都作出全面的规定和调整，更不可能对今后可能出现的竞争行为和竞争关系进行规定和调整。我国的市场经济正处于创立和发展时期，经营者的竞争行为还很不规范，新的不正当竞争行为层出不穷，正当竞争的秩序也比较混乱。在这种情况下，一般条款更有其存在的必要性。

其次，通过一般条款对不正当竞争行为进行概括已成为各国反不正当竞争立法的通例。在这方面，德国的经验教训值得我们借鉴。德国 1896 年《反不正当竞争法》对不正当竞争行为采取的是法定主义立场。该法仅对经济生活中典型的不正当竞争行为作了具体规定，此外没有对不正当竞争行为的概括性规定。凡是法律未明确禁止的竞争行为，都属于正当竞争范畴，因此都是合法的。这就为经营者避开法律禁令、实施不正当竞争开启了一扇方便之门，各种不正当竞争行为依然难以得到

---

① 参见孔祥俊：《反不正当竞争法的适用与完善》，53～56 页，北京，法律出版社，1998；孔祥俊：《反不正当竞争法新论》，183 页，北京，人民法院出版社，2001。

② 参见邵建东：《论反不正当竞争法的一般条款》，载《法学》，1995（2）。

③ 参见王先林：《试论诚实信用原则与反不正当竞争法——兼论我国反不正当竞争法封闭性之克服》，载《政法论坛》，1996（1）。

④ 参见李昌麒主编：《经济法学》，399、403 页，北京，中国政法大学出版社，1999。

⑤ 参见邵建东：《我国反不正当竞争法中的一般条款及其在司法实践中的适用》，载《南京大学法律评论》，2003（1）。

有效制止。有鉴于此，1909年修订《反不正当竞争法》时，立法者加入了一条“一般条款”，其意思是：商业交易中以竞争为目的从事的违背善良风俗的行为，都是不正当竞争行为。从此，这条一般条款就成为德国“整个竞争法领域的帝王规范”。它既是兜底规范，又是竞合规范，还是授权规范。除德国外，美国、瑞士的竞争立法中也规定有一般条款，授权行政机关或司法机关认定新不正当竞争行为。

再次，一般条款说在方法上并不存在障碍。从文义解释和客观解释的角度出发，对于《反不正当竞争法》第2条第2款“违反本法规定”中的“本法”二字，并不必然解释为《反不正当竞争法》第二章第5条至第15条的规定，而应解释为整部《反不正当竞争法》。同样，对于《反不正当竞争法》第20条第1款中的“违反本法规定”，也可以以相同的方式获得这样的解释结果。

最后，根据各国理论界通行的学说和实践中通行的做法，要使反不正当竞争法发挥对知识产权的补充保护功能，就必须借助于一般条款这一媒介。

三、反不正当竞争法一般条款的司法适用

在我国反不正当竞争的司法实践中，实际上已经普遍接受了一般条款说。对于一些法律没有明文禁止的竞争行为，司法机关可以直接认定其违反了《反不正当竞争法》第2条的原则性规定以及不正当竞争的定义，而构成不正当竞争行为。最高人民法院《关于审理不正当竞争民事纠纷案件适用法律若干问题的解释》（征求意见稿）第28条拟规定：“对不正当竞争行为的认定，应当首先适用反不正当竞争法第二章的规定。对违反自愿、平等、公平、诚实信用的原则和公认的商业道德，损害其他经营者合法权益的行为，但在反不正当竞争法中未作具体规定的，可以依据反不正当竞争法第二条第一、二款的规定予以处理。”遗憾的是，在最终公布的司法解释［法释（2007）2号］中，此条款并未出现。

在我国近几年的司法实践中，各级法院根据一般条款认定的不正当竞争行为大致有以下几类：（1）注册、使用域名行为构成不正当竞争。2001年颁布的最高人民法院《关于审理涉及计算机网络域名民事纠纷案件适用法律若干问题的解释》第7条更是明确规定：“人民法院在审理域名纠纷案件中，对符合本解释第四条规定的情形，依照有关法律规定构成侵权的，应当适用相应的法律规定；构成不正当竞争的，可以适用民法通则第四条、反不正当竞争法第二条第一款的规定。”（2）网络超链接行为构成不正当竞争。本章的【引例】就是此类纠纷的典型代表。（3）商标反向假冒行为构成不正当竞争。2013年《商标法》第57条第5项规定，“未经商标注册人同意，更换其注册商标并将该更换商标的商品又投入市场的”，属于侵犯注册商标专用权。司法机关通过适用反不正当竞争法的一般条款将此类行为认定为不正当竞争。（4）其他不当利用他人劳动成果的行为构成不正当竞争。实践中的判例主要包括广告抄袭、模仿，擅自使用他人并不构成商业秘密的信息等行为。

一般认为，一般条款的适用，有其理论基础，但必须有严格的要求。以德国为例，德国反不正当竞争法对一般条款的适用规定了严格的界限。只有满足法律上规定的所有条件，一般条款才能被适用。同时，我们也可以看到，在德国并非任何司法部门都能对一般条款的适用作出解释，通常只有联邦最高法院可以通过其判决对一般条款的适用作出解释，从而保证了解释的权威性。这种解释虽然不具有直接的法律效力，但很少有下级法院作出相反的判决。这些都值得我们研究和借鉴。因此，本书强调，在适用反不正当竞争法

一般条款处理具体案件时，应当注意以下几个问题：第一，应当注意特别法优先于一般法适用的原则。在判断某项行为是否属于不正当竞争行为时，应当考察此项行为是否符合《反不正当竞争法》第二章所列各项不正当竞争行为的要件，不可将有关规定作类推适用。只有在缺乏适当的特别规定，且通过其他方法也难以制止某项不正当竞争行为时，才应考虑适用一般条款，防止所谓向一般条款遁逃。第二，在适用反不正当竞争法一般条款认定不正当竞争行为时，至少应当掌握以下条件：该项行为的主体是经营者；该项行为为市场交易行为；该项行为违反了自愿、平等、公平、诚实信用的原则和公认的商业道德；该项行为损害了其他经营者的合法权益；该项行为在反不正当竞争法中没有具体规定，并且在其他法律、法规中也没有特别规定。第三，对一般条款的解释，必须由最高人民法院统一进行，从而保证解释的权威性。

第三节　不正当竞争行为的表现类型

我国《反不正当竞争法》不仅对“不正当竞争”的概念作出了明确的界定，而且在第二章，将我国目前存在的不正当竞争行为的方式和手段归纳为11种基本类型。

一、假冒行为

假冒行为是假借和冒充其他经营者或其商品的名称、商标、质量和产地标志等，以使人混淆产生误解的行为。根据我国《反不正当竞争法》第5条的规定，经营者不得采用下列不正当手段从事市场交易，损害竞争对手：(1) 假冒他人的注册商标；(2) 擅自使用知名商品特有的名称、包装、装潢，或者使用与知名商品近似的名称、包装、装潢，造成和他人的知名商品相混淆，使购买者误认为是该知名商品；(3) 擅自使用他人的企业名称或者姓名，引人误认为是他人的商品；(4) 在商品上伪造或者冒用认证标志、名优标志等质量标志，伪造产地，对商品质量作引人误解的虚假表示。因此，假冒行为主要就包括上述四种类型。

【司考真题】

1. 甲欲买“全聚德”牌的快餐包装烤鸭，临上火车前误购了商标不同而外包装十分近似的显著标明名称为“仝聚德”的烤鸭，遂向“全聚德”公司投诉。“全聚德”公司发现，“仝聚德”烤鸭的价格仅为“全聚德”的1/3。如果“全聚德”起诉“仝聚德”，其纠纷的性质应当是下列哪一种？(单项选择题)

A. 诋毁商誉的侵权纠纷

B. 低价倾销的不正当竞争纠纷

C. 欺骗性交易的不正当竞争纠纷

D. 企业名称侵权纠纷

答案：C。

解析：题干所述事实属于擅自使用知名商品特有的名称，造成误认，构成欺骗性交易行为。不存在诋毁商誉和“低于成本价销售”等行为，故A、B项错误；也不存在侵犯企业名称权情形，故D项也不符合题意。①

---

① 参见《反不正当竞争法》第5条。

2. 甲酒厂为扩大销量，精心摹仿乙酒厂知名白酒的包装、装潢。关于甲厂摹仿行为，下列哪些判断是错误的？（多项选择题）

A. 如果乙厂的包装、装潢未获得外观设计专利，则甲厂摹仿行为合法

B. 如果甲厂在包装、装潢上标明了自己的厂名、厂址、商标、则不构成混淆行为

C. 如果甲厂白酒的包装、装潢不足以使消费者认为是乙厂白酒，则不构成混淆行为

D. 如果乙厂白酒的长期消费者留意之下能够辨别出二者差异，则不构成混淆行为

答案：ABD。

解析：《反不正当竞争法》第5条规定，“经营者不得采用下列不正当手段从事市场交易，损害竞争对手：（一）假冒他人的注册商标；（二）擅自使用知名商品特有的名称、包装、装潢，或者使用与知名商品近似的名称、包装、装潢，造成和他人的知名商品相混淆，使购买者误认为是该知名商品；（三）擅自使用他人的企业名称或者姓名，引人误认为是他人的商品；（四）在商品上伪造或者冒用认证标志、名优标志等质量标志，伪造产地，对商品质量作引人误解的虚假表示。”

选项A、B说法错误：乙酒厂的某种白酒是知名商品，即使该商品的包装、装潢未获得外观设计专利或者即使甲酒厂标明了自己的厂名、厂址、商标，根据上述规定的第二种情形，擅自使用知名商品特有的名称、包装、装潢，使购买者误认为是该知名商品的，即构成混淆行为。

选项C说法正确，选项D说法错误：混淆行为的要件之一是经营者的欺骗性行为已经或者足以使用户或者消费者误认，亦即这种欺骗行为达到了较为严重的程度。因此，如果不足以使消费者误认，则不构成混淆行为。对于消费者的界定，是以一般消费者为衡量标准而还是以该商品的长期消费者为衡量标准。

二、限购排挤行为

限购排挤行为是指公用企业或者其他依法具有独占地位的经营者，为了排挤其他经营者而限定他人购买其指定的经营者的商品的行为。这实际上属于反垄断法中的滥用市场支配地位的情形。我国《反不正当竞争法》第6条对此作了明确规定。1993年国家工商行政管理局又专门发布了《关于禁止公用企业限制竞争行为的若干规定》。

限购排挤行为的主体包括两类：一类是“公用企业”。公用企业，是指通过固定的网络或其他基础设施提供公共产品或服务的经营者。《关于禁止公用企业限制竞争行为的若干规定》第2条将其解释为“涉及公用事业的经营者，包括供水、供电、供热、供气、邮政、电讯、交通运输等行业的经营者”。另一类是“其他依法具有独占地位的经营者”。根据国家工商行政管理局2000年《关于如何认定其他依法具有独占地位的经营者问题的答复》（工商公字［2000］第48号）的表述，“其他依法具有独占地位的经营者”，是指公用企业以外的由法律、法规、规章或者其他合法的规范性文件赋予其从事特定商品（包括服务）的独占经营资格的经营者。

限购排挤行为的客观行为即限定交易。根据国家工商行政管理局《关于禁止公用企业限制竞争行为的若干规定》第4条，限购排挤行为主要包括：（1）限定用户、消费者只能购买和使用其附带提供的相关商品，而不得购买和使用其他经营者提供的符合技术标准要求的同类商品；（2）限定用户、消费者只能购买和使用其指定的经营者生产或者经销的商品，而不得购买和使用其他经营者提供的符合技术标准要求的同类商品；（3）强制用户、消费者购买其提供的不必要的商品及配件；（4）强制用户、消费者购买其指定的经营者提

供的不必要的商品；(5) 以检验商品质量、性能等为借口，阻碍用户、消费者购买、使用其他经营者提供的符合技术标准要求的其他商品；(6) 对不接受其不合理条件的用户、消费者拒绝、中断或者削减供应相关商品，或者滥收费用；(7) 其他限制竞争的行为。

限购排挤行为的主观要件是具备排挤其他经营者的意图，损害的客体是公平竞争权和自由竞争的秩序。

【背景资料】国家工商行政管理局关于如何认定“具有独占地位的经营者”的答复

1. 国家工商行政管理局《关于如何认定其他依法具有独占地位的经营者问题的答复》(工商公字［2000］第48号) 指出：(1)《反不正当竞争法》第6条规定的“其他依法具有独占地位的经营者”，是指公用企业以外的由法律、法规、规章或者其他合法的规范性文件赋予其从事特定商品（包括服务）的独占经营资格的经营者。所谓独占地位，是指经营者的市场准入受到法律、法规、规章或者其他合法的规范性文件的特别限制，该经营者在相关市场上独家经营或者没有充分的竞争以及用户或者消费者对其提供的商品具有较强的依赖性的经营地位。(2) 按照国家有关规定，中小学教材由新华书店统一归口征订和发行。据此，新华书店依法具有从事中小学教材征订和发行经营活动的独占地位，在中小学教材征订和发行经营中属于《反不正当竞争法》第6条规定的“其他依法具有独占地位的经营者”。新华书店滥用其征订和发行中小学教材的独占地位，在征订和发行中小学教材时限定他人购买其指定的其他图书的，损害了中小学教材购买者的自由选择权，排挤了其他图书经营者的公平竞争，违反《反不正当竞争法》第6条的规定，应当依法予以查处。

2. 国家工商行政管理总局《关于火车站限定他人接受其指定的经营者提供的服务行为定性处理问题的答复》(工商公字［2002］第249号) 指出：火车站属于《反不正当竞争法》第6条规定的公用企业。火车站利用其提供铁路运输服务的独占地位，拒绝提供预售票服务、拒绝发售当日卧铺票、软硬坐票，要求旅客接受指定的经营者提供的客票代售服务，其实质是限定他人接受其指定的经营者提供服务的行为，违反了《反不正当竞争法》第23条的规定，予以处罚。

3. 国家工商行政管理总局《对有线电视台强行向用户收取解扰器押金行为定性处理问题的答复》(工商公字［2001］第285号) 指出：有线电视台属于《反不正当竞争法》第6条规定的依法具有独占地位的经营者。有线电视台滥用其提供电视节目服务的独占地位，以拒绝、中断服务等措施强行向有线电视用户收取解扰器押金并抵作下年度收视费的行为，实质上是违反国家有关规定，变相向用户收取收视费预付款，向用户限定交易条件，违反了《反不正当竞争法》第6条的规定，构成《关于禁止公用企业限制竞争行为的若干规定》第4条第6项所列“对不接受其不合理条件的用户、消费者拒绝、中断或者削减供应相关商品，或者滥收费用”的限制竞争行为，应当依据《反不正当竞争法》第23条的规定予以处罚。

4. 国家工商行政管理总局《对保险公司借助学校强制保险行为定性处罚问题的答复》(工商公字［2001］第211号) 指出：保险公司属于《反不正当竞争法》第6条规定的依法具有独占地位的经营者。保险公司借助学校的特殊地位，强制推销保险的行为，排挤了其他保险经营者的公平竞争，违反了《反不正当竞争法》第6条的规定，应当依据该法第23条的规定调查处理。学校在从事营利性活动时，可以认定为《反不正当竞争法》第2条规定的经营者。对学校非法收受保险公司给予的“保险代办费”及保险公司给予“保险代办费”的行为，可以参照国家工商行政管理局《关于医院非法收受保险公司给予的“劳务费”定性处理问题的答复》（工商公字［2000］第97号）一并调查处理。

5. 国家工商行政管理总局《对供电部门强行收取不该收取的费用行为定性处罚问题的答复》（工商公字［2001］第175号）指出：(1) 根据有关规定，国家已安排专款用于农网改造，除电能表以下入户线由农民出资购买，部分改造资金不足地区电能表由农民集资购买外，严禁向农民收取任何形式的材料费、施工费、管理费、手续费、供电及配电贴费（增容费）等其他费用。(2) 供电部门是提供电力服务的经营者，属于《反不正当竞争法》第6条规定的公用企业。供电部门在农网改造中，违反国家有关规定，在农民不知情的情况下，通过与村委会签订格式合同，向农民收取材料费、施工费等费用，其行为实质上是滥用其在农网改造中的独占地位，强行收取不该收取的费用，违反了《反不正当竞争法》第6条的规定，构成《关于禁止公用企业限制竞争行为的若干规定》第4条第6项所列“对不接受其不合理条件的用户、消费者拒绝、中断或者削减供应相应的相关商品，或者滥收费用”的限制竞争行为，应当依据《反不正当竞争法》第23条的规定予以处罚。

6. 国家工商行政管理局《对信用社用借据发放贷款行为定性处理问题的答复》（工商公字［2001］第38号）指出：信用社属于《反不正当竞争法》第6条规定的依法具有独占地位的经营者。信用社滥用其发放农资贷款的优势地位，在办理贷款业务时，不直接发放贷款，而是发放其印制的在一定范围内使用的《借款借据》，其行为实质上是强制农户购买其指定的经营者的商品，排挤其他经营者的公平竞争，违反了《反不正当竞争法》第6条的规定，属于《关于禁止公用企业限制竞争行为的若干规定》第4条第2项所列的限制竞争行为，因此同意你局的定性意见，应当按照《反不正当竞争法》第23条的规定予以处罚。

7. 国家工商行政管理局《关于盐业公司在销售无碘盐时强制用户购买碘盐行为定性处理问题的答复》（工商公字［2000］第200号）指出：根据国务院《食盐专营办法》的规定，食盐是国家进行专营管理的产品。盐业公司具有盐业主管机构和食盐专营企业的双重身份，作为食盐专营企业的盐业公司属于《反不正当竞争法》第6条规定的其他依法具有独占地位的经营者。盐业公司在销售无碘加工盐时，滥用其优势地位，强制用户购买加碘食盐的行为，违反了《反不正当竞争法》第6条规定并构成国家工商行政管理局《关于禁止公用企业限制竞争行为的若干规定》第4条第3项所禁止的限制竞争行为，应当依照《反不正当竞争法》第23条的规定予以处罚。

8. 国家工商行政管理局《关于石油公司、石化公司实施限制竞争行为定性处理问题的答复》（工商公字［2000］第134号）指出：(1)《反不正当竞争法》第6条规定的“依法具有独占地位的经营者”，是指公用企业以外的依法从事垄断性经营或者具有其他优势地位的经营者。其类型主要是专营专卖行业、为国民经济运行提供金融、保险等基础性经济条件的行业以及其他由国家进行特殊管制的行业的经营者。(2) 石油、成品油产品是国家垄断经营的产品，根据国家有关规定，国内各炼油厂生产的成品油（汽油、煤油、柴油）要全部交由石油集团、石化集团的批发企业经营，其他企业、单位不得批发经营，因此石油公司、石化公司属于《反不正当竞争法》第6条规定的其他依法具有独占地位的经营者。对于石油公司在销售汽油过程中，滥用其独占地位，以强行搭售汽油清净剂、对系统外的企业实行歧视待遇等方式实施强制交易行为的，应当依照《反不正当竞争法》第6条、第23条的规定及其他相关法律的规定予以查处。

9. 国家工商行政管理局《对铁路运输部门强制为托运人提供保价运输服务是否排挤保险公司货物运输保险公平竞争问题的答复》（工商公字［2000］第96号）指出：(1) 竞争是指经营者争取交易机会的活动，竞争关系是指两个或者两个以上的经营者为争夺交易机会的相互排斥关系。《反不正当竞争法》第6条规定的“排挤其他经营者的公平竞争”，是指公用企业或者其他依法具有独占地位的经营者（以下统称公用企业）滥用独占地位，排斥或者减少其他经营者获取交易机会的意图或者后果。被排斥的经营者既可能是与公用企业具有竞争关系的经营者，又可能是与被指定的经营者具有竞争关系的经营者，还可能是因公用企业的排挤行为而减少或者丧失交易机会的其他经营者。(2) 按照《铁路法》有关规定，货物运输的托运人根据自愿原则，既可以向保险公司办理货物运输保险，又可以办理保价运输。在铁路货物运输中，尽管货物运输保险和保价运输的经营者不同，但是，货物运输保险和保价运输都是以托运人支付一定的费用为代价，在因合同约定的可能发生的事由的实际发生而造成财产损失时，由对方（货物运输保险的保险人或者保价运输的承运人）按照合同约定给予赔偿的制度。因此，货物运输保险和保价运输在性质和用途上具有相似性，托运人选择其一就可以达到对可能发生的货物损失获得同样或者类似赔偿的目的，两者具有替代关系，属于具有竞争关系的近似服务。在铁路运输部门强制托运人购买其保价运输的情况下，保险公司即具有无法或者难以获取货物运输保险交易机会的可能性，因而排挤了保险公司的公平竞争。

10. 国家工商行政管理局《关于工商行政管理机关应当依照〈反不正当竞争法〉查处邮政企业强制他人接受其邮政储蓄服务的限制竞争行为的答复》（工商公字［1999］第276号）指出：邮政企业作为提供邮政服务的公用企业，利用其提供邮政服务的独占地位，强制他人接受其提供的邮政储蓄服务，侵害了消费者的合法权益，排挤了其他经营者的公平竞争，扰乱了市场竞争秩序，构成《反不正当竞争法》第6条规定的公用企业限制竞争行为，工商行政管理机关应当依照该法第23条规定予以查处。

11. 国家工商行政管理局《关于对电信部门强行向用户收取话费预付款、话费抵押金行为定性处罚问题的答复》（工商公字［1999］第277号）指出：(1)《反不正当竞争法》第6条的立法精神是禁止公用企业强制交易。公用企业强制交易是指公用企业在提供商品时，利用其独占地位，违背自愿原则，对交易相对人限定交易条件的行为。《关于禁止公用企业限制竞争行为的若干规定》对公用企业强制交易行为的表现形式作了列举式规定，凡是构成这些强制交易行为的，应当依法受到查处。(2) 电信部门是向社会公众提供电信服务的企业，属于公用企业的范畴。电信部门在提供电信服务时，违反国家有关规定，以拒绝提供电信服务等措施强行向用户收取话费预付款、话费抵押金等，实质上是向用户限定交易条件，以强制用户交付话费预付款、话费抵押金等不合理条件作为其提供电信服务的交易条件，违反了《反不正当竞争法》的规定，属于《关于禁止公用企业限制竞争行为的若干规定》第4条第6项所列“对不接受其不合理条件的用户、消费者拒绝、中断或者削减供应相关商品，或者滥收费用”的强制交易行为，应当依据《反不正当竞争法》第23条规定予以处罚。

12. 国家工商行政管理局《关于电信局对不从该局购买手机入网者多收入网费的行为是否构成不正当竞争行为问题的答复》（工商公字［1999］第190号）指出：(1)《反不正当竞争法》第6条的立法目的是禁止公用企业或者其他依法具有独占地位的经营者滥用独占地位，进行强制交易，限制竞争。该条“限定他人购买其指定的经营者的商品”中的“限定”，是指公用企业或者其他依法具有独占地位的经营者以强行要求、设置服务障碍、胁迫、推荐、差别待遇等方式，强制或者变相强制他人购买其指定的经营者的商品。限定他人购买其指定的经营者的商品包括三种情况：限定他人购买其自己提供的商品；限定他人购买其下属单位提供的商品；限定他人购买其指定的其他经营者提供的商品。(2) 公用企业或者其他依法具有独占地位的经营者限定他人购买其自己提供的商品时，具有双重身份，既是实施限制竞争行为的公用企业或者其他依法具有独占地位的经营者，又是被指定的经营者。公用企业或者其他依法具有独占地位的经营者在实施限制竞争行为的同时又销售质次价高商品或者滥收费用的，构成两种违法行为，即限定他人购买其提供的商品的限制竞争行为，以及借此销售质次价高产品或者滥收费用的行为。工商行政管理机关对这两种行为可以一并处理，即除依照《反不正当竞争法》第23条对其限制竞争行为予以处罚外，还应当依照第23条规定对其作为被指定的经营者借此销售质次价高产品或者滥收费用的行为予以处罚，即没收其违法所得，可以根据情节处以违法所得1倍以上3倍以下的罚款。(3) 电信局属于提供电信服务的公用企业，其滥用独占地位，采取差别待遇的方式，对申请移动电话入网的用户根据其购买移动电话来源的不同，收取不同的入网费，即对从本局购买移动电话者少收入网费，对从本局以外购买移动电话者多收入网费，迫使用户购买其移动电话，排挤了其他经营者的公平竞争，损害了用户和消费者的合法权益，违反了《反不正当竞争法》第6条、《关于禁止公用企业限制竞争行为的若干规定》第4条第7项的规定，构成限定他人购买其提供的商品的限制竞争行为以及滥收费用的行为，应当依照《反不正当竞争法》第23条的规定，一并予以处罚。

13. 国家工商行政管理局《关于有线电视台实施强制交易行为定性处理问题的答复》（工商公字［1997］第320号）指出：广播电视事业是国家实行统一规划和管理的特殊行业，有线电视是广播电视事业的重要组成部分。依照国家有关广播电视管理法律法规的规定，有线电视台是经广播电视行政部门特许设立、通过有线方式向有线电视系统终端户提供有偿电视节目服务的机构，属于《反不正当竞争法》第6条规定的依法具有独占地位的经营者。有线电视台在提供电视节目服务中滥用其独占地位，强制用户购买其指定的商品，损害了消费者的合法权益，扰乱了正常的竞争秩序，构成《反不正当竞争法》第6条以及国家工商行政管理局《关于禁止公用企业限制竞争行为的若干规定》第 4 条规定的限制竞争行为，应当依照《反不正当竞争法》第 23 条的规定予以处罚。

14. 国家工商行政管理局《关于信用合作社限定贷款人购买其指定经营者的商品的行为定性处理问题的答复》(工商公字［1997］第 170 号) 指出：信用合作社是依照有关金融法律设立和管理的具有特殊性的金融企业，属于《反不正当竞争法》第 6 条规定的依法具有独占地位的经营者。信用合作社利用负责农资专项贷款的地位，限定贷款人购买其指定的经营者的商品，违反了《反不正当竞争法》第 6 条规定并构成国家工商行政管理局《关于禁止公用企业限制竞争行为的若干规定》第 4 条第 2 项所禁止的限制竞争行为，应当依照《反不正当竞争法》第 23 条的规定予以处罚。

三、商业贿赂行为

商业贿赂，是指经营者为销售或者购买商品而采用财物或者其他手段贿赂对方单位或者个人的行为。我国《反不正当竞争法》第 8 条规定，经营者购买或者销售商品，可以以明示方式给对方折扣，也可以给中间人佣金，但必须如实入账；接受折扣、佣金的经营者也必须如实入账。凡在账外暗中给予对方单位或者个人回扣的，以行贿论处；对方单位或者个人在账外暗中收受回扣的，以受贿论处。1996 年国家工商行政管理局又发布了《关于禁止商业贿赂行为的暂行规定》，对《反不正当竞争法》第 8 条进行了具体的解释和补充。

在主体方面。商业贿赂分为商业行贿和商业受贿两种情形。商业行贿的主体必须是经营者。《关于禁止商业贿赂行为的暂行规定》第 3 条规定，“经营者的职工采用商业贿赂手段为经营者销售或者购买商品的行为，应当认定为经营者的行为”。商业受贿的主体是“对方单位和个人”，并不限于经营者。

在客观方面。商业贿赂要求必须是经营者为销售或者购买商品而采用财物或者其他手段贿赂对方单位或者个人的行为。其中，商业行贿体现为给予财物或其他利益，商业受贿则体现为索取或收受财物或其他利益。根据《关于禁止商业贿赂行为的暂行规定》第 2 条的解释，“财物”是指现金和实物，包括经营者为销售或者购买商品，假借促销费、宣传费、赞助费、科研费、劳务费、咨询费、佣金等名义，或者以报销各种费用等方式，给付对方单位或者个人的财物；“其他手段”是指提供国内外各种名义的旅游、考察等给付财物以外的其他利益的手段。

商业贿赂要求具备故意的主观意图，其侵犯的客体是正当竞争秩序和公平竞争权。

四、虚假宣传行为

虚假宣传行为是指经营者利用广告或者其他方法，对商品的质量、制作成分、性能、用途、生产者、有效期限、产地等作引人误解的虚假宣传的行为。此外，我国《反不正当竞争法》还规定，广告的经营者不得在明知或者应知的情况下，代理、设计、制作、发布虚假广告。

虚假宣传行为的主体是广告主、广告代理制作者和广告发布者，有时三者身份重合。上述主体在客观上对其商品或服务作虚假广告或以其他方式进行虚假宣传。而所谓的虚假宣传行为是指经营者利用广告和其他方法，对产品的质量、性能、成分、用途、产地等所作的引人误解的不实宣传。客观方面还要求虚假广告或虚假宣传达到了引人误解的程度，因而具有社会危害性。主观方面，广告经营者在明知或应知情况下，方对虚假广告负法律责任；至于广告主，则不论其主观上处于何种状态，均必须对虚假广告承担法律责任。

【司考真题】

1999年冬季，前卫商场大量销售皮衣，谎称自己的销售价是“跳楼价”。下列表述哪些是正确的？（多项选择题）

A. 前卫商场违反了《反不正当竞争法》关于禁止低价倾销的规定

B. 前卫商场违反了《消费者权益保护法》关于禁止欺诈经营的规定

C. 前卫商场违反了《反不正当竞争法》关于禁止作引人误解虚假宣传的规定

D. 前卫商场违反了《民法通则》和《合同法》规定的诚实信用原则

答案：BCD。

解析：《消费者权益保护法》（1993年）第20条第1款规定了欺诈经营情形，而《反不正当竞争法》第9条第1款规定了虚假宣传行为。笔者认为，该商场违反了上述两条款，故B、C项正确。另外，诚实信用原则是整个民事法律的最高原则，《民法通则》第4条、《合同法》第6条都有规定，不正当竞争领域同样也必须遵守，故D项也符合题意。而题干并未交代商场以低于成本的价格销售，故A项不选。

五、侵犯商业秘密行为

侵犯商业秘密行为，是指经营者通过不正当手段，违法获取、披露、使用或者允许他人使用权利人的商业秘密的行为。根据我国《反不正当竞争法》第10条以及国家工商行政管理局于1995年发布的《关于禁止侵犯商业秘密行为的若干规定》，所谓商业秘密，是指不为公众所知悉，能为权利人带来经济利益、具有实用性，并经权利人采取保密措施的技术信息和经营信息。权利人采取保密措施，包括口头或书面的保密协议，对商业秘密权利人的职工或与商业秘密权利人有业务关系的他人提出保密要求等合理措施。只要权利人提出了保密要求，商业秘密权利人的职工或与商业秘密权利人有业务关系的他人知道或应该知道存在商业秘密，即为权利人采取了合理的保密措施，职工或他人就对权利人承担保密义务〔参见国家工商行政管理局《关于商业秘密构成要件问题的答复》（工商公字［1998］第109号）〕。

侵犯商业秘密所采取的不正当手段包括：第一，以盗窃、利诱、胁迫或者其他不正当手段获取权利人的商业秘密；第二，披露、使用或者允许他人使用以前项手段获取的权利人的商业秘密；第三，违反约定或者违反权利人有关保守商业秘密的要求，披露、使用或者允许他人使用其所掌握的商业秘密。此外，第三人明知或者应知存在上述违法行为，而获取、使用或者披露他人的商业秘密的，视为侵犯商业秘密。

【案例7—1】 我国最大一宗侵犯经营信息类商业秘密案件——江西亿铂电子科技有限公司、余某某等侵犯商业秘密罪刑事案①

被告人余某某、罗某某、肖某某、李某红原系珠海赛纳公司员工，四人在日常工作中能够接触并掌握珠海赛纳公司的品牌区、南美区、亚太区的客户资料以

① 参见《最高人民法院公布八起知识产权司法保护典型案例之七：江西亿铂电子科技有限公司、余某某等侵犯商业秘密罪刑事案》，载《最高人民法院公报》，2014（5）。

及2010年的销售量、销售金额及珠海赛纳公司产品的成本价、警戒价、销售价等经营性信息，并负有保守珠海赛纳公司商业秘密的义务。2011年年初，余某某与他人成立江西亿铂电子科技有限公司（以下简称亿铂公司），生产打印机用硒鼓等耗材产品，并成立中山沃德公司及香港Aster公司、美国Aster公司、欧洲Aster公司销售亿铂公司产品。余某某、罗某某、肖某某、李某红等人将各自因工作关系掌握的珠海赛纳公司的客户采购产品情况、销售价格体系、产品成本等信息私自带入亿铂公司、中山沃德公司，以此制定了该两公司部分产品的美国价格体系、欧洲价格体系，并以低于珠海赛纳公司的价格向原属于珠海赛纳公司的部分客户销售相同型号的产品。经对亿铂公司、中山沃德公司的财务资料和出口报关单审计，两公司共向原珠海赛纳公司的11个客户销售与珠海塞纳公司相同型号的产品金额共计7 659 235.72美元；按照珠海赛纳公司相同型号产品的平均销售毛利润率计算，给珠海赛纳公司造成的经济损失共计人民币22 705 737.03元。

广东省珠海市中级人民法院二审认为，亿铂公司、中山沃德公司、余某某、罗某某、肖某某、李某红的行为构成侵犯商业秘密罪，遂判处亿铂公司罚金人民币2 140万元；判处中山沃德公司罚金人民币1 420万元；判处余某某有期徒刑6年，并处罚金人民币100万元；判处罗某某有期徒刑3年，并处罚金人民币20万元；判处李某红有期徒刑2年，缓刑3年，并处罚金人民币10万元；判处肖某某有期徒刑2年，缓刑3年，并处罚金人民币10万元。

本案系全国最大一宗侵犯经营信息类商业秘密刑事犯罪案件，人民法院判处的罚金总额高达3 700万元，创商业秘密犯罪案件罚金数额全国之最。本案裁判无论是在罚金数额的计算还是自然人刑事责任的承担方面，都体现了严厉制裁侵犯商业秘密犯罪行为的导向。

【司考真题】

甲旅行社的欧洲部副经理李某，在劳动合同未到期时提出辞职，未办移交手续即到了乙旅行社，并将甲社的欧洲合作伙伴情况、旅游路线设计、报价方案和客户资料等信息带到乙社。乙社原无欧洲业务，自李某加入后欧洲业务猛增，成为甲社的有力竞争对手。现甲社向人民法院起诉乙社和李某侵犯商业秘密。请回答以下两题。（不定项选择题）

(1) 法院如认定乙社和李某侵犯甲社的商业秘密，须审查什么事实？

A. 甲社所称的“商业秘密”是否属于从公开渠道不能获得的

B. 乙社的欧洲客户资料是否有合法来源

C. 甲社所称的“商业秘密”是否向有关部门申报过“密级”

D. 乙社在聘用李某时是否明知或应知其掌握甲社的上述业务信息

(2) 如法院判定乙社和李某侵权成立，确定其赔偿责任可以采用下列何种办法？

A. 按照甲社在侵权期间的利润损失进行赔偿，乙社和李某承担连带赔偿责任

B. 甲社在侵权期间的利润损失无法计算时，按照乙社所获利润进行赔偿，李某承担连带赔偿责任

C. 对李某按照其在甲社时的工资标准乘以侵权持续时间确定赔偿额，对乙社按其实际所得利润确定赔偿额

D. 按甲社请求的数额确定赔偿额

答案：(1) ABD；(2) AB。

解析：本题考查不正当竞争行为中的侵犯商业秘密行为。依据《反不正当竞争法》第10条的规定可知，权利人需要对商业秘密采取保密措施，但不需要向有关部门申报“密级”，因此，第（1）题中C项错误。其余三项皆属于认定乙社和李某构成共同侵权必须审查的事实。关于第（2）题，依据《反不正当竞争法》第20条的规定，确定侵权损害赔偿有两种办法：一是被侵权者实际产生的损失；二是实际损失无法计算时，赔偿额为侵权人在侵权期间因侵权所获得的利润。除此之外，不应适用其他计算方法。因此，第（2）题中A、B项正确，C、D项错误。

六、降价排挤行为

降价排挤行为，又称低价倾销行为，是指经营者为了排挤竞争对手而以低于成本的价格销售商品的行为。但依据《反不正当竞争法》第11条的规定，有下列情形之一的，不属于不正当竞争行为：(1) 销售鲜活商品；(2) 处理有效期限即将到期的商品或者其他积压的商品；(3) 季节性降价；(4) 因清偿债务、转产、歇业降价销售商品。上述情形中，经营者无排挤竞争对手的用意，其降价行为符合商品本身的特性、符合政策和法律规定的要求，因而为《反不正当竞争法》所允许。

降价排挤行为的主体是经营者，而且在绝大多数情况下，是大型企业或在特定市场上具有经营优势地位的企业。经营者客观上实施了降价排挤行为。需要注意，这里的“降价排挤行为”是指低于成本价，不同于国际贸易中的倾销行为。经营者实施降价排挤行为的目的是排挤竞争对手，以便独占市场。

七、搭售行为

搭售行为是指经营者在销售商品时，违背购买者的意愿搭售商品或者附加其他不合理的条件的行为。搭售行为有两种情况：一是违背购买者的意愿搭售商品，通常是在购买者购买其必需品时搭售购买者不愿要或不需要的商品；二是向购买者提出附加的不合理条件，主要是增加购买者的附加义务。

八、不正当奖售行为

不正当奖售行为，是指经营者违反法律规定而进行的不正当的有奖销售行为。有奖销售是经营者的一种促销手段，正当的有奖销售，法律是允许的，而不正当的有奖销售，则不仅会损害同业竞争者的利益，而且会损害消费者的利益，危害公序良俗。因此，我国《反不正当竞争法》规定对不正当的有奖销售行为加以禁止。该法第13条规定，经营者不得从事下列有奖销售：(1) 采用谎称有奖或者故意让内定人员中奖的欺骗方式进行有奖销售；(2) 利用有奖销售的手段推销质次价高的商品；(3) 抽奖式的有奖销售，最高奖的金额超过5 000元的。可见，不正当奖售行为主要有三种类型，即欺诈式的奖售、不当推销的奖售和高额抽奖式的奖售。国家工商行政管理局于1993年发布的《关于禁止有奖销售活动中不正当竞争行为的若干规定》对反不正当竞争法的规定作了进一步的解释。

值得注意的是，有奖销售一般可以分为两种方式：一是附赠式有奖销售，即经营者向购买某种商品的所有购买者附加赠与金钱、物品或其他经济利益的销售活动。二是抽奖式有奖销售，即经营者以抽签、摇奖或其他带有偶然性的方法决定购买者是否中奖的有奖销售方式。我国现行《反不正当竞争法》仅对抽奖式有奖销售作了规定，而未对附赠式有奖销售作出限制性规定。

【案例 7—2】　格兰仕公司附赠式有奖销售案①

2001 年 6 月下旬，格兰仕家电公司在媒体上公开宣称，在全国范围内进行空调、微波炉大促销活动，凡购买价格 2 680 元的格兰仕空调赠送市场价为 2 880 元的手表。自该公司采取此种促销手段后，空调销售异常火爆，销量呈数倍的增长态势（不到 10 天时间，就销出空调五万余台，在厦门广告刊登仅 4 天时间，厦门地区就售出七百多台空调），甚至出现了手表供应不足打欠条的情况。但是，该家电公司的促销手法也招来竞争对手的猛烈反击，包括与该公司近在咫尺的顺德某知名家电品牌在内的众多同行纷纷向当地工商行政管理部门投诉，该公司此举为亏本经营，低于成本价倾销，涉嫌不正当竞争，要求工商行政部门介入调查。天津、合肥、湘潭、杭州、石家庄等地的工商局向格兰仕公司发送了通知书。通知书指出：该公司"近期发布的印刷品广告中标有'买空调赠送钻石手表，市场价 2 880元/款，男女手表可任选一款，数量有限，送完为止'的字样"，"该有奖销售活动涉嫌违反了《反不正当竞争法》及《中华人民共和国广告法》有关条款"，并要求格兰仕公司在短期内向这些地方的工商局提供公司法人营业执照、该有奖销售活动的相关资料、该钻石名表的进货发票、此次活动的营销策划方案及与合作手表厂的协议等材料。该公司一方面表示将尽快协助各地工商局调查，另一方面专门就此向有关法律专家提出咨询（专家意见在网上有所报道）。但最终不是工商部门依据法律禁止有奖销售活动，而是格兰仕公司本身考虑到种种原因，致使此次赠表大促销活动半途而废。只有在厦门地区的销售，是由于法律上的原因，即违反了《厦门市反不正当竞争条例》中"赠品价值不得超过商品价值的 10%"的规定而终止。然而，一年之后，该公司又故伎重演，在广州、深圳、佛山等地的一些大商场里，为推销其数码光波微波炉，声称有机会获赠一份神秘超值大礼包。据说，这份神秘超值大礼就是前一年卖空调附赠的名表。此举在广州、深圳、佛山等地的商场顿时掀起一股购买热潮，在双休日两天内就卖出微波炉近五百台。

格兰仕公司的此次促销风波带给我们一连串的法律问题：这种促销是否有扰乱市场秩序的嫌疑？这次活动中，判定该公司不正当竞争的主要依据是什么？是否属于低于成本经营和虚假广告？该公司称在此次活动中赠送的手表是采取无形资产换有形资产的策略，手表的进价不足千元，但该手表在商场的专柜中售价为 2 880 元，该公司这种做法是否合法？同时该公司声称并非亏本经营，如果这两项都成立，那么该公司的促销行为是否合法？

九、诋毁商誉行为

诋毁商誉行为是指经营者捏造、散布虚假的事实，损害竞争对手的商业信誉和商品声

① 参见 http://www.people.com.cn/GB/jinji/33/172/20010716/512749.html。

誉的行为。诋毁他人商誉将会削弱竞争对手对顾客的吸引力，从而争夺和扩大自己的市场。该行为违背公认的商业道德和市场竞争规则，因而是不正当的、违法的。

诋毁商誉行为的主体是市场经营活动中的经营者，其他经营者如果受其指使从事诋毁商誉行为的，可构成共同侵权人。新闻单位被利用和被唆使的，仅构成一般的侵害他人名誉权行为，而非不正当竞争行为。客观方面要求经营者实施了诋毁商誉行为，如通过广告、新闻发布会等形式捏造、散布虚假事实，使用户、消费者不明真相产生怀疑心理，不敢或不再与受诋毁的经营者进行交易活动。若发布的消息是真实的，则不构成诋毁行为。而且，诋毁行为必须是针对一个或多个特定竞争对手。如果所捏造、散步的虚假事实不能与特定的经营者相联系，商誉主体的权利便不会受到侵害。但例外的是，对比性广告通常以同行业所有其他经营者为竞争对手而进行贬低宣传，此时应认定为商业诋毁行为。

主观方面，经营者对其他竞争者进行诋毁，其目的是败坏对方的商誉，其主观心态出于故意是显而易见的。需要注意的是，构成诋毁商誉行为必须是出于主观故意捏造、散布虚假的事实，如果不是故意捏造、散布虚假的事实，而是采取对比的方式，对产品或服务的客观情况给予描述，即使是通过这种方式使竞争对手的优势明显低于经营者，也不能构成商业诋毁行为。例如，某矿泉水经营者通过实验的方式证明纯净水浇花导致花卉的死亡，因此，他得出结论人喝纯净水不如喝矿泉水，那么像这种情况，虽然也有取得竞争优势的目的，但也不属于不正当竞争行为。因为虽然没有权威机构做这种试验，但是这种客观现实是存在的。

【司考真题】

根据我国《反不正当竞争法》和相关法律的规定，下列哪一种关于诋毁商誉行为的表述是正确的？（单项选择题）

A. 新闻单位被经营者唆使对其他经营者从事诋毁商誉行为的，可与经营者构成共同的不正当竞争行为

B. 经营者通过新闻发布会形式发布影响其他同业经营者商誉的信息，只要该信息是真实的，不构成诋毁行为

C. 诋毁行为只能是针对市场上某一特定竞争对手实施的

D. 经营者对其他竞争者进行诋毁，其主观心态既可以是故意，也可以是过失

答案：B。

解析：请参见《反不正当竞争法》第14条和第2条关于诋毁商誉行为构成要件的规定。A项中新闻单位不是经营者，不符合主体要求；C项中没有考虑到对比性广告这一特殊情形；诋毁商誉主观上一定是故意，故D项也错误。

十、通谋投标行为

通谋投标行为是指投标者之间串通投标，抬高或压低标价，以及投标者为排挤竞争对手而与招标者相互勾结的行为。通谋投标行为包括两类：一是投标者之间串通投标行为。其目的在于采取联合行动以限制竞争。在投标者之间达成协议或共谋的基础上，无论是抬高标价或压低标价，都会损害招标者的利益。二是投标者与招标者相互勾结行为。其目的是排挤作为竞争对手的其他投标者。由于投标者与招标者勾结在一起，会使其他投标者在投标竞争中处于不利地位，因而该行为具有明显的反竞争性质。

十一、行政垄断行为和地方封锁行为

我国《反不正当竞争法》第7条规定："政府及其所属部门不得滥用行政权力，限定他人购买其指定的经营者的商品，限制其他经营者正当的经营活动。政府及其所属部门不得滥用行政权力，限制外地商品进入本地市场，或者本地商品流向外地市场。"其中实际上就是包括行政垄断和地区封锁两种行为。这实际上也是我国《反垄断法》所规制的"滥用行政权力排除、限制竞争"的垄断行为之一。

【司考真题】

甲市某酒厂酿造的"蓝星"系列白酒深受当地人喜爱。甲市政府办公室发文指定该酒为"接待用酒"，要求各机关、企事业单位、社会团体在业务用餐时，饮酒应以"蓝星"系列为主。同时，酒厂公开承诺：用餐者凭市内各酒楼出具的证明，可以取得消费100元返还10元的奖励。下列关于此事的说法哪一项是不正确的？（单项选择题）

A. 甲市政府办公室的行为属于限制竞争行为

B. 酒厂的做法尚未构成商业贿赂行为

C. 上级机关可以责令甲市政府改正错误

D. 监督检查部门可以没收酒厂的违法所得，并处以罚款

答案：D。

解析：题干中所述甲市政府办公室的行为属于政府及其下属部门限制竞争行为，依据《反不正当竞争法》第30条的规定，应当由上级机关责令其改正；情节严重的，由同级或者上级机关对直接责任人员给予行政处分。被指定的经营者只有借此销售质次价高商品或者滥收费用的，监督检查部门才可以没收违法所得，并处以相应罚款。而上述酒厂并未有此类行为。因此，D项错误，符合题干要求。

第四节　对不正当竞争行为的监督和制裁

一、对不正当竞争行为的监督、检查

（一）监督检查机关

《反不正当竞争法》第3条规定：县级以上人民政府工商行政管理部门对不正当竞争行为进行监督检查；法律、行政法规规定由其他部门监督检查的，依照其规定。可见，我国对不正当竞争行为进行监督检查的部门主要是县级以上的工商行政管理部门。此外，也包括法律、行政法规规定的有权进行监督检查的其他部门。例如，商务部有权对涉外贸易中的不正当竞争行为进行监督；国家质量监督检验检疫总局有权对有关质量的不正当竞争行为进行监督；国家知识产权局和新闻出版广电总局有权对与专利和出版业有关的不正当竞争行为进行监督；监察部、公安部、住房和城乡建设部、文化部等部委依法也有权对与其职能、行业相关的不正当竞争行为进行监督。值得注意的是，依据我国《反不正当竞争法》的规定，只有县级以上的监督检查部门，才可以对不正当竞争行为进行监督检查。

（二）监督检查机关的职权

监督检查机关在监督检查不正当竞争行为时，享有4种职权，即询问权、查询复制权、检查权和处罚权。

1. 询问权。监督检查机关有权按照规定程序询问被检查的经营者、利害关系人、证明人，并要求其提供证明材料或者与不正当竞争行为有关的其他材料，被询问人必须如实提供。

2. 查询复制权。监督检查机关在监督不正当竞争行为时，有权查询、复制与不正当竞争行为有关的协议、账册、单据、文件、记录、业务函电和其他资料。

3. 检查权。监督检查机关有权对与不正当竞争行为有关的财物进行检查，必要时可以责令被检查的经营者说明涉案商品的来源和数量，也可责令其暂停销售，听候检查，禁止其转移、隐匿和销毁该财物。

4. 处罚权。监督检查机关有权对不正当竞争行为进行处罚，处罚的具体形式包括责令停止违法行为、消除影响、没收违法所得、吊销营业执照、处以罚款等。

此外，《反不正当竞争法》还规定，监督检查机关工作人员监督检查不正当竞争行为时，应当出示检查证件。

二、不正当竞争行为的法律责任

（一）经营者的法律责任

经营者违反《反不正当竞争法》的规定，给被侵害的经营者造成损害的，应当承担损害赔偿责任，这是经营者应承担的民事责任。若被侵害的经营者的损失难以计算，则侵权人支付的赔偿额应等于其在侵权期间因侵权所获得的利润。此外，侵权人还应当承担被侵害的经营者因调查该经营者侵害其合法权益的不正当竞争行为所支付的合理费用。

被侵害人的合法权益受到不正当竞争行为损害的，该经营者可以依法向人民法院提起诉讼。

经营者除因致人损害应承担损害赔偿的民事责任外，因其所从事的不正当竞争行为的类型的不同，还应当承担其他法律责任。这主要体现在以下方面：

1. 假冒名牌的法律责任。经营者假冒他人的注册商标，擅自使用他人的企业名称或者姓名，伪造或者冒用认证标志、名优标志等质量标志，伪造产地，依照《商标法》《产品质量法》的规定处罚。经营者擅自使用知名商品特有的名称、包装、装潢，或者使用与知名商品近似的名称、包装、装潢，造成和他人的知名商品相混淆，使购买者误认为是该知名商品的，监督检查部门应当责令其停止违法行为，没收违法所得，违法经营额 5 万元以上的，可以处违法经营额 20%以下罚款，没有违法经营额或者违法经营额不足 5 万元的，可以处 1 万元以下的罚款；情节严重的，可以吊销其营业执照；销售伪劣商品，构成犯罪的，依法追究刑事责任。

2. 贿购贿销的法律责任。经营者采用财物或者其他手段进行贿赂以销售或者购买商品，构成犯罪的，依法追究刑事责任；不构成犯罪的，监督检查部门可以根据情节轻重处以 1 万元以上 20 万元以下的罚款，有违法所得的，予以没收。

3. 限购排挤的法律责任。公用企业或者其他依法具有独占地位的经营者，为排挤其他经营者的公平竞争而限定他人购买其指定的经营者的商品的，省级或者设区的市的监督检查部门应当责令停止违法行为，并可以根据情节轻重处以 5 万元以上 20 万元以下的罚款。若被指定的经营者借此销售质次价高商品或者滥收费用，则监督检查部门应当没收其非法所得，并可以根据情节轻重处以违法所得 1 倍以上 3 倍以下的罚款。

4. 虚假广告的法律责任。虚假广告具有欺诈性质，是一种违反诚实信用原则和公认的商业道德的行为，危害甚巨。因此，《反不正当竞争法》规定，经营者利用广告或者其他方法，对商品作引人误解的虚假宣传的，监督检查部门应当责令其停止违法行为，消除影响，并可以根据情节轻重，对其处以1万元以上20万元以下的罚款。对此，1994年全国人大常委会通过的《广告法》(2015年修订）也作了相应的规定。

5. 侵犯商业秘密的法律责任。侵犯商业秘密的行为是公认的不正当竞争行为，依据我国《反不正当竞争法》的规定，凡违反该法侵犯他人商业秘密的，监督检查部门应当责令其停止违法行为，并可以视情节轻重，对其处以1万元以上20万元以下的罚款。

6. 不当奖售的法律责任。凡经营者利用公众的赌博投机心理，违反法律规定，进行不正当有奖销售的，均应当承担法律责任。依据《反不正当竞争法》的规定，经营者违反该法规定进行有奖销售的，监督检查部门应当责令其停止违法行为，并可以根据情节轻重对其处以1万元以上20万元以下的罚款。

7. 通谋投标的法律责任。无论是投标者之间串通投标的行为，还是投标者与招标者互相勾结的行为，都是对自由、有效的竞争的限制，都是严重的不正当竞争行为。依据《反不正当竞争法》的规定，凡投标者串通投标、抬高标价或者压低标价，以及投标者和招标者相互勾结，以排挤竞争对手的公平竞争的，其中标无效。监督检查部门可以根据其情节轻重处以1万元以上20万元以下的罚款。

8. 抗拒检查的法律责任。监督检查部门有权依法对不正当竞争行为行使检查权，经营者应当接受其检查。经营者有违反被责令暂停销售或不得转移、隐匿、销毁与不正当竞争行为有关的财物的行为的，监督检查部门可以根据情节轻重处以被销售、转移、隐匿、销毁财物价款的1倍以上3倍以下的罚款。

当事人对上述8种情况中监督检查部门所作出的处罚决定不服的，可以自收到处罚决定之日起15日内向上一级主管机关申请复议；对复议决定不服的，可以自收到复议决定书之日起15日内向人民法院提起诉讼；也可以直接向人民法院提起诉讼。

（二）政府及其所属部门的法律责任

我国《反不正当竞争法》规定，政府及其所属部门违反该法规定，限定他人购买其指定的经营者的商品，限制其他经营者正当的经营活动，或者限制商品在地区之间正常流通的，由上级机关责令其改正；情节严重的，由同级或者上级机关对直接责任人员给予行政处分。被指定的经营者借此销售质次价高商品或者滥收费用的，监督检查部门应当没收违法所得，并可以根据其情节轻重处以违法所得1倍以上3倍以下的罚款。

【问题与思考】

1. 侵犯商业秘密巨额赔偿案中的法律认定问题

在本章【案例7—1】中，这是广东省法院系统实行知识产权审判“三合一”模式审理知识产权刑事案件的成功范例，本案突出了司法保护知识产权的整体性和有效性。但本案的焦点之一是：公司员工在离职后设立新的企业，利用在工作期间掌握的原公司经营信息，以低价向原公司的客户销售产品导致原公司经营发生重大损失的，新公司与员工是否构成侵犯商业秘密罪？

侵犯商业秘密罪，是指以盗窃等不正当获取商业秘密，或者非法披露、使用或允许他人使用其所掌握的商业秘密，给权利人造成重大损失的行为。根据最高人民法院、最高人民检察院《关于办理侵犯知识产权刑事案件具体应用法律若干问题的解释》的规定，给权利人造成损失数额在50万元以上的，为造成重大损失的行为。

思考：结合《反不正当竞争法》和最高人民法院、最高人民检察院《关于办理侵犯知识产权刑事案件具体应用法律若干问题的解释》的规定，对于原公司员工离职后设立新公司，利用经营信息向原公司客户低价销售行为应如何理解和认定？也可对比同类案件（例如，上海芯略电子科技有限公司等侵犯商业秘密案）谈谈个人看法。

2. 附赠式有奖销售的法律问题

我国现行《反不正当竞争法》对附赠式有奖销售并未作任何限制性规定，但国家工商行政管理局发布的《关于禁止商业贿赂行为的暂行规定》第8条原则上禁止经营者在商品交易中向对方单位或个人附赠现金或物品，只有按照商业惯例赠送小额广告礼品的除外。

思考：(1)《关于禁止商业贿赂行为的暂行规定》第8条的规定是否合法？(2) 本章【案例7—2】中，格兰仕公司的附赠行为是否合法？能否适用《反不正当竞争法》一般条款对其进行诉讼或处罚？

3. 关于商业贿赂问题

在2006年1月6日举行的中纪委第六次全会上，反商业贿赂首度作为反腐败的重要内容被提出，并被明确定为2006年的工作重点。反商业贿赂由此被提高到反腐败的高度。2006年2月，中共中央办公厅、国务院办公厅共同发布了《关于开展治理商业贿赂专项工作的意见》，将工程建设、土地出让、产权交易、医药购销、政府采购以及资源开发和经销等六大领域的商业贿赂行为，确定为重点治理的对象。就这样，一场如火如荼的商业贿赂专项治理工作展开了。

思考：(1) 反商业贿赂何以能提到反腐败的高度？(2) 商业贿赂的根源何在？(3) 竞争法如何在反商业贿赂中发挥作用？

第八章 政府采购法律制度

参考文献

（一）著作

1. 徐孟洲等．财税法律制度改革与完善．北京：法律出版社，2009. 第五编第四章

2. 王晓晔主编．经济法学．北京：社会科学文献出版社，2005. 334～345 页

3. 史际春主编．经济法．2 版．北京：中国人民大学出版社，2009. 第二十二章

4. 谷辽海编著．中国政府采购案例评析．第 1 卷．北京：群众出版社，2005

（二）论文

1. 史际春，邓峰．经济（政府商事）合同研究——以政府采购合同为中心．中国人民大学报刊复印资料（经济法学、劳动法学），2001（2）

2. 徐孟洲．新《合同法》是民法与经济法综合调整的反映．法学家，1999（3）

3. 王宗玉．论政府采购合同权利救济途径．法学家，2006（3）

4. 湛中乐，杨君佐．政府采购基本法律问题研究．法制与社会发展，2001（3）

5. 殷家明等．我国政府采购制度研究．财政研究，1999（2）

参考法规

1.《中华人民共和国政府采购法》（2014 年修订）

2.《中华人民共和国招标投标法》（1999 年）

3. 财政部《政府采购进口产品管理办法》(2007年)

4. 财政部《中央单位政府集中采购管理实施办法》(2007年)

5. 财政部《政府采购货物和服务招标投标管理办法》(2004年)

6. 财政部《政府采购供应商投诉处理办法》(2004年)

7. 财政部《政府采购信息公告管理办法》(2004年)

8. 国务院办公厅《关于进一步加强政府采购管理工作的意见》(2009年)

9.《国务院办公厅转发财政部〈关于全面推进政府采购制度改革意见〉的通知》(2003年)

10.《中华人民共和国招标投标法实施条例》(2011年)

11. 财政部《政府采购非招标采购方式管理办法》(2013年)

12.《中华人民共和国政府采购法实施条例》(2015年)

引例 全国首例政府采购纠纷案①

2000年7月中旬，金华市益迪医疗设备厂（以下简称益迪厂）在《经济日报》和《中国招投标报》等报纸上看到了农业部全国畜牧兽医总站发出的一则公告，得知农业部正通过公开招标的形式，向全国医疗器械单位采购一批物资，益迪厂决定参与投标。据了解，这次招标共有一百多个项目，其中益迪厂参与投标的YD—202型冷冻切片机项目首批需要241套，只要首次招标成功，以后这项产品每年不用继续招标，只要跟标就可以直接供货。在参加招标前，益迪厂被要求拿出3 800元购买一份标书。2000年8月8日上午，益迪厂在交纳3万元保证金后，正式参与竞标。据当事人回忆，经过开标、唱标后，益迪厂对这项产品的投标价格为每套6 500元，另一家金华市科迪医疗设备厂的投标价为每套7 998元，还有一家企业因资质审查不合格未能参加竞标。2000年8月9日至9月4日，农业部全国畜牧兽医总站评标委员会经评审，确定了各产品的中标人，并分别在12月8日投标有效期届满前发出中标通知书。对于YD—202型冷冻切片机项目，评标委员会通过投票方式评定益迪厂产品不具备中标条件。YD—202型冷冻切片机项目中标通知书尚未发出，2000年11月15日，农业部全国畜牧兽医总站却收到益迪厂的投诉，称与之同城的另一家竞标企业金华市科迪医疗设备厂的产品有各种问题，不具备投标条件。在调查、核实过程中，农业部全国畜牧兽医总站又对益迪厂的投标作了进一步的评审。2001年2月，益迪厂接到全国畜牧兽医总站通知，要求交16 160元，并送3套样机到北京总站下属的农业部畜牧兽医器械质量监督检验测试中心进行检测。5月28日，益迪厂终于到北京拿到了检测报告，称其中一套样机不合格。益迪厂认为检测报告存在着严重缺陷：一无检测人签名盖章，二无检验的具体标准依据，三无时间及检测使用的设备，明显违反了我国《产品质量检验所的基本条件（试行）》第21条的规定。

① 参见谷辽海编著：《中国政府采购案例评析》，第1卷，北京，群众出版社，2005。

遂要求重检，未获许可。2001年10月15日，益迪厂才收到全国畜牧兽医总站作出的“关于对切片检测结果的说明”的书面答复意见。2001年10月22日，益迪厂将全国畜牧兽医总站、检验测试中心作为被告，向北京市朝阳区人民法院提起民事侵权诉讼。北京市朝阳区人民法院经审查认定原告弄虚作假，判决原告败诉。原告不服，上诉至北京市第二中级人民法院。2003年5月21日，北京市第二中级人民法院作出终审判决，驳回上诉，维持一审判决。

政府采购是随着国家的出现而产生的，政府采购制度则是由于国家对政府采购行为的规范化管理而形成的。政府采购是政府的一种经济行为，尤其是其中的政府采购合同体现了市场经济平等、自愿、等价有偿的要求。然而由于作为合同主体的一方是政府，其作为人民意志代表的执行机构，行为自当受到法律的规制，这种规制不仅包括一般的法律上的规制，更应当包括合同法上当事人意思自治等的规制。同时，作为政府财政支出的一部分，作为国家宏观调控的重要手段之一，政府采购理应受到预算法等财政法的约束，从而得以实现其宏观调控的目标。总之，政府采购法体现了经济法是市场规制法与宏观调控法之耦合这一特点。

第一节 政府采购法概述

一、政府采购与政府采购法

所谓政府采购，在一般意义上是指政府为维持其正常运转对所需物品的采买与购置。依据我国政府采购法的规定，政府采购是指各级国家机关、事业单位和团体组织，使用财政性资金采购依法制定的集中采购目录以内的或者采购限额标准以上的货物、工程和服务的行为。[①] 政府采购主要具有以下特点：一是采购主体的特定性，政府采购主体一般为各级政府及其所属机构，政府采购法规定政府采购的主体为国家机关、事业单位和团体组织；二是采购资金的公共性，即政府采购法上的财政性资金，主要是由纳税人交纳的税款所形成的财政资金；三是采购程序的法定性，政府采购的各个环节和步骤都必须依照法定的程序进行，有严格的限定性，这里法定的程序主要是指政府采购法和招标投标法所规定的程序；四是采购目的的公益性，政府采购不是为了赢利，而是为了实现政府职能和社会公共利益，包括保护环境、扶持不发达地区和少数民族地区、促进中小企业发展等。

政府采购法，是指调整在政府采购过程中形成的社会关系的法律规范的总称。它通过对政府采购行为的规制，促进各级国家机关有效行使职能、加强财政支出管理，充分发挥财政在国民经济发展中的宏观调控作用。

---

① 这个概念中有两个问题：其一，国家机关的采购是否应当受使用财政性资金的限制；其二，企业使用财政资金或者接受财政补助的采购要不要适用该法。具体研究可以参考史际春、邓峰：《经济（政府商事）合同研究——以政府采购合同为中心》，载《中国人民大学报刊复印资料（经济法学、劳动法学）》，2001（2）。

二、我国的政府采购立法概况

政府采购制度最早产生于英国。1782年，英国政府首先设立文具公用局，负责政府部门办公用品的采购，之后该局发展为物资供应部，专门采购政府各部门所需物资。英国建立政府采购制度后，随着政府采购制度作用的发挥，对世界其他国家产生了积极的示范效应，先是西方发达国家纷纷引入该制度，此后二三十年间，许多发展中国家也相继建立了政府采购制度。随着1994年部分世界贸易组织成员国签署《政府采购协议》和联合国贸易委员会通过的《货物、工程和服务采购示范法》的实施，一些国家的政府采购进一步向规范化、国际化发展，采购规模不断扩大。目前，政府采购已成为许多国家管理公共支出、调节经济运行、维护本国国家和社会公共利益的基本制度。

我国从1995年开始政府采购制度的试点工作，之后，政府采购的规模和范围不断扩大，上海、深圳、辽宁等省、市制定了政府采购地方性法规和规章。我国第一部规范政府部门采购行为的条例《深圳经济特区政府采购条例》（2012年修订）和《珠海市政府采购实施办法（试行）》于1999年1月1日起同时正式实施。《北京市政府采购办法》（已失效）也于1999年6月1日起施行。酝酿了几年的《招标投标法》也于1999年8月30日由第九届全国人大常委会第十一次会议审议通过。1999年4月1日，国家经贸委颁布了《国有工业企业物资采购管理暂行规定例》；与此同时，财政部颁布了《政府采购管理暂行办法》《政府采购招标投标程序暂行规定》和《政府采购合同监督暂行办法》，开始初步推行这一制度。到2000年，政府采购已在全国推开。2000年，国家机关事务管理局颁布《中央国家机关政府采购实施办法（试行）》，财政部颁布《政府采购运行规程暂行规定》（已失效），其他国家机关也颁布了相应规定。

政府采购在我国政治、经济、社会生活中发挥的作用越来越大。但政府采购在发展中也逐步暴露出了一些问题，如采购的货物、工程、服务范围偏小，运作不规范，各地发展不平衡，采购的争议和纠纷不断出现等。为促进我国政府采购制度的健康发展，全国人大常委会于2002年6月29日审议通过了《中华人民共和国政府采购法》（以下简称《政府采购法》）。该法共9章、88条，分别对政府采购当事人、政府采购方式、政府采购程序、政府采购合同、质疑与投诉、监督检查和法律责任等重要问题作出了规定。2014年8月31日，第十二届全国人大常委会第十次会议通过了关于修改《中华人民共和国保险法》等第五部法律的决定，其中对《政府采购法》进行了3处修改，关于政府采购代理机构资格认定及相关法律责任的规定被删除。政府采购代理机构资格认定被取消，反映出政府简政放权理念，正在积极推动招标代理走向市场化竞争。

《政府采购法》实施多年来在“规范政府采购行为、提高政府采购资金的使用效益、促进廉政建设发挥了重要作用。同时，政府采购活动中出现的‘天价采购’、质量不高、效率低下等问题引起社会关注和对政府采购制度的质疑，有必要制定出台配套行政法规，细化法律规定，充实完善政府采购制度”[①]。2015年1月30日，国务院总理李克强签署国务院令公布的《中华人民共和国政府采购法实施条例》（以下简称《政府采购法实施条例》），自2015年3月1日起施行。《政府采购法实施条例》明确了何为财政性资金、政府

① 《财政部副部长刘昆解读政府采购法实施条例》，载中国政府采购网，http：//www.ccgp.gov.cn/news/201503/t20150319_5107023.htm，访问日期：2015-07-25。

采购服务类别等内容，进一步促进政府采购的规范化、法制化，构建规范透明、公平竞争、监督到位、严格问责的政府采购工作机制。①

三、我国政府采购法的立法宗旨

我国《政府采购法》第1条指出："为了规范政府采购行为，提高政府采购资金的使用效益，维护国家利益和社会公共利益，保护政府采购当事人的合法权益，促进廉政建设，制定本法。"这是对政府采购法的立法宗旨的概括。具体来说，我国政府采购法的立法宗旨包括五个方面的含义。

（一）规范政府采购行为

规范政府采购行为是建立我国社会主义市场经济体制和依法行政机制的需要，也是我国政府采购立法的首要目标。市场经济的基本特征之一是公平竞争，通过公平竞争实现资源的合理配置和依法行政。在政府采购制度运行中，政府行为具有双重性：政府从事管理时，是代表国家履行管理职责，而在采购交易时，作为采购的一方，又是市场的参与者。如果缺乏法律规范的刚性约束，则这种双重性在实际采购中常常被混淆，所以出现了一些部门凭借手中的权力，凌驾于市场规则之上的情况，从而损害了正常的市场秩序和政府采购制度。正因如此，政府的采购行为对市场和宏观经济运行有着举足轻重的影响，与单纯的商业行为是有本质区别的，必须明确政府在采购制度中的管理职能与采购职能，真正确立管理职能与采购职能相分离的管理机制。

与此同时，规范政府采购行为也是提高依法理财水平的客观要求。政府采购资金都是财政性资金，采购过程实际上是财政支出的使用过程，从强化预算约束、加强财政支出管理、提高财政资金使用效益的要求出发，必然要求采购行为规范。采购行为规范化管理，体现了依法理财的要求，有利于依法理财水平的提高。

（二）提高政府采购资金的使用效益

政府采购资金主要是指财政性资金，即预算资金。长期以来我国受传统经济体制制约，在财政管理中存在重预算安排、轻支出管理，重货币分配、轻实物购买等问题，严重影响了财政管理的均衡发展。推行政府采购制度，制定法律规范，就是使财政管理不仅重预算，也要重视支出分配及使用，将财政监督管理延伸到使用环节，从货币形态延伸到实物形态，增强财政履行分配职能的力度和水平，保证政府采购资金按预算目标使用，降低采购成本，提高财政资金的使用效益。我国目前的政府采购潜力非常大，建立健全政府采购法制，可以充分发挥政府采购的积极效应，提高财政资金的使用效益。

（三）维护国家利益和社会公共利益

政府采购作为一种政府行为，必然要体现国家利益和政策要求。同时，一个国家和政府可以通过政府采购制度的实施，发挥宏观调控作用。换言之，就是政府采购制度具有维护国家利益和社会公共利益的责任和义务。因此，制定政府采购法，可以将政府采购的政策性作用法律化，为政府发挥政府采购的宏观调控作用，维护国家利益和社会公共利益提供法律依据和保障。

---

① 参见《〈中华人民共和国政府采购法实施条例〉解读》，载深圳市财政委员会网站，http://www.sz.gov.cn/czj/zcfggfxwj/gmjjshfagh/201503/t20150312_2826036_7109.htm，访问日期：2015-07-25。

【案例8—1】　　北京市政府采购微软操作系统及办公套件案①

2004年11月17日，北京市政府采购办公室发布招标公告，即《北京市信息化工作办公室“计算机操作系统、办公套件、信息安全等正版软件供应商”政府采购项目成交结果公告》：北京市将斥资2 925万元购买计算机操作系统及办公套件正版软件，这些软件的提供商为北京晨拓联达科贸有限责任公司，该公司是微软Windows操作系统及办公套件的代理商。

2004年11月24日，科技部高新技术发展及产业化司副司长李武强发表“个人声明”，即《以实际行动支持国产软件的发展，捍卫〈政府采购法〉的尊严》，称：“不少省、市软件政府采购的主管部门，置国家利益和国家安全于不顾，大规模采购国外软件，不采购或只是象征性地采购部分国产软件。这些做法不仅严重违反了《政府采购法》，而且沉重打击了国产软件的发展，把国产软件逼上了绝路。这种严重违反《政府采购法》的行为如果听之任之任其发展，必将对我国软件产业的发展造成极其严重的后果。如果此风不刹，国产软件的发展在今后若干年的时间里看不到希望。”11月25日，中国工程院倪光南院士呼吁，“政府采购正版软件不能变成‘政府采购外国软件’”，因为它剥夺了本国软件产业赖以生存的最重要的政府市场，使中国软件产业的发展面临极其严峻的形势。11月27日，倪光南院士、李武强副司长和国内的中文2000、共创开源、中标、中科红旗、金山等软件企业负责人在翠宫饭店同时接受《法制早报》记者独家专访，他们援引我国法律指出：“此次北京市政府软件采购违法。”

2004年11月27日，北京市政府采购网发布更正公告：应“采购人要求”，取消“计算机操作系统及办公套件正版软件供应商”（BKHT2004160-1）分包项目。12月2日，入围本次政府采购的本国软件企业正式与北京市信息办签订了采购协议。至此，微软公司中标国产软件采购事件，最后以各大国产软件商的“胜诉”而告终。

政府采购也可称为公共采购，除要通过获得价格优势，达到既定的经济效益目标外，“政府采购”还可通过采购达到其他的既定的社会效益目标，如通过采购实现经济上的宏观控制，增加社会就业，扶持中小企业和少数民族企业。该案中，北京市政府最终还是选择采购“国货”，显示了政府采购制度保护国内产业的宗旨和作用，也是政府采购法维护国家利益和社会公共利益的体现。当然，该案也反映了我国《政府采购法》对采购“国货”的法律规定存在的问题以及我国软件政府采购中的问题等。

（四）政府采购当事人的合法权益

按照《政府采购法》规定，政府采购的当事人包括各级政府的国家机关、事业单位、团体组织、供应商以及采购代理机构（集中采购机构、招标代理公司等社会中介机构）。政府采购活动在进入采购交易时，政府和供应商都是市场参与者，其行为属于商业性行

① 参见陶勇：《2004年政府采购事件回顾：微软打乱〈政府采购法〉——北京市政府软件采购涉嫌违法》，载国匙网，http：//www.echinakey.com/news/article_show.asp?id=200501300023，2006-07-18。亦可参见互联网上关于此案的其他相关报道。

为，并且各当事人之间是平等的。但是，在实际工作中，由于采购人都是政府采购单位，处于强势地位，容易出现政府采购人将政府行为和行政权限带到交易活动中，个别采购人甚至受利益的驱动，出现欺诈、钱权交易、不按合同履约等行为，给一方或多方当事人造成损失，造成事实上的不平等。而其他当事人因有求于采购机构，处于被动地位。制定《政府采购法》的目的之一，就是要规定政府采购必须遵循公开透明、公平竞争、公正和诚实信用原则，建立政府采购各当事人之间平等互利的关系和按规定的权利、义务参加政府采购活动的规则。从保护弱者角度考虑，还特别赋予供应商对采购机构和采购活动投诉的权利，加强监督和制约，在保护采购机构合法权益的同时，也要保护供应商和中介机构的合法权益。

（五）促进廉政建设

由于政府采购项目多，规模大，其采购合同成为各供应商的竞争目标，所以，在具体采购活动中，经常出现采购人将政府行为与商业行为混淆的现象。如果缺乏完善的监督机制，就极容易出现索贿、行贿、钱权交易等贪污腐败问题。从1999年开始，中央纪委就把推行政府采购制度作为从源头上预防和治理腐败的重要措施之一加以执行，党的十五届六中全会通过的《中共中央关于加强和改进党的作风建设的决定》中明确提出，推行政府采购制度是党风建设的一项重要内容。政府采购纳入法制范围内后，强化了对采购行为的约束力，增强了有效地抑制政府采购中各种腐败现象滋生的可行性，进而有助于上述措施和决定的落实，净化交易环境，使政府采购成为名副其实的“阳光下的交易”，从源头上抑制腐败现象的发生，促进廉政建设。同时，为惩处腐败提供了法律依据和手段。

四、我国政府采购法的基本原则

任何一项制度都有一定的原则，政府采购制度也不例外。我国《政府采购法》第3条规定：“政府采购应当遵循公开透明原则、公平竞争原则、公正原则和诚实信用原则。”由此可见，我国政府采购法主要确立了以下几项原则：

（一）公开透明原则

公开透明是政府采购必须遵循的基本原则之一，政府采购被誉为“阳光下的交易”，即源于此。具体而言，公开透明，是指保证政府采购制度的信息的透明性，保证任何潜在的或特定范围的供应商或承包商都能够同等获得相同的采购信息，保证政府确定合同相对方的决策过程的透明性。公开透明也包含着对合同相对方的要求。政府有权要求供应商或承包商公开其基于采购合同的财务费用、核算成本、项目进度、质量等各种信息。这也是各国均有规定的通行原则。现代行政体制应当是“阳光下透明的体制”，这一要求在众多法律规范中均有所体现。对政府采购而言，这是保证廉政和效率的根本途径之一。

（二）公平竞争原则

公平竞争，是指应当给予潜在的供应商或承包商以同等的机会和权利，不得有任何歧视性的行为；同时，在政府采购合同中，应当保证合同相对方权利的实现。有效的竞争是防止腐败、打破垄断和地区封锁以及排除其他非正常干预的根本途径。与私人采购相比，政府采购所涉及的金额往往较大，从而对市场竞争产生更大的影响。因此，须在政府采购中贯彻公平竞争原则。

（三）公正原则

公正原则是为使采购人与供应商之间在政府采购活动中处于平等地位而确立的，具体是指政府一方平等地对待各个可能的交易对手，严格地依照法定的条件和程序作出决定。据此，未获得合同的竞争者和公众有权要求政府对其决定公开作出说明。保证这一原则被真正贯彻的具体制度包括回避制度、推广格式合同、标准化制度、听证制度等。公正原则的内涵还应当包括政府采购应当有助于实现国家的经济和社会发展政策目标，包括保护环境，扶持不发达地区和少数民族地区，促进中小企业发展等，即政府采购应兼顾社会目标，促进社会公正。①

（四）诚实信用原则

诚实信用本是民法中的“帝王条款”，为我国《民法通则》所确立，适用于一切民事法律行为和合同行为领域。我国《政府采购法》又专门强调了该项基本原则。诚实信用原则要求政府采购当事人在政府采购活动中，本着诚实、守信的态度履行各自的权利和义务，讲究信誉，兑现承诺；不得散布虚假信息；不得有欺诈、串通、隐瞒等行为；不得伪造、变造、隐匿、销毁需要依法保存的文件；不得规避法律法规；不得损害第三人的利益。而且，政府采购部门还应当在采购中尽心尽力，寻找适当的供货商，采购价廉物美的货物、工程和服务，目的是使财政性资金用得其所。这也是财政支出中“用之于民”原则的必然要求。

【背景资料】 **政府采购法原则的补充**

明确政府采购应当遵循的基本原则，是立法宗旨的具体体现方式，也是国际立法的惯例。在国际上，政府采购的原则表述方式很多，大致分为三个方面：一是核心原则，即公平竞争，它是建立政府采购制度的基石。二是通用原则，主要是透明度原则、公平交易原则、物有所值原则、公正原则等。三是涉外原则，即开放政府采购市场后应当遵循的原则，主要是国民待遇和非歧视性原则。

“物有所值原则”也称“价符其值”原则。② 对于该原则中的“价”，存在不同的理解。有学者解释，它应当是指投入（成本）与产出（收益）之比，投入不是指采购物品的现价，而是指物品的生命周期成本，即所采购物品在有效使用期内发生的一切费用再减去残值。目前，发达国家对物有所值的判断比较严格，发展中国家则认为应当赋予执行机构较大的自由裁量权，考虑资金的使用效率、为国内产业发展提供的机会、促进技术转让等。自由裁量权过大，会导致其他配套程序形同虚设；过小，则不便于操作，难以应对复杂情况反而导致低效和腐败。所以应当在法律中作出较为严格的限制，同时允许政策制定机关来进行修正。

政府采购的涉外性原则，只有在本国政府采购市场开放后才应当遵循。目前我国尚未签署WTO《政府采购协议》，也未与其他任何国际组织或国家签署有关政府采购市场开放的多边或双边协议、协定或条约。因此，我国《政府采购法》是在我国政府采购市场尚未对外开放的形势下制定的，其立法思路是以封闭政府

---

① 参见王晓晔主编：《经济法学》，336页，北京，社会科学文献出版社，2005。

② 也有学者称为效益原则或双重效益原则，具体可参见史际春、邓峰：《经济（政府商事）合同研究——以政府采购合同为中心》，载《中国人民大学报刊复印资料（经济法学、劳动法学）》，2001（2）；王全兴、管斌：《政府采购制度研究》，载漆多俊主编：《经济法论丛》，北京，中国方正出版社，2000；刘俊海：《关于政府采购立法的若干思考》，载《政府采购立法国际研讨会材料》，1999-02-16。

采购市场为前提确定我国政府采购工作应当遵循的基本原则，因此，没有规定涉外原则。这样规定符合WTO规则，符合国际通行做法。

五、我国政府采购法的适用范围

依据我国《政府采购法》第2条的规定，在中华人民共和国境内进行的政府采购适用该法。而该法所称政府采购，是指各级国家机关、事业单位和团体组织，使用财政性资金采购依法制定的集中采购目录以内的或者采购限额标准以上的货物、工程和服务的行为。这是对我国政府采购法适用范围的明确界定。

(一) 地域范围

根据《政府采购法》第2条的规定，在中华人民共和国境内发生的政府采购活动，必须统一适用该法。换言之，在全国境内的政府采购政策和市场都是统一的。

立法之所以确立统一的政府采购政策和市场，主要是因为：第一，政府采购市场应当是全国统一的，分级立法容易造成市场分割，不利于生产要素的自由流动，妨碍了全国统一市场的形成。第二，政府采购政策必须统一。政府采购是一种宏观调控手段，各级政府都必须围绕调控对象通力合作，实现调控目标。如果分级立法，不仅难以形成合力，而且造成政策不统一、政出多门，降低政府采购制度的效力。第三，我国政府采购市场必然要走向开放，而开放应当是以全国为基础的，不可能以地区为单位开放。

需要注意的是，政府采购的目标、范围、政策、方式、程序等都是统一的，但有关的具体实施方法如限额标准的制定、集中采购目录的确定等，由不同级次的政府因地制宜地作出规定。当然，地方政府的规定不得与《政府采购法》的有关规定相违背。

(二) 采购人范围

我国政府采购法所规定的采购人是指各级国家机关、事业单位和团体组织，不包括国有企业。根据我国宪法的规定，国家机关包括国家权力机关、国家行政机关、国家审判机关、国家检察机关、军事机关等。事业单位是指政府为实现特定目的而批准设立的事业法人。团体组织是指各党派及政府批准的社会团体。

考虑到我国国有企业和国有控股企业面广量大，其职能和国家机关、事业单位、团体组织不同，为了保证企业经营自主权的落实，立法未将国有企业和国有控股企业的采购包括使用财政资金进行的采购纳入调整范围。军事装备和军用物资的采购涉及国家的安全和机密，其采购过程不可能遵循透明、公开等原则，因此立法未将军事采购纳入调整范围，而在“附则”一章中规定军事采购法规由中央军事委员会另行制定。

(三) 采购资金范围

按照我国政府采购法的规定，采购人依法开展采购活动的采购项目，其项目资金应当为财政性资金。根据现行财政管理制度，财政性资金包括财政预算资金和预算外资金。财政预算资金是指年初预算安排的资金和预算执行中财政追加的资金。预算外资金是指政府批准的各类收费或基金等。采购人全部或部分用财政性资金进行采购的，即采购人的采购项目只要含财政性资金，都要执行我国政府采购法的规定。相反，采购人全部用非财政性资金开展的采购活动，则不受该法约束。非财政性资金主要是指事业单位和团体组织的自有收入，包括经营收入、捐助收入、不用财政性资金偿还的借款等。

(四) 采购项目范围

依据我国政府采购法的规定，采购人用财政性资金组织采购活动，是否适用该法，还要视具体项目而定。只有纳入了集中采购目录以内或者限额标准以上的项目，才要求按照该法规定执行。

政府采购的项目品种繁多、性质各异、数额大小不等，因此，不可能将所有购买性支出项目列入政府采购法适用范围，要通过设定科学标准予以界定。目前法律规定了两个标准：一是纳入集中采购目录的采购项目；二是排除在集中采购目录之外，但在规定的采购限额标准以上的采购项目。前者实行集中采购，后者实行分散采购。这是立法从采购项目的角度对适用范围作出的界定。

（五）采购形式范围

我国政府采购法规定的采购是指以合同方式有偿取得货物、工程和服务的行为，包括购买、租赁、委托、雇用等。因此，我国政府采购法所调整的政府采购活动，必须能够以签订合同的形式来体现，而且，采购活动必须是有偿的，不包括赠送、采购人之间无偿调剂等行为。采购的方式不仅仅是购买，还包括租赁、委托、雇用等。

（六）采购对象范围

从采购对象来看，我国政府采购法规定，无论是采购货物还是采购工程或者服务，都要执行该法规定。换言之，符合该法规定的货物、工程和服务都是该法的采购对象。

政府采购法还对货物、工程和服务进行了界定。该法所称货物，是指各种形态和种类的物品，包括原材料、燃料、设备、产品等。该法所称工程，是指建设工程，包括建筑物和构筑物的新建、改建、扩建、装修、拆除、修缮等。需要注意，此处所指的工程，专指由财政性资金安排的建设工程，不包括网络工程、信息工程等与土建无关的工程项目。该法所称服务，是指除货物和工程以外的其他政府采购对象，具体包括专业服务、技术服务、信息服务、课题研究、运输、维修、培训、劳力等。

工程采购是否纳入政府采购法的调整范围，是我国《政府采购法》起草过程中多次研究讨论的一个重要问题。最终，立法将工程采购纳入政府采购法调整范围，其考虑的主要因素是：第一，工程是国家机关、事业单位、团体组织需要的一类不可缺少的重要资源，只有将工程采购与货物、服务采购都纳入政府采购，才能保证采购单位有效履行职责，这样制定的政府采购法其调整范围才是完整的。第二，其他国家、国际组织制定的有关政府采购的法律、协议等都将工程纳入政府采购；我国大多数省、区、市在政府采购试点中也将工程纳入政府采购；在政府采购法的起草、研讨过程中，多数部门、地方的同志和中外专家都主张将工程纳入政府采购。第三，政府采购法需要对政府采购的管理、监督、有关政策、资金支付、合同事项、质疑投诉等作出规定，这些规定应当适用于工程采购。第四，招标以外的政府采购方式，包括竞争性谈判采购、单一来源采购、询价采购等，应当适用于采购额不大的工程采购。第五，加入WTO后，为使我国政府采购中的工程采购市场得到有效保护，宜将工程采购纳入政府采购法调整。①

《政府采购法实施条例》进一步明确了政府采购服务包括两大类：《政府采购法》第2条所称服务，包括政府自身需要的服务和政府向社会公众提供的公共服务。赋予政府采购工程以具体概念：政府采购工程是指建设工程，包括建筑物和构筑物的新建、改建、扩建及其相关的装修、拆除、修缮等。

---

① 参见全国人大财政经济委员会副主任委员姚振炎《关于〈中华人民共和国政府采购法（草案）〉的说明》（2001年10月22日在第九届全国人民代表大会常务委员会第二十四次会议上所作）。

对于政府采购工程，《政府采购法实施条例》的相关规定进一步明确了法律适用问题：政府采购工程以及与工程建设有关的货物、服务，采用招标方式采购的，适用《中华人民共和国招标投标法》及其实施条例；政府采购工程以及与工程建设有关的货物、服务，应当执行政府采购政策；采用其他方式采购的，适用《政府采购法》及本条例。

工程采购可竞争性谈判采购和单一来源采购：政府采购工程依法不进行招标的，应当依照《政府采购法》和本条例规定的竞争性谈判采购或者单一来源采购方式采购。

【背景资料】 《政府采购法》与《招标投标法》关系的协调[①]

在《政府采购法》起草过程中，国家计委和少数专家认为，工程招标采购已由《招标投标法》进行规范，并建立了监督体系，为避免职能的交叉，可不列入《政府采购法》调整范围，或者在《政府采购法》中写明，政府采购的工程，适用《招标投标法》。但立法机关最终反复权衡，从国际经验、国内实践、发挥政府采购的功能和作用、维护公共利益和制定一部完整的《政府采购法》等多方面考虑，认为将工程纳入《政府采购法》调整范围是必要的。由此也引发了《政府采购法》与《招标投标法》的关系如何协调的问题。

为了尽可能避免《政府采购法》与《招标投标法》等法律发生冲突，我国《政府采购法》注意把握以下几点：一是纳入政府采购的工程范围较小，只包括国家机关、事业单位和团体组织使用财政性资金进行的建筑物和构筑物的建设与维修等，所有企业采购的工程都未包括在内。二是《政府采购法》第 4 条明确规定，“政府采购工程进行招标投标的，适用招标投标法”。三是其他法律、行政法规有规定的，尽可能不另行规定；有关法律责任的规定，也参照了其他法律。这样，从总体上保证了《政府采购法》与有关法律的衔接，国务院有关部门的现行职责分工不会有大的改变。但是，为了建立规范的政府采购法律制度，发挥政府采购监督管理部门的作用，根据政府采购法的法律特征和我国的实际，我国《政府采购法》也作了一些特殊规定。例如，在实行集中采购时，集中采购机构经授权成为采购人，而不是《招标投标法》规定的项目单位。又如，限额标准以上的政府采购项目应当公开招标而采取其他方式采购的，应当获得本级政府采购监督管理部门的批准。这样的规定是我国实施采购制度和制定《政府采购法》的需要，也是符合我国立法惯例的。

（七）例外规定

鉴于政府采购客观上存在一些特殊情况，我国《政府采购法》在确定适用范围时，也在其他条款中作了必要的例外规定。一是军事采购。按照有关规定，军队也属于国家机关，但考虑到我国军事采购的特殊性，在附则中规定，“军事采购法规由中央军事委员会另行制定”，表明军事采购要根据该法有关原则性规定另行制定管理和实施办法。二是采购人使用国际组织和外国政府贷款进行的政府采购，贷款方、资金提供方与中方达成的协议对采购的具体条件另有规定的，可以适用其规定。三是因严重自然灾害和其他不可抗力

---

① 参见全国人大财政经济委员会副主任委员姚振炎《关于〈中华人民共和国政府采购法（草案）〉的说明》（2001 年 10 月 22 日在第九届全国人民代表大会常务委员会第二十四次会议上所作）。

事件所实施的紧急采购和涉及国家安全和秘密的采购，不适用该法。四是我国的香港、澳门两个特别行政区的政府采购不适用该法。由于我国的香港和澳门特别行政区实行的是“一国两制”，根据《香港特别行政区基本法》第18条、《澳门特别行政区基本法》第18条的规定，全国性法律除列入该法附件三外，不在特别行政区实施。

【背景资料】　我国《政府采购法》的适用范围与国际惯例的比较

在立法期间，政府采购范围始终是重点研究和讨论的问题之一。各有关方面从不同角度对政府采购范围提出了各种建议和意见：有的提出，工程不应当纳入政府采购范围；还有的提出，应当以资金性质作为标准，只要是使用财政性资金，不管采购主体是谁，都要进行政府采购。总的来看，这些意见分为两种情况：一种是适用范围要宽；另一种是适用范围要小。持宽范围的意见是，政府采购不仅包括货物和服务采购，还要包括工程采购。认为该法的适用范围越宽，规范面越广，发挥政府采购政策性作用的力度就越大，在加入WTO《政府采购协议》谈判时也更加有利。如果适用范围小，大量应当受到约束的采购行为就得不到规范，国内企业也得不到应有的保护。该法适用范围定宽一些，可以全面封闭国内政府采购市场，增加谈判筹码，争取主动。同时可以延长利用采购手段保护国内企业的时间。这是国际上通行的谈判策略。持小范围的意见是，在我国目前市场条件不成熟、管理环境还未完全改善的条件下，范围不宜过宽，应当先小后大，逐步实施，随着改革的深入，逐步放宽采购范围；适用范围小容易实施。

从国际通行规定看，对政府采购一直没有一个通用的定义，通常是用法律形式确定依法规范的范围。联合国贸易法委员会《货物、工程和服务采购示范法》中规定，采购是以任何方式获得货物、工程和服务的行为。而采购实体一是本国从事采购的任何政府部门、机构、机关或其他单位或其他任何下属机构；二是本国认为有必要，也可以增加企业等其他类别的实体。WTO《政府采购协议》规定的适用范围是通过列出清单的方式确定的，其采购不仅指购买，还包括租赁、委托、雇用等。欧盟《政府采购指令》规定的适用实体范围是指各成员的政府机构和公用事业公司。上述这些法律对政府采购范围的建议或规定有两个共同特点：一是在确定政府采购的范围时都未涉及资金问题，也就是说，只要属于政府采购事权范围内的采购，不论资金和来源，一律实行政府采购。二是政府采购的范围由三个要素构成：采购实体范围、采购行为范围及采购对象范围。采购实体范围主要指公共部门，这是确定政府采购范围的前提条件。采购实体既有政府机构又有公用事业单位；采购行为既包括购买，还包括租赁等方式；采购对象既有货物和服务，也包括工程。国外法律不涉及资金来源的主要原因：一是政府采购是财政支出管理范围，政府采购机构主要是公共部门，而公共部门的资金主要来源于财政拨款，不需要另行规定。二是有时公共部门虽然不直接使用财政性资金而获得采购对象，但其途径是行使政府特权，如特许权、资产转让权、政府担保等，目的是履行政府职能。

我国《政府采购法》在确定适用范围时，充分借鉴了国际法的有关规定，并结合我国实际作了研究。如果完全按照国际通行做法，将凡是用政府财政支出中的政府消费支出和投资支出采购的项目，具体地讲，就是用财政性资金安排或者含部分财政性资金的所有采购项目，无论采购机构是政府单位还是国有企业或者民营企业，都要纳入该法适用范围，会导致政府采购范围定得过宽。尤其是将企业等市场主体的采购行为纳入政府采购，在现阶段不利于企业发展和社会主义市场经济体制的建立。再有，政府采购制度在西方国家已经有二百多年的历史，而在我国是一项新制度，适用范围应当根据我国目前的条件，按照循序渐进、逐步规范的原则确定。该法适用范围排除了企业采购，但今后的发展方向应当是与国际惯例相衔接。

第二节 政府采购当事人制度

【案例 8—2】　　某军队企业投诉某招标公司暗箱操作案①

2004 年 6 月，采购人某中央国家机关需要为本系统采购价值五千余万元的信息工程建设项目及其相应的服务，委托北京一家以营利为目的的招标公司进行代理。招标公司接受委托后，决定按我国《政府采购法》所规定的竞争性谈判方式代理采购。为此，成立了由招标公司总经理、业务代表、最终用户的技术专家等 7 名人员组成的谈判小组，分别邀请国内三家知名的通信公司进行谈判，其中一家供应商为军队企业。通过几轮谈判，三家供应商都根据招标公司的要求，进行了最后的报盘。报价最低的是军队企业，而最后成交的供应商则是报价最高的公司。几天后，在非常偶然的场合，评审专家说，未曾看到报价最低供应商所呈送的“最终承诺报价文件”，军队企业才知道北京这家招标公司隐匿了它们的关键性文件，没有分别递交给各位评审专家。为此，对招标公司暗箱操作的严重违法行为进行了投诉。受诉的行政主体认为，此案不属于政府采购，理由是采购人不是国家机关，投诉人是军队企业。

这一投诉案件究竟由谁主管，其关键是对政府采购当事人的理解。《政府采购法》中“政府采购当事人”这一章的许多条款由于没有揭示一些概念的基本内涵，且有些内容与其他章节的条款发生冲突，给人们的实践和认识都造成了障碍。

政府采购中的当事人，是指以自己的名义参加政府采购活动，并与政府采购结果存在直接利害关系的采购人和供应商。世界上，实施政府采购制度的国家和地区，几乎没有用专门的章节规定政府采购当事人。WTO《政府采购协议》和联合国《货物、工程和服务采购示范法》等国际政府采购规则也都没有“政府采购当事人”的独立章节，都只是在具体条文中体现政府采购当事人的权利、义务。我国《政府采购法》第二章的标题即为“政府采购当事人”，且用了 12 个条款专门规范政府采购当事人。

一、政府采购当事人的概念

政府采购是一项复杂的活动，涉及多方主体，这些主体统称为政府采购当事人。在学界，对政府采购当事人的理解有广义与狭义之分。广义的理解认为，政府采购当事人是指任何参与政府采购的人，除了采购方和供应商之外，还包括政府采购代理机构。持狭义说

① 参见谷辽海：《我国政府采购当事人界定不清》，载《中国经济时报》，2005-07-12。

的学者认为，政府采购当事人仅指政府采购的采购方和供应商，不包括采购代理机构。我国立法采广义说，《政府采购法》第14条规定，政府采购当事人是指在政府采购活动中享有权利和承担义务的各类主体，包括采购人、供应商和采购代理机构等。立法将采购代理机构纳入政府采购当事人之中的原因在于，我国政府采购是采用集中采购与分散采购相结合的采购模式，采购代理机构在政府采购特别是集中采购中，对政府目标的实现起着重要的作用。而采购代理机构作为代理人在代理过程中其利益与采购人的利益不完全一致，比如以营利为目的的社会中介机构作为采购代理机构的时候，其依托公权力，就存在着权力寻租的可能，因此有必要将其纳入政府采购法，加以特殊规制。

二、政府采购当事人的种类

依据我国《政府采购法》的规定，政府采购当事人主要分为三类，即采购人、供应商和采购代理机构。它们在政府采购活动中处于不同的法律地位，具有不同的作用。

1. 采购人。采购人是指使用财政性资金采购依法制定的集中采购目录以内的或者采购限额标准以上的货物、工程、服务的各级国家机关、事业单位、团体组织。它们是政府采购活动中的需方，在政府采购中居于主导地位。

各国的政府采购具有不同的模式，有的国家实行集中采购模式，即本级政府所有的采购均由一个部门负责；有的选择分散采购模式，即采购由需方自主进行。我国政府采购采用的是集中采购与分散采购相结合的采购模式。《政府采购法》规定，采购人采购纳入集中采购目录的政府采购项目，必须委托集中采购机构代理采购；未纳入集中采购目录的政府采购项目，可以自行采购，也可以委托集中采购机构在委托的范围内代理采购。

《政府采购法实施条例》新规定了建立政府采购内部管理制度：采购人在政府采购活动中应当维护国家利益和社会公共利益，公正廉洁，诚实守信，执行政府采购政策，建立政府采购内部管理制度，厉行节约，科学合理确定采购需求。采购人不得向供应商索要或者接受其给予的赠品、回扣或者与采购无关的其他商品、服务。

【背景资料】 **关于采购人界定的立法争议**

在我国《政府采购法》起草期间，对采购人的界定曾有不同意见，主要分歧是集中采购机构是否应当属于采购人。一种意见认为，采购人应当包括集中采购机构。因为，集中采购机构也是政府设立的一个机构，自身也有采购需求，是政府采购的需方之一。另一种意见认为，集中采购机构是一个特殊机构，其职能是代理采购人开展采购活动，享有的权利和义务与其他采购机构不同，应当单独予以规范。立法最终采纳了后一种意见，即我国政府采购法中的采购人不包括集中采购机构，而且，《政府采购法》第19条所指的采购代理机构也不是指集中采购机构，而是指取得招投标代理资格的招标公司和设计、检验等社会中介机构。

2. 采购代理机构。采购代理机构是指国家设立或认可的从事政府采购代理业务的机构。《政府采购法实施条例》首次明确了采购代理机构的含义，规定：政府采购法所称采购代理机构，是指集中采购机构和集中采购机构以外的采购代理机构。集中采购机构是设区的市级以上人民政府依法设立的非营利事业法人，是代理集中采购项目的执行机构。集中采购机构以外的采购代理机构，是从事采购代理业务的社会中介机构。

由此，采购代理机构不是指集中采购机构，而是指取得财政部门认定资格的、依法接受采购人委托从事政府采购货物、工程和服务采购代理业务的社会中介机构。在政府采购活动中，采购代理机构接受采购人的委托，以采购人的名义，代理政府进行采购活动。我国现行立法规定，采购人可以委托经国务院有关部门或者省级人民政府有关部门认定资格的采购代理机构，在委托的范围内办理政府采购事宜；采购人有权自行选择采购代理机构，任何单位和个人不得以任何方式为采购人指定采购代理机构；采购人依法委托采购代理机构办理采购事宜的，应当由采购人与采购代理机构签订委托代理协议，依法确定委托代理的事项，约定双方的权利义务；采购代理机构不得以向采购人行贿或者采取其他不正当手段牟取非法利益。

3. 供应商。供应商是指向采购人提供货物、工程或者服务的法人、其他组织或者自然人。供应商参加政府采购活动应当具备下列条件：（1）具有独立承担民事责任的能力；（2）具有良好的商业信誉和健全的财务会计制度；（3）具有履行合同所必需的设备和专业技术能力；（4）有依法缴纳税收和社会保障资金的良好记录；（5）参加政府采购活动前3年内，在经营活动中没有重大违法记录；（6）法律、行政法规规定的其他条件。

《政府采购法实施条例》又规定了供应商须提交无重大违法记录声明：参加政府采购活动的供应商应当提供“参加政府采购活动前3年内在经营活动中没有重大违法记录的书面声明”。

【背景资料】 **供应商应当为国内供应商的立法理由**[①]

供应商有本国的与外国的之分，《政府采购法》是否应予以界定，是起草期间讨论的重要问题之一。最后的共识是，该法所称供应商应当为国内供应商。主要理由如下：

第一，是政府采购的内在要求。政府采购属于非关税贸易壁垒的形式之一，历史悠久，在国际上广为施行。政府采购作为非关税贸易壁垒的表现方式是，封闭政府采购市场，不允许外国供应商和外国产品进入，政府采购只能向国内供应商采购，而且只能采购本国产品，工程和服务项目的合同要授予国内供应商。封闭政府采购市场的原因，主要是政府采购资金来源于纳税人，由此形成的采购机会也应当给予纳税人，否则就不符合纳税人利益。这种做法从根本上说，是为了保护公共利益和国家利益。从国际上看，各国政府采购市场一直是封闭的，直到1979年关税与贸易总协定的《政府采购守则》出台后，这种格局才有所改变，部分国家的政府采购市场开始有限地对外开放。截至目前，世界上没有一个国家的政府采购市场是完全开放的，即使是WTO《政府采购协议》的成员，仍在最大限度地实施保护。从另一个角度看，目前《政府采购协议》成员实行的开放，也是通过政府采购保护国内供应商的一种新形式。因为，目前《政府采购协议》成员，都是发达或者比较发达的国家和地区，其开放部分往往都是国内供应商在国际上具有竞争实力的领域，是为了让这些供应商走出国门，帮助其进入其他国家的政府采购市场，争取更多商机，为其进一步发展壮大开辟道路。

① 参见中国政府采购网，http：//www.ccgp.gov.cn/web/cgf/dangshiren8.asp。

第二，《政府采购法》是在我国政府采购市场尚未开放的形势下制定的，我国供应商没有进入其他国家政府采购市场的权利，那么，我国也不应当承担准许外国供应商进入我国政府采购市场的义务。

第三，符合国际惯例，也符合 WTO 规则。我国虽然已“入世”，但并未签署《政府采购协议》，不必受该协议约束。因此，在我国签署该协议之前，我国的政府采购市场是独立的，完全可以将政府采购的全部商机给予国内供应商。

第四，可以有效地保护国内供应商。自改革开放以来，采购人普遍存在偏好“洋货”的心理，而且，只要资金充足，都愿意采购外国产品，剥夺了国内供应商应有的商业机会，削弱了国内供应商的销售能力，致使其生产的产品积压，资金不能回笼，缺乏再投入能力。这种局面导致政府采购的商业机会长期大量外流，严重损害了本国供应商的利益，加剧了国内企业的困难。因此，可借本次立法之机，在我国政府采购市场开放之前，对国内供应商提供实质保护。

【司考真题】

1. 下列哪些情形不符合有关政府采购的法律规定？（多项选择题）

A. 某市工商局在招标采购中，因符合技术要求的供应商只有两家而废标

B. 某市某区人民政府设立集中采购机构

C. 某区卫生局在政府采购中要求供应商提供有关资质证明

D. 某县人民政府因需购置一批办公电脑而采用单一来源方式进行采购

答案：BD。

解析：A 项之废标处理符合《中华人民共和国政府采购法》（2014 年 8 月 31 日修正）第 36 条第 1 款的规定：“在招标采购中，出现下列情形之一的，应予废标：（一）符合专业条件的供应商或者对招标文件作实质响应的供应商不足三家的……”

B 项不符合《中华人民共和国政府采购法》（2014 年 8 月 31 日修正）第 16 条的规定：“集中采购机构为采购代理机构。设区的市、自治州以上人民政府根据本级政府采购项目组织集中采购的需要设立集中采购机构。”

C 项之采购人要求供应商提供有关资质证明文件符合《中华人民共和国政府采购法》（2014 年 8 月 31 日修正）第 23 条的规定：“采购人可以要求参加政府采购的供应商提供有关资质证明文件和业绩情况，并根据本法规定的供应商条件和采购项目对供应商的特定要求，对供应商的资格进行审查。”

D 项符合《中华人民共和国政府采购法》（2014 年 8 月 31 日修正）第 26 条的规定：“政府采购采用以下方式：（一）公开招标；（二）邀请招标；（三）竞争性谈判；（四）单一来源采购；（五）询价；（六）国务院政府采购监督管理部门认定的其他采购方式。公开招标应作为政府采购的主要采购方式。”

2. 关于政府采购的供应商，下列哪些说法是不正确的？（多项选择题）

A. 自然人不能作为政府采购的供应商

B. 除《政府采购法》规定的条件外，政府采购人不得规定供应商的特定条件，否则构成差别待遇或歧视待遇

C. 两个以上的法人可以组成联合体，以一个供应商的身份共同参加政府采购

D. 中标的供应商必须依法自行履行合同，不得采用分包方式履行合同

答案：ABD。

解析：A 项说法不符合《中华人民共和国政府采购法》（2014 年 8 月 31 日修正）第 21 条的规定："供应商是指向采购人提供货物、工程或者服务的法人、其他组织或者自然人。"

B 项说法不符合《中华人民共和国政府采购法》（2014 年 8 月 31 日修正）第 22 条第 2 款关于"采购人可以根据采购项目的特殊要求，规定供应商的特定条件，但不得以不合理的条件对供应商实行差别待遇或者歧视待遇"的规定。

C 项说法符合《中华人民共和国政府采购法》（2014 年 8 月 31 日修正）第 24 条第 1 款关于"两个以上的自然人、法人或者其他组织可以组成一个联合体，以一个供应商的身份共同参加政府采购"的规定。

D 项说法不符合《中华人民共和国政府采购法》（2014 年 8 月 31 日修正）第 48 条第 1 款关于"经采购人同意，中标、成交供应商可以依法采取分包方式履行合同"的规定。

第三节 政府采购的方式与程序

【案例 8—3】 **政府汽车采购单一来源方式案**[①]

2004 年 12 月，我国某省级机关政府采购中心受采购人的委托，分别采购一批蓝鸟智尊小轿车、通用别克旅行车、广州本田雅阁轿车、丰田花冠轿车等不同种类的公务用车，总采购数量高达 200 辆，采购主体所选择的政府采购方式为单一来源采购。单一来源方式采购的供应商总共有四家，分别来自该省市的某汽车销售公司、汽车贸易公司、汽车产品开发公司等。在政府采购信息公示的最后一天，也就是第七天，该省的一家供应商某汽车服务公司以书面的形式向采购主体提出了质疑。质疑供应商提供的材料：四家被选定的单一来源供应商，均非当地的直接生产厂家，也非产品的唯一提供者，而是属于经营、销售各种款式、不同价位的汽车贸易公司或销售公司。

程序正义是现代法治国家的重要标志，也是保障实质正义的重要手段。"正是程序决定了法治与恣意的人治之间的基本区别。"[②] 为了实现政府采购的宗旨，防止权力寻租等腐败现象，实现政府采购的公开透明原则等基本原则，我国政府采购法规定了严格的政府采购方式及程序。

一、政府采购的方式

政府采购方式是指政府采购的组织和实现方式。国际上通用的政府采购方式主要有招标采购、谈判采购、单一来源采购和询价采购等方式。我国《政府采购法》规定，政府采购采用以下方式：公开招标；邀请招标；竞争性谈判；单一来源采购；询价；国务院政府

① 参见谷辽海：《浅议政府采购汽车单一来源方式》，载《经济日报（〈政府采购〉周刊）》，2005-04-18。

② ［美］威廉·道格拉斯语。转引自季卫东：《法治秩序的构建》，3 页，北京，中国政法大学出版社，2005。

采购监督管理部门认定的其他采购方式。其中公开招标中竞争更为充分，也能更好地实现政府采购的目的，成为政府采购的主要方式。

（一）公开招标

公开招标采购是指采购人按照法定程序，通过发布招标公告的方式，所有符合条件的供应商都可以平等地参加投标，采购人从中择优选择中标的供应商，并与之签订政府采购合同的采购方式。国际经验表明，公开招标与其他采购方式相比，无论是透明度上，还是程序上，都是最富有竞争力和最为规范的采购方式，也能最大限度地实现公开、公正、公平原则。该方式具有信息发布透明、选择范围广、竞争范围大、公开程度高等特点。所以，公开招标成为各国政府采购的主要采购方式。如世界银行《贷款采购指南》把公开招标作为最能充分实现资金的经济效率要求的方式，要求借款国以此作为最基本的采购方式。我国政府采购法充分考虑了公开招标的上述特点，也将其作为政府采购的主要采购方式。

采购人采购工程进行公开招标的，适用招标投标法。依据《招标投标法》第3条、第66条、第67条的规定，在中华人民共和国境内进行下列工程建设项目包括项目的勘察、设计、施工、监理以及与工程建设有关的重要设备、材料等的采购，必须进行招标：(1) 大型基础设施、公用事业等关系社会公共利益、公众安全的项目；(2) 全部或者部分使用国有资金投资或者国家融资的项目；(3) 使用国际组织或者外国政府贷款、援助资金的项目。前述所列项目的具体范围和规模标准，由国务院发展计划部门会同国务院有关部门制订，报国务院批准。法律或者国务院对必须进行招标的其他项目的范围有规定的，依照其规定。涉及国家安全、国家秘密、抢险救灾或者属于利用扶贫资金实行以工代赈、需要使用农民工等特殊情况，不适宜进行招标的项目，按照国家有关规定可以不进行招标。使用国际组织或者外国政府贷款、援助资金的项目进行招标，贷款方、资金提供方对招标投标的具体条件和程序有不同规定的，可以适用其规定，但违背中华人民共和国的社会公共利益的除外。

采购人采购货物或者服务应当采用公开招标方式的，其具体数额标准，属于中央预算的政府采购项目，由国务院规定；属于地方预算的政府采购项目，由省、自治区、直辖市人民政府规定；因特殊情况需要采用公开招标以外的采购方式的，应当在采购活动开始前获得设区的市、自治州以上人民政府采购监督管理部门的批准。采购人不得将应当以公开招标方式采购的货物或者服务化整为零或者以其他任何方式规避公开招标采购。

（二）邀请招标

邀请招标是招标的一种方式。公开招标虽然是最能体现充分竞争和“三公原则”的采购方式，但是，正是如此也造成公开招标采购方式与其他采购方式相比，存在着程序环节多、采购周期长、费用较高等缺陷。邀请招标不仅在一定程度上能够弥补上述缺陷，而且能相对充分发挥招标优势，在投标供应商数量不足的情况下作用尤其明显。因此，邀请招标也是一种使用较普遍的政府采购方式。

具体而言，邀请招标采购是指选择性地招标，由采购人根据自己的实际需要，选择若干符合特定条件的供应商向其发出投标邀请，由邀请的供应商投标竞争，从中选定中标者的招标方式。由于是在有限范围内选择潜在的供应商，所以竞争有限，此种方式又称为有限竞争性招标采购。邀请招标采购方式具有以下特点：一是发布信息的方式为投标邀请书；二是采购人在一定范围内邀请供应商参加投标；三是竞争范围有限，采购人只要向三家以上供应商发出投标邀请书即可；四是招标时间大大缩短，招标费用也相对较低；五是公开程度远远小于公开招标。

正是由于邀请招标具有上述与公开招标不同的特点，再加上我国招标投标法对此方式规定得比较原则，所以，在实际工作中采用此方式的较多，产生不法行为的机会也多于公开招标。为了防止采购人过度限制供应商数量从而限制有效竞争，使这一采购方式既适用于真正需要的情形，又能保证适当程度的竞争性，法律对其适用条件作出明确规定是必要的。根据我国《政府采购法》第 29 条的规定，符合下列情形之一的货物或者服务，可以依照该法采用邀请招标方式采购：（1）具有特殊性，只能从有限范围的供应商处采购的；（2）采用公开招标方式的费用占政府采购项目总价值的比例过大的。

由此可见，我国政府采购法关于邀请招标的适用条件，主要考虑的是两个因素：一是潜在供应商数量不多，除特殊原因外，潜在投标供应商数量较多的，不应当采用此办法。二是提高采购的经济效益。需要注意，两个适用情形并非是同时适用的关系。

（三）竞争性谈判

在一些情况下，由采购对象的性质或采购形势的要求决定，公开招标方式并不是实现政府采购经济目标的最佳方法，必须采用其他采购方式予以补充，其中竞争性谈判采购是一种主要方法。竞争性谈判采购是指采购人通过与多家供应商进行谈判，最后从中确定最优供应商的一种采购方式。

与公开招标方式采购相比，竞争性谈判采购具有较强的主观性，评审过程也难以控制，容易导致不公正交易，甚至腐败，因此，必须对这种采购方式的适用条件加以严格限制，并对谈判过程进行严格控制。根据我国《政府采购法》第 30 条的规定，在符合下列 4 种情形之一时，政府采购货物或者服务，可以依法采用竞争性谈判方式采购：

1. 招标后没有供应商投标或者没有合格标的或者重新招标未能成立的。这属于招标失败，具体分为三种情形：（1）招标后没有供应商投标；（2）招标后有效投标供应商没有达到法定的三家以上，或者是投标供应商达到了三家以上，但其中合格者不足三家的；（3）再进行重新招标也不会有结果且重新招标不能成立的。

2. 技术复杂或者性质特殊，不能确定详细规格或者具体要求的。这主要是指由采购对象的技术含量和特殊性质所决定，采购人不能确定有关货物的详细规格，或者不能确定服务的具体要求的，如电子软件开发与设计。

3. 非采购人所能预见的原因或者非采购人拖延造成采用招标所需时间不能满足用户紧急需要的。这主要是指由于公开招标采购周期较长，当采购人出现不可预见的因素（正当情况）急需采购时，无法按公开招标方式规定程序得到所需货物和服务的。

4. 因艺术品采购、专利、专有技术或者服务的时间、数量事先不能确定等原因不能事先计算出价格总额的。

在具体执行过程中需要注意三点：一是要体现竞争要求，谈判应保证适当的竞争，采购人应与足够数目即不少于三家的有效供应商进行谈判，以确保有效竞争。二是谈判条件不得有歧视性条款，公平对待所有参加谈判的供应商。三是必须是有效的供应商。有效主要是指符合采购人提出的货物和服务采购需求，且满足谈判条件。

（四）单一来源采购

单一来源采购，也称直接采购，是指因为只有唯一的潜在供应商，采购人不得不从该唯一的供应商处取得自己需要的货物、工程或服务的采购。依据我国《政府采购法》第 31

条的规定，符合下列情形之一的货物或者服务，可依法采用单一来源方式采购：（1）只能从唯一供应商处采购的；（2）发生了不可预见的紧急情况，不能从其他供应商处采购的；（3）必须保证原有采购项目一致性或者服务配套的要求，需要继续从原供应商处添购，且添购资金总额不超过原合同采购金额10%的。

在【案例8—3】中，从质疑供应商所提供的证据材料来看，政府采购中心选择的4家供应商不是唯一政府采购对象的提供者，也不是该省唯一能够提供政府采购对象的销售者，其他的两项条件也不符合。显而易见，某省政府采购中心通过单一来源采购方式，指定4家供应商作为不同汽车的单一来源提供者，不符合我国法律所规定的任何一种法定情形。正是由于单一来源采购具有直接采购、没有竞争的特点，使单一来源采购中采购人只能同唯一的供应商签订政府采购合同，也就是说，采购活动处于一对一和非常隐蔽的状态，且采购主体处于主动地位。因此，在这种采购方式的交易过程中，最容易滋生各种不规范行为和腐败行为。所以，我们非常有必要从法律上对这种采购方式规定严格的适用条件，并严格执行，防止类似的事情再发生。

（五）询价采购

询价采购是指采购人向有关供应商发出询价通知书让其报价，然后在报价的基础上进行比较并确定最优供应商的一种采购方式。根据我国《政府采购法》第32条的规定，采购的货物规格、标准统一，现货货源充足且价格变化幅度小的政府采购项目，可以依法采用询价方式采购。

二、政府采购的程序

政府采购的程序是指法律规定的执行法定的政府采购方式所应遵循的步骤。政府采购程序的控制是整个政府采购的中心环节，程序规则设计是否合理和完善直接关系到政府采购目的的实现。

（一）一般采购程序

政府采购依照适用的条件可分为一般采购程序和特殊采购程序。所谓一般采购程序是指对于采购人采购具体数额标准以上的货物、工程、服务，在没有特殊情形的情况下，都应当适用的采购程序。在我国，一般采购程序主要就是指公开招标采购程序。对此，可依照我国《招标投标法》的规定进行。

（二）特殊采购程序

特殊采购程序是指对于采购人采购具体数额标准以上的货物、工程、服务，在特殊情形下适用的程序。我国的特殊采购程序包括邀请招标采购程序、竞争性谈判采购程序、单一来源采购程序、询价采购程序等。其最大特点是适用条件受到了严格的限制。

1. 邀请招标采购程序

国际上，邀请招标的程序原则上要经过两个阶段：第一阶段是通过公开招标方式进行的供应商资格标，第二阶段是邀请通过资格预审的所有供应商前来投标。根据欧盟《政府采购指令》和WTO《政府采购协议》的规定，采取邀请招标采购方式的，要在政府指定媒体上公告选择这一采购方式的原因。如果原因不成立，必须改用公开招标。邀请招标中的中标结果也要在指定媒体上公告。

我国《招标投标法》对邀请招标的规定较为原则，尤其是对邀请招标中邀请对象的选择未作明确规定，导致实践中，招标单位以种种理由回避公开招标采购方式，而选择邀请招标方式，由此产生了假招标、人情标、串通投标等一系列问题。在《政府采购法》起草过程中，关于邀请招标中邀请对象的选择问题，也存在不同意见。一种意见认为，应当按照国际惯例，严格邀请招标程序，尤其是对邀请对象的选择作出具体规定，即通过招资格标方式随机确定邀请对象。另一种意见认为，邀请招标是招标方式之一，应当受招标投标法规范，即使这种方式存在问题，也应当通过修订招标投标法加以完善。考虑到政府采购的特殊性，我国政府采购立法最终采纳了第一种意见。

根据《政府采购法》第 34 条的规定，货物或者服务项目采取邀请招标方式采购的，采购人应当从符合相应资格条件的供应商中，通过随机方式选择三家以上的供应商，并向其发出投标邀请书。

2. 竞争性谈判采购程序

采用竞争性谈判方式采购的，应当遵循下列程序：

(1) 成立谈判小组。谈判小组由采购人的代表和有关专家共 3 人以上的单数组成，其中专家的人数不得少于成员总数的 2/3。

(2) 制定谈判文件。谈判文件应当明确谈判程序、谈判内容、合同草案的条款以及评定成交的标准等事项。

(3) 确定邀请参加谈判的供应商名单。谈判小组应当对响应文件进行评审，从符合相应资格条件的供应商名单中确定不少于三家的供应商参加谈判，并向其提供谈判文件。未实质性响应谈判文件的响应文件按无效处理，谈判小组应当告知有关供应商。

(4) 谈判。谈判小组所有成员集中与单一供应商分别进行谈判，并给予所有参加谈判的供应商平等的谈判机会。在谈判中，谈判的任何一方不得透露与谈判有关的其他供应商的技术资料、价格和其他信息。谈判文件有实质性变动的，须经采购人代表确认。对谈判文件的实质性变动是谈判文件的有效组成部分，谈判小组应当以书面形式同时通知所有参加谈判的供应商。

(5) 确定成交供应商。谈判结束后，谈判小组应当要求所有参加谈判的供应商在规定时间内进行最后报价，谈判小组应当从质量和服务均能满足采购文件实质性响应要求的供应商中，按照最后报价由低到高的顺序提出 3 名以上成交候选人，并编写评审报告。采购人从谈判小组提出的成交候选人中根据符合采购需求、质量和服务相等且报价最低的原则确定成交供应商，并将结果通知所有参加谈判的未成交的供应商。

3. 单一来源采购程序

在《政府采购法》起草期间，起草组对于是否规定单一来源采购方式的程序进行了多次讨论，最后一致认为规定具体程序确有一定困难，但对于采取单一来源采购方式采购的，应当从法律上给予必要的约束。因此，《政府采购法》第 39 条仅对单一来源采购方式提出一些基本管理要求，未直接作出程序性规定，即：采取单一来源方式采购的，采购人与供应商应当遵循该法规定的原则，在保证采购项目质量和双方商定合理价格的基础上进行采购。

《政府采购非招标采购管理办法》对单一来源采购进行了具体规定。可采用单一来源采购方式采购的条件为：(1) 依法制定的集中采购目录以内，且未达到公开招标数额标准的货物、服务；(2) 依法制定的集中采购目录以外、采购限额标准以上，且未达到公开招标数额标准的货物、服务；(3) 达到公开招标数额标准、经批准采用非公开招标方式的货物、服务；(4) 按照《招标投标法》及其实施条例必须进行招标的工程建设项目以外的政府采购工程。采购人在采购活动开始前，报经主管预算单位同意后，向设区的市、自治州以上人民政府财政部门申请批准。属于《政府采购法》第31条第1项情形，且达到公开招标数额的货物、服务项目，拟采用单一来源采购方式的，采购人、采购代理机构在报财政部门批准之前，应在省级以上财政部门指定媒体上公示，并将公示情况一并报财政部门。公示期不得少于5个工作日。公示期内任何供应商、单位或者个人对采用单一来源采购方式有异议的，采购人、采购代理机构在收到书面意见反馈后应当在公示期满后5日内组织补充论证。采购人、采购代理机构应当组织具有相关经验的专业人员与供应商商定合理的成交价格并保证采购项目质量。采购人员应当编写协商情况记录，并由采购全体人员签字认可。

在实践中，除发生了不可预见的紧急情况外，采购人应当尽量避免采用单一来源采购方式。如果采购对象确实特殊，确有采取单一来源采购方式进行采购的必要，应当深入了解供应商提供的产品的性能和成本，以便有效地与供应商就价格问题进行协商，尽量减少采购支出。

4. 询价采购程序

采取询价方式采购的，应当遵循下列程序：

（1）成立询价小组。询价小组由采购人的代表和有关专家共3人以上的单数组成，其中专家的人数不得少于成员总数的2/3。询价小组应当对采购项目的价格构成和评定成交的标准等事项作出规定。

（2）确定被询价的供应商名单。询价小组根据采购需求，从符合相应资格条件的供应商名单中确定不少于三家的供应商，并向其发出询价通知书让其报价。

（3）询价。询价小组在询价过程中，不得改变询价通知书所确定的技术和服务等要求、评审程序、评定成交的标准和合同文本等事项。参加询价采购活动的供应商，应当按照询价通知书的规定一次报出不得更改的价格。

（4）确定成交供应商。询价小组从质量和服务均能满足采购文件实质性响应要求的供应商中，按照报价由低到高的顺序提出3名以上成交候选人，并编写评审报告。采购人从评审报告提出的成交候选人中，根据质量和服务均能满足采购文件实质性响应要求且报价最低的原则确定成交供应商，也可以书面授权询价小组直接确定成交供应商。采购人逾期未确定成交供应商且不提出异议的，视为确定评审报告提出的最后报价最低的供应商为成交供应商。

5. 关于废标的规定

在公开招标和邀请招标中，可能会出现废标的情形。我国《政府采购法》第36条规定，在招标采购中，出现下列情形之一的，应予废标：（1）符合专业条件的供应商或者对招标文件作实质响应的供应商不足三家的；（2）出现影响采购公正的违法、违规行为的；（3）投标人的报价均超过了采购预算，采购人不能支付的；（4）因重大变故，采购任务取消的。废标后采购人应当将废标理由通知所有投标人。

废标后，除采购任务取消情形外，应当重新组织招标；需要采取其他方式采购的，应当在采购活动开始前获得设区的市、自治州以上人民政府采购监督管理部门或者政府有关部门批准。

第四节　政府采购合同

【背景资料】《关于〈中华人民共和国政府采购法（草案）〉的说明》（节选）

草案根据政府采购活动的行为特征，对政府采购合同作了规定。政府采购本身是一种市场交易行为，在采购合同订立过程中，不涉及行政权力的行使，购销双方的法律地位是平等的，因此，政府采购合同一般应作为民事合同。同时还应当注意到，政府采购资金属于财政性资金，采购是为了公共事务，政府采购还具有维护公共利益、加强财政支出管理、抑制腐败等功能，因此，政府采购合同又不完全等同于一般的民事合同，需要在明确适用合同法的前提下，对政府采购合同的有关特殊问题作出规定。为此，草案第4条中规定，"政府采购合同适用合同法和有关法律"，"本法另有规定的，按本法规定执行"，并对合同管理、合同履行、合同变更等作了必要的特别规定。例如，政府采购合同的双方当事人不得擅自变更、中止或终止合同。省级以上人民政府发现政府采购合同继续履行将严重损害国家利益和社会公共利益的，有权决定变更、中止或终止合同等。《合同法》第123条规定："其他法律对合同另有规定的，依照其规定。"草案对政府采购合同作必要的特别规定，是符合合同法的。

作为一种经济行为，政府采购最终要借助合同来实现。政府采购机关选择和确定供应商的过程，实际上就是一个政府采购合同的授予过程。因此，在英国法上，政府采购的法律程序被称为"合同授予程序"（contract awarding procedures）。如果以政府合同为立足点，政府采购法主要是政府采购合同授予程序之法。鉴于采购一方在采购中的作用，我们一般不采用"授予"一词，而仍然采取民法上的订立。其理由在于政府采购合同是一种经济合同，其含有更多的经济因素，应当更多地适用合同法上的规定。

一、政府采购合同的概念和特点

政府采购合同是指各级国家机关、事业单位和团体组织，使用财政性资金为采购依法制定的集中采购目录以内的或者采购限额标准以上的货物、工程和服务，而与供应商就双方的权利和义务所达成的协议。

关于政府采购合同的性质，存在多种观点：一种观点认为，政府采购合同是行政合同的一种，行政合同不适用关于民事合同的一般规定，应当在合同法中专章规定。[①] 而另一种观点认为，政府采购合同是民事合同，适用合同法关于民事合同的一般规定。[②] 经济法学者更多倾向于认为依据《政府采购法》订立的政府采购合同属于典型的经济合同。[③] 立法机关在《关于〈中华人民共和国政府采购法（草案）〉的说明》中强调，"政府采购合同一般应作为民事合同。同时还应当注意到，政府采购资金属于财政性资金，采购是为了公

---

① 参见应松年：《行政合同不可忽视》，载《法制日报》，1997-06-09；张树义：《行政合同》，北京，中国政法大学出版社，1994。

② 参见梁慧星：《中国统一合同法的起草》，载《民商法论丛》，第9卷，北京，法律出版社，1998。

③ 参见潘静成、刘文华主编：《经济法》，3版，55页，北京，中国人民大学出版社，2008；史际春主编：《经济法》，527页，北京，中国人民大学出版社，2005。

共事务，政府采购还具有维护公共利益、加强财政支出管理、抑制腐败等功能，因此，政府采购合同又不完全等同于一般的民事合同，需要在明确适用合同法的前提下，对政府采购合同的有关特殊问题作出规定”。

本书赞同将政府采购合同定位为“经济合同”，但在法律适用方面，除了适用《政府采购法》以外，还需遵循《合同法》的一般原则以及《招标投标法》等相关法律的规定。

本书认为，政府采购合同与一般的民事合同相比，具有以下特殊性：

1. 合同主体的特殊性。作为合同一方的采购人只能是各级国家机关、事业单位和团体组织。而对于一般的民事合同，只要当事人具备相应的民事权利能力和行为能力即可。

2. 合同订立方式的特殊性。《政府采购法》第26条规定，政府采购合同的订立，只能采取公开招标、邀请招标、竞争性谈判、单一来源采购、询价、国务院政府采购监督管理部门认定的其他采购方式，而且公开招标应作为政府采购的主要采购方式。而一般的民事合同的订立方式是要约和承诺，招标和拍卖是特殊方式。

3. 合同条款的特殊性。为了体现公共利益，贯彻国家的意志，政府采购合同的部分条款由政府拟定，供应商只能接受，不能修改。如《政府采购法》第45条规定：国务院政府采购监督管理部门应当会同国务院有关部门，规定政府采购合同必须具备的条款。而对于一般的民事合同，双方可约定条款，只要不违反法律和公共利益即可。

4. 合同形式和备案的特殊性。由于政府采购事关公共事务，且一般数额巨大，为便于明确双方的权利、义务，并为履行合同、解决合同纠纷乃至备案、监督检查管理等提供准确、可靠的依据，《政府采购法》规定，政府采购合同必须采取书面形式；政府采购项目的采购合同自签订之日起7个工作日内，采购人应当将合同副本报同级政府采购监督管理部门和有关部门备案。而一般的民事合同的形式包括书面和口头等各种形式，且没有备案的要求。

5. 合同变更、中止或终止的特殊性。政府采购合同的签订经历了严格的程序，其中更体现了公共利益，因此，政府采购合同的双方当事人不得擅自变更、中止或者终止合同。政府采购合同继续履行将损害国家利益和社会公共利益的，双方当事人应当变更、中止或者终止合同。有过错的一方应当承担赔偿责任；双方都有过错的，各自承担相应的责任。而对于一般的民事合同，双方在协商一致时，可以变更、中止或者终止合同。

6. 合同监管的特殊性。为使政府采购成为“阳光下的交易”，《政府采购法》第七章详细地规定了对政府采购合同的检查监督。而对于一般的民事合同，没有特别的监管规定。

二、政府采购合同的订立

从订立的程序上分析，政府采购一般先由采购人发布采购信息，以此来吸引供应商前来竞争并针对采购人的采购信息报价，由采购人对各个供应商进行评审，最终确定成交人。因此，政府采购合同的订立一般包括要约邀请、要约和承诺三个环节。在政府采购中，只有采购人才能启动采购程序，提出采购条件，因此只有采购人才能发出要约邀请。同时采购人的要约邀请具有法律效力。

为了保证采购人发出采购信息的行为的公开透明，我国政府采购法中规定了要约邀请的方式包括发布招标公告、进行竞争性谈判、发出询价通知书等。我国财政部在2000年专门发布了《政府采购信息公告管理办法》。而在供应商发出要约之后，合同内容确定之后、签订之前，采购主体应将合同草案的有关文件报同级政府采购管理机关。政府采购管理机关收到合同草案后 7 个工作日内对其进行检查，如无异议，采购主体方可签订合同。

采购人与中标、成交供应商应当在中标、成交通知书发出之日起 30 日内，按照采购文件确定的事项签订政府采购合同。中标、成交通知书对采购人和中标、成交供应商均具有法律效力。中标、成交通知书发出后，采购人改变中标、成交结果的，或者中标、成交供应商放弃中标、成交项目的，应当依法承担法律责任。采购人可以委托采购代理机构代表其与供应商签订政府采购合同。由采购代理机构以采购人名义签订合同的，应当提交采购人的授权委托书，作为合同附件。政府采购合同应当采用书面形式。

而在合同签订之后还要进行一系列的备案，包括签订后备案、合同变更备案、合同终止备案、供应商违约及处理情况备案。

在合同的订立形式方面，政府采购合同多采用附合缔约方式缔结。所谓附合缔约，是指合同条款由当事人一方预先拟定，对方只有附合该条款才能成立合同的缔约方式。《政府采购法》第 45 条规定，国务院政府采购监督管理部门应会同国务院有关部门规定政府采购合同的必备条款。推行的是格式合同，又称定型化、标准化合同。从实践来看，公共采购合同多为政府采购中心或交易中心事先拟定的格式条款合同。

《政府采购法实施条例》规定，采购人应当自政府采购合同签订之日起 2 个工作日内，将政府采购合同在省级以上人民政府财政部门指定的媒体上公告，但政府采购合同中涉及国家秘密、商业秘密的内容除外。

三、政府采购合同的履行

政府采购合同订立后即进入履行阶段，合同各方当事人不仅要遵循合同法的有关规定，更要遵循《政府采购法》的特别规定。我国《政府采购法》关于政府采购合同履行及变更的特别规定主要包括以下内容：

第一，经采购人同意，中标、成交供应商可以依法采取分包方式履行合同。政府采购合同分包履行的，中标、成交供应商就采购项目和分包项目向采购人负责，分包供应商就分包项目承担责任。

第二，政府采购合同履行中，采购人需追加与合同标的相同的货物、工程或者服务的，在不改变合同其他条款的前提下，可以与供应商协商签订补充合同，但所有补充合同的采购金额不得超过原合同采购金额的 10%。

第三，政府采购合同的双方当事人不得擅自变更、中止或者终止合同。政府采购合同继续履行将损害国家利益和社会公共利益的，双方当事人应当变更、中止或者终止合同。有过错的一方应当承担赔偿责任；双方都有过错的，各自承担相应的责任。

【案例 8—4】　　政府采购合同缔约过失责任案例①

浙江省遂昌县电力工业局（以下简称电力局）因新建电力调度营业用房需购买电梯两台，通过邀请招标的采购方式，邀请丽水市信成机电设备有限公司（以下简称信成公司）等 6 家单位参加投标。接到投标邀请书后，信成公司于 2002 年 11 月 25 日提交了投标文件，并交纳投标保证金 1 万元。2002 年 12 月 10 日，经

① 参见中国政府采购网，http：//www.ccgp.gov.cn/cgzn/llsj/860356.shtml。

开标、评标后，确定信成公司为中标单位，中标价为120万元。2002年12月16日，信成公司向电力局交纳履约保证金10万元。次日，电力局向信成公司发出“中标单位通知书”，约定于2002年12月24日前签订采购合同。此后，采购人电力局一直未与中标供应商信成公司签订采购合同。2003年1月16日电力局以邀请招标不符合法律规定、招投标程序不到位、缺少评标标准且评委会为8人，不符合《政府采购法》的有关规定为由，通知当事人该中标无效。信成公司经与采购人协商无果，遂于2003年3月6日向法院提起民事诉讼，要求电力局赔偿可得利润损失17.64万元。后电力局主动退回保证金。

浙江省遂昌县人民法院经审理认为：电力局电力调度营业大楼电梯工程项目，按有关规定依法进行招投标，并于2002年2月17日向原告信成公司发出中标通知书，该中标通知书对招标人和中标人具有法律效力。嗣后，电力局又拒绝在招标文件规定的时间内与原告签订采购合同，其行为违背诚实信用原则，应当依法承担法律责任，适当赔偿原告信成公司的可得利益损失。遂判决：被告电力局赔偿原告信成公司经济损失人民币10.5万元，并承担诉讼费用。

第五节　政府采购争议的解决

【案例8—5】　北京现代沃尔公司诉某部履行政府采购监管职责案

2003年9月，国务院批准国家发改委、卫生部编制《突发公共卫生事件医疗救治体系建设规划》。根据此规划，国家发改委、卫生部作为政府采购人，委托采购代理机构于2004年10月对上述医疗救治体系项目进行了公开招标，采购相关仪器设备，共计12个包（招标编号为：0722-FECT-04285）。北京现代沃尔公司参加了其中第七包的投标（该包为便携式血气分析仪，数量为300台），但未中标。北京现代沃尔公司认为此次招投标的组织不合法，于2004年12月21日向某部投诉。某部受理后，将北京现代沃尔公司的投诉信及相关材料转交国家发改委稽查办处理，并要求国家发改委稽查办处理后将结果抄送某部。但某部未将上述情况告知北京现代沃尔公司。2005年3月23日，北京现代沃尔公司以财政部未对其投诉作出处理和答复为由，向法院提起行政诉讼。

北京现代沃尔公司诉称：2004年10月29日，采购代理机构中国远东国际贸易总公司接受政府采购人发改委和卫生部的共同委托，对国家医疗救治体系项目（招标编号为：0722-FECT-04285）进行公开招标。北京现代沃尔公司参加了其中第七包的投标，该包为便携式血气分析仪，数量为300台。2004年11月30日，北京现代沃尔公司在中国招标采购网上看到了招标结果，北京现代沃尔公司未中标。北京现代沃尔公司认为此次招投标存在下列问题：采购主体在招标文件中没有具体写明评标方法、打分标准、计算公式等内容，所确定的中标供应商不符合法律规定；北京现代沃尔公司的投标价格在所有投标供应商中最低，却未中标；采购主体所确定的中标供应商不符合《政府采购法》的立法宗旨；采购主体在招标文件的技术规格中有限制供应商竞争的内容，违反了《政府采购法》；评标专家的组成不符合法律规定；政府采购的信息不透明，采购主体只是公示中标结果而没有公开评标专家名录和详细情况，致使北京现代沃尔公司无法进行有效质疑；评标专家与供应商存在利害关系，却未能遵循法律的规定自行回避等。也即在法定期限内分别向招标采购代理机构和各采购人提出了书面质疑。北京现代沃尔公司还多次通过电话及书面的形式要求采购主体就其质疑内容给予明确的解释和合理的说明。然而，不论是采购代理机构还是各采购人均未给北京现代沃尔公司确切的答复。采购代理机构虽就质疑事项进行了书面传真回复，但却答非所问，含糊其词。2004 年 12 月 21 日，北京现代沃尔公司针对采购主体在本次政府采购过程中的主要违法事实，根据《政府采购法》第 55 条规定，以书面形式向某部提出了投诉，要求其对违法事实和违法行为人进行查处。根据《政府采购法》第 56 条规定，政府采购监督管理部门应当在收到投诉后三十个工作日内，对投诉事项作出处理决定，并以书面形式通知投诉人和与投诉事项有关的当事人。自北京现代沃尔公司提出投诉之日至北京现代沃尔公司提起本案诉讼，某部一直没有作出任何处理决定，也没有以书面形式通知北京现代沃尔公司。根据《政府采购法》第 13 条规定，各级人民政府财政部门是负责政府采购监督管理的部门，依法履行对政府采购活动的监督管理职责。某部作为政府采购的行政主管部门，对于北京现代沃尔公司所投诉的政府采购违法行为应该有法定的积极作为义务。不论北京现代沃尔公司所投诉的违法行为是否成立，其都应该作出相应的具体行政行为。

某部辩称：某部收到北京现代沃尔公司的投诉后，通过调查得知：北京现代沃尔公司投诉的编号 0722-FECT-04285 项目是国家医疗救治项目的一个组成部分。国家医疗救治项目是由国家发展和改革委员会（以下简称发改委）审核并报国务院批准的重大建设项目，该项目采用公开招标方式。北京现代沃尔公司的投诉属于对国家重大建设项目招投标活动的投诉，应由发改委受理并作出处理决定。为此，某部于 2005 年 2 月 23 日请发改委、中华人民共和国卫生部（以下简称卫生部）有关人员在某部处召开协调会议。从会上证实，发改委也收到了北京现代沃尔公司对该项目的投诉，其内设的重大项目稽查特派员办公室（以下简称稽查办）正在依法处理。会上经研究决定：某部将此投诉转发改委稽查办一并处理，该办作出处理后，将结果抄送某部。后某部将该情况电话告知了北京现代沃尔公司。《中华人民共和国招标投标法》（以下简称《招投标法》）第 2 条规定，在中华人民共和国境内进行招标投标活动，适用本法。北京现代沃尔公司投诉的编号为 0722-FECT-04285 项目作为公开招标项目，应当适用《招投标法》。该项目招标文件中也明确载明按照《招投标法》开展招标投标活动。根据该法第 65 条，投标人和其他利害关系人认为招标投标活动不符合本法有关规定的，有权依法向有关行政监督部门投诉。对招标投标活动的行政监督及有关部门的具体职权划分，在《关于国务院有关部门实施招标投标活动行政监督的职责分工的意见》（国办发［2000］134 号）和《国家重大建设项目招标投标监督暂行办法》（2002 年 1 月 10 日国家计委第 18 号令）中均有明确规定：对国家重大建设项目招标投标活动的投诉，由发改委受理并作出处理决定。0722-FECT-04285 号项目是国家重大建设项目的组成部分，北京现代沃尔公司对该项目招投标过程及结果不满意，依照上述规定应由发改委依法处理。因此，某部将北京现代沃尔公司的投诉转交发改委处理，不仅避免了两部门重复处理，而且符合法律规定。

一审法院经审理认为：本案涉及的招投标采购内容为突发公共卫生事件医疗救治体系项目中的300台便携式血气分析仪属于货物采购。北京现代沃尔公司向财政部投诉的是采购代理机构在以招投标方式采购上述货物过程中，招投标的组织不合法问题，根据相关法律及相关规范性文件的规定，属于财政部的监督管理权限范围。财政部未按《中华人民共和国政府采购法》（以下简称《政府采购法》）第56条的规定，在收到该投诉材料后30个工作日内，对投诉事项予以回复，应属未履行法定职责。据此，一审法院依照《中华人民共和国行政诉讼法》第54条第3项、最高人民法院《关于执行〈中华人民共和国行政诉讼法〉若干问题的解释》第60条第2款的规定，判决财政部对北京现代沃尔公司就招标编号为0722-FECT-04285的国家医疗救治体系项目第七包招投标的组织不合法问题所进行的投诉予以处理和答复。

某部不服一审判决，提起上诉。二审法院认为，某部就北京现代沃尔公司的投诉事项没有履行相关的法定职责，因此，某部关于对北京现代沃尔公司的投诉已履行了法定职责的诉讼主张，缺乏事实和法律根据。遂依照《中华人民共和国行政诉讼法》第61条第1项的规定，判决驳回某部的上诉，维持一审判决。

政府采购争议是指供应商与政府采购人、采购代理机构、政府采购监督管理部门及其他有关政府部门之间发生的与政府采购相关的纠纷。为及时、有效、公正地解决纠纷，疏通政府与供应商之间的供求关系，保证政府采购制度的正常运行，维护供应商的合法权益，我国《政府采购法》规定了以下4种解决途径：

一、询问

所谓询问，是指供应商对政府采购事项有疑问时，向采购人提出问题并请求得到答复的一种权利救济方式。我国《政府采购法》第51条规定，供应商对政府采购活动事项有疑问的，可以向采购人提出询问，采购人应当及时作出答复，但答复的内容不得涉及商业秘密。

需要注意：第一，所有供应商都享有对政府采购活动事项进行询问的权利。只要供应商对政府采购事项有疑问，都可以不受约束地向采购人提出询问。第二，虽然法律未对采购人答复供应商询问的时限作出明确规定，但采购人应当自觉地、及时地答复，但答复的内容不得涉及商业秘密。第三，供应商对政府采购活动事项提出询问以及采购人作出答复的方式，法律没有规定，实际操作中，既可以采取书面方式，也可以采取口头方式。

二、质疑

供应商认为采购文件、采购过程和中标、成交结果使自己的权益受到损害的，可以在知道或者应知其权益受到损害之日起7个工作日内，以书面形式向采购人提出质疑。采购人应当在收到供应商的书面质疑后7个工作日内作出答复，并以书面形式通知质疑供应商和其他有关供应商，但答复的内容不得涉及商业秘密。

三、投诉

质疑供应商对采购人、采购代理机构的答复不满意或者采购人、采购代理机构未在规定的时间内作出答复的，可以在答复期满后15个工作日内向同级政府采购监督管理部门投诉。供应商质疑、投诉应当有明确的请求和必要的证明材料。政府采购监督管理部门应当在收到投诉后30个工作日内，对投诉事项作出处理决定，并以书面形式通知投诉人和与投诉事项有关的当事人。政府采购监督管理部门在处理投诉事项期间，可以视具体情况书面通知采购人暂停采购活动，但暂停时间最长不得超过30日。

四、行政复议或者诉讼

投诉人对政府采购监督管理部门的投诉处理决定不服或者政府采购监督管理部门逾期未作处理的，可以依法申请行政复议或者向人民法院提起行政诉讼。

【案例8—6】 政府采购监督管理部门行政不作为案①

2004年10月29日，采购代理机构国信招标有限责任公司接受政府采购人中华人民共和国卫生部（以下简称卫生部）的委托，对国家医疗救治体系项目（招标编号为：GXTC-0404038）进行公开招标。同日，采购代理机构中国远东国际贸易总公司接受政府采购人国家发展与改革委员会（以下简称发改委）和卫生部的共同委托，对国家医疗救治体系项目（招标编号为：0722-FECT-04285）进行公开招标。北京现代沃尔经贸有限责任公司（以下简称沃尔公司）参加了前者D包（该包为血气分析仪，数量为286台）以及后者第七包（该包为便携式血气分析仪，数量为300台）的投标，但均未中标。沃尔公司认为此两次招投标的组织不合法，故分别就其于2005年1月7日和2004年12月21日向中华人民共和国财政部（以下简称财政部）投诉。财政部受理后，将沃尔公司的投诉信及相关材料转交发改委稽查办处理，并要求发改委稽查办处理后将结果抄送财政部。但财政部未将上述情况告知投诉人沃尔公司。按照政府采购法的规定，政府采购监督管理部门应当在受理后30个工作日内答复投诉者。财政部因没有收到发改委的处理结果，故在规定期限内未给予沃尔公司答复。2005年3月23日，沃尔公司就财政部两起行政不作为分别向北京市第一中级人民法院提起行政诉讼，请求判决被告财政部履行上述政府招投标采购行为的监管职责，作出具体行政行为。受案后，北京市第一中级人民法院依法组成合议庭，于2005年5月20日公开开庭审理了两案。法院经审理认为，原告沃尔公司的投诉内容属于被告财政部的监督管理权限范围，被告未按《政府采购法》第五十六条的规定，在收到该投诉材料后30个工作日内，对投诉事项予以回复，应属未履行法定职责，并最终于2006年12月8日作出一审判决，要求被告财政部对原告沃尔公司就前述两次招投标的组织不合法问题所进行的投诉予以处理和答复。

【问题与思考】

1. 北京市政府采购微软案与软件政府采购制度

我国《政府采购法》第10条规定，“政府采购应当采购本国货物、工程和服务结合”，

① 参见谷辽海编著：《中国政府采购案例评析》，第3卷，北京，群众出版社，2007。

但有特殊情况的除外。本章【案例8—1】中，不少人士纷纷指责北京市政府采购行为违法，所依据的法律主要就是这一条规定。由此也引发了对我国软件政府采购问题的反思，北京市部分政协委员还专门针对此案提出了一份《关于改进软件政府采购工作的建议》（政协北京市第十届三次会议委员优秀提案第1270号），就我国目前的软件政府采购制度存在的问题进行了分析，提出了建议。

思考：如何分析【案例8—1】中北京市政府采购微软产品的行为的违法性？如何改进我国的软件政府采购制度？

2. 政府采购合同解释的原则问题

政府采购合同标准化、格式化已成为不可逆转的趋势。而我国法律对于格式合同有相当的限制，主要从以下三方面对提出格式条款合同作出限制：其一，合同提供方对合同条款有全面提示和说明义务。其二，格式条款中严重损害对方利益的内容应确认无效。其三，对于格式合同条款应作出有利于对方的解释。有学者指出，在政府采购合同的解释方面，不能完全遵循合同法的规定，例如，一旦对格式合同条款存在不同的理解，依《合同法》的规定应作出对提供格式合同一方不利的解释，这对于履行具有公共性的政府采购合同而言，显然是片面的，不利于政府采购合同中所包含的经济和社会发展政策目标的实现，应当在对政府采购合同条款存在不同的理解时，由政府采购管理部门或法院依据法律和社会公共利益作适当解释。

思考：对政府采购合同条款存在不同理解的时候，应当遵循何种原则进行解释？以此为例，如何正确理解政府采购合同的经济法属性？

第九章
金融经营规制法律制度

参考文献

（一）著作

1. 徐孟洲．金融法．北京：高等教育出版社，2014
2. 刘廷焕，徐孟洲．中国金融法律制度．北京：中信出版社，1996
3. 吴志攀主编．金融法概论．5版．北京：北京大学出版社，2011
4. 强力．金融法通论．北京：高等教育出版社，2010
5. 朱大旗．金融法．中国人民大学出版社．3版．北京：中国人民大学出版社，2014
6. 朱崇实主编．金融法教程．3版．北京：法律出版社，2011
7. 温树英．金融服务贸易的国际法律规制．北京：人民法院出版社，2005
8. 杨东．金融消费者保护统合法论．北京：法律出版社，2013
9. 叶林．证券法．4版．北京：中国人民大学出版社，2013
10. 徐孟洲主编．信托法学．北京：中国金融出版社，2004
11. 许崇苗，李利．中国保险法原理与适用．北京：法律出版社，2006

（二）论文

1. 朱大旗．确保金融安全关键在于以法治促进金融体制与金融运行机制的改革与完善．甘肃政法学院学报，2007（1）
2. 朱大旗，李慈强．存款保险新机制下的银行监管权．中国法律，2013（5）
3. 周仲飞．银行监管机构问责性的法律保障机制．法学，2007（7）
4. 顾功耘．证券交易异常情况处置的制度完善．中国法学，2012（2）

参考法规

1.《中华人民共和国商业银行法》(2015 年修正)
2.《中华人民共和国银行业监督管理法》(2006 年修正)
3.《中华人民共和国证券法》(2015 年修正)
4.《中华人民共和国票据法》(2004 年修正)
5.《中华人民共和国保险法》(2015 年修正)
6.《中华人民共和国信托法》(2001 年)
7.《中华人民共和国公司法》(2013 年修正)

引例 美国次贷危机与《多德—弗兰克法案》

1999 年美国《金融服务现代化法案》在立法层面确立了一套允许银行、证券公司、保险公司以及其他金融服务提供者之间联合经营、审慎监管的金融体系，解除了银行进入证券业和保险业的所有限制，允许银行、证券公司和保险公司通过建立金融控股公司从事各类金融业务。混业经营模式的确立，在一定程度上提高了美国金融市场的运行效率，加强了美国金融机构的竞争力。但是在监管体制方面保留了原来的“双层多头监管体制”，即各监管机构对于金融控股公司的监管按职责划分。而 2007 年美国金融危机的爆发暴露出在金融混业经营条件下这种监管体制的严重缺陷。

美国次贷危机的产生直接源于美国房地产市场中资产证券化所引发的金融衍生品的膨胀与泛滥。在住房贷款市场，金融放贷机构之所以能不断放松贷款发放标准，关键在于其能通过抵押贷款支持证券（MBS）转移风险。MBS 实质上是由抵押贷款银行将抵押贷款池的偿付权转移给最终投资者，最终投资者按比例收取偿付份额，这就是美国房贷市场中的资产证券化。这些抵押贷款证券化后按风险的不同分别发放给不同偏好的投资者，于是很大一部分次级贷款被证券化成为次级债。而为了使以次级贷款为基础的 MBS 获得较高信用评级，金融机构在 MBS 基础之上又设计出债务抵押债券（CDO）及信用违约掉期交易（CDS）等。这些创新衍生品在一定程度上缓解了金融机构资本金压力，但由于在衍生品交易过程中的价格机制失灵使其整体风险增加。一些具有高收益、高风险的产品在交易过程中“异化”为赌博的工具，进一步扩大了市场风险。由此可见，住房贷款交易涉及银行、证券、保险、期货等各个行业，而分业监管模式造成了许多监管漏洞。例如，对于在抵押贷款基础上衍生出的 MBS 和 CDO，理论上美联储和证券交易委员会都有监管职权，但实际上美联储与证交会均未对其进行严格监管。总之，由于信贷市场和资本市场监管体系的分离，没有任何一家监管机构能全面掌握住房抵押贷款的信息，从而有效地控制信贷风险和资本市场风险。

为减少金融衍生品带来的风险，美国于2009年颁布了《多德—弗兰克法案》。《多德—弗兰克法案》有两大目标：一是限制金融活动带来的风险（主要是影子银行带来的风险），二是减少大型金融机构破产带来的损失。为实现第一个目标，法案针对金融工具和金融机构设计了新的监管框架。在金融工具方面，法案主要针对衍生品交易进行了制度设计，要求衍生品交易方需在交易所进行交易，并对衍生品进行清算。对于金融机构，法案则通过识别可能造成系统性风险的机构来实现风险控制。为实现第二个目标，法案允许监管者在发现系统重要机构有破产可能时，可以向华盛顿特区联邦法院提出诉愿，由联邦法院指定联邦存款保险公司（FDIC）进行接管。除了这两大目标，《多德—弗兰克法案》还对公司治理、信用评级机构和对冲基金等领域进行了改革。《多德—弗兰克法案》主要在两方面体现了其进步性：一是法案对金融衍生品的规定，特别是关于衍生品清算与交易的规定；二是法案中对金融消费者的规定。但很多批评者也指出，《多德—弗兰克法案》虽然回应了次贷危机中的问题，但表现在法案中用政府应急干预替代可预测的原则性监管的做法引起较大争议。

第一节　金融经营规制法概述

一、金融与金融市场及其社会控制[①]

金融，是货币资金融通的简称，具体是指以银行等金融机构为中心的信用活动以及在信用基础上组织起来的货币流通，主要包括货币发行、银行、票据、证券、保险、基金、信托、外汇与金银管理活动等内容。金融一般分为直接金融和间接金融两种形式。所谓直接金融，是指没有金融机构介入的资金融通形式。如商业信用、企业发行股票和债券，以及企业之间、个人之间的直接借贷，均属于直接金融活动。所谓间接金融，是指通过金融机构介入进行的资金融通形式。如银行存款、贷款，以及票据、保险等，均属于间接金融活动。

金融市场，是指以金融资产为交易对象而形成的供求关系及其机制的总和。直观而言，它是融通资金、买卖有价证券的场所。按交易标的划分，金融市场可以分为货币市场、资本市场、外汇市场和黄金市场。货币市场是指以期限为一年以下的金融资产为交易标的的短期金融市场，如同业拆借市场、票据贴现市场、国债回购市场和短期外汇市场等。资本市场是指以期限为一年以上的金融资产为交易标的的金融市场，如债券市场和股票市场。

任何有序的社会活动均按一定的组织和管理秩序而存在和发展，而这种组织和管理往

① 参见刘廷焕、徐孟洲：《中国金融法律制度》，1～2页，北京，中信出版社，1996。

往又是通过社会规范控制的，社会控制是社会生活各个方面所不可缺少的因素。金融作为一种社会经济活动，是人们社会生活的重要组成部分。因此，对社会金融活动的规范指引和对金融关系的有效调整，也必然要借助于以社会规范为中心的社会控制的各种手段。

法律调整是社会控制体系中最具有权威性的控制手段。它是通过调整社会成员与社会之间的关系，赋予社会成员以一定权利并使其承担相应的法律义务的方式，进而达到调整或控制社会关系发展的目的。换言之，法律调整是由国家所制定的法律规范及其实现手段，对社会关系施加的有结果的规范作用。对金融活动的社会控制是社会控制经济活动的最重要组成部分。根据对金融活动控制的社会规范和手段的不同，可以将金融的社会控制划分为伦理道德性的社会控制、政策性社会控制和法律控制等。本章主要阐述的是法律控制，即对金融关系的法律调整，主要是对金融经营规制关系的法律调整。

二、金融法的概念

金融法是指调整货币流通和社会信用活动中所发生的金融关系的法律规范系统。其调整的对象是金融关系，即银行或其他非银行金融机构在从事金融业务和金融管理活动过程中，与其他政府机构、市场主体和个人之间发生的各种经济关系。

金融关系一般包括金融机构组织关系、金融业务关系和金融监管与调控关系。在市场经济条件下，金融机构相互之间、金融机构与其他企业等市场主体之间、金融机构与政府部门之间，以及金融机构与个人之间都存在着金融业务活动和金融管理活动，构成复杂的金融关系。金融法调整金融关系，就是要通过制定金融法律规范确认金融机构的性质、法律地位，设定金融机构的权利、义务，调节金融机构与其他企业、组织、个人和政府之间的货币利益关系，保护金融关系的健康发展，使其符合立法者意志和要求，将社会金融活动纳入法治轨道。

金融关系既反映由政府对金融活动的调控与监管所体现的管理性质，又反映金融业务活动的平等、自愿、有偿的协商性质，而这两种性质相互矛盾的属性往往统一于某种金融关系之中。例如，商业银行与客户之间的信贷关系，既要遵循平等、自愿、公平和诚实信用的原则，又必须按照中央银行出于宏观调控需要而规定的利率上下限确定具体的借贷合同的利率条款，而不能由双方当事人自行订立超过利率上下限水平的借款合同。基于金融关系的复杂性质，对它的法律调整主要运用经济法中的金融法调整，但并不排斥在某些方面也适用刑法、民法或行政法的原则。如对伪造货币、金融票据诈骗、信用证诈骗、非法集资诈骗等破坏金融关系和金融秩序的犯罪，适用刑法。刑法对金融关系也起着保护作用。再如借款合同、证券交易等要适用民法，对金融违法行为的处罚可适用行政法。可见，金融关系已经成为多个法律部门进行综合调整和全面有效保护的对象。

三、金融法的体系

为了进一步理解金融法的概念，明确金融法的体系是十分必要的。以不同的分类标准，可以将金融法的内容分成不同的体系结构模式。按照金融法的调整对象，其体系一般包括以下几个组成部分：

（一）金融机构组织法

金融机构是金融活动的主体，是金融关系的参加者。金融机构组织法作为金融法体系中的组成部分，就是规范金融机构本身的组织体系关系的法律规范系统。以金融机构的性质和业务范围为标准，金融机构组织法又可以划分为中央银行组织法、商业银行组织法、政策性银行组织法、非银行金融机构组织法和外资金融机构组织法等。这些法律规范散见于《中国人民银行法》《商业银行法》《证券法》《保险法》等金融法律之中。

(二) 金融经营规制法

金融经营规制法即调整金融机构经营关系的法律规范系统，主要是指金融业务法，具体包括商业银行法、政策性银行法、证券法、保险法、信托法、票据法、证券投资基金法、外汇法、金融衍生品法等具体内容。

(三) 金融监管法

金融监管法是调整金融业监督管理关系的法律规范系统。2003 年 12 月 27 日公布，2004 年 2 月 1 日起施行的《银行业监督管理法》，连同《证券法》《保险法》《信托法》《证券投资基金法》《外汇管理条例》等规定的监管内容构成了我国金融监管的法律体系。

(四) 金融调控法

金融调控法是调整中央银行在控制与调节货币供给量、利率、贷款量等过程中发生的金融宏观调控关系的法律规范系统。金融调控法律规范集中表现在一国的中央银行法中。《中国人民银行法》是我国金融调控法的主要规范性文件。在《商业银行法》《银行业监督管理法》中，为执行货币政策、防范和化解金融风险、维护金融稳定，而对存贷利率、同业拆借、境外借款、系统性银行业风险等作了规定；在《外汇管理条例》中，为执行货币政策、保持国际收支平衡，而对调整人民币汇率和外汇市场调控关系方面作了规定。上述多方面的规定都是我国金融调控法的表现形式。

四、金融经营规制法产生的必然性

反不正当竞争法、反垄断法、消费者权益保护法、产品质量法和价格法等法律规范对几乎所有市场的经营行为进行规制。但一些具有特殊性的市场，比如金融市场、食品和药品市场、危险品市场、旅游市场等，由于其交易内容、交易形式、市场性质等存在特殊性，需要特别的法律予以特别的规制。有的学者将这类市场归为特别市场，并将市场交易的标的对人的安全和健康的影响、信息和风险的不对称程度、经营者市场支配地位、市场对宏观经济运行的影响力、政府和社会舆论关注的程度等因素作为区分特别市场与一般市场的依据。[①] 对金融服务业经营需要予以特殊的法律规制，主要原因在于：第一，金融服务具有较强的社会性和公共性，金融机构交易相对方是不特定的大多数社会群体；第二，金融机构特别是银行是高负债经营的组织，一旦经营不善而破产，影响面广泛；第三，金融服务业的有序运行与国家宏观经济调控及国家经济安全与稳定关系密切。因此，各国都在一般市场规制的基础上，对金融服务业经营予以特别的法律规制。

第二节 商业银行法

商业银行是金融法体系的基本主体，在现代经济生活中发挥着信用中介、支付中介、信用创造及金融服务等功能。随着商业银行业务范围的不断扩大，商业银行对现代金融体

① 参见张守文主编：《经济法学》，375～377 页，北京，北京大学出版社，2005。

系的影响也不断增强。商业银行法作为规范商业银行的组织及业务经营的法律规范，在金融服务业经营规制法律体系中占有重要地位，为保护银行客户利益、规范银行经营行为、维护正常的金融秩序发挥了重要作用。

一、商业银行法概述

（一）商业银行的概念

在法律上，商业银行这一概念在不同国家和地区有不同的界定。我国《商业银行法》第2条规定："商业银行是指依照本法和《中华人民共和国公司法》设立的吸收公众存款、发放贷款、办理结算等业务的企业法人。"由此可见，商业银行是依法成立、以营利为目的的法人组织，是经营货币金融业的特殊企业。

按照《商业银行法》的规定，我国的商业银行是实行自主经营、自担风险、自负盈亏、自我约束的经营金融业务的机构，它依法开展业务，不受任何单位和个人的干涉，并以其全部法人财产独立承担民事责任。

（二）商业银行的经营原则

按《商业银行法》的规定，商业银行的经营原则包括：

1. 商业银行业务经营的"三性原则"，即安全性、流动性、效益性原则。
2. 商业银行与客户之间平等、自愿、公平和诚实信用的原则。
3. 保障存款人的合法权益不受任何单位和个人侵犯的原则。
4. 开展信贷业务，严格审查借款人资信，实行担保，保障按期收回贷款的原则。
5. 商业银行开展业务应当合法，不得损害国家利益和社会公共利益的原则。
6. 商业银行应当公平竞争，不得从事不正当竞争的原则。

（三）商业银行法的概念

商业银行法是调整商业银行组织关系和经营业务关系的法律规范系统。1995年5月10日第八届全国人大常委会第十三次会议通过并于同年7月1日起施行的《中华人民共和国商业银行法》（简称《商业银行法》）是商业银行的基本法。该法于2003年12月27日由第十届全国人大常委会第六次会议通过的《关于修改〈中华人民共和国商业银行法〉的决定》作出了修改。修改后的《商业银行法》已于2004年2月1日开始施行。2015年，《商业银行法》的修订工作再次启动。2015年8月29日第十二届全国人大常委会第十六次会议通过对《商业银行法》的修正。

《商业银行法》明确规定了商业银行的设立条件、组织机构、对存款人的保护、贷款和其他业务的基本规则、财务会计、监督管理、接管与终止等项内容，为我国商业银行的健康发展提供了法律保证。

二、商业银行的设立和组织机构

（一）商业银行的设立

1. 设立条件

设立商业银行，应当具备的条件主要有：（1）有符合《商业银行法》和《公司法》规定的章程；（2）有符合法律规定最低限额的注册资本；（3）有具备任职专业知识和业务工作经验的董事、高级管理人员；（4）有健全的组织机构和管理制度；（5）有符合要求的营业场所、安全防范措施和与业务有关的其他设施。设立商业银行，还应当符合其他审慎性条件。

2. 商业银行的注册资本

根据《商业银行法》的规定，设立全国性商业银行的注册资本最低限额为10亿元人民币；城市商业银行的注册资本最低限额为1亿元人民币，设立农村商业银行的注册资本最低限额为5 000万元人民币。注册资本应当是实缴资本。国务院银行业监督管理机构根据审慎监管的要求可以调整注册资本最低限额，但不得少于前述规定的限额。

3. 商业银行的设立程序

设立商业银行，申请人应当经国务院银行业监督管理机构审查批准。经审查符合条件的，申请人应填写正式申请表，并提交法律规定的文件、资料。对正式批准设立的商业银行，由国务院银行业监督管理委员会颁发经营许可证。申请人凭该经营许可证，向工商行政管理机关办理注册登记，领取企业法人营业执照。经批准设立的商业银行分支机构，也应由国务院银行业监督管理机构颁发经营许可证，并凭该许可证向工商行政管理部门办理登记，领取营业执照。

4. 商业银行分支机构的设立

商业银行根据业务需要可以在中华人民共和国境内外设立分支机构。设立分支机构必须经国务院银行业监督管理机构审查批准。商业银行在中华人民共和国境内设立分支机构，应当按照规定拨付与其经营规模相适应的营运资金额。拨付各分支机构营运资金额的总和，不得超过总行资本金总额的60%。商业银行对其分支机构实行全行统一核算、统一调度资金、分级管理的财务制度。商业银行分支机构不具有法人资格，在总行授权范围内依法开展业务，其民事责任由总行承担。

【司考真题】

1. 根据《商业银行法》，关于商业银行分支机构，下列哪些说法是错误的？（多项选择题）

A. 在中国境内应当按行政区划设立

B. 经地方政府批准即可设立

C. 分支机构不具有法人资格

D. 拨付各分支机构营运资金额的总和，不得超过总行资本金总额的70%

答案：ABD。

解析：选项A、B、D说法错误。《商业银行法》（2015年8月29日修正）第19条规定：商业银行根据业务需要可以在中华人民共和国境内外设立分支机构。设立分支机构必须经国务院银行业监督管理机构审查批准。在中华人民共和国境内的分支机构，不按行政区划设立。商业银行在中华人民共和国境内设立分支机构，应当按照规定拨付与其经营规模相适应的营运资金额。拨付各分支机构营运资金额的总和，不得超过总行资本金总额的60%。

选项C说法正确。《商业银行法》第22条第2款规定，商业银行分支机构不具有法人资格，在总行授权范围内依法开展业务，其民事责任由总行承担。

2. 根据《商业银行法》，关于商业银行的设立和变更，下列哪些说法是正确的？（多项选择题）

A. 国务院银行业监督管理机构可以根据审慎监管的要求，在法定标准的基础上提高商业银行设立的注册资本最低限额

B. 商业银行的组织形式、组织机构适用《公司法》

C. 商业银行的分立、合并不适用《公司法》

D. 任何单位和个人购买商业银行股份总额5%以上的，应事先经国务院银行业监督管理机构批准

答案：ABD。

解析：选项A正确：《商业银行法》第13条规定：设立全国性商业银行的注册资本最低限额为10亿元人民币。设立城市商业银行的注册资本最低限额为1亿元人民币，设立农村商业银行的注册资本最低限额为5 000万元人民币。注册资本应当是实缴资本。国务院银行业监督管理机构根据审慎监管的要求可以调整注册资本最低限额，但不得少于前款规定的限额。

选项B正确，选项C错误：《商业银行法》第17条规定：商业银行的组织形式、组织机构适用《中华人民共和国公司法》的规定。本法施行前设立的商业银行，其组织形式、组织机构不完全符合《中华人民共和国公司法》规定的，可以继续沿用原有的规定，适用前款规定的日期由国务院规定。

选项D正确：《商业银行法》第28条规定，任何单位和个人购买商业银行股份总额5%以上的，应当事先经国务院银行业监督管理机构批准。

（二）商业银行的组织形式

《商业银行法》第17条规定：商业银行的组织形式、组织机构适用我国《公司法》的规定。因此，商业银行的组织形式是采取《公司法》要求的有限责任公司和股份有限公司形式。

（三）商业银行的组织机构和人员管理

按照《商业银行法》和《公司法》的规定，商业银行设股东会（股东大会）、董事会、监事会。董事会可聘任总经理。国有独资商业银行不设股东会，设立监事会。监事会的产生办法由国务院规定。监事会对国有独资商业银行的信贷资产质量、资产负债比例、国有资产保值增值等情况以及高级管理人员违反法律、行政法规或者章程的行为和损害银行利益的行为进行监督。

《商业银行法》规定，下列人员不得担任商业银行的董事、高级管理人员：（1）因犯有贪污、贿赂、侵占财产、挪用财产罪或者破坏社会经济秩序罪，被判处刑罚，或者因犯罪被剥夺政治权利的；（2）担任因经营不善破产清算的公司、企业的董事或者厂长、经理，并对该公司、企业的破产负有个人责任的；（3）担任因违法被吊销营业执照的公司、企业的法定代表人，并负有个人责任的；（4）个人所负数额较大的债务到期未清偿的。

三、商业银行的业务管理规定

（一）存款业务

商业银行通过付出一定利息吸收存款是其负债业务的主要内容，通过吸收存款形成的资金是商业银行的经营之本。吸收存款包括吸收企事业单位的存款和个人的储蓄存款，这种负债一般占商业银行总负债量的70%左右。

《商业银行法》规定：办理个人储蓄存款业务，应当遵循存款自愿、取款自由、存款有息、为存款人保密的原则。对个人储蓄存款和单位存款，商业银行有权拒绝任何单位或者个人查询、冻结、扣划，但法律另有规定的除外。商业银行应当按照中国人民银行规定的存款利率的上下限，确定存款利率，并予以公告。应当保证存款本金和利息的支付，不

得拖延、拒绝支付存款本金和利息。

（二）贷款业务

贷款业务是商业银行将货币在一定期限内借出，借以获得利息的业务。它是商业银行资产业务的主要内容，也是商业银行的主要业务活动之一。

1. 商业银行开展贷款业务应遵守的原则

（1）根据国民经济和社会发展的需要，在国家产业政策指导下开展贷款业务的原则。

（2）对借款人的借款用途、偿还能力、还款方式等情况进行严格审查的原则。为此，应当实行审贷分离、分级审批的制度。

（3）严格贷款的资信担保，以担保贷款为主、信用贷款为例外的原则。

（4）按计划贷款，坚持综合平衡的原则。

（5）对借款人区别对待、择优扶植的原则。

（6）信贷资金按期归还、收取利息、不得豁免的原则，等等。

2. 贷款业务的法律形式

商业银行贷款，应当与借款人订立书面贷款合同。贷款合同是贷款人将货币借给借款人，借款人按期归还贷款并支付规定的利息的协议，它是表现信贷业务的法律形式。贷款合同应当约定贷款种类、借款用途、金额、利率、还款期限、还款方式、违约责任和双方认为需要约定的其他事项。商业银行应当按照中国人民银行规定的贷款利率的上下限，确定贷款利率。

3. 商业银行贷款业务的其他规定

（1）商业银行不得向关系人发放信用贷款，向关系人发放担保贷款的条件不得优于其他借款人同类贷款的条件。此处所称关系人是指：商业银行的董事、监事、管理人员、信贷业务人员及其近亲属，以及上述所列人员投资或者担任高级管理职务的公司、企业和其他经济组织。

（2）任何单位和个人不得强令商业银行发放贷款或者提供担保。商业银行有权拒绝任何单位和个人强令要求其发放贷款或者提供担保。

（3）借款人到期不归还担保贷款的，商业银行依法享有要求保证人归还贷款本金和利息或者就该担保物优先受偿的权利。商业银行因行使抵押权、质权而取得的不动产或者股权，应当自取得之日起 2 年内予以处分。借款人到期不归还信用贷款的，应当按照合同约定承担责任。

（三）中间业务

中间业务是指商业银行无须运用自有资金，只代替客户承办交付、收取和其他委托事项而收取手续费的业务。中间业务与负债业务、资产业务不同，它属表外业务，但它们共同构成现代商业银行的三大业务。

我国《商业银行法》规定了下列中间业务：办理国内外结算；发行金融债券；代理发行、代理兑付、承销政府债券；买卖、代理买卖外汇；提供信用证服务及担保；代理收付款项及代理保险业务；提供保险箱服务。

《商业银行法》还规定，商业银行办理票据承兑、汇兑、委托收款等结算业务，应当按照规定的期限兑现，收付入账，不得压单、压票或者违反规定退票。商业银行发行金融债券应当依法报经批准。商业银行办理业务，提供服务，按照中国人民银行的规定收取手续费。

四、法律责任

（一）商业银行的法律责任

1. 商业银行无故拖延、拒绝支付存款本金和利息等给存款人或其他客户造成损害的，应当承担迟延履行的利息及其他民事责任；由国务院银行业监督管理机构责令改正，有违法所得的，没收违法所得，违法所得5万元以上的，并处违法所得1倍以上5倍以下罚款；没有违法所得或者违法所得不足5万元的，处5万元以上50万元以下罚款。

2. 违反国家规定从事信托投资和证券经营业务、向非自用不动产投资或者向非银行金融机构和企业投资的，或者向关系人发放信用贷款或者发放担保贷款的条件优于其他借款人同类贷款的条件的，由国务院银行业监督管理机构责令改正，有违法所得的，没收违法所得，违法所得50万元以上的，并处违法所得1倍以上5倍以下罚款；没有违法所得或者违法所得不足50万元的，处50万元以上200万元以下罚款；情节特别严重或者逾期不改正的，可以责令停业整顿或者吊销其经营许可证；构成犯罪的，依法追究刑事责任。

3. 拒绝或者阻碍中国人民银行检查监督的、提供虚假的或者隐瞒重要事实的财务会计报告、报表和统计报表的、未按照中国人民银行规定的比例交存存款准备金的，由中国人民银行责令改正，并处20万元以上50万元以下罚款；情节特别严重或者逾期不改正的，中国人民银行可以建议国务院银行业监督管理机构责令停业整顿或者吊销其经营许可证；构成犯罪的，依法追究刑事责任。

【司考真题】

商业银行的下列违规行为哪一项依法应由中国人民银行负责查处？（单项选择题）

A. 提供虚假财务报告　　B. 出借营业许可证

C. 未经批准代理买卖外汇　　D. 未经批准设立分支机构

答案： A。

解析： 本题考查我国中央银行的监管职责。根据《商业银行法》第77条的规定，可知A项正确。根据《商业银行法》第74条之规定，可知其他3项，应由国务院银行业监督管理机构查处。

（二）商业银行工作人员的法律责任

1. 商业银行工作人员利用职务上的便利，索取、收受贿赂或者违反国家规定收受各种名义的回扣、手续费，构成犯罪的，依法追究刑事责任；尚不构成犯罪的，应当给予纪律处分。

2. 商业银行工作人员利用职务上的便利，贪污、挪用、侵占本行或者客户资金，构成犯罪的，依法追究刑事责任；尚不构成犯罪的，应当给予纪律处分。

3. 商业银行工作人员违反商业银行法规定玩忽职守造成损失的，应当给予纪律处分；构成犯罪的，依法追究其刑事责任。违反规定徇私向亲属、朋友发放贷款或者提供担保造成损失的，应当承担全部或者部分赔偿责任。

4. 商业银行工作人员泄露在任职期间知悉的国家秘密、商业秘密的，应当给予纪律处分；构成犯罪的，依法追究其刑事责任。

5. 商业银行违反商业银行法规定的，国务院银行业监督管理机构可以区别不同情形，取消其直接负责的董事、高级管理人员一定期限直至终身的任职资格，禁止直接负责的董事、高级管理人员和其他直接责任人员一定期限直至终身从事银行业工作。

（三）其他机构、人员的法律责任

1. 未经批准在名称中使用“银行”字样的、未经批准购买商业银行股份总额5%以上的、将单位的资金以个人名义开立账户存储的，由国务院银行业监督管理机构责令改正，有违法所得的，没收违法所得，违法所得5万元以上的，并处违法所得1倍以上5倍以下罚款；没有违法所得或者违法所得不足5万元的，处5万元以上50万元以下罚款。

2. 未经国务院银行业监督管理机构批准，擅自设立商业银行，或者非法吸收公众存款、变相吸收公众存款，构成犯罪的，依法追究刑事责任，并由国务院银行业监督管理机构予以取缔。伪造、变造、转让商业银行经营许可证，构成犯罪的，依法追究刑事责任。

3. 单位或者个人强令商业银行发放贷款或者提供担保的，应当对直接负责的主管人员和其他直接责任人员或者个人给予纪律处分；造成损失的，应当承担全部或者部分赔偿责任。

五、银行业监督管理法

银行业监督管理法是调整银行业监督管理关系的法律规范系统，属于金融监管法的重要组成部分。《中华人民共和国银行业监督管理法》（简称《银行业监督管理法》）于2003年12月27日通过，并于2006年10月31日修正，是银行业监督管理的主要法律规范。

（一）银行业监督管理法的立法宗旨和适用范围

银行业监督管理法的立法宗旨是，加强对银行业的监督管理，规范监督管理行为，防范和化解银行业风险，保护存款人和其他客户的合法权益，促进银行业健康发展。

其适用范围包括：（1）适用于对银行业金融机构的监督管理。银行业金融机构，是指在中华人民共和国境内设立的商业银行、城市信用合作社、农村信用合作社等吸收公众存款的金融机构以及政策性银行。（2）适用于对在中华人民共和国境内设立的金融资产管理公司、信托投资公司、财务公司、金融租赁公司以及经国务院银行业监督管理机构批准设立的其他金融机构的监督管理。（3）适用于对经国务院银行业监督管理机构批准在境外设立的金融机构以及前两项金融机构在境外的业务活动实施监督管理。

（二）银行业监管体制

银行业监管体制是指一国有关银行业监管机构的设置，各自职责、权限的划分及协作配合的一种制度安排。目前，世界各国的银行业监管体制大致有三种类型：第一，高度集中的银行业监管体制，即由单一的管理机构负责监督管理。目前世界上大多数国家采用这种体制，其中以英国最为典型。第二，双层多头的银行业监管体制，即在中央和地方两级设立多家管理机构共同负责银行业监管工作。这种体制多存在于联邦制国家，以美国为代表。第三，单层多头的银行业监管体制，即只在中央一级设立几家管理机构共同进行银行业监管，代表国家有法国、澳大利亚等。

我国从1984年起，形成了中央银行、专业银行的二元银行体制。中国人民银行履行对银行业、证券业、保险业、信托业的综合监管。1992年8月，国务院成立证券委员会和中国证券监督管理委员会（简称证监会），1998年成立保险业监督管理委员会（简称保监会），2003年成立了银行业监督管理委员会（简称银监会）。至此，我国建立了银监会、证监会和保监会分工明确、互相协调的金融分工监管体制。

需要注意的是，就商业银行的监管而言，银监会与中国人民银行都具有监管的权限，只是彼此有着具体的分工。前者侧重于微观监管，维护金融机构的合法稳健运营及自由公平的金融竞争环境；后者则关注宏观调控权的行使，主要是通过制定和执行货币政策来实现，目的是维护宏观金融秩序的稳定。鉴于两者职责的界分和关联，《银行业监督管理法》第6条规定："国务院银行业监督管理机构应当和中国人民银行、国务院其他金融监督管理机构建立监督管理信息共享机制。"

（三）银行业监督管理的主要措施

根据《银行业监督管理法》第四章的规定，监督管理措施有如下几种：

1. 要求报送报表及相关材料。银行业监督管理机构根据履行职责的需要，有权要求银行业金融机构按照规定报送资产负债表、利润表和其他财务会计、统计报表、经营管理资料以及注册会计师出具的审计报告。这是进行经常性监督的一种重要手段。

2. 现场检查。银行业监督管理机构根据审慎监管的要求，可以采取下列措施进行现场检查：（1）进入银行业金融机构进行检查；（2）询问银行业金融机构的工作人员，要求其对有关检查事项作出说明；（3）查阅、复制银行业金融机构与检查事项有关的文件、资料，对可能被转移、隐匿或者毁损的文件、资料予以封存；（4）检查银行业金融机构运用电子计算机管理业务数据的系统。

3. 监督管理谈话。银行业监督管理机构根据履行职责的需要，可以与银行业金融机构董事、高级管理人员进行监督管理谈话，要求银行业金融机构董事、高级管理人员就银行业金融机构的业务活动和风险管理的重大事项作出说明。

4. 责令公告。银行业监督管理机构应当责令银行业金融机构按照规定，如实向社会公众披露财务会计报告、风险管理状况、董事和高级管理人员变更以及其他重大事项等信息。

5. 责令限期改正、整改等措施。银行业金融机构违反审慎经营规则的，国务院银行业监督管理机构或者其省一级派出机构应当责令限期改正；逾期未改正的，或者其行为严重危及该银行业金融机构的稳健运行、损害存款人和其他客户合法权益的，经国务院银行业监督管理机构或者其省一级派出机构负责人批准，可以区别情形，采取下列措施：（1）责令暂停部分业务、停止批准开办新业务；（2）限制分配红利和其他收入；（3）限制资产转让；（4）责令控股股东转让股权或者限制有关股东的权利；（5）责令调整董事、高级管理人员或者限制其权利；（6）停止批准增设分支机构。

6. 接管、重组。银行业金融机构已经或者可能发生信用危机，严重影响存款人和其他客户合法权益的，国务院银行业监督管理机构可以依法对该银行业金融机构实行接管或者促成机构重组，接管和机构重组依照有关法律和国务院的规定执行。

7. 撤销。银行业金融机构有违法经营、经营管理不善等情形，不予撤销将严重危害金融秩序、损害公众利益的，国务院银行业监督管理机构有权予以撤销。

8. 查询、申请冻结有关账户。经国务院银行业监督管理机构或者其省一级派出机构负责人批准，银行业监督管理机构有权查询涉嫌金融违法的银行业金融机构及其工作人员以及关联行为人的账户；对涉嫌转移或者隐匿违法资金的，经银行业监督管理机构负责人批准，可以申请司法机关予以冻结。

9. 银行业监督管理机构依法对银行业金融机构进行检查时，经设区的市一级以上银行业监督管理机构负责人批准，可以对与涉嫌违法事项有关的单位和个人采取下列措施：（1）询问有关单位或者个人，要求其对有关情况作出说明；（2）查阅、复制有关财务会计、财产权登记等文件、资料；（3）对可能被转移、隐匿、毁损或者伪造的文件、资料，予以先行登记保存。

【背景资料】　《存款保险条例》出台

早在1993年，国务院就提出建立存款保险基金，保障社会公众利益。近年来，中国人民银行会同有关部门作了长时间的系统研究，充分征求了各方面意见建议，认为建立存款保险制度的条件已经成熟。2014年11月30日，国务院法制办公室就《存款保险条例（征求意见稿）》向社会征求意见。征求意见阶段结束后，几经论证，2015年3月31日，国务院正式公布了《存款保险条例》，并决定自2015年5月1日起施行。

存款保险制度是我国金融业的一项重要的基础制度安排，对于更好地保护存款人利益，进一步完善金融安全网，建立金融稳定长效机制，都具有十分重要的意义。

首先，建立存款保险制度是维护金融稳定的现实要求。一旦发生金融风险，存款保险制度将发挥“消防队”作用。监管机构的审慎监管、中央银行的最后贷款人制度和存款保险制度构成了金融安全网的三大支柱。因此，建立存款保险制度是完善我国金融安全网的重要举措，对于维护国家金融安全、实现金融稳定具有长远而重要的意义。

其次，存款保险制度的建立有助于营造公平的竞争环境。对商业银行来说，存款保险制度的建立可以减少商业银行的挤兑风险，减少政府的过度干预。存款保险制度有助于商业银行之间开展公平竞争，能够为发展中小银行和民营银行提供可靠的制度保障，提供公平的竞争平台。

再次，对普通金融消费者来说，建立存款保险制度可以为金融消费者（特别是存款人）提供可靠的法律保障、资金保障和制度保障。可以通过存款保险制度的建立促使商业银行提高服务水平，从而使金融消费者可以享受到更多更好的金融服务，同时，也有助于提高金融消费者对金融风险的识别能力，让金融消费者更加清楚哪些金融产品是得到政府保障的，哪些金融产品是没有政府保障的、是需要自担风险的。

我国的存款保险制度在设计中很好地体现了后发优势，具有制度先进性。比如，我国存款保险制度实行基准费率和风险差别费率相结合的费率制度，有利于促进公平竞争，形成正向激励，强化对投保机构的市场约束，促使其审慎经营、健康发展。综合考虑国际经验、金融机构承受能力和风险处置需要等因素，我国存款保险费率水平将低于绝大多数国家存款保险制度起步时的水平以及现行水平。为做到风险的早发现和少发生，借鉴国际上比较成功的做法，在不改变现行银行业监督管理体制的前提下，按照存款保险基金管理机构与银行业监督管理机构适当分工、各有侧重的原则，赋予存款保险基金管理机构早期纠正和风险处置职能。

第三节　证券法

证券法是调整证券发行、交易和国家对证券市场监管过程中所发生的社会关系的法律规范系统，主要调整在中国境内的股票、公司债券以及国务院依法认定的其他证券的发行和交易，是我国金融法体系中的重要组成部分。

一、证券法概述

（一）证券的概念及特征

证券是以证明或设定权利为目的而做成的书面凭证。证券有广义和狭义之分。广义的证券，是指证明持券人享有一定的经济权益的书面凭证，包括资本证券、货币证券和商品证券。资本证券是证明持有人享有一定的所有权或债权的书面凭证，它表明持券人对一定的本金带来的收益享有请求权，如股票、债券等；货币证券是证明持券人享有一定货币请求权的书面凭证，如银行卡、汇票、本票、支票等；商品证券是证明持券人享有一定商品请求权的书面凭证，如货单、货运单、栈单等。狭义的证券，是指具有一定票面金额，证明持券人享有一定的所有权和债权的书面凭证，以及具有等同于书面效力的凭证，即资本证券，这也是证券法规范的和本节所要研究的证券。

狭义上的证券，具有三方面的法律特征：

1. 证券是一种投资凭证。证券是投资者权利的载体，投资者的权利是通过证券记载，并凭借证券获取相应收益的。

2. 证券是一种权益凭证。证券体现一定的权利，如股票体现的是股权，而债券则代表着债权。

3. 证券是一种可转让的权利凭证。即证券具有流通性，其持有者可以随时将证券转让出售，以实现自身权利。

（二）证券法及其适用范围

证券法是调整证券发行、交易和国家对证券市场监管过程中所发生的社会关系的法律规范的系统。证券法所调整的社会关系，既有证券发行人、证券投资人和证券商之间平等的证券发行关系、交易关系、服务关系，又有国家证券监督管理机构对证券市场参与者进行组织、协调、监督等活动过程中所发生的监管关系。证券法也可以有广义和狭义之分，但是与前述证券的广义和狭义并不对应。广义的证券法是指一切有关调整证券发行、交易和证券监督管理关系的法律规范的总称。狭义的证券法是指证券法典，在我国是指1998年12月29日第九届全国人大常委会第六次会议通过，先后经2004年8月28日第十届全国人大常委会第十一次会议、2005年10月27日第十届全国人大常委会第十八次会议、2013年6月29日第十二届全国人大常委会第三次会议以及2014年8月31日第十二届全国人大常委会第十次会议共3次修订的《中华人民共和国证券法》（简称《证券法》）。2015年12月27日，第十二届全国人大常委会第十八次会议表决通过《关于授权国务院在实施股票发行注册制改革中调整适用〈中华人民共和国证券法〉有关规定的决定》。

根据《证券法》第2条的规定，我国《证券法》的适用范围包括：（1）在中华人民共和国境内，股票、公司债券和国务院依法认定的其他证券的发行和交易，适用《证券法》；《证券法》未规定的，适用《公司法》和其他法律、行政法规的规定。（2）政府债券、证券投资基金份额的上市交易，适用《证券法》；其他法律、行政法规另有规定的，适用其规定。（3）证券衍生品种发行、交易的管理办法，由国务院依照《证券法》的原则规定。

【背景资料】 **2015年《证券法》修订草案主要内容介绍**

现行《证券法》颁布于1998年。由于当时亚洲金融危机的特殊背景，出于防范金融风险的考虑，整部法律强制性规范比较多，在制度设计上存在缺陷，对投资者权益保护不够充分。2003年7月，全国人大财经委成立“《证券法》修改起草组”，正式启动修订工作。2004年8月，《证券法》进行了第一次修订，对个别条款进行了修改。2005年10月27日通过的《证券法》修订案对《证券法》进行了大幅度的修改。2013年6月29日第十二届全国人大常委会第三次会议进行第二次修正，2014年8月31日第十二届全国人大常委会第十次会议进行第三次修正。2015年4月20日，第十二届全国人大常委会第十四次会议进行了《证券法》第四次修正案的一审工作，此次修订草案共16章、338条，其中新增122条、修改185条、删除22条。此次修正将涉及以下几个方面：

1. 确立股票发行注册制。取消股票发行审核委员会制度，规定公开发行股票并拟在证券交易所上市交易的，由证券交易所负责对注册文件的齐备性、一致性、可理解性进行审核，交易所出具同意意见的，应当向证券监管机构报送注册文件和审核意见，证券监管机构10日内没有提出异议的，注册生效。公开发行股票但不在证券交易所上市交易的，其注册条件和程序由证券监管机构另行规定。同时，草案还修改了股票发行条件，取消发行人财务状况及持续盈利能力等盈利性要求，规定发行人及其控股股东、实际控制人最近三年无经济犯罪记录、发行人具有符合法律规定的公司组织机构、最近三年财务会计报告被出具为标准无保留意见的，可以注册。此外，草案还在参与各方责任、股票转售限制制度等方面进行了修订。

2. 建立多层次资本市场体系。修订草案对多层次资本市场增加了相应规定：一是将证券交易场所划分为证券交易所、国务院批准的其他证券交易场所、证券监管机构批准的证券交易场所，并明确组织股权等财产权益交易的其他交易场所应当遵守国务院的有关规定。二是明确公开发行的证券，可以在证券交易所、国务院批准的其他证券交易场所公开交易。三是明确证券交易所、国务院批准的其他证券交易场所、证券监管机构批准的证券交易场所可以组织证券的非公开交易。四是规定证券交易所、国务院批准的其他证券交易场所可以依法设立不同的市场层次，设立公开交易市场应当经证券监管机构批准。五是构建多层次信息披露制度。针对公开发行的证券、公开发行豁免注册或者核准的证券和非公开发行的证券以及股票未公开交易的公众公司，分别规定了不同的信息披露义务。

3. 设专章保护投资者。一是建立投资者适当性管理制度，明确证券经营机构对于普通投资者负有了解客户、充分揭示风险、销售匹配产品三项义务。二是新增公开承诺履行制度，规定发行人、控股股东、实际控制人等主体作出公开承诺不履行的，证券监管机构可以采取监管措施；给投资者造成损失的，应当承担赔偿责任。三是新增现金分红制度。修订草案根据我国证券市场的实际情况，在尊重公司自治的前提下，要求上市公司在章程中明确现金分红的具体安排和决策程序。四是对发行信息披露和持续信息披露制度进行全面规定，明确及时、公平和简明披露要求，规定信息披露豁免和自愿披露制度，取消中期报告制度，新增季度报告制度，完善临时报告制度。五是规范程序化交易。规定了程序化交易的报告制度；扰乱证券交易秩序，给其他投资者造成损害的，应当承担赔偿责任。六是新增股东大会最低持股比例制度。规定上市公司召开股东大会并作出决议，出席会议的股东所持表决权应当不低于表决权总数的三分之一；就重大事项作出决议的，应当不低于二分之一。并相应规定了征集投票权制度。七是完善股东派生诉讼和代表人诉讼制度。规定投资者保护机构可以担任诉讼代表人，并对投资者保护机构提出股东派生诉讼的持股比例和期限作出特别规定。此外，修订草案建立了先期赔付制度。

4. 放松管制，加强监管。草案体现了我国资本市场放松管制、加强监管的改革思路。一是取消7类行政许可，包括要约收购义务豁免，境内企业境外发行上市，证券公司设立、收购或者撤销分支机构，变更注册资本，变更章程重要条款，在境外设立、收购或者参股证券经营机构，董事、监事任职资格等审批项目。二是调整取消若干限制性或者禁止性规定，如取消证券从业人员、监管机构工作人员买卖股票的禁止性条款，相应建立证券买卖申报登记制度；取消证券发行强制承销制度；取消除首次公开发行股票外其他发行保荐要求等。三是调整证券服务机构的监管方式。取消会计、资信评级、资产评估机构从事证券服务业务的二次审批，实行登记管理制度。四是完善短线交易、内幕交易、操纵市场等禁止交易行为的规定，新增禁止跨市场操纵和利用未公开信息交易制度。五是完善监管执法方式、手段和措施，加大对违法行为的处罚力度，探索建立行政和解制度等。

二、证券发行法律规制

（一）证券发行制度概述

1. 证券发行的概念

所谓证券发行，是指证券的发行人将自己所发行的证券出售给投资者的行为。证券发行属于证券市场的一部分，该部分属于证券的发行市场。根据发行证券是否需要承销机构，可以分为证券的直接发行和证券的间接发行。根据证券的发行时间，分为证券的初次发行和证券的再次发行。再次发行又称为新股发行，在我国来讲，再次发行股份一般是指公司的增资发行。

2. 公开发行与非公开发行

证券发行分为公开发行与非公开发行。根据现行的《证券法》规定，有下列情形之一的，为公开发行：(1) 向不特定对象发行证券的；(2) 向特定对象发行证券累计超过200人的；(3) 法律、行政法规规定的其他发行行为。

公开发行证券，必须符合法律、行政法规规定的条件，并依法报经国务院证券监督管理机构或者国务院授权的部门核准；未经依法核准，任何单位和个人不得公开发行证券。

非公开发行证券，不得采用广告、公开劝诱和变相公开方式。

3. 证券发行上市保荐制度

现行《证券法》确立了证券发行上市保荐制度，其第11条规定：发行人申请公开发行股票、可转换为股票的公司债券，依法采取承销方式的，或者公开发行法律、行政法规规定实行保荐制度的其他证券的，应当聘请具有保荐资格的机构担任保荐人。保荐人应当遵守业务规则和行业规范，诚实守信，勤勉尽责，对发行人的申请文件和信息披露资料进行审慎核查，督导发行人规范运作。保荐人的资格及其管理办法由国务院证券监督管理机构规定。2004 年 2 月《证券发行上市保荐制度暂行办法》开始实施，该办法对于保荐机构和保荐代表人的注册登记、保荐机构的职责、保荐工作规程、保荐工作的协调、监管措施和法律责任等问题作出了详细的规定。2006 年 5 月证监会又发布了《保荐人尽职调查工作准则》。2008 年，证监会发布《证券发行上市保荐业务管理办法》（2009 年修订），2004 年暂行办法废止。

（二）股票的发行

股票是股份有限公司签发的、证明股东所持股份的凭证。通过对外募集股份进行融资有多种方式，股票的公开发行是其中的一种。根据现行法律，目前只有公开发行为合法方式。股票的公开发行是股份有限公司或其承销机构，以同一条件向特定或不特定的公众招募或出售股票的行为。股票发行是股份发行的表现形式。股票发行一般有两种：一是为设立新公司而首次发行股票，即设立发行；二是为扩大已有的公司规模而发行新股，即增资发行。对于不同种类的股票发行，法律规定了不同的发行条件。

1. 股票发行的条件

首次发行股票的条件。首次发行，是指发起人通过发行公司股票来筹措经营资本，成立股份有限公司，或者发起设立后首次对外公开发行股票融资。根据《证券法》第 12 条的规定，设立股份有限公司公开发行股票，应当符合《公司法》规定的条件和经国务院批准的国务院证券监督管理机构规定的其他条件。根据我国现行《公司法》《证券法》《股票发行与交易管理暂行条例》《首次公开发行股票并上市管理办法》（证监会 2015 年 12 月 30 日发布）、《证券发行与承销管理办法》（证监会 2006 年 9 月发布）等法律规范，首次发行的主要条件包括：（1）前一次发行的股份已募足，并间隔 1 年以上；（2）公司开业满 3 年，在最近 3 年内连续盈利，并可向股东支付股利；（3）公司预期利润率可达同期银行存款利率；（4）公司生产经营符合国家产业政策；（5）公司发行前注册资本不少于人民币 3 000 万元，但是国家另有规定的除外；（6）向社会公众发行的股份达公司股份总数的 25%以上；公司股本总额超过人民币 4 亿元的，其向社会公开发行股份的比例为 15%以上；（7）公司发行后股本总额不少于人民币5 000万元；（8）公司在最近 3 年内无重大违法行为，财务会计报告无虚假记载；（9）发行前无形资产在净资产中所占比例不高于 20%；（10）国务院或证监会规定的其他条件。

增资发行股票的条件。股份有限公司增资发行新股，必须符合的条件包括：（1）具备健全且运行良好的组织机构；（2）具有持续盈利能力，财务状况良好；（3）最近 3 年财务会计文件无虚假记载，无其他重大违法行为；（4）经国务院批准的国务院证券监督管理机构规定的其他条件。2006 年 5 月 6 日证监会发布《上市公司证券发行管理办法》，详细地规定了上市公司公开发行和不公开发行新股的条件。对于上市公司非公开发行股票，证监会于 2007 年 9 月 17 日又发布了《上市公司非公开发行股票实施细则》（2011 年修订）。

2. 股票发行的程序

由于股票发行方式不同，发行程序也不尽一致。不同种类股票的具体发行程序，规定于《首次公开发行股票并上市管理办法》《上市公司证券发行管理办法》《证券发行与承销管理办法》《证券发行上市保荐制度暂行办法》等法规和规章之中。

2015年12月27日，第十二届全国人大常委会第十八次会议，通过了《关于授权国务院在实施股票发行注册制改革中调整适用〈中华人民共和国证券法〉有关规定的决定》。该决定授权国务院对拟在上海证券交易所、深圳证券交易所上市交易的股票的公开发行，调整适用《中华人民共和国证券法》关于股票公开发行核准制度的有关规定，实行注册制度。该决定自2016年3月1日起施行。

股票发行注册制是指发行人申请发行股票时，必须依法将公开的各种资料完全、准确地向证券监管机构申报。证券监管机构的职责是对申报文件的全面性、准确性、真实性和及时性作形式审查，不对发行人的资质进行实质性审核和价值判断，而是将发行公司股票的良莠留给市场来决定。股票发行注册制与核准制相比，注册制是一种更为市场化的股票发行制度，其主要内容是以信息披露为中心，完善信息披露规则，由证券交易所负责企业股票发行申请的注册审核，报证监会注册生效；股票发行时机、规模、价格等由市场参与各方自行决定，投资者对发行人的资产质量、投资价值自主判断并承担投资风险。监管部门重点对发行人信息披露的齐备性、一致性和可理解性进行监督，强化事中事后监管，严格处罚欺诈发行、信息披露违法违规等行为，切实维护市场秩序和投资者合法权益。

（三）债券的发行

债券是发行人依照法定程序发行的，约定在一定期限内还本付息的有价证券。根据发行人的不同，债券可分为公司（企业）债券、政府债券（公债券）和金融债券（本质上仍是企业债券）三大类。公司债券可分为记名债券与无记名债券、可转换为股票的转换公司债券与非转换公司债券，以及有担保公司债券与无担保公司债券等种类。

债券的发行也就相应分为政府债券发行和企业债券发行。需要指出的是，2005年修订前的《证券法》第2条第2款明确规定："政府债券的发行和交易，由法律、行政法规另行规定。"换言之，政府债券不受《证券法》的调整。但2005年修订后的《证券法》第2条规定："在中华人民共和国境内，股票、公司债券和国务院依法认定的其他证券的发行和交易，适用本法；本法未规定的，适用《中华人民共和国公司法》和其他法律、行政法规的规定。政府债券、证券投资基金份额的上市交易，适用本法；其他法律、行政法规有特别规定的，适用其规定。证券衍生品种发行、交易的管理办法，由国务院依照本法的原则规定。"由此可见，2005年修订后的《证券法》扩大了该法的适用范围，不同程度地涵盖了政府债券以及证券投资基金份额、证券衍生品种等证券品种。但鉴于目前《证券法》对政府债券的发行的条件尚未作出具体规定，本书仅对有关公司和企业债券发行的规定进行介绍。

1. 公司债券的发行条件

根据《证券法》第16条的规定，发行公司债券，必须符合下列条件：（1）股份有限公司的净资产不低于人民币3 000万元，有限责任公司的净资产不低于人民币6 000万元；（2）累计债券余额不超过公司净资产的40%；（3）最近3年平均可分配利润足以支付公司债券1年的利息；（4）筹集的资金投向符合国家产业政策；（5）债券的利率不超过国务院限定的利率水平；（6）国务院规定的其他条件。公开发行公司债券筹集的资金，必须用于核准的用途，不得用于弥补亏损和非生产性支出。上市公司发行可转换为股票的公司债券，除应当符合上述规定的条件外，还应当符合《证券法》关于公开发行股票的条件。《证券法》第18条规定了公司债券发行的禁止性条件，即凡有下列情形之一的，不得再次发行公司债券：（1）前一次公开发行的公司债券尚未募足；（2）对已公开发行的公司债券或者其他债务有违约或者延迟支付本息的事实，仍处于继续状态；（3）违反《证券法》规定，改变公开发行公司债券所募资金的用途。2007 年 8 月 14 日，证监会颁布、实施了《公司债券发行试点办法》[①]，对公司债券的发行方式、发行条件、发行程序、债券持有人权益保护等方面的内容作了具体规定，自此我国公司债券发行工作正式启动。此外，证监会于 2006 年 5 月发布的《上市公司证券发行管理办法》（2008 年有修改）就可转换为股票的公司债券的发行条件作出了明确的规定。

2. 企业债券发行的条件

按照《企业债券管理条例》（2007 年有修改）的规定，在中国境内，只有具有法人资格的企业才能发行债券。该条例第 12 条规定，发行企业债券必须符合下列条件：（1）企业规模达到国家规定的要求；（2）企业财务会计制度符合国家规定；（3）具有偿债能力；（4）企业经济效益良好，发行企业债券前连续 3 年盈利；（5）所筹资金用途符合国家产业政策。

3. 债券发行的程序

债券发行的程序大体上有以下步骤：（1）申请；（2）审核；（3）公开信息；（4）债券核准决定的撤销；（5）承销协议的签订；（6）备案。

4. 债券发行管理

《国务院关于坚决制止乱集资和加强债券发行管理的通知》规定：严格控制各项债券的年度发行规模，国家下达的债券发行计划指标为年度债券发行的最高限额，各地区和部门必须严格执行，未经国家发改委同意，不得擅自突破规模，也不得随意调整计划内的各项指标。

《企业债券管理条例》还规定：企业发行债券的总面额不得大于该企业的自有资产净值；企业债券利率不得高于银行同期居民储蓄定期存款利率的 40%；企业发行债券所筹资金应当按照批准的用途，用于本企业的生产经营；发行企业债券所筹资金不得用于房地产买卖、股票买卖和期货交易等与本企业生产经营无关的风险性投资；任何单位不得以财政预算拨款、银行贷款和法律规定不能用于购买债券的其他资金购买企业债券；办理储蓄业务的机构不得将所吸收的储蓄存款用于购买企业债券。

三、证券交易法律规制

（一）证券交易制度概述

根据现行《证券法》的规定，证券交易，是指依法公开发行的股票、公司债券及其他证券，在依法设立的证券交易所上市交易或者在国务院批准的其他证券交易场所转让。由此可见，证券交易分为证券上市交易和证券在国务院批准的其他证券交易场所转让两种形式。我国目前主要的证券交易形式即为证券上市交易，包括股票上市交易和债券上市交易等基本内容。

证券在证券交易所上市交易，证券交易当事人应当向证券交易所提出申请，由证券交易所依法审核同意，并由双方签订上市协议。在交易方式上，应当采用公开的集中交易方式或者国务院证券监督管理机构批准的其他方式。

证券交易当事人买卖的证券可以采用纸面形式或者国务院证券监督管理机构规定的其

① 该办法被 2015 年 1 月 15 日公布的《公司债券发行与交易管理办法》废止。

他形式。证券交易以现货和国务院规定的其他方式进行交易。

申请股票、可转换为股票的公司债券或者法律、行政法规规定实行保荐制度的其他证券上市交易，应当聘请具有保荐资格的机构担任保荐人。

(二) 股票交易制度

股票交易，即股东转让其股份，也分为股票上市交易和股票在国务院批准的其他证券交易场所转让两种形式。在此，我们重点介绍股票上市交易制度的基本内容。

股票上市交易是指上市公司经国务院证券管理部门核准所发行的股票在证券交易所上市交易的活动。上市是指股票在证券交易所挂牌买卖。上市公司是指所发行的股票经国务院证券管理部门核准在证券交易所上市交易的股份有限公司。

1. 股票上市交易的条件

虽然国家鼓励符合产业政策并符合上市条件的公司股票上市交易，但股票上市交易还是必须具备法定的条件。根据《证券法》第50条的规定，股份有限公司申请股票上市，应当符合下列条件：(1) 股票经国务院证券监督管理机构核准已公开发行；(2) 公司股本总额不少于人民币3 000万元；(3) 公开发行的股份达到公司股份总数的25%以上；公司股本总额超过人民币4亿元的，公开发行股份的比例为10%以上；(4) 公司最近3年无重大违法行为，财务会计报告无虚假记载。

需要注意，根据现行《证券法》的规定，证券交易所可以规定高于前述规定的上市条件，并报国务院证券监督管理机构批准。此外，以前发布的《股票发行与交易管理暂行条例》等文件中关于股票交易的条件也应当适用。

2. 股票上市交易的程序

股票上市交易的程序大体包括以下步骤：(1) 申请与审核；(2) 股份有限公司与证券交易所签订上市协议，安排上市；(3) 上市公告。

3. 股票上市交易的暂停和终止

上市公司丧失《证券法》规定的上市条件的，其股票依法暂停上市或者终止上市。对此，《证券法》第55条规定，上市公司有下列情形之一的，由证券交易所决定暂停其股票上市交易：(1) 公司股本总额、股权分布等发生变化不再具备上市条件；(2) 公司不按照规定公开其财务状况，或者对财务会计报告作虚假记载，可能误导投资者；(3) 公司有重大违法行为；(4) 公司最近3年连续亏损；(5) 证券交易所上市规则规定的其他情形。

《证券法》第56条规定，上市公司有下列情形之一的，由证券交易所决定终止其股票上市交易：(1) 公司股本总额、股权分布等发生变化不再具备上市条件，在证券交易所规定的期限内仍不能达到上市条件；(2) 公司不按照规定公开其财务状况，或者对财务会计报告作虚假记载，且拒绝纠正；(3) 公司最近3年连续亏损，在其后1个年度内未能恢复盈利；(4) 公司解散或者被宣告破产；(5) 证券交易所上市规则规定的其他情形。

对证券交易所作出的不予上市、暂停上市、终止上市决定不服的，可以向证券交易所设立的复核机构申请复核。

(三) 债券交易制度

债券交易，依据交易的标的不同，可分为公司债券的交易和政府债券的交易；依据交易形式的不同，可以分为债券上市交易和债券在国务院批准的其他证券交易场所转让两种形式。在此，我们重点介绍公司债券上市交易制度的基本内容。对于政府债券，根据《证券法》第48条第2款的规定，由证券交易所根据国务院授权的部门的决定安排其上市交易。

公司债券上市交易是指公司经国务院授权的部门核准所发行的债券在证券交易所上市交易的活动。根据《证券法》第 57 条的规定，公司申请公司债券上市交易，应当符合下列条件：(1) 公司债券的期限为 1 年以上；(2) 公司债券实际发行额不少于人民币 5 000 万元；(3) 公司申请债券上市时仍符合法定的公司债券发行条件。申请公司债券上市交易，应当由公司向证券交易所提出申请，由证券交易所依法审核同意，并由双方签订上市协议。

公司债券上市交易后，公司有下列情形之一的，由证券交易所决定暂停其公司债券上市交易：(1) 公司有重大违法行为；(2) 公司情况发生重大变化不符合公司债券上市条件；(3) 发行公司债券所募集的资金不按照核准的用途使用；(4) 未按照公司债券募集办法履行义务；(5) 公司最近 2 年连续亏损。

公司有上述第 1 项、第 4 项所列情形之一经查实后果严重的，或者有上述第 2 项、第 3 项、第 5 项所列情形之一，在限期内未能消除的，由证券交易所决定终止其公司债券上市交易。

公司解散或者被宣告破产的，由证券交易所终止其公司债券上市交易。和股票上市交易制度一样，对证券交易所作出的不予上市、暂停上市、终止上市决定不服的，可以向证券交易所设立的复核机构申请复核。

四、持续信息公开制度①

信息公开制度是指证券发行人及其他证券市场主体，依照法律规定的方式，将与证券发行和交易有关的重大信息予以公开的一种法律制度。其作用在于保证投资者获得真实、充分的证券市场信息，在公平的基础上作出投资决策，有利于对发行人监督，促使其改善生产经营管理，提高经济效益，并有利于加强对证券市场的监管，减少内幕交易等违法行为的发生。2005 年《证券法》对持续信息公开制度作了规定。2007 年 1 月 30 日，证监会发布《上市公司信息披露管理办法》，这一规章对上市公司信息披露作了更为细致的规定。我国上市公司信息披露法律规制的主要内容包括：

1. 信息披露的原则性规定。发行人、上市公司依法披露的信息，必须真实、准确、完整，不得有虚假记载、误导性陈述或者重大遗漏。2015 年《证券法》这一规定是将原《证券法》规定的信息披露文件即“公司公告的股票或者公司债券的发行和上市文件”，修改为“发行人、上市公司依法披露的信息”，这一修改扩大了信息披露的范围，即信息披露不限于股票和债券的发行和上市文件，从而有助于明确发行人、上市公司在信息披露环节的法律义务，规范发行人、上市公司的信息披露行为。

2. 证券发行文件的公开。经国务院证券监督管理机构核准依法公开发行股票，或者经国务院授权的部门核准依法公开发行公司债券，应当公告招股说明书、公司债券募集办法。依法公开发行新股或者公司债券的，还应当公告财务会计报告。

3. 中期报告的报送与公告。上市公司和公司债券上市交易的公司，应当在每一会计年度的上半年结束之日起 2 个月内，向国务院证券监督管理机构和证券交易所报送记载以下

---

① 参见罗培新、卢文道等：《最新证券法解读》，96～115 页，北京，北京大学出版社，2006。

内容的中期报告，并予公告：(1) 公司财务会计报告和经营情况；(2) 涉及公司的重大诉讼事项；(3) 已发行的股票、公司债券变动情况；(4) 提交股东大会审议的重要事项；(5) 国务院证券监督管理机构规定的其他事项。

4. 年度报告的报送与公告。上市公司和公司债券上市交易的公司，应当在每一会计年度结束之日起4个月内，向国务院证券监督管理机构和证券交易所报送记载以下内容的年度报告，并予公告：(1) 公司概况；(2) 公司财务会计报告和经营情况；(3) 董事、监事、高级管理人员简介及持股情况；(4) 已发行的股票、公司债券情况，包括持有公司股份最多的前10名股东名单和持股数额；(5) 公司的实际控制人①；(6) 国务院证券监督管理机构规定的其他事项。

5. 临时报告的报送与公告。发生可能对上市公司股票交易价格产生较大影响的重大事件，投资者尚未得知时，上市公司应当立即将有关该重大事件的情况向国务院证券监督管理机构和证券交易所报送临时报告，并予公告，说明事件的起因、目前的状态和可能产生的法律后果。

6. 上市公司有关主体对信息披露文件所应承担的法律义务。《证券法》第68条规定：上市公司董事、高级管理人员应当对公司定期报告签署书面确认意见。上市公司监事会应当对董事会编制的公司定期报告进行审核并提出书面审核意见。上市公司董事、监事、高级管理人员应当保证上市公司所披露的信息真实、准确、完整。②

7. 发行人、上市公司虚假陈述③的民事责任。发行人、上市公司公告的招股说明书、公司债券募集办法、财务会计报告、上市报告文件、年度报告、中期报告、临时报告以及其他信息披露资料，有虚假记载、误导性陈述或者有重大遗漏，致使投资者在证券交易中遭受损失的，发行人、上市公司应当承担赔偿责任；发行人、上市公司的董事、监事、高级管理人员和其他直接责任人员以及保荐人、承销的证券公司，应当与发行人、上市公司承担连带赔偿责任，但是能够证明自己没有过错的除外；发行人、上市公司的控股股东、实际控制人有过错的，应当与发行人、上市公司承担连带赔偿责任。

8. 信息公开的其他规定。主要涉及信息公开的载体形式、信息公开的监督及未公开信息的保密、暂停或终止上市交易的公告。

依法必须披露的信息，应当在国务院证券监督管理机构指定的媒体发布，同时将其置备于公司住所、证券交易所，供社会公众查阅。国务院证券监督管理机构对上市公司年度

---

① 实际控制人就是指实际控制上市公司的自然人、法人或其他组织，他可以是控股股东，也可以是控股股东的股东，甚至是除此之外的其他自然人、法人或其他组织。在不清楚上市公司实际控制人的情况下，投资者往往难以辨别由实际控制人操纵的一些不法行为，从而可能使投资人蒙受不必要的损失，也在一定程度上破坏了市场的透明度。作此规定有助于投资者准确了解公司的实际控制情况，对于保护投资者权益具有重要的现实意义。

② 该条是2005年《证券法》新增法条，它借鉴了2002年美国《萨班斯—奥克斯莱法案》中有关公司高级管理人员信息披露责任制度的规定，并结合中国上市公司治理结构的现实情况，对董事、监事、高级管理人员信息披露义务和责任作了更加严格的规定。参见桂敏杰：《证券法公司法新旧条文对照简明解读》，67～68页，北京，中国民主法制出版社，2005。转引自罗培新、卢文道等：《最新证券法解读》，108页，北京，北京大学出版社，2006。

③ 《证券法》没有对虚假陈述行为作出明确界定，仅在条文中分散地规定了不同主体的虚假陈述行为。最高人民法院《关于审理证券市场因虚假陈述引发的民事赔偿案件的若干规定》第17条对虚假陈述行为作了界定，证券市场上发生的虚假陈述行为，是指信息披露义务人违反证券法律规定，在证券发行或者交易过程中，对重大事件作出违背事实真相的虚假记载、误导性陈述，或者在披露信息时发生重大遗漏、不正当披露信息的行为。

报告、中期报告、临时报告以及公告的情况进行监督，对上市公司分派或者配售新股的情况进行监督，对上市公司控股股东和信息披露义务人的行为进行监督。证券监督管理机构、证券交易所、保荐人、承销的证券公司及有关人员，对公司依照法律、行政法规规定必须作出的公告，在公告前不得泄露其内容。证券交易所决定暂停或者终止证券上市交易的，应当及时公告，并报国务院证券监督管理机构备案。

【案例9—1】　“郑百文”信息披露虚假案

2000年10月至2001年9月，证监会对郑州百文股份有限公司（集团）（以下简称郑百文）及李某、卢某等12人违反证券法规的行为进行了调查，发现当事人存在以下违规事实：第一，欺诈发行上市，包括虚增利润、股本金未及时到位、上市公告书存在重大遗漏等问题；第二，上市后信息披露虚假，包括虚增利润、配股资金实际使用情况与信息披露不符、隐瞒重大投资及投资收益事项、编制虚假会计报表等情形。针对上述违法事实，证监会作出了行政处罚决定，对郑百文及其董事、经理等人分别作出了警告、罚款等行政处罚。同时，郑州市中级人民法院认为：郑百文编制并向股东和社会公众提供虚假的财务会计报告，严重损害了广大股东的利益，其行为已构成提供虚假财会报告罪。李某、卢某等人均系提供虚假财会报告的直接负责的主管人员，均应对郑百文所犯的提供虚假财会报告罪承担刑事责任。据此，法院对上述被告人分别作出了刑事判决。

郑百文案件曾经轰动一时，对该案进行分析，有助于我们正确理解《公司法》《证券法》中有关信息披露义务及其法律责任的规则。近年来，上市公司信息披露不实案件屡屡发生，《公司法》《证券法》的修改也成为舆论关注的焦点。就本案而言，郑百文虚假陈述行为违反了信息披露等义务，除了要承担行政责任外，还可能要承担民事责任和刑事责任。其中，行政处罚由证券监管机构即证监会作出。

五、限制和禁止的证券交易行为

（一）限制的证券交易行为

1. 证券交易当事人依法买卖的证券，必须是依法发行并交付的证券。非依法发行的证券，不得买卖。依法发行的证券，法律对其转让期限有限制性规定的，在限定的期限内，不得买卖。

2. 证券交易所、证券公司和证券登记结算机构的从业人员、证券监督管理机构的工作人员以及法律、行政法规禁止参与股票交易的其他人员，在任期或者法定限期内，不得直接或者以化名、借他人名义持有、买卖股票，也不得收受他人赠送的股票。任何人在成为上述所列人员时，其原已持有的股票，必须依法转让。

3. 为股票发行出具审计报告、资产评估报告或者法律意见书等文件的证券服务机构和人员，在该股票承销期内和期满后6个月内，不得买卖该种股票。除上述规定外，为上市公司出具审计报告、资产评估报告或者法律意见书等文件的证券服务机构和人员，自接受上市公司委托之日起至上述文件公开后5日内，不得买卖该种股票。

4. 上市公司董事、监事、高级管理人员、持有上市公司股份5%以上的股东，将其持有的该公司的股票在买入后6个月内卖出，或者在卖出后6个月内又买入，由此所得收益归该公司所有，公司董事会应当收回其所得收益。但是，证券公司因包销购入售后剩余股票而持有5%以上股份的，卖出该股票时不受6个月时间限制。公司董事会不按照此规定执行的，负有责任的董事依法承担连带责任，股东有权要求董事会在30日内执行；公司董事会未在上述期限内执行的，股东有权为了公司的利益以自己的名义直接向人民法院提起诉讼。

（二）禁止的证券交易行为

1. 禁止内幕交易的行为

内幕交易是指知悉证券交易内幕信息的知情人员和非法获取内幕信息的人，利用内幕信息从事证券交易的活动。内幕信息是指证券交易活动中，涉及公司的经营、财务或者对该公司证券的市场价格有重大影响的尚未公开的信息。

2. 禁止操纵证券市场的行为

操纵证券市场，是指以获取利益或者减少损失为目的，利用手中掌握的资金等优势影响证券市场价格，制造证券市场假象，诱导或者致使投资者在不了解事实真相的情况下作出证券投资决定，扰乱证券市场秩序的行为。

3. 禁止虚假陈述和信息误导的行为

禁止国家工作人员、传播媒介从业人员和有关人员编造、传播虚假信息，扰乱证券市场。禁止证券交易所、证券公司、证券登记结算机构、证券服务机构及其从业人员，证券业协会、证券监督管理机构及其工作人员，在证券交易活动中作出虚假陈述或者信息误导。各种传播媒介传播证券市场信息必须真实、客观，禁止误导。

4. 禁止欺诈客户的行为

欺诈客户行为，是指证券公司及其从业人员在证券交易及相关活动中，违背客户真实意思表示，损害客户利益的行为。

5. 禁止的其他行为

（1）在证券交易中，禁止法人非法利用他人账户从事证券交易；禁止法人出借自己或者他人的证券账户。（2）依法拓宽资金入市渠道，禁止资金违规流入股市。（3）禁止任何人挪用公款买卖证券。（4）国有企业和国有资产控股的企业买卖上市交易的股票，必须遵守国家有关规定。

证券交易所、证券公司、证券登记结算机构、证券服务机构及其从业人员对证券交易中发现的禁止的交易行为，应当及时向证券监督管理机构报告。

六、上市公司收购制度

上市公司的收购，是指投资者为取得某一上市公司的控股权或实施对某一上市公司的兼并，依法定程序公开购入该公司发行在外的部分或全部股份的行为。实施收购行为的投资者称为收购人，作为收购目标的上市公司称为被收购公司。

2005年《证券法》针对实践中层出不穷的收购方式，规定了投资者可以采取其他合法方式收购上市公司。“其他合法方式”将所有旨在获得公司控制权的收购方式囊括其中。

采取要约收购方式的，收购人必须遵守证券法规定的程序和规则，在收购要约确定的承诺期限内，收购人不得撤销其收购要约。收购人需要变更收购要约的，必须事先向国务院证券监督管理机构及证券交易所提出报告，经批准后，予以公告。收购人在收购期限内，不得卖出被收购公司的股票，也不得采取要约规定以外的形式和超出要约的条件买入被收购公司的股票。

采取协议收购方式的，收购人可以依照法律、行政法规的规定同被收购公司的股东以协议方式进行股份转让。以协议方式收购上市公司时，达成协议后，收购人必须在3日内将该收购协议向国务院证券监督管理机构及证券交易所作出书面报告，并予公告。在公告前不得履行收购协议。

上市公司收购的法律后果包括：(1) 在上市公司收购中，收购人持有的被收购的上市公司的股票，在收购行为完成后的12个月内不得转让。(2) 收购行为完成后，被收购公司不再具备股份有限公司条件的，应当依法变更企业形式。(3) 收购行为完成后，收购人与被收购公司合并，并将该公司解散的，被解散公司的原有股票由收购人依法更换。

七、证券机构的法律规制

依照《证券法》的规定，证券机构包括证券交易所、证券公司、证券登记结算机构、证券交易服务结构、证券业协会以及证券监督管理机构等。本书在此重点介绍证券交易所、证券公司和证券监督管理机构。

(一) 证券交易所

根据《证券法》第102条的规定，证券交易所是为证券集中交易提供场所和设施，组织和监督证券交易，实行自律管理的法人；证券交易所的设立和解散，由国务院决定。目前，我国有两家证券交易所，即1990年12月设立的上海证券交易所和1991年7月设立的深圳证券交易所。证券交易所必须制定章程。证券交易所章程的制定和修改，必须经国务院证券监督管理机构批准。证券交易所必须在其名称中标明证券交易所字样。其他任何单位或者个人不得使用证券交易所或者近似的名称。进入证券交易所参与集中交易的，必须是证券交易所的会员。

依据《证券法》的规定，证券交易所具有以下职能：(1) 证券交易所应当为组织公平的集中交易提供保障，公布证券交易即时行情，并按交易日制作证券市场行情表，予以公布。未经证券交易所许可，任何单位和个人不得发布证券交易即时行情。(2) 因突发性事件而影响证券交易的正常进行时，证券交易所可以采取技术性停牌的措施；因不可抗力的突发性事件或者为维护证券交易的正常秩序，证券交易所可以决定临时停市。证券交易所采取技术性停牌或者决定临时停市，必须及时报告国务院证券监督管理机构。(3) 证券交易所对证券交易实行实时监控，并按照国务院证券监督管理机构的要求，对异常的交易情况提出报告。(4) 证券交易所应当对上市公司及相关信息披露义务人披露信息进行监督，督促其依法及时、准确地披露信息。(5) 证券交易所根据需要，可以对出现重大异常交易情况的证券账户限制交易，并报国务院证券监督管理机构备案。(6) 证券交易所依照证券法律、行政法规制定上市规则、交易规则、会员管理规则和其他有关规则，并报国务院证券监督管理机构批准。(7) 在证券交易所内从事证券交易的人员，违反证券交易所有关交易规则的，由证券交易所给予纪律处分；对情节严重的，撤销其资格，禁止其入场进行证券交易。

(二) 证券公司

根据我国《证券法》的规定，证券公司是指依照《公司法》和《证券法》的规定设立的经营证券业务的有限责任公司和股份有限公司。证券公司必须在其名称中标明证券有限责任公司或者证券股份有限公司字样。设立证券公司，必须经国务院证券监督管理机构审查批准。未经国务院证券监督管理机构批准，任何单位和个人不得经营证券业务。

现行《证券法》对证券公司的管理代之以业务管理模式，于第125条规定，经国务院证券监督管理机构批准，证券公司可以经营下列部分或者全部业务：（1）证券经纪；（2）证券投资咨询；（3）与证券交易、证券投资活动有关的财务顾问；（4）证券承销与保荐；（5）证券自营；（6）证券资产管理；（7）其他证券业务。证券公司根据自身的资产规模、市场定位、经营特色，经证监会批准，可以经营其中的一项业务，也可以同时经营其中的数项业务，还可以经营前述全部业务。每项业务都是一项独立的行政许可，实行逐一申请，分别核准、单独颁发业务经营许可证。

（三）证券监督管理机构

根据《证券法》的规定，我国依法对证券市场实行监督管理的机构是国务院证券监督管理机构，目前是证监会。根据《证券法》的规定，国务院证券监督管理机构在对证券市场实施监督管理中履行下列职责：（1）依法制定有关证券市场监督管理的规章、规则，并依法行使审批或者核准权；（2）依法对证券的发行、上市、交易、登记、存管、结算，进行监督管理；（3）依法对证券发行人、上市公司、证券公司、证券投资基金管理公司、证券服务机构、证券交易所、证券登记结算机构的证券业务活动，进行监督管理；（4）依法制定从事证券业务人员的资格标准和行为准则，并监督实施；（5）依法监督检查证券发行、上市和交易的信息公开情况；（6）依法对证券业协会的活动进行指导和监督；（7）依法对违反证券市场监督管理法律、行政法规的行为进行查处；（8）法律、行政法规规定的其他职责。国务院证券监督管理机构可以和其他国家或者地区的证券监督管理机构建立监督管理合作机制，实施跨境监督管理。

国务院证券监督管理机构依法履行职责，有权采取下列措施：（1）对证券发行人、上市公司、证券公司、证券投资基金管理公司、证券服务机构、证券交易所、证券登记结算机构进行现场检查；（2）进入涉嫌违法行为发生场所调查取证；（3）询问当事人和与被调查事件有关的单位和个人，要求其对与被调查事件有关的事项作出说明；（4）查阅、复制与被调查事件有关的财产权登记、通信记录等资料；（5）查阅、复制当事人和与被调查事件有关的单位和个人的证券交易记录、登记过户记录、财务会计资料及其他相关文件和资料；对可能被转移、隐匿或者毁损的文件和资料，可以予以封存；（6）查询当事人和与被调查事件有关的单位和个人的资金账户、证券账户和银行账户；对有证据证明已经或者可能转移或者隐匿违法资金、证券等涉案财产或者隐匿、伪造、毁损重要证据的，经国务院证券监督管理机构主要负责人批准，可以冻结或者查封；（7）在调查操纵证券市场、内幕交易等重大证券违法行为时，经国务院证券监督管理机构主要负责人批准，可以限制被调查事件当事人的证券买卖，但限制的期限不得超过15个交易日；案情复杂的，可以延长15个交易日。

第四节　保险法

保险作为一种法律关系，具体说是一种双务有偿的合同关系，即一方当事人承担给付保险费的义务，另一方当事人承担给付保险金的义务。同时，保险又是一种特殊的经济补偿制度，其功能在于分散危险、消化损失，是通过建立基金，对特定危险事故或特定事件导致的损失给予经济上补偿的一种经济互助形式。保险法作为调整保险关系的法律规范系统，在现代金融服务经营法律体系中发挥着重要作用。

一、保险法概述

保险是指投保人根据合同约定，向保险人支付保险费，保险人对于合同约定的可能发生的事故因其发生所造成的财产损失承担赔偿保险金责任，或者当被保险人死亡、伤残、疾病或者达到合同约定的年龄、期限等时，承担给付保险金责任的行为。保险是一种特殊的经济补偿制度，其功能在于分散危险、消化损失，是通过建立基金，对特定危险事故或特定事件导致的损失给予经济上补偿的一种经济互助形式。同时，保险又是一种法律关系，具体说是一种双务有偿的合同关系。保险法律行为的实质，是一方当事人承担给付保险费的义务，另一方当事人承担给付保险金的义务。

保险法是调整保险关系的法律规范系统。保险法有广义和狭义之分。狭义的保险法是指保险法典，而广义的保险法不仅包括保险法典，而且还包括其他法律、法规中有关的保险法律规范。1995年6月30日第八届全国人大常委会第十四次会议通过了《中华人民共和国保险法》（以下简称《保险法》），该法自1995年10月1日起施行。2002年10月28日，第九届全国人大常委会第三十次会议对该法进行了修正。2009年2月28日，第十一届全国人大常委会第七次会议对该法进行了再次修订。2014年8月31日第十二届全国人大常委会第十次会议又一次进行了修订。2015年4月24日第十二届全国人大常委会第十四次会议通过《关于修改〈中华人民共和国计量法〉等五部法律的决定》，其中对《保险法》中的部分内容作出修改。此外，国务院、保监会等机构发布了许多保险法规、规章，如《机动车交通事故责任强制保险条例》（2012年修订）、《保险保障基金管理办法》（2006年）、《保险公司管理规定》（2009年）、《保险经纪机构监管规定》（2009年）、《保险代理机构监管规定》（2009年）、《再保险业务管理规定》（2010年）等，这些法律、法规共同构成了对保险业经营规制的法律体系。

二、保险合同的法律规制

（一）保险合同概述

保险合同是投保人与保险人约定保险权利义务关系的协议。保险合同分为财产保险合同和人身保险合同两类。财产保险合同是以财产及其有关利益为保险标的的保险合同。在财产保险合同中，保险人按照损害补偿的原则支付保险金，这种支付一般不超过被保险人实际遭受的损失。人身保险合同，是以人的寿命和身体为保险标的的保险合同。在人身保险合同中，保险人按照给付性原则给付保险金。

保险合同的当事人和关系人包括保险人、投保人、被保险人和受益人。投保人是指与保险人订立保险合同，并按照保险合同负有支付保险费义务的人；保险人是指与投保人订立保险合同，并按照合同约定承担赔偿或者给付保险金责任的保险公司；被保险人是指其财产或者人身受保险合同保障，享有保险金请求权的人，投保人可以为被保险人；受益人是指人身保险合同中由被保险人或者投保人指定的享有保险金请求权的人，投保人、被保险人可以为受益人。在前述四类合同主体中，保险人和投保人是保险合同的当事人；被保险人、受益人是保险合同的关系人。

保险利益是指投保人或者被保险人对保险标的具有的法律上承认的利益。人身保险的投保人在保险合同订立时，对被保险人应当具有保险利益；财产保险的被保险人在保险事故发生时，对保险标的应当具有保险利益。财产保险的保险利益是指被保险人与保险标的的毁损有经济上的利害关系。人身保险合同中要求的保险利益与财产保险合同不同，人的价值不能用金钱衡量，为防范道德危险，通过法律规定一定范围的特定人具有保险利益是有必要的。我国《保险法》规定，投保人对下列人员具有保险利益：（1）本人；（2）配偶、子女、父母；（3）前项以外与投保人有抚养、赡养或者扶养关系的家庭其他成员、近亲属；（4）与投保人有劳动关系的劳动者。此外，被保险人同意投保人为其订立合同的，视为投保人对被保险人具有保险利益。

（二）保险合同的订立、变更和解除

1. 保险合同的订立程序和形式

《保险法》第13条第1款中规定："投保人提出保险要求，经保险人同意承保，保险合同成立。"保险合同的订立程序主要包括投保人投保和保险人承保两个步骤。投保人首先提出保险请求，简称投保。投保是投保人向保险人提出的订立保险合同的意思表示，实质为保险要约。投保要由投保人填写投保单。保险人收到投保单后，经必要的审核或与投保人协商后，没有异议而在投保单上签字盖章的，保险合同即告成立。

保险合同成立后，保险人应当及时签发保险单或保险凭证。保险单或保险凭证是保险合同已经成立的书面证明。保险单应载明保险合同的全部内容，保险凭证实际是简化了的保险单，保险凭证没有载明的内容，以同一险种的保险单的内容为准。如保险人未签发保险单或保险凭证，仍应承担保险合同中规定的义务。

保险合同是要式合同，应采取书面形式。保险合同的书面形式多已实现格式化。保险合同的书面形式主要有投保单、保险单、保险凭证等。经投保人和保险人协商同意，也可以采取其他书面协议形式订立保险合同。

【司考真题】

在一份保险合同的履行过程中，当事人就合同所规定的"意外伤害"条款的含义产生了不同理解，投保人认为其所受伤害属于赔付范围，保险公司认为投保人所受伤害不属于赔付范围，两种理解各有其理。在此情形下，法官应当如何解释条款的含义？（单项选择题）

A. 按照通常含义进行解释

B. 按照公平原则进行解释

C. 按照法理进行解释

D. 按照对保险公司不利的原则进行解释

答案：D。

2. 保险合同的内容

保险合同的内容包括：（1）保险人名称和住所；（2）投保人、被保险人的姓名或者名称、住所，以及人身保险的受益人的姓名或者名称、住所；（3）保险标的；（4）保险责任和责任免除；（5）保险期间和保险责任开始时间；（6）保险金额；（7）保险费以及支付办法；（8）保险金赔偿或者给付办法；（9）违约责任和争议处理；（10）订立合同的年、月、日。投保人和保险人可以约定与保险有关的其他事项。

3. 保险合同的变更

在保险合同有效期内，投保人和保险人经协商同意，可以变更保险合同的有关内容。

变更保险合同的，应当由保险人在原保险单或者其他保险凭证上批注或者附贴批单，或者由投保人和保险人订立变更的书面协议。

4. 保险合同的解除

保险合同的解除是保险合同成立后，当事人因一定事由解除双方的权利义务关系，使保险合同自始无效的法律行为。保险合同成立后，除法律规定或保险合同约定不许解除外，投保人可以解除合同。而保险人只能在法律规定或保险合同约定的情况下才可解除保险合同。《保险法》规定，保险合同成立后，有下列情形之一，保险人可以解除合同：(1) 投保人违反如实告知的义务；(2) 保险标的的危险增加；(3) 投保人违反防灾减损义务；(4) 被保险人或受益人违反诚实信用原则等。

三、保险公司的法律规制

(一) 保险公司的设立

《保险法》第68条规定：设立保险公司应当具备下列条件：(1) 主要股东具有持续盈利能力，信誉良好，最近三年内无重大违法违规记录，净资产不低于人民币2亿元；(2) 有符合本法和《中华人民共和国公司法》规定的章程；(3) 有符合本法规定的注册资本；(4) 有具备任职专业知识和业务工作经验的董事、监事和高级管理人员；(5) 有健全的组织机构和管理制度；(6) 有符合要求的营业场所和与经营业务有关的其他设施；(7) 法律、行政法规和国务院保险监督管理机构规定的其他条件。第69条规定：设立保险公司，其注册资本的最低限额为人民币2亿元。国务院保险监督管理机构根据保险公司的业务范围、经营规模，可以调整其注册资本的最低限额，但不得低于本条第1款规定的限额。保险公司的注册资本必须为实缴货币资本。2004年5月保监会发布的《保险公司管理条例》对保险公司设立原则及设立的具体条件等内容作了规定。此外，保监会于2006年7月发布的《保险公司董事和高级管理人员任职资格管理规定》(2014年修改) 对高级管理人员的资格条件、任职资格审查、监督管理作了详细的规定。

设立保险公司，申请人应首先向保险监督管理机构提出申请，申请经初步审查合格后，申请人应当依照《保险法》和《公司法》的规定进行保险公司的筹建。经筹建具备保险公司设立条件的，申请人应向保险监督管理机构提交正式申请表和法律规定的文件、资料。保险监督管理机构自收到设立保险公司的正式申请文件之日起6个月内，应当作出批准或者不批准的决定。保险监督管理机构审查设立申请时，应考虑保险业的发展和公平竞争的需要。

经批准设立的保险公司，由批准部门颁发经营保险业务许可证。申请人领取经营许可证后，应持经营许可证和法律规定的文件、资料向工商行政管理机关办理登记，领取营业执照。保险公司自取得经营保险业务许可证之日起6个月内无正当理由未向工商行政管理机关办理登记的，其经营保险业务许可证失效。保险公司在中华人民共和国境内外设立分支机构，须经保监会批准，取得分支机构经营保险业务许可证。保险公司分支机构不具有法人资格，其民事责任由保险公司承担。保险公司在中华人民共和国境内外设立代表机构，须经保监会批准。

(二) 保险公司的变更

保险公司变更名称、变更注册资本、变更公司或者分支机构的营业场所、撤销分支机构、公司分立或者合并、修改公司章程、变更出资额占有限责任公司资本总额5%以上的股东，或者变更持有股份有限公司股份5%以上的股东，以及变更保监会规定的其他事项的，须经保监会的批准，并向原登记机关办理变更登记。

（三）保险公司的终止

保险公司终止的事由包括：（1）保险公司的解散。保险公司因分立、合并需要解散，或者股东会、股东大会决议解散，或者公司章程规定的解散事由出现，经中国保监会批准后解散。经营有人寿保险业务的保险公司，除分立、合并或者被依法撤销外，不得解散。（2）保险公司依法被撤销。保险公司违反法律、行政法规，被保险监督管理机构吊销经营保险业务许可证的，依法撤销。由保险监督管理机构依法及时组织清算组，进行清算。（3）保险公司破产。保险公司不能支付到期债务，经保险监督管理机构同意，由人民法院依法宣告破产。破产财产在优先清偿破产费用和共益债务后，按照下列顺序清偿：1）所欠职工工资和医疗、伤残补助、抚恤费用，所欠应当划入职工个人账户的基本养老保险、基本医疗保险费用，以及法律、行政法规规定应当支付给职工的补偿金；2）赔偿或者给付保险金；3）保险公司欠缴的除第1项规定以外的社会保险费用和所欠税款；4）普通破产债权。破产财产不足以清偿同一顺序的清偿要求的，按照比例分配。破产保险公司的董事、监事和高级管理人员的工资，按照该公司职工的平均工资计算。此外，经营有人寿保险业务的保险公司被依法撤销或者被依法宣告破产的，其持有的人寿保险合同及责任准备金，必须转让给其他经营有人寿保险业务的保险公司；不能同其他保险公司达成转让协议的，由国务院保险监督管理机构指定经营有人寿保险业务的保险公司接受转让。转让或者由国务院保险监督管理机构指定接受转让前述规定的人寿保险合同及责任准备金的，应当维护被保险人、受益人的合法权益。

四、保险代理人和保险经纪人的法律规制

保险代理人是根据保险人的委托，向保险人收取佣金，并在保险人授权的范围内代为办理保险业务的机构或者个人。保险代理机构包括专门从事保险代理业务的保险专业代理机构和兼营保险代理业务的保险兼业代理机构。

保险经纪人是基于投保人的利益，为投保人与保险人订立保险合同提供中介服务，并依法收取佣金的机构。

保险代理机构、保险经纪人应当具备国务院保险监督管理机构规定的条件，取得保险监督管理机构颁发的经营保险代理业务许可证、保险经纪业务许可证。保险专业代理机构、保险经纪人凭保险监督管理机构颁发的许可证向工商行政管理机关办理登记，领取营业执照。保险兼业代理机构凭保险监督管理机构颁发的许可证，向工商行政管理机关办理变更登记。

保险佣金只限于向具有合法资格的保险代理人、保险经纪人支付，不得向其他人支付。保险代理人和经纪人应当有固定的业务处所，并设立账簿记载业务收支，以备有关机关监督和检查。保险代理人、保险经纪人及其从业人员在办理保险业务活动中不得有下列行为：（1）欺骗保险人、投保人、被保险人或者受益人；（2）隐瞒与保险合同有关的重要情况；（3）阻碍投保人履行保险法规定的如实告知义务，或者诱导其不履行保险法规定的告知义务；（4）给予或者承诺向投保人、被保险人或者受益人给予保险合同规定以外的其他利益；（5）利用行政权力、职务或者职业便利以及其他不正当手段强迫、引诱或者限制投保人订立保险合同；（6）伪造、擅自变更保险合同，或者为保险合同当事人提供虚假证

明材料；（7）挪用、截留、侵占保险费或者保险金；（8）利用业务便利为其他机构或者个人牟取不正当利益；（9）串通投保人、被保险人或者受益人，骗取保险金；（10）泄露在业务活动中知悉的保险人、投保人、被保险人的商业秘密。

【案例 9—2】 国内首例“地下保单”案①

郭某原本是内地居民，但是在向湖南衡阳的朋友们推销香港国卫保险公司的寿险产品时，已经取得香港户籍，成为香港居民了。近几年内地有钱人到香港旅游购物的人数与日俱增，郭某由于有过当导游的经历，认识了不少内地有钱人，其中李女士等一批来自衡阳的女富婆们跟她建立了相当深厚的友谊，她也赢得了这些女人们的信任。

2004 年年底，李女士等与衡阳富人圈的一些朋友前往香港过圣诞节。就在这个节日里，他们在郭某的鼓动下，对她推荐的险种包括“真智珍宝人寿保障计划”动了心，并分别交纳了几万元、十几万元不等的保险费，而且都是用美元支付的。但是，这份圣诞保单在 2005 年 3 月突起波澜。其中一位投保人决定好好研究这份保单所列条款和对险种的介绍，研究后发现有些不对劲。比如，附在保单后的公司资料充满夸张之词，还有大量恶毒诋毁、攻击国内保险业的语言，特别是保单中手写的生效日期在保单签订之前，也就是说保险可以提前生效。秉着“天下没有白吃的午餐”的理念，这位投保人感觉这份保单有问题，便决定联合其他投保人弄清楚这件事。虽然郭某极力强调这些保单“在内地不违规，在香港也合法”，但是这并没有打消投保人的疑虑。于是投保人们向湖南省保监办举报。

2005 年 3 月中旬，郭某因涉嫌“非法经营”，被衡阳市警方正式拘留，此案很快被移交给当地检察部门。但最终因追究刑事责任的“法律依据不足”，当年 3 月底，涉案 32 万多元保费的香港国卫保险公司业务员郭某被释放回港。

20 世纪 90 年代初开始，一些在港澳地区注册的保险公司私自进入内地，非法从事寿险业务推销活动，这种销售活动违反了《保险法》《外资保险公司管理条例》（《国务院关于修改〈中华人民共和国外资保险公司管理条例〉的决定》，自 2013 年 8 月 1 日起施行。作如下修改：第 7 条第 1 款修改为：“合资保险公司、独资保险公司的注册资本最低限额为 2 亿元人民币或者等值的自由兑换货币；其注册资本最低限额必须为实缴货币资本。”第 2 款修改为：“外国保险公司分公司应当由其总公司无偿拨给不少于 2 亿元人民币或者等值的自由兑换货币的营运资金。”）等法律、法规，具有服务走私性质，因此被称为“地下保单”或“地下保险”。另据 2004 年 3 月 19 日《中国保监会负责人就境外保单问题答记者问》的解释，境外保单的购买（投保）和签发主要包括以下两种情形：一种情形是，内地居民在到港澳地区旅游、探亲或从事商务活动期间，向设在港澳地区的保险公司购买一份保险，投保和承保所有的行为都在当地完成，港澳地区保险公司为此签发的保单，没有违反我国法律，也不违反港澳地区当地的法律。另外一种情形是不合法的，即港澳地区的保险公司的推销人员（代理人）在内地向内地居民销售

① 参见夏春春：《法律对“地下保单”无能为力?》，载《法制早报》，2005-09-05。

港澳地区保险公司的保单，内地居民在内地签署投保单、缴纳保险费，由推销人员将投保单、保险费携带到境外，再由港澳地区的保险公司在港澳当地签发保单。此即通常所说的“地下保单”。

我国《保险法》和《外资保险公司管理条例》规定，包括香港、澳门地区的保险公司在内的境外保险公司，只有经过保监会批准在内地设立经营机构的，才能在内地经营保险业务。但本案中，郭某在衡阳的业务绝大部分都是2004年圣诞节在香港完成缴纳保险费和签订保险单的，她完全可以说未在内地开展业务。因此，媒体称本案为国内首例进入司法程序的“地下保单”案，实际上是不准确的。而且未经批准到内地销售境外保险属于非法行为，但是否构成犯罪，相关法律中却没有明确的条文界定，这也是司法机关处理本案时遇到的法律难题。

当然，本案带给我们的思考是极为深刻的。我们应当从立法上完善相关规定，为处理境外保单在内地的非法销售行为以及类似本案的保单销售行为提供明确的法律依据。目前，保监会已与香港特别行政区和澳门特别行政区的有关部门建立了合作机制，并就打击在内地非法销售港澳地区保险公司保单的事项达成了共识：第一，港澳地区的保险公司不派代理人到内地销售保单，不接受内地居民在内地签署的投保单；第二，提醒内地投保人，在内地签署投保单购买的境外保险可能无效，在保险赔付方面有很大的风险，并且难以受到内地法律的充分保护。

五、保险业务经营规制

我国《保险法》第四章就保险公司的保险业务经营规则集中作了专章规定，其他章节也有关于保险业务经营规制的相应条款，其内容主要包括：

1.“分业经营”规则。《保险法》规定，同一保险人不得兼营财产保险业务和人身保险业务；但是经营财产保险业务的保险公司经保险监督管理机构批准，可以经营短期健康保险业务和意外伤害保险业务。保险公司应当在国务院保险监督管理机构依法批准的业务范围内从事保险经营活动。

2.提取保证金。保险公司应当按照其注册资本总额的20%提取保证金，存入国务院保险监督管理机构指定的银行，除公司清算时用于清偿债务外，不得动用。

3.提取责任准备金。保险公司应当根据被保险人利益、保证偿付能力的原则，提取各项责任准备金，具体办法由保险监督管理机构制定。

4.提取公积金。保险公司除了提取准备金以外，还应按规定提取公积金。公积金，或称公司的储备资金，是指公司为增强自身的资产实力、扩大经营规模以及预防亏损，依照法律和公司章程的规定，从公司的每年税后利润中提取的累积资金。

5.缴纳保险保障基金。保险保障基金，或称总准备金、自由准备金，是指保险公司依照保险监督管理机构的规定，每年按照比例提取并交存的累积资金。保险保障基金应当集中管理，并在下列情形下统筹使用：（1）在保险公司被撤销或者被宣告破产时，向投保人、被保险人或者受益人提供救济；（2）在保险公司被撤销或者被宣告破产时，向依法接受其人寿保险合同的保险公司提供救济；（3）国务院规定的其他情形。保险保障基金筹集、管理和使用的具体办法，由国务院制定。

6. 具有最低偿付能力。偿付能力是指保险公司对其所承担的保险责任所具有的经济补偿或支付能力。最低偿付能力是指保险公司的实际资产减去实际负债后的差额。保险公司的认可资产减去认可负债的差额不得低于国务院保险监督管理机构规定的数额；低于规定数额的，应当按照国务院保险监督管理机构的要求采取相应措施达到规定的数额。

7. 自留保险费的限制。为确保保险公司的偿付能力，《保险法》第102条规定，经营财产保险业务的保险公司当年自留保险费，不得超过其实有资本金加公积金总和的4倍。

8. 单一危险的限制。保险公司对每一危险单位，即对一次保险事故可能造成的最大损失范围所承担的责任，不得超过其实有资本金加公积金总和的10%；超过的部分，应当办理再保险。保险公司对危险单位的划分应当符合国务院保险监督管理机构的规定。

9. 保险公司对危险单位的划分方法和巨灾风险安排方案，应当报国务院保险监督管理机构备案。

10. 再保险规则。保险公司应当按照国务院保险监督管理机构的规定办理再保险，并审慎选择再保险接受人。

11. 资金运用规则。保险公司的资金运用必须稳健，遵循安全性原则。保险公司的资金运用限于下列形式：(1) 银行存款；(2) 买卖债券、股票、证券投资基金份额等有价证券；(3) 投资不动产；(4) 国务院规定的其他资金运用形式。保险公司资金运用的具体管理办法，由国务院保险监督管理机构依照前述规定制定。

12. 保险公司应当按照国务院保险监督管理机构的规定，公平、合理拟订保险条款和保险费率，不得损害投保人、被保险人和受益人的合法权益。保险公司应当按照合同约定和保险法规定，及时履行赔偿或者给付保险金义务。

13. 设立保险资产管理公司。经国务院保险监督管理机构会同国务院证券监督管理机构批准，保险公司可以设立保险资产管理公司。

14. 公平竞争原则。保险公司开展业务，应当遵循公平竞争的原则，不得从事不正当竞争。

15. 禁止性规则。2009年修订的《保险法》规定了13类保险公司及其工作人员在保险业务活动中的禁止性行为。

16. 在保险公司经营规则方面，2009年修订的《保险法》还增加了保险公司应当建立保险代理人登记制度、禁止关联交易管理和信息披露制度等内容。

第五节　信托法

信托在现代已与银行业、证券业以及保险业一起共同构筑了现代金融业的四大支柱，并日益成为一项国际性的财产管理制度，信托法也成为金融服务业经营规制法律制度中的一项重要制度。

一、信托法概述

信托是指委托人基于对受托人的信任，将其财产及有关财产权利委托给受托人，由受托人按委托人的意愿以自己的名义，为受益人的利益或者特定目的，进行管理或者处分的行为。

信托法是指调整信托关系与信托组织关系的法律规范系统。信托法有广义和狭义之分，广义的信托法包括所有调整信托关系和信托组织关系的法律规范；在我国，狭义的信托法仅指我国2001年4月通过的《中华人民共和国信托法》（简称《信托法》）。《信托法》于2001年10月1日起生效。《信托法》规范在我国境内所发生的信托行为以及与信托有关的活动，对所有从事信托活动的自然人、法人和组织均适用，即信托当事人从事民事、营业、公益信托活动都适用该法。目前，我国《信托法》是调整我国信托关系的基本法律，该法共7章、74条，规定了总则、信托的设立、信托财产、信托当事人、信托的变更和终止、公益信托和附则等内容。

【背景资料】 **信托立法概况**

信托是英美法系下的一种财产制度安排，近年来大陆法系国家纷纷出台信托法规。引入信托制度，不仅是金融创新的要求，也是经济组织制度创新的需要。信托不是一种单纯的财产管理的金融工具，某种程度上可以理解为经济组织制度的创新，这种创新集中表现在信托财产的特性之中。

中国实行信托制度有近一个世纪的历史。20世纪初信托制度引入中国，20年代出现信托公司，从事营业信托活动，主要是证券业务，民事信托和真正代人理财的信托业务很少。1978年改革开放以来，我国信托业得到很大发展，已经在金融业中占据十分重要的地位。实践证明，信托投资业在弥补银行信用的不足、动员社会闲置资金、拓宽投资渠道、完善金融体系、促进市场经济发展等方面，都发挥了一定的积极作用。

信托立法是针对信托制度的安排作出的法律规定和对从事信托业的人和事作出的强制规定。2001年4月28日，第九届全国人大常委会第二十一次会议通过了《信托法》，自同年10月1日起施行，该法成为我国信托业务领域的基本法律规范。自此之后，一系列有关信托业务的法律、法规及政策相继出台。目前，我国现行的信托法律、法规主要有：2001年10月1日起施行的《信托法》；2005年1月发布的《信托业务会计核算办法》（已失效）；2005年4月由中国人民银行、银监会发布的《信贷资产证券化试点管理办法》；2005年12月1日起施行的《金融机构信贷资产证券化试点监督管理办法》；2007年3月1日起施行的《信托公司管理办法》《信托公司集合资金信托计划管理办法》（2009年修订）、《信托公司治理指引》；2008年6月发布的《信托公司私人股权投资信托业务操作指引》；2008年12月发布的《银行与信托公司业务合作指引》；2009年2月发布的《信托公司证券投资信托业务操作指引》，中国信托业协会于2010年1月22日发布的《中国信托业协会规范》；2014年银监会发布《关于信托公司风险监管的指导意见》（银监办发［2014］99号文）等。

二、信托的设立

（一）信托设立的有效要件

信托的设立必须具备一定条件，这些条件以法律形式加以规定，成为法定条件。我国《信托法》规定合法有效的信托必须符合以下实质和形式要件：（1）必须有合法的信托目的，信托目的是委托人希望通过设立信托要达到的目的，它必须明确而且合法；（2）必须有确定的信托财产，信托财产是信托关系的标的物，该财产必须是委托人合法所有的财产；（3）应当采用书面形式，形成信托关系应当有信托文件，信托文件包括书面形式的信托合同、遗嘱或者法律、行政法规规定的其他书面文件等；（4）应当依法办理信托登记，设立信托并不要求都必须登记，但是有关法律、行政法规规定应当办理登记手续的信托财产，应当依法办理信托登记。

（二）无效信托

无效信托又称绝对无效信托，是指信托的设立行为违反了信托法和有关法律法规关于信托的强制性规范的约束，而使该信托自始就不具有法律上的效力。我国《信托法》规定信托绝对无效的情形包括：（1）信托目的违反法律、行政法规或者损害社会公共利益；（2）信托财产不能确定；（3）委托人以非法财产或者我国信托法律规定的不得设立信托的财产设立信托；（4）专以诉讼或者讨债为目的设立信托；（5）受益人或者受益人的范围不能确定；（6）法律、行政法规规定的其他情形。

（三）可撤销信托

可撤销信托是指信托相对无效的情形之下，信托关系因目的违法其效力可归于撤销。主要是针对欺诈性的信托，表现为对债务人利用信托逃避债务的行为给予限制，合理保护债权人的利益，通过债权人的申请权和人民法院的撤销权来排除设立信托中的不正当的行为。这种行为有不正当的目的并具有欺诈性。我国《信托法》规定，委托人设立信托损害其债权人的利益的，债权人有权申请人民法院撤销该信托；人民法院依照法律规定撤销信托的，不影响善意受益人已经取得的信托利益；债权人的申请权，自债权人知道或者应当知道撤销原因之日起1年内不行使的，归于消灭。

三、信托财产

（一）信托财产及其构成

信托财产是信托关系的标的物，是委托人交付受托人并由其占有，为受益人的利益或者特定的目的而管理或处理的财产。信托财产的特征在法律上表现为：（1）信托财产上所有权的分离性。信托关系成立以后，信托财产的所有权名义上属于受托人，以受托人的名义管理运用，但是该所有权与民法上的所有权是不同的；而受益人享有受益权，即享受信托财产利益的权利。信托财产所有权在委托人与受益人之间发生了分离。（2）信托财产的独立性。信托关系依法设立以后，委托人必须将自己拥有的财产所有权进行移转，适用于信托的财产从委托人的自有财产中分离出来，成为一种独立运作的信托财产。就受托人而言，虽然因信托而取得信托财产的经营管理和处分权，但必须将信托财产与其自有财产严格区分，不能享有信托财产取得的收益，不能对信托财产为继承、偿债或抵债等行为。如果受托人接受不同委托人的委托，来自不同委托人的财产也应各自独立。就受益人而言，虽然信托财产运作所获利益归其享有，但受益人并不享有信托财产的所有权。（3）信托财产的物上代位性。信托财产可以根据信托文件有形态上的变化，信托财产不仅限于委托人最初交付给受托人的财产，还包括在信托关系成立和延续的过程中取得的财产。

信托财产的范围应当包括：（1）限于可以合法流通的财产；（2）信托财产中所称的财产包括财产权利；（3）受托人因信托财产管理运用、处分或者其他情形而取得的财产，也应当归入信托财产。

（二）信托财产的归属

信托关系成立以后，在其存续期间，信托财产的所有权归属于受托人，一旦信托关系终止，信托财产应按以下方法处置：(1) 委托人死亡或者依法解散、被依法撤销、被宣告破产时，委托人是唯一受益人的，信托关系终止，信托财产作为其遗产或者清算财产；(2) 委托人死亡或者依法解散、被依法撤销、被宣告破产时，委托人不是唯一受益人的，即使委托人死亡或者因其他有可能使信托消失的法定事由出现，已成立的信托仍然存续，信托财产不能作为委托人的遗产或者清算财产，但是其信托受益权可作为其遗产或者清算财产。

四、信托当事人

（一）委托人及其权利、义务

委托人是指基于对受托人的信任将自己特定的财产委托给受托人，由受托人依其意愿为受益人的利益或特定目的进行管理或者处分，使信托得以设立的人。委托人首先必须是具有完全民事行为能力的自然人、法人和其他组织，而且要对设立信托的财产享有所有权或依法处分权。根据《信托法》第19条的规定，具有完全民事行为能力的自然人、法人或者依法成立的其他组织可以成为信托关系中的委托人。

《信托法》第四章将委托人制度专设一节，在该节中用4个条文集中明确了委托人的4项权利；同时在其他章节也有关于委托人权利的规定。

委托人的权利包括：(1) 信托运作知情权。即委托人有权了解其信托财产的管理运用、处分及收支情况，并有权要求受托人作出说明。委托人有权查阅、抄录或者复制与其信托财产有关的信托账目以及处理信托事务的其他文件。(2) 信托财产管理方法调整请求权。即因设立信托时未能预见的特别事由，致使信托财产的管理方法不利于实现信托目的或者不符合受益人的利益时，委托人有权要求受托人调整该信托财产的管理方法。(3) 对受托人不当信托行为的撤销申请权。即受托人违反信托目的处分信托财产或者因违背管理职责、处理信托事务不当致使信托财产受到损失的，委托人有权申请人民法院撤销该处分行为，并有权要求受托人恢复信托财产的原状或者予以赔偿；该信托财产的受让人明知是违反信托目的而接受该财产的，应当予以返还或者予以赔偿。(4) 依法解任受托人的权利。受托人违反信托目的处分信托财产或者管理运用、处分信托财产有重大过失的，委托人有权依照信托文件的规定解任受托人，或者申请人民法院解任受托人。(5) 委托人的其他权利。比如信托财产被强制执行的异议权，特定的情况下解除信托的权利，认可清算报告权等。

委托人的义务包括：(1) 让渡信托财产的所有权的义务。信托的设立有赖于委托人提供信托财产，因此，将信托财产转移给受托人是委托人作为信托的设立人所负的最重要的义务。(2) 向受托人支付报酬的义务。如果法律规定或信托文件约定受托人的报酬请求权向委托人行使，则委托人就负有向受托人支付相应报酬的义务。(3) 赔偿损失的义务。委托人违反信托合同的约定，单方解除信托关系而给受托人造成损失的，负有对受托人的损失进行赔偿的义务。对此，我国主要适用《合同法》的有关规定。(4) 费用补偿义务。受托人在处理信托事务中如自己垫付了有关费用或因正当处理信托事务而使自己遭受损失，委托人负有补偿的义务。

（二）受托人及其权利、义务

受托人是接受委托，按照信托关系的规定对信托财产进行管理、处分的人。受托人应当是具有完全民事权利能力的自然人、法人，还必须有管理财产的能力。

受托人的权利主要包括：（1）处理信托事务的权利。受托人享有处理信托事务的权利，主要表现为依照信托文件中所赋予的权利管理运用、处分信托财产。（2）请求给付报酬的权利。我国《信托法》第35条规定：受托人有权依照信托文件的约定取得报酬。信托文件未作事先约定的，经信托当事人协商同意，可以作出补充约定；未作事先约定和补充约定的，不得收取报酬。（3）请求补偿费用的权利。《信托法》第37条规定：受托人因处理信托事务所支出的费用、对第三人所负债务，以信托财产承担。受托人以其固有财产先行支付的，对信托财产享有优先受偿的权利。（4）请求辞任的权利。《信托法》第38条第1款和第66条规定，受托人的辞任以得到委托人和受益人的同意为条件；公益信托的受托人辞任的，还必须经过公益事业管理机构的批准。

受托人的义务包括：（1）按照委托人的意志忠诚地管理信托财产、处理信托事务；（2）善于管理的义务，即受托人管理信托财产，必须恪尽职守，履行诚实、信用、谨慎、有效管理的义务；（3）对信托财产分别管理的义务；（4）亲自处理信托事务的义务；（5）账簿制作、报告保密义务；（6）除依照信托法的规定取得报酬外，不得利用信托财产为自己谋取利益；（7）受托人不得将信托财产转为其固有财产；（8）受托人不得将其固有财产与信托财产交易或者将不同委托人的信托财产进行相互交易，但信托文件另有规定或者经委托人或者受益人同意，并以公平的市场价格进行的除外；（9）向受益人支付信托利益的义务；（10）赔偿损失的义务。

（三）受益人及其权利义务

受益人是指在信托关系中享有信托受益权的人。无论是自由信托还是法定信托，只要被委托人或有关国家机关确定为受益人，则无论其有无行为能力，均可成为信托关系的受益人。

受益人享有的权利主要有：（1）信托利益的享有权。此项权利是受益人的主要权利，因为无论是委托人设立信托还是受托人管理、处分信托财产，都是为了配合这一权利的实现。从信托生效之日起受益人就享有信托受益权，信托文件另有规定的，从其规定。（2）监督信托事务的权利。监督信托事务的权利一般而言包括4项：信托执行知情权、信托财产管理方法调整请求权、对受托人不当信托行为的撤销申请权、解任权。这些权利与委托人的权利完全相同。（3）其他权利。比如对信托事务报告的认可权，特定情形下解除信托的权利等。

受益人的主要义务包括：（1）接受受托人提出的费用或补偿损失要求的义务，如果受益人放弃受益权，可以不履行该义务；（2）支付报酬的义务。

五、信托的变更与终止

（一）信托的变更

信托是以信托财产为中心而存续的法律关系。信托关系的变更包括信托要素的变更、信托财产管理方法的变更和信托当事人的变更。信托要素的变更是指信托目的、信托财产等要素发生了变更，但信托关系依然存续。信托财产管理方法的变更，是指一般应在信托关系设立时就确立的信托财产管理方法，在信托关系存续期间，因特殊情况而不利于受益人的利益或者信托目的的实现，而进行相应的调整。信托当事人的变更是指委托人、受托人或者受益人因协商或者法定的原因而改变，信托关系依然存续。

（二）信托的终止

信托终止是指信托关系因协商或者法定的事由而归于消灭。我国《信托法》规定信托终止的事由包括：（1）信托文件规定的终止事由发生；（2）信托的存续违反信托的目的；（3）信托目的已经实现或者不能实现；（4）信托当事人协商同意；（5）信托被撤销；（6）信托被解除。

信托终止的，信托财产归属于信托文件规定的人。信托文件未规定的，按下列顺序确定归属：（1）受益人或者其继承人；（2）委托人或者其继承人。

六、公益信托

（一）公益信托

公益信托，也称慈善信托，是指委托人为了社会公共利益而设立的，以使整个社会获得利益为目的的信托。公益信托必须是由委托人出于公益目的设立的信托。根据各国信托法的一般规则，任何一项具体的信托，只要委托人设立的目的属于法律所规定的公益目的的范围，便可成立为公益信托。

（二）公益信托的生效要件

任何一项设立公益信托的信托行为都必须采取书面形式，而不能采取口头形式。因为公益信托涉及社会公共利益，所以各国对其都作了较严格的规定来进行监控。我国采取许可有效制度，规定公益信托的设立和确定其受托人，应当经过公益事业的管理机构批准，未经批准不得以公益信托的名义进行活动。公益信托的受托人与受益人，与私益信托的同类当事人相比较，的确具备一些明显的特征。除国家以外的任何有资格担任受托人的主体均可以担任公益信托的受托人。在英美法系国家中，最常见的公益信托的受托人，是各种各样的基金会。基金会是以公益为目的并以社会上人们赠与的财产为基础而成立的组织。在大陆法系国家中，公益信托通常以信托公司为受托人。

（三）公益信托的主体

公益信托与私益信托有很多区别，其中公益信托所涉及的主体与私益信托也不同。公益信托的主体包括委托人、受托人、信托管理人、受益人和经营管理委员会。自然人和法人都可以成为公益信托的委托人，但是法人只有在其章程许可时才能成为公益信托的委托人。虽然各国法律并不排除个人作为公益信托的受托人，但是公益信托的受托人多是信托机构。公益信托的受益人只能是不特定的社会大众，通常由国家、地方公共团体和公共法人作为代表。因为公益信托的受益人不特定，公益信托关系中必须设立信托管理人，来负责信托财产的管理和运用。公益信托中还必须设立经营管理委员会，作为公益法人的理事会或者评议委员会负责向受托人提出最适当的受益人的意见。

（四）信托监察人

因为公益信托的特殊性，我国《信托法》除规定公益信托人采取全体受托人共同管理的模式之外，还应设立信托监察人。我国《信托法》规定公益信托必须设立信托监察人，信托监察人既是受益人的代表，也是对受托人的信托活动实施监督的人，有权以自己的名义，为维护受益人的利益，提起诉讼或者实施其他法律行为。

【背景资料】 央行等十部委签发《关于促进互联网金融健康发展的指导意见》

随着互联网金融的迅速发展，互联网金融监管也被提上日程。2015年7月18日，央行等十部委联合签发了《关于促进互联网金融健康发展的指导意见》（以下简称《意见》）。《意见》规定：互联网金融是传统金融机构与互联网企业利用互联网技术和信息通信技术实现资金融通、支付、投资和信息中介服务的新型金融业务模式。互联网金融的主要业态包括：互联网支付、网络借贷、股权众筹融资、互联网基金销售、互联网保险、互联网信托和互联网消费金融等。《意见》对互联网金融监管采取分类监管基础上的信息协调模式：互联网支付业务由中国人民银行负责监管；网络借贷业务、互联网信托业务、互联网消费金融业务由银监会负责监管；股权众筹融资业务、互联网基金销售业务由证监会负责监管；互联网保险业务由保监会负责监管。《意见》指出，"各监管部门要互相协作、形成合力，充分发挥金融监管协调部际联席会议制度的作用"。由此可知，《意见》希望各部门在对互联网金融进行监管时，可以"各监管部门相互协作"。《意见》还坚持以市场为导向发展互联网金融，遵循服务好实体经济、服从宏观调控和维护金融稳定的总体目标，切实保障消费者合法权益，维护公平竞争的市场秩序，在互联网行业管理，客户资金第三方存管制度，信息披露、风险提示和合格投资者制度，消费者权益保护，网络与信息安全，反洗钱和防范金融犯罪，加强互联网金融行业自律以及监管协调与数据统计监测等方面提出了具体要求。

【问题与思考】

1. 关于我国金融业经营与监管体制的思考

在本章【引例】中介绍了美国次贷危机暴露出其金融监管体制与经营体制的不适应性。我国金融领域目前基本实行的是分业经营和分业监管的体制，但也存在一定程度的混业经营实践，我国金融立法为混业经营留下了一定的发展空间。2008 年全球金融危机的产生使金融经营及监管体制成为世界性的热门话题。

思考：(1) 我国目前是否应该继续推进金融混业经营体制的改革？

(2) 目前我国金融监管体制的现状如何？是否能实现对金融业的有效监管？

2. 资产证券化的法律规制问题

资产证券化作为一种金融创新工具，最早出现在 20 世纪 70 年代的美国，是指原始权益人将缺乏流动性但能够产生可预见的稳定的资金流量的资产集中起来，将其变成可以在金融市场出售和流通的证券，据以融通资金的过程。其实质是金融资产以证券形式转让的过程。资产证券化是近三十年来世界金融领域最重大的金融创新之一。这一融资工具在 20 世纪 90 年代开始进入亚洲市场，并得到了迅速发展。我国近几年来也积极寻求通过资产证券化来解决银行不良资产问题。美国次贷危机的爆发使人们重新审视其作用。

思考：(1) 资产证券化是否为美国次贷危机的根源？

(2) 如何从金融经营规制法律制度的角度设计资产证券化法律制度？

3. 关于中国证监会执法权限和手段的思考

2013 年 6 月 29 日修正的《证券法》赋予了证监会更多的执法权限和手段。例如，在案件调查方面，赋予了国务院证券监督管理机构查询银行账户和通信记录、查封或者冻结财产、限制证券买卖的权力。在上市公司监管方面，赋予了国务院证券监督管理机构对大股东、实际控制人的监管权。在证券公司监管方面，赋予了国务院证券监督管理机构限制证券公司分配红利，限制向董事、监事、高级管理人员支付报酬、提供福利，限制转让财产或者在财产上设定其他权利，责令更换董事、监事、高级管理人员或者限制其权利，责令控股股东转让或者限制有关股东行使股东权利。在从业人员监管方面，赋予了国务院证券监督管理机构对证券从业人员的监管权，要求相关违法者不得担任证券公司、上市公司董事、监事、高级管理人员或证券交易所从业人员。

思考：《证券法》为何要赋予证监会更大的权限和更多的手段？这对于保护投资者利益具有哪些重要意义？

4. 关于信托公司内控机制的完善问题

据《法人》杂志 2004 年 9 月 28 日报道：以 2002 年 7 月 18 日《信托投资公司集合资金信托业务暂行管理办法》正式颁布、实施为标志，在“一法两规”的法律框架下，我国信托业已经走过了两年历程。从表面上看，人们心目中信托业是“坏孩子”的观念正在逐步改变。然而，就在这一过程中，信托业最致命的内伤——公司内控机制失范，却没有得到根本的改观。就以金新信托为例：7 月 4 日，金新信托给投资者的信中自报违规：乳品信托 8 720 万元集合资金全部汇入天山畜牧的账号。但是在与投资者签订的信托合同中，金新信托并没有告知投资者是通过天山畜牧去收购 3 家公司的股权——显然，既定的信托资金被挪用了。而案发后，银监局传唤金新信托的法人代表，她竟一脸茫然：既不知信托资金的去向，也不知是谁在操作此事。

思考：我国的信托立法究竟存在哪些问题？如何进一步完善？

第十章
外贸经营规制法律制度

参考文献

（一）著作

1. 石广生主编．乌拉圭回合多边贸易谈判结果：法律文本．北京：人民出版社，2001

2. 翁国民．贸易救济体系研究．北京：法律出版社，2007

3. 陈明聪．经济全球化下反倾销的法律问题．厦门：厦门大学出版社，2008

4. 沈四宝，尚明等．《中华人民共和国对外贸易法》规则解析．北京：对外经济贸易大学出版社，2004

5. 张玉卿，葛毅主编．中国对外贸易法案例分析．北京：中国商务出版社，2003

6. 杨国华．中国入世第一案：美国钢铁保障措施案研究．北京：中信出版社，2004

（二）论文

1. 沈四宝．对外贸易法若干问题研究．山西大学学报（哲学社会科学版），2004（3）

2. 武立宏．论特别保障措施条款的基本法律问题．世界贸易组织动态与研究，2003（8）

参考法规

1.《中华人民共和国对外贸易法》（2004 年修订）

2.《中华人民共和国货物进出口管理条例》（2002 年）

3.《中华人民共和国技术进出口管理条例》（2011 年修改）
4.《中华人民共和国海关法》（2013 年修正）
5.《中华人民共和国进出口商品检验法》（2013 年修正）
6.《中华人民共和国进出口商品检验法实施条例》（2013 年修订）
7.《中华人民共和国反倾销条例》（2004 年修订）
8.《中华人民共和国反补贴条例》（2004 年修订）
9.《中华人民共和国保障措施条例》（2004 年修订）

引例　新对外贸易法大幅修订　个人首获外贸经营权

历经3年的修改时间，吸纳了多方意见之后，新《对外贸易法》2004 年4月6日在第十届全国人大常委会第八次会议上获得通过，并自同年7月1日起实施。原《对外贸易法》共8章、44条，而修订后共11章、70条，内容大幅增加，涉及外贸经营权、贸易调查、贸易救济、知识产权、外贸秩序、外贸处罚等方面。作为外贸领域的基本法，此次《对外贸易法》大幅修订，一方面是为适应"入世"的新形势，另一方面对于推动我国外贸持续发展也有着举足轻重的作用。此次修订的主要方向是适度的贸易管理、积极的市场开拓、有力的贸易促进和合理的贸易防御。新法在第二章中将外贸经营者定义为"依法办理工商登记或者其他执业手续，依照本法和其他有关法律、行政法规的规定从事对外贸易经营活动的法人、其他组织或者个人"。按此规定，个人可以从事对外贸易。随着外贸经营权的逐步放开，外贸市场已经开始向充分竞争状态过渡。"此次将经营主体扩展到'个人'，是整个过渡过程中最关键的一环。"外贸经营市场的能量将因此得到最大限度的释放。①

对外贸易是世界各国的生产经营活动在国际流通领域中的拓展和延伸，对于促进各国经济增长，满足人们物质和精神生活需要，引进其他国家先进技术，不断推动对外开放和交流，具有非常重要的意义。对外贸易管理是市场规制的重要组成部分。我国现行对外贸易法主要是指《中华人民共和国对外贸易法》（1994 年 5 月 12 日第八届全国人大常委会第七次会议通过，2004 年 4 月 6 日第十届全国人大常委会第八次会议修订，以下简称《对外贸易法》），该法在促进我国对外贸易发展、维护对外贸易秩序、保护对外贸易经营者的权益等方面，起到了巨大作用。本章着重介绍我国对外贸易管理中的主要法律制度，包括对外贸易经营者的权利和义务、货物与技术进出口管理制度、国际服务贸易管理制度，反倾销、反补贴法律制度以及保障措施制度等。

① 参见 http：//finance. sina. com. cn/tz/20040408/1059708956. shtml，2006－06－29。

第一节 对外贸易法概述

一、对外贸易和对外贸易法的概念

(一) 对外贸易

对外贸易是指一个国家或地区与世界上其他国家或地区之间所进行的商品和服务的交换活动。按照《对外贸易法》第2条的规定，对外贸易包括货物进出口、技术进出口和国际服务贸易三个方面。从世界范围看，各国对外贸易的总和构成国际贸易，形成货物、技术以及服务的跨国流动。对外贸易是立足于一国范围，而国际贸易是从全球的角度出发。因此，国际贸易与对外贸易作为两个不同的概念，分属于不同的范畴，相互之间并不能随意替代。

依据不同的分类标准，可以将对外贸易作出不同的分类：

(1) 依对外贸易的对象，对外贸易可分为货物贸易、技术贸易以及服务贸易；

(2) 依对外贸易的性质，对外贸易可分为进口贸易、出口贸易以及过境贸易；

(3) 依对外贸易的清偿工具，对外贸易可分为自由结汇贸易和易货贸易。

(二) 对外贸易法

对外贸易是一国国民经济活动的重要组成部分，不仅关系到其国内产品的生产和销售，而且关系到其外汇收支的平衡以及他国经济力量对本国经济发展产生的影响。在现代市场经济条件下，随着经济全球化的不断发展，世界各国普遍开始重视对外贸易，并加强了对外贸易的法律调整，借以推行其对外贸易政策和维护其对外贸易秩序。对外贸易法是确认对外贸易主管机关和对外贸易经营者的法律地位，调整它们之间形成的对外贸易关系的法律规范的系统。从法律渊源上来看，我国对外贸易法依制定机关的不同可以分为两大类型：一是国内立法，如《对外贸易法》以及依据该法制定的规范对外贸易及其管理活动的行政法规、地方性法规和规章等相关立法；二是我国参加或承认的有关国际贸易的国际公约、国际条约以及国际惯例，如《联合国国际货物销售合同公约》等。

在我国，调整对外贸易关系的基本法律是《对外贸易法》。我国加入世界贸易组织(WTO)后，对外贸易的发展迎来了新的发展机遇。在新的贸易环境中，《对外贸易法》的许多内容和规定需要作出相应的修改，2004年4月6日第十届全国人大常委会第八次会议对《对外贸易法》进行了修订，并于同年7月1日起施行。修订内容主要集中于以下三方面：一是修改《对外贸易法》中与我国“入世”承诺和世界贸易组织规则不相符的内容；二是根据我国“入世”承诺和世界贸易组织规则，增加关于我国享受世界贸易组织成员权利的实施机制和程序的规定；三是修改那些不适应《对外贸易法》实施以来出现的新情况的规定。从性质上看，这是一部旨在促进我国对外贸易发展、维护对外贸易秩序、规范国家对外贸易管理活动的经济法律，自实施以来，为我国对外贸易的快速、有序发展提供了良好的法律环境和有效的法律保障。

《对外贸易法》作为我国对外贸易管理的基本法律，将国家对外贸易政策以法律的形式固定下来，对整个国民经济的稳定、健康、协调发展起到了极为重要的作用。近年来，以《对外贸易法》和我国“入世”议定书为依据，国务院先后制定了《货物进出口管理条例》《技术进出口管理条例》《反倾销条例》《反补贴条例》《保障措施条例》等一批行政法规；国务院有关部门也制定了一批配套的行政规章，并按照国务院的统一布置，对原有的两千三百多件涉外经济活动的规章进行了清理，修订、废止一批与世界贸易组织规则不一致的规章。目前，我国对外贸易法律制度日趋完善。

二、对外贸易法在市场经济中的作用

对外贸易管理是国家市场规制体系的重要组成部分，其中的对外贸易法律制度是国家进行对外贸易管理的主要法律手段，是维护对外贸易秩序、发挥市场机制功能、促进对外贸易的发展、促进对外贸易体制改革和社会主义市场经济的发展的重要保障。

我国的外贸法对我国登上世界第三贸易大国的地位起着直接的推动作用。改革开放以来，我国的外贸发展速度全球第一，已为世界公认。1978 年我国货物贸易进出口额仅为 206.5 亿美元，排在全球第 27 位，而 2007 年达到 21 740.7 亿美元，是 1978 年的 105.3 倍。其中出口贸易增长更为迅速，由 1978 年的 97.5 亿美元上升为 12 181.2 亿美元。我国服务贸易进出口额也由 1982 年的 44 亿美元上升到 2007 年的 2 509 亿美元。在金融危机的影响下，2009 年中国货物贸易进出口额为 22 072.7 亿美元，同比下降 13.9%，但在出口规模上超过德国跃居全球第一。在我国对外贸易的发展中，对外贸易法律制度无疑起了实质性的推动作用。我国的外贸法律制度经过半个多世纪外贸实践的考验，从无到有，从简单到复杂，从零碎到系统，尤其是中国加入世界贸易组织以后，它已经成为世界贸易组织规则和中国“入世”承诺在中国得以实施的主要纽带。

此外，主要外贸国家外贸法的一个特点就是具有对外进行市场开拓、对内进行保护国内产业的功能，如美国外贸法中规定保障措施的 201 条款，授权美国政府对国外贸易做法作出反应的 301 条款、特殊 301 条款、超级 301 条款，授权针对国外不公平贸易做法进行报复的 337 条款以及针对中国的特保立法的 421 条款。而我国 1994 年《对外贸易法》在这方面的功能还不够完善，主要属于一部管理对外贸易关系的法律。①

总之，对外贸易法是我国扩大对外开放、发展对外贸易、维护对外贸易秩序、保护对外贸易经营者合法权益、促进社会主义市场经济健康发展的重要法律部门。

三、对外贸易法确认的基本原则

对外贸易法确认的基本原则是国家发展对外贸易的基本准则，在促进对外贸易的发展和维护对外贸易秩序方面具有重要的指导意义和普遍规范作用。根据我国《对外贸易法》的规定，我国对外贸易法的基本原则主要有下列五项：

（一）统一对外贸易基本制度的原则

实行统一的对外贸易基本制度，是依法维护公平、自由的对外贸易秩序的重要基础，也是加强国家对对外贸易管理的重要保障。它对于市场作用的发挥有着直接意义。

（二）充分发挥地方积极性的原则

鼓励发展对外贸易，必须发挥地方积极性，保障对外贸易经营者的经营自主权。中央和地方政府在对外贸易中必须明确彼此的职责，合理分权，中央必须正视地方利益，保护地方利益。

---

① 参见沈四宝：《对外贸易法律制度若干问题》（十届全国人大常委会法制讲座第六讲讲稿），载 http://www.legalinfo.gov.cn/zt/2004-04/14/content_91775.htm。

（三）平等互利的原则

在对外贸易活动中实行平等互利的原则，有利于促进我国与其他国家和地区经济和技术交流。平等互利是我国开展对外交流中长期坚持的一项基本原则，也是一条宝贵的经验，在营造良好的对外贸易环境方面发挥了重要作用。

（四）互惠的原则

根据互惠原则给予外贸对方当事人最惠国待遇或国民待遇，是世界贸易组织规则的一个重要方面，只有不断取消对外贸易中的不同形式的歧视和壁垒，才能最终实现贸易自由化的目标。

（五）对等的原则

在对外贸易中，针对其他国家的不公平贸易做法，可以采取相应报复性措施，以维护我国的企业利益和国家利益。对等原则是平等原则在对外贸易中的引申和发展，是发展对外贸易必须坚持的原则之一。如我国《保障措施条例》第 31 条规定，任何国家（地区）对中华人民共和国的出口产品采取歧视性保障措施的，中华人民共和国可以根据实际情况对该国家（地区）采取相应的措施。

四、对外贸易的管理机关

根据《对外贸易法》的规定，国务院对外贸易主管部门依照该法主管全国对外贸易工作。《对外贸易法》规定的“国务院对外贸易主管部门”指商务部。商务部是在国务院领导下的全国对外贸易的中央行政领导机关，根据 2003 年 3 月 10 日十届全国人大一次会议通过的国务院机构改革方案组建而来。其主要职责是：研究拟定规范市场运行和流通秩序的政策法规；促进市场体系的建立和完善；深化流通体制改革；监测分析市场运行和商品供求状况；组织开展国际经济合作；负责组织协调反倾销、反补贴的有关事宜和组织产业损害调查等。

此外，国家发改委、科技部、国防科工委、海关总署等部门亦在各自的职责范围内负责一部分对外贸易管理工作，但其不属于国务院对外贸易主管部门。在地方对外贸易管理机构里，各省、市、自治区商务厅和商务局等属于地方的对外贸易主管部门，受同级政府领导，在业务上受国务院商务部的指导。

第二节　对外贸易经营者

对外贸易经营者是经营对外贸易的主体，是我国参与国际贸易活动的主体，因此对外贸易法规定了对外贸易经营者的范围、资格的取得以及经营者的权利和义务等。通过法律规范对外贸易经营者，对于建立公平、自由的对外贸易秩序，促进对外贸易的发展具有重要意义。本节主要阐述对外贸易经营者的概念及特征、对外贸易经营者的权利和义务以及对外贸易经营者的外贸经营权的自动许可和限制。

一、对外贸易经营者的概念及特征

对外贸易经营者是指依法办理工商登记或者其他执业手续，依照对外贸易法和其他有关法律、行政法规的规定从事对外贸易经营活动的法人、其他组织或者个人。《对外贸易法》施行的十余年来，我国加快了进出口经营管理体制方面的改革，已经形成外贸经营主体多元化的格局。为适应外贸体制改革的要求，外经贸主管部门以“宽审批、严管理、促发展”为原则，打破所有制界限和外贸经营由国有专业外贸公司垄断的局面，取消了私营企业进入外贸领域的限制，鼓励符合条件的各类企业进入外贸行业，并逐步降低注册资本金要求，减少核准程序。2004年修改后的《对外贸易法》允许自然人从事对外贸易经济活动。对外贸易经营者具有如下特征：

1. 对外贸易经营者既可以是自然人，也可以是法人或者其他组织。在对外贸易中，能够成为对外贸易经营者的法人只能是企业法人以及部分事业单位法人，国家机关法人和社会团体法人不能成为对外贸易经营者。这里的其他组织即非法人组织，是指那些不具备法人资格但从事营利性活动的组织，如个人独资企业、合伙企业等。自然人可以成为对外贸易经营者是《对外贸易法》新修改的内容，这反映了贸易高度的自由化。

2. 对外贸易经营者必须依法取得对外贸易经营资格。我国2004年《对外贸易法》将对外贸易经营资格的取得由行政许可制改为登记备案制，具体规定为：从事货物进出口或者技术进出口的对外贸易经营者，应当向国务院对外贸易主管部门或者其委托的机构办理备案登记；但是，法律、行政法规和国务院对外贸易主管部门规定不需要备案登记的除外。备案登记的具体办法由国务院对外贸易主管部门规定。对外贸易经营者未按照规定办理备案登记的，海关不予办理进出口货物的报关验放手续。因此，对外贸易经营者只要经依法登记即可以从事货物进出口和技术进出口，无须再取得对外贸易主管部门的许可或其他主管部门的批准。但根据《中华人民共和国加入世界贸易组织议定书》第5条中的承诺，自加入后3年内放开外贸经营权的规定不适用于实行国营贸易管理的货物。根据1994年关税与贸易总协定第17条和《服务贸易总协定》第8条的规定，允许各缔约方在国际贸易中，建立或维持国营贸易，给予专有权或者特权。据此，国务院商务主管部门会同国务院有关部门可以授予对外贸易经营者在特定贸易领域从事国营贸易的专营权或者特许权。

从事对外工程承包或者对外劳务合作的单位，还应当具备相应的资质或者资格。具体办法由国务院规定。

二、对外贸易经营者的权利和义务

通过法律的形式明确对外贸易经营者的权利和义务，对于发挥对外贸易经营者在对外贸易交往过程中的积极性与主动性，保护对外贸易经营者的合法权益起到了不可低估的作用。

（一）对外贸易经营者的权利

根据我国《对外贸易法》的规定，对外贸易经营者依法自主经营、自负盈亏。从目前的规定来看，对外贸易经营者的权利主要有：对外经营自主权、自主使用外汇权、反倾销、反补贴和保障措施的请求权、外贸代理权、公平竞争的权利、依法平等取得进出口单证的权利、成立和参加进出口商会的权利、平等享受优惠待遇的权利。

（二）对外贸易经营者的义务

对外贸易经营者在享受上述权利的同时，应当履行《对外贸易法》第10条、第12条、第13条等条款规定的“依法经营、信守合同、提供资料”等义务。

三、对外贸易经营者外贸经营权的自动许可和限制

《对外贸易法》第15条规定：国务院对外贸易主管部门基于监测进出口情况的需要，

可以对部分自由进出口的货物实行进出口自动许可并公布其目录。这里的“自动许可”是指这些货物的进出口申请在任何情况下都能够得到批准。根据《中国加入世界贸易组织工作组报告书》第136段中的承诺①，自加入时起，中国将使其自动许可制符合《进口许可程序协定》的规定。因此，国务院商务主管部门基于监测进出口情况的需要，对部分自由进出口的货物实行自动许可管理。对于实行自动许可的进出口货物，收货人、发货人在办理海关报关手续前提出自动许可申请的，国务院对外贸易主管部门或者其委托的机构应当予以许可；未办理自动许可手续的，海关不予放行。

对外贸易经营者在外贸经营上的限制主要体现在两个方面：

1. 根据《中国加入世界贸易组织工作组报告书》第86段中的承诺②，我国应当自加入后3年内取消对部分货物实行指定经营的限制。但是，这项承诺只是针对世界贸易组织成员而言，针对非世界贸易组织成员，我国仍可以对部分货物实行指定经营。因此，在不违反世界贸易组织协议的前提下，国务院商务主管部门可以对部分货物的进出口实行指定经营；未经指定，不得从事指定经营货物的进出口。

2. 1994年《对外贸易法》第16条、第17条、第24条和第25条规定了限制和禁止进出口的项目内容，与1994年关税与贸易总协定第11条、第12条、第18条和第20条相比，这些规定不够完整，不利于充分保护我国的经济安全和国家利益。因此，在世界贸易组织协议允许的范围内，在2004年《对外贸易法》中，国家补充和明确了限制和禁止进出口的情形。在限制进出口方面，规定为维护公共道德、为保护人体健康或者安全、保护动植物生命或者健康、保护环境、防止欺诈，国家可以限制货物、技术进出口和国际服务贸易。为维护正常的出口秩序、为实施与黄金或者白银进出口有关的措施、为实施国营贸易管理、保护与对外贸易有关的知识产权的措施、为保护具有文化、艺术、历史或者考古价值的国宝以及基于有关出口管制的规定，国家也可以根据需要限制货物和技术进出口。在禁止进出口方面，规定，对危害公共道德和危害人体健康或者安全、危害动植物生命或者健康、危害环境以及进行欺诈的货物、技术进出口和国际服务贸易，国家予以禁止。

【司考真题】

根据我国2004年修订的《对外贸易法》的规定，关于对外贸易经营者，下列哪些选项是错误的？(不定项选择题)

A. 个人须委托具有资格的法人企业才能办理对外贸易业务

B. 对外贸易经营者未依规定办理备案登记的，海关不予办理报关验放手续

C. 有足够的资金即可自动取得对外贸易经营的资格

---

① 一些工作组成员担心中国的《特定商品进口自动登记管理暂行办法》(1994年4月13日)，特别是对于批准登记的标准，可成为对进口产品的限制。中国代表强调，登记制的目的仅为收集统计信息；并确认，自加入时起，中国将使其自动许可制符合《进口许可程序协定》第2条。工作组注意到这一承诺。

② 工作组成员指出，中国承诺在加入后3年内，将取消对其议定书（草案）附件2B所列货物给予贸易权方面的限制。对于一些工作组成员提出的问题，中国代表确认，中国在附件2B所列3年过渡期的每一年中，将通过增加允许进口此类货物的指定实体数量，逐步放开此类货物的贸易权。中国代表补充表示，中国将取消将进出口量作为获得这些产品贸易权的一项标准，降低最低资本要求，并将这种注册为指定进出口企业的权利扩大到在生产最终货物过程中使用此类货物的企业和在中国分销此类货物的企业。在3年期末，所有在中国的企业及所有外国企业和个人将被允许在中国全部关税领土内进口和出口此类货物。在过渡期内，指定经营制度下适用的任何标准将不对进出口构成数量限制。工作组注意到这些承诺。

D. 对外贸易经营者向国务院主管部门办妥审批手续后方能取得对外贸易经营的资格

答案：ACD。

解析：《对外贸易法》第 8 条规定：本法所称对外贸易经营者，是指依法办理工商登记或者其他执业手续，依照本法和其他有关法律、行政法规的规定从事对外贸易经营活动的法人、其他组织或者个人。据此，个人在符合法律规定条件的情况下，也可以办理对外贸易业务，因此，A 项说法错误。《对外贸易法》第 9 条规定：从事货物进出口或者技术进出口的对外贸易经营者，应当向国务院对外贸易主管部门或者其委托的机构办理备案登记；但是，法律、行政法规和国务院对外贸易主管部门规定不需要备案登记的除外。备案登记的具体办法由国务院对外贸易主管部门规定。对外贸易经营者未按照规定办理备案登记的，海关不予办理进出口货物的报关验放手续。因此，B 项说法是正确的。根据《对外贸易法》第 8 条的规定，成为对外贸易经营者需要依法办理工商登记或其他执业手续，而不是有足够的资金即可自动取得对外贸易经营的资格，也并非只有向国务院主管部门办理审批手续后才能取得对外贸易经营的资格。因此，C、D 项说法错误。

第三节　货物与技术的进出口管理制度

【背景资料】　农业部、国家出入境检验检疫局发布公告：严防口蹄疫入境①

继英国发生口蹄疫后，2001 年 3 月，法国、阿根廷、沙特阿拉伯和印度也相继发生了口蹄疫（Foot and Mouth Disease）。为防止该病传入我国，保护我国畜牧业安全，农业部、国家出入境检验检疫局根据《中华人民共和国进出境动植物检疫法》等有关法律法规，特公告如下：

一、禁止直接或间接从法国、阿根廷、沙特阿拉伯、印度输入偶蹄动物及其产品；已运抵口岸的来自法国、阿根廷、沙特阿拉伯、印度的偶蹄动物及其产品一律作退回或者销毁处理。

二、禁止邮寄或旅客携带来自法国、阿根廷、沙特阿拉伯、印度的偶蹄动物产品进境，一经发现，一律作退回或销毁处理。

三、对途经我国或在我国停留的国际航行船舶、飞机和车辆等，如发现有来自法国、阿根廷、沙特阿拉伯、印度的偶蹄动物及其产品，一律作封存处理；对上述运输工具上的动植物性废弃物、泔水等一律在出入境检验检疫机构的监督下作无害化处理，不得擅自抛弃。

四、凡截获走私入境的来自法国、阿根廷、沙特阿拉伯、印度的偶蹄动物及其产品，一律在就近的出入境检验检疫机构监督下作销毁处理。

五、凡违反上述规定者，由出入境检验检疫机构依照《中华人民共和国进出境动植物检疫法》的有关规定处理。

六、各出入境检验检疫机构、各级动物防疫监督机构要分别依照《中华人民共和国进出境动植物检疫法》和《中华人民共和国动物防疫法》的有关规定，密切配合，做好检疫、防疫和监督工作。

---

① 参见农业部、国家出入境检验检疫局 2001 年 3 月 15 日发布的第 149 号公告。

货物贸易和服务贸易作为对外贸易的两个重要的种类，在一般的情况下是自由的，但出于国民经济发展、国家经济安全和维护对外贸易秩序的需要，应按照《对外贸易法》以及相应的货物与技术进出口管理条例对其进行必要的管理。本节主要阐述货物与技术进出口管理制度、进出口商品检验制度以及海关法律制度。

一、货物进出口管理制度

目前，我国对货物进出口实行统一的管理制度，准许货物的自由进出口（2004 年修订的《对外贸易法》第 14 条规定：国家准许货物与技术的自由进出口。但是，法律、行政法规另有规定的除外），并依法维护公平、有序的货物进出口贸易。2001 年 12 月 10 日国务院第四十六次常务会议通过了《中华人民共和国货物进出口管理条例》，并自 2002 年 1 月 1 日起施行。该条例共 8 章、77 条，着重规定了货物进口管理、货物出口管理、国营贸易和指定经营、进出口监测和临时措施以及对外贸易促进等内容。

现行的货物进出口管理制度主要包括以下内容：

（一）货物进口管理

按照规定，属于禁止进口的货物，不得进口。属于限制进口的货物，限制进口。限制进口的货物目录由国务院外经贸主管部门会同国务院有关部门制定、调整并公布。在本节前述的【背景资料】中，由于偶蹄动物及其产品可能危害到人的健康和安全，所以农业部、国家出入境检验检疫局发布公告，禁止从法国、阿根廷、沙特阿拉伯、印度输入进口偶蹄动物及其产品。对于国家规定有数量限制的限制进口货物，实行配额管理，配额可以按照对所有申请统一办理的方式分配，进口经营者凭进口配额管理部门发放的配额证明，向海关办理报关验放手续；其他限制进口货物，则实行许可证管理，进口经营者应当向进口许可证管理部门提出申请，凭进口许可证管理部门发放的进口许可证，向海关办理报关验放手续。实行关税配额管理的进口货物，按照配额内税率缴纳关税；属于关税配额外进口的货物，按照配额外税率缴纳关税。

进口属于自由进口的货物虽然不受限制，但基于监测货物进口情况的需要，国务院外经贸主管部门和国务院有关经济管理部门可以按照国务院规定的职责划分，对部分属于自由进口的货物实行自动进口许可管理。实行自动进口许可管理的货物，进口经营者应当在办理海关报关手续前，向国务院外经贸主管部门或者国务院有关经济管理部门提交自动进口许可申请，对该类货物，上述部门均应当给予许可，进口经营者凭自动进口许可证明，向海关办理报关验放手续。

（二）货物出口管理

按照规定，属于禁止出口的货物，不得出口。属于限制出口的货物，限制出口。国家规定有数量限制的限制出口货物，实行配额管理；其他限制出口货物，实行许可证管理。实行配额管理的限制出口货物，由国务院外经贸主管部门和国务院有关经济管理部门按照国务院规定的职责划分进行管理，配额可以通过直接分配的方式分配，也可以通过招标等方式分配，出口经营者凭出口配额管理部门发放的配额证明，向海关办理报关验放手续。配额持有者未使用完其持有的年度配额的，应当在当年 10 月 31 日前将未使用的配额交还出口配额管理部门；未按期交还并且在当年年底前未使用完的，出口配额管理部门可以在下一年度对其扣减相应的配额。实行许可证管理的限制出口货物，出口经营者应当向出口许可证管理部门提出申请，凭出口许可证管理部门发放的出口许可证，向海关办理报关验放手续。

（三）国营贸易和指定经营

按照规定，国家可以对部分货物的进出口实行国营贸易管理。实行国营贸易管理的进出口货物目录由国务院外经贸主管部门会同国务院有关经济管理部门制定、调整并公布。国务院外经贸主管部门和国务院有关经济管理部门按照国务院规定的职责划分确定国营贸易企业名录并予以公布。实行国营贸易管理的货物，国家允许非国营贸易企业从事部分数量的进出口。国营贸易企业每半年向国务院外经贸主管部门提供实行国营贸易管理的货物的购买价格、销售价格等有关信息。

国务院外经贸主管部门基于维护进出口经营秩序的需要，可以在一定期限内对部分货物实行指定经营管理。实行指定经营管理的进出口货物目录由国务院外经贸主管部门制定、调整并公布。指定经营企业名录由国务院外经贸主管部门公布。除国家允许的外，未列入国营贸易企业名录和指定经营企业名录的企业或者其他组织，不得从事实行国营贸易管理、指定经营管理的货物的进出口贸易。国营贸易企业和指定经营企业应当根据正常的商业条件从事经营活动，不得以非商业因素选择供应商，不得以非商业因素拒绝其他企业或者组织的委托。

【背景资料】　　《服务贸易总协定》第8条：垄断和专营服务提供者

1. 每个成员应确保在其境内的任何垄断服务提供者，在相关市场上提供垄断服务方面，不得违反该成员在第2条下的义务和具体承诺。

2. 当一成员的垄断提供者，不论是直接或通过一附属企业参与在其垄断权范围之外且该成员已作出具体承诺的服务提供的竞争，该成员应确保该提供者在其境内不滥用其垄断地位，从而违反其承诺。

3. 当一成员有理由相信任何其他成员的垄断服务提供者的行为不符合第1款和第2款的规定而向服务贸易理事会提出请求时，理事会可要求建立、维持或批准上述服务提供者的成员提交有关经营的具体资料。

4. 在《WTO协定》生效之后，如果一成员在其已作具体承诺的服务的提供方面授予垄断权的，在给予的垄断权即将实施前不晚于3个月，该成员应通知服务贸易理事会，并适用第21条第2款、第3款和第4款的规定。

5. 本条规定也同样适用于专营服务提供者，如果一成员正式或实际上，(a) 批准或建立少数几个服务提供者和 (b) 实质上阻止这些服务提供者之间在其境内竞争。

（四）进出口监测和临时措施

国务院外经贸主管部门负责对货物进出口情况进行监测、评估，并定期向国务院报告货物进出口情况，提出建议。为维护国际收支平衡，包括国际收支发生严重失衡或者受到严重失衡威胁时，或者为维持与实施经济发展计划相适应的外汇储备水平，国家可以对进口货物的价值或者数量采取临时限制措施。为建立或者加快建立国内特定产业，在采取现有措施无法实现的情况下，也可以采取限制或者禁止进口的临时措施。为执行下列一项或者数项措施，必要时国家可以对任何形式的农产品、水产品采取限制进口的临时措施：(1) 对相同产品或者直接竞争产品的国内生产或者销售采取限制措施；(2) 通过补贴消费的形式，消除国内过剩的相同产品或者直接竞争产品；（3）对完全或者主要依靠该进口农产品、水产品形成的动物产品采取限产措施。另外，有下列情形之一的，国务院外经贸主管部门可以对特定货物的出口采取限制或者禁止的临时措施：（1）发生严重自然灾害等异常情况，需要限制或者禁止出口的；（2）出口经营秩序严重混乱，需要限制出口的；（3）其他需要限制或者禁止出口的。

（五）对外贸易促进

国家采取出口信用保险、出口信贷、出口退税、设立外贸发展基金等措施，促进对外贸易发展，同时采取有效措施，促进企业的技术创新和技术进步，提高企业的国际竞争能力，并通过提供信息咨询服务，帮助企业开拓国际市场。货物进出口经营者可以依法成立和参加进出口商会，实行行业自律和协调。在对外经济贸易中，国家鼓励企业积极应对国外歧视性反倾销、反补贴、保障措施及其他限制措施，维护企业的正当贸易权利。

二、进出口商品检验制度

商品的质量对于人们的生活有着重要的影响，为了保证对外贸易中商品的质量，我国的一系列的法律法规规定了进出口商品检验制度。政务院于1954年发布《输出输入商品检验暂行条例》。随着对外开放政策的实施，对外贸易迅速发展，进出口商品品种日益增多，工作范围不断扩大。为了加强对进出口商品的检验，保证检验工作质量，维护对外贸易有关各方的合法权益，1984年1月28日国务院发布了《中华人民共和国进出口商品检验条例》，同年6月1日国家商品检验局发布了《中华人民共和国进出口商品检验条例实施细则》；1987年国家商检局、对外贸易部等联合发布了《进口商品质量许可证制度实施办法（试行）》和《进出口商品检验样品管理办法》；1989年2月21日第七届全国人大常委会第六次会议通过了《中华人民共和国进出口商品检验法》，1992年10月7日国务院批准、1992年10月23日国家进出口商品检验局令第5号发布《中华人民共和国进出口商品检验法实施条例》，2002年4月28日第九届全国人大常委会第二十七次会议又通过了《关于修改〈中华人民共和国进出口商品检验法〉的决定》，2013年6月29日第十二届全国人大常委会第三次会议通过《关于修改〈中华人民共和国文物保护法〉等十二部法律的决定》修订；1991年10月30日全国人大常委会制定了《中华人民共和国进出境动植物检疫法》，1996年12月2日国务院发布《中华人民共和国进出境动植物检疫法实施条例》，并自1997年1月1日起施行。1997年10月10日农业部发布、施行《中华人民共和国进出境动植物检疫行政处罚实施办法》。2002年10月18日，国家质量监督检验检疫总局审议通过了《进出口商品检验鉴定机构管理办法》，并经商务部、国家工商行政管理总局审议通过，2003年9月4日公布，自2004年1月1日起施行。2009年2月23日国家质量监督检验检疫总局局务会议审议通过《进出口饲料和饲料添加剂检验检疫监督管理办法》，自2009年9月1日起施行。目前，我国进出口商品检验工作，已基本纳入了法制化的轨道，为对外贸易管理提供了重要的法律手段。

（一）进出口商品检验总则

国务院设立进出口商品检验部门（以下简称国家商检部门），主管全国进出口商品检验工作。国家商检部门设在各地的进出口商品检验机构（以下简称商检机构）管理所辖地区的进出口商品检验工作。商检机构和经国家商检部门许可的检验机构，依法对进出口商品实施检验。进出口商品检验应当根据保护人类健康和安全、保护动物或者植物的生命和健康、保护环境、防止欺诈行为、维护国家安全的原则，由国家商检部门制定、调整必须实施检验的进出口商品目录并公布实施。列入目录的进出口商品，由商检机构实施检验。列入目录的进出口商品，按照国家技术规范的强制性要求进行检验；尚未制定国家技术规范的强制性要求的，应当依法及时制定，未制定之前，可以参照国家商检部门指定的国外有关标准进行检验。

国家商检部门和商检机构应当及时收集和向有关方面提供进出口商品检验方面的信息。国家商检部门和商检机构的工作人员在履行进出口商品检验的职责中，对所知悉的商业秘密负有保密义务。

（二）进口商品检验

按照2013年修订的《进出口商品检验法》的规定，法律规定必须经商检机构检验的进口商品的收货人或者其代理人，应当向报关地的商检机构报检。海关凭商检机构签发的货物通关证明验放。必须经商检机构检验的进口商品的收货人或者其代理人，应当在商检机构规定的地点和期限内，接受商检机构对进口商品的检验。商检机构应当在国家商检部门统一规定的期限内检验完毕，并出具检验证单。必须经商检机构检验的进口商品以外的进口商品的收货人，发现进口商品质量不合格或者残损短缺，需要由商检机构出证索赔的，应当向商检机构申请检验出证。对重要的进口商品和大型的成套设备，收货人应当依据对外贸易合同约定在出口国装运前进行预检验、监造或者监装，主管部门应当加强监督；商检机构根据需要可以派出检验人员参加。

根据我国《进出口商品检验法》的规定，一切进口商品都必须在规定的限期内进行检验。未经检验的，不准安装投产，不准销售，不准使用。负责检验的机构或部门，根据商品的种类和外贸合同的规定，主要有以下两种情况：

1. 凡列入国家商检部门制定的《商检机构实施的进出口商品种类表》（以下简称《种类表》）的进口商品和对外贸易合同规定由商检机构检验出证的进口商品到货后，收货部门、用货部门或代理接运部门应立即向到达口岸或到达站的商检机构报验。经商检机构检验后，发给报验人检验情况通知单或检验证书。

2. 凡未列入《种类表》的进口商品到货后，由收货部门或用货部门向所在地商检机构申报后自行报验，并应将检验结果及时报告所在地区商检机构。收货部门、用货部门对检验不合格的进口商品，需要索赔的，应及时向所在地区商检机构申请复验并签发检验证书。

另外，国家对涉及安全、卫生、环境保护、劳动保护和检疫的商品，实行进口商品质量许可制度。对符合我国颁布和采用的安全法规和标准的进口商品、食品、动植物产品准予注册，其他进口商品发给安全标志或证书。

（三）出口商品检验

按照2013年修订的《进出口商品检验法》的规定，法律规定必须经商检机构检验的出口商品的发货人或者其代理人，应当在商检机构规定的地点和期限内，向商检机构报检。商检机构应当在国家商检部门统一规定的期限内检验完毕，并出具检验证单。对法律规定必须实施检验的出口商品，海关凭商检机构签发的货物通关证明验放。经商检机构检验合格发给检验证单的出口商品，应当在商检机构规定的期限内报关出口；超过期限的，应当重新报检。

为出口危险货物生产包装容器的企业，必须申请商检机构进行包装容器的性能鉴定。

生产出口危险货物的企业，必须申请商检机构进行包装容器的使用鉴定。使用未经鉴定合格的包装容器的危险货物，不准出口。对装运出口易腐烂变质食品的船舱和集装箱，承运人或者装箱单位必须在装货前申请检验。未经检验合格的，不准装运。

根据《进出口商品检验法》及其实施条例的规定，一切出口商品的生产、加工部门，都应当严格按照有关规定检验质量、规格、重量、数量、包装，分清批次，不合格的产品不提供出口。出口商品的经营部门要做好进货验收工作，不合格的商品不收购、不出口，商检机构在工厂检验和经营部门验收合格的基础上，实施检验和监督管理。一切出口商品都必须经过检验。未经检验或检验不合格的，不准出口。

商检机构根据出口商品的种类和外贸合同的规定，分为由商检机构负责检验和由有关部门自行检验两种。凡列入《种类表》的出口商品和外贸合同规定由商检机构检验出证的出口商品，均由商检机构负责检验出证或签发放行单。对列入《种类表》的出口商品，海关凭商检机构的检验证书或放行单验收，或凭商检机构在报关单上加盖的印章验收。对于未列入《种类表》的出口商品，可由生产单位、供货单位或外贸企业自行检验。

（四）进出口商品鉴定

进出口商品鉴定工作，由进出口商品检验鉴定机构承担。所谓进出口商品检验鉴定机构，是指依据国家有关法律法规以及《进出口商品检验鉴定机构管理办法》的规定，经国家质检总局许可，接受对外贸易关系人或者国内外检验机构及其他有关单位的委托，办理进出口商品检验鉴定业务的中资进出口商品检验鉴定机构以及中外合资、中外合作和外商独资进出口商品检验鉴定机构及其分支机构。中资进出口商品检验鉴定机构应当经过国家质检总局的许可，并依法履行工商登记手续后，方可办理进出口商品检验鉴定业务。外商投资进出口商品检验鉴定机构应当经过国家质检总局和商务部的许可，并依法履行工商登记手续后，方可办理进出口商品检验鉴定业务。未经许可和登记注册的进出口商品检验鉴定机构不得承担委托的进出口商品检验鉴定业务。

进出口商品检验鉴定机构应当遵守法律法规和国家质检总局的有关规定，以第三方的身份独立、公正地从事进出口商品检验鉴定业务，并承担相应的法律责任。国家质检总局、商务部、国家工商行政管理总局根据各自职责分工，依法对进出口商品检验鉴定机构实施管理。

对外贸易关系人委托商检机构办理鉴定业务，应当提供合同、信用证以及有关的其他证单。进出口商品鉴定业务包括：进出口商品的质量、数量、重量、包装鉴定和货载衡量；进出口商品的监视装载和监视卸载；进出口商品的积载鉴定、残损鉴定、载损鉴定和海损鉴定；装载出口商品的船舶、车辆、飞机、集装箱等运载工具的适载鉴定；装载进出口商品的船舶封舱、舱口检视、空距测量；集装箱及集装箱货物鉴定；与进出口商品有关的外商投资财产的价值、品种、质量、数量和损失鉴定；抽取并签封各类样品；签发价值证书及其他鉴定证书；其他进出口商品鉴定业务。

三、海关法律制度

（一）海关法与海关的职权

我国现行《中华人民共和国海关法》（以下简称《海关法》）于1987年1月22日，由第六届全国人大常委会第十九次会议通过，2000年7月8日第九届全国人大常委会第十六次会议修正，共9章、102条，分为总则、进出境运输工具、进出境货物、进出境物品、关税、海关事务担保、执法监督、法律责任以及附则等。2013年6月29日，第十二届全国人大常委会第三次会议对《海关法》作出修改，将第28条第2款修改为：海关在特殊情况下对进出口货物予以免验，具体办法由海关总署制定。

根据我国《海关法》的规定，海关是国家的进出关境（以下简称进出境）监督管理机关。海关依法监管进出境的运输工具、货物、行李物品、邮递物品和其他物品，征收关税和其他税、费，查缉走私，并编制海关统计和办理其他海关业务。国务院设立海关总署，统一管理全国海关。国家在对外开放的口岸和海关监管业务集中的地点设立海关。海关的隶属关系，不受行政区划的限制。海关依法独立行使职权，向海关总署负责。海关总署独立于商务部，直接向国务院负责。

海关作为国家的进出境监督管理机关，可以行使的权力包括：

1. 检查进出境运输工具，查验进出境货物、物品；对于违反《海关法》或者其他有关法律、行政法规的，可以扣留。

2. 查阅进出境人员的证件；查问违反《海关法》或者其他有关法律、行政法规的嫌疑人，调查其违法行为。

3. 查阅、复制与进出境运输工具、货物、物品有关的合同、发票、账册、单据、记录、文件、业务函电、录音录像制品和其他资料；对于其中与违反《海关法》或者其他有关法律、行政法规的进出境运输工具、货物、物品有牵连的，可以扣留。

4. 在海关监管区和海关附近沿海沿边规定地区，检查有走私嫌疑的运输工具和有藏匿走私货物、物品嫌疑的场所，检查走私嫌疑人的身体；对于有走私嫌疑的运输工具、货物、物品和走私犯罪嫌疑人，经直属海关关长或者其授权的隶属海关关长批准，可以扣留；对走私犯罪嫌疑人，扣留时间不超过24小时，在特殊情况下可以延长至48小时。

在海关监管区和海关附近沿海沿边规定地区以外，海关在调查走私案件时，对有走私嫌疑的运输工具和除公民住处以外的有藏匿走私货物、物品嫌疑的场所，经直属海关关长或者其授权的隶属海关关长批准，可以进行检查，有关当事人应当到场；当事人未到场的，在有见证人在场的情况下，可以径行检查；对其中有证据证明有走私嫌疑的运输工具、货物、物品，可以扣留。

海关附近沿海沿边规定地区的范围，由海关总署和国务院公安部门会同有关省级人民政府确定。

5. 在调查走私案件时，经直属海关关长或者其授权的隶属海关关长批准，可以查询案件涉嫌单位和涉嫌人员在金融机构、邮政企业的存款、汇款。

6. 进出境运输工具或者个人违抗海关监管逃逸的，海关可以连续追至海关监管区和海关附近沿海沿边规定地区以外，将其带回处理。

7. 海关为履行职责，可以配备武器。海关工作人员佩带和使用武器的规则，由海关总署会同国务院公安部门制定，报国务院批准。

8. 法律、行政法规规定由海关行使的其他权力。

（二）海关监管基本制度

进出境运输工具、货物、物品，必须通过设立海关的地点进境或者出境。在特殊情况下，需要经过未设立海关的地点临时进境或者出境的，必须经国务院或者国务院授权的机关批准，并依照《海关法》规定的办法办理海关手续。进出口货物，除另有规定的外，由海关准予注册的报送企业或者有权经营进出口业务的企业负责办理报送纳税手续。进出境物品的所有人可以自行办理报送纳税手续，也可以委托他人办理。但接受委托办理报送手续的代理人，应当遵守海关法对其委托人的各项规定。海关依法执行职务，任何单位和个人不得阻挠。海关的监督管理工作，有三个基本环节，即接受申报、查验和放行。上述三个环节也就是海关监督的基本制度。

1. 申报制度

按照《海关法》的规定，一切进出境运输工具、货物、物品都必须由有关当事人或其代理人向海关如实申报，并提供以下材料：（1）进出境运输工具、货物、物品的报送单证。（2）按照规定应交验的进出口许可证或批准文件。（3）进出口货物的发票和装箱清单。（4）进口货物的提货单（或运单）；出口货物的装货单（或运单）。对应施行商品检验、文物鉴定或受其他管制的进出口货物，还应交验有关主管部门签发的证件。海关认为有必要时，还可以查阅有关贸易合同、产地证明和其他有关单证、账册等。对于进口后满3个月尚未向海关申报、纳税的进口货物，海关可以根据《海关法》的规定进行处理。

2. 查验货物制度

一切进出口货物，除被海关总署特准免验的以外，都必须由口岸海关或到达地海关查验，以确定实际进出口的货物与收、发货人申报的单证是否相符以及是否符合港口海关监督、征税、统计的需要。海关查验货物一般在海关监管场所（码头、车站、机场的仓库、货场）内或者在货物的装卸过程中进行。但在特殊情况下，也可以应货主的申报，派员到收、发货人的仓库去查验。海关查验货物时，货主应派人到场，并负责开拆、重封货物包装和协助提取货样。

3. 进出口货物放行制度

海关对进出口货物的放行，意味着监管的结束。在一般情况下，经过海关审核单证、查验实货，对符合国家规定、没有发现不正常情况、货主已对应税货物按规定纳税的，海关就在货运单据（提货单、装货单或运单）上签印放行，收、发货人据此向港口、民航、车站、邮局办理提取和托运手续。

四、技术进出口管理制度

技术进出口，是指从我国境外向我国境内，或者从我国境内向我国境外，通过贸易、投资或者经济技术合作的方式转移技术的行为，包括专利权转让、专利申请权转让、专利实施许可、技术秘密转让、技术服务和其他方式的技术转移。我国对技术进出口实行统一的管理制度，依法维护公平、自由的技术进出口秩序。2001年10月31日，国务院第四十六次常务会议通过了《中华人民共和国技术进出口管理条例》，并自2002年1月1日起施行。同年12月30日，原对外贸易经济合作部又发布了《中华人民共和国技术进出口合同登记管理办法》，该办法自2002年1月1日起施行，2009年2月1日商务部对该办法进行修订，同年3月3日起实施。与此同时，国务院于2007年修改了1998年起实施的《中华人民共和国核两用品及相关技术出口管制条例》。2009年商务部会同科技部修订了2001年开始实行的《禁止出口限制出口技术管理办法》。上述行政法规及相应的部门规章构成了我国技术进出口管理制度。目前，我国关于技术进出口管理的制度主要包括技术进口管理和技术出口管理两个方面，技术进出口必须符合国家的产业政策、科技政策和社会发展政策，必须有利于促进我国科技进步和对外经济技术合作的发展，有利于维护我国经济技术权益。国家准许技术的自由进出口，但是，法律、行政法规另有规定的除外。

（一）技术进口管理

国家鼓励先进、适用的技术进口。属于禁止进口的技术，不得进口。属于限制进口的技术，实行许可证管理；未经许可，不得进口。国务院外经贸主管部门（现为商务部）会同国务院有关部门，制定、调整并公布禁止或者限制进口的技术目录。进口属于限制进口的技术，应当向国务院外经贸主管部门提出技术进口申请并附有关文件。技术进口项目需经有关部门批准的，还应当提交有关部门的批准文件，技术进口申请经批准的，由国务院外经贸主管部门发给技术进口许可意向书，进口经营者取得技术进口许可意向书后，才可以对外签订技术进口合同。进口经营者签订技术进口合同后，应当向国务院外经贸主管部门提交技术进口合同副本及有关文件，申请技术进口许可证。国务院外经贸主管部门对技术进口合同的真实性进行审查，对技术进口作出许可或者不许可的决定。技术进口合同自技术进口许可证颁发之日起生效。

对于属于自由进口的技术，国家实行合同登记管理。商务部负责对政府核准的投资项目及政府投资项目进行合同登记管理，其他技术进口合同均在省级、自治区、直辖市和计划单列市的商务主管部门进行登记并接受其管理。进口属于自由进口的技术，合同自依法成立时生效，不以登记为合同生效的条件。申请人凭技术进口许可证或者技术进口合同登记证，办理外汇、银行、税务、海关等相关手续。经许可或者登记的技术进口合同，合同的主要内容发生变更的，应当重新办理许可或者登记手续。经许可或者登记的技术进口合同终止的，应当及时向国务院外经贸主管部门备案。对于设立外商投资企业，外方以技术作为投资的，该技术的进口，应当按照外商投资企业设立审批的程序进行审查或者办理登记。

（二）技术出口管理

国家鼓励成熟的产业化技术出口。属于禁止出口的技术，不得出口。属于限制出口的技术，实行许可证管理；未经许可，不得出口。国务院外经贸主管部门会同国务院有关部门，制定、调整并公布禁止或者限制出口的技术目录。出口属于限制出口的技术，应当向技术出口经营者所在地的省、自治区、直辖市商务主管部门（以下简称地方商务主管部门）提出申请。地方商务主管部门收到技术出口申请后，应当会同同级科技管理部门对申请出口的技术进行审查，并作出批准或者不批准的决定。限制出口的技术需经有关部门进行保密审查的，按照国家有关规定执行。技术出口申请经批准的，由地方商务主管部门发给技术出口许可意向书，申请人取得技术出口许可意向书后，方可对外进行实质性谈判，签订技术出口合同。申请人签订技术出口合同后，应当向地方商务主管部门提交下列文件，申请技术出口许可证：技术出口许可意向书；技术出口合同副本；技术资料出口清单；签约双方法律地位的证明文件。地方商务主管部门对技术出口合同的真实性进行审查，对技术出口作出许可或者不许可的决定。技术出口经许可的，技术出口合同自技术出口许可证颁发之日起生效。

对属于自由出口的技术，国家实行合同登记管理。出口属于自由出口的技术，合同自依法成立时生效，不以登记为合同生效的条件。出口属于自由出口的技术，应当向地方商务主管部门办理登记，并提交下列文件：技术出口合同登记申请书；技术出口合同副本；签约双方法律地位的证明文件。地方商务主管部门应当自收到规定文件之日起 3 个工作日内，对技术出口合同进行登记，颁发技术出口合同登记证。申请人凭技术出口许可证或者技术出口合同登记证办理外汇、银行、税务、海关等相关手续。经许可或者登记的技术出口合同，合同的主要内容发生变更的，应当重新办理许可或者登记手续。经许可或者登记的技术出口合同终止的，应当及时向地方商务主管部门备案。

第四节　国际服务贸易管理制度

【背景资料】　**《服务贸易总协定》简介**

《服务贸易总协定》(General Agreement on Trade in Service，GATS) 是世界贸易组织管辖的一项多边贸易协议。《服务贸易总协定》由三大部分组成：一是协定条款本身，又称为框架协定；二是部门协议；三是各成员的市场准入承诺单。《服务贸易总协定》本身条款由序言和6个部分共29条组成。前28条为框架协议，规定了服务贸易自由化的原则和规则，第29条为附件（共有8个附件)。主要内容包括：范围和定义、一般义务和纪律、具体承诺、逐步自由化、机构条款、最后条款等，其核心是最惠国待遇、国民待遇、市场准入、透明度及支付的款项和转拨的资金的自由流动。《服务贸易总协定》适用于各成员采取的影响服务贸易的各项政策措施，包括中央政府、地区或地方政府和当局及其授权行使权力的非政府机构所采取的政策措施。

《服务贸易总协定》的宗旨是在透明度和逐步自由化的条件下，扩大全球服务贸易，并促进各成员的经济增长和发展中国家成员服务业的发展。协定考虑到各成员服务贸易发展的不平衡，允许各成员对服务贸易进行必要的管理，鼓励发展中国家成员通过提高其国内服务能力、效率和竞争力，更多地参与世界服务贸易。

《服务贸易总协定》规定国际服务贸易具体包括4种方式：(1) 跨境交付(cross-border supply)； (2) 境外消费 (consumption abroad)； (3) 商业存在(commercial presence)；(4) 自然人流动 (movement of natural persons)。《服务贸易总协定》列出服务行业包括以下12个部门：商业、通讯、建筑、销售、教育、环境、金融、卫生、旅游、娱乐、运输、其他，具体分为一百六十多个分部门。协定规定了各成员必须遵守的普遍义务与原则，磋商和争端解决的措施步骤。根据协定的规定，世界贸易组织成立了服务贸易理事会，负责协定的执行。[①]

在经济全球化的背景下，国际服务贸易迅速发展，成为对外贸易中重要的组成部分。《对外贸易法》规定了我国对国际服务贸易原则上不实行自由贸易，而是根据所缔结或参加的国际条约、协定所作的承诺，给予其他缔约方、参与方市场准入和国民待遇。本节主要阐述了国际服务贸易的概念和特征以及我国对国际服务贸易的监督和管理制度。

一、国际服务贸易的概念、特征和种类

根据世界贸易组织《服务贸易总协定》，国际服务贸易是指服务提供者从一国境内，通过商业现场或自然人现场向消费者提供服务，并获取外汇收入的过程，具体包括跨境交付、境外消费、商业存在、自然人流动等形式，其内容十分广泛。

与货物进出口贸易不同，国际服务贸易具有以下特征：(1) 国际服务贸易属于无形贸易，其所提供的服务，无论是金融、运输、广告还是律师、会计等，都是一种无形交易。

① 参见 http：//www.doshk.com/left _ sec.asp? lei=&id=162&lid=36。

(2) 国际服务贸易的对象主要是智力劳动，不是具体商品，例如专利、版权、法律、会计等知识。(3) 国际服务贸易具有生产、销售与消费的同时性、非储存性和非转移性等特征，没有泾渭分明的生产、流通、消费环节。(4) 国际服务贸易的统计数字无法在国家海关的进出口统计表上显示出来，一般显示于各国的国际收支平衡表中。(5) 国际服务贸易与国际货物贸易的监管方式大不相同。对于货物贸易而言，各国通常以进出口关税、进出口许可证、配额等非关税措施作为保护贸易或贸易自由化的手段；而服务贸易不通过海关，用以上手段无法进行监管，一般只能通过国内相关立法，通过服务提供者的主体资格限制、股权限制、经营范围限制、税收歧视或补贴歧视等加强监督和管理。

国际服务贸易大体包括以下15类：(1) 国际运输；(2) 国际旅游；(3) 跨国银行、国际融资公司及其他金融服务；(4) 国际保险和再保险；(5) 国际信息处理；(6) 建筑和工程承包等劳务输出；(7) 国际咨询服务；(8) 广告、设计、会计管理等服务项目；(9) 国家租赁；(10) 国际电讯服务；(11) 维修、保修、技术指导等售后服务；(12) 国际视听服务；(13) 教育、卫生、文化艺术等国际交流服务；(14) 商业批发和零售服务；(15) 其他官方国际服务等。

二、我国对国际服务贸易的监督和管理

过去，我国为促进国际服务贸易的逐步发展，根据我国所缔结或者参加的国际条约、协定中所作的承诺，给予其他缔约方、参加方市场准入和国民待遇；对于没有条约、协定关系的其他国家，根据互惠及对等原则，发展相互间的服务贸易。“入世”之后，我国进一步认识到国际服务贸易对国民经济增长和发展的重要性，通过立法不断加强对服务贸易的监督和管理，《保险法》和《商业银行法》的修改以及《银行业监督管理法》的出台便是其中一例。为了履行“入世”承诺的义务，我国在立法过程中强化了对服务市场准入、国民待遇以及逐步自由化的研究，确保国家在国际服务贸易中的经济安全，并依照《对外贸易法》和其他有关法律、行政法规，对国际服务贸易进行监督和管理。

依据一般例外和安全例外的规定，我国对国际服务贸易进行如下限制或禁止：

(一) 限制的情形

国家可以基于下列原则限制国际服务贸易：(1) 为维护国家安全或者社会公共利益；(2) 为保护生态环境；(3) 为建立或者加快建立国内特定的服务行业；(4) 为保障国家外汇收支平衡；(5) 法律、行政法规规定的其他限制。

(二) 禁止的情形

国家禁止的国际服务贸易主要有下列情形：(1) 危害国家安全或者社会公共利益的；(2) 违反中华人民共和国承担的国际义务的；(3) 法律、行政法规禁止的。

第五节 反倾销法律制度

【案例 10—1】 中国“入世”后首起反倾销案：进口铜版纸反倾销调查案①

商务部于2003年8月6日发布第35号公告，宣布了对原产于韩国、日本、

① 参见 http://www.paper.com.cn/news/daynews/03080713.htm。

美国和芬兰的进口铜版纸反倾销调查案的终裁决定。

中国铜版纸市场在1999年以前一直为进口铜版纸所垄断，每吨单价在1万元左右，最高曾达1.4万元。而国内铜版纸企业尽管自1996年开始就陆续有项目投产，但竞争力不强，市场占有率不高。直到1999年江苏金东、苏州紫兴等现代化大型铜版纸企业投产，才真正打破了国外产品对中国市场的垄断支配地位。2001年，进口铜版纸为了保住在中国市场的份额，开始大幅度降低出口到中国的产品价格。其中，韩国出口至中国的铜版纸到岸价格由2000年的平均每吨约750美元，降至2001年的每吨约640美元；美国和日本的铜版纸出口价也大幅下降。2001年8月13日，中韩纸业首开民间谈判。在位于江苏镇江的中国最大的铜版纸企业金东纸业，中方5家企业和韩方6家工厂的代表就韩国铜版纸在中国市场的低价销售问题激烈交锋。当时的势力对比是：韩方6家企业的铜版纸生产能力为年产140万吨，而中方只有金东纸业的年生产能力达到约60万吨，其余均在2万吨到8万吨之间。结果不了了之。2001年12月29日，当时国内最具代表性的4家铜版纸企业江苏金东、山东泉林、上海江南和山东万豪，向外经贸部公平贸易局和国家经贸委产业损害调查局，正式提出了针对美、韩、日、芬四国的反倾销申诉。2002年2月6日，外经贸部发布立案公告，决定对原产于韩国、日本、美国和芬兰的进口铜版纸进行反倾销调查。2002年11月26日，外经贸部发布初裁公告，确定被调查产品存在倾销，国内产业存在实质损害，同时两者之间存在因果关系，因此自公告之日起，对美、日、韩三国进口铜版纸按倾销幅度征收一定的现金保证金。接着，商务部于2003年公告，中国从2003年8月6日起对日、韩进口铜版纸实施反倾销措施，实施期限为5年。

2008年8月5日，商务部应金东纸业（江苏）股份有限公司、山东晨鸣纸业集团股份有限公司、潍坊恒联铜版纸有限公司代表中国铜版纸产业提出的申请，决定对原产于日本和韩国的进口铜版纸所适用的反倾销措施进行期终复审调查。经调查，商务部认为，如果终止原反倾销措施，原产于日本和韩国的进口铜版纸对中国的倾销可能继续发生，原产于日本和韩国的进口铜版纸对中国国内产业造成的损害可能再度发生。因此，根据《中华人民共和国反倾销条例》第50条及国务院关税税则委员会的决定，商务部自2009年8月5日起，继续对原产于日本和韩国的进口铜版纸实施反倾销措施，实施期限为5年。①

【案例10—2】 **欧盟对华光伏反倾销案**

2012年7月，一些欧盟企业向欧盟委员会正式提交了对中国光伏产品反倾销立案调查的申请。根据规定，欧盟须在9月6日前决定是否立案。9月6日，欧盟正式宣布对华光伏组件、关键零部件如硅片等发起反倾销调查，涉及产品范畴超过此前美国“双反案”，涉案金额超过200亿美元，是迄今为止欧盟对华发起的最大规模贸易诉讼。这对已入寒冬的中国光伏企业是致命性打击。

2013年6月5日，欧盟委员会公布对中国光伏产品反倾销调查初裁结果，决

① 参见《商务部对进口日韩铜版纸继续实施反倾销措施》，载财经网，http：//www.caijing.com.cn/2009-08-04/110220397.html。

定从6月6日至8月6日对涉案中国光伏产品征收11.8%的临时反倾销税。

2013年12月5日，欧盟对原产于中国的晶体硅光伏组件及关键零部件作出反倾销终裁，并接受121家中国企业的价格承诺。该措施于2013年12月6日正式生效，并于2015年12月7日到期。涉案产品在欧盟合并关税编码分别为ex85013100、ex85013200、ex85013300、ex85013400、ex85016120、ex85016180、ex85016200、ex85016300、ex85016400、ex85414090。

反倾销是当代国际贸易最重要的法律规范之一。反倾销规则不仅反对以倾销作为不正当的国际竞销手段，而且限制滥用“反倾销”措施作为贸易保护主义的手段。本节主要阐述了倾销与反倾销的概念、反倾销的调查程序、反倾销措施的种类以及反倾销措施中反倾销税和价格承诺的期限和复审。

一、倾销与反倾销概述

（一）倾销、反倾销与反倾销法

所谓倾销，在我国是指在正常贸易过程中进口产品以低于其正常价值的出口价格进入中华人民共和国市场。倾销的目的在于迫使竞争对手退出市场，打垮竞争对手，从而实现对外经济扩张。倾销不仅对进口国经济造成不良影响，而且对出口国和第三国也有一定影响，但对进口国经济的影响最为直接，会严重损害进口国同类产品的生产和销售。反倾销是指在进口产品以低于其正常价值的方式进入一国市场，并对该国已经建立的国内产业造成实质损害或者产生实质损害威胁，或者对该国建立国内产业造成实质阻碍的情况下，该国采取的应对措施，包括临时措施、价格承诺和征收反倾销税。因此，为抵制倾销对本国经济造成的不良影响，目前许多国家都制定了反倾销法。

我国国务院于2001年10月31日制定了《中华人民共和国反倾销条例》（以下简称《反倾销条例》），自2002年1月1日起施行。之后，根据2004年3月31日国务院《关于修改〈中华人民共和国反倾销条例〉的决定》进行了修订。2003年9月29日商务部通过《反倾销产业损害调查规定》，2003年10月17日公布，自公布之日起30日后开始施行。

（二）倾销的确定

按照我国《反倾销条例》的规定，对倾销的调查和确定，由商务部负责。《反倾销产业损害调查规定》进一步明确，商务部负责反倾销产业损害的调查，对涉及农产品的反倾销产业损害调查，则由商务部会同农业部进行。

确定进口产品的正常价值和出口价格是进行反倾销调查、认定倾销是否成立的关键。由于各国确定正常价值的方法各不相同，因而经常发生争议。

1. 进口产品的正常价值的确定

在我国，确定进口产品的正常价值，应当区别不同情况按照下列方法确定：

(1) 进口产品的同类产品，在出口国（地区）国内市场的正常贸易过程中有可比价格的，以该可比价格为正常价值；

(2) 进口产品的同类产品，在出口国（地区）国内市场的正常贸易过程中没有销售的，或者该同类产品的价格、数量不能据以进行公平比较的，以该同类产品出口到一个适当第三国（地区）的可比价格或者以该同类产品在原产国（地区）的生产成本加合理费用、利润，为正常价值。

进口产品不直接来自原产国（地区）的，按照上述第（1）种方法确定正常价值；但是，在产品仅通过出口国（地区）转运、产品在出口国（地区）无生产或者在出口国（地区）中不存在可比价格等情形下，可以以该同类产品在原产国（地区）的价格为正常价值。

2. 进口产品的出口价格的确定

进口产品的出口价格的确定在我国主要有两种方法：

（1）进口产品有实际支付或者应当支付的价格的，以该价格为出口价格；

（2）进口产品没有出口价格或者其价格不可靠的，以根据该进口产品首次转售给独立购买人的价格推定的价格为出口价格；但是，该进口产品未转售给独立购买人或者未按进口时的状态转售的，可以以商务部根据合理基础推定的价格为出口价格。

本章【案例10—1】中，调查机关对于韩国纸业制造商的出口进行审查时发现，该公司对于中国的销售一部分由公司直接进口，一部分则通过位于韩国的非关联贸易公司进行，纸业制造商知道其最终货物将销往中国。对于后一种情况，调查机关决定按照该纸业制造商与非关联公司之间交易的价格确定出口价格。

3. 实质条件的确定

对进口国已经建立的国内产业造成实质损害或者产生实质损害威胁，或者对该国建立国内产业造成实质阻碍，是确定反倾销成立、征收反倾销税的实质条件。就我国而言，国内产业是指中华人民共和国国内同类产品的全部生产者，或者其总产量占国内同类产品全部总产量的主要部分的生产者；但是，国内生产者与出口经营者或者进口经营者有关联的，或者其本身为倾销进口产品的进口经营者的，可以排除在国内产业之外。实质损害是指对国内产业已经造成的、不可忽略的损害。实质损害威胁是指对国内产业尚未造成实质损害，但有证据表明如果不采取措施将导致国内产业实质损害发生的明显可预见和迫近的情形。实质阻碍是对国内产业未造成实质损害或者实质损害威胁，但严重阻碍了国内产业的建立。在特殊情形下，国内一个区域市场中的生产者，在该市场中销售其全部或者几乎全部的同类产品，并且该市场中同类产品的需求主要不是由国内其他地方的生产者供给的，可以视为一个单独产业。同类产品是指与倾销进口产品相同的产品；没有相同产品的，以与倾销进口产品的特性最相似的产品为同类产品。

在确定倾销对国内产业造成的损害时，应当审查下列事项：（1）倾销进口产品的数量，包括倾销进口产品的绝对数量或者相对于国内同类产品生产或者消费的数量是否大量增加，或者倾销进口产品大量增加的可能性；（2）倾销进口产品的价格，包括倾销进口产品的价格削减或者对国内同类产品的价格产生大幅度抑制、压低等影响；（3）倾销进口产品对国内产业的相关经济因素和指标的影响；（4）倾销进口产品的出口国（地区）、原产国（地区）的生产能力、出口能力，被调查产品的库存情况；（5）造成国内产业损害的其他因素。

本章【案例10—1】中，调查机关对于被调查产品进口数量、进口价格对国内同类产品数量和价格的影响以及对国内铜版纸业的影响进行了调查分析。结果表明，在产业损害调查期间（1999年1月1日至2001年12月31日），中国同类产品增产受到抑制，产业利润急剧下降，申请企业处于严重亏损状态，库存居高不下等。这些分析表明，中国铜版纸业受到了实质性损害。①

---

① 参见李艳芳主编：《经济法案例分析》，2版，422页，北京，中国人民大学出版社，2006。

对实质损害威胁的确定，应当依据事实，不得仅依据指控、推测或者极小的可能性。在确定倾销对国内产业造成的损害时，应当依据肯定性证据，不得将造成损害的非倾销因素归因于倾销。

二、反倾销调查程序

反倾销调查程序主要包括：申请、立案调查、初裁和终裁决定这三个阶段。

(一) 申请

国内产业或者代表国内产业的自然人、法人或者有关组织（以下统称为申请人），可以依照《反倾销条例》的规定向商务部提出反倾销调查的书面申请。我国《反倾销条例》第14条、第15条对申请书应当包括的内容以及同时应当附具的证据作了明确的规定。

(二) 立案调查

商务部应当自收到申请人提交的申请书及有关证据之日起60天内，对申请是否由国内产业或者代表国内产业提出、申请书内容及所附具的证据等进行审查，决定立案调查或者不立案调查。在决定立案调查前，应当通知有关出口国（地区）政府。在表示支持申请或者反对申请的国内产业中，支持者的产量占支持者和反对者的总产量的50%以上的，应当认定申请是由国内产业或者代表国内产业提出，可以启动反倾销调查；但是，表示支持申请的国内生产者的产量不足国内同类产品总产量的25%的，不得启动反倾销调查。在特殊情形下，商务部没有收到反倾销调查的书面申请，但有充分证据认为存在倾销和损害以及二者之间有因果关系的，可以决定立案调查。

立案调查的决定，由商务部予以公告，并通知申请人、已知的出口经营者和进口经营者、出口国（地区）政府以及其他有利害关系的组织、个人（以下统称为利害关系方）。立案调查的决定一经公告，商务部应当将申请书文本提供给已知的出口经营者和出口国（地区）政府。反倾销案件的产业损害调查期通常为立案调查开始前的3年至5年。

商务部可以采用问卷、抽样、听证会、现场核查等方式向利害关系方了解情况，进行调查，但应当为有关利害关系方提供陈述意见和论据的机会。必要时，商务部可以派出工作人员赴有关国家（地区）进行调查；但是，有关国家（地区）提出异议的除外。反倾销调查，应当自立案调查决定公告之日起12个月内结束；特殊情况下可以延长，但延长期不得超过6个月。有下列情形之一的，反倾销调查应当终止，并由商务部予以公告：(1) 申请人撤销申请的；(2) 没有足够证据证明存在倾销、损害或者二者之间有因果关系的；(3) 倾销幅度低于2%的；(4) 倾销进口产品实际或者潜在的进口量或者损害属于可忽略不计的；(5) 认为不适宜继续进行反倾销调查的。来自一个或者部分国家（地区）的被调查产品有上述第2、3、4项所列情形之一的，针对所涉产品的反倾销调查应当终止。

(三) 初裁和终裁决定

商务部根据调查结果，就倾销、损害和二者之间的因果关系是否成立作出初裁决定，并予以公告。初裁决定确定倾销、损害以及二者之间的因果关系成立的，商务部应当对倾销及倾销幅度、损害及损害程度继续进行调查，并根据调查结果作出终裁决定，予以公告。在作出终裁决定前，应当由商务部将终裁决定所依据的基本事实通知所有已知的利害关系方。本章【案例10—1】中，原外经贸部和原国家经贸委于2002年11月26日所作的裁决即为初裁，2003年8月6日所作的裁决即为终裁决定。

三、反倾销措施的种类

按照《反倾销条例》的规定，反倾销措施包括临时反倾销措施、价格承诺以及反倾销税三种形式。

（一）临时反倾销措施

临时反倾销措施主要有两种：一是征收临时反倾销税，二是要求提供保证金、保函或者其他形式的担保。临时反倾销税税额或者提供的保证金、保函或者其他形式担保的金额，应当不超过初裁决定确定的倾销幅度。

临时反倾销措施实施的期限，自临时反倾销措施决定公告规定实施之日起，不超过4个月；在特殊情形下，可以延长至9个月。自反倾销立案调查决定公告之日起60天内，不得采取临时反倾销措施。

（二）价格承诺

倾销进口产品的出口经营者在反倾销调查期间，可以向商务部作出改变价格或者停止以倾销价格出口的价格承诺。商务部可以向出口经营者提出价格承诺的建议。商务部不得强迫出口经营者作出价格承诺。出口经营者不作出价格承诺或者不接受价格承诺的建议的，不妨碍对反倾销案件的调查和确定。出口经营者继续倾销进口产品的，商务部有权确定损害威胁更有可能出现。

商务部认为出口经营者作出的价格承诺能够接受并符合公共利益的，可以决定中止或者终止反倾销调查，不采取临时反倾销措施或者征收反倾销税。中止或者终止反倾销调查的决定由商务部予以公告。

商务部对倾销以及由倾销造成的损害作出肯定的初裁决定前，不得寻求或者接受价格承诺。商务部认为出口经营者作出的价格承诺能够接受并符合公共利益的，决定中止或者终止反倾销调查后，应出口经营者请求，商务部应当对倾销和损害继续进行调查；或者商务部认为有必要的，可以对倾销和损害继续进行调查。根据调查结果，作出倾销或者损害的否定裁定的，价格承诺自动失效；作出倾销和损害的肯定裁定的，价格承诺继续有效。

出口经营者违反其价格承诺的，商务部依照《反倾销条例》的规定，可以立即决定恢复反倾销调查；根据可获得的最佳信息，可以决定采取临时反倾销措施，并可以对实施临时反倾销措施前90天内进口的产品追溯征收反倾销税，但违反价格承诺前进口的产品除外。

（三）反倾销税

终裁决定确定倾销成立，并由此对国内产业造成损害的，可以征收反倾销税。征收反倾销税应当符合公共利益。反倾销税的纳税人为倾销进口产品的进口经营者。反倾销税应当根据不同出口经营者的倾销幅度，分别确定。对未包括在审查范围内的出口经营者的倾销进口产品，需要征收反倾销税的，应当按照合理的方式确定对其适用的反倾销税。反倾销税税额不超过终裁决定确定的倾销幅度。

下列两种情形并存的，可以对实施临时反倾销措施之日前90天内进口的产品追溯征收反倾销税，但立案调查前进口的产品除外：（1）倾销进口产品有对国内产业造成损害的倾销历史，或者该产品的进口经营者知道或者应当知道出口经营者实施倾销并且倾销对国内产业将造成损害的；（2）倾销进口产品在短期内大量进口，并且可能会严重破坏即将实施的反倾销税的补救效果的。商务部发起调查后，有充分证据证明前述所列两种情形并存的，可以对有关进口产品采取进口登记等必要措施，以便追溯征收反倾销税。

四、反倾销税和价格承诺的期限与复审

《反倾销条例》规定，反倾销税的征收期限和价格承诺的履行期限不超过5年；但是，经复审确定终止征收反倾销税有可能导致倾销和损害的继续或者再度发生的，反倾销税的征收期限可以适当延长。【案例10—1】中，商务部经过复审调查后认为日、韩铜版纸倾销和损害仍可能继续存在，因此继续对其实施反倾销税，实施期限为5年。

反倾销税或价格承诺生效后，商务部可以在有正当理由的情况下，决定对继续征收反倾销税或继续履行价格承诺的必要性进行复审；也可以在经过一段合理时间，应利害关系方的请求并对利害关系方提供的相应证据进行审查后，决定对继续征收反倾销税或继续履行价格承诺的必要性进行复审。根据复审结果，由商务部依照《反倾销条例》的规定提出保留、修改或者取消反倾销税的建议，国务院关税税则委员会根据其建议作出决定，由商务部予以公告；或者由商务部依照《反倾销条例》的规定作出保留、修改或者取消价格承诺的决定并予以公告。复审期限自决定复审之日起，不超过12个月；在复审期间，复审程序不妨碍反倾销措施的实施。

【背景资料】 **全球反倾销新动向**[①]

2009年5月7日，世界贸易组织秘书处发布《2008年下半年全球反倾销报告》。该报告表明，2008年下半年全球新立案数上升明显，与2007年同期相比增幅达17%；实施反倾销措施的案件数也大幅上升，增幅高达45%；中国仍是全球遭受反倾销最多的国家，但已加入实施反倾销大国的行列。

1. 全球反倾销新动向的特点

(1) 全球新立案案件数上升明显。2008年7月1日～12月31日，共有15个世界贸易组织成员发起了120起反倾销调查，与2007年同期14个世界贸易组织成员发起的103起相比有明显上升，增幅达17%。

(2) 实施反倾销措施的案件数大幅上升。2008年7月1日～12月31日，共有11个世界贸易组织成员采取了81起最终反倾销措施，比2007年同期的56起上升45%。其中由发达成员实施的最终反倾销措施从2007年下半年的11起上升至2008年下半年的36起。从2008年全年来看，全球新实施的最终反倾销措施共为138起，与2007年的107起相比也有较大幅度的上升。

(3) 贱金属（包括铁、钢和铝质产品）和化工产品是遭遇反倾销最多的产品。2008年下半年，在所有新立案案件中，涉及贱金属的立案数位居各行业之首，共43起；其次涉案较多的是化工产品，共22起，位居第二；纺织原料和制品立案数为19起，位居第三；塑料和橡胶产品立案数为14起，位居第四位。

2. 中国遭遇反倾销和对外实施反倾销的情况

(1) 中国仍然是频频遭遇反倾销的国家之一。2008年下半年，世界贸易组织其他成员针对中国出口产品的反倾销立案案件数高达34起，比2007年同期减少了6起。从统计数据看，中国仍然在全球遭受反倾销最多；欧盟位居第二，为14

① 资料来源：中国企业新闻网，http：//www.texnet.com.cn。

起；中国台湾地区、泰国和美国位居第三，均为6起。印度尼西亚、韩国和马来西亚均为5起。根据世界贸易组织2012年发布的报告显示：2012年5月至9月份，巴西共启动27项反倾销调查，为“二十国集团”成员中发起反倾销调查次数最多的国家。①

（2）中国已加入实施反倾销大国行列。目前，印度、巴西和土耳其是全球发起反倾销最多的国家。综合来看，1995—2008年，印度、美国、欧盟是提起反倾销诉讼最多的国家。值得一提的是，发展中国家也逐渐懂得利用反倾销来保护本国的某些行业免受外国产品低价倾销的不正当竞争。如，中国从2003年至2005年成为对外实施反倾销的前三位国家之一，逐渐加入反倾销大国行列，虽然自2006年以来中国对外提起反倾销立案数和排名均有所下降，但总的来说，排名仍然比较靠前，中国已成为实施反倾销大国中的一员。

【司考真题】

1. 在进口倾销对国内产业造成实质损害的情况下，反倾销税可以追溯征收。该反倾销税可适用于下列哪些产品？（多项选择题）

A. 采取临时反倾销措施期间进口的产品

B. 发起反倾销调查前90天内进口的产品

C. 提起反倾销调查前90天进口的产品

D. 实施临时反倾销措施之日前90天内进口的产品

答案：AD。

解析：反倾销税对终局裁定公告之日后进口的产品适用，但在特殊情况下也可以追溯征收。终裁决定确定存在实质损害或实质损害威胁，并且在此前已经采取临时反倾销措施的，反倾销税可以对已经实施临时反倾销措施期间进口的产品追溯征收。对实施临时反倾销税期间进口的产品追溯征收的，采取多退少不补的原则，即：终裁决定确定的反倾销税额高于已付或应付临时反倾销税或担保金额的，差额部分不予征收；低于已付或应付临时反倾销税或担保金额的，差额部分应予退还或重新计算。因此，A项正确。2004年《反倾销条例》第36条规定，出口经营者违反其价格承诺的，商务部依照本条例的规定，可以立即决定恢复反倾销调查；根据可获得的最佳信息，可以决定采取临时反倾销措施，并可以对实施临时反倾销措施前90天内进口的产品追溯征收反倾销税，但违反价格承诺前进口的产品除外。所以D项是正确的，B、C项都是错误的。

2. 假设有下列情形：中国甲厂、乙厂和丙厂代表中国丙烯酸酯产业向主管部门提出了对原产于A国、B国和C国的丙烯酸酯进行反倾销调查的申请，经审查终局裁定确定倾销成立并对国内产业造成了损害，决定征收反倾销税。在此情形下，反倾销税的纳税人应是下列选项中的哪一个？（单项选择题）

A. 丙烯酸酯的出口人

B. 丙烯酸酯的进口经营者

C. 丙烯酸酯的中国消费者

① 参见《巴西“领跑”全球反倾销调查》，载新华网，http：//news.xinhuanet.com/world/2012-11/03/c_113594861.htm。

D. 丙烯酸酯在 A、B、C 三国的生产者

答案：B。

解析：2001 年《反倾销条例》第 40 条规定，反倾销税的纳税人为倾销进口产品的进口经营者。

3. 根据我国《反倾销条例》规定，倾销进口产品的出口经营者在反倾销调查期间，可向商务部作出改变价格或停止以倾销价格出口的价格承诺。有关价格承诺的规定，下列哪一选项是正确的？（单项选择题）

A. 商务部可以向出口经营者提出价格承诺的建议

B. 商务部在对倾销及其损害作出肯定的初步裁定之前可以寻求或接受价格承诺

C. 对出口经营者作出的价格承诺，商务部应予接受

D. 出口经营者违反其价格承诺的，商务部可以采取保障措施

答案：A。

解析：2004 年《反倾销条例》第 31 条规定：倾销进口产品的出口经营者在反倾销调查期间，可以向商务部作出改变价格或者停止以倾销价格出口的价格承诺。商务部可以向出口经营者提出价格承诺的建议。商务部不得强迫出口经营者作出价格承诺。

第六节　反补贴法律制度

【案例 10—3】　中国对原产于美国的进口太阳能级多晶硅反补贴调查案①

根据《中华人民共和国反补贴条例》（以下简称《反补贴条例》）的规定，2012 年 7 月 20 日，商务部（以下称调查机关）发布年度第 41 号公告，决定对原产于美国的进口太阳能级多晶硅（以下称被调查产品）进行反补贴立案调查。该产品归在《中华人民共和国进出口税则》：28046190。该税则号项下用于生产集成电路、分立器件等半导体产品的电子级多晶硅不在本次调查产品范围之内。

调查机关对被调查产品是否存在补贴及补贴金额、中国太阳能级多晶硅产业是否受到损害及损害程度以及补贴与损害之间的因果关系进行了调查。根据调查结果和《反补贴条例》第 25 条的规定，2013 年 9 月 16 日，调查机关发布初裁公告，认定被调查产品存在补贴，中国太阳能级多晶硅产业受到了实质损害，而且补贴与实质损害之间存在因果关系。

初步裁定后，调查机关继续对补贴和补贴金额、损害和损害程度以及补贴与损害之间的因果关系进行调查。调查结束后，根据调查结果，并依据《反补贴条例》第 26 条的规定，调查机关作出最终裁定。现将有关事项公告如下：

一、最终裁定

经过调查，调查机关最终裁定，在本案调查期内，被调查产品存在补贴，中国太阳能级多晶硅产业受到实质损害，而且补贴与实质损害之间存在因果关系。

二、被调查产品范围及措施范围

本案被调查产品及实施措施产品的具体描述如下：

① 资料来源：商务部公告 2014 年第 4 号。

调查和措施范围：原产于美国的进口太阳能级多晶硅。

被调查产品名称：太阳能级多晶硅。英文名称：Solar－Grade Polysilicon。

被调查产品的具体描述：以氯硅烷为原料采用（改良）西门子法和硅烷法等工艺生产的，用于生产晶体硅光伏电池的棒状多晶硅、块状多晶硅、颗粒状多晶硅产品。

被调查产品电学参数为：基磷电阻率＜300 欧姆·厘米（Ω·cm）；基硼电阻率＜2 600 欧姆·厘米（Ω·cm）；碳浓度＞1.0×10^{16}（at/cm^3）；n 型少数载流子寿命＜500μs；施主杂质浓度＞0.3×10^{-9}；受主杂质浓度＞0.083×10^{-9}。

主要用途：主要用于太阳能级单晶硅棒和定向凝固多晶硅锭的生产，是生产晶体硅光伏电池的主要原料。

该产品归在《中华人民共和国进出口税则》：28046190。该税则号项下用于生产集成电路、分立器件等半导体产品的电子级多晶硅不在本次调查产品范围之内。

三、征收反补贴税

根据《反补贴条例》的有关规定，调查机关向国务院关税税则委员会提出对原产于美国的进口太阳能级多晶硅征收反补贴税的建议。国务院关税税则委员会根据调查机关的建议作出决定，自 2014 年 1 月 20 日起，对原产于美国的进口太阳能级多晶硅征收反补贴税。对各公司征收的反补贴税税率如下：

1. 赫姆洛克半导体公司 2.1%
(Hemlock Semiconductor Corporation)

2. REC 太阳能级硅有限责任公司 0%
(REC Solar Grade Silicon LLC)

3. REC 先进硅材料有限责任公司 0%
(REC Advanced Silicon Materials LLC)

4. MEMC 帕萨迪纳有限公司 0%
(MEMC Pasadena，Inc.)

5. AE Polysilicon Corporation 2.1%

6. 其他美国公司（All Others） 2.1%

在补贴调查期内，原产于 REC 太阳能级硅有限责任公司的进口被调查产品从价补贴率为 0.2%，属于微量补贴；原产于 REC 先进硅材料有限责任公司和 MEMC 帕萨迪纳有限公司的进口被调查产品均未获得补贴。原产于此 3 家公司的进口被调查产品适用的反补贴税税率为 0%。

四、征收反补贴税的方法

自 2014 年 1 月 20 日起，进口经营者在进口被调查产品时，应向中华人民共和国海关缴纳相应的反补贴税。反补贴税以海关审定的完税价格从价计征，计算公式为：反补贴税额＝海关完税价格×反补贴税税率，进口环节增值税以海关审定的完税价格加上关税和反补贴税作为计税价格从价计征。

五、反补贴税的追溯征收

对自 2013 年 9 月 20 日起至 2014 年 1 月 19 日止，有关进口经营者依初裁公告向中华人民共和国海关所提供的临时反补贴税保证金，按终裁所确定的征收反补贴税的商品范围和反补贴税税率计征并转为反补贴税，并按相应的增值税税率计征进口环节增值税。在此期间有关进口经营者所提供的临时反补贴税保证金超出反补贴税的部分，以及由此多征的进口环节增值税部分，海关予以退还，少征部分则不再征收。

对实施临时反补贴措施决定公告之日前进口的原产于美国的进口太阳能级多晶硅不再追溯征收反补贴税。

六、征收反补贴税的期限

对原产于美国的进口太阳能级多晶硅征收反补贴税的实施期限自2014年1月20日起5年。

七、复审

在征收反补贴税期间，有关利害关系方可以根据《反补贴条例》的相关规定，向调查机关书面申请复审。

八、行政复议和行政诉讼

对本案终裁决定及征收反补贴税的决定不服的，根据《反补贴条例》第五十二条的规定，可以依法申请行政复议，也可以依法向人民法院提起诉讼。

九、本公告自2014年1月20日起执行。

2001年10月31日国务院制定了《中华人民共和国反补贴条例》（以下简称《反补贴条例》），1997年3月25日国务院发布的《中华人民共和国反倾销和反补贴条例》中关于反补贴的规定同时废止。2004年3月31日，国务院对《反补贴条例》进行了修订，自2004年6月1日起施行。2003年9月29日商务部通过了《反补贴产业损害调查规定》，2003年10月17日公布，自公布之日起30日后开始施行。

一、补贴与反补贴

补贴是指出口国（地区）政府或者其任何公共机构［以下统称出口国（地区）政府］提供的并为接受者带来利益的财政资助以及任何形式的收入或者价格支持，其目的在于提高出口商品在国际市场上的竞争力。补贴分为直接补贴和间接补贴：前者是由出口国（地区）政府给本国出口商以现金贴补，借以弥补出口商品的经济损失或确保其能获得较高利润；后者则是由出口国（地区）政府给本国出口商提供财政上的优惠或技术上的支持等，如进行减、免、退税或提供出口担保、低息贷款。

补贴是一国政府干预经济的重要方式，最早始于20世纪60年代，它一方面可以鼓励出口的积极性，促进生产发展；另一方面可以提高出口商品的国际竞争力，扩大出口创汇。然而补贴使得没有补贴的国家的同类商品的生产和销售遭受重大损失，因此国际社会普遍认为补贴属于人为扭曲或改变国际市场竞争地位的一种不公平、不正当手段。为弥补补贴造成的不良影响，各国都陆续制定了反补贴法。反补贴是一成员方对另一成员方对某一出口产品给予财政或公共性的经济补贴而采取的限制进口的措施，包括临时措施、承诺和征收反补贴税。按照我国《反补贴条例》的规定，进口产品存在补贴，并对已经建立的国内产业造成实质损害或者产生实质损害威胁，或者对建立国内产业造成实质阻碍的，商务部可以进行调查，采取反补贴措施。

对于所谓的财政资助而言，具体包括：（1）出口国（地区）政府以拨款、贷款、资本注入等形式直接提供资金，或者以贷款担保等形式潜在地直接转让资金或者债务；（2）出口国（地区）政府放弃或者不收缴应收收入；（3）出口国（地区）政府提供除一般基础设施以外的货物、服务，或者由出口国（地区）政府购买货物；（4）出口国（地区）政府通过向筹资机构付款，或者委托、指令私营机构履行上述职能。

依法进行调查、采取反补贴措施的补贴，必须具有专向性，这是认定补贴成立的一个关键。具有下列情形之一的补贴，具有专向性：（1）由出口国（地区）政府明确确定的某些企业、产业获得的补贴；（2）由出口国（地区）法律、法规明确规定的某些企业、产业获得的补贴；（3）指定特定区域内的企业、产业获得的补贴；（4）以出口实绩为条件获得的补贴，包括《反补贴条例》所附出口补贴清单列举的各项补贴；（5）以使用本国（地区）产品替代进口产品为条件获得的补贴。在确定补贴专向性时，还应当考虑接受补贴企业的数量和企业接受补贴的数额、比例、时间以及给予补贴的方式等因素。

进口产品的补贴金额，应当区别不同情况，按照下列方式计算：（1）以无偿拨款形式提供补贴的，补贴金额以企业实际接受的金额计算；（2）以贷款形式提供补贴的，补贴金额以接受贷款的企业在正常商业贷款条件下应支付的利息与该项贷款的利息差额计算；（3）以贷款担保形式提供补贴的，补贴金额以在没有担保情况下企业应支付的利息与有担保情况下企业实际支付的利息之差计算；（4）以注入资本形式提供补贴的，补贴金额以企业实际接受的资本金额计算；（5）以提供货物或者服务形式提供补贴的，补贴金额以该项货物或者服务的正常市场价格与企业实际支付的价格之差计算；（6）以购买货物形式提供补贴的，补贴金额以政府实际支付价格与该项货物正常市场价格之差计算；（7）以放弃或者不收缴应收收入形式提供补贴的，补贴金额以依法应缴金额与企业实际缴纳金额之差计算。对其他形式补贴，按照公平、合理的方式确定补贴金额。

损害，是指补贴对已经建立的国内产业造成实质损害或者产生实质损害威胁，或者对建立国内产业造成实质阻碍。对损害的调查和确定，由商务部负责；其中，涉及农产品的反补贴国内产业损害调查，由商务部会同农业部进行。

在确定补贴对国内产业造成的损害时，应当审查下列事项：（1）补贴可能对贸易造成的影响；（2）补贴进口产品的数量，包括补贴进口产品的绝对数量或者相对于国内同类产品生产或者消费的数量是否大量增加，或者补贴进口产品大量增加的可能性；（3）补贴进口产品的价格，包括补贴进口产品的价格削减或者对国内同类产品的价格产生大幅度抑制、压低等影响；（4）补贴进口产品对国内产业的相关经济因素和指标的影响；（5）补贴进口产品出口国（地区）、原产国（地区）的生产能力、出口能力，被调查产品的库存情况；（6）造成国内产业损害的其他因素。对实质损害威胁的确定，应当依据事实，不得仅依据指控、推测或者极小的可能性。在确定补贴对国内产业造成的损害时，应当依据肯定性证据，不得将造成损害的非补贴因素归因于补贴。

国内产业，是指中华人民共和国国内同类产品的全部生产者，或者其总产量占国内同类产品全部总产量的主要部分的生产者；但是，国内生产者与出口经营者或者进口经营者有关联的，或者其本身为补贴产品或者同类产品的进口经营者的，应当排除。在特殊情形下，国内一个区域市场中的生产者，在该市场中销售其全部或者几乎全部的同类产品，并且该市场中同类产品的需求主要不是由国内其他地方的生产者供给的，可以视为一个单独产业。

同类产品，是指与补贴进口产品相同的产品；没有相同产品的，以与补贴进口产品的特性最相似的产品为同类产品。

二、反补贴调查程序

（一）申请

国内产业或者代表国内产业的自然人、法人或者有关组织（以下统称为申请人），可以依照《反补贴条例》的规定向商务部提出反补贴调查的书面申请。我国《反补贴条例》第14条、第15条对申请书应当包括的内容以及同时应当附具的证据作了明确的规定。

（二）立案调查

商务部应当自收到申请人提交的申请书及有关证据之日起60天内，对申请是否由国内产业或者代表国内产业提出、申请书内容及所附具的证据等进行审查，并决定立案调查或者不立案调查。在特殊情形下，可以适当延长审查期限。

在决定立案调查前，应当就有关补贴事项向可能被调查的国家（地区）政府发出进行磋商的邀请。

在表示支持申请或者反对申请的国内产业中，支持者的产量占支持者和反对者的总产量的50%以上的，应当认定申请是由国内产业或者代表国内产业提出，可以启动反补贴调查；但是，表示支持申请的国内生产者的产量不足国内同类产品总产量的25%的，不得启动反补贴调查。

在特殊情形下，商务部没有收到反补贴调查的书面申请，但有充分证据认为存在补贴和损害以及二者之间有因果关系的，可以决定立案调查。

立案调查的决定，由商务部予以公告，并通知申请人、已知的出口经营者、进口经营者以及其他有利害关系的组织、个人（以下统称为利害关系方）和出口国（地区）政府。立案调查的决定一经公告，商务部应当将申请书文本提供给已知的出口经营者和出口国（地区）政府。

商务部可以采用问卷、抽样、听证会、现场核查等方式向利害关系方了解情况，进行调查。商务部应当为有关利害关系方、利害关系国（地区）政府提供陈述意见和提出论据的机会。商务部认为必要时，可以派出工作人员赴有关国家（地区）进行调查；但是，有关国家（地区）提出异议的除外。

反补贴调查，应当自立案调查决定公告之日起12个月内结束；特殊情况下可以延长，但延长期不得超过6个月。有下列情形之一的，反补贴调查应当终止，并由商务部予以公告：(1) 申请人撤销申请的；(2) 没有足够证据证明存在补贴、损害或者二者之间有因果关系的；(3) 补贴金额为微量补贴的；(4) 补贴进口产品实际或者潜在的进口量或者损害属于可忽略不计的；(5) 通过与有关国家（地区）政府磋商达成协议，不需要继续进行反补贴调查的；(6) 商务部认为不适宜继续进行反补贴调查的。来自一个或者部分国家（地区）的被调查产品有前述(2)、(3)、(4)、(5) 所列情形之一的，针对所涉产品的反补贴调查应当终止。

（三）初裁和终裁决定

商务部根据调查结果，就补贴、损害和二者之间的因果关系是否成立作出初裁决定，并予以公告。初裁决定确定补贴、损害以及二者之间的因果关系成立的，商务部应当对补贴及补贴金额、损害及损害程度继续进行调查，并根据调查结果作出终裁决定，予以公告。在作出终裁决定前，应当由商务部将终裁决定所依据的基本事实通知所有已知的利害关系方、利害关系国（地区）政府。

三、反补贴措施的种类

按照《反补贴条例》的规定，反补贴措施包括临时反补贴措施、价格承诺和反补贴税三种形式。

（一）临时反补贴措施

初裁决定确定补贴成立，并由此对国内产业造成损害的，可以采取临时反补贴措施。临时反补贴措施采取以保证金或者保函作为担保的征收临时反补贴税的形式。采取临时反补贴措施，由商务部提出建议，国务院关税税则委员会根据商务部的建议作出决定，由商务部予以公告。海关自公告规定实施之日起执行。临时反补贴措施实施的期限，自临时反补贴措施决定公告规定实施之日起，不超过 4 个月。自反补贴立案调查决定公告之日起 60 天内，不得采取临时反补贴措施。

（二）价格承诺

在反补贴调查期间，出口国（地区）政府提出取消、限制补贴或者其他有关措施的承诺，或者出口经营者提出修改价格的承诺的，商务部应当予以充分考虑。商务部可以向出口经营者或者出口国（地区）政府提出有关价格承诺的建议。商务部不得强迫出口经营者作出承诺。出口经营者、出口国（地区）政府不作出承诺或者不接受有关价格承诺的建议的，不妨碍对反补贴案件的调查和确定。出口经营者继续补贴进口产品的，商务部有权确定损害威胁更有可能出现。

商务部认为承诺能够接受并符合公共利益的，可以决定中止或者终止反补贴调查，不采取临时反补贴措施或者征收反补贴税。中止或者终止反补贴调查的决定由商务部予以公告。商务部不接受承诺的，应当向有关出口经营者说明理由。

商务部对补贴以及由补贴造成的损害作出肯定的初裁决定前，不得寻求或者接受承诺。在出口经营者作出承诺的情况下，未经其本国（地区）政府同意的，商务部不得寻求或者接受承诺。

商务部认为承诺能够接受并符合公共利益的，决定中止或者终止反补贴调查后，应出口国（地区）政府请求，商务部应当对补贴和损害继续进行调查；或者商务部认为有必要的，可以对补贴和损害继续进行调查。根据调查结果，作出补贴或者损害的否定裁定的，承诺自动失效；作出补贴和损害的肯定裁定的，承诺继续有效。

对于违反承诺的，商务部可依法立即决定恢复反补贴调查；根据可获得的最佳信息，可以决定采取临时反补贴措施，并可以对实施临时反补贴措施前 90 天内进口的产品追溯征收反补贴税，但违反承诺前进口的产品除外。

（三）反补贴税

在为完成磋商的努力没有取得效果的情况下，终裁决定确定补贴成立，并由此对国内产业造成损害的，可以征收反补贴税。征收反补贴税应当符合公共利益。征收反补贴税，由商务部提出建议，国务院关税税则委员会根据商务部的建议作出决定，由商务部予以公告。海关自公告规定实施之日起执行。反补贴税的纳税人为补贴进口产品的进口经营者。反补贴税应当根据不同出口经营者的补贴金额，分别确定。反补贴税税额不得超过终裁决定确定的补贴金额。

终裁决定确定存在实质损害，并在此前已经采取临时反补贴措施的，反补贴税可以对已经实施临时反补贴措施的期间追溯征收。终裁决定确定存在实质损害威胁，在先前不采取临时反补贴措施将会导致后来作出实质损害裁定的情况下已经采取临时反补贴措施的，反补贴税可以对已经实施临时反补贴措施的期间追溯征收。终裁决定确定的反补贴税，高于保证金或者保函所担保的金额的，差额部分不予收取；低于保证金或者保函所担保的金额的，差额部分应当予以退还。

下列三种情形并存的，必要时可以对实施临时反补贴措施之日前90天内进口的产品追溯征收反补贴税：(1) 补贴进口产品在较短的时间内大量增加；(2) 此种增加对国内产业造成难以补救的损害；(3) 此种产品得益于补贴。

终裁决定确定不征收反补贴税的，或者终裁决定未确定追溯征收反补贴税的，对实施临时反补贴措施期间已收取的保证金应当予以退还，保函应当予以解除。

四、反补贴税和承诺的期限与复审

反补贴税的征收期限和承诺的履行期限不超过5年，但是，经复审确定终止征收反补贴税有可能导致补贴和损害的继续或者再度发生的，反补贴税的征收期限可以适当延长。

反补贴税或承诺生效后，商务部可以在有正当理由的情况下，决定对继续征收反补贴税或继续履行承诺的必要性进行复审；也可以在经过一段合理时间，应利害关系方的请求并对利害关系方提供的相应证据进行审查后，决定对继续征收反补贴税或继续履行承诺的必要性进行复审。根据复审结果，由商务部依照《反补贴条例》的规定提出保留、修改或者取消反补贴税的建议，国务院关税税则委员会根据商务部的建议作出决定，由商务部予以公告；或者由商务部依照《反补贴条例》的规定，作出保留、修改或者取消承诺的决定并予以公告。复审期限自决定复审开始之日起，不超过12个月。在复审期间，复审程序不妨碍反补贴措施的实施。

【司考真题】

1. 根据《反补贴条例》的规定，下列哪些补贴属于有专向性的补贴？(不定项选择题)

A. 由出口国法律明确规定的某些企业获得的补贴

B. 环保组织以改善环保为条件对企业提供的赠款

C. 指定特定区域内的企业、产业获得的补贴

D. 世界银行对贫困地区提供的无息贷款

答案：AC。

解析：《反补贴条例》第4条规定：依照本条例进行调查、采取反补贴措施的补贴，必须具有专向性。具有下列情形之一的补贴，具有专向性：(1) 由出口国（地区）政府明确确定的某些企业、产业获得的补贴；(2) 由出口国（地区）法律、法规明确规定的某些企业、产业获得的补贴；(3) 指定特定区域内的企业、产业获得的补贴；(4) 以出口实绩为条件获得的补贴，包括本条例所附出口补贴清单列举的各项补贴；(5) 以使用本国（地区）产品替代进口产品为条件获得的补贴。在确定补贴专向性时，还应当考虑接受补贴企业的数量和企业接受补贴的数额、比例、时间以及给予补贴的方式等因素。根据上述规定可知，本题的正确答案是A、C项。

2. 根据《反补贴条例》规定，下列有关补贴认定的说法中，何者为正确？(单项选择题)

A. 补贴不必具有专向性

B. 补贴必须由政府直接提供

C. 接受者必须获得利益

D. 必须采取支付货币的形式

答案：C。

解析：《反补贴条例》第3条规定：补贴是指出口国（地区）政府或者其任何公共机构提供的并为接受者带来利益的财政资助以及任何形式的收入或者价格支持。其中，“财政资助”包括：(1) 出口国（地区）政府以拨款、贷款、资本注入等形式直接提供资金，或者以贷款担保等形式潜在地直接转让资金或者债务；(2) 出口国（地区）政府放弃或者不收缴应收收入；(3) 出口国（地区）政府提供除一般基础设施以外的货物、服务，或者由出口国（地区）政府购买货物；(4) 出口国（地区）政府通过向筹资机构付款，或者委托、指令私营机构履行上述职能。

第七节 保障措施法律制度

【案例10—4】 **美国钢铁保障案**

考虑到明显的财务损失、利润、投资回报和市场份额的下降，美国前总统布什于2001年6月5日针对美国钢铁产业面临的挑战宣布一项全面的动议。作为动议的一部分，他指示贸易代表办公室（USTR）要求美国国际贸易委员会（USITC）在201条款下启动有关钢铁进口对美国国内钢铁产业影响的调查。

2001年6月28日，USITC对来自巴西、日本、中国、韩国和欧盟等国家和地区的4类钢铁产品进行调查。2001年12月19日，USITC向美国总统递交其在201条款下有关钢铁产品进口调查的报告。2002年3月5日，布什在一份公告中宣布，对来自巴西、日本、中国、韩国和欧盟等国家和地区的某些钢铁产品进行不同形式的保障措施的裁决。美国政府实施201临时保障措施引起强烈反应。巴西、日本、中国、韩国、新西兰、瑞士和欧盟等15国共21个成员联合向世界贸易组织提出指控。保障措施同时引发了一种“多米诺骨牌效应”，挑起了国家间的“钢铁大战”：2002年前9个月里就有116件来自其他国家的对美国产品的保障调查，其中94件来自欧盟和加拿大等国家和地区的“钢铁工业”。欧盟、加拿大等国和地区对美国的这种保障措施反应较大：2002年3月27日欧盟宣布并于3月29日开始对15类进口钢铁产品采取临时保障措施，9月29日对7类进口钢铁产品实施最终保障措施；加拿大于2002年3月21日发起钢铁产品保障措施调查，10月19日，加拿大国际贸易法庭向总督提交了调查结果报告以及建议采取的救济措施；捷克、波兰等其他一些国家或地区也针对进口钢铁产品发起了保障措施调查或者采取了其他限制进口的措施。

2003年7月11日，世界贸易组织美国201钢铁保障措施案专家组向世界贸易组织成员散发了专家组报告，裁定美国的措施违反世界贸易组织规则。世界贸易组织专家组作出裁决后，美国不服，提出：“我们不同意世界贸易组织的裁决，因此将上诉”。官司上诉到世界贸易组织上诉机构。经过数月的调查和论辩，2003年11月10日，世界贸易组织上诉机构宣布，基本维持了当年7月专家组的裁决，确认美国实施的钢铁保障措施违反了世界贸易组织相关规则。此次世界贸易组织上诉机构所作的裁决是最终裁决。①

美国钢铁保障措施案是中国加入世界贸易组织之后遭遇的第一案，也是世界贸易组织有史以来最大、最复杂的案件。中国首次运用世界贸易组织的争端解决机制维护了本国合法的贸易利益。

保障措施又称为保障条款，是国际贸易协定中常见的一种条款，能够对一国的特殊情况下履行协定所造成的严重损害进行补救，或者避免严重损害后果的产生，对于一国的贸易情况的稳定具有“安全阀”的作用，因此保障措施为各国法律所重视。本节主要阐述了保障措施的概念、保障措施的调查程序、保障措施的种类以及保障措施的期限和复审。

一、保障措施的概念

保障措施又称为保障条款，是国际贸易协定中常见的一种条款，其目的在于使缔约方在特殊情况下免除其承诺的义务或协定所规定的行为规则，从而对履行协定所造成的严重损害进行补救，或者避免严重损害可能产生的后果。通常被称为保障条款的是1994年关税与贸易总协定第19条，该条认为，在特定紧急情况下允许任何一个缔约方为保障本国经济利益而免除总协定的一些义务。美国早在1934年的国内法互惠贸易纲领中就已出现保障条款，而国际条约中的保障措施则可追溯到1943年的美国与墨西哥互惠贸易协定。保障措施有自由贸易的“安全阀”之称，因此受到各国的普遍重视。最早采用保障措施来保护本国产业的美国，常常利用保障措施来保护一些处于衰退期的产业。仅在1995年到2000年期间，美国就发起了9起保障措施调查。而在2002年3月5日，美国总统宣布对10类进口钢铁产品实施保障措施，加征关税最高达30%，涉及国家和地区包括欧盟、日本、韩国、中国、瑞士、挪威、新西兰、巴西等，最终成为一场涉及各大主要贸易国的贸易风波。

我国于2001年10月31日由国务院制定了《中华人民共和国保障措施条例》（以下简称《保障措施条例》），并自2002年1月1日起施行。该条例共5章、35条。2003年9月29日商务部通过了《保障措施产业损害调查规定》，2003年10月17日公布，自公布之日起30日后开始施行。我国《保障措施条例》规定，进口产品数量增加，并对生产同类产品或者直接竞争产品的国内产业造成严重损害或者严重损害威胁的，可以通过调查后采取保障措施。这里，进口产品数量增加是指进口产品数量与国内生产相比绝对增加或者相对增加；国内产业是指中华人民共和国国内同类产品或者直接竞争产品的全部生产者，或者其总产量占国内同类产品或者直接竞争产品全部总产量的主要部分的生产者。按照我国《保障措施条例》的规定，对进口产品数量增加的调查和确定，由商务部负责。

在确定进口产品数量增加对国内产业造成的损害时，应当审查下列相关因素：（1）进口产品的绝对和相对增长率与增长量；（2）增加的进口产品在国内市场中所占的份额；（3）进口产品对国内产业的影响，包括对国内产业在产量、销售水平、市场份额、生产率、设备利用率、利润与亏损、就业等方面的影响；（4）造成国内产业损害的其他因素。对严重损害威胁的确定，应当依据事实，不能仅依据指控、推测或者极小的可能性。需要注意的是，在确定进口产品数量增加对国内产业造成的损害时，不得将进口增加以外的因素对国内产业造成的损害归因于进口增加。

① 参见http：//www.people.com.cn/GB/paper85/11004/997697.html。

二、保障措施调查程序

保障措施的调查程序主要包括：申请、立案调查、初裁和终裁决定。

(一) 申请

与国内产业有关的自然人、法人或者其他组织（以下统称为申请人），可以依照《保障措施条例》的规定，向商务部提出采取保障措施的书面申请。

(二) 立案调查

商务部应当及时对申请人的申请进行审查，决定立案调查或者不立案调查。没有收到采取保障措施的书面申请，但有充分证据认为国内产业因进口产品数量增加而受到损害的，商务部可以决定立案调查。立案调查的决定，由商务部予以公告，并将立案调查的决定及时通知世界贸易组织保障措施委员会。对损害的调查和确定，由国家商务部负责；其中，涉及农产品的保障措施国内产业损害调查，由商务部会同农业部进行。

在调查期间，商务部应当及时公布对案情的详细分析和审查的相关因素等，并根据客观的事实和证据，确定进口产品数量增加与国内产业的损害之间是否存在因果关系。调查可以采用调查问卷的方式，也可以采用听证会或者其他方式，但应当为进口经营者、出口经营者和其他利害关系方提供陈述意见和论据的机会。

调查中获得的有关资料，资料提供方认为需要保密的，商务部可以按保密资料处理。保密申请有理由的，应当对资料提供方提供的资料按保密资料处理，同时要求资料提供方提供一份非保密的该资料概要。按保密资料处理的资料，未经资料提供方同意，不得泄露。

进口产品数量增加、损害的调查结果及其理由的说明，由商务部予以公布，并将调查结果及有关情况及时通知世界贸易组织保障措施委员会。

(三) 初裁和终裁决定

根据调查结果，由商务部作出初裁决定，并予以公告。初裁决定确定进口产品数量增加和损害成立并且二者之间有因果关系的，应当继续进行调查，根据调查结果作出终裁决定，然后予以公告。

三、保障措施的种类

按照《保障措施条例》的规定，保障措施分为临时保障措施和保障措施两类。

(一) 临时保障措施

有明确证据表明进口产品数量增加，在不采取临时保障措施将对国内产业造成难以补救的损害的紧急情况下，商务部可以作出初裁决定，并采取临时保障措施。临时保障措施采取提高关税的形式。在采取临时保障措施前，商务部应当将有关情况通知世界贸易组织保障措施委员会。临时保障措施的实施期限，自临时保障措施决定公告规定实施之日起，不超过 200 天。

(二) 保障措施

终裁决定确定进口产品数量增加，并由此对国内产业造成损害的，可以采取保障措施。保障措施可以采取提高关税、数量限制等形式。保障措施采取提高关税形式的，由商务部提出建议，国务院关税税则委员会根据该建议作出决定，由商务部予以公告；采取数量限制形式的，由商务部作出决定并予以公告。海关自公告规定实施之日起执行。商务部应当将采取保障措施的决定及有关情况及时通知保障措施委员会。

采取数量限制措施的，限制后的进口量不得低于最近3个有代表性年度的平均进口量；但是，有正当理由表明为防止或者补救严重损害而有必要采取不同水平的数量限制措施的除外。采取数量限制措施，需要在有关出口国（地区）或者原产国（地区）之间进行数量分配的，商务部可以与有关出口国（地区）或者原产国（地区）就数量的分配进行磋商。

保障措施应当针对正在进口的产品实施，不区分产品来源国（地区）。采取保障措施应当限于防止、补救严重损害并便利调整国内产业所必要的范围内。在采取保障措施前，商务部应当为与有关产品的出口经营者有实质利益的国家（地区）政府提供磋商的充分机会。

终裁决定确定不采取保障措施的，已征收的临时关税应当予以退还。

四、保障措施的期限与复审

根据《保障措施条例》的规定，保障措施的实施期限不超过4年。符合下列条件的，保障措施的实施期限可以适当延长：（1）按照条例规定的程序确定保障措施对于防止或者补救严重损害仍然有必要；（2）有证据表明相关国内产业正在进行调整；（3）已经履行有关对外通知、磋商的义务；（4）延长后的措施不严于延长前的措施。一项保障措施的实施期限及其延长期限，最长不超过8年。保障措施实施期限超过1年的，应当在实施期间内按固定时间间隔逐步放宽。保障措施实施期限超过3年的，商务部应当在实施期间内对该项措施进行中期复审。复审的内容包括保障措施对国内产业的影响、国内产业的调整情况等。保障措施属于提高关税的，商务部应当根据复审结果，依照《保障措施条例》的规定，提出保留、取消或者加快放宽提高关税措施的建议，国务院关税税则委员会根据商务部的建议作出决定，由商务部予以公告；保障措施属于数量限制或者其他形式的，商务部应当根据复审结果，作出保留、取消或者加快放宽数量限制措施的决定并予以公告。

对同一进口产品再次采取保障措施的，与前次采取保障措施的时间间隔应当不短于前次采取保障措施的实施期限，并且至少为2年。符合下列条件的，对同一产品实施的期限为180天或者少于180天的保障措施，不受上述限制：（1）自对该进口产品实施保障措施之日起，已经超过1年；（2）自实施该保障措施之日起5年内，未对同一产品实施2次以上保障措施。

【司考真题】

1. 根据我国保障措施制度，下列选项中何种损害是保障措施意义上的严重损害？（不定项选择题）

A. 对销售同类产品的经销商的损害

B. 对销售同类产品或直接竞争产品的经销商的损害

C. 对生产同类产品或直接竞争产品的生产商的损害

D. 对生产同类产品或直接竞争产品的工人的损害

答案：C。

解析：《保障措施条例》第2条规定：进口产品数量增加，并对生产同类产品或者直接竞争产品的国内产业造成严重损害或者严重损害威胁的，依照本条例的规定进行调查，采取保障措施。因此，保障措施是用于保护国内产业不受进口产品数量激增而造成损害，保护的落脚点是在产业生产环节上。

2. 某种化工材料进口数量的增加，使国内生产同类产品及与其直接竞争的产品的化工厂受到严重损害。依我国相关法律规定，与国内产业有关的自然人、法人或其他组织有权采取的措施有：（　　）。（单项选择题）

A. 直接向海关申请禁止该化工产品的进口

B. 向商务部提出反倾销调查申请

C. 向有管辖权的法院提起损害赔偿的诉讼

D. 向商务部提出保障措施调查的申请

答案： D。

解析： 参见《保障措施条例》第2条、第3条。受到损害的与国内产业有关的自然人、法人或者其他组织，可以向商务部提出采取保障措施的书面申请。商务部应当及时对申请人的申请进行审查，决定立案调查或者不立案调查。

【问题与思考】

1. 如何正确认识对外贸易法的重要性

综观美国、欧盟及日本等国和地区的对外贸易法律制度，其特殊重要地位集中表现在：(1) 由最高权力机关立法。外贸法的内容十分具体，如美国1988年《综合贸易与竞争法》就有一千多页。(2) 由最高行政长官负责实施。在日本，由内阁总理大臣担任贸易会议的主席，亲自处理重大的外贸事务；美国宪法及外贸法则赋予总统对外贸重大问题的最终决策权。(3) 外贸立法及其实施措施都强调对国内产业的保护及对外出口的鼓励。

西方国家之所以如此重视对外贸易法，究其原因，主要是因为对外贸易在国民经济中举足轻重的作用。一部法律的重要性，是由该法律调整的对象和范围的重要性决定的。对外贸易法调整的是一国对外贸易及投资法律关系。因此，对外贸易在一国的重要作用决定了对外贸易法律制度的特殊重要地位和作用。

思考：如何正确认识我国对外贸易法在法律体系中的地位和作用？请根据西方国家的对外贸易立法特点，分析我国对外贸易立法存在的问题，并提出进一步完善的建议。

2. 关于对外贸易经营权

西方国家对外贸易法历来重视对外贸易经营主体问题，把它作为外贸制度的基础。美国外贸法专家认为，允许个人或所有企业从事外贸，这是一国对外贸易法的基石，犹如一国宪法须保护人权一样重要。对外贸易主体问题直接关系到对外贸易的自由度（即自由化）问题。对外贸易经营权是整个外贸制度开放性的晴雨表。西方各国的外贸法对此都作出了相当宽松的规定，美国、欧盟及日本等西方国家和地区都规定了其自然人、法人及合伙企业都能自由获得对外自由贸易权。

我国在加入世界贸易组织时承诺3年内放开外贸经营权。即，在加入世界贸易组织3年后，从2004年12月11日起应对这类企业（包括自然人）放开外贸经营权。因此，2004年《对外贸易法》允许自然人从事对外贸易经济活动。

思考：(1) 我国2004年修订之前的《对外贸易法》为何采取外贸权高度垄断的做法？

(2) 2004年修订后的《对外贸易法》赋予自然人外贸经营权具有哪些意义？同时会给海关、税收等法律制度带来哪些挑战？

3. 关于国营贸易的问题

国营贸易是各国外贸法中普遍存在的特殊概念。根据1994年关税与贸易总协定第17条和其他有关规定，所谓国营贸易企业是指在国际贸易中根据国内法律或在事实上享有专营权或特许权的政府企业和非政府企业，其购买和销售活动影响了国家进出口水平和方向。因此，世贸组织中判断国营贸易企业的关键是看企业是否在国际贸易中享有专营权或特许权，这与企业的所有制形式并无必然联系，其判断标准也不是所有制形式。

国营贸易通常存在于关系国计民生和国家安全的关键贸易领域。目前，世界范围内国营贸易主要集中在农产品方面，兼有若干重要的矿产品。有些欧洲国家也在烟草和食盐方面维持着国营贸易制度。在加拿大和澳大利亚，各设有一个专营销售局，而这两个企业控制着1/3的世界小麦出口。而在新西兰，一个牛奶专营国营企业控制着约30%的世界牛奶出口。由此可见国营贸易在世界贸易中占有的规模确实是十分巨大的。

思考：(1) 如何正确区分国营贸易与我国计划经济时代的国营企业概念之间的关系？

(2) 我国外贸法应如何妥善处理国营贸易问题？

4. 市场经济地位与反倾销诉讼

市场经济地位是反倾销调查确定倾销幅度时使用的一个重要概念。反倾销案发起国如果认定被调查商品的出口国为“市场经济”国家，那么在进行反倾销调查时，就必须根据该产品在生产国的实际成本和价格来计算其正常价格；如果认定被调查商品的出口国为“非市场经济”国家，将引用与出口国经济发展水平大致相当的市场经济国家（即替代国）的成本数据来计算所谓的正常价值，并进而确定倾销幅度，而不使用出口国的原始数据。如20世纪90年代，欧盟对中国的彩电反倾销，就是将新加坡作为替代国来计算我国彩电的生产成本。当时，新加坡劳动力成本高出中国二十多倍，中国的产品自然被计算成倾销。

过去二十多年来，我国在建立市场经济体制方面取得了重要进展。自加入世界贸易组织以来，我国政府一直在努力争取各国承认中国的完全市场经济地位。获得市场经济地位将有利于我国外贸进出口的发展。截至2009年5月，已有97个世界贸易组织成员承认中国的完全市场经济地位。但中国两大贸易伙伴——美国和欧盟至今不予承认。

思考：(1) 美国、欧盟等国家和地区拒绝承认中国是完全市场经济地位国家的根本原因何在？

(2) 市场经济地位在我国的对外贸易活动中具有哪些意义？

(3) 在目前尚未获得西方国家一致承认的现实情况下，中国企业在国际反倾销诉讼中，如何寻求更好的法律救济？

第三编

宏观调控法

第十一章
宏观调控法基本原理

参考文献

(一) 著作

1. ［日］金泽良雄. 经济法概论. 满达人译. 北京：中国法制出版社，2005. 第二编第四章，第三编第一章，第三编第四章

2. 徐孟洲. 耦合经济法论. 北京：中国人民大学出版社，2010

3. 漆多俊主编. 宏观调控法研究. 北京：中国方正出版社，2002

4. 邱本. 经济法专论. 北京：法律出版社，2015

5. 叶秋华，宋凯利，郝刚. 西方宏观调控法与市场规制法研究. 北京：中国人民大学出版社，2005

6. 邢会强. 宏观调控权运行的法律问题. 北京：北京大学出版社，2004

(二) 论文

1. 徐孟洲. 略论宏观经济调控法. 法学家，1994 (4)

2. 程信和. 宏观调控法论. 中山大学学报，2002 (2)

3. 李昌麒. 宏观调控法若干范畴的法理分析，中国法学，2002 (2)

4. 张守文. 宏观调控权的法律解析. 北京大学学报，2001 (3)

5. 王全兴. 宏观调控法论纲. 首都师范大学学报，2002 (3)

引例　2015 年中国股市震荡与政府救市

2014 年 11 月 22 日，中国人民银行降息。由于此前的美联储量化宽容使得美国股市走牛，中国投资者对 2014 年的这次货币政策重大调整抱着同样的希望。股市在央行降息后的 3 周内就上涨 26%，成交量迅速突破万亿元。在这一阶段，投资者还是理性的，是根据外部冲击带来的预期变化所进行的合

理投资。但随后，许多人盲目投入股市，加之媒体充斥着牛市报道和对股市创历史新高的预测，市场情绪极度乐观，越来越多的投资者进场，股市出现泡沫。2015年5月26日，中央汇金投资有限责任公司减持大盘银行股。其他上市公司股东和管理层开始减持，货币政策也在同一时间趋向紧缩，投资者对下半年经济形势持怀疑态度，股市继续下跌。最后，政府对杠杆业务的紧缩，成为牛市转向熊市的最后一个推力。

2015年7月，证监会等多部委推出股市稳定政策。2015年7月8日，证监会决定由中国证券金融股份有限公司提供充裕资金用于申购公募基金。证监会于同一天发布［2015］18号公告，称从即日起6个月内，上市公司控股股东和持股5%以上股东及董事、监事、高级管理人员不得通过二级市场减持本公司股份。当日晚间，证监会公告称，经与国务院国资委沟通，国有控股上市公司的控股股东及董事、监事、高管通过二级市场增持本公司股票，无须事前报请国资委批准，履行自身决策程序即可。

保监会则发布《关于提高保险资金投资蓝筹股票监管比例有关事项的通知》。该通知放宽了保险资金投资蓝筹股票监管比例，对符合条件的保险公司，将投资单一蓝筹股票的比例上限由占上季度末总资产的5%调整为10%；投资权益类资产达到30%比例上限的，可进一步增持蓝筹股票，增持后权益类资产余额不高于上季度末总资产的40%。同时，该通知还适度提高保险资金投资蓝筹股票的资产认可比例。

财政部承诺，在履行出资人职责时，不减持所持有的上市公司股票，并要求中央管理的国有金融企业不减持所持有的控股上市公司股票，支持国有金融企业在股价低于合理价值时予以增持。国资委所监管的111家中央企业集体承诺，做负责任的股东，在股市异常波动时期，不减持所控股上市公司股票。

央行则根据中国证券金融股份有限公司的需求向其提供了充足的再贷款。同时，还将根据该公司需求，继续通过多种方式向其提供流动性支持。

2015年7月9日，银监会向银行业金融机构提出四方面支持政策，包括：允许银行业金融机构对已到期的股票质押贷款与客户重新合理确定期限，质押率低于合约规定的，允许双方自行商定押品调整；支持银行业金融机构主动与委托理财和信托投资客户协商，合理调整证券投资的风险预警线和平仓线；鼓励银行业金融机构与中国证券金融股份有限公司开展同业合作，提供同业融资；支持银行业金融机构对回购本企业股票的上市公司提供质押融资，加强对实体经济的金融服务，促进实体经济持续健康发展。

第一节　宏观调控法概述

宏观调控法是经济法"一体两翼"中的一翼，是经济法的重要组成部分。宏观调控法是调整宏观调控关系的法。宏观调控的主体是政府，宏观调控的对象是经济关系，因此，宏观调控必须遵循经济规律，而且政府宏观调控行为必须法治化。宏观调控是作用于宏观经济领域而不直接干预市场主体的经济行为。我国《宪法》第 15 条第 2 款明确规定："国家加强经济立法，完善宏观调控。"

一、宏观调控的含义

要阐明宏观调控法问题，必须先了解宏观调控的含义。笔者认为，所谓宏观调控，即宏观经济调控，是指政府为实现社会总需求与社会总供给之间的平衡，保证国民经济持续、稳定、协调增长，而运用经济、法律和行政的手段对社会经济运行的调节与控制。从上述定义中，我们可以明确以下几点：

第一，宏观调控的一方主体是政府。宏观调控，主要是对国民经济总量的调控，它必然要求政府根据国民经济协调发展和均衡增长的要求，在市场经济运行的基础上，综合运用多种手段，对国民经济总量运行进行调控，以使总供给与总需求趋于基本平衡，有效地实现发展和增长目标。因为唯有政府（主要是中央政府）才能代表整个社会的利益，才能反映总量运行的经济要求，并制定克服总量失衡的宏观经济政策、制度及相应措施。

第二，宏观调控的基本目标是总供给与总需求的均衡发展。这是总量的均衡，而不是微观经济单位或局部地区、部门的局部均衡。然而，为实现总量均衡目标，必须通过政策手段和制度方式，使微观经济单位以及局部地区和部门，在市场经济活动中根据竞争原则，追求微观经济目标，或者说分散的市场行为在宏观调控下最终集合成总量的均衡。宏观调控主要是对宏观领域的调控，具体来说主要是国民生产总值（GNP）、就业、通货膨胀和国际收支平衡，这些被认为是宏观经济分析与政策的目标或目的。[①]

第三，宏观调控作为政府对整个国民经济综合的总量的调控，其调控手段必然是综合性的，既包括法律手段，也包括经济手段、行政手段等多种手段。在市场经济条件下，宏观调控手段在原则上应以经济手段、法律手段等间接的手段为主，行政手段等直接的手段只能限定在必要的范围之内，根据国民经济运行的失衡状况有针对性地采用。

二、宏观调控法的概念和调整对象

所谓宏观调控法，是指调整宏观调控关系的法律规范的总称，它是经济法体系中的重要部门经济法，是国家管理宏观经济的主要法律手段之一。

宏观调控法的调整对象是宏观调控关系，或称宏观经济调控关系，它是国家对国民经济和社会发展运行进行规划、调节和控制过程中发生的经济关系，它涉及现实社会中的国民经济整体利益、社会公共利益和国家根本与长远利益。其内容十分广泛，主要包括以下几类宏观经济调控关系：

---

① 参见［美］萨缪尔森、诺德豪斯：《经济学》，12 版，高鸿业等译，上册，131 页，北京，中国发展出版社，1992。

（一）财税调控关系

财政作为一种以国家为主体的在全社会范围内的集中性分配活动，同社会再生产有着密切的联系。随着社会经济的发展，财政已从只是单纯地组织收入以满足政府活动的需要，发展为对国民经济运行实行调控的有力手段。政府运用财税调控手段，其中包括预算支出结构的安排、税率的高低调整、税收优惠政策、国家信用、财政补贴等，能够更好地实现宏观调控的目标。所谓财税调控关系，是一种以国家权力为依托的对社会产品和国民收入进行分配和再分配所产生的特殊分配关系。它是宏观调控法的调整对象。

（二）金融调控关系

由金融活动产生的金融关系，是在与货币流通和银行信贷相联系的经济活动中形成的一类经济关系。货币调控和信贷资金的调控是国家调控经济的极为重要的手段。因此，调整货币发行和资金流通中形成的金融调控关系，是宏观调控法的重要任务。

（三）规划调控关系

"规划"与过去常使用的"计划"一词意思相近。在社会主义市场经济条件下，经济运行要以市场为主体，但这并不排斥规划的作用，而是要实行市场调节手段和规划调节手段相结合。中共中央《关于建立社会主义市场经济体制若干问题的决定》指出："宏观调控主要采取经济办法，近期要在财税、金融、投资和计划体制的改革方面迈出重大步伐，建立计划、金融、财政之间相互配合和制约的机制，加强对经济运行的综合协调。"2003年中共中央《关于完善社会主义市场经济体制若干问题的决定》进一步规定："国家计划明确的宏观调控目标和总体要求，是制定财政政策和货币政策的主要依据。"2013年中共中央《关于全面深化改革若干重大问题的决定》指出："健全以国家发展战略和规划为导向、以财政政策和货币政策为主要手段的宏观调控体系，推进宏观调控目标制定和政策手段运用机制化，加强财政政策、货币政策与产业、价格等政策手段协调配合，提高相机抉择水平，增强宏观调控前瞻性、针对性、协同性。形成参与国际宏观经济政策协调的机制，推动国际经济治理结构完善。"因此，国家规划是宏观调控体系的组成部分。宏观调控法应当调整好国家规划关系。

【背景资料】 **"计划"到"规划"的转变**

十届全国人大四次会议2006年3月14日审议通过了《关于国民经济和社会发展第十一个五年规划纲要》。延续了五十多年的国民经济和社会发展"计划"首次变成"规划"，这"一字之差"，至少传递出中国经济社会发展的三大信号。①

信号一："计划"让位于"规划"，凸显政府更加注重发挥市场对资源配置的基础性作用。资源配置主要由市场调节还是由政府直接决定，这是计划经济下的计划和市场经济下的规划的一个根本区别。市场经济条件下，政府从对经济的直接干预中跳出来，转为对经济的宏观调节。规划不直接干预企业的经营决策，对微观经济主体的具体活动不具有约束力。

信号二：过多过细的量化指标将被淡化，政府更加注重对经济社会发展的宏观把握和调控。"十一五"规划凸显政府对经济社会发展的宏观把握和调控，比

---

① 参见《计划变规划 透出中国经济社会发展三大信号》，载新华网，http://news.xinhuanet.com/stock/2005-10/11/content_3604080.htm。

如以科学发展观为“红线”，把增强自主创新能力放在突出位置，调整经济结构，转变经济增长方式，强调考虑资源承载能力，为谋划中国未来五年甚至更长远的发展，提供一幅清晰的“路线图”。

信号三：克服“越位”和“缺位”，政府职能转变迈出新步伐。由计划到规划，表明政府进一步明确了在市场经济中的角色。由市场机制发挥作用领域的内容减少了，政府履行公共职责的内容充实了，规划侧重点的变化，对应的是政府职能的转变，在公共服务、生态环境、资源保护、优化发展环境等方面更好地履行公共职责。

(四) 产业调控关系

国家通过对产业结构、产业组织形式和产业区域布局的规划和安排，达到对经济建设的总体的合理的布局，是宏观调控的目标之一。因此，应当将产业调控关系纳入宏观调控法的调整范围。

(五) 投资调控关系

固定资产投资膨胀，是造成国民收入超分配的重要原因。要保持经济总量的基本平衡和国民经济的协调发展，必须控制固定资产投资规模，同时不影响国家重大建设项目的安排。因此，对于投资调控关系的调整，也是宏观调控法的任务。

(六) 储备调控关系

国家为了实现总需求与总供给均衡的宏观调控目标，需要在特殊领域实施战略性物资储备制度，如中国粮食储备制度、棉花储备制度、外汇储备制度、土地储备制度、石油储备制度，等等。战略物资储备制度中存在的储备功能定位、储备规模标准控制以及参与主体等问题，既是宏观调控的重要内容，也是宏观调控法必须解决的法律问题。因此，战略物资储备制度也应当是宏观调控法的调整范围。

(七) 价格调控关系

“价格总水平调控”是价格法的主要内容，稳定市场价格总水平是国家重要的宏观经济政策目标。国家根据国民经济发展的需要和社会承受能力，确定市场价格总水平调控目标，列入国民经济和社会发展计划，并综合运用货币、财政、投资、进出口等方面的政策和措施，予以实现。政府建立重要商品储备制度、建立重要商品和服务价格监测制度、建立重要农产品收购最低保护价格制度。当市场价格总水平出现剧烈波动等异常状态时，国务院可以在全国或者部分区域内采取临时集中定价权限、部分或者全面冻结价格的紧急措施。

(八) 涉外调控关系

中共中央《关于全面深化改革若干重大问题的决定》指出：要构建开放型经济新体制，统一内外资法律法规，保持外资政策稳定、透明、可预期。推进金融、教育、文化、医疗等服务业领域有序开放，放开育幼养老、建筑设计、会计审计、商贸物流、电子商务等服务业领域外资准入限制，进一步放开一般制造业。加快海关特殊监管区域整合优化。扩大企业及个人对外投资，确立企业及个人对外投资主体地位，允许发挥自身优势到境外开展投资合作，允许自担风险到各国各地区自由承揽工程和劳务合作项目，允许创新方式走出去开展绿地投资、并购投资、证券投资、联合投资等。加快同有关国家和地区商签投资协定，改革涉外投资审批体制，完善领事保护体制，提供权益保障、投资促进、风险预警等更多服务，扩大投资合作空间。因此，由国家宏观调控措施作用产生的对外经济贸易关系，应当由宏观调控法调整。

三、宏观调控法的原则

宏观调控法的原则，是在宏观调控法的制定、执行以及主体参加宏观调控下的具体经济活动中所必须遵循的基本准则，是各项宏观经济法律制度和全部规范的总的指导思想。我国宏观调控法的基本原则是国家宏观调控政策的集中反映，是宏观调控法的本质特征和基本精神的体现，同时也是宏观调控法区别于市场规制法等其他经济法制度的显著标志。宏观调控法的基本原则主要有以下几项：

（一）促进总量平衡与结构优化的合理原则

宏观调控的主要目标，就是要保持经济总量的基本平衡和经济结构的优化。所谓经济总量的平衡，就是社会总供给与社会总需求的价值总量的平衡，是社会经济运行保持协调状态的前提条件。经济结构是指国民经济诸组成要素相互联系、相互作用的内在形式和方式。经济结构的内容非常广泛，包括产业结构、投资结构、市场结构、消费结构、劳动力结构等。经济总量的平衡是经济结构优化赖以实现的基础，经济结构优化是宏观调控目标的实质内容。

经济总量的基本平衡和经济结构的优化，是宏观调控的目标和重要原则。宏观调控法是宏观调控关系的法律形式。形式必须反映内容。宏观调控法必须确认平衡与优化原则，从而调动宏观调控法的一切调整手段，发挥宏观调控法各项法律制度的功能，促进经济总量的基本平衡和经济结构的优化。

（二）政府依法调控的法定原则

政府进行宏观调控行为必然涉及资源的配置与利益的调节，尤其是财政、税收、人民银行和物价部门的调控行为直接涉及生产经营者和公民的财产权益。但是政府的调控是把“双刃剑”：它既可能促进经济发展，也可能阻碍经济发展。为了保障市场机制的活力，更大程度地发挥市场在资源配置中的决定性作用，切实维护企业与公民的利益，对政府宏观调控要控制在法律允许的范围之内，将政府的调控纳入法制轨道，必须在宏观调控法中确认政府依法调控的法定原则。其基本要求是：政府及其调控职能部门的调控主体资格法定，以明确其法律地位；各类不同调控主体享有的调控权力法定，调控主体必须在法律赋予的调控权范围内活动，禁止假借调控之名、侵害受控主体的权益，保障宏观经济健康运行和市场经济秩序；调控方式与程序法定，这是保证宏观调控法和宏观调控权实现的基本要求。

（三）政府有限调控的适度原则

在现代市场经济中，脱离国家宏观调控或国家干预的所谓“纯粹”市场经济，早已不复存在。有宏观调控的竞争性市场经济逐步替代了昔日的自由放任、反对国家干预的自由市场经济。我国发展中的社会主义市场经济，也要使市场对资源配置起决定性作用和更好地发挥政府的作用。所以，政府应当运用经济手段、法律手段和必要的行政手段管理国民经济，但不宜直接干预企业的生产经营活动。宏观调控法确认的适度的有限调控原则，从法律上反映了市场经济需要国家干预的内在要求。所谓适度的有限调控原则，其内涵有三层意思：一是政府调控不得冲击和削弱市场机制作用的发挥，相反，应当促进和保护市场机制调节功能的充分发挥；二是政府调控必须尊重客观经济规律，依法进行干预；三是政府一般不得直接干预经济组织的生产经营活动，否则，就违背了适度的有限调控原则。

【背景资料】　　**凯恩斯主义与政府干预**

20世纪30年代的世界经济大危机暴露出资本主义的严重弊病，社会矛盾大规模激化，也宣告自由放任市场经济政策的破产，强化调控机制势在必行。美国的“新政”和凯恩斯主义应运而生，强调全面强化国家干预，要使过度“自由”而导致“天下大乱”的资本主义接受必要的“调控”。“新政”是美国资本主义市场经济体制的历史性改革、市场调控机制大变革的启端。凯恩斯主义为大规模国家干预作出经济理论分析，成为现代资本主义宏观调控机制的理论基础之一。它和“新政”标志着市场经济发展所需要的“国家干预之手”的确立。第二次世界大战后，美英大规模发展现代国家职能，调控市场经济，实行福利政策，扩大经济民主，缓解社会危机，经济上出现了“黄金时期”。但是，国家垄断资本主义高度发展，大规模干预社会经济生活，又形成了弊端重重的“大政府”，产生了国家干预过度和“调控失灵”等问题，难以适应社会经济在新科技革命条件下的发展。美英资本主义在70年代陷入新的危机，被迫进行新的调整，强调市场机制，减少国家干预，紧缩“大政府”，大规模地重新调整了国家与企业、市场、社会的关系，恢复和增强了社会经济的活力，谋求国家干预与市场、社会的“平衡”。

（四）政府调控注重宏观经济利益的效率原则

对宏观经济的调控涉及的经济利益是全局性的、总和单位的利益，如生产者全体或消费者全体的利益，或国家利益或社会公共利益，而不是单个消费者或某个独立的企业的直接利益。宏观调控的着眼点是如何提高宏观经济效益，而不直接过问某个企业的经济效益。宏观调控法调整宏观调控关系，目的就是要激励、促进和保护宏观经济效益的提高。为实现这一目的，就必须确定促进宏观经济效益的提高为宏观调控法的基本原则，使宏观经济主体的一切经济行为都有利于宏观经济效益的增长。

上述对宏观调控法的基本原则的概括，同前述有关经济法的三大基本原则的概括是内在一致的，同时，也体现了经济法的宗旨和理念。

四、宏观调控法的调整方法

宏观调控法的调整方法，是指对宏观调控法的调整对象即宏观调控关系施加有影响力和法律后果的方式、手段的总和。从不同的角度可以概括出不同的宏观调控的调整方法。

（一）以宏观经济政策业务范围为基础确立的调整方法

按照宏观经济政策业务范围为基础确立的调整方法，主要包括：

1. 财政调控方法

财政调控方法是指利用法定的财政政策工具（如财政预算、税收、国债、非税收入等财政收入手段以及政府采购、转移支付等财政支出手段），对宏观经济关系施加有影响力和法律后果的方法。宏观调控法通过运用财政调控方法可以改变收入分配或利益格局，影响宏观经济关系，维护社会财富分配公平，实现宏观调控法的目标。

2. 货币调控方法

货币调控方法是指利用法定的货币政策工具（如存款准备金、利率、再贴现、再贷款、公开市场操作、信用控制等），对宏观经济关系施加有影响力和法律后果的方法，宏观调控法通过运用货币调控方法可以控制和调节货币供应量，影响宏观经济关系，达到维护币值与金融的稳定，实现宏观调控法的目标。

3. 产业政策调控方法

产业政策调控方法是指利用法定产业政策对资源合理配置和加速产业结构优化，进而影响宏观经济关系的方法，一般认为，产业政策主要由产业结构政策、产业组织政策、产业技术政策和产业布局政策等部分组成。宏观调控法通过运用产业政策调控方法，可以发挥资源配置结构的导向功能、经济运行态势的协调功能和经济运行机制的组合功能，影响宏观经济关系，实现宏观调控法的目标。

4. 价格政策调控方法

价格政策调控方法是指利用法定宏观价格政策对价格总水平实施监控，以实现物价总水平的基本稳定，进而影响宏观经济关系的方法。按价格政策的层次来划分，可以分为宏观价格政策和微观价格政策。宏观调控法的价格调控方法主要运用宏观价格政策的功能，来实现宏观调控法的目标。

5. 涉外经济政策调控方法

涉外经济政策调控方法是指利用法定涉外经济政策措施，以实现优化进出口贸易、利用外资和国际收支基本平衡，进而影响宏观经济关系的方法。

（二）以对经济行为影响的力度与方式为基础确立的调整方法

1. 利益诱导方法

利益诱导方法，是指采用法律确认的经济利益诱导方式，从而对宏观经济关系施加有影响力和法律后果的方法，具体是指国家通过确定法定利率、税率、汇率、价格和工资标准等经济参数，调节经济活动。

2. 规划指导方法

规划指导方法，是指通过直接作用于经济活动的经济规划指标或长远规划来影响宏观调控关系的方法，其影响力要比经济参数的作用直接得多。

3. 强行控制方法

强行控制方法，是指政府依法对经济行为进行的某种限制或禁止，从而对宏观调控关系施加强制影响力的方法。这里包含三层意思：一是施行这种方法的主体只限于政府或政府授权的机关；二是必须依照事先制定的法律和行政法规；三是强行控制的目的是限制或禁止与宏观调控目标相背离的行为和损害宏观经济整体效益的行为。

五、宏观调控法在市场经济中的作用

市场经济需要宏观调控，宏观调控需要法治的保障。宏观调控法在市场经济中的作用有下面几点：

第一，通过规定一系列宏观调控措施促进市场总需求和总供给的平衡。这是总量的均衡，而不是微观经济单位或局部地区、部门的局部均衡。然而，为实现总量均衡目标，必须通过法律的手段和制度方式，使微观经济单位以及局部地区和部门，在市场经济活动中根据竞争原则，追求微观经济目标，或者说分散的市场行为在宏观调控下最终集合成总量均衡的趋势。

第二，促进市场经济的完善。现代市场经济从建立到完善的全过程，几乎每前进一步，每一环节的变化和发展，都离不开宏观调控法的促进。这里所讲的“促进”，既包括宏观调控法为市场经济的发展创造条件、提供机遇，又包括认识和利用市场经济规律，促进其发展与完善，还包括规定政府职能的转变，促进其更好地为市场经济服务。

第三，协调市场经济的发展。通过计划与规划法、产业政策法和投资法调整产品结构，引导资金的投资流向，优化资源配置，协调各产业部门的关系，调整不同产业部门之间的矛盾，促进它们共同协调发展。政府的产业政策和投资行为，按照宏观调控法的要求，除了服务于宏观调控需要外，还必须考虑市场机制作用能否充分发挥的问题。

第四，为政府对市场经济进行宏观管理提供法律依据，规范和约束政府管理市场的行为。通过立法明确政府对市场宏观调控管理的职能机构、职能范围、方式程序，既使其具有权威性、强制性，又避免主观性、随意性等滥用权力破坏市场机制的行为出现，建立必要的监督制约机制，从而防止政府的过度干预而酿成“政府失败”的恶果。

六、宏观调控法形成的客观基础

任何一种新的法律或法律部门的出现，都有其一定的客观条件或产生的一般原因，对宏观调控法产生的一般原因或条件进行具体考察是十分必要的。

（一）市场机制与宏观调控机制相耦合的必然性

耦合在物理学上是指两个或两个以上的体系或两种运动形式之间通过各种相互作用而彼此影响，以至于联合起来的现象。如两个线圈之间的互感是通过磁场耦合。借此推而广之，在社会科学领域中，我们也可以把两种社会现象通过某种条件，而有机结合起来发挥作用的客观现象，称为耦合。在现代市场经济体制下，特别是在社会主义市场经济体制（经济“磁场”，经济权力场域）下，通过民主法治途径促进市场机制与宏观调控相互结合、共同作用于社会经济生活，亦是一种耦合现象。正是在这种意义上说，“社会主义市场经济是以民主法治为保障的经济”①。

自然现象中出现耦合有其必然性。作为社会现象中的市场机制与宏观调控的耦合也具有内在的必然性。

第一，市场经济的物质技术基础是引起市场机制与宏观调控耦合的前提。没有市场经济的存在与发展，不可能存在和运用市场机制，更不可能出现市场机制与宏观调控的结合问题。因此，在生产力、科学技术高度发展的现代市场经济条件下，在发挥市场机制决定性作用的同时，必须加强政府的宏观调控。市场机制和宏观调控是相互依存、相得益彰的。总之，市场机制与宏观调控的结合，是任何现代市场经济社会的一般要求。

第二，市场主体利益多元化格局要求市场机制与宏观调控耦合。实行市场经济，充分发挥市场机制的作用必须尊重市场主体的正当利益和权利。但是，市场主体之间的利益冲突，市场主体局部利益与社会整体利益、长远利益的矛盾，往往难以通过市场机制本身加以调节，这就需要第三者，主要是政府进行宏观调控，协调各种市场主体之间以及它们与社会之间的错综复杂的经济关系。可见，从经济关系层次上看，也呼唤市场机制与宏观调控耦合。

第三，市场竞争自由发展导致垄断的严酷现实也要求市场机制与宏观调控耦合。自由

① 徐孟洲、周珂：《中国社会主义市场经济的法律调整——市场经济就是法制经济》，1页，北京，法律出版社，1993。

竞争引起生产集中，生产集中过程发展到一定阶段，便会形成垄断。垄断的产生必然扼杀自由竞争，破坏市场竞争秩序。所以，要保持市场公平、自由竞争，也需要政府宏观调控，授权政府制止和反对不正当竞争和垄断，以维护市场公平竞争的秩序。

第四，市场经济的开放性。在国际经济迅速、频繁、复杂的交流中，也需要市场机制与宏观调控的耦合。1997年发生亚洲金融危机后和2008年美国次贷危机引发国际金融危机以来，许多国家或地区的政府选择动用宏观调控措施防范和制止金融危机就是一个很好的证明。在一个高度开放的大世界，必须有国家的宏观调控支撑市场，使市场机制在这个良好的市场环境下发挥调节作用，抵御外来因素的种种干扰与侵犯。经济的全球化，对于一国的市场调节机制而言，既是机遇也更富挑战性。因此，面对发展着的经济全球化和中国加入世界贸易组织后的问题，国家更加需要促进和完善市场机制与宏观调控的耦合。

（二）市场机制与宏观调控机制的耦合是宏观调控法形成的客观要求

在当代西方发达国家的经济体制，本质上都是政府宏观调控下的市场经济体制。在这种现代市场经济中，一方面，市场机制的发展已经成熟和完善，即以自由市场主体为基础，有完善的市场体系、发达的市场关系和开放的经济关系；另一方面，加强了国家对经济的适度干预，政府的宏观调控已成为资源配置的另一重要手段。社会主义市场经济体制是以公有制为基础的现代市场经济。它也是一种国家宏观调控下的市场经济。市场机制与宏观调控耦合也是社会主义市场经济体制的内在要求。我国宏观调控法正是在市场机制与宏观调控耦合的作用下产生和发展起来的，同时又为促进市场机制与宏观调控耦合发挥着积极的特殊功能和作用。

总之，现代市场经济的形成和发展，市场机制与宏观调控耦合现象的客观存在，需要一种新的法律形式为之服务。反映市场机制与宏观调控耦合要求的、以促进和稳定二者耦合为主要调整任务的宏观调控法，正是这种新的法律形式。

（三）宏观调控法是国家经济管理职能转变的集中反映

随着经济的发展和经济关系的复杂化，国家管理经济的职能越来越重要。20世纪以来，不同国家都以不同方式在不同程度上改变了不介入经济生活的做法，更多地注意发挥“有形之手”（即国家干预）的调节作用。而对于我国来说，宏观调控法则是政府从用行政命令手段来管理经济转变到主要用法律手段对经济进行宏观调控的产物。宏观调控是政府最主要的经济职能，这种经济职能发挥作用需要一定的法律保障，如税收杠杆作用的发挥离不开税法强制力。由于国家管理经济的职能需要借助法律形式，宏观调控法便应运而生。无论哪个国家的宏观调控法，都集中体现了经济职能的要求。

总之，我们可以得出这样的结论，市场机制与宏观调控的耦合是现代市场经济的必然的共同要求。中国经济改革的理论和实践已经证明，市场机制与宏观调控的耦合是社会主义市场经济稳定发展的内在要求。宏观调控法是现代市场经济发展的产物。

七、宏观调控法的体系

根据宏观调控法的调整对象及其特征，宏观调控法可界定为调整宏观调控关系的法律规范的总称，它是经济法体系中的重要子部门法，是国家管理宏观经济的主要法律手段之一。根据宏观调控法的调整对象及上述定义，宏观调控法的基本内容或体系包括以下一些法律制度：国民经济与社会发展规划法、财政法、税法、中央银行法、产业政策法、固定资产投资法、促进经济稳定增长法和对外经济贸易法等。

第二节　宏观调控权及其配置

宏观调控权的界定及配置，是宏观调控法中的核心问题。因此，我们有必要阐述宏观调控权的基本理论，包括宏观调控权的概念及宏观调控权力配置等基本问题。

一、宏观调控权的概念

宏观调控权是指政府依法拥有的，为克服“市场失灵”，实现社会总需求与社会总供给之间的平衡，保证国民经济持续、稳定、协调增长的目标，运用经济、法律和行政的手段对社会经济运行的调节与控制的法定职权。因为，宏观调控权产生的根本原因是现代社会化大生产的发展、现代市场经济的形成以及“市场失灵”现象严重阻碍社会经济运行，所以需要国家经济管理职能的转变，集中要求其调控方式作出相应的转换，即由单纯依靠行政权力手段，转化为主要采取经济方法间接调控手段。政府的宏观调控权应该包括必要的宏观调控立法权，但是，宏观调控权的行使需要严格的法定程序加以制约。

二、宏观调控权的配置

宏观调控权的配置是关乎宏观调控权行使主体的重要问题。宏观调控权作为一种权力，必须对其进行有效配置，使各类宏观调控主体的权力明晰、职责明确，只有这样，才能更好地解决集权与分权等问题，才能更有效地进行宏观调控。“若调控主体的权力配置出现问题，则会直接影响国家利益和社会公共利益。其负面影响无疑是非常巨大的。”① 宏观调控权的配置，涉及纵向与横行两个层面的问题。

（一）宏观调控权的纵向配置

宏观调控权的纵向配置，就是宏观调控权在中央和地方之间的划分。中央与地方关系问题的核心是如何解决好集权与分权。在宏观调控权的行使主体方面，只有中央级次的国家机关才享有宏观调控权，地方不享有宏观调控权。因为：第一，从宏观经济的角度来讲，宏观经济只能是一国范围内的宏观经济，只能是一个国家的“宏观”。只有宏观调控权集中在中央级次的国家机关，才能从国家的高度，从“全国一盘棋”的大局出发，保证宏观调控目标的实现。第二，从公共物品的角度来看，宏观调控是公共物品，而公共物品是分级次的。不同级次的公共物品从提供的效率来看，是不尽相同的。一般来说，中央级次的物品应当由中央政权来提供，而具有地方特色的物品，应由地方来提供。但如果将宏观调控作为一项公共物品，则只能是中央级次的公共物品，其主体只能是国家的最高政权机构，而不是基层的政权机构，否则就不能说是“宏观”调控。因此，对于宏观调控权的纵向配置应当有一个合理的界定：实施宏观调控的主体，只能是国家的中央政权，而地方政权不能实施。也就是说，尽管宏观调控同微观市场主体的活动和利益相关，但它是一种中央级次的公共物品，只能由中央政权来提供。②

（二）宏观调控权的横向配置

宏观调控权的横向配置，就是宏观调控权在中央政府各宏观管理部门之间的配置。一

---

① 张守文：《宏观调控权的法律解析》，载《北京大学学报》，2001（3）。

② 参见邢会强：《宏观调控权运行的法律问题》，24～25页，北京，北京大学出版社，2004。

般认为，国务院，即中央人民政府拥有宏观调控权。与此同时，国务院下属的国家发改委、财政部、中国人民银行、商务部等政府经济管理职能部门在具体地、大量地行使着宏观调控权，实施着宏观调控行为。我国曾在进行大规模的政府机构改革以后，明确规定与计划、财政、金融三大调控手段有关的国家发改委、财政部、中国人民银行、商务部等机构，属于宏观调控部门。这实际上是对宏观调控主体的进一步明确和宏观调控权的横向配置。

关于宏观调控权的横向配置，应对各类具体的宏观调控权作出具体的划分。例如，在中央政府的相关职能部门之间，就涉及如何更好地划分宏观调控权的问题。另外，在最高立法机关和行政机关之间，还可能存在授权立法的问题。特别是在我国，由于诸多方面的原因，在授权立法方面存在的问题非常突出。对于如何很好地解决这些问题，还需要深入研究，这对于理论和实践的发展，对于国家的法治水平的提高，都非常重要。①

总之，宏观调控权的配置是关乎宏观调控主体的重要问题，特别是在对国务院的各个职能部门的宏观调控权的赋予还缺少充分、明确的法律根据，宏观调控权的权限不够明晰，越权、弃权、争权、滥权等情况都可能存在，会在一定程度上影响宏观调控权的实施，从而影响宏观调控的具体效果的情况下，我们必须通过法律的形式明确各类宏观调控政策、措施、制度，并加强彼此之间的协调；必须遵循“调控权法定”的法治原则，慎重配置宏观调控权。

【背景资料】　我国主要宏观调控管理部门的主要职责

1. 国家发改委：(1) 拟订并组织实施国民经济和社会发展战略、中长期规划和年度计划；提出国民经济发展和优化重大经济结构的目标和政策；提出运用各种经济手段和政策的建议。(2) 研究分析国内外经济形势和发展情况，进行宏观经济的预测、预警；研究涉及国家经济安全的重要问题，提出宏观调控政策建议，综合协调经济社会发展；负责日常经济运行的调节，组织解决经济运行中的有关重大问题等。

2. 中国人民银行：(1) 起草有关法律和行政法规；完善有关金融机构运行规则；发布与履行职责有关的命令和规章；(2) 依法制定和执行货币政策；(3) 防范和化解系统性金融风险，维护国家金融稳定；(4) 确定人民币汇率政策；维护合理的人民币汇率水平；实施外汇管理；持有、管理和经营国家外汇储备和黄金储备等。

3. 财政部：(1) 拟订和执行财政、税收的发展战略、方针政策、中长期规划、改革方案及其他有关政策；参与制定各项宏观经济政策；提出运用财税政策实施宏观调控和综合平衡社会财力的建议。(2) 编制年度中央预、决算草案并组织执行；受国务院委托，向全国人民代表大会报告中央、地方预算及其执行情况，向全国人大常委会报告决算；管理中央各项财政收入，管理中央预算外资金和财政专户；管理有关政府性基金，等等。

4. 商务部：(1) 拟订国内外贸易和国际经济合作的发展战略、方针、政策，

---

① 参见张守文：《宏观调控权的法律解析》，载《北京大学学报》，2001 (3)。

起草国内外贸易、国际经济合作和外商投资的法律法规，制定实施细则、规章；研究提出我国经济贸易法规之间及其与国际多边、双边经贸条约、协定之间的衔接意见。(2) 拟订国内贸易发展规划，研究提出流通体制改革意见，培育发展城乡市场，推进流通产业结构调整和连锁经营、物流配送、电子商务等现代流通方式。(3) 研究拟订规范市场运行、流通秩序和打破市场垄断、地区封锁的政策，建立健全统一、开放、竞争、有序的市场体系；监测分析市场运行和商品供求状况，组织实施重要消费品市场调控和重要生产资料流通管理，等等。

第三节　宏观调控法对金融的导向、规范与保障

金融调控作为国家宏观经济调控中的一个重要组成部分，其调整对象为金融调控关系。这是国家金融主管机关或授权机关为稳定金融市场，以引导资金流向、控制信用规模为目的，对有关的金融变量实行调节和控制而产生的社会关系。

一、通过中央银行法确立货币政策导向

货币政策是一种宏观经济政策，制定和执行国家货币政策是中央银行的基本职责。货币政策是中央银行为实现特定的经济目标所采取的各种控制和调节货币供应量或信用量，进而影响宏观经济的方针、政策和措施。货币政策实质上是通过调节社会总供给和总需求来处理货币稳定与经济增长的关系。

中央银行货币政策所要达到的最终目标一般来说有四个，即稳定物价、充分就业、经济增长和国际收支平衡。货币政策诸目标之间关系十分复杂。只有经济增长与充分就业二者之间是彼此一致的，除此之外，这四个目标相互之间都有矛盾。因而任何一个国家要同时实现这四大目标都是非常困难的，只能根据本国特定时期、特定条件下的经济运行情况，对各目标进行权衡，以尽量趋利避害，或两弊相衡取其轻，最终作出适当选择。

二、规范与保障货币政策实现的金融法制度

金融是宏观调控的主要手段之一，国家通过金融手段对经济进行宏观管理主要是借助货币政策实现的，具体来说，货币政策工具主要有以下几种：

（一）存款准备金制度

法定存款准备金被认为是货币政策的最猛烈的工具之一。中央银行要求商业银行和其他金融机构按规定的比率在其吸收的存款总额中提取一定的金额缴存中央银行，从而通过货币乘数影响间接地对社会货币供给进行控制。存款准备金制度能保证商业银行存款支付和资金清偿能力，调节和控制信贷规模，影响货币供应量，增强中央银行信贷资金宏观调控能力。

【背景资料】　央行决定自 2015 年 6 月 28 日起下调金融机构人民币贷款和存款基准利率[①]

中国人民银行决定，自 2015 年 6 月 28 日起有针对性地对金融机构实施定向

① 参见银行信息网，www.yinhang123.net，2015 年 6 月 27 日报道。

降准，以进一步支持实体经济发展，促进结构调整。

（1）对“三农”贷款占比达到定向降准标准的城市商业银行、非县域农村商业银行降低存款准备金率0.5个百分点。

（2）对“三农”或小微企业贷款达到定向降准标准的国有大型商业银行、股份制商业银行、外资银行降低存款准备金率0.5个百分点。

（3）降低财务公司存款准备金率3个百分点，进一步鼓励其发挥好提高企业资金运用效率的作用。同时，自2015年6月28日起下调金融机构人民币贷款和存款基准利率，以进一步降低企业融资成本。其中，金融机构一年期贷款基准利率下调0.25个百分点至4.85%；一年期存款基准利率下调0.25个百分点至2%；其他各档次贷款及存款基准利率、个人住房公积金存贷款利率相应调整。

根据中国人民银行决定，自2015年10月24日，下调金融机构人民币存款准备金率0.5个百分点，以保持银行体系流动性合理充裕，引导货币信贷平稳适度增长。①

（二）基准利率制度

基准利率制度是中央银行的一项重要货币政策工具。当中央银行提高基准利率时，商业银行等金融机构筹措资金的成本增加，对中央银行的贷款需求降低，商业银行等就会到资金市场去寻求贷款。由于商业银行等筹措资金的成本加大，其对外贷款的利率必然提高，相应其客户的贷款数额就会减少。这样，社会货币供应量就会减少。相反，当中央银行降低基准利率时，商业银行等的贷款利率也会随之降低，贷款数额加大，货币供应量会相应增加。因此，基准利率直接影响金融机构存贷款活动的开展，进而影响整个社会的信贷总量。中央银行通过提高或降低基准利率中的贷款利率，可起到限制或扩张社会信贷规模的作用。

基准利率是我国中央银行实现货币政策目标的重要手段，制定基准利率的依据只能是货币政策目标。当货币政策目标的重点发生变化时，利率也应随之变化。不同的政策要求，产生不同的利率水平。当政策目标的重点放在稳定货币时，中央银行的贷款利率就应当适当提高，以抑制过热的需求；相反，当政策目标侧重于刺激经济增长时，中央银行贷款利率则应适时调低。

（三）再贴现制度

再贴现是商业银行及其他金融机构以买入的未到期的贴现票据向中央银行办理的再次贴现。再贴现是商业银行及其他金融机构与中央银行之间的票据买卖和资金让渡的过程，是商业银行和其他金融机构向中央银行融通资金的重要方式。

再贴现是中央银行执行货币政策的重要工具之一。中央银行根据市场的资金供求状况，调整再贴现率，影响商业银行借入资金的成本，刺激或抑制资金需求，从而调节货币供应量。通过调整贴现率还能及时将货币政策的意图传递给社会，并引导人们的投资、消费行为，推动货币政策目标的实现。

（四）再贷款制度

再贷款是指中央银行向商业银行的贷款。中央银行通过调整再贷款利率，影响商业银

---

① 参见中国人民银行网：www.pbc.gov.cn，2015年10月23日公布。

行从中央银行取得信贷资金的成本和可使用额度，使货币供应量和市场利率发生变化。再贷款利率的调整也是中央银行向商业银行和社会各界宣传货币政策变动的一种有效方法，它能产生预告效果，从而在某种程度上影响人们的预期。

（五）公开市场操作制度

公开市场操作是指中央银行为实现货币政策目标而在金融市场上买进或卖出有价证券的行为。中央银行能随时根据金融市场的变化，主动买进或卖出有价证券或外汇，达到增加或减少货币供应量的目的。同时，中央银行买卖国债，可以影响国债供求，影响国债利率，从而间接影响商业银行利率。目前，公开市场业务操作已经成为中央银行调节商业银行流动性的主要手段之一。

第四节　宏观调控法对财政的导向、规范与保障

一、通过财政法实施财政政策导向

财政政策是国家宏观调控的又一重大经济政策。财政政策包括财政支出政策和财政收入政策。财政收入主要来源于税收，所以财政收入政策主要指税收政策。国家通过扩张性或紧缩性财政政策的不同影响，作用于经济运行，起着某种自动抑制社会总需求过分扩张或收缩，促进社会经济稳定的基本功能。

财政政策的推行需要法律的强制力，同时财政政策必须上升到法律才能保证稳定性和制定过程的集思广益，富有理性，才更能体现客观经济规律的要求。财政政策的导向必须通过法律来确立和实施。财政关系虽然也是一种财产关系，但不适用民法所确认的市场交换原则，所以必须由财政法调整。

二、运用财政法制度发挥财政的调控经济职能

财政的调控经济职能，是指通过实施特定的财政政策，促进较高的就业水平、物价稳定和经济增长等目标的实现。根据社会主义市场经济的内在要求，我国的财政职能包括资源配置职能、收入分配职能、调控经济职能和监督管理职能四个方面。

财政调控经济职能的实现方式有四种：

1. 在经济发展的不同时期，分别采取不同的财政政策，实现社会总供给和总需求的基本平衡。当经济下滑的时候，社会总需求不足，失业增加，这时政府应采取扩张性的财政政策，增加财政支出，同时减少税收，以便刺激总需求的扩大，消灭失业现象；当经济膨胀的时候，社会总需求过度，会引起通货膨胀，这时政府应采取紧缩性财政政策，减少财政支出，同时增加税收，以便抑制总需求，消灭通货膨胀。

2. 通过发挥累进的个人所得税等制度的“内在稳定器”作用，帮助社会稳定经济活动。如累进的个人所得税使税收在经济萧条时趋于下降，从而有利于经济的复苏；在通货膨胀时期趋于上升，从而有利于经济的降温，这是保证经济健康运行、减轻经济周期性波动的一个重要因素。失业救济金制度也有这样的功能：人们被解雇后开始领取失业补助金，当他们重新找到工作时，失业补助金停止支付，从而有利于经济的稳定。

3. 通过财政投资和补贴等，加快农业、能源、交通运输、邮电通信等公共设施和基础

产业的发展，为经济发展提供良好的基础和环境。

4. 逐步增加治理污染、生态保护以及文教、卫生等方面的支出，促进经济和社会的可持续发展。

【背景资料】 **积极的财政政策与稳健的财政政策的运用**

2008年对我国经济发展来说是极不平凡的一年，经历了突如其来的特大自然灾害和百年不遇的国际金融危机的强烈冲击。面对严峻局面，我国宏观调控取向随着经济形势的发展变化不断调整，财政政策从上半年的稳健财政政策，在年底转变为积极的财政政策。在这样的宏观经济背景下，中央确定了2008年宏观调控的首要任务为“双防”：防止经济增长由偏快转为偏热；防止价格由结构性上涨演变为明显通货膨胀。在财政政策方面，实行稳健的财政政策，重点是控总量、稳物价、调结构和促平衡，具体来说主要包括五项措施：一是适当减少财政赤字和国债资金规模；二是积极促进经济结构调整优化；三是大力保障和改善民生；四是发挥财税政策稳定物价的作用；五是大力推进依法理财，抓好增收节支。及时而强有力的调控政策保证了2008年前三季度GDP同比增长9.9%，保持了平稳较快发展。

但是，美国金融危机在2008年9月中旬全面恶化，并迅速波及全球实体经济。随着国际金融危机对实体经济影响的逐步加深，世界经济增长继续放缓，对我国的出口造成严重的冲击。与此同时，通货膨胀压力缓解速度的加快暗示着通缩的风险。迫于严峻的形势，我国宏观调控政策迅速进行了调整，保持经济平稳较快发展成为当前宏观调控的首要任务。11月9日，国务院常务会议宣布对宏观政策进行重大调整，财政政策从“稳健”转为“积极”。这是时隔10年之后，我国再次重启积极财政政策。2008年的积极财政政策重在扩大内需、调整经济结构；在发挥财政宏观调控作用时，重点增加在民生工程、基础设施、生态环境建设和灾后重建的支出，提高城乡居民特别是低收入群众的收入水平等方面。在国务院出台的一系列扩大内需的“国十条”措施中，两年4万亿元投资计划的重点也是民生领域。

财政政策主要有两种类型：一是总量取向的财政政策，二是结构取向的财政政策。前者主要根据宏观经济的冷热变化，通过财政政策的扩张或紧缩调控社会总需求和社会总供给，使两者趋于平衡；后者的目标是优化宏观结构，基本不影响总量。积极财政政策的实质是扩张性的财政政策，属于总量调控的政策，只能是权宜之计，长期实施会产生严重的负面影响。稳健的财政政策的实施意味着我国财政政策从单纯注重经济指标转为兼顾经济、社会和个人全面和谐发展；不仅要解决经济问题，更要发挥解决社会问题的功能。这给财政政策注入更多的人文关怀因素：财政的建设性支出将趋于减少，而用于教育、公共卫生、科技、环保等领域的社会性支出将逐步增多。

综上所述，财政调控的实施和实现，需要多种条件和手段，但发挥作为经济法的组成部分的财政法、税法等法律的强制作用，具有特别重要的意义。运用财政法贯彻和推行财政政策，是完善宏观调控体系的重大举措。

第五节　宏观调控法对规划的导向、规范与保障

一、通过规划法实施规划政策导向

规划是人们未来的行动纲领，表明人们在一定时期内采取一定的行动所要达到的目标。国家规划主要是合理确定社会经济发展战略和宏观调控经济目标，实施产业政策，促进产业结构优化。规划的作用在于为社会各经济主体提供作决策时所需参考的经济情报信息，引导企业作出符合国家规划的决策和行为，从而起到诱导经济运行，调控经济发展的作用。

在市场经济下国家规划是对市场的宏观指导，没有强制力，具有战略性、宏观性、政策性等特征，是国家宏观经济调控的手段之一。规划以经济政策为本质，规划法是经济政策的法律化和具体化，要真正实现国家经济政策对市场经济的导向作用，有效地进行宏观经济调控，就必须制定科学、合理、遵循经济规律的规划法。

二、运用规划法发挥规划的调控经济职能

对市场经济进行规划调控的必要性，主要在于社会化经济对规划的要求。现代市场经济是高度社会化的经济，社会生产的各个方面、各个环节的联系非常广泛和复杂，市场机制能较好地在微观层面配置资源，但不能保证国民经济按比例协调发展，客观上需要一种宏观的调控和指导，以保证市场的正常运行。

规划调节还可以弥补市场机制的内在缺陷，即所谓“市场失灵”。市场调节具有滞后性、自发性、局部性、短期性、盲目性特点，市场调节可能使财富集中，造成社会的不公平、不稳定。国家的规划通常具有科学性，是客观经济规律的反映，对市场主体的经营决策具有重要的引导作用，通过规划，可以进行某种事前安排和主动调节，而国家可以对社会经济进行总体性调节，协调个体利益与整体利益、短期利益与长远利益，从而在一定程度上弥补市场机制的缺陷。通过规划还可以对社会失业、通货膨胀、经济发展与环境保护综合考虑，对可能存在的经济危机事先作出预测和防范，以保持市场经济的健康、稳定、持续发展。

在现代市场经济条件下，规划对经济调控具有普遍意义。“在现代世界里，政府完全可以很好地从事广泛的经济活动，包括调整收入和所有财产的分配，处理外部经济和外部不经济，对付结构上的不可分性，维持经济的普遍稳定。要达到所有这些目标，政府就应该，其实也必须预先做好计划。”① 在市场经济条件下，规划主要通过经济政策和经济措施的诱导来调节经济利益，在市场的基础上实现资源优化配置，以实现预期的社会经济目标。

作为政府行为的规划可能存在负的外部性，可能存在“政府失败”的风险，因此规划不能脱离法，其积极作用的发挥需要相应法律制度的规范和保障。现阶段，我国有必要制定一部“规划法”，规定制订规划的法定权限、规划的主要内容，规划的效力、实施、监督、调整和变更程序，并规定规划的法律责任，以保证规划制定的科学、民主和规划能得

---

① ［英］詹姆斯·E·米德：《效率、公平与产权》，施仁译，301页，北京，北京经济学院出版社，1992。

到有效实施。

第六节 宏观调控法对产业政策的导向、规范与保障

一、通过产业政策法实施产业政策导向

产业政策是国家宏观调控的重大经济政策。产业政策是国家或政府为实现特定的经济、社会目的而对产业发展实施的经济干预，这种干预包括对产业的规划、调整、保护、扶持、限制等。产业政策体现国家意志，追求社会公共利益，直接目的在于充当贯彻国家经济发展战略的工具，弥补市场失灵的缺陷，履行国家经济职能，保证产业合理、有序、高效地发展。[①]

国家实施产业政策离不开法律的规范和保障，对产业政策进行法律调整就是要将产业政策的主要方面法律化。产业政策法通过各种手段实现对产业结构和产业组织的调节，促进结构的优化，促进资源的合理配置，为经济运行的高效率奠定坚实的基础，实现国民经济持续、稳定、健康发展，从而保证经济与社会的和谐发展。

二、运用产业政策法发挥产业政策的宏观经济调控功能

产业政策法作为政府实施产业政策进行宏观经济调控的法律依据，主要通过以下几个基本法律制度保障产业政策功能的实现：

（一）产业结构政策法律制度

产业结构政策，是指政府依据一定时期内整个社会经济发展的情况，为推进产业结构优化升级而制定的产业政策。产业结构政策针对产业间的资源配置结构优化问题，对国家产业进行合理规划。通过规划确定国家的主导产业、战略产业、支柱产业和限制发展的产业。对主导产业采取保障发展措施，对弱小产业采取扶持措施，对衰退产业采取限制措施。产业结构政策法律制度就是对这些方面的产业政策进行法律调整而形成的。

（二）产业组织政策法律制度

产业组织政策，是指政府为了实现产业内部即企业之间资源的最优配置而采取的协调产业的市场结构和市场行为的政策。产业组织政策针对产业内的资源配置结构优化与调控问题，其实质是政府通过协调产业组织中规模经济与竞争活力之间的矛盾（即所谓的“马歇尔冲突”），以建立正常的市场秩序，提高市场绩效。[②] 如对规模经济效益显著的产业鼓励组成大企业集团政策，对中小企业扶持制度，培植各种要素市场制度等。产业组织政策法律制度就是对这些方面的产业政策进行法律调整而形成的。

（三）产业技术政策法律制度

产业技术政策，是指政府制定的着重于引导或影响产业技术发展和产业技术进步的政策。由于现代高科技研究往往花费巨大、周期长、风险大，单个市场主体往往无力承担，单靠市场机制不能解决这个问题，因而高新科技开发必须由政府介入，由政府组织、投资和扶植，包括采取政策上的优惠措施。产业技术政策法律制度就是对产业技术政策进行法

---

① 参见邱本：《宏观调控法论》，211～212页，北京，中国工商出版社，2002。

② 参见王先林：《产业政策法初论》，载《中国法学》，2003（3）。

律调整而形成的。

（四）产业布局政策法律制度

产业布局政策，是指政府根据国民经济发展以及区域经济发展的要求为实现产业空间分布和地区间资源配置合理化而制定的政策。产业布局政策鼓励各地区因地制宜，扬长避短，发展地方优势产业及配套产业；并通过对产业布局的集中与分散作出恰当的规定，使产业布局既能保持集聚效应，又有扩散带动效应。产业布局政策还要根据不平衡发展原理，对部分地区重点扶持、倾斜发展，并通过先发展起来的较发达地区向相对落后的地区转移资金、人才和技术，带动落后地区的发展。产业布局政策法律制度就是对这些产业政策进行法律调整而形成的。

第七节　宏观调控综合协调制度

一、宏观调控综合协调的必要性

国家规划、金融、财政、产业、投资政策是宏观调控的主要经济手段。各种手段的特点和属性决定了我国建立宏观调控综合协调制度的必要性和重要性。

（一）规划与财政政策、货币政策需要相互协调

在现代市场经济体制下，国家的经济规划通常都是指导性的而没有法律的强制力（尽管规划必须经过立法机关批准），其主要的作用在于为市场主体提供一种经济信息，引导企业作出符合国家计划的决策和行为，对市场主体并不具有直接的强制约束力。国民经济和社会发展规划通常都指明了财政政策和货币政策的目标和方向，是财政政策和货币政策制定和调整的依据，规划的实现也要依靠财政、货币政策。这是规划和财政、货币政策必须协调的依据。

（二）产业政策的实现需要财政和货币政策的支持

国家财政的投资规模和投资结构、税收政策、财政补贴、财政的转移支付等都会影响到投资、产业政策。中央银行确定的信贷规模以及指导商业银行的贷款资金流向，都会对产业政策产生影响。因此，国家投资、产业政策的成功实现，必须依靠财政政策和货币政策。投资、产业政策的制定部门必须与财政、货币宏观调控部门协商，取得支持。财政政策和货币政策的制定和实施，也要符合国家计划和独立的投资法、产业政策立法（如《国家产业政策纲要》）所确定的产业政策。

（三）财政政策和货币政策之间需要相互配合

财政政策和货币政策需要相互协调和配合的理由有三点：（1）各自调节范围的不同要求二者协调配合。财政政策对社会总需求的影响主要是通过税收增减、发行国债、调整支出规模和结构来实现的，其主要在分配领域实施调节。货币政策对社会总需求的影响主要是通过影响流通中的货币量来实现的，其调节行为主要发生在流通领域。二者的调节都有一定的局限性，因此必须相互配合。（2）各自的侧重点不同要求二者协调配合。财政政策与货币政策都对总量和结构进行调节，但在资源配置和经济结构上，财政政策比货币政策更强调资源配置的优化和经济结构的调整，具有结构特征。而货币政策的重点是调节社会需求总量，具有总量特征。（3）各自的时滞性不同要求二者协调配合。财政政策的制定需要通过立法机关，并交有关执行机关执行，决策程序复杂；但一旦实施，将直接影响社会

的有效需求。货币政策一般由中央银行制定和实施，决策程序简单；但其对社会总需求的影响是间接的。① 财政政策和货币政策是宏观调控中的两大支柱，很多国家都非常重视二者之间的配合和制约，如德国和美国都在法律中确立了二者的协调制度。

（四）依法治国方略中的权力监督制衡理念以及宏观调控权行使的外部性也决定了我们必须建立宏观调控综合协调制度

依法治国的核心理念就是依法限制政府权力的行使，政府权力应当受到监督和制约，宏观调控领域也不例外。宏观调控部门拥有巨大的宏观调控权，宏观调控权作为国家的一项重要权力，其行使过程中产生的外部性，其对经济的影响、对市场主体和普通民众的影响，都是人所共知的。建立综合协调制度有利于在不同的宏观调控部门之间形成一种监督，防止宏观调控各部门滥用权力而不受制约，如此才能保证政策的制定和实施从国家的最高利益出发，而不致为了维护一己私利、部门利益，置国家经济大局和百姓经济利益于不顾。

由此可见，无论是经济学的理论还是法治国家的理念，都要求我们建立宏观调控的综合协调制度，即综合运用规划、财政政策、金融政策调控经济。只有这样，才能保证宏观经济目标的实现和防止宏观调控部门滥用或者弃用宏观调控权，最大限度地实现宏观调控的预期目标。这是符合当今世界各国宏观调控的主流趋势的，也是对我国国情正确判断而作出的决策。

二、建立我国宏观调控综合协调法律制度

宏观调控应当由法律加以规制和保障，需要加强宏观调控法治。为了增强我国宏观调控的能力和效率，笔者认为，应通过立法明确宏观调控综合协调机构的法律地位，确立国家宏观调控综合协调制度，以加强各宏观调控部门之间的对话和制约，从法律上保证各部门之间的合作。建立该制度，既要使其遵循市场经济规律，考虑经济利益的平衡，同时又要符合权力制衡、权力正当行使等基本的法治理念。制定《宏观调控法》，应着重解决好以下问题②：

（一）设立国民经济宏观调控委员会，明确其议事规则及权限

《宏观调控法》应当明确规定，国务院设立国民经济宏观调控委员会；国民经济宏观调控委员会是国务院集中行使中央经济调控权的常设机关。该委员会以国务院总理为主任，并包括各宏观调控部门的首长。国民经济宏观调控委员会按照议事规则，定期召开会议。国民经济宏观调控委员会在充分发扬民主的基础上，实行首长负责制。至于国民经济宏观调控委员会的议事规则，则由该法明确授权国务院制定。

国民经济宏观调控委员会决议应当具有强制力，国务院经济主管部门、地方各级人民政府和政府经济主管部门应当执行。依照法律、行政法规需经其他机构批准或者同意的，经批准或者同意后执行。

（二）建立宏观调控的综合协调机制

《宏观调控法》应当明确不同经济调控部门之间相互制约和监督的制度。在法律中应当作出以下规定：（1）国家发改委、财政部、中国人民银行、商务部等调控部门相互之间

① 参见刘溶沧、赵志耘主编：《中国财政理论前沿》，394～396页，北京，社会科学文献出版社，1999。

② 参见徐孟洲、谢增毅：《论建立宏观调控法的综合协调制度》，载朱崇实主编：《经济法理论与实务热点问题探讨》，厦门，厦门大学出版社，2002。

可以就国家国民经济和社会发展规划以及经济政策的制定或者实施提出意见和建议。（2）一方认为其他方计划或者经济政策的制定或者实施违反国务院或者国民经济宏观调控委员会的决议时，应当及时向总理报告，并可以向总理提请召开国民经济宏观调控委员会会议。（3）一方认为其计划或者经济政策的制定和实施需要其他方配合时，可以向总理提请召开国民经济宏观调控委员会会议。

【问题与思考】

1. 宏观调控法治化的必要性及手段选择

本章【引例】中多次运用了各种金融宏观调控政策和手段。

思考：请以此为例，说明宏观调控的正当性和调控法治化的必要性。

2. 宏观调控的综合协调制度问题

根据本章第二节的【背景资料】可知我国国家发改委、中国人民银行、财政部、商务部几个主要宏观调控部门的职责。各宏观调控部门的职责可谓各有侧重、分工合作，同时，各部门分别掌握了国家规划、金融、财政、产业、投资政策等主要宏观调控手段。

思考：（1）各部门应当怎样协调、配合运用宏观调控等各经济手段，以增强宏观调控的能力和效率？

（2）如何建立和完善我国的宏观调控综合协调机制？

3. 财政政策的转变与财政支出政策和结构的变化问题

长期实行的积极财政政策，使得我国政府运用财政政策有力地促进了经济的持续、稳定、快速发展，却也使得经济增长对财政支出扩张产生了日益严重的依赖。

思考：从积极财政政策到稳健财政政策的转变，反映了财政支出政策和结构产生了什么性质的变化？

4. 关于建立投资决策问责制的思考

据《瞭望》杂志2006年6月24日报道，一些地方政府在投资行为中收益与成本严重失衡，成为我国治理投资过热中的一个制度盲点。国家统计局最新数据显示，全国城镇固定资产投资2006年前5个月增长30.3%，经济发展出现新一轮投资过热的苗头。一些本来就显现过热的行业再次成为“投资热点”，如2006年前5个月钢铁行业投资从2005年同期的7.8%被拉升到13.7%，而2006年我国钢铁产能严重过剩已成定论。投资过热尽管存在多方面的原因，但与一些地方政府在其中推波助澜不无关系。这些地方政府置国家宏观调控政策于不顾，盲目攀比速度、攀比所谓“政绩”，各种形式的“项目大赛”仍然此伏彼起。

尽管近几年不少地方在干部政绩考核中开始引入“绿色GDP”的概念，并建立了环保等多种指标的“一票否决制”，这些探索和实践也在一定程度上起到了遏制地方政府盲目投资的作用，但要真正对地方官员具有约束力，还必须要让他们对自己的投资决策切实负起责任，即必须建立起投资决策问责制。

思考：（1）投资决策问责制对政府的投资调控行为有何意义？

（2）如何在宏观调控法中确立科学的投资决策问责制度？

第十二章 规划和产业政策法律制度

参考文献

(一) 著作

1. 史际春主编．经济法．3版．北京：中国人民大学出版社，2015. 第十二章
2. 王晓晔主编．经济法学．北京：社会科学文献出版社，2010. 第九章
3. 张守文主编．经济法学．6版．北京：北京大学出版社，2014. 第十章
4. 漆多俊主编．经济法学．2版．武汉：武汉大学出版社，2005. 第十七章，第十八章
5. 董玉明．市场经济条件下的计划法研究．太原：书海出版社，2001

(二) 论文

1. 史际春．论规划的法治化．兰州大学学报（社会科学版），2006 (4)
2. 王先林．产业政策法初论．中国法学，2003 (3)
3. 王健．产业政策法若干问题研究．法律科学，2002 (1)

参考法规

1.《国民经济和社会发展第十二个五年规划纲要》(2011年)

2.《中华人民共和国城乡规划法》(2015年修正)

3. 国务院《关于加强国民经济和社会发展规划编制工作的若干意见》(国发［2005］33号)

4. 工业和信息化部、国家发展和改革委员会《汽车产业发展政策》(2009年修改)

5. 国家发展和改革委员会《产业结构调整指导目录》(2015年本)

引例 国家政策加快推动节能环保产业的发展

2013年8月，国务院印发《关于加快发展节能环保产业的意见》（以下简称《意见》），明确提出产业发展目标和重点发展领域，并推出多方面具体支持政策。同时，国家有关部门还将从金融、财税等方面进一步推出具体工作细则，包括加快推进资源性产品价格改革、安排财政资金支持和引导节能环保产业发展、支持符合条件的节能环保企业上市融资等。

《意见》明确“十二五”期间，节能环保产业产值年均增长15%以上，到2015年，节能环保产业总产值达到4.5万亿元，增加值占国内生产总值的比重为2%左右。

节能环保产业是指为节约能源资源、发展循环经济、保护生态环境提供物质基础和技术保障的产业，是国家加快培育和发展的7个战略性新兴产业之一。根据《意见》“十二五”期间需重点发展的四大产业领域包括：节能产业重点领域、资源循环利用产业重点领域、环保产业重点领域、节能环保服务业等。在环保产业重点领域，《意见》明确，要发展以污水处理、垃圾处理、大气污染控制、危险废物与土壤污染治理和监测设备为主的环保技术和装备。同时，要以城镇污水垃圾处理、火电厂烟气脱硫脱硝、危险废物及医疗废物处理处置为重点，推进环境保护设施建设和运营的专业化、市场化、社会化进程。同时，《意见》指出：各级政府要安排财政资金支持和引导节能环保产业发展。安排中央财政节能减排和循环经济发展专项资金，采取补助、贴息、奖励等方式，支持节能减排重点工程和节能环保产业发展重点工程，加快推行合同能源管理。严格落实并不断完善现有节能、节水、环境保护、资源综合利用税收优惠政策。全面改革资源税。积极推进环境税费改革。

第一节 规划法概述

一、规划概述

（一）规划的概念和特征

规划，是指人们为了实现某种目的而对未来的行动所作的设想和部署。本章所指“规划”（在“十一五”规划出台前称为“计划”）仅限于国家规划（或曰政府规划），主要是指国民经济与社会发展规划。规划本身是一种理性的体现，无论是个人还是组织，行动之前往往都离不开周密的规划，对于国家来说，规划的重要性更为突出：国家需要通过规划的运用，制定经济和社会发展战略，安排和调控国民经济运行和发展。任何社会化生产都必须按照协调发展的要求配置社会资源。作为一种资源配置的手段，规划是和市场相对的概念。社会主义市场经济是国家宏观调控下的市场经济，必须改变过去

“规划一统天下”的观念，要建立社会主义市场经济体制，就必须正确认识和处理规划与市场的关系。

市场配置资源并不是万能的，其本身存在一定的局限性、盲目性和滞后性，从而严重影响市场机制作用的发挥，引起某些领域投资膨胀和生产过剩、结构比例失调，进而导致经济波动。此时规划的重要性便凸现出来，通过规划手段可以在一定程度上弥补市场机制的内在缺陷，进行事前和主动调节，引导投资方向和规模，促进经济结构合理化，保证经济总量的平衡，最终实现个体利益与整体利益、短期利益与长远利益之间的协调，帮助市场主体预测经济发展趋势，实现对社会公共利益的保障。因此，既要充分认识市场在资源配置上的基础性作用和在微观经济生活中的主导性作用，也要防止和克服完全否认规划调节作用的错误认识。

计划经济条件下的规划与市场经济条件下的规划是截然不同的：前者具有指令性，且规定得非常细，涵盖方方面面，甚至是本来属于市场、企业自身调整的内容，实现规划设定的目标主要依靠直接的行政手段，在编制程序上由政府部门一手包办，既不民主，也不公开；后者则具有预测性和指导性，是国家宏观调控的依据和手段，抓住国民经济和社会发展全局的重大战略问题，突出战略方针、战略任务、战略布局、战略措施和重大政策，改变以往无所不包、领域过宽的状况，政府主要采用间接的法律手段、经济手段来达到目标，编制程序上也建立了规范化的协商、论证、公布、备案以及评估制度等。

规划是国家进行宏观调控的重要手段，是由一定组织机构负责制定和实施的关于经济和社会事业发展的预测以及目标的相互协调的政策性措施。由国家制定并负责实施，有关国民经济、科学技术和社会发展项目的未来的综合的行动部署方案称为国家规划，全称是“国民经济与社会发展规划”。国家规划具有以下特征：（1）针对性，规划必须以相关信息的掌握为基础，具备明确的目的；（2）事前性，规划的实行过程中应根据具体情况的发展变化进行及时的调整和修改；（3）综合性，规划必须综合考虑和运用各种因素和方法来设定目标和实施手段；（4）法定性，规划需要有法律上的根据才能产生规制私人行为的外部效果；（5）组织性，促进规划实现和实际实施规划的主体众多。

（二）规划的分类和功能

根据不同的标准，规划可以分成如下几类：

1. 根据规划的期限不同，可以分为长期规划、中期规划和短期规划。典型的中长期规划如《国民经济和社会发展第十二个五年规划（2011—2015）规划》，这是最重要、最基本的规划分类方式。具体的期限一般是10年、5年和1年。经济体制改革的要求是加强中长期规划，简化“年度规划”，尤其是要把五年规划作为国家实施宏观调控的基本规划形式。

【背景资料】 **“十二五”规划的制定与实施**

规划是政府经济社会管理行为。“十二五”主要阐明国家战略意图，明确政府工作重点，引导市场主体行为，是未来五年我国经济社会发展的宏伟蓝图，是全国各族人民共同的行动纲领，是政府履行经济调节、市场监管、社会管理和公共服务职责的重要依据。

“十二五”规划纲要的编制历时两年多。在规划基本思路的研究起草阶段，发展改革委委托和选聘了七十多个国内外权威研究机构，对四十多个经济社会发展中的重大问题进行了深入的专项研究。在全国范围内开展多种形式的为“十二五”规划建言献策活动，整个纲要（草案）的编制过程是发扬民主、集思广益、科学决策的过程。“十二五”规划纲要从政策指向上清晰勾勒出未来5年中国产业路线图。即要围绕发展现代农业，传统制造业转移和升级、培育和发展新兴产业、提升现代服务业规模和效率4条主线，构建下一阶段中国经济的支点。

2. 根据规划实施的范围不同，可以分为中央规划、地方规划、基层规划。中央规划、全国性行业规划和专项规划，由国务院管理；地方规划及地方行业规划和专项规划由相应的地方政府管理；基层规划由基层规划单位编制。

3. 根据规划的保证手段和效力不同，可以分为指令性规划和指导性规划，分别以指令性指标和指导性指标为主构成。前者是计划经济条件下的规划类型，指令性指标是国家对关系国计民生的重要产品中需要由国家调拨、分配的部分和关系经济全局的重大经济活动，以法令形式下达的，是必须执行的经济规划指标。指令性指标又分成必成指标和限额指标。后者是市场经济条件下的规划类型，指导性指标是国家为了指导国民经济和社会发展活动，对除指令性指标以外的其他重要产品、项目和经济活动所下达的，主要靠经济手段保证其实施的经济规划指标。指导性指标具有预测性和政策性的特点。

4. 根据规划的经济、社会内容不同，可以分为社会总产品规划、国民收入规划、工业生产规划、农业生产规划、第三产业规划、固定资产投资规划、交通运输和邮电规划、科学技术发展规划、物资平衡规划、综合财政规划、信贷经济规划、教育规划、环境保护规划、城乡居民收入和消费水平规划、人口规划等。

市场经济条件下，国家规划在国家的经济和社会发展中仍有重要作用，宏观上为各级政府和企业提供了经济行动的指针和目标，并为实现这些预期目标提供了具体的政策协调和政策指引。其本身作为一种宏观调控的手段，还可以对其他的宏观调控手段进行协调，因此，规划调控是一种高层次的调控。国家规划主要有以下三项功能：（1）预测引导功能，即国家规划不但预测了未来的发展方向，而且引导市场主体遵从并行动；（2）政策协调功能，即在实现国家规划目标的过程中，可以协调各个方面的政策，以实现规划目标；（3）宏观调控功能，即通过预测引导和政策协调功能，实现对经济和社会发展的主要方面的宏观调控。

二、规划法概述

（一）规划法的概念和特征

规划法是确认国家机关、社会组织和其他经济实体在规划管理体系中的法律地位，并调整它们之间在制定和实现国民经济和社会发展规划过程中发生的社会关系的法律规范系统，体现在国民经济和社会发展规划编制、审批、下达、执行、调整、检查和监督等各个环节上。规划法的调整对象是规划关系。规划法是宏观调控法的重要组成部分，新中国成立以来，我国对规划法的认识逐渐深化，已经颁布了一系列法规、规章和规范性文件，但立法工作却一直较为薄弱。特别是实行计划经济时期，计划常常被作为行政手段的附庸，由于对计划的功能、地位等缺乏统一、深入、明确的认识，始终缺乏一部“规划法”。最早的《计划调控法（草案）》于1980年起草、1983年定稿送审，但最终未获通过。目前，国家发展和改革委员会针对我国规划编制和实施工作中存在的主要问题，在国务院《关于加强国民经济和社会发展规划编制工作的若干意见》（国发［2005］33号）的基础上，于2010年草拟了《发展规划法》。其后，规划法的起草工作仍继续进行，但时断时续。确定实行市场经济体制改革目标后，制定“规划法”的客观要求更加迫切。加强规划立法，必须围绕着建立社会主义市场经济体制、实现宏观调控法的基本目标和任务来进行。

除了具有宏观调控法的一般特征外，规划法还具有以下两项特有特征：

（1）规划法兼具实体法和程序法的双重属性。从整体上看，规划法对规划内容、形式和主体的规定，都是为了保障规划的合理编制和有效实施，规划的编制、审批、下达、执行、调整、修改、监督和检查都是规划法规制的重心，因此，规划法具有程序法的属性。

（2）规划法具有显著的政策性。政策性是经济法的重要特征之一，规划法的政策性更加明显，其不是对经济、社会各领域及各事项作出详细规定并强制实施，而是通过对企业经济活动提供基本指导方针，为市场机制正常发挥作用提供良好的外部政策环境，运用和组织协调各种经济政策和手段，间接调节企业行为。规划以主要的经济政策为内容，涵盖产业政策、投资政策、收入分配政策等，其实现依赖于财政政策、货币政策、价格政策等经济手段。

（二）规划法的理念和基本原则

科学发展观的主旨是“坚持以人为本，树立全面、协调、可持续的发展观，促进经济社会和人的全面发展”，“以人为本”是基本价值取向，经济社会的发展必须以满足人的需要为出发点和落脚点。人，既是经济社会活动的主体，也是经济社会发展成果的享有者。发展说到底是人的发展，从人的特点或实际出发，一切制度安排和政策措施要体现人性，从人出发，要考虑人情，要尊重人权，以人的自由和全面发展为最终归宿。规划法的最高理念亦应“以人为本”，国计当为民生，规划法必须把人民利益放在首位，应让广大人民能分享到经济进步带来的成果。规划编制的重点要放在重视人的发展上，即从过去单纯地追求GDP的增长，转变为以实现人的全面发展为核心，重点开发人力资源、扩大就业、加强义务教育、加强公共卫生和公共安全，健全社会保障，关注欠发达地区和困难群体，增加人文指标。

规划法的基本原则，是规划法的最高理念的具体化，贯穿于规划法从制定到实施的全过程，是制定、解释和适用规划法的指导思想和根本准则。规划法不但要遵循整个经济法的基本原则，而且具有特有的基本原则，除了规划法定原则外，还具有以下几个基本原则：

1. 遵循市场经济客观规律原则。在社会主义市场经济体制下，要以充分发挥市场对资源配置的基础性作用为前提，市场失灵时，规划调控才起到补充作用。政府在市场经济中的角色，主要是抓好经济调节和市场监管，既不能“越位”，也不能“缺位”，必须注意履行社会服务、生态环境保护、资源保护、优化发展环境等方面的公共职责。

2. 综合、平衡和协调原则。规划法要从整个国民经济的协调发展和社会经济的总体效益出发，调整国民经济结构和经济政策，以促进经济和社会的协调、稳定和发展，确保规划发挥主导地位和决定作用，使其他各种宏观调控手段及其法律服从于规划法的统一安排。

3. 兼顾国家、集体和个人三者利益原则。国家规划的制定和实施必须考虑三方的利益，不能借口保护国家利益，而侵害其他当事人。在规划法中，必须适当界定地方的规划权限，注重由于地区差异而赋予规划一定的灵活性，更多地关注欠发达地区和困难群体。

4. 循序渐进原则。该原则是制定和实施规划法的必然要求，也是对过去计划经济时代遗留的经验教训的总结。无论规划法的立法、执法，还是规划法的司法、守法，都必须坚持实事求是、适时适度、量力而行、循序渐进的原则。

(三) 规划法的地位和作用

市场经济条件下，规划作为一种国家宏观调控手段，是国家对市场经济进行事前调节和宏观调控的重要手段，体现着对各种经济政策和经济手段的协调，与市场的基础调节协调配合发挥作用，因此，规划必须法律化，才能成为国家进行宏观调控和市场运作的依据。规划法具有十分重要的作用：

(1) 规划法规范政府的规划行为，防止和克服规划过程中的“政府失灵”现象。政府作为规划的主要制定者、决策者和执行者，起着关键性的作用，而政府自身存在的缺陷常常会导致政府失灵现象的出现，导致政府配置资源的低效率。

(2) 规划法设定规划主体的权限，限制政府在规划过程中的成本扩张倾向。只有由法律设定政府机关规划之权限，才能实现对规划过程中政府成本扩张倾向的制约，避免规划编制、执行的低效率状况出现。

(3) 规划法通过法定化规划的程序，制约政府内的腐败行为。政府干预经济的过程，可能抑制竞争，即某些特殊行业或部门因受规划保护导致其收入超出正常的市场竞争条件下应得的份额。如果规划的程序不能法定化、欠缺透明度，可能获得额外利益的商业贿赂就会产生。

规划法调整的规划关系，是一种国民经济和社会发展规划关系，具有经济性、社会性、宏观调控性等特征，尤其是规划法所确定的指导性规划，主要采取经济手段来实现，由于规划法对宏观经济关系的综合调整，能够促进国民经济持续、快速、健康发展，促进各项社会事业的全面平衡发展，因而，它在整个经济法体系中的地位相当重要。

第二节 规划法的基本制度

一、规划法的体系

规划法的体系是由各类法律规范所组成的内外协调、和谐统一的有机整体。规划体系属于规划法规定和调整的范围。规划法有其自身的制度体系，这与调整对象本身密切联系在一起。规划法集实体法律规范和程序法律规范于一身，其体系结构上由规划实体法律制度和规划程序法律制度构成。此外，作为一种法律机制，它还应包含规划法律责任制度。规划实体法律制度、规划程序法律制度和规划法律责任制度是规划法体系中不可缺少的三大部分。

二、规划实体法律制度

规划实体法律制度是由规划实体法律规范组成的，它包括确认政府规划机关的法律地位的组织法或称体制法、国民经济和社会发展规划法、产业政策法、经济稳定与增长促进法等。

(一) 确认政府规划机关法律地位的组织法

政府规划机关，是指在规划的制定、实施过程中，依据规划法享有规划职权、履行规划职责的国家机关。规划机关是特定的规划法主体。规划机关包括各级政府的行政决策机关和规划职能机关。由于国家行政机关中的规划职能机关是规划专门机关，在整个规划调控运作中具有举足轻重的地位，因而它是规划法律关系中最基本、最重要的主体。

政府规划机关的法律地位是由其法定职权体现出来的。而规划机关的职权又取决于国家经济体制的模式和规划的根本任务。在高度集中规划经济体制下，国家行政机关都在一定程度上执行着规划职能。随着社会主义市场经济体制的建立，规划机关的职能应由行政性转为法定性，并超脱于其他政府机关对经济管理的职能，以体现规划工作的宏观性、战略性和政策性。同时，还要保持国家规划对政府有关问题决策的影响，以保证规划宏观调控有效实现。

在规划体制方面，全国人民代表大会审查批准国民经济和社会发展规划，并检查、监督这一规划的实施。国务院主持国民经济和社会发展规划的编制和实施；审批中央专项规划、行业规划；领导、监督规划职能机关。政府规划职能机关作为专门规划机关，其职权的规范和实现是国家规划任务实现的关键。为适应社会主义市场经济的需要，规划法可以从以下几方面对其职权进行规范：负责国民经济的统计工作；编制国民经济和社会发展规划草案；负责国家规划的实施，提出规划实施方案、国家产业政策方案，参与有关国家职能机构对国民经济宏观调控方案的制订；依照有关规定实施国家重要规划项目；依法享有的其他职权。国家地方规划机关按照规划法的原则规定和地方法规享有规划职权。

（二）国民经济和社会发展规划法

国民经济和社会发展规划法，是规划实体法律制度的基础和核心。它主要规定国家在经济和社会发展方面的规划目标及其实现途径。具体说来，主要包括以下三方面的内容：

1. 国家规划任务制度

国家规划任务是国家规划所要实现的目标，从根本上说，规定国家规划的任务的主要意义在于，尊重和适应经济和社会发展的客观规律，通过“国家之手”对经济和社会发展进行积极而有效的干预，实现人与自然的和谐发展以及经济与社会的可持续发展。国家规划任务制度在国民经济和社会发展规划法中处于基础性地位，它不但涉及合理确定国民经济和社会发展的战略任务、宏观调控的目标以及产业政策，而且涉及搞好经济预测工作与合理规划基本经济结构、生产力布局、国土整治和重点项目建设等重大问题。对国家规划任务作出法律规定，是实现规划功能的必然要求，对其他各项具体规划内容的制定和实施具有重要的指导意义。

2. 国家规划体系制度

国家规划体系是指从不同角度表述国家规划内容所组成的相互衔接、相互补充的有关国家规划的有机结合体。该制度的内容和前述国家规划的不同分类方法紧密联系在一起，如从国家规划的经济、社会内容角度看，则国家规划体系内容包括了社会总产品规划、国民收入规划、工业生产规划、农业生产规划、第三产业规划、固定资产投资规划、交通运输和邮电规划、科学技术发展规划、物资平衡规划、综合财政规划、信贷规划、教育规划、环境保护规划、城乡居民收入和消费水平规划以及人口规划等；而从国家规划的期限角度看，则国家规划体系又由长期规划、中期规划和短期规划所组成。事实上，每个类型的国家规划体系均从不同的侧面、按照不同的标准反映了国民经济和社会发展的规划目标以及实现条件等。

3. 国家规划指标体系制度

国家规划指标是国家规划的内容、目标和任务的量化结果，是对国家未来经济和社会发展的方向、目标、规模、速度、结构、比例、效益以及效率等总体性活动的特征和状况的数量界定。规划的各项指标之间相互联系、相互依存、相互作用，从而构成了一个完整的国家规划指标体系。建立科学的国家规划指标体系，对于有效地、定量地组织和管理国民经济和社会发展具有重要意义。

国家规划指标体系可以按照不同的标准进行分类，如按反映内容分为数量指标和质量指标；按表现形式分为实物指标和价值指标；按反映问题的繁简程度分为综合指标和单项指标；按所起作用分为考核指标和核算指标，以及按管理性质分为指令性规划指标和指导性规划指标等。在新的经济体制之下，国家规划指标中的宏观调控指标并不分解下达，但由于要由全国人民代表大会审议通过，因而具有法律效力，各级政府部门应努力保证实现。当然，从过去的经验教训看，通过规划指标管理国家规划的实施是必要的，但需要强调的是，具有政策性特点的国家规划不能过分依赖规划指标，过多、过繁的规划指标容易导致国家规划制定和执行中出现僵化，结果不利于国家宏观调控目标的实现。

（三）产业政策法

产业政策法，是国家产业政策的法律化，其目的在于通过各种经济手段的综合运用，推进国家产业结构的调整，实现产业结构的优化，进而从供给角度促进国民经济总量的平衡。产业政策法是中央和地方各级政府贯彻国家产业政策的具体依据，它以国民经济和社会发展规划为基础，是就一定时期内国家总的优化产业结构的政策所进行的专门立法，包括综合立法和单项立法两个方面。

从内容上看，产业政策法不但规定国家产业结构发展的长期政策、对战略产业保护和扶持的措施、对衰退产业的调整和援助等，而且规定对那些需要重点扶持或重点限制的产业的具体政策、对不同产业的管理方针和政策等。由于各国的产业政策尤其是产业政策法主要体现在规划法当中，所以把产业政策法归属于规划法体系是合理的。从实体法来看，产业政策法包括产业结构政策法、产业组织政策法、产业技术政策法、产业布局政策法等。

（四）经济稳定与增长促进法

经济稳定与增长促进法，以反经济周期、保障宏观经济稳定健康发展为宗旨，通过各种法律化经济政策的综合调控，实现总体经济的平衡，以求在市场经济体制下促进经济持续稳定增长，实现宏观经济发展的四大目标，即稳定物价、充分就业、经济增长和国际收支平衡。

经济稳定与增长促进法的基本功能，是通过法律化的经济手段促进经济平衡，熨平经济周期，防止或缓解经济波动。以原联邦德国 1967 年的《经济稳定与增长促进法》为例，其所涉及的范围涵盖了宏观经济调控的各个领域和各种手段，包括宏观经济政策的目的、规划和年度经济报告、财政与金融、投资、外贸等基本制度以及联邦和各州之间的经济关系与宏观调控综合协调制度等，尤其是关于财政方面的制度极为精细。经济稳定与增长促进法的调整方法是各类法律化的经济政策综合、协调调整方法的统一，主要体现为法律化的财税政策、货币政策、投资政策、外贸政策等各类政策之间的协调配合，借以形成实现国家规划的合力。在具体内容上，为了反周期，该法不仅要规定专门的执法机关及其权限，而且要规定一系列的具体制度，如经济预测、监测和预警制度，经济信息发布制度，重要商品的国家订货、储备制度，最高限价制度以及紧急状态的产业保护制度等。

三、规划程序法律制度

（一）规划的编制与审批

规划的制定是国家规划机关按照规划法的规定确定国民经济和社会发展规划的目标和实施方案。国家规划在国民经济宏观调控中的重要地位，要求国家规划机关必须依照法定程序和规范加以制定。依据我国有关规定，规划的制定分为编制和审批两个基本阶段。

1. 规划的编制

“国民经济和社会发展规划”由国务院主持编制。规划编制的具体工作由国家规划职能机关负责。在规划的编制过程中应注意：（1）增强民主性，注重社会力量的参与，规划的研究和制定不能仅仅在中央、地方政府以及部委的研究机构中进行，如果缺乏民间的参与，制定的规划有时难免未全面考虑各方面的利益，而更多的是反映了部门利益或地方利益，在规划的编制中注重社会力量的参与，能大大增强规划的科学性和针对性。（2）掌握信息，分析预测。规划职能机关应当认真研究总结上一期规划的实施情况，准确掌握有关信息，全面分析各种信息所反映的政治、经济、科技和社会各方面的情况，在此基础上作出国民经济和社会发展趋势的预测，为规划的编制做好基础性工作。（3）草拟规划目标和相应的实施方案。这一阶段是规划编制极为关键的一环，也是规划编制实质性工作阶段。规划职能机关不仅应充分运用第一阶段提供的各种资料、数据和其他各种科学方法，搞好综合平衡，也要制定各种方案进行筛选。这一阶段的基本要求是加强协调管理，遵循客观规律和科学原理，提高规划的科学性。（4）确定规划方案。国民经济和社会发展规划的编制方案，由国务院审查决定。这一步骤的基本要求是征求专家意见，全面分析，综合评价，慎重确定。

【背景资料】　制定“国民经济和社会发展第十三个五年规划”的关键点①

党的十八大以来，党中央提出了“四个全面”的战略布局，经济发展步入新常态，这需要我们去思考五年规划的新方位。国家发展和改革委员会主任徐绍史，在2014年04月17日全国“十三五”规划编制工作电视电话会议上宣布启动编制“国民经济和社会发展第十三个五年规划”（以下简称“十三五”规划）。编制“十三五”规划需要考虑关键点：

1.“十三五”增长率以7%为宜

正确处理预期和可能的关系，建议“十三五”规划适度从紧，将GDP增长率目标定为7%左右。从历史来看，5年计划指标制定平均大约留有半年的余地。每个时期不同，有的过于冒进，典型的是“二五”计划，指标定得过高，导致基本都没能完成；有的又过于保守，譬如“六五”计划和“八五”计划，指标定得过低，使得大多数指标都大幅度超额完成，分别平均完成了1.7倍与2.7倍。其中，最关键的是经济增长率指标定得过低：“六五”计划规定社会总产值指标增长率为4%，实际增长为11%；“八五”计划规定经济增长率为6%，实际增长

① 参见鄢一龙：《瞭望》，2015（25）。

为 11.6%。

“十三五”规划的起始点和“六五”“八五”很相似，经济增长率从 2007 年的峰值到 2014 年已经 7 年，已经和前几轮的下行周期相当，同时也处于结构调整、产业转型的时期。因此，“十三五”的经济增长率制定要适度从紧，不必要太保守，要预见到规划后半期经济上行的可能，避免重犯“六五”“八五”的错误，由于计划偏离度太大而失效，不得不进行大幅度修订。经济增长率指标的确定对于整个规划编制具有确定基调功能。根据估算，“十三五”的潜在增长率在 6.7%～7.7%。如果从紧，经济增长率指标可以定为 7%。此外，经济增长率指标还是一个锚定，具有平抑经济波动、提供稳定预期功能。从这个角度看，也是 7%为宜。

2. 规划要弥补市场失灵

正确处理政府与市场的关系，规划要作为弥补市场失灵的资源配置手段。改革开放以来，随着经济体制转型，五年计划已经从传统的经济计划转变为公共事务治理规划，经济类的指标从“六五”的 60%下降到“十二五”的 12.5%，绝大部分指标都属于教育、科技、资源环境、人民生活。在处理政府与市场在规划中的关系时，我们历史上也有一定的经验教训，比较重大的转折是发生在确立了社会主义市场经济的改革目标之后，“九五”“十五”计划就提出五年计划的指标应该是预测性和指导性的，这符合市场经济基本改革方向。但是也带来一个问题：如果规划不能一定程度上配置资源，实际上就变成“规划规划、墙上挂挂”，造成规划失控。

“十五”计划表现得比较明显，污染物减排、经济结构调整，能源节约的目标都没有完成。“十一五”比较好地处理了政府与市场在规划中的作用，制定了约束性指标，完成情况明显比“十五”要好得多。

党的十八届三中全会提出市场在资源配置中起决定性作用，同时要求更好发挥政府作用。更好发挥政府作用表现为政府参与资源配置更加积极全面，其中发展规划应该在以下三个方面发挥资源配置的导向作用：一是对公共资源配置的刚性约束功能，二是对于关系公共利益的社会资源配置的有效引导功能，三是对于社会资源的信号引导功能。

规划内容可以分为预测性、导向性、约束性三个部分，建议可以将“十一五”以来的指标两分法变为三分法，将预期性指标取消，代以预测性指标和导向性指标，保留约束性指标，其他内容也可以做相应调整。

3. 规划要引导地方职能转型

正确处理中央与地方的关系，以规划引导地方政府职能转型。

改革开放以来，我国将五年规划的制定权和实施权高度下放的同时，保持了中央对地方的有效政治引导，中央和地方的目标逐步趋于相容，“十二五”规划两者目标一致性程度达到了 75%。另一方面，中央政治引导并不足以约束地方最大化自身投资、财政收入、经济增长的冲动。

指标制定的层层加码机制并未改变，国家制定的“十一五”规划经济增长率为 7.5%，省级为 10.1%，地市级为 13.1%，到县级就成了 14.2%。地方政府具有最大化投资和财政收入的强烈动机。国家规划很早就取消了投资与财政收入的指标，但是我们可以看到，各级地方政府大多仍然保留财政收入、投资增长的指标。

“十三五”规划需要发挥引导地方政府从发展主体转向推动发展主体，同时，需要强化规划对地方政府行为的规范与约束功能。

首先，建议改变地市级以下政府自主编制五年规划的方式，采取先下后上、几下几上的方式，并要求其在提交本级人大审议之前，先要得到上级政府的批准。从而推动上位规划的落地，同时也强化了规划对地方政府的约束功能。

其次，建议将主体功能区的分类考核机制引入到“十三五”规划，对于生态保护、改善民生任务重的地区取消GDP考核，引导地方竞争从经济增长竞争更多地转向公共服务提供竞争。

4.“全面发展”要求规划的总体性

正确处理重点和全面的关系，将五年规划名称调整为“中华人民共和国国家发展五年规划纲要”。

历史上，我国的五年计划名称曾经做过两次调整：第一次是从“六五”计划开始，将发展国民经济五年计划，改为国民经济和社会发展五年计划；第二次是“十一五”规划将五年计划改为五年规划。

五年规划内容已经大大超出了经济和社会的范围，成为全面的国家发展规划，特别是党的十八大提出了经济、政治、社会、文化、生态文明的社会主义现代化建设总体布局，国家“十三五”规划将全面涵盖“五位一体”的内容。

建议从“十三五”规划开始，将五年规划名称调整为“中华人民共和国国家发展第××个五年规划纲要”，以更加名副其实。

5.“十三五”规划要兼顾2030远景

正确处理中期与长期的关系，制定“十三五”规划的同时制定2030年远景目标纲要。“十三五”规划的完成，标志党的十六大、十七大、十八大提出的全面建成小康社会宏伟目标的实现。由于党的代表大会尚未提出2030年目标，这就出现了五年规划目标和中长期目标如何衔接的问题。

“九五”计划也恰好是实现我国第二步战略目标的最后五年，同时又缺乏更长远的目标指引，在制定“九五”计划的同时也制定了2010年远景目标，这为党的十六大提出全面建设小康社会的2020年目标奠定了基础。建议参考这一做法，在制定“十三五”规划的同时制定2030年远景目标纲要，并为党的二十大提出2050目标奠定基础。

6. 处理好决策科学化与民主化关系

少正确处理决策科学化与民主化的关系，创新机制扩大公众参与的形式与渠道。“十五”计划以来，我国意在五年规划编制过程中引入了公众建言献策机制，并不断完善。但是，公众参与环节过于单一，且在政策制定的后期，公众参与程度较低，公众影响有限。建议通过机制创新，进一步开辟公众参与的渠道，创新公众参与方式，提高公众参与程度和参与质量：

首先，创新机制开展广泛的政策协商与政策讨论。建议公开五年计划阶段性编制面临的问题和难点，以及不同的政策方案之间的分歧，通过网络、媒体等渠道来广泛征求不同意见，展开广泛的讨论，使规划编制过程成为最大限度凝聚社会共识的过程。

其次，建言献策活动主要是征集公众的意见，是集中民众智慧的过程，同时还要有集中民众意愿的正式环节设计，通过识别公众需求和偏好，来使得规划更大程度反映公众需要。广泛听取社会各界的意见，进一步增强公众的利益表达，偏好表达，使之成为计划优先次序选择的重要依据。

再次，中国的五年规划不到最后公布的一刻，都属于高度保密的内容，公众不识庐山真面目，对于规划往往知之不多。建议公开不同阶段的文本和重要的决策过程，让公众了解政府在做什么，以消除公众对政策决策过程的各种错误印象，并引导公众更多地参与到决策过程中来。

最后，公众参与需要互联网思维。移动互联网为更大范围、更为直接、更小成本的公众参与创造了可能。决策者不但可以通过微博、微信公众号等开放公众直接参与的渠道，同时更重要的还可以通过微信群等方式，依托不同层级的社会架构，组织全社会广泛召开五年规划的网络研讨会，进行大规模的政策辩论和政策讨论。

2. 规划的审批

规划审批机关是国家权力机关。中央规划由全国人民代表大会及其常务委员会审批，地方规划由地方人民代表大会及其常务委员会审批。对规划审批权限的法律规定，是确保规划严肃性、规范性，并具有法律效力的重要措施。国家权力机关作为规划的审批机关，其理由主要是：(1) 国家规划直接影响到其实施所涉及区域内公民的利益，因此规划的内容应当反映该区域内公民的意志，尊重公民依法享有的权利。由该区域内最高权力机关审批是依据宪法规定的保障公民基本权利来制定国家规划的唯一合法途径。(2) 国家制定、实施规划，是国家对国民经济管理的方式。基于规划的性质及规划在国家对国民经济和社会事务管理体制中的地位和功能，规划须经权力机构的审批才为有效，才能提高规划法律效力层次，对规划执行机关具有约束力，以保证规划的有效实施。

(二) 规划的实施

规划的实施，是规划制定的实际意义所在，是整个规划法律程序中最重要的一环。国家规划宏观调控体制改革的重要表现之一就是规划实施方式的变化。在规划经济体制下，国家主要通过指令性规划的强制约束以及对企业和有关单位的行政管理手段实施规划。在经济体制改革过程中，规划体制发生了重大变化。按现行有关法规规定，除国务院和省级政府规划部门直接下达的，或者授权有关部门下达的指令性规划以外，企业有权不执行任何部门下达的指令性计划。企业对缺乏应当由国家规划保证的能源、主要物资供应和运输条件的指令性规划，可以要求调整，规划下达部门不予调整的，企业可以不执行。规划的实施逐步由以行政手段为主转为经济和法律手段为主的方式。随着适应社会主义市场经济需要的规划体制的改革和完善，规划的实施将主要采用法定经济手段调控，包括信息、政策引导和规划合同制约等方式。

(三) 规划的监督检查

规划的监督检查是在国民经济和社会发展规划的执行过程中，对执行单位完成规划的情况进行查看和督促，并指明存在的问题。规划的监督检查是职能部门和被检查单位对国家应尽的法定义务，是规划程序的重要组成部分。据我国现行法的有关规定，规划监督检查机关主要是：各级权力机关、各级行政管理机关、职能部门等。

规划的监督检查因监督检查者的不同而分为如下几种类型：（1）权力机关的监督和检查，即各级人民代表大会及其常委会对同级规划的执行情况进行监督和检查。（2）行政管理机关的监督和检查，即各级人民政府和发改委及主管部门，对下属单位的规划实施情况进行经常性监督和检查。（3）职能部门的监督和检查，即统计、财政、金融、物价、税收、审计和工商行政管理等职能部门，在各自职能范围内对规划执行情况进行监督和检查。（4）社会监督和检查，即人民群众的监督和检查。这是最经常、最直接、也最具广泛性的监督和检查。

规划监督检查的主要内容是：规划的制定和实施是否符合法定程序；规划的内容是否切合实际；保证规划执行的政策和措施是否落实及落实的情况；规划执行过程中是否有违法行为等。对指令性规划的执行情况，要严格检查，认真分析，及时发现问题，并向有关部门反映。规划的监督和检查，对于规划执行情况如何，应以国家批准的规划和统计部门的统计数字为依据。

四、规划法律责任制度

1. 关于制订规划的责任

中央的和地方的规划机关（政府及发改委），应当按照法定的权限和程序，及时地制定出科学的规划。政府或政府主管部门依照国务院规定统一对企业下达指令性规划，并要保证企业完成指令性规划所需的规划供应物资。企业所在地的县级以上地方政府应当提供企业所需的由地方规划管理的物资。对于因玩忽职守、弄虚作假、搞瞎指挥、违反法定权限和程序等主观原因导致规划严重失误的，应依法追究责任。

2. 关于执行规划的责任

作为规划的直接执行者的基层企业，必须把完成国家指令性规划放在工作的首位，同时也要努力执行国家指导性规划。企业由于自身的原因长期完不成国家规划任务、造成亏损的，要限期整顿，或者实行关、停、并、转；无法挽救的可依法宣告破产，同时对企业主要领导人和有关责任人员给予必要的处分。作为规划的组织执行者的各级人民政府，必须认真落实国家规划。对于严重失职以致未能完成国家规划，或者给国家和人民造成重大经济损失的，必须依法追究其责任。规划工作的责任，说到底，一是要保证国家规划的科学性，二是要维护国家规划的严肃性。政府的行为、企业的行为，都应当合理化，并达到有机的统一。

【背景资料】　　“十一五”规划首次采用“法律效力”的表述①

“十一五”规划中称：“本规划确定的约束性指标，具有法律效力。”这是“法律效力”一词首次明确出现在国民经济和社会发展规划（计划）纲要的文字表述中。2006年3月14日，十届全国人大四次会议批准后，“十一五”规划便具备了法律效力。“十一五”规划提出的22个经济社会发展的主要指标中，有8个是约束性的。这8大约束性指标集中在人口资源环境和公共服务人民生活两大类

① 参见《“法律效力”首次表述于“十一五”规划草案中》，载新华网，http://news.xinhuanet.com/legal/2006-03/07/content_4268629.htm。

别中，主要有全国总人口控制、单位 GDP 能耗降低、单位工业增加值用水量降低、耕地保有量等，这些任务和指标具有约束性，政府要确保实现。

专家称："所谓法律效力，是指靠国家力量加以保障的效力，如果不执行要承担法律责任，与道德承诺有极大不同；需要一体遵行，没有例外。"这些具有法律效力的约束性指标给大家一个警示，资源、环境、人口、社会等问题必须受到重视。一位多年从事规划工作的负责人指出："之所以这样强调，是为了防止再次出现'规划起来轰轰烈烈，实施起来无声无息'的现象。相关指标具备了法律效力，那就可以违法必究。"

耕地保有量是"十五"计划没有完成的指标，在"十一五"规划中，作为约束性指标被纳入经济社会发展主要指标中。"这表明，国家保护耕地决心很大，我们感到高兴，当然任务也相应地加重了"，国土资源部耕地保护司司长潘明才表示。按照规划要求，约束性指标要分解落实到有关部门，其中耕地保有量、单位国内生产总值能源消耗降低、主要污染物排放总量减少等指标要分解落实到各省、自治区、直辖市。

国土资源部透露，在规划期期中和期末，国务院对各省、区、市各考核一次。考核的各项标准就包括省级行政区域内的耕地保有量不得低于国务院下达的耕地保有量考核指标。对达不到相关要求的，考核将认定为不合格。国土资源部有关负责人表示："对耕地保有量考核不合格地区，由监察部、国土资源部对其审批用地情况进行全面检查，按程序依纪依法严肃处理直接责任人，并追究有关人员的领导责任。"

第三节　产业政策和产业政策法概述

一、产业政策概述

（一）产业政策的概念

产业政策一词源于 20 世纪六七十年代的日本，是在人们对日本 60 年代以来高速经济增长的成功经验总结基础上形成的，70 年代开始出现在日本的官方文件中，此后，逐渐在各国推广并被广泛接受。产业政策已成为各国干预经济的重要手段。产业政策是指一个国家或地区为实现其一定时期的经济和社会发展目标，而制定的相应的发展、限制产业的目标以及保障实现这些目标的各项政策所组成的政策体系。产业政策一般以各产业为直接对象，保护和扶植某些产业，调整和整顿产业组织，其目的是改善资源配置，实现经济稳定与增长，增强国际竞争力，改善与保护生态环境等。产业政策是市场经济条件下政府宏观经济调控政策的重要方面。

产业政策尽管是 20 世纪 70 年代才在世界各国广泛使用的概念，但经济学家一般认为，产业政策的实践伴随最古老的产业——农牧业的出现和国家诞生即已存在，如鼓励农牧业、抑制商业的政策。现代意义上的产业政策思想及实践是在现代大工业发展时期兴起的，当产业发展到一定程度和一定阶段，就需要一定的产业政策服务于产业，对产业的发展进行规划指导、协调产业关系，优化资源在产业间的配置，以期优化产业结构、促进经济和社会发展。市场经济体制的渐进式改革使得经济结构亟须调整，推行产业政策具有重要价值。

政府制定与实施产业政策必须以市场的基础性调节为前提。产业政策的实质是国家或政府对经济活动的一种自觉干预，以实现特定的经济、社会目的，这种干预包括对产业的规划、调整、保护、扶持、限制等。它具有明显的政策性，是一种政治性的制度安排，直接目的在于充当贯彻国家经济发展战略的工具，履行国家的经济职能，保证产业合理、有序、高效的发展。由于这种干预会使资源的配置方向发生转变，因而必须论证这种干预的合理性，即其能够更多地增进社会福利。从产业政策的目标来看，产业政策对社会整体利益的维护在国际层面上是为了增强和维持本国经济整体在国际竞争中的有利地位，体现了国家之间的经济竞争。

尽管现实中产业政策已广为应用，但理论上仍存在争议。特别是主张自由经济的学者，强烈反对国家制定产业政策干预经济；也有学者认为，产业政策是政府协调经济并保证经济健康增长的必要手段，是客观需要。关于制定产业政策与产业政策法的理论，日本先有“后发优势论”（又称“赶超论”），后有“市场失败论”（又称“弥补市场缺陷论”），1992年又出现了“边际费用递减论”。近年来，在一些发达资本主义国家也开始出现一些新的产业政策理论，影响较大的有两种：一为“危机导向论”，二为“机会导向论”。此外，还有“国际竞争论”①。结合我国目前市场经济和产业发展现状，各种理论都有一定的借鉴意义。

（二）产业政策的目标与手段

不同的经济发展阶段，产业政策的目标各有侧重，总的来说，主要有以下几个方面：（1）产业增长与发展目标，常见于经济振兴期或高速增长期，政府采取保护、扶植和培育等措施，促进本国产业的高速增长，从而带动本国经济的快速发展；（2）产业结构调整目标，政府通过对产业结构的调整，协调产业间的相互关系，实现产业结构的合理化与高级化，使产业资源得到合理而有效的配置，从而为本国经济的进一步发展打下坚实的基础；（3）产业组织协调目标，政府通过协调与调整产业组织关系，解决产业内部企业间的矛盾，使企业保持良好的竞争与协作关系，限制产业垄断和企业垄断，建立良好的产业活动秩序。

产业政策目标决定产业政策手段的选择与组合，为了实现一定的产业目标，政府可以选择采取一种或多种产业手段：（1）刺激性手段。政府利用财政、金融、税收、外汇等价值手段，通过对干预对象利益关系的调控或输出利益信号来改变或影响被干预对象的经济行为，从而使其行为方式服从导向产业政策目标。（2）强制性手段。政府利用其特有的行政权力，如审批制、配额制、许可制、专营制等对各产业作出强制性干预，影响产业的资源配置和运行态势，纠正违规的产业行为，实现预定的产业政策目标。（3）诱导性手段。政府通过发布有关经济信息、劝诫、诱导、协商、教育等办法，影响被干预对象的价值判断，从而使其行为有利于产业政策目标的实现。（4）法律性手段。国家通过立法、执法、司法来保证产业发展环境的优化、产业之间和产业内部关系的协调，保证产业政策得以完整的贯彻实施。以上手段，应当以法律性手段为主，其他手段都必须依法行使。

（三）产业政策的体系

产业政策的体系是开放性的、动态的。目前，产业政策的体系主要由产业结构政策、

---

① 王健：《产业政策法若干问题研究》，载《法律科学》，2002（1）。

产业组织政策、产业技术政策、产业布局政策以及其他对产业发展产生重大影响的产业政策构成。各类产业政策彼此交叉渗透、难以截然分开，不同国家在不同发展阶段也各有侧重。

1. 产业结构政策，是指政府依据本国的产业结构演化趋势，为推进产业结构优化升级而制定的产业政策。产业结构政策针对产业间的资源配置结构优化与调控问题，其实质在于从推动产业结构的合理演进中求得经济增长和资源配置效率的改善。产业结构政策包括主导产业选择和支持政策、弱小产业扶植政策和衰退产业调整政策等。

2. 产业组织政策，是指政府为了获得理想的市场绩效而制定的干预产业的市场结构和市场行为的政策。产业组织政策针对产业内的资源配置结构优化与调控问题，其实质是政府通过协调产业组织中规模经济与竞争活力之间的矛盾，以建立正常的市场秩序，提高市场绩效。产业组织政策包括竞争（反垄断）政策、中小企业政策和直接规制政策等。

3. 产业技术政策，是政府制定的促进产业技术进步的政策，是政府对产业的技术进步、技术结构选择和技术开发进行的预测、决策、规划、协调、推动、监督和服务等方面的综合体现。其主要内容包括产业技术发展的目标、主攻方向、重点领域、实现目标的策略和措施，是保障产业技术适度和有效发展的重要手段。

4. 产业布局政策，是指政府为实现产业空间分布和组合合理化而制定的政策。产业布局的合理化，实质上是地区分工协作的合理化、资源地区配置和利用的合理化。产业布局政策一般有经济发展、社会稳定、生态平衡和国家安全等方面的目标。产业布局政策主要包括区域产业扶持政策、区域产业调整政策和区域产业保护政策等。

【背景资料】 美国、欧盟、中国绿色电力产业政策比较①

绿色电力是指来自于风能、小水电、太阳能、地热、生物质和其他可再生能源的电力。因其在生产的过程中不产生对环境有害的排放物，所以相对于常规的火力发电，更有利于环境保护和可持续发展。从 20 世纪 70 年代开始发达国家就加强了对绿色电力发展的重视和支持，制定了各种产业政策来促进其发展，如美国制定的政府级阳光发电计划，荷兰政府制定的自愿配额政策等。

目前，随着我国电力体制改革的不断深化，绿色电力产业如何适应新形势的要求，为我国电力工业的可持续发展作出更大的贡献，是一个亟待研究解决的问题。Danyel、Reiche 等人研究表明，除技术因素和自然条件外，产业政策是影响绿色电力产业发展的关键因素。因此，在我国绿色电力产业发展还比较落后、产业政策不完善的情况下，借鉴美国、欧盟等国家发展的经验，设计符合中国电力市场结构的绿色电力产业政策将十分必要。

借鉴美国、欧盟绿色电力产业发展的经验，结合我国电力产业的实际情况，我国未来绿色电力产业的发展应注意从以下几个方面着手：第一，配合《可再生能源法》条款，制定和完善具体的规定和措施，形成一套完整的可操作的政策体系；第二，进一步深化电力产业改革，为绿色电力产业发展营造良好的环境；第三，以可再生能源发电配额制政策（RPS）为基础，制定并实施符合国情的可再

① 参见《美国、欧盟、中国绿色电力产业政策比较》，载中国经济网，http://www.ce.cn/cysc/ny/zcjd/200604/14/t20060414_6702616.shtml。

生电力强制性市场份额政策；第四，加大政府科研经费投入，促进技术设备产业化和本地化；第五，强化宣传教育，提高全民绿色电力意识。

二、产业政策法概述

（一）产业政策法的概念

传统观念认为政策与法有很大的区别，法律有其特定的逻辑结构，能给人以具体的行为准则，稳定性较强，而政策多系原则性的，具有灵活易变的特点。所以，很多学者认为政策与法不能兼容，反对产业政策法的提法。但是，有些学者提出，产业政策法的提法并无不妥。站在发展的立场上来看，随着社会经济的不断发展，最具政策性特点的经济法应运而生，特别是在宏观调控法领域，法律与政策的界限已趋于模糊，政策与法的联系更为密切。因为宏观调控的目标、任务和所采取的措施，需要根据不同时期、不同的国内和国际经济、政治、社会形势加以确定和调整，经济政策和调节手段的运用不能一成不变。产业政策法是一种宏观调控法，受政策变动影响，宏观调控法的许多内容和规定具有较大的变动性。

产业政策法是调整基于产业政策而发生的社会关系的法律规范的总称，它包括体现产业政策实体性内容的法律规范与产业政策的制定和实施程序的法律规范。前者规定国家整体上或某类产业的基本发展方向、发展目标与重点及产业政策实施保障措施；后者将产业政策的制定和实施纳入法制化的轨道，保障其正确的制定和实施。采用产业政策法的提法，并不意味着所有的产业政策社会关系都应由法律调整，法律只调整具有一般性的产业政策社会关系。因为法律只能调整那种具有一般性的社会关系，即具有内在普遍规律、能够抽象为一定的行为模式、具体化为权利义务的社会关系。产业政策法调整产业结构关系、产业组织关系、产业技术关系、产业布局关系以及产业政策的制定和实施关系等一系列的特定社会关系。

（二）产业政策法的特征

1. 产业政策法具有综合性和协调性

产业政策法的综合性是指：（1）调整对象的综合性。产业政策法规制的对象是“产业”，即生产或提供同类或具有密切关系的产品或服务的企业的集合，产业本身具有综合性，涉及一国国民经济的整体，即由一国各产业综合构成。社会生产力日益发展和社会分工日趋精细的态势下，任何一国的产业都是多元的，各产业之间相互作用组成系统合为一体，必然具有综合性。（2）调整方法的综合性。产业政策主要由国家依法运用刺激性手段、强制性手段、诱导性手段、法律性手段制定和推行，其中以法律性的手段为主。其法律规范以体现间接调控特点的任意性规范、授权性规范和鼓励性规范为主，但也有一些限制性和义务性规范的形式。

产业政策法的协调性特点是前述综合性特点的延伸。一方面，产业政策法是协调市场调节机制与国家调节机制的重要法律之一，协调局部利益与整体利益、当前利益与长远利益、个人利益与社会公共利益、经济发展与环境资源保护等各种关系；另一方面，产业政策要通过多种政策手段才能实现，一项产业政策至少要涉及包括财政、货币、对外贸易、收入分配、竞争和反垄断政策的相互综合运用，与此相关的法律制度就显得十分复杂，只有注重众多法律制度的相互之间的协调配套使用，才能使产业政策法与相关法律制度在互动中获得实施。

2. 产业政策法具有政策性与灵活性

政策性是产业政策法在内容方面的显著特征，产业政策法的制定、修改与国家的产业政策密切相关，产业政策法就是将国家制定的比较稳定的产业政策上升到法律，或将某些政策法律化，在这里充分体现出政策与法律的交叉性，产业政策法既具有政策性也具有法律性。在产业政策法中，政策是其内容，法律是其形式，或者说产业政策获得了法律的表现形式，进而具有法律的一般性质，在这里，政策和法律融为一体。

产业政策法是根据一定时期和一定发展阶段的经济和社会发展的整体目标确定不同的产业政策并使之法律化，所以灵活性是产业政策法的又一特点。这种灵活性首先表现在针对性上，并非所有的产业都要制定产业政策法，产业政策法往往是针对特定的产业而制定的，目的是扶持或调整某个产业；其次表现在阶段性上，一旦它所针对的特定产业被成功扶持或调整，该产业政策法的使命就告完成，它多是临时性的，许多产业政策法被冠以"临时法"的称呼。同时，产业政策法在实施过程中也会受到政策变化的影响，尤其是一国竞争政策实施的宽严程度就明显受到产业组织政策等的影响。

(三) 产业政策法的基本原则

产业政策法的基本原则贯穿于产业政策法从制定到实施的全过程，是制定、解释和适用产业政策法的指导思想和根本准则。产业政策法的基本原则如下：

第一，充分发挥市场机制的基础性作用原则。市场是产业资源的最佳配置者，对资源配置起基础性作用，可实现产业结构的优化。但市场不是万能的，也存在盲目性、自发性和滞后性的缺陷，因此，在市场配置资源的基础上，要加强国家的宏观调控，对市场的消极方面进行必要的干预和引导。但必须限定在必要的范围内，过度的干预不利于产业资源的优化配置。产业政策法是国家宏观调控和市场机制的结合，只有建立在市场机制上的产业政策立法才是成功的，才是行之有效的。这是市场经济产业政策法必须遵循的首要原则。

第二，当前与长远相结合的原则。产业政策法必须正确处理好当前与长远的关系。目前的产业状况，是经过几个经济发展时期积累形成的，调整难度大、见效慢、周期长。在产业政策法的制定和实施过程中，要实现从"适应性调整"向"战略性调整"的转变。一方面，要着眼将来，有长远的规划，要充分认识调整的长期性、艰巨性和复杂性，做好长期作战的准备，切不可搞短期行为。产业状况不断优化要在统一长远规划的指导下，一步一步地向前发展。另一方面，又要能从当前做起，根据当前的条件，抓住调整的每一个机遇，赢得主动权，从而找到实现短期效果与长远目标有机结合的有效途径。

第三，立足本国国情与适应国际化要求相结合的原则。产业的发展深受一国国情，尤其是生产力发展状况和社会分工发达程度以及与之相关的一国产业发展特点的影响，不同国家以及同一个国家不同时期的产业政策在内容和侧重点上往往差别很大，因此制定和实施产业政策法必须密切结合一国国情和产业发展的特点。我国已经是世贸组织的成员国，大量吸引外资，对外贸易的迅速发展，以及按国际惯例进行的市场取向改革，使得我国经济的国际化已呈不可逆转之势。这对现存的产业状况无疑是一个重大挑战。面对这一挑战，我们应按国际标准规范调整产业结构，积极参与国际分工，将我国经济纳入世界经济轨道，产业政策立法上如果疏忽了这一趋势性要求，那么我国经济将很难与国际经济交融。

（四）产业政策法的立法模式

各国产业政策法的立法模式主要有两种：一是倾斜型产业政策立法模式，以日本为代表；二是竞争型产业政策立法模式，以美国为代表。倾斜型产业政策立法模式重视产业结构的法律调整，多见于一些后发国家。它往往在法律中规定，国家要集中必要的资源、资金和技术力量，实现倾斜性投入和扶持，以加快本国主导产业的超常发展，力求以最小的成本、最快的速度，达到缩短同发达国家差距或增强国际竞争优势的目的。在每个时期，日本都不断制定稳定产业发展的相关法律法规，以集中力量有秩序地恢复和加快特定产业的发展。这些产业政策法既有统筹性，又有动态连贯性。在美国，它们重视反垄断这类产业组织政策及其法律化，而产业结构政策及其法律化被认为没有多大积极意义。即使有产业政策法都是特殊的、偶然的、零碎的，不具有典型性。“一个世纪以来，反托拉斯法已成为美国的一项具有连贯性的政策。它被用来改善产业的行为——这是我们唯一的产业政策。”①

中国的国情与上述两国均有所不同。一方面，产业结构存在下列问题：农业基础薄弱；一般加工能力严重过剩；主导产业不明显，“夕阳产业”问题突出；重复建设和地区布局同构化严重；产业融合度低，高度化层次低，出口贸易初级化等。同时，产业结构出现了三个制度的“瓶颈”现象：一是农业对工业的制约；二是基础工业和基础设施对加工工业的制约；三是上游工业对下游工业的制约。② 另一方面，我国的产业组织也存在很大问题，企业组织结构“大而全”“小而全”的问题在某些行业依然突出，企业间、产业间的专业化分工不细，规模化经营水平不高，配套协作能力不强。因此，中国的产业政策立法模式应不同于美、日等国的立法模式，我们既要重视产业结构立法，也要重视产业组织法，两者不可偏废。唯有如此，才能既优化国家的产业结构又改善产业组织状况，最终提升我国的产业竞争力。

（五）我国产业政策法的立法现状

我国比较明确和自觉地提出和实行产业政策是从20世纪80年代后半期开始的。1989年《关于当前产业政策要点的决定》是我国第一个关于产业政策的正式规范性文件，该决定标志着中国有了独立的产业政策，确定了产业政策作为宏观调控的手段之一，在经济发展中开始独立发挥作用。1994年国务院颁布《90年代国家产业政策纲要》，作为今后制定各项产业政策的指导和依据，这是我国第一个长期的产业政策。1996年八届全国人大四次会议通过的《国民经济和社会发展“九五”规划和2010年远景目标纲要》提出了一系列具体的产业政策。与此相适应，自90年代以来，国家陆续制定了一些规范或体现相关产业政策的法律、法规、规章和其他规范性文件，主要有：《国家高新技术产业开发区若干政策的暂行规定》（1991年）、《关于加快发展第三产业的决定》（1992年）、《关于当前调整农业生产结构的若干意见》（1999年）、《鼓励软件产业和集成电路产业发展的若干政策》（2000年）、《关于加快发展环保产业的意见》（2001年）、《国家产业技术政策》（2002、2009年）、《外商投资产业指导目录》（2015年修订）、《促进产业结构调整暂行规定》（2005年）、《可再生能源产业发展指导目录》（2005年）、《产业结构调整指导目录》（2011年本，2013年修正）、《国务院关于加快发展节能环保产业的意见》（2013年）、《中西部地区外商投资优

---

① 杨沐：《产业政策研究》，3页，上海，上海三联书店，1989。

② 参见祝宝江：《科技是产业结构升级的驱动力》，载《国民经济管理》，2000（6）。

势产业目录》(2013年修订）等。

总体看来，我国产业政策法仍存在以下几个比较突出的问题亟须改进：(1）产业政策法律化程度不高。现有很多产业政策并没有纳入法律调整中。虽然并不是所有产业政策都需要采取法律形式，但是一些基本的、重要领域的产业政策仍需上升到法律高度。这种法律化程度不高导致现实中的诸多弊端，产业政策在具体实施中往往达不到预期效果。(2）现行产业政策法效力层次太低。这种状况直接影响了产业政策法应有作用的真正发挥，削弱了其实施效果。(3）产业组织法亟待充实，必须大大充实产业组织法律法规，加强产业组织发展的法律保障。(4）产业政策涉及面太广。产业政策的有效领域主要是国家需要加快发展和企业不愿自觉进入的基础设施、支柱产业、高新技术和公共产品领域。

第四节　产业政策法的基本制度

一、产业政策法的体系

产业政策法覆盖面宽，调整范围广，内容繁多，是宏观调控法中规模庞大的法规群，目前法学界对其体系看法不一。有学者认为，产业政策法体系应由以下几方面组成：产业结构法、产业组织法、产业技术法和区域经济协调发展法。[①] 另有学者认为，产业政策法体系分为总体性的产业政策大纲和产业结构调节法、产业组织法、产业技术法和产业布局法等专项产业政策法和特定产业法。[②] 还有学者认为，产业政策法体系的基本构成应是产业结构政策和产业组织政策。[③] 笔者认为，产业政策法的体系是由产业政策法的各类法律规范所组成的内外协调、和谐统一的有机整体。产业政策法体系不等于产业政策体系。产业政策法不仅包括实体性的产业政策，还包括产业政策的制定和实施以及相应的法律后果。

产业政策法有自身的制度体系，这与产业政策法的调整对象本身密切联系在一起。产业政策法集实体性法律规范和程序性法律规范于一身，其在体系结构上首先由产业政策实体法律制度和产业政策程序法律制度所构成，同时，作为一种法律机制它还包括了产业政策法律责任制度。换言之，产业政策实体法律制度、产业政策程序法律制度和产业政策法律责任制度是产业政策法体系中不可缺少的三大组成部分。

二、产业政策实体法律制度

产业政策实体法律制度由产业政策实体法律规范组成，它包括产业结构政策法、产业组织政策法、产业技术政策法和产业布局政策法等。

(一）产业结构政策法

产业结构政策法是根据国民经济和社会发展规划，就一定时期内国家总的优化产业结构的政策即产业结构政策进行立法，以此作为中央和地方各级政府贯彻国家产业结构政策

---

① 参见杨紫烜主编：《经济法》，286～287页，北京，北京大学出版社，1999。

② 参见卢炯星主编：《宏观经济法》，402～403页，厦门，厦门大学出版社，2000。

③ 参见漆多俊主编：《经济法学》，2版，424页，武汉，武汉大学出版社，2004。

的依据。[①] 它主要是由关于主导产业、支柱产业的选择和支持，弱小产业的扶植以及对衰退产业的调整和援助等的法律法规组成，其目标就是优化产业结构。产业结构调整的目标是：推进产业结构优化升级，促进一、二、三产业健康协调发展，逐步形成农业为基础、高新技术产业为先导、基础产业和制造业为支撑、服务业全面发展的产业格局，坚持节约发展、清洁发展、安全发展，实现可持续发展。

产业结构的调整和优化是关系全局的重大任务，我国经济结构战略性调整已经取得重要进展，产业结构优化升级步伐加快，农业特别是粮食生产出现重要转机，能源、交通、重要原材料等基础产业和基础设施建设明显加快，高新技术产业得到较大发展。但我们也必须清醒地看到我国经济结构不合理的问题仍比较突出，农业基础薄弱，工业大而不强，服务业发展滞后，高消耗产品、粗加工产品、低端产品还占主体地位，这些都成为制约经济持续、快速、协调、健康发展的重要原因。在今后的一段时间，产业结构调整的重要任务就是大力推进现代农业建设，发展先进制造业、提高服务业比重和加强基础产业、基础设施建设。

在产业结构政策法方面，其立法内容应包括如下四个方面：一是巩固和加强农业基础地位，加快传统农业向现代农业转变；二是切实走新型工业化道路，加快产业结构优化升级；三是促进服务业发展，提高服务业比重和水平；四是加强基础产业、基础设施建设，增强经济社会发展的保障能力。2005年12月7日，国务院颁布了《关于发布实施〈促进产业结构调整暂行规定〉的决定》，明确了当前及今后一段时期产业结构调整的目标、原则、方向和重点，以及《产业结构调整指导目录》中鼓励、限制和淘汰三类目录的分类原则和配套政策措施。同日，经国务院批准，国家发改委配套发布了《产业结构调整指导目录》，对国家鼓励类、限制类、淘汰类产业目录提出了明确要求。2011年3月27日，国家发展改革委发布了《产业结构调整指导目录（2011年本）》［国家发展改革委员会2011年第9号令，以下简称《目录（2011年本）》］，并于2011年6月1日起正式实施。根据《国务院关于发布实施〈促进产业结构调整暂行规定〉的决定》（国发［2005］40号），国家发改委同国务院有关部门对《目录（2011年本）》有关条目进行了调整，对外发布了《国家发展改革委员会关于修改〈产业结构调整指导目录（2011年本）〉有关条款的决定》（国家发展改革委员会2013年第21号令）和《产业结构调整指导目录（2011年本）（修正）》，自2013年5月1日起施行。

《产业结构调整指导目录》涉及农业、水利、煤炭、电力、交通、信息产业、钢铁、有色金属、石油化工、建材、机械、轻纺、服务业、环境和生态保护、资源节约及综合利用等二十多个行业、一千多项具体产业，其中鼓励类422条，限制类177条，淘汰类379条。小排量经济型乘用车、电动汽车、醇醚类燃料汽车等新能源汽车被列入鼓励类，别墅、一次性注射器、输血器、输液器项目被列入限制类，一次性发泡塑料餐具被列入淘汰类目录。上述规定对于加强和改善宏观调控，进一步转变经济增长方式，推进产业结构调整和优化升级，保持国民经济平稳较快发展，具有重要意义。推进产业结构调整是当前和今后一段时期改革和发展的重要任务，政府应进一步完善促进产业结构调整的政策法律体系，切实推进产业结构调整和优化升级。

---

① 参见杨紫烜主编：《经济法》，287页，北京，北京大学出版社，1999。

(二) 产业组织政策法

产业组织政策法是在尊重市场规律的前提下，调整同一产业内企业的组织形态、各企业间相互关系的法律规范的总称。其主要包括反垄断法、中小企业促进法以及直接规制政策法。

反垄断法和中小企业促进法的目的在于抑制垄断、维护自由公平的竞争秩序，直接规制政策法的目的是抑制过度竞争以实现规模经济。总之，产业组织政策法的核心目的是处理好规模经济与竞争活力之间的矛盾，促进企业之间的合理竞争，实现规模经济和专业化协作。反垄断法是保护公平竞争的最重要的法律，也是最早、最重要的产业组织政策法，是保护现存竞争的最强有力的法律手段，素有"经济宪章"之称。反垄断法是国家干预经济生活、促进产业组织健康发展的突出表现；中小企业法是有关保护、扶持、引导、限制中小企业的产业政策法。2002 年 6 月 29 日通过的《中华人民共和国中小企业促进法》，规定从资金支持、创业扶持、技术创新、市场开拓、社会服务等各方面促进中小企业发展。根据《中华人民共和国中小企业促进法》的规定，国务院主管部门根据国家产业政策，结合中小企业特点和发展状况，通过制定中小企业发展产业指导目录等方式，确定扶持重点，引导鼓励中小企业发展。对于那些破坏或浪费资源、污染环境，或者长期无证、违法经营的煤矿、化工、爆破器材、烟花爆竹等小工矿业，国家也通过法规、政策予以限制、整顿，引导其健康、守法经营。直接规制政策法与竞争法包括反垄断法有着密切联系，它主要是直接规制自然垄断和合法垄断产业的进入、退出、投资以及产品或服务的价格、数量、质量，但不限于此。直接规制政策针对的产业一般有三类：一是铁路、通信、电力等具有不同程度的自然垄断的产业；二是进入壁垒低、易于发生过度竞争的产业；三是有一定的自然垄断特点，但可能进入壁垒不高的自然资源开发产业。[①] 只有依法规制，才能有效规范企业行为、有力约束政府规制。

目前，从我国的产业组织状况来看，最大的问题就是企业组织结构"大而全"、"小而全"的问题在某些行业依然突出，企业间、产业间的专业化分工不细，规模化经营水平不高，配套协作能力不强。所以必须发展规模经济，实现规模效益。主要通过市场作用和必要的宏观引导，进一步打破行业、地区、所有制界限，推动企业改革、改组、改造，充分发挥现有企业作用，避免低水平重复生产和建设。从产业组织政策法法律调整的角度来说，今后一段时间在反垄断法、中小企业法、直接规制政策法的制定或修订以及执行过程中，必须以促进我国企业间的专业化分工和规模化经营为重心。

(三) 产业技术政策法

产业技术政策法是调整科学技术的研究、开发、应用、引进，促进高新技术产业的发展，提高整个产业的技术水平的法律规范的总称。[②] 我国产业结构不合理，其重要原因是缺乏核心技术、缺乏自主知识产权，在高新技术方面自主创新能力不强。在当前阶段，提升整个产业技术水平已是调整优化产业结构的中心环节。必须把提高自主创新能力摆在经济社会发展的重要位置，大力增强自主创新能力，加快经济增长由主要依靠物质要素投入带动，向更多依靠科技进步带动转变，制定产业政策时，必须把那些具有普遍性的、关系国民经济全局的重要的产业技术政策上升为法律。在提倡以自主创新提升产业技术水平，

---

① 参见简新华主编：《产业经济学》，221 页，武汉，武汉大学出版社，2001。

② 参见李昌麒、刘瑞复主编：《经济法》，176 页，北京，法律出版社，2004。

进行产业技术政策立法时，应注意以下三个方面的问题：

（1）全面把握增强自主创新能力的内涵。

（2）通过立法加快营造有利于自主创新的良好环境。

（3）加快落后技术淘汰法的制定和实施，依法淘汰落后工艺技术，关闭破坏资源、污染环境和不具备安全生产条件的企业。

（四）产业布局政策法

产业布局政策法是指一个国家或地区在一定时期内，根据产业区位理论以及国民经济与区域经济发展的要求，就产业布局政策进行立法而制定的产业布局方面的法律规范的总称，其法律调整的目标是实现产业空间分布和组合合理化，优化产业布局。必须注重区域经济的规划和定位，通过协调区域经济发展，从而为全国统一市场的最终形成扫除障碍。应进一步加强产业布局方面的立法，为其提供法律保障。在进行产业布局政策立法时，必须遵循以下理念：以人为本的理念、突破行政区域发展的理念以及尊重自然规律的理念。

在进行产业布局政策立法时，主要包括以下四个方面的内容：首先是要形成合理的区域发展格局。继续推进西部大开发，振兴东北地区等老工业基地，促进中部地区崛起，鼓励东部地区率先发展。其次是要健全区域协调互动机制。形成区域间相互促进、优势互补的互动机制，是实现区域协调发展的重要途径。再次是要促进城镇化健康发展。坚持大中小城市和小城镇协调发展，提高城镇综合承载能力，按照循序渐进、节约土地、集约发展、合理布局的原则，积极稳妥地推进城镇化。最后是必须促进城乡区域协调发展，通过统筹城乡发展，通过工业反哺农业、城市支持农村来解决“三农”问题。

（五）其他产业政策实体法

在注重可持续发展和日益融入国际经济的形势下，必然还包括对产业发展有重大影响的其他产业政策实体性法律法规，特别是产业环境政策方面和产业国际竞争力政策方面的法律法规等。资源环境状况与经济发展的矛盾已经上升为现阶段我国现代化建设主要矛盾之一，建设资源节约型和环境友好型社会已是我们必须承担的任务。所以在制定产业政策法时，必须注意到对自然生态的影响，必须考虑到环境与资源的约束。产业环境政策方面的法律法规，已是不可或缺，贯穿于产业政策法的整个法律体系中。制定产业环境政策方面的法律法规时，必须贯彻循环经济理念，主要包括：

1. 大力节约资源。在资源开采环节，要大力提高资源综合开发和回收利用；在资源消耗环节，要大力提高资源利用效率；在废弃物产生环节，要大力开展资源综合利用；在再生资源环节，要大力回收和循环利用各种废旧资源；在社会消费环节，要大力提倡绿色消费。坚持开发与节约并重、节约优先，按照减量化、再利用、资源化的原则，大力推进节能、节水、节地、节材，加强资源综合利用，完善再生资源回收利用体系，全面推行清洁生产，形成低投入、低消耗、低排放和高效率的节约型增长方式。积极开发和推广资源节约、替代和循环利用技术，加快企业节能降耗的技术改造，对消耗高、污染重、技术落后的工艺和产品实施强制性淘汰制度，实行有利于资源节约的价格和财税制度。在冶金、建材、化工、电力等重点行业以及产业园区和若干城市，开展循环经济试点，健全法律法规，探索发展循环经济的有效模式。强化节约意识，鼓励生产和使用节能节水产品、节能环保型汽车，发展节能省地型建筑，形成健康文明、节约资源的消费模式。

2. 研究建立科学的循环经济评价指标体系。健全促进循环经济的法律法规体系，加快制定用能设备能效标准、重点用水行业取水定额标准、主要耗能行业节能设计规范，以及强制性能效标识、再利用品标识等标准。加大执法力度，逐步将循环经济发展工作纳入法制化轨道。调整和落实投资法律制度，加大对循环经济发展的资金支持。进一步深化价格改革，实行促进循环经济发展的价格和收费制度。实行促进循环经济发展的财税法律制度。

3. 加大环境保护力度。坚持预防为主、综合治理，强化从源头防治污染和保护生态，坚决改变先污染后治理、边治理边污染的状况。各地区、各部门都要把保护环境作为一项重大任务抓紧抓好，采取严格有力的措施，降低污染物排放总量，切实解决影响经济社会发展特别是严重危害人民健康的突出问题。尽快改善重点流域、重点区域的环境质量，加大"三河三湖"、三峡库区、长江上游、黄河中上游和南水北调水源及沿线等水污染防治力度，积极防治农村水源污染，特别要保护好饮用水源。综合治理大中城市环境，加强工业污染防治，加快燃煤电厂二氧化硫治理，重视控制温室气体排放，妥善处理生活垃圾和危险废物。进一步健全环境监管体制，提高环境监管能力，加大环保执法力度，实施排放总量控制、排放许可和环境影响评价制度。大力发展环保产业，建立社会化、多元化环保投融资机制，运用经济手段和法律手段推进污染治理市场化进程。

【背景资料】　"十面霾伏"下我国需加快转型升级步伐①

2014年2月27日起，持续笼罩我国中东部地区长达一周的浓重雾霾，在一股较强冷空气的影响下，终于渐渐散去，京城迎来了久违的蓝天。但这场持续多日的重霾天气给我们带来的警示是深刻的：过去那种靠高消耗、高排放的粗放发展模式必须加速改变，中国经济转型升级的步伐必须进一步加快。

的确，面对的无奈之感、"自强不吸"的呼吸之痛，人们从没有像今天这样意识到环境与生活的关系。一场接一场的持续雾霾不仅折磨着国人敏感的神经，也在拷问着中国的治理策略，警醒着我们坚定决心："先污染后治理"的老路已走到尽头，中国经济的转型升级不但迫在眉睫，而且要又好又快地推进。不可否认，得益于国内的改革开放和独特的国际性机遇，中国在过去三十多年，取得了举世瞩目的经济成就。然而，在传统的高速增长模式下，高排放、高消耗、高破坏的发展方式不仅造成了人与自然间的对抗性冲突，也带来了经济、社会发展的失衡，形成了严重的"生态赤字"。这不仅侵害了广大百姓的机体健康，更严重侵蚀了中国经济的发展质量。转型升级，成为中国发展的时代选择，守护"碧水蓝天"也成为关系可持续发展最为紧迫的一项任务。然而，雾霾的形成不是一年两年的，原因也是多方面的。地方政府的"唯GDP"论，产业结构的不合理，产能过剩，能源结构落后，资源价格、税收、补贴的杠杆作用较弱等若干因素，都是雾霾挥散不去的缘由。破解这一僵局，需从全局的高度寻求解决之道，需要加快中国经济转型升级的步伐。专家指出，对于中国这样一个超大体量的发展中经济体而言，调整发展姿态，本身就是难度极高的平衡。我们需要主动降速，坚定转型，强化环保硬约束，避免发展后遗症，探索出一条适合中国的绿色增长道路。

---

① 参见王悦威：《雾霾，提醒中国转型升级的步伐必须进一步加快》，载新华网，http://news.xinhuanet.com/fortune/2014-02/27/c_126197593.htm。

中共中央十八届三中全会历史性地提出推进国家治理体系和治理能力的现代化，建立系统、完整的生态文明制度体系，划定生态红线。这都让人们透过浓浓雾霾看到了灿烂的阳光。2014年2月12日，李克强总理主持召开国务院常务会议，研究部署进一步加强雾霾等大气污染治理，提出要在大气污染防治上下大力、出真招、见实效，努力实现重点区域空气质量逐步好转，消除人民群众“心肺之患”。

4. 切实保护好自然生态。坚持保护优先、开发有序，以控制不合理的资源开发活动为重点，强化对水源、土地、森林、草原、海洋等自然资源的生态保护。继续推进天然林保护、退耕还林、退牧还草、京津风沙源治理、水土流失治理、湿地保护和荒漠化石漠化治理等生态工程，加强自然保护区、重要生态功能区和海岸带的生态保护与管理，有效保护生物多样性，促进自然生态恢复。防止外来有害物种对我国生态系统的侵害。按照谁开发谁保护、谁受益谁补偿的原则，加快建立生态补偿机制。

制定产业政策实体法时，必须十分重视我国产业在国际上的竞争力，我国已是世界贸易组织的成员之一，日益融入国际经济体系的这一不可逆转的大趋势对我国产业的国际竞争力提出了更高的要求，在制定产业结构政策法、产业组织政策法、产业技术政策法与产业布局政策法时，产业国际竞争力政策方面的法律法规也是贯穿其中、十分重要的，具体内容包括：立法中要贯彻互利共赢的理念以及通过立法加快转变对外贸易增长方式等。

三、产业政策程序法律制度

产业政策法不仅要从实体上规定产业政策法的内容，即将产业政策上升为法律，而且要从程序上规范产业政策的制定和实施，使制定和实施产业政策的行为也得到相应法律约束。

（一）产业政策的制定

1. 产业政策的制定主体

产业政策是国家重要的经济政策，是国家宏观调控的基本手段，是影响国民经济各产业的关键措施。它的制定主体必须是一个社会的总代表，一国的权威机关。就我国来说，国家产业政策由国务院决定。国家发改委是具体负责研究、制定、协调国家产业政策的综合部门。各项产业政策的制定由国家发改委牵头、会同有关部门进行。省级地方人民政府根据国家产业政策（纲要）的要求，结合本地区实际情况，研究制定具体实施细则，但须报国家发改委备案。不过，这不等于产业政策由政府一手独揽，政府制定产业政策必须与民间企业界通力合作。企业是产业的载体，直面市场，了解情况，集思广益，集合大众智慧，因此政府制定产业政策必须与民间企业界通力合作。

2. 产业政策的制定程序

程序是法律政策的生命，没有严格的程序就没有科学的产业政策，制定产业政策必须遵循严格的程序。我国产业政策的制定，要遵循以下程序：

（1）有关部门提出产业政策草案和对产业发展有重大影响的政策草案；

（2）国家发改委对产业政策草案进行审查和协调；

（3）国家发改委组织国务院有关部门、产业界、学术界和消费者群体进行科学论证和民主审议；

（4）国家发改委会同有关部门报国务院审核；

（5）国务院报全国人民代表大会或其常务委员会审批。

（二）产业政策的实施

产业政策的实施，是产业政策制定的实际意义所在，是整个产业政策法律程序中最重要的一环。我国产业政策的实施，以各行业主管部门为主，由国家发改委进行综合协调。同时建立国家产业政策的实施保障制度，规划、财政、银行、税务、内外贸易、关税、证券管理、工商行政管理等经济管理部门，必须认真贯彻执行国家产业政策，在制定涉及产业发展的重大政策措施之前，须与国家发改委进行协调。

（三）产业政策的监督、检查、评价制度

为保证产业政策的严肃性和有效性，必须对产业政策进行监督、检查、评价。就我国产业政策的监督、检查、评价来说，由国家发改委会同有关部门负责对产业政策的实施进行监督、检查、分析和评价，定期向国务院报告实施情况和效果，并根据经济形势、产业的变化，提出修改建议。

四、产业政策法律责任制度

之所以要将产业政策上升为法律，一个很重要的原因就是要赋予产业政策以体现法律性质的责任制度保障。没有法律责任制度就没有真正意义上的法律调整，产业政策就不可能真正实现法制化。

产业政策法是宏观调控法的重要组成部分，属于“促进型”的法律，虽不可能像直接规制市场行为的法律那样具有非常具体的法律责任制度，但不能没有法律责任制度。一方面，在产业政策的制定和执行过程中，相关的政府部门或企事业单位违反法定权限与程序导致产业政策的制定和执行发生严重失误，给国家或人民造成重大经济损失的，必须依法追究责任；另一方面，也要设置能够体现经济法特色的奖励性条款，对制定和执行产业政策成效显著的相关部门和单位给予必要的奖励，将它们的利益与其工作成效有机地联系起来。唯有如此，才能真正做到权责利相统一，真正对产业政策法律行为起到规范和约束作用。

正如本书前面介绍的，我国产业政策法律化程度不高，现有的很多产业政策并没有纳入到严格的法律调整中来，即便是已经上升为法律的，仍然存在明显的不足，那就是缺乏法律责任的规定。例如，2002年通过的《中华人民共和国中小企业促进法》，它是我国产业政策法中少有的高层次立法，其主要内容也是比较合理的，但由于整个法律没有一个制裁性法律责任条款，也没有一个体现经济法特色的奖励性条款，所以很难起到对政府行为的约束和控制作用，直接影响了整个法律的实施效果。因此，在今后进行产业政策立法时，法律责任制度必须得到体现和落实，否则，无法真正实现产业政策的法制化。

【问题与思考】

1. “十二五”规划的法律性质和法律效力问题

“十二五”规划的编制过程发扬民主、集思广益、科学决策，使得“十二五”规划取得了空前的瞩目，它阐明了未来五年国家的战略意图、明确了政府工作重点，能够引导市

场主体行为。它在形式上是法律赋予政府的行政规划职能的体现，在内容上是方针、政策、目标和措施的总和。

思考："十二五"规划属于何种性质的法律文件？是否具有法律效力？

2."十二五"规划中约束性指标的法律效力问题

"十二五"规划中提出了24个经济社会发展的主要指标，其中，规划中12项约束性指标标明"具有法律效力"。

思考：如何从经济法的角度理解"十二五"规划中所出现的这12项约束性指标的法律效力？

3.关于国外绿色产业政策的借鉴问题

传统的产业政策所注重的是经济增长等目标，相比之下，更注重环境保护和可持续发展等目标的绿色产业政策是发达国家现在所推崇的。

思考：请以某产业的发展为例，说明我国应怎样借鉴西方国家特别是美国、欧盟等国绿色产业政策的经验，采取何种产业发展政策。

4.产业政策与法的关系问题

产业政策实体法律制度由产业政策实体法律规范组成，它包括产业结构政策法、产业组织政策法、产业技术政策法和产业布局政策法等。

思考：请以产业政策实体法体系的结构为例，说明政策与法的联系和区别，并请说明政策与法是怎样实现有机结合的。

5.《中华人民共和国中小企业促进法》的实施成效问题

《中华人民共和国中小企业促进法》于2002年6月29日经九届全国人大二十八次会议审议通过，并于2003年1月1日起正式实施。这是我国关于中小企业发展的第一部专门法律。其后，中央多个部委及地方许多省市也出台了各类促进中小企业发展的规章、政策措施。各级政府在财政支持、信用担保、信息及教育服务等方面出台了许多政策、措施以贯彻和实施《中华人民共和国中小企业促进法》。

思考：谈谈《中华人民共和国中小企业促进法》的实施成效，以及应如何完善《中华人民共和国中小企业促进法》和相关配套性政策措施以进一步推动我国中小企业的发展。

第十三章
财政法律制度

参考文献

(一) 著作

1. 徐孟洲等．财税法律制度改革与完善．北京：法律出版社，2009

2. 刘隆亨．中国财税法学．2版．北京：法律出版社，2010

3. 张守文主编．财税法学．4版．北京：中国人民大学出版社，2014

4. 刘剑文主编．民主视野下的财政法治．北京：北京大学出版社，2006

5. 刘剑文主编．财税法学案例与法理研究．北京：高等教育出版社，2004

6. 刘剑文主编．财税法学研究述评．北京：高等教育出版社，2004

7. 徐阳光．财政转移支付制度的法学解析．北京：北京大学出版社，2009

8. 沙安文，沈春丽编．财政联邦制与财政管理：中外专家论政府间财政体制．张晓晶译．北京：中信出版社，2005

9. 王传纶，高培勇．当代西方财政经济理论．上，下册．北京：商务印书馆，1995

10. 周刚志．论公共财政与宪政国家——作为财政宪法学的一种理论前言．北京：北京大学出版社，2005

11. 郭庆旺，赵志耘．财政理论与政策．2版．北京：经济科学出版社，2003

(二) 论文

1. 徐孟洲．论法的和谐价值与财政法核心理念．重庆大学学报（社会科学版），2008（4）

2. 徐孟洲．论公共财政框架下的《预算法》修订问题．法学家，2004（5）

3. 刘剑文．中国财政转移支付立法探讨．法学杂志，2005（5）

4. 王源扩．财政法基本理论问题研究回顾与探析．江西财经大学学报，2004（2）

5. 张守文．财政危机中的宪政问题．法学，2003（9）

6. 熊伟．预算执行制度改革与中国预算法的完善．法学研究，2001（4）

7. 朱大旗．从国家预算的特质论我国《预算法》的修订目的和原则．中国法学，2005（1）

8. 朱大旗，何遐祥．预算法律责任探析．法学家，2008（5）

9. 邢会强．程序视角下的预算法——兼论《中华人民共和国预算法》之修订．法商研究，2004（5）

10. 徐孟洲．健全财政转移支付法律制度的思考．法制日报，2004-02-02

11. 史际春，宋槿篱．论财政法是经济法的龙头法．中国法学，2010（3）

12. 徐孟洲，叶姗．论政府间财政转移支付的制度安排．社会科学，2010（7）

13. 徐孟洲，伍涛．论财政法与财政政策的耦合．法学杂志，2011（5）

14. 朱大旗．科学发展与我国《预算法》修订应予特别关注的五大问题．政治与法律，2011（9）

15. 朱大旗．迈向公共财政　《预算法修正案（二次审议稿）》之评议．中国法学，2013（5）

16. 朱大旗．完善人大对政府预算全方位的审查监督制度．法学杂志，2014（2）

参考法规

1.《中华人民共和国预算法》（2014年）

2.《中华人民共和国预算法实施条例》（1995年）

3.《财政违法行为处罚处分条例》（2011年）

4. 国务院《关于加强预算外资金管理的决定》（1996年）

引例　蒋时林诉湖南省常宁市财政局违法购车案①

2006年4月3日，原告蒋时林（又名蒋石林，湖南省常宁市农民）向湖南省常宁市人民法院递交了一份起诉状。诉称，2005年5月12日和2005年7月6日，被告常宁市财政局擅自违法超出预算，不通过正规的采购程序，违法使用国家资金自行购买两辆高级小轿车。原告认为，被告作为国家法定的财政管理机关，没有依法定程序管理和使用国家财政税款，违反了《中华人民共和国预算法》《中华人民共和国政府采购法》、《财政违法行为处罚处分条例》等法律法规，侵害了国家有关财政预算管理制度，也损害了纳税人的合法权利。2006年1月28日原告通过特快专递去信要求被告对违法行为予以处理并给原告答复，被告至今没有改正处理，也没有答复。因此，原告依据《中华人民共和国宪法》第2条和《财政违法行为处罚处分条例》第

① 参见《普通纳税人公益诉讼：财政局凭什么购豪华车》，载《中国青年报》，2006-04-05。

2条以及《中华人民共和国行政诉讼法》的规定，就此提起行政诉讼。原告列举的具体诉讼请求为：(1) 确认被告拒不履行处理违法购车和给原告答复的法定职责行为违法；(2) 确认被告在2005年超出财政预算、超出政府小车编制自行购置高级轿车的行为属于滥用国家税款侵害纳税人合法权利的违法行为；(3) 依法将违法购置的轿车收归国库，维护纳税人的合法权益，促令被告当好纳税人的管家职责；(4) 被告承担本案的全部诉讼费用。湖南省常宁市人民法院立案庭于2006年4月3日签收了诉状，4月10日作出了“不予受理”的裁定，理由是“起诉人蒋时林所诉事项不属于人民法院行政诉讼受案范围，不符合起诉条件，故法院不予受理”。原告不服裁定，依法提起上诉。

本案涉及宪法和财政法领域的诸多重要问题。学者不断呼吁开放纳税人诉讼，主张用私权利制约公权力，但是，纳税人何以能够提起“纳税人诉讼”？纳税人对税收支出的监督权利究竟来自何处？如果纳税人能够提起此类诉讼，究竟以何种身份进行为宜？诉讼性质又应当如何定位？中国究竟应该如何构建合理的公益诉讼机制？本案在中国财政法治建设的进程中具有哪些重要意义？暴露出了我国财政法治建设中存在的哪些问题？

国家财政处于国民收入分配的核心地位，它对国民收入分配和其他方面的分配有着直接和间接的制约作用，因此，财政调控机制在宏观调控体系中居于举足轻重的地位。而财政法是贯彻国家财政政策，调节国民收入分配的主要法律手段，是宏观调控法的基本制度之一。财政法的内容十分广泛，一般包括财政收支划分法、税收法、国债法、财政转移支付法、政府采购法、财政投资法、预算法、国库管理法、国有资产管理法和财政监督法等。改革开放以来，我国先后制定了预算法、税法和国有资产管理法等财政法律法规，使我国重要财政活动都做到有法可依。本章主要阐述财政法的基础理论、预算法和财政转移支付法。

第一节 财政法概述

财政与国家的产生紧密相连，财政政策与货币政策一起成为国家宏观调控的最重要手段，因此，财政法是我国宏观调控的重要法律部门，对于规范财政关系具有重要作用。本节主要讲述财政与财政法的基本概念，财政法在市场经济中的作用，财政法的基本内容和体系，以及财政管理体制。

一、财政与财政法

(一) 财政和财政关系

财政是财政法中最基本的概念，一般认为有三个方面的含义。首先，财政可以是指一种行为，即国家为了满足公共需要而参与国民收入分配的活动。其次，财政可以是指一种制度，即财政活动据以运行的机构和规则体系。最后，财政还可以指一种社会关系。它既可能是指从过程来看的国家机关之间以及它们与财政行政相对人之间，在财政活动过程中发生的相互制约的或管理性质的社会关系，即财政行政关系，也可能是指从财政分配结果来看的各种主体之间的经济利益分配关系，即财政经济关系，还可能两者兼而有之。[①] 本章是从第三种含义即在社会关系上来定义财政的。所谓财政，是指国家为了实现其职能，凭借政治权力参与部分社会产品和国民收入的分配和再分配所形成的一种特殊分配关系。这种特殊分配关系，是以国家为主导一方的分配关系，它包括国家与各级政府之间的财政分配关系。我国的社会主义财政关系，主要是由国家与国有企业，国家与集体经济组织，国家与私营企业、外资企业等其他一些非公有制企业，国家与个人之间，以及中央与地方各级政府、地方各级政府之间诸种财政分配关系和财政组织管理关系构成的。财政体制、国家预算、税收、利润上缴等等，则是这些财政关系的外在表现形态。

（二）财政的职能

财政作为一种特殊的社会分配关系，作为宏观调控的一种重要手段，在经济生活中具有重要的职能，具体包括：

1. 配置职能。由于市场失灵的存在，政府活动首先应当保证整个社会资源在私人经济和公共经济之间的有效配置，其次还应保证公共经济内部资源的有效配置。如合理界定政府活动范围，确定财政收支占国内生产总值的合理比例；优化财政支出结构，合理安排政府投资的规模、结构，并通过税收、补贴等方式，引导社会投资方向。

2. 分配职能。由于市场自发运行可能导致收入、财富和社会福利的不公平状态，政府应通过自身的收支活动进行社会范围的再分配，以实现社会分配的相对公平。如个人所得税实行累进税率，开征遗产税、赠与税等，并通过转移性支出，如社会保障支出、救济支出、补贴等，使每个社会成员得以维持起码的生活水平和福利水平。

3. 稳定职能。由于市场在自发运行中必然产生经济周期问题，政府必须推行宏观调控政策以保持宏观经济相对稳定。如实行“反周期”财政政策，在经济过热中提高财政收入水平、压缩财政支出；而在经济萧条时，则通过减税等方式培育消费和投资能力，同时加大财政支出以增加社会需求，以此刺激经济的发展。

【背景资料】　积极财政政策显效应[②]

2008年下半年以来，世界经济金融危机日趋严峻，为抵御国际经济环境对我国的不利影响，中央提出2009年要把保持经济平稳较快发展作为经济工作的首要任务，围绕扩内需、保增长，调结构、上水平，抓改革、增活力，重民生、促和谐的要求，继续实施积极的财政政策，着重抓好以下五个方面：扩大政府公共投资，着力加强重点建设；推进税费改革，实行结构性减税；提高低收入群体收入，大力促进消费需求；进一步优化财政支出结构，保障和改善民生；大力支持科技创新和节能减排，推动经济结构调整和发展方式转变。

这次积极财政政策有以下几个特点：一是“思路新”。此次实施的积极财政

① 参见王源扩：《财政法基本理论问题研究回顾与探析》，载《江西财经大学学报》，2004（2）。

② 参见国家信息中心宏观政策动向课题组：《坚持积极财政政策，注重发挥带动效应》，载《中国证券报》，2009-06-23。

政策立足于应对危机、化解危机，着眼于抓住机遇、创造机遇，较好地贯彻落实了科学发展观。二是“导向明”。就是重民生、保增长、促消费、活市场、统内外、利长远。三是“力度大”。2009年全国财政赤字9 500亿元，各项税费减免政策预计减轻企业和居民负担约5 000亿元，发行地方政府债券2 000亿元。四是“工具多”。将预算、税收、贴息、减费、增支、投资、国债、转移支付等若干财政政策工具组合起来一起使用。

从经济运行的实际情况看，应该说，积极财政政策的效应已逐步显现。比如在积极财政政策支持下，宏观经济急速下滑的趋势已得到抑制。2009年第一季度经济增长6.1%，尽管增幅仍在下降，但下降幅度明显变小，与2008年第四季度的6.8%相差不大。2009年1月～5月份，全国规模以上工业企业增加值同比增长6.3%，其中5月份当月全国规模以上工业企业增加值同比增长8.9%，比2008年同期回落7.1个百分点，比4月份增长1.6个百分点。

积极财政政策对固定资产投资的推动作用更为明显，1月～5月城镇固定资产投资增长32.9%，其中，国有及国有控股完成投资23 055亿元，增长40.6%。从施工和新开工项目情况看，累计施工项目216 420个，同比增加47 912个；施工项目计划总投资275 837亿元，同比增长33.8%；新开工项目123 878个，同比增加39 510个；新开工项目计划总投资53 300亿元，同比增长95.9%。

从社会发展看，民生得到一定程度的改善，社会稳定性并未因金融危机的冲击而产生大的变化，应该说其效果还是比较明显的。从改革层面看，一系列改革措施在稳步推进，制度性建设也在加快。

（三）财政法的概念及立法状况

自财政产生以来，一切社会制度下的财政活动，都是在一定的财政政策、法律的规范下进行的。因此，随着财政活动和财政分配关系的出现，也就产生了反映和规范财政活动的财政法律制度。财政法律制度的核心是财政法。所谓财政法是指调整财政分配和财政管理活动中形成的财政关系的法律规范的总称。我国的财政法律体系具体包括预算法、税法、国有资产管理法等法律法规。

目前，我国财政法律法规主要有：1994年3月22日八届全国人大二次会议通过、2014年8月31日第十二届全国人大常委会第十次会议修正的《中华人民共和国预算法》；1995年11月2日国务院颁布的《中华人民共和国预算法实施条例》；1996年国务院发布的《关于加强预算外资金管理的决定》；2004年11月国务院发布、2011年1月8日修订的《财政违法行为处罚处分条例》等。此外，财政部也颁布了大量部门规章。这些法律法规和部门规章对于规范国家财政行为起了重要作用，但我国财政法制建设依然任重而道远。

二、财政法在市场经济中的作用

在我国社会主义市场经济的法律调整机制中，财政法与其他法律部门相比，更具宏观调控的性质，可以说，财政法是对社会主义市场经济进行宏观调控的最重要法律部门。

我国改革开放的目标是建立社会主义市场经济体制，而社会主义市场经济新体制的建立，需要一系列配套措施和良好的外部环境。从有计划的商品经济向市场经济的过渡，首先需要人们观念上的更新，对政府机构而言，就是要尽快转变政府职能，减少对市场、对企业的行政干预，转向用法律手段和经济杠杆从宏观上调控、引导国民经济的发展。我们要建立的社会主义市场经济体制，是要使市场在社会主义国家宏观控制下对资源配置起基础性作用，使经济活动遵循价值规律的要求，适应供求关系的变化的经济体制。但同时我们要看到市场自身的弱点和消极方面，必须加强和改善国家对经济的宏观控制。要使市场健康发展，一个重要条件就是国家在宏观上保证控制社会总需求与总供给的平衡。而社会总需求与总供给是否平衡，是由国民收入分配和使用状况决定的。

社会主义国家财政处于国民收入分配的核心地位，它对国民收入分配和其他方面都有着直接制约作用。这就决定了财政调控机制在宏观调控体系中处于举足轻重的地位。我国财政法是调整国家参与部分社会产品和国民收入分配和再分配的财政活动中形成的财政关系的法律规范的总称。具体来说，是对财政管理关系、税收关系、预算关系、国有资产管理关系、财政监督关系等财政经济关系的法律调整，发挥宏观调控作用。因此，财政法对我国社会主义市场经济体系建设具有十分重要的作用。

三、财政法的基本内容和体系

财政法是我国经济法体系中的重要组成部分，它的基本内容一般包括以下几个方面：

（一）财政法总则

这是财政法的最基本行为准则。总则要规定财政法的宗旨、任务、基本原则和适用范围，还要规定财政法主体的法律地位、财政管理体制等，对财政收入、支出和财政资金的管理都有普遍效力，以体现其重要性和普适性。

（二）预算法

预算反映国家的基本财政分配关系。预算法在整个财政法体系中处于关键地位，是调整国家基本财政分配关系的法律准则。它要规定预算的原则、体制、管理职权、预算收支范围、预算编制、预算执行和监督、预算调整，还要规定决算等内容。同时也包括财政资金入库、管理和出库的相关内容。由于政府的所有收入都应该纳入预算，所有的开支也必须通过预算，所以，预算可以成为人民控制和监督政府财政权力的重要形式，而预算立法的目的也正在于保障这种积极功能的实现。

（三）税法

税收是国家财政收入的主要来源。税法调整税收关系，它是财政法的重要组成部分。税法不仅要规定税收的原则、税收管理体制、各类具体税种的实体内容，还要规定税收征收管理、违章处理等程序方面的内容。由于税收在财政收入结构中的重要地位、税收无偿取得纳税人财产的特点，以及历史上与抗税有关的资产阶级革命的影响，税法很早就成为公法关注的对象，并已经形成相对独立的体系。从广义上说，财政法当然包括税法，但是考虑到上述情况，本章采狭义说，即财政法不包括税法。

（四）财政转移支付法

财政转移支付法，是指调整在财政转移支付过程中发生的经济关系的法律规范的总称，是财政法制度的重要组成部分。目前，财政转移支付制度一般是指政府间转移支付制度。政府间转移支付，是指各级政府之间财政资金的相互转移或财政资金在各级政府之间的再分配。

（五）国有资产管理法

国家通过行使国有财产收益权，参与国有企业纯收入的分配，这是财政的基本职能之一，同时由于我国国有资产数额巨大，国有投资收益在财政收入中占有较大比重，有关国有投资收益的归属层次、入库管理等应当有明确的法律依据，所以，调整国有资产管理关系的国有资产管理法是财政法的组成部分。国有资产管理法要规定国有资产管理的原则、管理体制、国有资产的范围和评估，还要规定国有财产所有者和经营者的权利和义务等内容。

（六）财政监督法

财政监督法调整国家对各类财政活动进行监督和制约过程中所产生的社会关系，是财政法的基本内容之一。财政活动的合法性、财政职能的完成都要以财政监督制度的完善和充分发挥作用为前提。财政监督制度是财政制度中具有保障作用的制度。财政监督法要规定财政监督机关的职权、监督的原则和方法，规定财政监督程序等内容。

财政法的基本内容，一般包括财政法总则、国家预算法、税法、财政转移支付法、国有资产管理法和财政监督法等。上述基本内容在财政法基本原则的指导下，构成社会主义财政法的有机体系。

四、财政管理体制

（一）财政管理体制的概念

财政管理体制，是指划分中央同地方各级政权之间以及国家同国有企业事业单位、国家机关之间的财政管理职权、财政收支范围等内容的法律制度。财政管理体制一般包括预算管理体制、税收管理体制、国有资产管理体制等，它们相互独立又相互依存。预算管理体制是处理中央与地方的基本财政关系，划分财政资金在各级财政之间分配的基本制度，在财政管理体制中占主导地位，是财政管理体制的核心。

可以从两个方面来理解财政管理体制：一方面，财政管理体制主要内容是确立各级财政的组织架构和运行原则，划分中央和地方财政收入和支出范围，规定地方财政收入的许可来源和财政支出的许可用途，明确各级财政间的相互关系；另一方面，财政管理体制是解决财权和财力的划分问题，是国家政治和行政管理中集中与分散关系在财政管理中的反映。财政管理体制反映不同财政主体之间的分配关系，这种分配关系是由一国基本政治制度和经济制度所决定的。

（二）财政管理体制的立法沿革及发展

我国财政管理体制进行过多次调整和改革，由新中国成立初期的高度集中，逐步过渡到中央统一领导和分级管理的体制。党的十一届三中全会以来，随着经济体制改革的深入，财政管理体制也作出了相应的改革。从1985年起，国家对各省、自治区、直辖市实行“划分税种、核定收支、分级包干”的财政管理体制。施行这一体制，调动了地方增产节约、增收节支的积极性，促进了国民经济的发展。但是，为了稳定中央与地方的财政关系，进一步调动地方的积极性，国务院决定从1988年起，在原有财政体制的基础上，实行“财政包干”体制。在实行“财政包干”体制过程中，暴露出一些严重弊端，不适应经济改革和发展社会主义市场经济的需要。因此，国家从1994年起，对各省、自治区、直辖市和计划单列市全面实行分税制财政管理体制。分税制的实质内容，是按照各项税收本身的特征，如税种、税源状况、影响程度、复杂程度及征管效应等，来划分中央政府和地方政府的税收管理权限和税收收入，并以法律的形式稳定中央政府和地方政府的财政分配关系。

财政管理体制改革伴随经济体制改革而不断发展。随着经济体制改革的深化和对外开放的扩大，为了大力发展社会主义市场经济，增强大中型企业活力，必须抓紧建立现代企业制度，进行一系列综合配套改革，其中一项重要内容是规范国家与国有企业的分配关系。目前我国财政税收体制改革的重要内容是“税利改革”，因此，财政立法应当巩固和发展经济体制改革的成果，使财政法更好地为国民经济的发展和经济体制改革服务，为搞好国有大中型企业转换经营机制、提高经济效益服务。

【案例】　　新疆昌吉市人大常委会否决政府财政报告案①

2005年8月，新疆维吾尔自治区昌吉市第六届人大常委会第二十次会议否决了昌吉市人民政府关于2004年财政决算和2005年上半年财政预算执行情况的报告，理由是昌吉市政府财政支出超出了人大常委会批准的财政预算，预算执行中有违反《预算法》的行为。昌吉市人大常委会否决政府财政预算执行情况报告，在昌吉市历史上尚属首次，此举充分体现了人大代表为百姓监督政府“钱匣子”、维护百姓“钱袋子”的重要作用，以及从财政资金方面制约和监督政府的职能。

自2005年6月21日起，昌吉市人大组成由人大代表及部分专业人员组成的检查组，对昌吉市2004年财政决算和2005年上半年预算执行情况进行了为期11天的检查。经检查发现，政府未能严格执行人代会批准的财政预算，2004年追加预算支出和2005年上半年追加预算支出，支出前均未编制预算调整方案，也没有报昌吉市人大常委会批准；2004年和2005年上半年，市财政局未按规定向人大常委会报告预算外资金收支情况；政府违反《预算法》，随意动用预备费以及政府部门预算缺乏透明度；在业务费安排上缺乏科学性、事权量化不规范、安排不合理等。为此，昌吉市人大常委会否决了政府这份财政预算执行情况报告。

昌吉市人大常委会在否决昌吉市政府财政预算执行报告的同时，要求其在2个月内整改完毕，并在昌吉市第六届人大常委会下次会议上重新报告。

第二节　预算法

预算是政府的财政收支计划，反映了政府财政活动。著名经济学家葛德雪曾经说过：“只有预算才是国家的骨骼。”② 由此可见预算对于政府活动的重要性，用于规范政府宏观调控的预算法，自然也就成为财政法体系中最重要的一环。本节将介绍预算的管理范围、预算的管理职权、预算的程序等。

一、预算和预算法

（一）预算的概念和分类

预算是经法定程序批准的国家各级人民政府和实行预算管理的各部门、各单位一定期

① 参见《新疆自治区昌吉市人大常委会否决政府财政报告》，载中国网，http：//www.china.org.cn/chinese/sy/958589.htm。

② 转引自姜维壮主编：《当代财政学主要论点》，465页，北京，中国财政经济出版社，1987。

间的财政或财务收支计划。预算是政府组织分配财政资金的重要工具，也是宏观调控的重要工具。最初的国家预算是一张十分简单的政府收支一览表。随着政府职能的不断扩展和活动的日趋复杂化，国家预算形式也逐步多样化。以不同的标准可将国家预算分为不同种类。[①]

以国家预算编制形式的差别为依据，国家预算可分为单式预算和复式预算。单式预算，指国家财政收支汇编在一个统一的预算表格中。我国成立以来一直采用单式预算制度。单式预算具有结构简单、可简明反映财政收支全貌、编制方便等特点。但它不能明确反映财政各项收支的性质、财政赤字的形成原因以及解决财政赤字的资金来源。因此，我国于1992年开始实行复式预算。复式预算，是将国家财政收支按其性质分别通过两个或两个以上的表格来反映的预算制度。

以国家预算内容上的差别为依据，国家预算可分为增量预算和零基预算。增量预算，指新的财政年度的收支计划指标以上年度指标执行数为基础，并考虑本年度的实际情况之后调整确定的预算；零基预算，则指财政收支计划指标的确定，只以当时社会经济发展的实际为依据，不考虑以前的财政收支状况，但零基预算还未成为编制预算的一般方法，通常只用于具体收支项目上。世界各国的预算编制，无论是单式预算还是复式预算，主要都采用增量预算的方法。

以预算的部门为标准，预算可分为国家预算和单位预算。国家预算由中央预算和地方预算组成。单位预算是指实行预算管理的国家机关、社会团体、全民所有制事业单位的经费预算和全民所有制企业的财务收支计划与预算有关的部分。国家预算是国家基本的财政收支计划，是国民经济计划的重要组成部分。

以预算的级次为标准，预算可分为中央政府预算（以下简称中央预算）与地方预算。国家预算由中央预算和地方预算组成。中央预算由中央各部门（含直属单位）的预算组成，中央预算包括地方向中央上交的收入数额和中央对地方返还或者给予补助的数额。

（二）预算法的概念和原则

预算法是调整预算关系的法律规范的总称，是财政法的重要组成部分。所谓预算关系，是指在国家预算收入、支出和进行预算管理过程中产生的经济关系。

国家预算的原则是指国家选择预算形式和体系应遵循的指导思想，是制定政府财政收支计划的根本准则。目前，各国财政学界形成了种种不同流派的观点，而影响较大且为我国财政经济学界所认同的是这五项原则：公开性原则、可靠性原则、完整性原则、统一性原则和年度性原则。我国预算法没有规定其适用的原则，但是每一部法律都应当有其自身的原则。这五项原则是国家预算本质的反映，符合市场经济公共财政的内在要求，对预算活动的进行的确有着很好的指导作用，因此应当可以为我国所借鉴。[②]

预算法的具体原则包括：

1. 公开性原则，是指全部预算收支必须经过权力机构审查批准，并以一定形式向社会公开，将政府的预算收支活动置于社会监督之下。

2. 真实性原则，是指国家预算收支数字必须真实、准确，符合实际，国家预算的编制、审批、执行都应以各级政府的情况报告为依据。

---

① 参见刘剑文主编：《财税法学》，204页，北京，高等教育出版社，2004。

② 参见徐孟洲：《论公共财政框架下的〈预算法〉修订问题》，载《法学家》，2004（5）。

3. 完整性原则，是指国家预算应当包括全部收支，反映全部财政活动。不应有预算以外的财政开支，也不应有预算规定以外的财政活动。

4. 统一性原则，是指各级预算收支要按照统一的口径、程序来计算和编制，任何机构的收支都要以总额列入预算，所有地方政府预算连同中央预算共同组成统一的国家预算。

5. 年度性原则。任何一个国家预算的编制和实现，都要有时间上的界定，即预算年度。它是指预算收支起讫的有效期限，通常为1年。

（三）我国预算法的立法概况

1951年8月19日，政务院颁布了《预算决算暂行条例》，这是中华人民共和国成立后第一个预算管理法规。1991年9月6日，国务院发布了《国家预算管理条例》。这个条例反映了我国财政体制改革的成果。为了适应社会主义市场经济体制的发展和财政改革的需要，1994年3月22日，八届全国人大二次会议通过了《中华人民共和国预算法》（以下简称《预算法》），该法在2014年8月31日第十二届全国人大常委会第十次会议修正，目前，该法分11章，共有101条，它全面规定了预算管理的基本内容。1995年11月22日，国务院颁布了《中华人民共和国预算法实施条例》，自颁布之日起实施，但目前正在修订。2001年11月3日，财政部颁发《财政预算资金拨付管理暂行办法》等规章。

（四）预算和预算法对宏观调控的作用

预算是国家管理社会经济事务和政府实施宏观调控的主要手段之一，因此，它在整个公共财政体制中居于十分重要的地位。在2004年3月18日纪念《预算法》颁布10周年座谈会上，全国人大常委会副委员长李铁映强调："预算法是国家最重要的经济法之一，预算是国家财力的收支计划。预算看起来是对国家各项财力收支的规范，实际上是对国家行政权力的一种法律规范，是党的领导、人民当家做主和依法治国的基本权利和手段。"预算法在财政法体系中居于核心法和龙头法的地位，可以说没有预算法就没有财政，它规定了预算的制定、执行、监督、责任，保证国家预算收支平衡。

二、预算管理职权

预算管理职权，即预算权，是指确定和支配国家预算的权力以及对于国家预算的编制、审查、批准、执行、调整、监督权力的总称。预算管理职权具有以下特征：

（1）预算权发生于国家预算收支管理领域，体现国家的财政分配关系，是国家财政权的主要组成部分。

（2）预算权的主体只能是国家权力机关、国家行政机关和列入部门预算的其他国家机关。社会团体和其他组织、任何公民或非预算单位，都不得享有预算权。

（3）预算权是一种经济权力，而不是一种纯粹的行政权，它具有经济内容。

（4）预算权的确定具有严格的法律规定性，不能由当事人约定。

（5）预算权与预算年度紧密相连，具有严格的周期性。如我国预算年度自公历1月1日起，至12月31日止。

（6）预算权所体现的利益归于国家、归于全体人民。

按照预算权主体的层次不同可以分为中央预算权和地方预算权两类。中央预算权是指中央权力机关、中央行政机关和其他中央机关部门（含直属单位）享有的预算权。地方预算权是指地方各级权力机关、行政机关及其各部门预算单位享有的预算权。按照预算机关的性质不同可分为权力机关的预算权和行政机关的预算权。

（一）中央预算管理职权

1. 全国人民代表大会的预算管理职权包括：审查中央和地方预算草案及中央和地方预算执行情况的报告；批准中央预算和中央预算执行情况的报告；改变或者撤销全国人大常委会关于预算、决算的不适当的决议。

全国人大常委会的预算管理职权包括：监督中央和地方预算的执行；审查和批准中央预算的调整方案；审查和批准中央决算；撤销国务院制定的同宪法、法律相抵触的关于预算、决算的行政法规、决定和命令；撤销省、自治区、直辖市人民代表大会及其常委会制定的同宪法、法律和行政法规相抵触的关于预算、决算的地方性法规和决议。全国人民代表大会财政经济委员会对中央预算草案初步方案及上一年预算执行情况、中央预算调整初步方案和中央决算草案进行初步审查，提出初步审查意见。

2. 国务院的预算管理职权包括：编制中央预算、决算草案；向全国人民代表大会作关于中央和地方预算草案的报告；将省、自治区、直辖市政府报送备案的预算汇总后报全国人大常委会备案；组织中央和地方预算的执行；决定中央预算预备费的动用；编制中央预算调整方案；监督中央各部门和地方政府的预算执行；改变或者撤销中央各部门和地方政府关于预算、决算的不适当的决定、命令；向全国人大、全国人大常委会报告中央和地方预算的执行情况。

国务院财政部门具体编制中央预算、决算草案；具体组织中央和地方预算的执行；提出中央预算预备费动用方案；具体编制中央预算的调整方案；定期向国务院报告中央和地方预算的执行情况。

（二）地方预算管理职权

1. 地方各级人民代表大会的预算管理职权包括：县级以上地方各级人民代表大会审查本级总预算草案及本级总预算执行情况的报告；批准本级预算和本级预算执行情况的报告；改变或者撤销本级人民代表大会常务委员会关于预算、决算的不适当的决议；撤销本级政府关于预算、决算的不适当的决定和命令。

县级以上地方各级人民代表大会常务委员会监督本级总预算的执行；审查和批准本级预算的调整方案；审查和批准本级政府决算（以下简称本级决算）；撤销本级政府和下一级人民代表大会及其常务委员会关于预算、决算的不适当的决定、命令和决议。

设立预算的乡、民族乡、镇的人民代表大会审查和批准本级预算和本级预算执行情况的报告；监督本级预算的执行；审查和批准本级预算的调整方案；审查和批准本级决算；撤销本级政府关于预算、决算的不适当的决定和命令。

省、自治区、直辖市人民代表大会有关专门委员会对本级预算草案初步方案及上一年预算执行情况、本级预算调整初步方案和本级决算草案进行初步审查，提出初步审查意见。

设区的市、自治州人民代表大会有关专门委员会对本级预算草案初步方案及上一年预算执行情况、本级预算调整初步方案和本级决算草案进行初步审查，提出初步审查意见；未设立专门委员会的，由本级人民代表大会常务委员会有关工作机构研究提出意见。

县、自治县、不设区的市、市辖区人民代表大会常务委员会对本级预算草案初步方案及上一年预算执行情况进行初步审查，提出初步审查意见。县、自治县、不设区的市、市辖区人民代表大会常务委员会有关工作机构对本级预算调整初步方案和本级决算草案研究提出意见。

2. 地方各级政府的预算管理职权包括：县级以上地方各级政府编制本级预算、决算草案；向本级人民代表大会作关于本级总预算草案的报告；将下一级政府报送备案的预算汇总后报本级人民代表大会常务委员会备案；组织本级总预算的执行；决定本级预算预备费的动用；编制本级预算的调整方案；监督本级各部门和下级政府的预算执行；改变或者撤销本级各部门和下级政府关于预算、决算的不适当的决定、命令；向本级人民代表大会、本级人民代表大会常务委员会报告本级总预算的执行情况。

乡、民族乡、镇政府编制本级预算、决算草案；向本级人民代表大会作关于本级预算草案的报告；组织本级预算的执行；决定本级预算预备费的动用；编制本级预算的调整方案；向本级人民代表大会报告本级预算的执行情况。

地方各级政府财政部门具体编制本级预算、决算草案；具体组织本级总预算的执行；提出本级预算预备费动用方案；具体编制本级预算的调整方案；定期向本级政府和上一级政府财政部门报告本级总预算的执行情况。

三、预算收支范围

《预算法》规定，国家实行一级政府一级预算，设立中央，省、自治区、直辖市，设区的市、自治州，县、自治县、不设区的市、市辖区，乡、民族乡、镇五级预算。全国预算由中央预算和地方预算组成。地方预算由各省、自治区、直辖市总预算组成。地方各级总预算由本级预算和汇总的下一级总预算组成；下一级只有本级预算的，下一级总预算即指下一级的本级预算。没有下一级预算的，总预算即指本级预算。

预算包括一般公共预算、政府性基金预算、国有资本经营预算、社会保险基金预算。

一般公共预算收入包括各项税收收入、行政事业性收费收入、国有资源（资产）有偿使用收入、转移性收入和其他收入。

一般公共预算支出按照其功能分类，包括一般公共服务支出，外交、公共安全、国防支出，农业、环境保护支出，教育、科技、文化、卫生、体育支出，社会保障及就业支出和其他支出。一般公共预算支出按照其经济性质分类，包括工资福利支出、商品和服务支出、资本性支出和其他支出。

政府性基金预算、国有资本经营预算和社会保险基金预算的收支范围，按照法律、行政法规和国务院的规定执行。

中央预算与地方预算有关收入和支出项目的划分、地方向中央上解收入、中央对地方税收返还或者转移支付的具体办法，由国务院规定，报全国人大常委会备案。

四、预算编制

预算编制，是指各级政府、各部门、各预算单位制订筹集和分配预算资金的年度预算的活动，是预算法必须规范的主要内容。预算编制应当遵守国家编制预算的依据和原则，按照编制程序进行。

（一）政府预算编制的依据

各级预算应当根据年度经济社会发展目标、国家宏观调控总体要求和跨年度预算平衡的需要，参考上一年预算执行情况、有关支出绩效评价结果和本年度收支预测，按照规定程序征求各方面意见后，进行编制。

(二) 预算编制的原则要求

1. 必须按照复式预算方法编制

自中华人民共和国成立至1991年，我国预算均采用单式预算编制方法。从1992年度起，由单式预算编制改按复式预算编制。这是一项重要的财政管理体制的改革成果。《预算法》以法律形式巩固了这项成果，明确规定中央预算和地方各级政府预算按照复式预算编制。复式预算包括公共预算、国有资本经营预算①和社会保障预算在内。

2. 实行量入为出、收支平衡的原则

《预算法》要求中央政府公共预算不列赤字。中央预算中必需的建设投资的部分资金，可以通过举借国内和国外债务等方式筹措，但是借债应当有合理的规模和结构。地方各级预算按照量入为出、收支平衡的原则编制，不列赤字。除法律和国务院另有规定外，地方政府不得发行地方政府债券。

3. 应与国民生产总值的增长率相适应

各级预算收入的编制，应当与国民生产总值的增长率相适应。按照规定必须列入预算的收入，不得隐瞒、少列，也不得将上一年的非正常收入作为编制预算的收入依据。中央预算和地方各级政府预算，应当参考上一年预算执行情况和本年度收支预测进行编制。

4. 应当贯彻厉行节约、勤俭建国的方针

《预算法》要求各级预算支出的编制，应当贯彻厉行节约、勤俭建国的方针。

5. 应当统筹兼顾、确保重点、妥善安排

各级预算支出的编制，应当统筹兼顾、确保重点，在保证政府公共支出合理需要的前提下，妥善安排其他各类预算支出。中央预算和有关地方政府预算中安排必要的资金，用于扶助经济不发达的民族自治地方、革命老根据地、边远、贫困地区发展经济文化建设事业。各级政府预算应当按照本级政府预算支出额的1%至3%设置预备费，用于当年预算执行中的自然灾害救灾开支及其他难以预见的特殊开支。

6. 应当按规定设置预算周转金

各级政府预算应当按照国务院的规定设置预算周转金。各级政府预算的上年结余，可以在下年用于上年结转项目的支出；有余额的，可以补充预算周转金；再有余额的，可以用于下年度必需的预算支出。

(三) 预算的编制内容

1. 中央预算的编制内容：(1) 本级预算收入和支出；(2) 上一年度结余用于本年度安排的支出；(3) 返还或者补助地方的支出；(4) 地方上解的收入。中央财政本年度举借的国内外债务和还本付息数额应当在本级预算中单独列示。

2. 地方各级政府预算的编制内容：(1) 本级预算收入和支出；(2) 上一年度结余用于本年度安排的支出；(3) 上级返还或者补助的收入；(4) 返还或者补助下级的支出；(5) 上解上级的支出；(6) 下级上解的收入。

(四) 预算编制的方法和程序

我国复式预算的编制办法和实施步骤，由国务院规定。各级政府、各部门、各单位应

---

① 我国国有资本经营预算于2007年开始试点，中央一级的国有资本经营预算于次年开始实施。目前，财政部正着手拟定“国有资本经营预算条例”。相关研究可参考徐孟洲、贾剑非：《论国有资本经营预算制度的法理基础与法价值》，载《政治与法律》，2009 (4)。

当按照国务院规定的时间编制预算草案。国务院应当及时下达关于编制下一年的预算草案的指示。编制预算草案的具体事项，由国务院财政部门部署。省、自治区、直辖市政府应当按照国务院规定的时间，将本级总预算草案报国务院审核汇总。

国务院财政部门应当在每年全国人民代表大会会议举行的45日前，将中央预算草案的主要内容提交全国人大财经委员会进行初步审查。省、自治区、直辖市财政部门应当在本级人民代表大会会议举行的30日前，将本级预算草案的初步方案提交本级人民代表大会有关的专门委员会进行初步审查。设区的市、自治州政府财政部门应当在本级人民代表大会会议举行的30日前，将本级预算草案的初步方案提交本级人民代表大会有关专门委员会进行初步审查，或者送交本级人民代表大会常务委员会有关工作机构征求意见。县、自治县、不设区的市、市辖区政府应当在本级人民代表大会会议举行的30日前，将本级预算草案的初步方案提交本级人民代表大会常务委员会进行初步审查。

五、预算审查和批准

预算审查和批准是指国家权力机关对同级政府所提出的预算草案进行审查和批准的活动。预算草案编制完成后，只有提交国家权力机关审批通过的方可生效。预算草案经审批生效，就成为正式的国家预算，并具有法律约束力，非经法定程序，不得改变。预算草案也只有经过国家权力机关的审查和批准才能够反映人民群众的意愿，符合人民群众的利益。

《预算法》规定：中央预算由全国人民代表大会审查和批准。地方各级政府预算由本级人民代表大会审查和批准。乡、民族乡、镇政府应当及时将经本级人民代表大会批准的本级预算报上一级政府备案。县级以上地方各级政府应当及时将经本级人民代表大会批准的本级预算及下一级政府报送备案的预算汇总，报上一级政府备案。县级以上地方各级政府将下一级政府依照前述规定报送备案的预算汇总后，报本级人民代表大会常务委员会备案。国务院将省级政府依照前述规定报送备案的预算汇总后，报全国人大常委会备案。

国务院和县级以上地方各级政府对下一级政府依《预算法》有关规定报送备案的预算，认为有同法律、行政法规相抵触或者有其他不适当之处，需要撤销批准预算的决议的，应当提请本级人民代表大会常务委员会审议决定。各级政府预算经本级人民代表大会批准后，本级政府财政部门应当在20日内向本级各部门批复预算。各部门应当在接到本级政府财政部门批复的本部门预算后15日内向各下属各单位批复预算。

中央对地方的一般性转移支付应当在全国人民代表大会批准预算后30日内正式下达。中央对地方的专项转移支付应当在全国人民代表大会批准预算后90日内正式下达。省、自治区、直辖市政府接到中央一般性转移支付和专项转移支付后，应当在30日内正式下达到本行政区域县级以上各级政府。县级以上地方各级预算安排对下级政府的一般性转移支付和专项转移支付，应当分别在本级人民代表大会批准预算后的30日和60日内正式下达。对自然灾害等突发事件处理的转移支付，应当及时下达预算；对据实结算等特殊项目的转移支付，可以分期下达预算，或者先预付后结算。

六、预算的执行和调整

（一）预算的执行

预算执行，是指各级政府、各部门、各预算单位组织实施经本级权力机关批准的本级预算中的筹措预算收入、拨付预算支出等活动的总称。各级预算由本级政府组织执行，具体工作由本级政府财政部门负责。各部门、各单位是本部门、本单位的预算执行主体，负责本部门、本单位的预算执行，并对执行结果负责。

《预算法》规定：预算年度开始后，各级预算草案在本级人民代表大会批准前，可以安排下列支出：上年度结转的支出；参照上一年同期的预算支出数额安排必须支付的本年度部门基本支出、项目支出，以及对下级政府的转移性支出；法律规定必须履行支付义务的支出，以及用于自然灾害等突发事件处理的支出。根据前述规定安排支出的情况，应当在预算草案的报告中作出说明。预算经本级人民代表大会批准后，按照批准的预算执行。预算收入征收部门，必须按照法律、行政法规的规定，及时、足额征收应征的预算收入。不得违反法律、行政法规规定，擅自减征、免征或者缓征应征的预算收入，不得截留、占用或者挪用预算收入。各级政府不得向预算收入征收部门和单位下达收入指标。政府的全部收入应当上缴国家金库（以下简称国库），任何部门、单位和个人不得截留、占用、挪用或者拖欠。对于法律有明确规定或者经国务院批准的特定专用资金，可以依照国务院的规定设立财政专户。

各级政府财政部门必须依照法律、行政法规和国务院财政部门的规定，及时、足额地拨付预算支出资金，加强对预算支出的管理和监督。各级政府、各部门、各单位的支出必须按照预算执行，不得虚假列支。

县级以上各级预算必须设立国库；具备条件的乡、民族乡、镇也应当设立国库。中央国库业务由中国人民银行经理，地方国库业务依照国务院的有关规定办理。各级国库必须按照国家有关规定，及时、准确地办理预算收入的收纳、划分、留解和预算支出的拨付。各级国库库款的支配权属于本级政府财政部门。除法律、行政法规另有规定外，未经本级政府财政部门同意，任何部门、单位和个人都无权动用国库库款或者以其他方式支配已入国库的库款。

各级政府应当加强对本级国库的管理和监督，按照国务院的规定完善国库现金管理，合理调节国库资金余额。已经缴入国库的资金，依照法律、行政法规的规定或者国务院的决定需要退付的，各级政府财政部门或者其授权的机构应当及时办理退付。按照规定应当由财政支出安排的事项，不得用退库处理。国家实行国库集中收缴和集中支付制度，对政府全部收入和支出实行国库集中收付管理。

各级政府应当加强对预算执行的领导，支持政府财政、税务、海关等预算收入的征收部门依法组织预算收入，支持政府财政部门严格管理预算支出。财政、税务、海关等部门在预算执行中，应当加强对预算执行的分析；发现问题时应当及时建议本级政府采取措施予以解决。各部门、各单位应当加强对预算收入和支出的管理，不得截留或者动用应当上缴的预算收入，也不得将不应当在预算内支出的款项转为预算内支出。各级政府预算预备费的动用方案，由本级政府财政部门提出，报本级政府决定。各级政府预算周转金由本级政府财政部门管理，用于预算执行中的资金周转，不得挪作他用。

各级一般公共预算年度执行中有超收收入的，只能用于冲减赤字或者补充预算稳定调节基金。各级一般公共预算的结余资金，应当补充预算稳定调节基金。省、自治区、直辖市一般公共预算年度执行中出现短收，通过调入预算稳定调节基金、减少支出等方式仍不能实现收支平衡的，省、自治区、直辖市政府报本级人民代表大会或者其常务委员会批准，可以增列赤字，报国务院财政部门备案，并应当在下一年度预算中予以弥补。

（二）预算的调整

预算调整，是指经全国人民代表大会批准的中央预算和经地方各级人民代表大会批准的本级预算，在执行中因特殊情况需要增加支出或者减少收入，使原批准的收支平衡的预算的总支出超过总收入，或者使原批准的预算中举借债务的数额增加的部分变更。

预算调整是一种正常的预算活动，但是预算调整必须依法进行。《预算法》规定，在预算执行中，各级政府一般不制定新的增加财政收入或者支出的政策和措施，也不制定减少财政收入的政策和措施；必须作出并需要进行预算调整的，应当在预算调整方案中作出安排。经全国人民代表大会批准的中央预算和经地方各级人民代表大会批准的地方各级预算，在执行中出现下列情况之一的，应当进行预算调整：需要增加或者减少预算总支出的；需要调入预算稳定调节基金的；需要调减预算安排的重点支出数额的；需要增加举借债务数额的。

各级政府对于必须进行的预算调整，应当编制预算调整方案。预算调整方案应当说明预算调整的理由、项目和数额。中央预算的调整方案必须提请全国人大常委会审查和批准。县级以上地方各级政府预算的调整方案必须提请本级人大常委会审查和批准；乡、民族乡、镇政府预算的调整方案必须提请本级人民代表大会审查和批准。未经批准，不得调整预算。经批准的预算调整方案，各级政府应当严格执行。未经《预算法》规定的程序，各级政府不得作出预算调整的决定。对于违反上述规定作出的决定，本级人民代表大会、本级人民代表大会常委会或者上级政府应当责令其改变或者撤销。

在预算执行中，地方各级政府因上级政府增加不需要本级政府提供配套资金的专项转移支付而引起的预算支出变化，不属于预算调整。接受增加专项转移支付的县级以上地方各级政府应当向本级人民代表大会常委会报告有关情况；接受增加专项转移支付的乡、民族乡、镇政府应当向本级人民代表大会报告有关情况。各部门、各单位的预算支出应当按照预算科目执行。严格控制不同预算科目、预算级次或者项目间的预算资金的调剂，确需调剂使用的，按照国务院财政部门的规定办理。地方各级预算的调整方案经批准后，由本级政府报上一级政府备案。

七、决算

决算是指对年度预算收支执行结果的会计报告，是预算执行的总结，是国家管理预算活动的最后一道程序。决算必须按照规定编制决算草案，提请国家权力机关审查和批准后方可生效。《预算法》对决算的原则和程序作出了明确的规定。

《预算法》规定，决算草案由各级政府、各部门、各单位，在每一预算年度终了后按照国务院规定的时间编制。编制决算草案的具体事项，由国务院财政部门部署。编制决算草案，必须符合法律、行政法规，做到收支数额准确、内容完整、报送及时。决算草案应当与预算相对应，按预算数、调整预算数、决算数分别列出。一般公共预算支出应当按其功能分类编列到项，按其经济性质分类编列到款。各部门对下属各单位的决算草案，应当审核并汇总编制本部门的决算草案，在规定的期限内报本级政府财政部门审核。各级政府财政部门对本级各部门决算草案审核后发现有不符合法律、行政法规规定的，有权予以纠正。

国务院财政部门编制中央决算草案，报国务院审定后，由国务院提请全国人大常委会审查和批准。县级以上地方各级政府财政部门编制本级决算草案，报本级政府审定后，由本级政府提请本级人大常委会审查和批准。乡、民族乡、镇政府编制本级决算草案，提请本级人民代表大会审查和批准。各级政府决算经批准后，财政部门应当向本级各部门批复决算。地方各级政府应当将经批准的决算，报上一级政府备案。

国务院和县级以上地方各级政府对下一级政府依照《预算法》规定报送备案的决算，认为有同法律、行政法规相抵触的或者有其他不适当之处，需要撤销批准该项决算的决议的，应当提请本级人民代表大会常委会审议决定；经审议决定撤销的，该下级人民代表大会常委会应当责成本级政府依照《预算法》规定重新编制决算草案，提请本级人民代表大会常委会审查和批准。

八、监督

全国人大及其常委会对中央和地方预算、决算进行监督。县级以上地方各级人民代表大会及其常委会对本级和下级预算、决算进行监督。乡、民族乡、镇人民代表大会对本级预算、决算进行监督。

各级人民代表大会和县级以上各级人民代表大会常委会有权就预算、决算中的重大事项或者特定问题组织调查，有关的政府、部门、单位和个人应当如实反映情况和提供必要的材料。各级人民代表大会和县级以上各级人民代表大会常委会举行会议时，人民代表大会代表或者常委会组成人员，依照法律规定程序就预算、决算中的有关问题提出询问或者质询，受询问或者受质询的有关的政府或者财政部门必须及时给予答复。

国务院和县级以上地方各级政府应当在每年6月至9月期间向本级人民代表大会常委会报告预算执行情况。各级政府监督下级政府的预算执行；下级政府应当定期向上一级政府报告预算执行情况。各级政府财政部门负责监督检查本级各部门及其下属各单位预算的编制、执行，并向本级政府和上一级政府财政部门报告预算执行情况。

县级以上政府审计部门依法对预算执行、决算实行审计监督。对预算执行和其他财政收支的审计工作报告应当向社会公开。

政府各部门负责监督检查下属各单位的预算执行，及时向本级政府财政部门反映本部门预算执行情况，依法纠正违反预算的行为。公民、法人或者其他组织发现有违反《预算法》的行为，可以依法向有关国家机关进行检举、控告。接受检举、控告的国家机关应当依法进行处理，并为检举人、控告人保密。任何单位或者个人不得压制和打击报复检举人、控告人。

九、违反预算法的法律责任

违反预算法的法律责任是指预算法律主体违反预算法律规定的义务应当承担的责任。凡是违反《预算法》的规定或经批准生效的预算的，负有直接责任的人，都要依法承担一定的法律责任。根据《预算法》的规定，承担预算法律责任有以下几种情形：

1. 各级政府及有关部门有下列行为之一的，责令改正，对负有直接责任的主管人员和其他直接责任人员追究行政责任：（1）未依照本法规定，编制、报送预算草案、预算调整方案、决算草案和部门预算、决算以及批复预算、决算的；（2）违反《预算法》规定，进行预算调整的；（3）未依照《预算法》规定对有关预算事项进行公开和说明的；（4）违反规定设立政府性基金项目和其他财政收入项目的；（5）违反法律、法规规定使用预算预备费、预算周转金、预算稳定调节基金、超收收入的；（6）违反《预算法》规定开设财政专户的。

2. 各级政府及有关部门、单位有下列行为之一的，责令改正，对负有直接责任的主管人员和其他直接责任人员依法给予降级、撤职、开除的处分：（1）未将所有政府收入和支出列入预算或者虚列收入和支出的；（2）违反法律、行政法规的规定，多征、提前征收或者减征、免征、缓征应征预算收入的；（3）截留、占用、挪用或者拖欠应当上缴国库的预算收入的；（4）违反《预算法》规定，改变预算支出用途的；（5）擅自改变上级政府专项转移支付资金用途的；（6）违反《预算法》规定拨付预算支出资金，办理预算收入收纳、划分、留解、退付，或者违反《预算法》规定冻结、动用国库库款或者以其他方式支配已入国库库款的。

3. 各级政府、各部门、各单位违反《预算法》规定举借债务或者为他人债务提供担保，或者挪用重点支出资金，或者在预算之外及超预算标准建设楼堂馆所的，责令改正，对负有直接责任的主管人员和其他直接责任人员给予撤职、开除的处分。

4. 各级政府有关部门、单位及其工作人员有下列行为之一的，责令改正，追回骗取、使用的资金，有违法所得的没收违法所得，对单位给予警告或者通报批评；对负有直接责任的主管人员和其他直接责任人员依法给予处分：（1）违反法律、法规的规定，改变预算收入上缴方式的；（2）以虚报、冒领等手段骗取预算资金的；（3）违反规定扩大开支范围、提高开支标准的；（4）其他违反财政管理规定的行为。

5. 上述违法行为，其他法律对其处理、处罚另有规定的，依照其规定；构成犯罪的，依法追究刑事责任。

【背景资料】　　2008年审计报告：中央预算执行存在四大问题①

审计署审计长刘家义在向第十一届全国人大常委会第九次会议所作的《国务院关于2008年度中央预算执行和其他财政收支的审计工作报告》中，披露了中央部门预算执行中存在以下四大问题。

2008年，接受审计的55个中央部门共收到财政拨款3 451.66亿元，占中央财政本级支出的26%。审计财政拨款1 159.58亿元。

从审计情况看，中央部门2008年预算执行情况总体较好，执行预算比较严格，内部管理不断完善，依法理财和预算观念得到加强，审计发现的违法违规问题呈下降趋势。但审计也发现违规问题40.5亿元，损失浪费问题4.67亿元。

审计发现，中央部门预算执行中存在以下四大问题：

1. 挤占挪用和转移财政资金14.83亿元。其中：民航局、体育总局等39个部门本级占5.81亿元，质检总局、国家物资储备局等39个部门下属的117个单位占9.02亿元。

2. 多报多领财政资金3 668万元。其中：环境保护部、农业部等5个部门本级占2 035万元，国土资源部、广电总局等5个部门下属的7个单位占1 633万元。

3. 违规收费6.22亿元。其中：知识产权局、人口计生委等11个部门本级占

① 参见《2008年中国审计报告披露中央预算执行四大问题》，载新华网，http：//news.xinhuanet.com/politics/200906/24/content_11593751.htm。

3.37 亿元，交通运输部等 7 个部门下属的 8 个单位占 2.85 亿元；未及时上缴非税收入 19.08 亿元，其中林业局、新闻出版总署等 13 个部门本级占 12.54 亿元，商务部、国资委等 12 个部门下属的 55 个单位占 6.54 亿元。

4. 会议费和公务出国费管理不够严格。个别单位存在铺张浪费、虚列支出和套取资金等问题，个别单位还在公务出国（境）团组中擅自增加人员和出访地点、改变行程或延长境外停留时间等。

对上述问题，各部门按照国务院要求进行了整改，在审计过程中已纠正各类问题 14.72 亿元，制订了 86 条整改措施，12 个部门成立了会议费清查小组，5 个部门已对有关人员给予政纪处分。

第三节　财政转移支付法

财政转移支付制度是国家处理中央与地方政府之间财政关系的普遍做法与基本方式。伴随着分税制财政体制的实施，具有均等化意义的我国财政转移支付制度也在 1994 年正式出现。作为宏观财政政策的基本中介参数，政府间财政转移支付制度对我国宏观调控体系的优化和经济的区域协调发展起到了明显的调节与推动作用。财政转移支付法，简称转移支付法，是指调整在财政转移支付过程中发生的经济关系的法律规范的总称，是财政法制度的重要组成部分。转移支付法对于规范政府间的财政转移支付起着重要作用。

一、转移支付法概述

转移支付，从广义上来讲，就是中央政府或地方政府将部分财政收入按照法定标准和程序无偿或者附条件让渡给其他各级政府、企业或居民时发生的财政资金的相互转移。目前，财政转移支付制度一般是指政府间转移支付制度。政府间转移支付，它是指各级政府之间财政资金的相互转移或财政资金在各级政府之间的再分配。这种转移支付形式一般有三种：一是中央政府将其预算收入的一部分向下转移给地方政府，二是地方政府将其预算收入的一部分向上转移给中央政府，三是同级政府之间一部分预算收入的相互转移。凡是相邻两级政府间的上级政府对下级政府的财力转移是狭义上理解的转移支付。我国在 1994 年分税制财政体制改革基础上确立的财政转移支付制度，是一种从狭义上理解的财政转移支付。

财政转移支付法是调整在财政转移支付过程中发生的经济关系的法律规范的总称，是财政法制度的重要组成部分。财政转移支付法对于协调地区经济发展、国家的宏观经济调控、各阶层居民收入的再分配，保证社会经济的发展和社会的安定具有重要作用。从形式上看，财政转移支付法是财政转移支付法律规范借以表现的外在形式，它也有广义与狭义之分：广义上的财政转移支付法，泛指凡规定有关财政转移支付方面内容的法律、法规、自治条例、规章等规范性法律文件的总称；狭义上的财政转移支付法，专指国家立法机关制定的以“财政转移支付法”冠名的单行法律。我国尚未制定专门的“财政转移支付法”，财政部于 2000 年 1 月 3 日发布的《过渡期财政转移支付办法》也已经废止。目前，有关财政转移支付方面内容的法律规范散见于相关法规与规章之中，包括地方性法规。例如，广西、青海、陕西、深圳等地从 1996 年开始，先后发布了相关的财政转移支付的地方性法规。

目前，财政转移支付立法层次较低、内容不够全面和具体是导致财政转移支付制度问题层出不穷的重要根源。为此，我国迫切需要制定一部统一的“财政转移支付法”，这也是全国人大规划的重要立法之一。

二、我国现行的政府间的财政转移支付制度概况与完善

（一）我国现行的政府间的财政转移支付制度概况

我国现行的政府间财政转移支付制度是在1994年开始实行的分税制财政管理体制的基础上建立起来的。我国现行的政府间财政转移支付制度是由四种形式构成的：

第一种形式为财力性财政转移支付。财力性转移支付又称一般性转移支付或无条件转移支付，其不规定具体用途，由接受拨款的政府自主使用，目标是基本公共服务均等化。目前，我国财务性转移支付主要包括：（1）一般性转移支付。一般性转移支付是实现地区间公共服务均等化的有效手段。作为分税制财政管理体制改革的配套措施，从1995年起中央对财力薄弱地区实施一般性转移支付。其基本做法是：参考国际经验，按照规范和公正的原则，根据客观因素计算确定各地区的标准财政收入和标准财政支出，进而计算出地区的标准财政收支缺口（该地区标准财政支出大于标准财政收入的差额），并将其作为财政转移支付的分配依据。（2）民族地区转移支付。为配合西部大开发战略，支持民族地区发展，国务院决定，从2000年起实施民族地区转移支付。（3）调整工资转移支付。（4）农村税费改革转移支付。（5）缓解县、乡财政困难转移支付。（6）其他财力性转移支付。如中央实施某些宏观调控政策后，中央对地方财政减收所进行的财力性补助。

第二种形式为“税收返还”。税收返还制度的建立是1994年分税制改革的关键性内容之一。税收返还制度的核心是在建立新的分税制财政体制的同时，确保各有关地方政府既得利益。另外，这种形式通过“存量不动，增量调节”的办法，提高中央财政在增值税与消费税增量上的比重。

第三种形式为专项补助（或者说是“专项拨款”）。“专项补助”是中央政府对地方政府的财政转移支付形式。这些专项拨款，由中央政府拨付，不列入地方的财政支出范围。这种专项拨款的主要特点是拨付款项的有条件性，由中央根据情况和需要来确定拨款的项目、对象、金额和时间。专项拨款主要用于给予地方政府的特大自然灾害救济费、特大防汛抗旱经费以及不发达地区的发展资金等。

第四种形式是“原体制补助和上解”。这种形式实际是原体制的产物。从1988年开始，中央政府财政部对部分省、自治区实行定额补助，与此同时，部分省市向中央按照一定的比例上解。

（二）我国现行的政府间财政转移支付制度存在的主要问题

我国现行的政府间财政转移支付制度仍是一种过渡性的制度，带有较深的旧体制的烙印，不能适应市场经济和公共财政体制的要求。主要问题在于：

1. 中央政府与地方政府之间事权、财权不清晰，事权、财权不对应，资金分配办法不规范。正是这种明确划分的缺乏导致项目重复建设、多头审批现象严重，从而造成一部分财政支出的不合理、责任不明确，带有相当大的主观随意性，使转移支付制度缺乏科学性。事权是指各级政府基于其自身的地位和职能所享有的提供公共物品、管理公共事务的权力。财权是各级政府所享有的组织财政收入、安排财政支出的权力。目前，在上下级政

府之间，很多事项难以区分清楚，许多本应由地方财政负担的支出，却由中央政府承担，而许多本应由中央财政负担的支出，却推给地方财政。上下级政府之间事权划分和财政支出范围的划分随意性很大，区分的标准很模糊，或者根本没有标准可循。这种事权划分的模糊和财政支出范围划分的混乱，导致许多政府机关人浮于事，很难对其进行绩效审计和考核，由此导致了财政支出整体效益的低下。[①]

2. 现行财政转移支付制度缺乏法律权威性。纵观各个国家财政转移支付制度最大的共性就是都制定有较高层次的法律。如美国 1972 年制定了专门规范转移支付的法律——《州和地方政府补助法》；德国规范财政转移支付的法律包括具有最高效力的《德意志联邦共和国基本法》和《联邦财政均衡法》；日本的《地方财政法》等。而我国现行的政府间财政转移支付制度依据的主要是政府规章，没有单行法律，因而现行财政转移支付制度缺乏法律权威性和统一性。

3. 现行财政转移支付制度调控力度小、均等化功能弱。由于在现行转移支付制度中税收返还形式占的比重过大，一般性转移支付比重太低，致使中央财政调控权、均等化功能过弱。

4. 转移支付的分配不规范，带有相当大的随意性。为了照顾原有的既得利益，分税制体制中仍保留了原有的体制补助和体制上解。这种资金的双向流动不仅不符合分税制的要求，而且不论是补助还是上解，其数额的确定都是双方讨价还价的结果，缺乏明确、科学的依据，随意性很大，从而根本达不到财政均衡化的目标。而同时占转移支付绝大部分的税收返还采用基数法确定，并且只与增值税和消费税挂钩，这不仅不能解决原有财力分配不均的问题，反而会进一步扩大差距。而其他形式转移支付的分配也带有很大随意性，未采用统一规范的科学方法。

5. 转移支付形式过多，且相互之间缺乏统一的协调机制。中央对地方转移支付的总体目标不明确，各种转移支付形式之间各自为政，导致收入上解地区恰恰又是专项拨款获得较多的地区，表现为专项补助资金安排随意性很大，失去了其应有的功能，使得转移支付实际上变得毫无效果。同时，转移支付的管理分散，财政统一支配各类专项补助的实际权力非常薄弱。由于专项补助缺乏规范化的分配方法，谁来得勤、跑得快、叫得响、配套资金比例大，谁就能得到。如此，大大违背了实现地方公共服务水平均等化的初衷，进一步扩大了地区间差距。

6. 监督制约机制不健全。在各项具体制度不够规范的同时，财政转移支付也缺乏相应的监督制度，对于监督主体、监督事项、监督者的职权和职责都没有相应的规定。

(三) 我国现行财政转移支付制度的完善

从总体上看，我国现行的政府间财政转移支付制度已经在一定程度上开始朝着规范化的政府间财政转移支付框架的目标改革，但是，距离以公共服务均等化为主要目标的、规范化的政府间财政转移支付制度还有相当大的距离。为了完善我国现行的政府间财政转移支付制度，首先必须明确转移支付的目标，这是建立规范的转移支付制度的根本依据。

建立规范的政府财政转移支付制度的根本目标是在提高财政收支效率的基础上，使全国各地都能提供大体均等的公共服务水平，即以公平为主，兼顾效率，否则，转移支付制

---

① 参见刘剑文：《中国财政转移支付立法探讨》，载《法学杂志》，2005 (5)。

度无法完成其应有的使命。从西方国家转移支付制度的实施来看，转移支付的目的只是各地政府的基本行政能力的大体一致，即使各地方政府在基本公共服务能力方面达到均衡，而并非要达到地区经济发展的均等，也不意味着达到全国人均财政收入水平的均等。从我国现实情况来看，由于经济发展水平不平衡由来已久，导致不平衡的原因很多，社会公共服务能力相差悬殊。因此，我们只能将实现社会公共服务均等化作为远期目标。就当前来说，转移支付的目标应为逐步调整各地区之间的横向不平衡、缩小地区间经济发展的差距，促进区域间均衡发展，确保全国各地都能提供最低标准的公共服务。因此，我们应将转移支付支出的重点用于经济欠发达省份，能源、交通、环保等基础行业以及教育、科技、医疗、就业培训等社会保障事业。就长远来说，转移支付均衡目标的实现应分三步走：第一步，调整各地区之间的不平衡，缩小地区间经济发展的差距，实现除了国防费用、行政经费、教育经费等少数项目达到均等化标准之外，其他公共服务开支达到最低标准；第二步，将公共服务开支均等化的项目逐渐扩大到科技、卫生、社会保障等开支；第三步，实现全部公共服务开支项目达到全国的均等标准。

在明确了目标之后，便是根据目标完善具体的制度。具体应当从以下几个方面入手：

1. 完善适应市场经济发展的分税制财政体制，从法律上明确划分中央政府与地方政府之间事权、财权范围。我国宪法对中央政府和地方政府的职权进行了规定。政府间的事权划分应当以成本效益分析为标准，将政府间相互交叉的事权彻底分开，明确各级政府的开支责任，对政府间的共同事务，应当按照支出责任和收益程度的大小确定负担的比例，并以转移支付的方式将资金归集到具体事务的承担政府。

2. 加强财政立法，在《过渡期财政转移支付办法》基础上制定《财政转移支付法》，以法律形式明确财政转移支付的各项基本制度，该法应当明确转移支付制度的基本目标，并对转移支付管理机构、转移支付职权分配、转移支付模式选择、转移支付形式、转移支付的程序等问题进行详细的规定。

3. 完善政府间财政转移支付制度中的机构设置。要完成各级政府间复杂的财力转移支付，特别是确定和调整中央与地方政府的转移支付关系，必须有一个专门的机构来具体负责。因此，应当由中央政府组建的专门机构行使其职能。

4. 简化与完善财政转移支付形式，重新组合现有的四种政府间的财政转移支付形式，尤其是应当尽快解决原体制补助和原体制上解当中存在的与公共服务均等化目标相矛盾的问题。依法建立以一般性转移支付为重点，以专项转移支付即专项补助金配合，以特殊性转移支付为补充的复合型财政转移支付方式体系。

5. 规范专项补助，在进一步科学划分各级政府事权的前提下逐步减少中央政府对地方政府的纯粹属于地方区域性的支出项目的补助，并且在按照公共服务均等化的要求和兼顾其他政策要求的前提下，规范各种专项补助，合理分配用于专项补助方面的财政资金。

6. 进一步扩大转移支付的规模，重视转移支付制度对于我国宏观经济调控的积极作用。转移支付规模是指上级财政可以用做转移支付的资金占其可控范围内的全部政府财力的比重，其大小反映了上级政府均衡各地财政支出水平的资金拨付能力。由于我国中央政府财政能力不足，支付规模偏小，使得中央在进行地区平衡的决策时常常心有余而力不足，无法有效地抑制日趋扩大的地区间差距。根据我国目前的情况，要达到适度的转移支付规模应达到以下四个标准：其一，确保各地都能提供全国最低标准的基本公共服务；其二，有利于平衡地方间发展；其三，确保中央有能力实现其宏观调控目的；其四，不影响地方政府积极性的发挥。

7. 建立严格的监督体系，强调对转移支付过程中的不当做法的处罚，并把这些监督措施法制化。对转移支付的法律监督主要体现在：第一，加强法律上关于转移支付法律责任的规定。第二，制定一系列制度来达到监督转移支付的目的。这些制度包括，对项目实行执行情况定期报告制度和对该项项目实行审计制度等。第三，加强和完善对财政转移支付行为的审计监督。西方发达国家对财政转移支付制度的审计监督相当发达，我们应当借鉴。第四，强调转移支付资金使用的事后监督，特别对专项项目拨付，应当跟进后续的监督，使整个转移支付在法制轨道中运行。

8. 建立规范的省对地、市、县的转移支付制度和其他配套制度，使财政转移支付制度在我国形成统一的有机体系。

【背景资料】 **"非典"时期凸显财政转移支付制度的作用**①

我国在抗击"非典"中采取了一系列财政措施：为满足防治"非典"疫情的需要，我国各级财政部门已经安排超过百亿元专项基金、经费，截至2003年6月18日，中央财政"非典"防治基金已经支出13亿元，地方各级财政已经安排了一百多亿元"非典"防治经费。在"非典"疫情暴发后，我国财政部积极发挥了公共财政职能，多管齐下，全力保障"非典"防治资金需要。经国务院批准，中央财政设立了20亿元"非典"防治基金，各级财政部门也大力调整支出结构，积极筹措"非典"防治资金，用于建立公共卫生应急机制，防治"非典"的科研攻关、设备购置、病毒检测试剂研究，以及疫情检测、信息搜索和有关人员的培训等，并且按照急事急办、特事特办的原则，及时预拨资金，切实保障需要。财政部与有关部门密切配合，迅速制定出台了对农民和城镇困难群众的"非典"患者实行免费医疗救治，对参加"非典"防治工作的一线医务人员和防疫工作者给予特殊临时性工作补贴并免征个人所得税等一系列政策，为有效防治"非典"特别是防止"非典"疫情向农村蔓延提供了坚实的资金保障。

三、财政转移支付法对宏观调控的作用

财政转移支付制度对于加强国家的宏观经济调控、合理安排各阶层居民收入的再分配、加大对中西部地区和民族地区的财政支持，保证社会经济的发展和社会的安定具有重要作用。作为财政政策的基本中介参数，政府间财政转移支付制度对我国宏观调控体系的优化和经济的区域协调发展，起到了明显的调节与推动作用。为进一步加强中央政府的宏观调控能力，平衡各地方的经济发展，迫切需要规范、完善我国现行的政府财政转移支付制度。

这一制度在增强中央财政宏观调控能力、缩小地方差距、合理调节和引导地方财政活动、促进区域经济和社会事业协调平衡发展、维护基层政权稳定等方面发挥着重要作用。

转移支付对缩小地区公共服务的差距发挥了重要作用。2003年，我国31个省（直辖

---

① 参见《财政部：我国财政安排防治非典基金、经费逾百亿元》，载新华网，http://news.xinhuanet.com/zhengfu/2003-06/26/content_938376.htm。

市、自治区）人均财政收入的变异系数为117%，经过转移支付调节后，该系数缩小到77%。转移支付是因社会义务发生的支付，包括救济、抚恤、捐款、社会馈赠等。在一些国家的转移支付几乎“从摇篮到坟墓”都包了下来。转移支付用于低收入阶层的比例相当大，有研究结论说：“转移支付对收入分配作用较之税收对收入分配作用大得多。对所有家庭来说，在减少不平等方面，转移支付要占3/4，而税收只占整个变化的1/4。”依据世界各国的经验，要解决我国的“三农”问题，非常有必要进一步加大对农村和农民的财政转移支付力度。

【问题与思考】

1. 如何正确认识“纳税人诉讼”

本章【引例】被媒体称为中国“纳税人诉讼”第一案。2006年4月27日，“北京嘉言文化发展中心·中国律师观察网”和中国政法大学研究生财税法研究会围绕此案主办了一场“宪政建设·公益诉讼·民权保障——纳税人蒋时林诉常宁市财政局违法购车案专题研讨会”。研讨会上，中国政法大学施正文副教授从六个方面归纳了该案的意义：第一，揭示了当下中国存在严重的财税“公益危机”。第二，反映了我国现行权力监督机制存在的问题与缺陷。第三，呼吁我国应当开放纳税人诉讼，以私权制衡公权。第四，要求我们创新和完善财产权的法律保护体系，应当特别重视建立以宪法为基本法、以财税法为核心的公法上的财产法体系。第五，启示我们应当将纳税人公益诉讼作为我国宪政建设、民权保障的突破口和切入点。第六，表明塑造现代公民意识、建设公民社会的极端重要性。

思考：(1) 公民和纳税人究竟是怎样一种关系？

(2) 宪法的规定能否作为原告提起诉讼的依据？本案法院裁定不予受理是否合法？

(3) 从预算法、政府采购法等角度分析，常宁市财政局的购车行为是否有违反法律之处？

(4) 该案折射出了我国现行财政法律制度存在哪些问题？如何完善？

2. 关于财政监督机制的问题

本章【案例】中，新疆昌吉市人大常委会否决政府财政报告表明，各级人大及其常委会渐渐开始摆脱中看不中用、名存实虚的“花瓶”角色，充分运用人民赋予的权力切实监督政府、维护百姓利益，也反映了人大代表素质的全面提升。

思考：请以此为例分析我国财政监督实施机制存在的问题并对其提出相关建议。

3. 突发性公共事件与财政法的框架建设

本章第三节【背景资料】表明，面对突发性的“非典”疫情，我国财政部积极发挥了公共财政职能，多管齐下，全力保障“非典”防治资金需求，各级财政部门安排超过百亿元的专项基金、经费。

思考：请以此为例，说明公共危机、突发性公共事件对公共财政法律制度的框架建设有怎样的影响和联系。

4. “财政转移支付法”的立法问题

目前我国无论是一般性转移支付还专项转移支付，都没有要求地方将其全部、完整地编入预算，就更谈不上程序化，从而导致一部分转移支付游离于预算和人大的监督之外。

更加严重的是，财政专项转移支付存在比例过大、不透明、不规范等一系列突出问题。就目前对 20 个省（自治区、直辖市）的审计调查显示，2005 年本级预算编报的中央税收返还和补助收入仅为上年执行数的 47.7%，2006 年也才达到 52.5%。这种状况如果不尽快改变，资金使用效益得不到提高，中央部门对下面的一些事情管得太细、太具体，又有那么多单位去管，就出现了重复交叉、资金浪费和“跑部钱进”等现象。因此，制定“财政转移支付法”刻不容缓。第十届全国人大常委会已将财政转移支付法列入本届人大常委会的立法计划，财政部等部门正在研究起草财政转移支付法。

思考：(1) 财政转移支付立法在中国财政法治进程中有何重要意义？

(2)“财政转移支付法”应当就哪些重要问题作出规定？

第十四章 税收法律制度

参考文献

(一) 著作

1. 徐孟洲，徐阳光主编．税法．4版．北京：中国人民大学出版社，2012
2. 徐孟洲，谭立．税法教程．2版．北京：首都经贸大学出版社，2006
3. 刘隆亨．中国财税法学．2版．北京：法律出版社，2010
4. 张守文．财税法疏议．北京：北京大学出版社，2005
5. 刘剑文，熊伟．税法基础理论．北京：北京大学出版社，2004
6. 葛克昌．税法基本问题（财政宪法篇）．北京：北京大学出版社，2005
7. ［日］金子宏．日本税法．战宪斌，郑林根译．北京：法律出版社，2004
8. ［日］北野弘久．税法学原论．陈刚，杨建广译．北京：中国检察出版社，2001

(二) 论文

1. 徐孟洲．论税法原则及其功能．中国人民大学学报，2000（5）
2. 施正文，徐孟洲．税法通则立法基本问题探讨．税务研究，2005（4）
3. 张守文．“二元分化”的税收调控及其合法性．税务研究，2006（3）
4. 刘剑文．WTO体制下中国税法发展的趋势．中国法学，2002（3）
5. 蔺翠牌．税法理论热点问题探寻．法学杂志，2005（1）
6. 陈少英．试论税法对环境污染行为的调控．法学论坛，2005（1）
7. 李刚．税法经济调控功能的国际化．华东政法学院学报，2004（2）
8. 徐孟洲，叶姗．特别纳税调整规则法理基础之探究．税务研究，2008（2）
9. 刘剑文．机遇与挑战——全球经济危机下的中国增值税转型改革．中国税务，2009（1）
10. 朱青．《企业所得税法》“特别纳税调整”亮点解读．福建税务，2008（3）
11. 朱大旗．金融危机背景下的中国财税法治改革思考．法学论坛，2010（2）

12. 陈少英．论现代服务业营养税法的改革取向．政法论丛，2012 (2)
13. 张守文．税制变迁与税收法治现代化．中国社会科学，2015 (2)

参考法规

1.《中华人民共和国税收征收管理法》(2015 年修正)
2.《中华人民共和国税收征收管理法实施细则》(2013 年)
3.《中华人民共和国个人所得税法》(2011 年修正)
4.《中华人民共和国企业所得税法》(2007 年)
5.《中华人民共和国企业所得税法实施条例》(2007 年)
6.《中华人民共和国进出口关税条例》(2013 年修订)
7.《中华人民共和国营业税暂行条例》(2008 年修正)
8.《中华人民共和国消费税暂行条例》及其实施细则 (2008 年修正)
9.《中华人民共和国增值税暂行条例》及其实施细则 (2008 年修正)

引例　福建省首例民办学校状告税务局案①

2003 年 12 月 1 日，福建省平潭县国家税务局（以下简称国税局）向包括某私立中学在内的都没有缴纳过税款（除了代扣代缴个人所得税外）的 8 家民办学校发出“限期改正通知书”，要求其在 2003 年 2 月 3 日前到税务机关办理税务登记。之后，其余 7 家民办学校都依照规定办理了税务登记，只有某私立中学没有办理。2003 年 12 月 15 日，平潭县国税局向该私立中学发出“限期改正通知书”，责令其限期进行纳税申报。该私立中学在限期内仍未办理纳税申报事宜。2003 年 12 月 18 日，平潭县国税局向该私立中学发出“应纳税款核定通知书”，同时，根据《中华人民共和国税收征收管理法》第 40 条的规定，向其发出“限期缴纳税款通知书”，要求该私立中学向平潭县国税局缴纳 2002 年度税款。平潭县国税局认定，该私立中学应税收入为 4 724 628.21元，准予扣除成本费用 3 293 958.13 元，按应征企业所得税税率 33%计算，应纳税款 472 122.12 元。2004 年 1 月 8 日，该私立中学不服平潭县国税局的行政处理决定，向福州市国税局申请行政复议。福州市国税局于 2004 年 4 月 28 日作出行政复议决定，维持平潭县国税局的行政处理决定。2004 年 5 月 9 日，该私立中学遂向福建省平潭县人民法院依法提起行政诉讼，诉平潭县国税局行政行为没有法律依据，超越行政职权，行政程序违法；请求依法撤销“限期缴纳税款通知书”，判令被告返还不当收取的税款并赔偿相应经济损失。6 月 3 日，平潭县人民法院公开开庭审理了此案。2005 年 9 月 7 日，法院作出一审判决，认为根据法律、法规、规章的规定，

① 参见林雄：《疑难税案法理评析》，45～64 页，福州，福建人民出版社，2006。

该私立中学是纳税人，平潭县国税局对其所得征税，符合法律规定，并有权核定该私立中学企业所得税，其核定征收的方式、计税依据的主要事实清楚，证据充分，适用法律正确，程序合法，遂判决驳回该私立中学的诉讼请求。这是国内第一家民办学校因税务纠纷诉地方税务行政部门的案件。该案的焦点问题是：民办学校要不要缴税？该缴什么税？应向谁缴税？本案中的征税程序是否合法？税款计算是否正确？等等。

第一节　税法概述

一、税收的概念

税收是税法产生、存在和发展的基础，是决定税法性质和内容的主要因素。税收与税法之间的关系，是一种经济内容与法律形式内在结合的关系。认识税收的概念，最直接或较为容易把握的是税收的形式特征，即税收的外部特征。我国多数学者将其概括为强制性、无偿性和固定性，即所谓“税收三性”：（1）税收强制性，是指国家以社会管理者的身份，依据直接体现国家意志的法律对征、纳税双方的税收行为加以约束的特性；（2）税收无偿性，是指国家税收对具体纳税人既不需要直接偿还，也不需要付出任何形式的直接报酬或代价；（3）税收固定性，是指国家税收必须通过法律形式，确定其课税对象及每一单位课税对象的征收比例或数额，并保持相对稳定和连续、多次适用的特征。

税收的形式特征只是税收本质属性的外在体现。要想深刻认识税收的概念，应进一步分析和考察税收更深层次的本质特征。税收的根本性质，即税收的本质，是国家为一方主体的依法无偿地参与社会产品分配而形成的特殊分配关系。税收不仅是一个分配范畴，而且是一个历史范畴。一方面，税收在不同社会形态下具有其共性；另一方面，在不同的社会制度和不同国家中的税收又分别具有其个性，即税收所处不同社会制度下的社会属性。我国社会主义税收所体现的分配关系，是代表全国各族人民整体利益的国家同纳税人在根本利益一致前提下的整体与局部、当前和长远利益的分配关系。

税收的概念可以这样界定：税收是以实现国家公共财政职能为目的，基于政治权力和法律规定，由政府专门机构向居民和非居民就其财产和特定行为所实施的强制、非罚与不直接偿还的金钱课征，是一种财政收入的形式。理解税收概念应明确以下几层含义：

1. 税收的目的。国家征税的目的是实现国家的公共财政职能。财政职能指财政活动所具有的客观功能，体现为四个方面：资源配置、收入分配、调控经济与监督管理职能。

2. 税收的政治前提和法律依据。国家征税凭借的是政治权力和法律。国家拥有两种权力：一种是财产权力，也就是所有者的权力；另一种是政治权力，即国家权力。国家征税凭借的是政治权力，因此，税收的取得和使用与财产的所有权状况并无直接联系。但是，税权的行使要基于法律的规定，贯彻税收法定原则。

3. 税收主体。税收主体包括征税主体和纳税主体。征税是国家独有的专属权，只能由国家授权的专门机关来行使，一般为国家财政机关、税务机关和海关。纳税主体是居民和非居民。居民的概念是税法上的专有概念，各国法律对居民都有明确的界定。所谓居民，“从税收的角度而言，是指在行使居民管辖权的国家中，按照该国税法的规定，由于住所、居所、居住期、管理机构或主要办事处所在地，或其他类似标准，在该国负有无限纳税义务的人，包括自然人和法人”。“凡不符合一国居民条件的自然人和法人为非居民。非居民作为有限纳税义务人，仅对其境内所得征税。”①

4. 税收的形式特征，即税收形式上的“三属性”。定义中“基于……法律规定”意味着税收具有强制性和固定性（规范性），“不直接偿还”或“无偿”表明课税对每一具体的纳税人来说是将财富无偿转移给国家。

5. 使用“非罚”一词揭示了税收的非罚性，从而将罚款、罚金以及其他一切罚没行为排除在税收行为之外。

6. 税收的社会属性。定义中“基于政治权力和法律规定”不仅表明税收的形式特征，而且包含着税收的社会属性。将税收归结为一种课征行为——强制性经济行为，较为科学。税收既不是一种单纯的物质或财富，也不是一种抽象的分配关系，而是一种受国家强制力驱使的生动、具体的符合规范标准的行为，即课征行为。并且，这种课征行为是基于一定社会制度、国家的政治权力和法律规定，因此必然具有一定的社会属性。

依据不同的标准，税收可以分成不同的类型：

1. 根据征税对象的性质和特点不同，可以将税收划分为流转税、所得税、财产税、行为税和资源税五大类。流转税是指以商品交换和提供劳务为前提，以商品流转额和非商品流转额为征税对象的税种。所得税是以纳税人的所得或收益额为征税对象的税种。财产税是指以国家规定的纳税人的某些特定财产数量或价值额为征税对象的税种。行为税是指以某种特定行为的发生为条件，对行为人加以征税的税种。资源税是指以占用和开发国有自然资源获取的收入为征税对象的税种。

2. 根据税收最终归宿的不同，可以将税收划分为直接税和间接税。直接税是指由纳税人自己承担税负的税种。间接税是指纳税人可以将税负转移给他人，自己不直接承担税负的税种。

3. 根据税收管理权和税收收入支配权的不同，可以将税收划分为中央税、地方税与中央和地方共享税。这种分类方式是由分税制的财政管理体制决定的。中央税是指由中央政府管理和支配的税种。地方税是指由地方政府管理和支配的税种。中央和地方共享税是指由中央和地方共同管理和支配的税种。

4. 根据计税标准的不同，可以将税收划分为从价税和从量税。从价税是指以征税对象的价格为计税标准征收的税种。从量税是指以征税对象特定的计量单位为计税标准征收的税种。我国现行的各种流转税大都属于从价税，但消费税中对啤酒、黄酒、汽油、柴油的征税属于从量税。资源税、土地使用税、耕地占用税、车船税、屠宰税属于从量税。

5. 根据税收是否具有特定用途，可以将税收划分为普通税和目的税。普通税是指用于国家财政经常开支的税收。目的税是指专款专用的税收，如城市维护建设税、耕地占用税、社会保障税等。我国现行税制中只有城市维护建设税和耕地占用税是目的税。

6. 根据计税价格中是否包含税款，可以将从价计征的税种分为价内税和价外税。我国

① 王传纶主编：《国际税收》，45、53页，北京，中国人民大学出版社，1992。

的关税和增值税，其计税价格中不包含税款，属于价外税。其他从价税均属于价内税。

此外，还有其他一些税收划分方法，如累进税和累退税；比例税和定额税；货币税和实物税等。但从税收理论以及世界各国税收实践来看，以征税对象的性质为标准对税收进行分类是世界各国普遍采用的分类方式，也是各国税收分类中最基本、最重要的方式。我国也主要是采用此种分类方法。

税收的根据是什么？换言之，税收产生、存在和发展的客观基础是什么？“这是整个国家税收和社会主义税收理论的一个基础。只有对此有明确认识，并确认社会主义税收必然要存在，才能进而谈到税收的其他理论和政策、制度问题。”[①] 笔者认为，国家的存在和居民独立财产的存在是税收的根据。国家的存在和居民独立财产的存在是税收产生的根本原因，国家职能和社会需要的发展是税收存在和发展的重要原因。居民独立财产的出现是税收产生和存在的内因，国家的存在是税收产生和存在的外因。只有当引起税收的内因和外因同时起作用时，才能产生和存在税收现象。税收既来源于公民应对国家承担的义务，又是一种为维持公共权力、满足社会公共服务的需要而必须要求居民缴纳的费用。

二、税法的概念

税法是建立在一定物质生活基础之上的，由国家制定、认可和解释的，并由国家强制力保证实施的调整税收关系的规范系统（或规范总称），它是国家政治权力参与税收分配的阶级意志的体现，是以确认与保护国家税收利益和纳税人权益为基本任务的法律形式。简而言之，税法是调整税收关系的法律规范系统。这个定义反映了税法的本质和基本特征，指出了税法的基本任务和调整范围，并说明税法是建立在一定物质基础之上的上层建筑。对税法的定义可以进一步简化表述为：税法是指调整税收关系的法律规范系统。以马克思主义法学的观点理解税法的含义，应把这种调整税收关系的规范系统理解为具有规范性、国家强制性、阶级性、社会性和物质制约性的规范系统。

税法是调整税收关系的法，以确认征税权利和纳税义务为主要内容，权利、义务不对等，实体内容和征管程序相统一。认真研究税法的调整对象，科学地界定税法调整对象的性质和范围，对于税法部门法地位的确立，《税法通则》的编纂，税法规范的正确运用，以及税法学科体系的完善，具有十分重要的意义。税法的调整对象应当限定在税收关系的范围内，具体来说，包括税收分配关系和税收征收管理关系。税法调整税收分配关系，主要是确定税收体制、税种、征税对象、纳税人范围、税率和减免等国家与纳税人之间和国家内部中央与地方之间，以及中国政府与外国政府、涉外纳税人之间的实体利益分配关系。税法调整税收征收管理关系，主要是确认国家征税机关及其税务人员与纳税人之间在征税和纳税过程中形成的税收征管关系的范围，保护参与税收征管关系当事人的权益，维护税收分配关系。

三、税法的行为规范

（一）税法的行为规范的概念

税法的行为规范，即狭义的税法规范，它不同于广义的税法规范，广义的税法规范包

① 王诚尧主编：《国家税收教程》，46页，北京，中国财政经济出版社，1995。

括税法的法律术语、税法的行为规范和税法的基本原则。

税法的行为规范是指国家具体规定税法主体的权利、义务以及具体法律后果的一种周全的、具有普遍约束力的准则。它调整或作用的对象是税收关系，反映的是国家统一意志和税收活动规律的客观要求。税法行为规范作为税法的基本单位，与整个税法的关系如同系统中的个别要素与整个系统之间的关系，整个系统中的一切税收法律规范的性质都决定于税法的本质特征。

(二) 税法行为规范的构成

税法行为规范的构成，即税法构成，是指税收法律规范的内部构成。从逻辑上看，任何法律规范都是由条件（假定）、行为模式（处理）和法律后果（制裁）三个部分构成。税法规范同其他法律规范一样，也是由条件、行为模式、法律后果三部分构成。条件是指适用该税法的条件或情形，如纳税人的范围、课税客体的情形等；行为模式是指征税主体或纳税主体的权利、义务范围，如纳税人就什么东西或行为缴税、缴多少、怎么缴、何时缴等；法律后果是指税法主体为一定行为以后产生的法律后果，如对合法行为的保护和奖励，对违法行为给予制裁。从基本内容来看，税法构成主要包括税法主体、课税客体、税率、纳税环节、纳税期限、纳税地点、税收优惠、违章处理八项。

1. 税法主体

税法主体是指税法规定享有权利和承担义务的当事人，即税法权利义务关系的承担者。在税收法律关系中，其税法主体如下：一方主体是代表国家行使税收管理权的各级征税机关（包括国家各级税务机关、财政机关和海关）；另一方主体是依法负有纳税义务的纳税人和依法负有代扣代缴、代收代缴税款义务的扣缴义务人，即纳税主体。

2. 课税客体

课税客体，或称征税对象，是指税法确定的产生纳税义务的标的或依据。课税客体包括标的物和行为，它是引起税法权利、义务的根据。在税法上明确规定征税对象，关系到对某种税的征税界限，关系到税源的开发和税收负担的调节等问题。税法必须对每一种税的课税客体作出明确具体的规定。

【背景资料】 **世界上丰富多彩的税种**

国外税收种类多，课税客体也相对丰富，各有千秋，千奇百怪。

风景税：美国加利福尼亚州小镇外尼密，曾创立了一个新税目“风景税”，规定凡是住在海滨，住宅面向海洋，每年须缴税 66 美元～184 美元。

开窗税：古希腊规定，凡是朝着大街和外向打开的窗户，户主均须交纳开窗税。

无子女税：苏联自 1987 年 2 月 11 日起曾对已婚未育的夫妇征收无子女税，税率为本人月工资 16%。

电视税：比利时居民购买电视机要交税，欲看北美和欧洲其他国家电视台的节目，须申请专用线路，并按期向政府付税。

离婚税：美国加利福尼亚州规定结婚不满 2 年，未生育又无贵重财产的夫妇，欲离婚只要向州政府法律部门寄 30 美元离婚税，并保证双方无争执地分割财产，其离婚即生效。

“作品”税：墨西哥财政部对绘画、雕塑等艺术家制定了一项新的纳税方法，即如果不愿付现金，登记备案后，可用自己的作品代缴税款。

3. 税率

税率是指税法规定的每一纳税人的应纳税额与课税客体数额之间的比例，它是法定的计算税额的尺度。税率的调整常常成为实施一国宏观经济政策的一种手段。税率的升降直接关系到国家财政收入的多少和纳税人的负担水平，所以税率是国家和纳税人之间经济利益分配的调节手段，是税收的中心环节。税法规定的法定税率基本形式主要有三种：比例税率、累进税率和定额税率。

4. 纳税环节

纳税环节是指在商品生产和流转过程中应当交纳税款的环节。一种税具体确定在哪个或哪几个环节进行征税，不仅关系到税制结构和税负平衡问题，而且在保证国家财政收入、便于纳税人交纳税款、促进企业加强经济核算等方面，都具有重要意义。因此，纳税环节也必须由税法加以明确。

5. 纳税期限

纳税期限是指纳税单位和个人交纳税款的期限。税法明确规定每种税的纳税期限，是为了保证税收的稳定性和及时性。纳税人按纳税期限交纳税款，是税法规定的纳税人必须履行的义务。纳税人如不按期交纳税款，将受到加收滞纳金等处罚。

6. 纳税地点

纳税地点是指纳税人申报缴纳税款的场所。税法明确规定纳税地点，是出于两个方面的考虑：一方面是为了避免对同一应税收入、应税行为重复征税或漏征税款；另一方面是为了保证各地方财政能按明确的地域范围取得收入。

7. 税收优惠

税收优惠是指国家为了体现鼓励和扶持政策，在税收方面采取的激励和照顾措施。目前我国税法规定的税收优惠形式主要包括：减税、免税、退税、投资抵免、快速折旧、亏损结转抵补和延期纳税等。这些税收优惠主要是给予外国企业和外商投资企业或在经济特区内的企业等。

8. 违章处理

违章处理是税法规定的纳税人和征税工作人员违反税法规范应当承担的法律后果，是规定对纳税人和征税工作人员违反税法的行为采取的惩罚措施。

四、税法的体系

税法体系是指一国现行全部税收法律规范组成的有机联系的整体。税法是实体法和征管程序法相统一的法。相应地税法体系也应当包括两部分，即实体税法和程序税法。

实体税法，是指主要规定国家征税和纳税主体纳税的实体权利和义务的法律规范的总称。其内容包括流转税法、所得税法、财产税法、行为税与特定目的税法、资源税法和其他实体税法。我国现行实体税法的表现形式，经过1994年工商税制改革之后形成了由《中华人民共和国个人所得税法》《中华人民共和国增值税暂行条例》《中华人民共和国企业所得税法》《车船税法实施条例》《房产税暂行条例》《契税暂行条例》《烟叶税暂行条例》等二十多个法律、行政法规组成的体系。

程序税法，是指主要规定国家税务机关税收征管和纳税程序方面的法律规范的总称。

其主要内容包括税务登记、纳税鉴定、纳税申报、税款征收、账务和票证管理、税务检查、违章处理等。我国现行的程序税法主要表现形式是1992年颁布的《中华人民共和国税收征收管理法》(1995年2月、2001年4月、2013年6月、2015年4月先后4次修订)及其实施细则、《中华人民共和国发票管理办法》等。

五、税权与纳税人的权利

税权，也称课税权，指由宪法和法律赋予政府开征、停征及减税、免税、退税、补税和管理税收事务的权力的总称。税权是由法律规定的，是国家权力在税收上的表现。税权与国家公共权力存在着密切的联系。税权作为一个特定的税法范畴，具有专属性、法定性、优益性、公示性和不可处分性。税权的内容是指税权中包含的具体权能。税收的开征、停征、减税、免税、退税、补税和征收管理是税权的统一的不可缺少的权能。为了进一步理顺中央与地方的财政分配关系，增强中央的宏观调控能力，促进社会主义市场经济体制的建立，国务院决定自1994年1月1日起实行分税制的税收管理体制。

纳税人权利是指纳税人在税收法律关系中为了满足自己的利益和维护自己的权益，能够作出或者不作出一定行为，以及其要求征税主体相应作出或不作出一定行为的许可和保障。纳税人权利有广义和狭义之分。广义的纳税人权利包括自然权利和税收法律关系中的权利。而此处所指纳税人权利采狭义上的概念，即纳税人在税收法律关系中所享有的权利，既包括实体法方面的权利，也包括程序法方面的权利。现代税法日趋重视对纳税人权利的确认和保障。我国的纳税人权利集中体现在《税收征收管理法》中，具体内容如下：

(一) 税收知情权

《税收征收管理法》第8条第1款规定："纳税人、扣缴义务人有权向税务机关了解国家税收法律、行政法规的规定以及与纳税程序有关的情况。"

(二) 要求保密权

《税收征收管理法》第8条第2款规定："纳税人、扣缴义务人有权要求税务机关为纳税人、扣缴义务人的情况保密。税务机关应当依法为纳税人、扣缴义务人的情况保密。"

(三) 申请减免权

《税收征收管理法》第8条第3款规定："纳税人依法享有申请减税、免税、退税的权利。"第33条第1款规定："纳税人依照法律、行政法规的规定书面申请减税、免税。"

(四) 申请退税权

根据《税收征收管理法》第8条、第51条的规定，纳税人超过应纳税额缴纳的税款，税务机关发现后应当立即退还；纳税人自结算缴纳税款之日起3年内发现的，可以向税务机关要求退还多缴的税款并加算银行同期存款利息，税务机关及时查实后应当立即退还。

(五) 陈述申辩权

《税收征收管理法》第8条第4款规定，"纳税人、扣缴义务人对税务机关所作出的决定，享有陈述权、申辩权"。

(六) 请求回避权

《税收征收管理法》第12条规定："税务人员征收税款和查处税收违法案件，与纳税人、扣缴义务人或者税收违法案件有利害关系的，应当回避。"

(七) 选择纳税申报方式权

《税收征收管理法》第26条规定："纳税人、扣缴义务人可以直接到税务机关办理纳税申报或者报送代扣代缴、代收代缴税款报告表，也可以按照规定采取邮寄、数据电文或者其他方式办理上述申报、报送事项。”

（八）申请延期申报权

《税收征收管理法》第27条第1款规定：“纳税人、扣缴义务人不能按期办理纳税申报或者报送代扣代缴、代收代缴税款报告表的，经税务机关核准，可以延期申报。”

（九）申请延期缴纳税款权

《税收征收管理法》第31条第2款规定：“纳税人因有特殊困难，不能按期缴纳税款的，经省、自治区、直辖市国家税务局、地方税务局批准，可以延期缴纳税款；但是最长不得超过三个月。”

（十）拒绝检查权

《税收征收管理法》第59条规定：“税务机关派出的人员进行税务检查时，应当出示税务检查证和税务检查通知书，并有责任为被检查人保守秘密；未出示税务检查证和税务检查通知书的，被检查人有权拒绝检查。”

（十一）委托税务代理权

《税收征收管理法》第89条规定：“纳税人、扣缴义务人可以委托税务代理人代为办理税务事宜。”

（十二）取得代扣、代收手续费权

《税收征收管理法》第30条第3款规定：“税务机关按照规定付给扣缴义务人代扣、代收手续费。”

（十三）索取完税凭证权

《税收征收管理法》第34条规定：“税务机关征收税款时，必须给纳税人开具完税凭证。扣缴义务人代扣、代收税款时，纳税人要求扣缴义务人开具代扣、代收税款凭证的，扣缴义务人应当开具。”

（十四）索取收据或清单权

《税收征收管理法》第47条规定：“税务机关扣押商品、货物或者其他财产时，必须开付收据；查封商品、货物或者其他财产时，必须开付清单。”

（十五）税收救济权

根据《税收征收管理法》第8条、第88条的规定，纳税人、扣缴义务人对于税务机关所作出的决定，依法享有申请行政复议、提起行政诉讼、请求国家赔偿的权利。

（十六）请求国家赔偿权

根据《税收征收管理法》第8条、第39条、第43条的规定，纳税人、扣缴义务人对于税务机关所作出的决定，享有请求国家赔偿的权利；税务机关滥用职权违法采取税收保全措施、强制执行措施，或者采取税收保全措施、强制执行措施不当，使纳税人、扣缴义务人或者纳税担保人的合法权益遭受损失的，应当依法承担赔偿责任。

（十七）控告、检举、举报权

《税收征收管理法》第8条第5款规定：“纳税人、扣缴义务人有权控告和检举税务机关、税务人员的违法违纪行为。”《税收征收管理法》第13条规定：“任何单位和个人都有权检举违反税收法律、行政法规的行为。收到检举的机关和负责查处的机关应当为检举人保密。税务机关应当按照规定对检举人给予奖励。”

【案例 14—1】　纳税人拒绝非法检查案[①]

某县国税局两个税务干部深入企业开展税收专项检查时，突然接到口头举报，说邻近的某电器商店有偷税行为，这时正开具未入账的单据。两税务干部接到举报立即赶到该商店，出示税务检查证后，夺过了正在开具的销售单据，该店的老板从外面回来，了解情况后，将税务干部手中的账外单据夺回，并拒绝在调查底稿上“核对数字”，签字盖章，也拒绝提供有关资料。之后，县国税局下达了“税务行政处罚决定书”，认定该商店偷税和拒绝税务检查等违法行为，并分别处以所偷税款数额50%的罚款，对拒绝税务检查行为处以2 000元罚款。该商店按期缴纳税款、滞纳金。但对罚款不服，依法向人民法院提起诉讼。

税法为了保证税收的及时入库，赋予税收征收机关强制检查权，同时为了平衡纳税人与税收征收机关的权利义务关系，又赋予了纳税人种种可以和征税机关相抗衡的权利，比如拒绝非法检查权。《税收征收管理法》第59条规定：“税务机关派出的人员进行税务检查时，应当出示税务检查证和税务检查通知书，并有责任为被检查人保守秘密；未出示税务检查证和税务检查通知书的，被检查人有权拒绝检查。”本案例中两个税务干部没有出示税务检查通知书，据此，纳税人对于这种违法的税务检查有权拒绝，这是纳税人的权利，国税局的罚款没有合法的理由。所以该电器商店对罚款不服的请求应该得到法院的支持。

第二节　企业所得税法

所得税是由取得所得的主体缴纳的，以其纯所得额为计税依据的一类税，是一种典型的直接税。企业所得税是国家对企业（独资企业、合伙企业除外）获取的生产经营所得和其他所得开征的一种税。

企业所得税法是调整国家与企业之间所得税税收关系的法律规范体系。它是调整国家与企业之间分配关系的重要法律规范，直接影响到企业的税后利润及其分配，关系到不同企业间的公平竞争及企业有效经营机制的形成，甚至影响着整个社会的稳定和发展。因此，企业所得税法历来受到我国政府的高度重视，被视为调节经济的重要手段之一。我国现行规范企业所得税的法规主要是《中华人民共和国企业所得税法》及其实施条例。

2007年3月16日十届全国人大五次会议通过了《中华人民共和国企业所得税法》（以下简称《企业所得税法》），自2008年1月1日起实施，这结束了我国自改革开放以来实行的“内外有别”的两套企业所得税制。此前，为了吸引外资发展国内经济，我国依企业资金来源区分外资企业和内资企业，分别适用《中华人民共和国外商投资企业和外国企业所得税法》和《中华人民共和国企业所得税暂行条例》。外资企业在税基、税率、税收优惠上都享有较内资企业更优越的税收待遇。双轨制的课税模式，形成了外资

---

① 参见《纳税人有权拒绝违法检查》，载《中国税务报》，2005－09－08。

企业的超国民待遇，不利于内外资企业公平竞争，同时出现了各种“假外资”、向境外转移利润逃税等破坏市场经济秩序的现象。“两税合并”是顺应市场公平竞争的要求，也真正体现了世界贸易组织国民待遇的要求，建立了统一、公平、规范与简明的法人所得税制模式。新企业所得税法体现了四个方面的“统一”，首先是内资、外资企业适用统一的企业所得税法；其次是统一并适当降低了企业所得税；再次是统一和规范了税前扣除办法和标准；最后是统一了税收优惠政策，实行“产业优惠为主、区域优惠为辅助”的新税收优惠体系。

【背景资料】 **“两税合并”**

2007年前国内已批准成立四十多万家外资企业，相当数量的外企通过各种避税手段转移利润，造成账面上大面积亏损，亏损面达60%以上，年亏损金额逾1 200亿元。国家税务总局的抽样调查则显示，1/3的亏损外企属于经营不善，而60%以上的外企存在非正常亏损，虚亏实盈。有专家指出，目前外企主要避税手段是转让定价，这占避税金额的60%以上。外资企业避税的另一手段是用内销产品的高价来弥补外销的利润损失。由于中国长期以来给予外商投资企业种种税收优惠，外资企业所得税的实际负担仅占企业利润所得的8%～9%，不足内资企业的1/3。许多外商投资企业的生产率普遍高于中国本国企业，但税收贡献率却比后者要低得多。显然，外资企业在税收上长期享有超国民待遇，严重不利于国内产业的生存与发展。国内各界关于内资企业所得税和外资企业所得税合并的呼声越来越高。

2006年3月，内、外资企业所得税合并成为全国政协会议的第一号提案。其实，早在2004年8月，财政部、国家税务总局就把“两法合并”的草案提交国务院。按照财政部当时的构想，次年3月提交全国人大立法，2006年1月1日实施。然而，不同主体之间的利益博弈一直延续到了2006年。历经多年酝酿，为各界广泛关注的企业所得税法草案，于2007年3月16日提请十届全国人大五次会议审议通过。中国从此告别企业所得税“双轨”时代，统一后的内、外资企业所得税税率定为25%。①

一、纳税人

企业所得税的纳税人为：在中国境内的企业和其他取得收入的组织，统称为“企业”。在这里，“企业”具体包括企业、事业单位、社会团体以及其他取得收入的组织。从2000年1月1日起，个人独资企业和合伙企业，不再是企业所得税的纳税人，对其不予征缴企业所得税。

根据登记注册地和实际管理地两个标准，将纳税人区分为居民企业和非居民企业。依照中国法律、行政法规在中国境内成立，或者依照外国（地区）法律成立但实际管理机构②在中国境内的企业为居民企业。非居民企业是依照外国（地区）法律成立且实际管理

① 参见《企业所得税内外合一》，载新浪财经专题，http：//finance. sina. com. cn/focus/qysdsxz/。

② 实际管理机构，是指对企业的生产经营、人员、账务、财产等实施实质性全面管理和控制的机构。

机构不在中国境内，但在中国境内设立机构、场所的[①]，或者在中国境内未设立机构、场所，但有来源于中国境内所得的企业。居民企业应承担无限纳税义务，就其来源于中国境内、境外的所得缴纳企业所得税。而非居民企业承担有限纳税义务，仅就其来源于中国境内的所得，以及发生在中国境外但与其在中国境内所设机构、场所有实际联系的所得缴纳企业所得税。

二、征税对象和计税依据

企业所得税的征税对象，是指企业的生产、经营所得和其他所得。具体包括销售货物所得、提供劳务所得、转让财产所得、股息红利等权益性投资所得、利息所得、租金所得、特许权使用费所得、接受捐赠所得和其他所得。

企业所得税的计税依据是应纳税所得额即企业每一纳税年度的收入总额，减除不征税收入、免税收入、各项扣除以及允许弥补的以前年度亏损后的余额，为应纳税所得额。计算应纳税所得额时以权责发生制为原则，一般来说，除非另有规定，属于当期的收入和费用，不论款项是否收付，均作为当期的收入和费用；不属于当期的收入和费用，即使款项已经在当期收付，均不作为当期的收入和费用。企业应纳税所得额的计算公式为：

应纳税所得额＝收入总额－不征税收入－免税收入－各项扣除
－允许弥补的以前年度亏损

（一）收入总额

收入总额是指企业以货币形式和非货币形式从各种来源取得的收入。企业取得收入的货币形式，包括现金、存款、应收账款、应收票据、准备持有至到期的债券投资以及债务的豁免等；非货币形式，包括固定资产、生物资产、无形资产、股权投资、存货、不准备持有至到期的债券投资、劳务以及有关权益等，该类收入应当按照市场价格确定收入额。具体内容包括以下几项：

1. 销售货物收入：指企业销售商品、产品、原材料、包装物、低值易耗品以及其他存货取得的收入。

2. 提供劳务收入：指企业从事建筑安装、修理修配、交通运输、仓储租赁、金融保险、邮电通信、咨询经纪、文化体育、科学研究、技术服务、教育培训、餐饮住宿、中介代理、卫生保健、社区服务、旅游、娱乐、加工以及其他劳务服务活动取得的收入。

3. 转让财产收入：指企业转让固定资产、生物资产、无形资产、股权、债权等财产取得的收入。

4. 股息、红利等权益性投资收益：指企业因权益性投资从被投资方取得的收入。

5. 利息收入：指企业将资金提供给他人使用但不构成权益性投资，或者因他人占用本企业资金取得的收入，包括存款利息、贷款利息、债券利息、欠款利息等收入。

6. 租金收入：指企业提供固定资产、包装物或者其他有形资产的使用权取得的收入。

---

① 机构、场所，是指在中国境内从事生产经营活动的机构、场所，包括：（1）管理机构、营业机构、办事机构；（2）工厂、农场、开采自然资源的场所；（3）提供劳务的场所；（4）从事建筑、安装、装配、修理、勘探等工程作业的场所；（5）其他从事生产经营活动的机构、场所。另外，非居民企业委托营业代理人在中国境内从事生产经营活动的，包括委托单位或者个人经常代其签订合同，或者储存、交付货物等，该营业代理人视为非居民企业在中国境内设立的机构、场所。

7. 特许权使用费收入：指企业提供专利权、非专利技术、商标权、著作权以及其他特许权的使用权取得的收入。

8. 接受捐赠收入：指企业接受的来自其他企业、组织或者个人无偿给予的货币性资产、非货币性资产。

9. 其他收入：上述各项收入之外的一切收入，包括企业资产溢余收入、逾期未退包装物押金收入、确实无法偿付的应付款项、已作坏账损失处理后又收回的应收款项、债务重组收入、补贴收入、违约金收入、汇兑收益等。

（二）不征税收入

不征税收入是指从性质和根源上不属于企业营利性活动带来的经济利益、不负有纳税义务并不作为应纳税所得额组成部分的收入。我国税法规定不征税收入，主要目的是将由非经营活动或非营利活动带来的经济利益从应税总收入中排除，不视为具有纳税义务。下列收入为不征税收入：

1. 财政拨款：主要指各级人民政府对纳入预算管理的事业单位、社会团体等组织拨付的财政资金。

2. 依法收取并纳入财政管理的行政事业性收费、政府性基金：行政事业性收费是指依照法律法规等有关规定，按照国务院规定程序批准，在实施社会公共管理，以及在向公民、法人或者其他组织提供特定公共服务过程中，向特定对象收取并纳入财政管理的费用；政府性基金是指企业依照法律、行政法规等有关规定，代政府收取的具有专项用途的财政资金。

3. 国务院规定的其他不征税收入：是指企业取得的，由国务院财政、税务主管部门规定专项用途并经国务院批准的财政性资金。

（三）免税收入

免税收入是与经营活动密切相关，但政府根据经济政策目标的需要，在一定时间内免予征税的收入。而在一定时间内可能恢复征收的，属于税收优惠，在下面“税收优惠”小节进行详细阐述。

（四）准予扣除的项目

准予扣除的项目，是指企业实际发生的与取得收入有关的、合理的支出，包括成本、费用、税金、损失和其他支出①，还有按照《企业所得税法》规定的可扣除项目。在确定纳税人的扣除项目时，应注意以下两个问题：第一，企业的不征税收入用于支出所形成的费用或者财产，不得扣除或者计算对应的折旧、摊销扣除；第二，除非另有规定，企业实际发生的成本、费用、税金、损失和其他支出，不得重复扣除。

准予扣除的项目包括：

1. 成本，即企业在生产经营活动中发生的销售成本、销货成本、业务支出以及其他耗费。

2. 费用，即企业在生产经营活动中发生的销售费用、管理费用和财务费用，已经计入成本的有关费用除外。

---

① 此处的“支出”是指与取得收入直接相关的支出，必须在合理的范围之内，也就是必须符合生产经营活动常规。企业发生的支出应当区分收益性支出和资本性支出。收益性支出在发生当期直接扣除；资本性支出应当分期扣除或者计入有关资产成本，不得在发生当期直接扣除。

3. 税金，即企业发生的除企业所得税和允许抵扣的增值税以外的各项税金及其附加。必须注意的是，除非是在出口退税准予抵扣的情况下，增值税作为价外税，一般不得扣除。

4. 损失，即企业在生产经营活动中发生的固定资产和存货的盘亏、毁损、报废损失，转让财产损失，呆账损失，坏账损失，自然灾害等不可抗力因素造成的损失以及其他损失。

5. 其他支出，即除成本、费用、税金、损失外，企业在生产经营活动中发生的与生产经营活动有关的、合理的支出，具体包括：

（1）企业发生的合理的工资薪金支出，指企业每一纳税年度支付给在本企业任职或者受雇的员工的所有现金形式或者非现金形式的劳动报酬，包括基本工资、奖金、津贴、补贴、年终加薪、加班工资，以及与员工任职或者受雇有关的其他支出。

（2）保险费用。具体包括：1）企业依照国务院有关主管部门或者省级人民政府规定的范围和标准为职工缴纳的基本养老保险费、基本医疗保险费、失业保险费、工伤保险费、生育保险费等基本社会保险费和住房公积金，企业为投资者或者职工支付的补充养老保险费、补充医疗保险费，在国务院财政、税务主管部门规定的范围和标准内，准予扣除。2）除企业依照国家有关规定为特殊工种职工支付的人身安全保险费和国务院财政、税务主管部门规定可以扣除的其他商业保险费外，其他商业保险费不得扣除。3）企业参加财产保险，按照规定缴纳的保险费。

（3）企业在生产经营活动中发生的合理的不需要资本化的借款费用。此处的例外情形是，企业为购置、建造固定资产、无形资产和经过 12 个月以上的建造才能达到预定可销售状态的存货发生借款的，在有关资产购置、建造期间发生的合理的借款费用，应当作为资本性支出计入有关资产的成本。

（4）企业在生产经营活动中发生的下列利息支出：1）非金融企业向金融企业借款的利息支出、金融企业的各项存款利息支出和同业拆借利息支出、企业经批准发行债券的利息支出；2）非金融企业向非金融企业借款的利息支出，不超过按照金融企业同期同类贷款利率计算的数额的部分。

（5）企业在货币交易中，以及纳税年度终了时将人民币以外的货币性资产、负债按照期末即期人民币汇率中间价折算为人民币时产生的汇兑损失，除去已经计入有关资产成本以及与向所有者进行利润分配相关的部分。

（6）企业发生的职工福利费支出，不超过工资薪金总额 14%的部分。

（7）企业拨缴的工会经费，不超过工资薪金总额 2%的部分。

（8）企业发生的职工教育经费支出，不超过工资薪金总额 2.5%的部分，准予扣除；超过部分，准予在以后纳税年度结转扣除。

（9）企业发生的与生产经营活动有关的业务招待费支出，按照发生额的 60%扣除，但最高不得超过当年销售（营业）收入的 5‰。

（10）企业发生的符合条件的广告费和业务宣传费支出，不超过当年销售（营业）收入 15%的部分，准予扣除；超过部分，准予在以后纳税年度结转扣除。

（11）企业依照法律、行政法规有关规定提取的用于环境保护、生态恢复等方面的专项资金。

（12）企业根据生产经营活动的需要租入固定资产支付的租赁费。

（13）企业发生的合理的劳动保护支出。

（14）非居民企业在中国境内设立的机构、场所，就其中国境外总机构发生的与该机构、场所生产经营有关的费用，前提是企业能够提供总机构出具的费用汇集范围、定额、分配依据和方法等证明文件，并能合理分摊。

（15）企业发生的公益性捐赠支出，不超过年度利润总额12%的部分。

（五）不得扣除的项目

税法除了明确规定在计算应纳税所得额时准予扣除的项目及扣除的具体范围、标准以外，还进一步规定了不得扣除的项目，以使允许在缴纳企业所得税税前扣除的项目更加清楚、明确。

在计算应纳税所得额时，下列项目不得从收入总额中扣除：

（1）向投资者支付的股息、红利等权益性投资收益款项。

纳税人的这部分款项是在税后利润中支出，是对被投资者税后利润的分配，本质上不是企业取得经营收入的正常费用支出。

（2）企业所得税税款。

（3）税收滞纳金。

（4）罚金、罚款和被没收财物的损失。

（5）非公益性的捐赠以及超过扣除标准的公益性捐赠支出。

（6）赞助支出：指企业发生的与生产经营活动无关的各种非广告性质支出。

（7）未经核定的准备金支出：指不符合国务院财政、税务主管部门规定的各项资产减值准备、风险准备等准备金支出。

（8）与取得收入无关的其他支出。

另外，根据《企业所得税法》第14条，企业对外投资期间，投资资产的成本在计算应纳税所得额时不得扣除。

（六）资产的税务处理

资产的税务处理，目的是通过对资产的分类，区分资本性支出与收益性支出，核定准予扣除的项目和不准予扣除的项目，正确计算应纳税所得额。一般而言，固定资产、生产性生物资产、无形资产按照直线法计算扣除，即按照法律规定的平均年限折旧的，可以在应纳税所得额中扣除。

1. 固定资产

固定资产是指企业为生产产品、提供劳务、出租或者经营管理而持有的、使用时间超过12个月的非货币性资产，包括房屋、建筑物、机器、机械、运输工具以及其他与生产经营活动有关的设备、器具、工具等。

不得折旧扣除的项目有：（1）房屋、建筑物以外未投入使用的固定资产；（2）以经营租赁方式租入的固定资产；（3）以融资租赁方式租出的固定资产；（4）已足额提取折旧仍继续使用的固定资产；（5）与经营活动无关的固定资产；（6）单独估价作为固定资产入账的土地；（7）其他不得计算折旧扣除的固定资产。

2. 无形资产

无形资产是指企业为生产产品、提供劳务、出租或者经营管理而持有的、没有实物形态的非货币性长期资产，包括专利权、商标权、著作权、土地使用权、非专利技术、商誉等。

不得计算摊销费用扣除的项目有：（1）自行开发的支出已在计算应纳税所得额时扣除的无形资产；（2）自创商誉；（3）与经营活动无关的无形资产；（4）其他不得计算摊销费用扣除的无形资产。

3. 长期待摊费用

在计算企业应纳税所得额时，企业发生的下列支出作为长期待摊费用，按照规定摊销的，准予扣除：（1）已足额提取折旧的固定资产的改建支出；（2）租入固定资产的改建支出；（3）固定资产的大修理支出；（4）其他应当作为长期待摊费用的支出。

4. 投资资产

投资资产，是指企业对外进行权益性投资和债权性投资形成的资产。

企业对外投资期间，投资资产的成本在计算应纳税所得额时不得扣除。但是，企业在转让或者处置投资资产时，投资资产的成本，准予扣除。

5. 存货

存货，是指企业持有以备出售的产品或者商品、处在生产过程中的在产品、在生产或者提供劳务过程中耗用的材料和物料等。企业使用或者销售存货，按照规定计算的存货成本，准予在计算应纳税所得额时扣除。

（七）亏损

企业在汇总计算缴纳企业所得税时，其境外营业机构的亏损不得抵减境内营业机构的盈利。企业纳税年度发生的亏损，准予向以后年度结转，用以后年度的所得弥补，但结转年限最长不得超过5年。

（八）非居民企业的应纳税所得额计算

非居民企业在中国境内未设立机构、场所的，或者虽设立机构、场所但取得的所得与其所设机构、场所没有实际联系的，其来源于中国境内的所得，按照下列方法计算其应纳税所得额：

（1）股息、红利等权益性投资收益和利息、租金、特许权使用费所得，以收入全额为应纳税所得额；

（2）转让财产所得，以收入全额减除财产净值后的余额为应纳税所得额；

（3）其他所得，参照前两项规定的方法计算应纳税所得额。

三、税率和应纳税额

1. 企业所得税的税率

企业所得税的税率为比例税率，分为普通税率和优惠税率。对于普通税率而言，一般，企业所得税的税率为25%。对于在中国境内未设立机构、场所的非居民企业和虽设立机构、场所但取得的所得与其所设机构、场所没有实际联系的非居民企业的来源于中国境内所得，虽然《企业所得税法》规定征收20%的企业所得税，但按照《企业所得税法实施条例》第91条的规定，其适用税率为10%。

《企业所得税法》的税收优惠较之于以往优惠力度有所提高，体现在优惠税率上：对于符合条件的小型微利企业，适用20%的税率；对于国家需要重点扶持的高新技术企业，适用15%的企业所得税税率。

2. 企业所得税应纳税额的计算

企业所得税的应纳税额为企业的应纳税所得额乘以适用税率，减除依照企业所得税法关于税收优惠的规定减免和抵免的税额后的余额，其计算公式为：

应纳税额＝应纳税所得额×适用税率－减免税额－抵免税额

其中，减免税额和抵免税额，是指依照企业所得税法和国务院的税收优惠规定减征、免征和抵免的应纳税额。

3. 税收抵免

税收抵免是指居住国政府对其居民企业来自国内外的所得一律汇总征税，但允许抵扣该居民企业在国内外已缴纳的税额，从而避免国际重复征税。

根据《企业所得税法》第23条，企业取得的下列所得已在境外缴纳的所得税税额，可以从其当期应纳税额中抵免，抵免限额为该项所得依照企业所得税法规定计算的应纳税额；超过抵免限额的部分，可以在以后5个年度内，用每年度抵免限额抵免当年应抵税额后的余额进行抵补：

（1）居民企业来源于中国境外的应税所得；

（2）非居民企业在中国境内设立机构、场所，取得发生在中国境外但与该机构、场所有实际联系的应税所得。

我国并不实行全额抵免，不对企业在境外已缴纳的所得税额全部豁免，仅依据企业所得税法及其实施条例的规定计算出可以抵免的额度。我国一般对抵免限额进行分国（地区）不分项计算：

抵免限额＝中国境内、境外所得依照企业所得税法及其实施条例的规定计算的应纳税总额×来源于某国（地区）的应纳税所得额÷中国境内、境外应纳税所得总额

另外，居民企业从其直接或者间接控制的外国企业分得的来源于中国境外的股息、红利等权益性投资收益，外国企业在境外实际缴纳的所得税税额中属于该项所得负担的部分，可以作为该居民企业的可抵免境外所得税税额，在前述抵免限额内抵免。

与税收抵免相关的概念是税收饶让，指的是居住国政府对本国纳税人来源于国外的所得由收入来源地国减免的那部分税款，视同已经在来源国缴纳，同样给予税收抵免待遇的一种制度。税收饶让抵免的主要意义并不在于避免和消除国际重复征税，而是为了配合所得来源地国吸引外资的税收优惠政策的实施。因此税收饶让必须征得投资方居住国的同意，这一制度一般通过多边或双边税收安排实现。我国与一些国家签订有包含税收饶让条款的税收协定，在签约国之间实行税收饶让制度。

【案例14—2】 应纳税所得计算错误漏税案

某企业A汇算清缴企业所得税时，申报纳税收入总额为9 000万元，成本、费用等各项支出8 600万元。其中，企业用于装修办公大楼100万元、向某希望小学直接捐赠40万元、全年业务招待费50万元、因乱排污水被有关部门罚款40万元等四项也已全部在成本、费用中列支。该企业申报纳税时计算如下：应纳企业所得税额＝（9 000－8 600）×25%＝100（万元）。

税务机关在检查该企业所申报纳税资料及相关账簿后，认定该企业对其应纳税额的计算是错误的。正是由于该企业在确定企业的应纳税所得额过程中，对准予扣除项目部分的计算出现了错误，最终导致其所申报的应纳企业所得税错误，该企业漏税。详细分析如下：

(1) 装修办公大楼的 100 万元属于资本性支出，不允许扣除。

(2) 直接向受赠人某希望小学捐赠的 40 万元，不允许扣除。

(3) 业务招待费允许按照发生额的 60%扣除，但最高不得超过当年销售（营业）收入的 5‰：

允许扣除的业务招待费＝50×60%＝30（万元）

不允许扣除的业务招待费＝50－30＝20（万元）

(4) 罚款支出 40 万元不允许扣除。

(5) 该厂应纳企业所得税额＝（9 000－8 600＋100＋40＋20＋40）×25%＝150（万元）。

(6) 该厂应补缴 50 万元（150－100）的企业所得税款。

在税收实务中，要想正确地计算企业应纳所得税额，不仅需要遵守我国税收法规的有关规定，而且还需要具备相当的财务会计制度知识。

四、税收优惠

《企业所得税法》及其实施条例对“两税”分立时的税收优惠进行了有效的整合，税收优惠转向以“产业优惠为主、地区优惠为辅”，对国家重点扶持和鼓励发展的产业和项目给予所得税上的优惠对待，有效配合了国家产业政策的实施，体现国家利用税收手段调节经济，促进技术创新和技术进步，鼓励基础设施建设，鼓励农业发展及环境保护节能项目的发展。除了前述的优惠税率之外，《企业所得税法》规定了免税收入，对部分符合国家产业优惠政策的税款进行减征、免征，或实行加计扣除、减计收入等，税收优惠力度较之以前有所提高，并且优惠范围扩大。

1. 免税收入

免税收入是指在计算企业应纳税所得额时从企业收入总额中扣除的部分。根据《企业所得税法》第 26 条，企业的下列收入为免税收入：(1) 国债利息收入；(2) 符合条件的居民企业之间的股息、红利等权益性投资收益；(3) 在中国境内设立机构、场所的非居民企业从居民企业取得与该机构、场所有实际联系的股息、红利等权益性投资收益；(4) 符合条件的非营利组织的收入。

2. 税款的免征、减征

根据《企业所得税法》第 27 条，企业的下列所得，可以免征、减征企业所得税：(1) 从事农、林、牧、渔业项目的所得；(2) 从事国家重点扶持的公共基础设施项目投资经营的所得；(3) 从事符合条件的环境保护、节能节水项目的所得；(4) 符合条件的技术转让所得；(5) 在中国境内未设立机构、场所的，或者虽设立机构、场所但取得的所得与其所设机构、场所没有实际联系的非居民企业来源于中国境内的所得。

3. 民族自治地方的税收减征、免征

根据《企业所得税法》第 29 条，民族自治地方的自治机关对本民族自治地方的企业应缴纳的企业所得税中属于地方分享的部分，可以决定减征或者免征。自治州、自治县决定减征或者免征的，须报省、自治区、直辖市人民政府批准。

4. 加计扣除支出、减计收入

对于企业开发新技术、新产品、新工艺发生的研究开发费用，或安置残疾人员及国家鼓励安置的其他就业人员所支付的工资这两方面的支出，可以在计算应纳税所得额时加计扣除。

企业综合利用资源，生产符合国家产业政策规定的产品所取得的收入，可以在计算应纳税所得额时减计收入。

5. 其他税收优惠

创业投资企业从事国家重点扶持和鼓励的创业投资，可以按投资额的一定比例抵扣应纳税所得额。企业的固定资产由于技术进步等原因，确需加速折旧的，可以缩短折旧年限或者采取加速折旧的方法。企业购置用于环境保护、节能节水、安全生产等专用设备的投资额，可以按一定比例实行税额抵免。

另外，根据国民经济和社会发展的需要，或者由于突发事件等原因对企业经营活动产生重大影响的，国务院可以制定企业所得税专项优惠政策，但该专项优惠政策必须报全国人大常委会备案。

6. 过渡性税收优惠

过渡性税收优惠是我国内、外资企业所得税法合并中的特殊处理措施，其主要内容为对于《企业所得税法》公布前已经批准设立的企业，依照当时的税收法律、行政法规规定，享受低税率优惠的，按照国务院规定，可以在 2008 年《企业所得税法》施行后 5 年内，逐步过渡到新法规定的税率；享受定期减免税优惠的，按照国务院有关规定，可以在新法施行后继续享受到期满为止，但因未获利而尚未享受优惠的，优惠期限从新法施行年度起计算。目前过渡期已过，过渡性税收优惠已不再享受了。

五、企业所得税的纳税管理及源泉扣缴

1. 纳税时间

企业所得税按纳税年度计算。纳税年度自公历 1 月 1 日起至 12 月 31 日止。企业在一个纳税年度中间开业，或者终止经营活动，使该纳税年度的实际经营期不足 12 个月的，应当以其实际经营期为一个纳税年度。企业依法清算时，应当以清算期间作为一个纳税年度。

2. 纳税期限

缴纳企业所得税，按年计算，分月或者分季预缴。企业应当自月份或者季度终了之日起 15 日内，向税务机关报送预缴企业所得税纳税申报表，预缴税款。企业应当自年度终了之日起 5 个月内，向税务机关报送年度企业所得税纳税申报表，并汇算清缴，结清应缴或应退税款。企业在报送企业所得税纳税申报表时，应当按照规定附送财务会计报告和其他有关资料。

企业在年度中间终止经营活动的，应当自实际经营终止之日起 60 日内，向税务机关办理当期企业所得税汇算清缴。企业应当在办理注销登记前，就其清算所得向税务机关申报并依法缴纳企业所得税。

3. 纳税地点

除税收法律、行政法规另有规定外，居民企业以企业登记注册地为纳税地点；但登记注册地在境外的，以实际管理机构所在地为纳税地点。居民企业在中国境内设立不具有法人资格的营业机构的，应当汇总计算并缴纳企业所得税。

4. 源泉扣缴

源泉扣缴是以所得支付者为扣缴义务人，在每次向纳税人支付有关所得款项时，代为扣缴税款的做法。其优点在于可以有效保护税源，防止偷税漏税，同时简化纳税手续。

对在中国境内未设立机构、场所的，或者虽设立机构、场所但取得的所得与其所设机构、场所没有实际联系的非居民企业，其来源于中国境内的所得实行源泉扣缴，以支付人为扣缴义务人。税款由扣缴义务人在每次支付或者到期应支付时，从支付或者到期应支付的款项中扣缴。对非居民企业在中国境内取得工程作业和劳务所得应缴纳的所得税，税务机关可以指定工程价款或者劳务费的支付人为扣缴义务人。

若扣缴义务人未依法扣缴或者无法履行扣缴义务的，由纳税人在所得发生地缴纳。纳税人未依法缴纳的，税务机关可以从该纳税人在中国境内其他收入项目的支付人应付的款项中，追缴该纳税人的应纳税款。

六、特别纳税调整制度

随着市场经济的发展，不少企业纳税人借助各种各样的交易形式进行避税，特别在跨国企业集团的关联企业内部交易中，企业通过转让定价等方式向境外转移利润，这些做法严重腐蚀我国的税基，导致我国税收利益流失，财政收入得不到保障。因此，我国开始利用实质课税原则来弥补成文法的不足。特别纳税调整是相对于一般纳税调整而言的。所谓一般纳税调整是指按照税法规定在计算应纳税所得额时，如果企业财务、会计处理办法同税收法律、行政法规的规定不一致，应当依照税收法律、行政法规的规定计算纳税所作的税务调整，并据此重新调整计算纳税。而“特别纳税调整规则是一种授权性规范，法律授予税务机关基于反避税目的进行纳税调整的权力”[①]。其背后的法理基础是为了实现税法公平的实质课税原则，它作为对税收法定及形式课税原则的重要补充，能够填补税法漏洞。《企业所得税法》第六章“特别纳税调整”，奠定了反避税的法律框架和基本思路，所涵盖的内容不仅包括我国实践多年的转让定价和预约定价，还借鉴了国际反避税立法和实践经验，首次引入了成本分摊协议、受控外国企业、资本弱化、一般反避税等实体性规定。2009年出台的《特别纳税调整实施办法（试行）》细化了核定征收、关联申报、同期资料准备等管理性规定，提高了纳税调整的可预见性，有效降低了纳税人的风险不确定性。特别纳税调整制度的主要内容有：

1. 独立交易原则（the arm's length principle）

独立交易原则，也称为正常交易原则，指没有关联关系的交易各方，按照公平成交价格和营业常规进行业务往来遵循的原则。独立交易原则目前已被世界大多数国家接受和采纳，成为税务当局处理关联企业间收入和费用分配的指导原则。

《企业所得税法》确立关联企业间的独立交易原则作为转让定价的税务调整和成本分摊的基本原则。《企业所得税法》第41条规定，企业与其关联方之间的业务往来，不符合独立交易原则而减少企业或者其关联方应纳税收入或者所得额的，税务机关有权按照合理方法调整。企业与其关联方共同开发、受让无形资产，或者共同提供、接受劳务发生的成本，在计算应纳税所得额时应当按照独立交易原则进行分摊。

---

① 徐孟洲、叶姗：《特别纳税调整规则法理基础之探究》，载《税务研究》，2008（2）。

税法上定义的“关联关系”是指在资金、经营、购销等方面存在直接或者间接的控制关系；直接或者间接地同为第三者控制；在利益上具有相关联的其他关系。

税务机关对关联企业之间不按照独立交易原则的交易进行税务调整时，可以采用的合理方法主要包括：(1) 可比受控价格法；(2) 再销售价格法；(3) 成本加成法；(4) 交易净利润法；(5) 利润分割法。当然也包括其他符合独立交易原则的方法。我国税法并没有规定上述调整方法的适用顺序，税务机关将视具体情况选择适合的调整方法。这种规定不同于美国，美国规定了上述前三种方法并要求依序适用，即只有当前一种方法不适用时才适用下一种方法。而我国取消适用顺序，在一定程度上体现了国际上推崇的“最优法”的原则。在我国特别纳税调整的期限规定为业务发生的纳税年度起10年内。

2. 成本分摊协议

由于企业可能通过协议使某关联方承担高于或低于正常比例的成本费用，达到调整企业利润、减轻税收负担的目的，因而我国引入成本分摊协议管理制度。

企业与其关联方共同开发、受让无形资产，或者共同提供、接受劳务发生的成本，在计算应纳税所得额时应当按照独立交易原则分摊，达成成本分摊协议。

成本分摊协议的参与方对开发、受让的无形资产或参与的劳务活动享有受益权，并承担相应的活动成本。关联方承担的成本应与非关联方在可比条件下为获得上述受益权而支付的成本相一致。参与方使用成本分摊协议所开发或受让的无形资产不需另支付特许权使用费。

企业对成本分摊协议所涉及无形资产或劳务的受益权应有合理的、可计量的预期收益，且以合理商业假设和营业常规为基础。《特别纳税调整实施办法（试行）》第75条规定，企业与其关联方签署成本分摊协议，有下列情形之一的，其自行分摊的成本不得税前扣除：(1) 不具有合理商业目的和经济实质；(2) 不符合独立交易原则；(3) 没有遵循成本与收益配比原则；(4) 未按本办法有关规定备案或准备、保存和提供有关成本分摊协议的同期资料；(5) 自签署成本分摊协议之日起经营期限少于20年。

3. 预约定价安排（the advanced pricing agreements）

传统的转让定价调查是事后进行的调整，这样容易造成税务处理上的不稳定性，从而影响企业的经营决策，并有可能使企业面临被双重征税的危险。为了避免上述情形出现，美国在1991年开始实行预约定价制度，核心内容就是税务部门对跨国关联企业内部交易的定价安排事先加以确认，后来这一制度也被不少国家效仿。这种事先的预约定价协议是在纳税义务发生之前的约定，是根据税法的规定对纳税事实的预先评估，能降低关联企业内部交易的税收风险，提高税收征收的可预见性，从税收法定主义看是合法有效的。[①]

我国税法规定，预约定价安排是指企业就其未来年度关联交易的定价原则和计算方法，向税务机关提出申请，与税务机关按照独立交易原则协商、确认后达成的协议。《企业所得税法》第42条明确肯定预约定价可以作为转让定价调整的重要方法，《特别纳税调整实施办法（试行）》细化了预约定价安排的程序性规定。在我国，预约定价安排适用于自企业提交正式书面申请年度的次年起3至5个连续年度的关联交易。

预约定价安排的谈判与执行通常经过预备会谈、正式申请、审核评估、磋商、签订安

① 参见刘剑文、熊伟：《税法基础理论》，123页，北京，北京大学出版社，2004。

排和监控执行6个阶段，一般应由设区的市、自治州以上的税务机关受理。预约定价安排包括单边、双边和多边3种类型。

【背景资料】 **转让定价及其操作原理**

转让定价（Transfer Pricing）是指关联企业之间在销售货物、提供劳务、转让无形资产等时制定的价格。在跨国交易中，转让定价容易成为关联企业在跨国交易中向低税负国家转移利润，向高税负国家转嫁成本，从而达到降低企业整体税负的一种常见的税收逃避手段。

举例说明：假定某跨国公司的母、子公司分设在A、B两国，A、B两国所得税税率分别为40%、20%。若母公司以5 000美元成本生产一项产品，并将该产品销售给子公司。按照市场情况销售价格应为6 500美元，但母公司将向子公司销售的价格人为压低至5 500美元，而子公司最后按10 000美元的价格对外销售。以下我们将母子公司视为一个整体，通过计算可以看到，跨国公司实际税负与原本应承担的税负是不同的，前者轻于后者。

跨国公司本应负担的税收是：

（6 500－5 000）×40%＋（10 000－6 500）×20%＝1 300（美元）

跨国公司实际负担的税收是：

（5 500－5 000）×40%＋（10 000－5 500）×20%＝1 100（美元）

因此，在这笔跨国公司的内部交易中，通过运用转让定价，该跨国公司整体可以少缴纳税收200美元（1 300－1 100）。

4. 关联交易资料提供

对付转让定价这种避税行为的方法就是让企业负有举证责任，如果企业拿不出充分的证据和资料来说明其确定转让定价方法的合理性，税务机关就可以对不合理的转让定价进行调整。对此，《企业所得税法》第43条第2款规定，税务机关在进行关联业务调查时，企业及其关联方，以及与关联业务调查有关的其他企业，应当按照规定提供相关资料。

相关资料包括：（1）与关联业务往来有关的价格、费用的制定标准、计算方法和说明等同期资料；（2）关联业务往来所涉及的财产、财产使用权、劳务等的再销售（转让）价格或者最终销售（转让）价格的相关资料；（3）与关联业务调查有关的其他企业应当提供的与被调查企业可比的产品价格、定价方式以及利润水平等资料；（4）其他与关联业务往来有关的资料。《企业所得税法实施条例》对企业提供相关资料的期限的规定采用了“同期资料”的概念，也就是要求企业同期准备或者取得有关经营活动和转让定价的资料，并保存这些资料备查。这样既有利于企业在今后面临税务机关的转让定价审查时能够及时提供举证材料，而且也有助于降低税务机关的审计成本和获取相关资料的难度。

在转让定价调查中，不仅被调查企业，而且与被调查企业发生关联交易的关联方，以及与关联业务调查有关的第三方企业（例如与被调查企业产品品种相同或经营活动相同的其他企业），都有义务向税务机关提供相关资料。

5. 防范避税地避税

还有一种常见的避税手段就是企业通过关联交易将一部分利润转移到设在避税地的受

控外国公司账上，并利用居住国的推迟课税规定将这笔利润长期滞留在境外不汇回或要求境外子公司不作利润分配，从而规避居住国的企业所得税的缴纳。避税地（tax haven）通常是指对所得和财产不征税或即使征收但税率很低的国家和地区。[①]

受控外国企业（controlled foreign company），是指由居民企业，或者由居民企业和居民个人（以下统称中国居民股东，包括中国居民企业股东和中国居民个人股东）控制的，设立在实际税负低于我国企业所得税法规定的普通税率水平的50%的国家（地区）（即税率低于12.5%），并非出于合理经营需要对利润不作分配或减少分配的外国企业。《企业所得税法》第45条规定，上述未分配或少分配利润中应归属于该居民企业的部分，应当计入该居民企业的当期收入，征收企业所得税。

《特别纳税调整实施办法（试行）》进一步明确了“控制”这一概念，指的是在股份、资金、经营、购销等方面构成实质控制。其中，股份控制是指由中国居民股东在纳税年度任何一天单层直接或多层间接单一持有外国企业10%以上有表决权股份，且共同持有该外国企业50%以上股份。

6. 防范资本弱化

资本弱化（thin capitalization）是指企业以避税为目的，有意减少股份资本、扩大贷款份额的行为。企业可以采用股份融资或者债权融资，但这两种方式在税收待遇上差距较大。在实行古典制公司税的国家，公司取得的所有利润都要缴纳公司税，支付的股息不能扣除，股东取得的股息所得必须作为投资所得再缴纳个人所得税，形成了对股东的经济性双重征税，公司的税负也较重。对于贷款融资而言，公司支付给债权人的利息可以作为费用进行扣除，这样公司税负会减轻。因此，如果企业对其关联企业本应注资的股份转化为债权，而且国家规定了很高的贷款利率，那么企业就能从这种避税活动中受益很多。

为了避免资本弱化，我国《企业所得税法》第46条规定，企业从其关联方接受的债权性投资与权益性投资的比例超过规定标准而发生的利息支出，不得在计算应纳税所得额时扣除。债权性投资，是指企业直接或者间接从关联方获得的，需要偿还本金和支付利息或者需要以其他具有支付利息性质的方式予以补偿的融资。企业间接从关联方获得的债权性投资，包括：（1）关联方通过无关联第三方提供的债权性投资；（2）无关联第三方提供的、由关联方担保且负有连带责任的债权性投资；（3）其他间接从关联方获得的具有负债实质的债权性投资。权益性投资，是指企业接受的不需要偿还本金和支付利息，而投资人对企业净资产拥有所有权的投资。

7. 一般反避税条款

对于无法归入到转让定价、避税地、资本弱化等具体的反避税条款中，但却有构成避税且需要法律规定必要的企业避税情形，我国税法通过一般反避税条款这样的兜底性条款，将其涵盖进去，使得特别纳税调整具有一定的灵活性。

《企业所得税法》第47条规定：“企业实施其他不具有合理商业目的的安排而减少其应纳税收入或者所得额的，税务机关有权按照合理方法调整。”《企业所得税法实施条例》将“不具有合理商业目的”定义为以减少、免除或者推迟缴纳税款为主要目的。

---

① 参见刘剑文主编：《国际税法》，117页，北京，北京大学出版社，1999。

受特别纳税调整的纳税人的避税行为都具有一个很重要的特点，就是所谓的“非商业目的性”，即纳税人从事的避税活动并非出于经济管理上的需要，其主要目的是要在税收上获得一些好处。正如美国学者丹尼尔·N·莎菲罗所指出的：“典型的公司避税行为包括大量的纸面交易而很少有或者根本没有经济效果，它只是创造了有利的税收结果。”①

8. 加息条款

税务机关对避税行为进行调整的，纳税人就需要按税务机关的纳税调整额补缴税款。但由于纳税人所规避的纳税义务是在纳税调整之前发生的，有的甚至是几年前发生的，这样，即使纳税人事后按税务机关的规定补缴了税款，其延迟纳税的结果也会给国家造成损失，因此我国对迟延缴纳的税款进行加息征收。《企业所得税法实施条例》第121条对加息条款进行了详细的阐述，规定：对企业作出特别纳税调整的，应当对补征的税款，自税款所属纳税年度的次年6月1日起至补缴税款之日止的期间，按日加收利息。这种利息，不得在计算应纳税所得额时扣除。

【司考真题】

1. 某公司计算缴纳企业所得税时，提出减免企业所得税的请求，其中哪些符合法律规定？(多项选择题)

A. 购买国债取得的利息收入，请求免征企业所得税

B. 经营一项农业项目的所得，请求减征企业所得税

C. 投资经营一项无国家扶持的基础设施项目的所得，请求免征企业所得税

D. 开发一项新技术的研究开发费用，请求在计算应纳税所得额时加计扣除

答案：ABD。

解析：参见《企业所得税法》第3、26、27、30条。

2. 我国《企业所得税法》不适用于下列哪一种企业？(单项选择题)

A. 内资企业　　B. 外国企业　　C. 合伙企业　　D. 外商投资企业

答案：C。

解析：参见《企业所得税法》第1条。

3. 在计算企业应纳税所得额时，下列哪一项支出可以加计扣除？(单项选择题)

A. 新技术、新产品、新工艺的研究开发费用

B. 为安置残疾人员所购置的专门设施

C. 赞助支出

D. 职工教育经费

答案：A。

解析：参见《企业所得税法》第10、30条，《企业所得税法实施条例》第42条。

4. 根据《企业所得税法》规定，下列哪一项是划分居民企业和非居民企业的标准？(单项选择题)

A. 总机构所在地　　B. 注册地

C. 实际管理机构所在地　　D. 主要所得的来源地

① 转引自朱青：《〈企业所得税法〉“特别纳税调整”亮点解读》，载《福建税务》，2008 (3)。

答案：C。

解析：参见《企业所得税法》第2条。

第三节 个人所得税法

个人所得税是以个人应税所得为征税对象的一种税。这里的个人应税所得，包括我国居民来源于境内、境外的应税所得和非居民来源于境内的应税所得。个人所得税属于直接税，其税负由取得应税所得的个人直接承担，对其实际收入和生活影响较大，自然征管难度也较大。因此，必须重视制定和完善相应的法律制度。

个人所得税法是指调整个人所得税税收关系的法律规范系统。1980年9月10日，为适应我国改革和对外开放的需要，五届全国人大三次会议通过了《中华人民共和国个人所得税法》并同时公布实施，统一适用于中国公民和在我国取得收入的外籍人员。2005年10月27日第十届全国人大常委会第十八次会议决定第三次修正《中华人民共和国个人所得税法》（以下简称《个人所得税法》），随后，1994年1月28日发布的《中华人民共和国个人所得税法实施条例》在2005年12月19日进行了修订，将工资、薪金所得的税前扣除额从800元调整为1 600元。2007年12月29日，全国人大常委会对该法进行第五次修订，个人工资、薪金所得的税前扣除额自2008年3月1日开始从1 600元提高到2 000元。2011年6月30日，第十一届全国人大常委会第二十一次会议对《个人所得税法》进行了第六次修正，就工资、薪金所得方面，该修正将税前扣除额提高至3 500元，将超额累进税率下限从5%降至3%，同时对全月应纳税所得额区间也予以相应调整；对个体工商户的生产、经营所得等非工资、薪金个人所得，该次修正调整了全年应纳税所得额区间；该次修正还将原先第9条规定的缴税日期由“次月七日内”调整为“次月十五日内”。2011年7月19日，国务院再次修订了《中华人民共和国个人所得税法实施条例》，对部分应纳税项目的附加减除费用标准作出调整。

【背景资料】 **世界主要的个人所得税制**

世界各国采用的个人所得税制大体上可以分为三种，即分类所得税制、综合所得税制和分类综合（混合）所得税制。

分类所得税制是指将纳税人的所得分为若干类别，对不同类别的所得额规定不同的费用扣除标准和适用税率，分项计征所得税。采用这种模式可以对纳税人的不同种类的所得区别对待，而且能够广泛采用源泉扣缴法，便于计征税款。

综合所得税制，即将纳税人全年的各种所得汇总求和，统一扣除费用后，就其余额按统一的累进税率计征所得额。这种模式在全面地考核纳税人的所得的基础上计征，能够较好地体现纳税人的实际税收负担水平，更具有合理性。

分类综合所得税制，又称混合所得税制，系分类制和综合制的一种结合。即对某些种类的所得采取源泉征税，到纳税年度终了时再将各类所得汇总，统一计税。

我国现行的个人所得税法采用的是分类所得税制，将个人取得的各类所得划分为11种，被列举为征税项目的才征税，没有明确列举出来的就不用征税。对不同种类的所得扣除标准不一，适用税率相异，各项所得不再汇总缴税。

一、纳税人和扣缴义务人

(一) 纳税人

根据住所和居住时间两个标准，将纳税人区分为居民纳税人和非居民纳税人。在中国境内有住所或者无住所，而在境内居住满1年的个人为居民纳税人，其从中国境内和境外取得的全部所得应缴纳个人所得税；在中国境内无住所又不居住，或无住所而在境内居住不满1年的个人为非居民纳税人，其从中国境内取得的所得，均应依法缴纳个人所得税。自2000年1月1日起，个人独资企业和合伙企业的投资者也作为个人所得税的纳税人。

【案例14—3】　　居民纳税人认定案

一美籍人员甲于2001年4月应聘为北京某大学英语教师，月薪0.8万元。2005年，其获得北京某大学支付的工薪9.6万元，暑期回美国度假两个月，其间受聘一家中国公司驻美国分支机构担任翻译，接受该中国公司支付的劳务薪金1.8万元；另外，暑假期间，还在纽约某美国公司做兼职取得报酬1 100美元。

上述案例中的美国公民甲2001年4月应聘为北京某大学英语教师，在2001年期间，其在中国境内居住不满1年，因此应该视为非居民纳税人，只就其在中国工作所获得的薪金向中国政府缴纳所得税。其在2005年期间，在中国境内居住满1年，虽其间离境2个月，但是依税法规定仍然属于居民纳税人。作为居民纳税人本来应该就境内境外的全部应税所得向中国政府纳税，但是因为其在中国境内居住时间不满5年，所以，其境外收入部分，可以只就由中国公司支付的劳务酬金向中国政府纳税，而在纽约某美国公司做兼职取得的报酬则可以不向中国政府纳税。因此，其应向中国政府缴纳个人所得税的项目包括：北京某大学支付的工薪所得、中国公司支付的劳务薪金所得。

(二) 扣缴义务人

我国个人所得税，除个体工商户、合伙企业、个人独资企业的投资者等，应就其生产经营所得自行纳税外，其余纳税人所得实行代扣代缴和个人申报纳税相结合的征收管理制度。个人所得税采取代扣代缴的办法，有利于控制税源，保证税收收入，简化征纳手续。税法规定，凡支付应纳税所得的单位或个人都是个人所得税的扣缴义务人。扣缴义务人在向纳税人支付各项应纳税所得（个体工商户、合伙企业、个人独资企业投资者经营所得除外）时，必须履行代扣代缴税款的义务。

二、征税项目和计税依据

(一) 征税项目

征税项目，即应税所得项目包括：(1) 工资、薪金所得；(2) 个体工商户的生产、经营所得；(3) 对企事业单位的承包经营、承租经营所得；(4) 合伙企业、个人独资企业投资者的生产、经营所得；(5) 劳务报酬所得；(6) 稿酬所得；(7) 特许权使用费所得；(8) 利息、股息、红利所得；(9) 财产租赁所得；(10) 财产转让所得；(11) 偶然所得；(12) 经国务院财政部门确定征税的其他所得。

（二）计税依据

个人所得税的计税依据是纳税人取得的应纳税所得额。应纳税所得额是个人取得的每项收入所得减去税法规定的扣除项目或扣除金额之后的余额。在计算应纳税所得额时，除特殊项目外，一般允许从个人的应税收入中减去税法规定的扣除项目或扣除金额，包括为取得收入所支出的必要的成本或费用。单位为个人缴付和个人缴付的基本养老保险费、基本医疗保险费、失业保险费、住房公积金，从纳税义务人的应纳税所得额中扣除。

三、税率和应纳税额的计算

个人所得税实行超额累进税率与比例税率相结合的税率体系。具体分为以下五种情况：

（一）工资、薪金所得

工资、薪金所得，适用3%～45%九级超额累进税率，其税率如表14—1所示。

表14—1　个人工资、薪金所得税税率表

级数	全月应纳税所得额	税率（%）	速算扣除数
1	不超过 1 500元部分	3	0
2	超过 1 500元至4 500元部分	10	105
3	超过4 500元至9 000元部分	20	555
4	超过9 000元至35 000元部分	25	1 005
5	超过35 000元至55 000元部分	30	2 755
6	超过 55 000元至 80 000元部分	35	5 505
7	超过80 000元部分	45	13 505

表内“全月应纳税所得额”，是以其每月收入额减除规定的费用3 500元或附加减除费用后的余额。应纳税额的计算公式为：

应纳税额＝（全月工资、薪金收入－规定的费用）×适用税率

（二）个体工商户的生产、经营所得和对企事业单位的承包经营、承租经营所得

个体工商户的生产、经营所得和对企事业单位的承包经营、承租经营所得，适用5%～35%五级超额累进税率。自2000年1月1日起，对个人独资企业和合伙企业投资者的生产、经营所得，比照个体工商户的生产、经营所得征收个人所得税。个体工商户的生产、经营所得税税率如表14—2所示。

表14—2　个体工商户生产、经营所得税税率表

级数	全年应纳税所得额	税率（%）	速算扣除数
1	不超过15 000元部分	5	0
2	超过15 000元至30 000元部分	10	750
3	超过30 000元至60 000元部分	20	3 750
4	超过60 000元至100 000元部分	30	9 750
5	超过100 000元部分	35	14 750

表内“全年应纳税所得额”，对个体工商户来说，是以每一纳税年度的收入总额，减去成本、费用以及损失后的余额；对企事业单位承包、承租经营者来说，是以每一纳税年

度的收入总额，减去必要费用后的余额，即按月减除 3 500 元。

应纳税额的计算公式为：

应纳税额＝［全年收入总额－（成本＋费用＋损失）］×适用税率

（三）稿酬、劳务报酬、特许权使用费、财产租赁等应纳税额

稿酬、劳务报酬、特许权使用费、财产租赁等应纳税额的计算，每次收入不超过 4 000 元的，减除费用 800 元；4 000 元以上的，减除 20%的费用，其余额为应纳税所得额。适用 20%的比率税率。对劳务报酬所得一次收入畸高的，可以实行加成征收，即个人取得劳务报酬收入的应纳税所得额超过 2 万元至 5 万元的部分，按照税法规定计算的应纳税额，加征 5 成；超过 5 万元的部分，加征 10 成。因此，劳务报酬所得实际上适用 20%、30%、40%的三级超额累进税率。对于稿酬所得在计算应纳税额后，允许按应纳税额减征 30%，因此，稿酬所得的实际税率为 14%。

（四）财产转让所得

财产转让所得，以转让财产的收入额减去财产原值和合理费用后的余额，为应纳税所得额。财产转让所得适用比例税率，税率为 20%。其计算公式为：

应纳税额＝应纳税所得额×20%

（五）利息、股息、红利所得、偶然所得和其他所得

利息、股息、红利所得、偶然所得和其他所得，以每次收入额为应纳税所得额。其计算公式为：

应纳税额＝应纳税所得额×20%

个人将其所得对教育事业和其他公益事业捐赠的部分，应从应纳税所得额中扣除。个人将其所得通过中国境内的社会团体、国家机关向教育和其他社会公益事业以及遭受严重自然灾害地区、贫困地区捐赠，捐赠额未超过纳税义务人申报的应纳税所得额的 30%的部分，可以从其应纳税所得额中扣除。对在中国境内无住所而在中国境内取得工资、薪金所得和在中国境内有住所而在中国境外取得工资、薪金所得的纳税义务人，可以根据其情况确定附加减除费用。纳税义务人从中国境外取得的所得，在其应纳所得税额中应扣除已在境外缴纳的个人所得税额，但扣除额不得超过该纳税人境外所得依法计算的应纳税额。

四、个人所得税的减免

有下列情形之一的，经批准可以减征个人所得税：（1）残疾、孤老人员和烈属的所得；（2）因严重自然灾害造成重大损失的；（3）其他经国务院财政部门批准减税的。

下列各项个人所得，免纳个人所得税：（1）省级人民政府、国务院各部委和中国人民解放军军以上单位以及外国组织、国际组织颁布的科学、教育、技术、文化、卫生、体育、环境保护等方面的奖金；（2）国债和国家发行的金融债券利息；（3）按照国家统一规定发给的补贴、津贴；（4）福利费、抚恤金、救济金；（5）保险赔款；（6）军人的转业费、复员费；（7）职工的安家费、退职费、离退休工资、离休生活补助费；（8）各国驻华使馆、领事馆的外交代表、领事官员和其他人员的所得；（9）中国政府参加的国际公约、签订的协议中规定免税的所得；（10）单位和个人按照国家或者地方政府规定的比例提取并向指定的金融机构缴付的基本养老保险费、基本医疗保险费、失业保险费和住房公积金；（11）为了鼓励个人换购住房，对于出售自有住房并拟在现住房出售以后 1 年之内按照市场价格重新购房的纳税人，可以视其重新购房的价值全部或者部分免征个人所得税；

（12）经国务院财政部门批准免税的所得。

五、个人所得税的申报与缴纳制度

我国的个人所得税采用源泉扣缴税款和个人自行申报纳税两种征税方法。《个人所得税法》第8条规定，个人所得税，以所得人为纳税义务人，以支付所得的单位或者个人为扣缴义务人。

《个人所得税自行纳税申报办法（试行）》规定，凡依据个人所得税法负有纳税义务的纳税人，有下列情形之一的，应当办理纳税申报：（1）年所得12万元以上的；（2）从中国境内两处或者两处以上取得工资、薪金所得的；（3）从中国境外取得所得的；（4）取得应税所得，没有扣缴义务人的；（5）国务院规定的其他情形。

【司考真题】

1. 关于个人所得税，下列哪些表述是正确的？（多项选择题）

A. 以课税对象为划分标准，个人所得税属于动态财产税

B. 非居民纳税人是指不具有中国国籍但有来源于中国境内所得的个人

C. 居民纳税人从中国境内、境外取得的所得均应依法缴纳个人所得税

D. 劳务报酬所得适用比例税率，对劳务报酬所得一次收入畸高的，可实行加成征收

答案：CD。

解析：个人所得税是国家对本国公民、居住在本国境内的个人的所得和境外个人来源于本国的所得征收的一种所得税。一般认为，动态财产税与所得税具有相似性，但动态财产税所涉及的财产一般不发生商业交易行为，也无牟利目的，只是发生所有权的变动或价值的增值。因此，如遗产税、土地增值税等动态财产税，更接近于一般财产税，而不是所得税。据此，选项A表述不正确。2011年修改的《个人所得税法》第1条规定：在中国境内有住所，或者无住所而在境内居住满一年的个人，从中国境内和境外取得的所得，依照本法规定缴纳个人所得税。在中国境内无住所又不居住或者无住所而在境内居住不满一年的个人，从中国境内取得的所得，依照本法规定缴纳个人所得税。在中国境内无住所又不居住或者无住所而在境内居住不满一年的个人为非居民纳税人，不是凡不具有中国国籍的个人为非居民纳税人。据此，选项B表述不正确。在中国境内有住所，或者无住所而在境内居住满1年的个人为居民纳税人，其从中国境内和境外取得的所得，均应依法缴纳个人所得税。据此，选项C表述正确。根据2011年修改的《个人所得税法》第3条关于劳务报酬所得，适用比例税率，税率为20%，对劳务报酬所得一次收入畸高的，可以实行加成征收的规定，选项D表述正确。

2. 2012年外国人约翰来到中国，成为某合资企业经理，迄今一直居住在北京。根据《个人所得税法》，约翰获得的下列哪些收入应在我国缴纳个人所得税？（多项选择题）

A. 从该合资企业领取的薪金　　B. 出租其在华期间购买的房屋获得的租金

C. 在中国某大学开设讲座获得的酬金　　D. 在美国杂志上发表文章获得的稿酬

答案：ABCD。

解析：2011年修改的《个人所得税法》第1条规定，中国境内有住所，或者无住所而在境内居住满一年的个人，从中国境内和境外取得的所得，依照本法规定缴纳个人所得税。据此，外国人约翰2012年来华，迄今（2014年）一直居住在北京，在中国居住的时间已经超过1年，境内外所得均应向我国缴纳个人所得税。

该法第2条规定，下列各项个人所得，应纳个人所得税：(1) 工资、薪金所得；(选项A) (2) 个体工商户的生产、经营所得；(3) 对企事业单位的承包经营、承租经营所得；(4) 劳务报酬所得；(选项C) (5) 稿酬所得；(选项D) (6) 特许权使用费所得；(7) 利息、股息、红利所得；(8) 财产租赁所得；(选项B) (9) 财产转让所得；(10) 偶然所得；(11) 经国务院财政部门确定征税的其他所得。

《个人所得税法实施条例》第8条第1款第4项规定，劳务报酬所得，是指个人从事设计、装潢、安装、制图、化验、测试、医疗、法律、会计、咨询、讲学、新闻、广播、翻译、审稿、书画、雕刻、影视、录音、录像、演出、表演、广告、展览、技术服务、介绍服务、经纪服务、代办服务以及其他劳务取得的所得。因此，在某大学开设讲座获得的酬金属于劳务报酬所得。

3. 以下4人的月工资、薪金所得，应分别适用下列何种税率？(多项选择题)

A. 张某所得5 000元，适用3%的税率　　B. 王某所得8 000元，适用20%的税率

C. 李某所得20 000元，适用25%的税率　　D. 赵某所得85 000元，适用45%的税率

答案：ACD。

解析：根据2011年修改的《个人所得税法》第3条，工资、薪金所得，适用超额累进税率，税率为3%～45%，以每月收入额减除费用3 500元后的余额为应纳税所得额。扣除减除费用3 500元后，不超过1 500元的，3%；超过1 500元至4 500元的部分，10%；超过4 500元至9 000元的部分，20%；超过9 000元至35 000元的部分，25%；超过35 000元至55 000元的部分，30%；超过55 000元至80 000元的部分，35%；超过80 000元的部分，45%。据此，选项A、C、D正确。

第四节　增值税法

增值税是以生产经营过程中产生的增值额为课税对象的一种税。这里的增值额，从理论上看是企业或个人在生产经营过程中新创造的价值，即相当于商品价值(C+V+M)的V+M，包括工资、奖金、利息、利润和其他增值性费用。在增值税的征收实践中，据以征税的增值额并非理论增值额，普遍采用的是法定增值额。所谓法定增值额，是指一国政府根据各自的国情、政策需要，在其增值税法中明确规定的增值额。法定增值额与理论增值额可能一致，也可能不一致。

根据原《中华人民共和国增值税暂行条例》(以下简称《增值税暂行条例》)，纳税人外购固定资产的进项税额不能扣除，是为生产型增值税，这种税制存在重复征税问题，制约了企业技术改进的积极性。而为了支持东北老工业基地振兴，经国务院批准，财政部、国家税务总局发布通知，自2004年7月1日起，在东北三省及大连市率先试行消费型增值税，扩大增值税抵扣范围，凡东北地区从事装备制造业、石油化工业、冶金业、船舶制造业、汽车制造业、农产品加工业产品生产为主的增值税一般纳税人，其购进固定资产、用于自制固定资产的货物或应税劳务和为固定资产所支付的运输费用等所含进项税金，准予用当年新增加的增值税税额抵扣，当年没有新增加的增值税税额或新增加的增值税税额不足抵扣的，未抵扣的进项税额可以结转以后年度继续抵扣。这一试点取得成功之后，为进一步完善税制，同时也为了积极应对2008年以来国际金融危机对我国经济的影响，国务院决定自2009年1月1日起全面实施增值税转型改革，并修订了《中华人民共和国增值税暂

行条例》，允许企业新购入的机器设备所含进项税额在销项税额中抵扣，这标志着我国已经从生产型增值税转变为消费型增值税。改革之前的增值税制度，是对当时立法背景下经济形势的反映，尤其是选择生产型增值税，一方面是出于财政收入的考虑，另一方面则为了抑制投资膨胀。[①] 而增值税转型，是为了进一步消除重复征税因素，鼓励企业技术进步和促进产业结构改革，有效扩大内需，预计本次增值税改革将减轻纳税人税收负担超过1 200亿。[②]

2011年11月16日，经国务院同意，财政部和国家税务总局联合发布了《营业税改征增值税试点方案》，并首先选择在上海市开展交通运输业和部分现代服务业营业税改征增值税试点。此后几年"营改增"试点地区已扩展到全国，"营改增"的行业不断扩大。

【背景资料】 **增值税的三种课征模式**

各国在制定增值税法时基于各自国情和政策的需要，在确定法定增值额时，除对一般外购生产资料（指非固定资产项目）都普遍实行扣除外，对于外购生产资料中的固定资产的价值扣除，则往往作出不同的立法规定，从而形成法定增值额和理论增值额的不同，并因此使增值税的征收形成了消费型、收入型和生产型增值税三种课征模式。

1. 消费型增值税，指征收增值税时，允许将纳税期内当期购进的固定资产价值从当期的销售额中一次性全部扣除。这样，纳税人用于生产的全部外购生产资料都不在课税之列。就整个社会而言，课税对象实际上只限于消费资料，故称为消费型增值税。西方发达国家多采用这种增值税。

2. 收入型增值税，指征收增值税时，只允许在纳税期内扣除固定资产当期的折旧部分。这样，对整个社会来说，课税对象相当于国民收入，故称为收入型增值税。目前，采用这种模式的国家还不多，主要限于拉丁美洲的一些国家。

3. 生产型增值税，指征收增值税时，对于外购的固定资产不允许作任何扣除。就整个社会而言，作为增值税的课税对象既包括消费资料，也包括生产资料，相当于国民生产总值，故称为生产型增值税。少数发展中国家如印度尼西亚，以及我国2009年以前就采用这种增值税课征模式。

一、纳税人

根据《增值税暂行条例》的规定，增值税纳税人分为一般纳税人和小规模纳税人，它们在税款计算方法、适用税率以及管理办法上都有所不同。小规模纳税人以外的增值税纳税人均是一般纳税人。除国家税务总局另有规定外，纳税人一经认定为一般纳税人后，不得转为小规模纳税人。我国税法对一般纳税人实行购进扣税法，对小规模纳税人则实行简易征收法。

按照《增值税暂行条例》及其实施细则的规定，小规模纳税人是指年销售额在规定标准以下，并且会计核算不健全，不能按照规定报送有关税务资料的增值税纳税人。具体包

---

① 参见刘剑文：《机遇与挑战——全球经济危机下的中国增值税转型改革》，载《中国税务》，2009（1）。

② 参见《增值税转型，企业减负1 200亿》，载http：//news.sina.com.cn/c/2008－11－24/111816713578.shtml。

括以下三类纳税人：(1) 从事货物生产或者提供应税劳务的纳税人，以及以从事货物生产或者提供应税劳务为主（即纳税人的年货物生产或者提供应税劳务的销售额占年应税销售额的比重在50%以上），并兼营货物批发或零售的纳税人，年应征增值税销售额（简称应税销售额）在50万元以下（含本数）的。(2) 除前述规定以外的纳税人，年应税销售额在80万元以下的。(3) 2012年营业税改增值税试点后，将提供应税服务的年应征增值税销售额未超过500万元的称为营改增小规模纳税人。

年应税销售额超过小规模纳税人标准的其他个人按小规模纳税人纳税；非企业性单位、不经常发生应税行为的企业可选择按小规模纳税人纳税。

二、增值税的征税范围

根据《增值税暂行条例》的规定，增值税的征税范围为销售货物、进口货物、提供加工、修理修配劳务以及进口货物的单位和个人。

1. 销售货物，即有偿转让货物的所有权。这里的“货物”是指除土地、房屋和其他建筑物等不动产和无形资产之外的有形动产，包括电力、热力和气体在内。

2. 提供加工、修理修配劳务，指有偿提供加工、修理修配劳务，但单位或个体经营者聘用的员工为本单位或雇主提供加工、修理修配劳务不包括在内。这里，“加工”是指委托方提供原料及主要材料，受托方按照委托方的要求制造货物并收取加工费，加工后的货物所有权属于委托者的业务，即通常所说的委托加工业务。“修理修配”是指受托方对损伤和丧失功能的货物进行修复，使其恢复原状和功能的业务。所谓“有偿”，不仅指从购买方取得货币，还包括取得货物或其他经济利益。

3. 进口货物。指报关进入我国海关境内的货物。

4. 视同销售货物。根据我国的税法规定，单位或个体经营者的下列行为，视同货物销售，征收增值税：(1) 将货物交付给他人代销；(2) 销售代销货物；(3) 设有两个以上机构并实行统一核算的纳税人，将货物从一个机构移送其他机构用于销售，但相关机构设在同一县（市）的除外；(4) 将自产或委托加工的货物用于非应税项目、集体福利或个人消费；(5) 将自产、委托加工或购买的货物作为投资，提供给其他单位或个体经营者；(6) 将自产、委托加工或购买的货物分配给股东或投资者，或无偿赠送他人；(7) 单位和个体工商户向其他单位或个人无偿提供交通运输业、邮政业和部分现代服务业，但以公益活动为目的或者以社会公众为对象的除外；(8) 财政部、国家税务总局规定的其他情形。

5. 混合销售行为，指既涉及货物又涉及非增值税应税劳务的销售。所谓“非增值税应税劳务”，是指属于应缴营业税的劳务，如交通运输业、建筑业、金融保险业、邮电通信业、文化体育业、娱乐业、服务业的业务，而非加工、修理修配业务。混合销售行为的特点是：销售货物与提供非应税劳务紧密相连，且价款同时从一个购买方取得。一个销售行为是否属于混合销售，由国家税务总局所属征收机关确定。

纳税人的下列混合销售行为，应当分别核算货物的销售额和非增值税应税劳务的营业额，并根据其销售货物的销售额计算缴纳增值税，非增值税应税劳务的营业额不缴纳增值税；未分别核算的，由主管税务机关核定其货物的销售额：(1) 销售自产货物并同时提供建筑业劳务的行为；(2) 财政部、国家税务总局规定的其他情形。

除此之外，从事货物的生产、批发或者零售的企业、企业性单位和个体工商户（包括以从事货物的生产、批发或者零售为主，并兼营非增值税应税劳务的单位和个体工商户在内）的混合销售行为，视为销售货物，应当缴纳增值税；其他单位和个人的混合销售行为，视为销售非增值税应税劳务，不缴纳增值税。

6. 兼营非应税劳务。兼营非应税劳务是指纳税人的经营范围既包括销售货物和应税劳务，又包括提供非应税劳务。但是，销售货物或应税劳务与提供非应税劳务不同时发生在同一购买者身上，也即不发生在同一项销售行为中。我国《增值税暂行条例实施细则》明确规定：纳税人兼营非增值税应税项目的，应分别核算货物或者应税劳务的销售额和非增值税应税项目的营业额；未分别核算的，由主管税务机关核定货物或者应税劳务的销售额。

7. 提供应税服务

应税服务，是指陆路运输服务、水路运输服务、航空运输服务、管道运输服务、邮政普遍服务、邮政特殊服务、其他邮政服务、基础电信服务、增值电信服务、研发和技术服务、信息技术服务、文化创意服务、物流辅助服务、有形动产租赁服务、鉴证咨询服务、广播影视服务。

【案例 14—4】 **混合销售行为纳税案**①

广东省某市B企业主要经营外购自来水销售和火力发电业务，同时它具有电力设备安装资质，该企业现在承接一项电力设备安装业务：一家公司在一个偏远地区承建一大型工程，由于该偏远地区没有电力供应，这家公司与B企业签订了一份合同，合同内容为：这家公司委托B企业建一个小电力基站，合同标的中含电力设备款，B企业负责电力设备的采购并完成安装和调试任务。B企业外购自来水销售业务、火力发电业务、电力设备安装业务均为分别核算。但是在对该电力设备安装业务收入应按哪个税种纳税问题上，该企业和税务机关有不同的意见。

根据《增值税暂行条例实施细则》第5条的规定，一项销售行为如果既涉及货物又涉及非应税劳务（指属于应缴纳营业税的劳务），为混合销售行为。从事货物的生产、批发或零售的企业、企业性单位及个体工商户的混合销售行为，除非是销售自产货物并同时提供建筑业劳务的行为以及财政部、国家税务总局规定的其他情形，需要分别核算销售额和非增值税应税业务的营业额并仅对已核算的销售额征收增值税外，企业、企业性单位及个体工商户的混合销售行为，视为销售货物，应当征收增值税；其他单位和个人的混合销售行为，视为销售非应税劳务，不征收增值税，征收营业税。

在本案中，B企业负责电力设备的采购并完成安装和调试属于混合销售行为，由于B企业的电力设备并非自产，而是对外采购，不属于实施细则第5条适用除外的情形，不需要分开核算，所以这一混合销售行为应缴纳增值税。

三、税率

一般纳税人和小规模纳税人适用不同的计税方法和税率。一般纳税人设置了一档基本

① 案例来源：税务顾问网，http://www.taxpro.cn/bbs/dispbbs.asp?boardid=2&id=160。

税率、一档低税率，对出口货物实行零税率；小规模纳税人统一适用3%的征收率。

(一) 一般纳税人的增值税税率

一般纳税人的增值税税率分成三档：17%基本税率、13%低税率和零税率。

1. 17%基本税率。适用于国内销售货物、进口货物、加工、修理修配劳务等绝大多数货物及应税劳务，也就是除实行低税率和零税率以外的所有货物及应税劳务。

2. 13%低税率。适用于销售或进口生活必需品和农用品、矿产品等。

提供交通运输业服务，税率为11%。

提供邮政服务，税率为11%。

提供基础电信服务，税率为11%；提供增值电信服务，税率为6%。

提供现代服务业服务税率为6%（提供有形动产租赁服务，适用17%的税率）。

3. 零税率。适用于出口货物，包括两类：一是报关出境的货物，二是输往海关管理的保税工厂、保税仓库和保税区的货物。

4. 一般纳税人税率适用的特殊规定：(1) 一般纳税人兼营不同税率的货物或者应税劳务的，应当分别核算不同税率货物或者应税劳务的销售额。在分别核算销售额的情况下，分别适用税率；未分别核算销售额的，从高适用税率。(2) 一般纳税人销售不同税率货物或应税劳务，并兼营应属一并征收增值税的非应税劳务的，其非应税劳务应从高适用税率。

(二) 小规模纳税人的增值税税率

《增值税暂行条例》在2009年以前将小规模纳税人划分为工业和商业两类，分别适用6%和4%的税率。由于小规模纳税人混业经营十分普遍，实践中很难厘清，另外，增值税改革降低了一般纳税人的总体税负水平，因而，为了平衡小规模纳税人与一般纳税人之间的税负水平，同时促进中小企业的发展和扩大就业，统一降低了小规模纳税人的征收率①，自2009年1月1日起，小规模纳税人征收率不再设置工、商两档，统一降至3%。

四、应纳税额的计算

对于一般纳税人而言，采用国际上通行的（购进）扣除法计算应纳税额，增值税应纳税额的计算公式为：

应纳税额＝当期销项税额－当期进项税额

因当期销项税额小于当期进项税额不足抵扣时，其不足部分可以结转下期继续抵扣。增值税的核心就是用纳税人收取的销项税额抵扣其支付的进项税额，其余额即为纳税人实际应缴纳的增值税税额。

销项税额是纳税人销售货物或者提供应税劳务，按照销售额或应税劳务收入、提供应税服务和规定的税率计算并向购买方收取的增值税税额。其计算公式为：

销项税额＝当期销售额×适用税率

进项税额是纳税人购进货物或者接受应税劳务所支付或者负担的增值税税额。《增值税暂行条例》分别规定了可以抵扣和不予抵扣的项目。

下列进项税额准予从销项税额中抵扣：

---

① 参见徐孟洲：《税法》，3版，113页，北京，中国人民大学出版社，2009。

（1）从销售方取得的增值税专用发票上注明的增值税税额。

（2）从海关取得的海关进口增值税专用缴款书上注明的增值税税额。

（3）购进农产品，除取得增值税专用发票或者海关进口增值税专用缴款书外，按照农产品收购发票或者销售发票上注明的农产品买价和13%的扣除率计算的进项税额。

前3项进项税额计算公式为：

进项税额＝买价×扣除率

（4）原增值税一般纳税人取得的2013年8月1日（含）以后开具的运输费用结算单据，不得作为增值税扣税凭证。

下列项目的进项税额不得从销项税额中抵扣：

（1）用于非增值税应税项目、免征增值税项目、集体福利或者个人消费的购进货物或者应税劳务。

（2）非正常损失的购进货物及相关的应税劳务。

（3）非正常损失的在产品、产成品所耗用的购进货物或者应税劳务。

（4）纳税人从海关取得的进口增值税专用缴款书上注明的增值税额准予从销项税额中抵扣。

（5）原增值税一般纳税人接受试点纳税人提供的应税服务，下列项目的进项税额不得从销项税额中抵扣：

1）用于简易计税方法计税项目、非增值税应税项目、免征增值税项目、集体福利或者个人消费，其中涉及的专利技术、非专利技术、商誉、商标、著作权、有形动产租赁，仅指专用于上述项目的专利技术、非专利技术、商誉、商标、著作权、有形动产租赁。

2）接受的旅客运输服务。

3）与非正常损失的购进货物相关的交通运输业服务。

4）与非正常损失的在产品、产成品所耗用的购进货物相关的交通运输业服务。

2009年开始，购进固定资产不再属于不可抵扣的项目，企业可以将购进固定资产的进项税额从销项税额中抵扣。这是增值税改革的核心，极大地减轻了企业的税负，鼓励企业进行技术改革创新，向技术密集型企业转型。另外，2009年以前国家对进口设备增值税免税，外商企业采购国产设备是要退税的。为了配合增值税改革，这两项优惠政策已经取消。

对于小规模纳税人，我国采用简易征收法，不抵扣进项税额。

小规模纳税人的应纳税额＝销售额×征收率（3%）

五、税收减免

根据《增值税暂行条例》及其实施细则，下列项目免征增值税：（1）农业（包括种植业、养殖业、林业、牧业、水产业）生产单位和个人销售的自产初级农业产品。（2）避孕药品和用具。（3）向社会收购的古旧图书。（4）直接用于科学研究、科学试验和教学的进口仪器、设备。（5）外国政府、国际组织无偿援助的进口物资和设备。（6）由残疾人的组织直接进口供残疾人专用的物品。（7）销售自己使用过的物品。

增值税的其他免税、减税项目由国务院规定。任何地区、部门均不得规定免税、减税项目。

需注意的是，纳税人兼营增值税减免税项目的，应当单独核算免税、减税项目的销售额。纳税人不单独核算其免税、减税项目销售额的，税务机关不予办理免税、减税。

六、出口退（免）税

所谓出口货物退（免）税，是指货物报关出口销售后，将其国内所缴纳的税收（间接税）退还给货物出口商或对出口商给予免税的一种制度。在我国，出口货物准予退（免）的税收仅限于已征收的增值税、消费税。详而言之，出口退税，是指对货物在出口前实际承担的税收负担，按规定的退税率计算后予以退还。出口免税，是指对货物在出口环节所应承担的增值税、消费税予以免征。

出口货物退（免）税，是国际通行的税收规则，一般都是以法定的征税税率确定出口货物的退税率。其目的在于鼓励本国产品出口，以不含税价格进入国际市场，增强产品的竞争能力。1994年我国实行新税制时，按照规范化的增值税制度，对出口货物增值税实行零税率，即在出口环节对货物按照13%或17%的税率全额退税给出口商。但在执行过程中，由于我国对增值税的征收存在较多的减免优惠规定，加上征管水平有待提高，偷、漏税现象较多，所以出口货物增值税的实际税负远远低于法定税率。在这种情况下，如果对出口货物的增值税按法定税率退税，就存在少征多退的问题，造成出口退税规模大幅度增加，超出了国家财政承受能力，同时也致使出口退税难以及时到位。为此，自1995年7月1日起，国务院本着“征多少退多少”的原则，对出口货物根据实际税负情况适时调整出口退税率，从而形成了有中国特色的出口退税制度。目前，关于出口退税问题最新且最重要的制度依据是国家税务总局于2005年3月颁布并于2005年5月1日起施行的《出口货物退（免）税管理办法（试行）》，此前规定与该办法不一致的，一律以该办法为准。

（一）出口货物退（免）税的范围

1. 符合出口货物条件的，由我国境内出口的已征、应征增值税货物均予以退税

一是必须是增值税应税项目，二是必须经中华人民共和国海关报关离境，三是出口货物必须结汇，四是财务上必须作销售处理，五是退税申报时必须提供规定的有关单证。

2. 下列货物即使不具备货物出口条件，也视同出口货物，准予退税

一是对外承包工程公司运出境外用于对外承包项目的货物；二是对外承接修理修配业务的企业用于对外修理修配的货物；三是外轮供应公司、远洋运输供应公司销售给外轮、远洋国轮而收取外汇的货物；四是企业在国内采购并运往境外作为在国外投资的货物；五是利用外国政府贷款或国际金融组织贷款，通过国际招标由国内企业中标的机电产品；六是对境外带料加工装配业务所使用的出境设备、原材料和散件；七是利用中国政府的援外优惠贷款和合资合作项目基金方式下出口的货物；八是对外补偿贸易、易货贸易、小额贸易出口的货物；九是国家旅游局下属中国免税品公司统一管理的出境口岸免税店销售的卷烟、酒、工艺品、丝绸、服装和保健品（包括药品）等六大类产品，外国驻华使馆及其外交人员购买的列名中国产物品，外商投资企业采购国产设备；十是出口企业从小规模纳税人处购进并持普通发票但特准退税的出口货物，包括抽纱、工艺品、香料油、山货、草柳竹藤制品、渔网渔具、松香、五倍子、生漆、鬃尾、山羊板皮和纸制品。

3. 不予办理退税的情况

一是国家禁止出口的货物，除经国家批准来料加工复出口贸易外，即使具备货物出口条件，也不允许办理出口退税。二是挂靠企业、借权企业出口的货物。三是出口企业申报

办理退税提供的增值税专用发票属于虚开、伪造或发票内容不规范，印章不符的货物。四是“出口货物报送单（出口退税联）”中“经营单位”名称、增值税专用发票中“购物单位”名称以及“税收（出口货物专用）缴款书”“出口货物完税分割单”中“购货企业”名称与申报退税企业名称不一致的货物。委托外贸企业代理出口的货物除外。

（二）出口货物适用的退税率

出口货物的退税率，是出口货物的实际退税额与退税计税依据的比例。它是出口退税的中心环节。为了与整个国家的宏观经济形势相适应，我国的出口退税率变化比较频繁。例如，自1995年7月1日以来，曾多次调整增值税出口退税率。现行出口退税率根据出口货物的不同，分为5档：17％、13％、11％、8％、5％。

2005年8月1日国务院《关于完善中央与地方出口退税负担机制的通知》（国发［2005］25号）指出：出口退税机制改革一年多来进展总体顺利，基本实现了预期目标，全部还清了历年累计拖欠的出口退税款，建立了中央与地方共同负担出口退税的机制，调动了企业出口积极性，优化了出口商品结构，促进了外贸出口快速增长。但是，新机制在运行中也出现了一些新情况和新问题，主要是地方负担不均衡，部分地区负担较重，个别地方甚至限制外购产品出口、限制引进出口型外资项目等。

【背景资料】 我国第七次调整出口退税政策凸显“保增长”调控意图

2008年以来，受全球金融危机，以及国际市场需求减弱、人民币升值、原材料价格和劳动力成本上涨等因素影响，我国出口增速放缓，在2008年前9个月中，有8个月的出口增速是低于上年同期的。出口企业利润大幅减少。特别是一些劳动密集型的中小型企业，吸纳劳动力多、就业面广，但抗风险能力较弱，经营面临较大压力。随着美国金融危机影响的不断扩大，发达国家居民消费信心指数大幅下滑，进口需求回落，对我国出口产生不利影响。为了防止出现因出口大幅下滑而影响我国经济发展的被动局面，经国务院批准，财政部、国家税务总局发出《关于提高部分商品出口退税率的通知》，从2008年11月1日起调整部分商品的出口退税率。

此次出口退税率调整涉及内容广泛，共涉及3 486项商品，大约占海关税则中全部商品总数的25.8％。

在调整内容上具体包括：将部分纺织品、服装、玩具出口退税率提高到14％；将日用及艺术陶瓷出口退税率提高到11％；将部分塑料制品出口退税率提高到9％；将部分家具出口退税率分别提高到11％、13％；将抗艾滋病药物、基因重组人胰岛素冻干粉、黄胶原、钢化安全玻璃、电容器用钽丝、船用锚链、缝纫机、风扇、数控机床硬质合金刀等商品的出口退税率分别提高到9％、11％、13％。①

七、纳税期限

增值税的纳税期限，由主管税务机关根据纳税人应纳税额的大小，分别核定为1日、3

① 参见《调整商品出口退税率 凸显“保增长”调控意图》，载http：//news.163.com/08/1021/23/4OQKTVF1000120GU.html。

日、5日、10日、15日、1个月或者1个季度。纳税人不能按照固定期限纳税的，可以按次纳税。

纳税人以1个月或者1个季度为1个纳税期的，自期满之日起15日内申报纳税；以1日、3日、5日、10日或者15日为1个纳税期的，自期满之日起5日内预缴税款，于次月1日起15日内申报纳税并结清上月应纳税款。

八、纳税地点

1. 固定业户应当向其机构所在地主管税务机关申报纳税。总机构和分支机构不在同一县（市）的，应当分别向各自所在地主管税务机关申报纳税。经国家税务总局或其授权的税务机关批准，分支机构应纳的税款也可以由总机构汇总向总机构所在地的主管税务机关申报纳税。

2. 固定业户到外县（市）销售货物的，应当向其机构所在地的主管税务机关申请开具外出经营活动税收管理证明，向其机构所在地的主管税务机关申报纳税。需向购货方开具增值税专用发票的，也应当回其机构所在地补开。

未持有其机构所在地的主管税务机关核发的外出经营活动税收管理证明，到外县（市）销售货物或者应税劳务的，应当向销售地主管税务机关申报纳税，销售地主管税务机关一律按6%的征收率征税。其在销售地发生的销售额，回原所在地后，仍应按规定申报纳税，在销售地缴纳的税款不得从当期应纳税额中扣减。没有向销售地的主管税务机关申报纳税的，由其机构所在地的主管税务机关补征税款。

3. 非固定业户销售货物或者应税劳务，应当向销售地的主管税务机关申报纳税。

4. 非固定业户到外县（市）销售货物或者应税劳务，没有向销售地的主管税务机关申报缴纳增值税的，由其机构所在地或者居住地的主管税务机关补征税款。

5. 进口货物应当由进口人或其代理人向报关地海关申报缴纳增值税。

6. 扣缴义务人应当向其机构所在地或者居住地的主管税务机关申报缴纳其扣缴的税款。

【司考真题】

下列选项中哪一个属于我国增值税的纳税人？（单项选择题）

A. 从事房屋租赁业务的甲公司　　B. 从事服装销售业务的乙公司

C. 转让无形资产的丙公司　　D. 从事证券经纪业务的丁公司

答案：B。

解析：参见《增值税暂行条例》第1条、《营业税暂行条例》第1条。

第五节　其他主要税收实体法

根据我国现行税法，企业除缴纳企业所得税、增值税外，还可能缴纳消费税、营业税、关税、资源税、城镇土地使用税、城市维护建设税、耕地占用税、土地增值税、房产税、车船税、印花税、契税等税种，此外，外商投资企业可能缴纳城市房地产税、车船使用牌照税等。

一、消费税法

消费税是以应税消费品的流转额为征税对象的一种税。国务院于1993年12月13日发布了《中华人民共和国消费税暂行条例》（以下简称《消费税暂行条例》）（2008年11月10日修订），财政部于同年12月25日制定了《消费税暂行条例实施细则》（2008年12月17日修订）。这两个规范性文件，对我国消费税法的主要内容作出了明确的规定。2006年3月20日，财政部、国家税务总局联合发布了《关于调整和完善消费税政策的通知》（财税［2006］33号），决定自2006年4月1日起，对消费税税目、税率及相关政策进行调整。2006年3月31日，国家税务总局又发布了《关于印发〈调整和完善消费税政策征收管理规定〉的通知》（国税发［2006］49号），专门解决有关调整和完善消费税政策涉及的税收征收管理问题，自2006年4月1日起实施。此外，财政部和国家税务总局联合出台了《关于调整乘用车消费税政策的通知》（财税［2008］105号）、《关于提高成品油消费税税率的通知》（财税［2008］167号）、《关于调整烟产品消费税政策的通知》（财税［2009］84号）、《关于〈中华人民共和国消费税暂行条例实施细则〉有关条款解释的通知》（财法［2012］8号）等规范性文件。

（一）纳税人

消费税的纳税人是指在我国境内生产、委托加工和进口《消费税暂行条例》规定的以及《关于调整和完善消费税政策的通知》（财税［2006］33号）新增的应税消费品的单位和个人，不分经济性质和所具有的国籍，也不分所处的地区，均是消费税的纳税人。

（二）征税客体和税目

消费税征税客体是生产、委托加工和进口的应税消费品的流转额。税目是征税客体的具体项目。《消费税暂行条例》规定的消费税共有11个税目，如烟、酒、化妆品、护肤护发品、贵重首饰及珠宝玉石、鞭炮焰火、汽油、柴油、汽车轮胎、摩托车和小汽车。《关于调整和完善消费税政策的通知》（财税［2006］33号）对消费税税目进行了增减调整：一是新增加了高尔夫球及球具、高档手表、游艇、木制一次性筷子、实木地板等税目，并将汽油、柴油两个税目取消，增列成品油税目，汽油、柴油作为该税目下的两个子目，同时将石脑油、溶剂油、润滑油、燃料油、航空煤油等油品作为五个子目征收消费税；二是取消了“护肤护发品”税目，同时将原属于护肤护发品征税范围的高档护肤类化妆品列入化妆品税目。

（三）税率

消费税税率采用比例税率和定额税率两种。比例税率共设置二十多个不同档次的税率，最低税率为3%，最高为45%。对黄酒、啤酒、成品油等实行定额税率。

2008年《消费税暂行条例》及其实施细则，将1994年以来出台的政策调整内容，更新到条例和实施细则中，将部分消费品（金银首饰、铂金首饰、钻石及钻石饰品）的消费税调整到零售环节征收，对卷烟和白酒增加复合计税办法，并对部分消费税税目税率进行调整。为了配合燃油税改革，我国出台《关于提高成品油消费税税率的通知》（财税［2008］167号），同时，出于增加财政收入及完善烟草产品税收制度，《关于调整烟产品消费税政策的通知》（财税［2009］84号）上调了烟草产品在生产环节的税率，同时在卷烟批发环节加征一道从价税。

应纳税额的计算：消费税实行从价定率、从量定额，或者从价定率和从量定额复合计税（以下简称复合计税）的办法计算应纳税额。应纳税额计算公式分别为：

实行从价定率办法计算的应纳税额＝销售额×比例税率

实行从量定额办法计算的应纳税额＝销售数量×定额税率

实行复合计税办法计算的应纳税额＝销售额×比例税率＋销售数量×定额税率

纳税人销售的应税消费品，以人民币计算销售额。纳税人以人民币以外的货币结算销售额的，应当折合成人民币计算。

（四）纳税期限

消费税的纳税期限分别为 1 日、3 日、5 日、10 日、15 日或者 1 个月或者 1 个季度。进口应税消费品，自海关填发进口消费税专用缴款书之日起 15 日内缴纳税款。

（五）纳税地点

消费税的纳税地点，基本上是按纳税人的所在地确定，和纳税环节是一致的。

二、营业税法

营业税是以工商营利单位和个人商品销售收入额、提供劳务发生的营业额为征税对象的一种税。国务院于 1993 年 12 月 13 日发布《中华人民共和国营业税暂行条例》（以下简称《营业税暂行条例》）（2008 年 11 月 10 日修订），财政部于同年 12 月 25 日制定《营业税暂行条例实施细则》（2008 年 12 月 17 日修订）。2011 年 11 月 16 日，经国务院同意，财政部和国家税务总局联合发布了《营业税改征增值税试点方案》，并首先选择在上海市开展交通运输业和部分现代服务业营业税改征增值税试点。2016 年，国家全面推开营改增改革，按照改革计划，2016 年要将生活服务业、建筑业、房地产业和金融保险业等行业纳入“营改增”试点范围。

三、关税法

关税是对进出关境或国境的货物和物品征收的一种税。关税的征税对象是进出境的货物、物品的流转额。我国的关税法律规范以《海关法》（1987 年第六届全国人大常委会第十九次会议通过，2000 年修正，2013 年第二次修正）、《中华人民共和国进出口关税条例》（国务院 2003 年 10 月通过，取代了 1992 年的旧条例，以下简称《进出口关税条例》），以及由国务院关税税则委员会审定并报国务院批准，作为条例组成部分的《中华人民共和国海关进出口税则》和《中华人民共和国海关入境旅客行李物品和个人邮递物品征收进口税办法》为基本法规，由负责关税政策制定和征收管理的主管部门依据基本法规拟定的管理办法和实施细则为主要内容。

依据海关总署 2004 年 12 月通过的《海关进出口货物征税管理办法》，海关应当按照《进出口关税条例》有关适用最惠国税率、协定税率、特惠税率、普通税率、出口税率、关税配额税率或者暂定税率，以及实施反倾销措施、反补贴措施、保障措施或者征收报复性关税等规定，确定进出口货物适用的税率。从 2006 年 1 月 1 日起，我国平均关税税率降到 9.9%。除了普通关税外，还存在特别关税。特别关税，是指在特定情况下一国政府为保护国内民族产业或维护民族尊严，针对特定的或来自特定国家的进口货物在一般进口税之外加征的一种临时进口附加税。特别关税主要包括反倾销税、反补贴税和报复性关税三种。

我国进口关税的税率采用复式税率，包括普通税率和优惠税率两种。对原产于未与中国订有关税互惠协议的国家或者地区的进口货物，按照普通税率征收关税；对原产于与中国订有关税互惠协议的国家或者地区的进口货物，按照优惠税率征收关税。我国对出口货物一般免征关税。

进出口货物，按照收货人或者他们的代理人申报进口或者出口之日实施的税率缴纳关税。进口货物到达前，经海关核准先行申报的，按照装载此项货物的运输工具申报进境之日实施的税率缴纳关税。进出口货物关税的补税和退税，按照该货物原申报进口或者出口之日所实施的关税税率办理。关税的应纳税额，以进出口货物的完税价格或应税数量为计税依据。

进口货物的收货人或其代理人，应当自运输工具进境之日起14日内向海关申报关税；出口货物的发货人应当在装货的24小时以前向海关申报关税。

【案例14—5】　　　　确定出口货物完税价格案

某公司向境外出口一批货物，成交价格（按CIF成交）折合人民币4 410万元。另支付承运方——A远洋运输公司运费280万元，支付承保方D保险公司保险费60万元，该货物出口关税税率为10%。但是因为该公司申报关税时错误确定完税价格而漏交关税。

出口货物成交价格如为境外口岸的到岸价格时，应先扣除运费、保险费后，再按法定公式计算完税价格。本案例中完税价格＝离岸价格÷（1＋出口税率）＝（到岸价格－运费－保险费）÷（1＋出口税率）＝（4 410－280－60）÷（1＋10%）＝3 700（万元）。

所以，应纳关税税额＝3 700×10%＝370（万元）。

四、财产税法

财产税是指以国家规定的纳税人的某些特定财产数量或价值额为征税对象的一类税。财产税一般包括房产税、遗产与赠与税、契税等。目前，我国遗产与赠与税尚未开征。

我国现行财产税法规主要有《中华人民共和国房产税暂行条例》和《中华人民共和国契税暂行条例》。其中，房产税是指以房产为征税对象，按照房产的计税余值或房产的租金收入为计税依据，向房产的所有人或使用人征收的一种财产税。其纳税人是房屋产权的所有人，从价税率为1.2%，从租税率为12%。契税是以财产所有权发生转移变动的不动产为征税对象，向产权承受人征收的一种财产税。其纳税人是在我国境内转移土地、房屋权属的单位和个人，设3%～5%的幅度税率，依不同情况而定。

五、行为税与特定目的税法

行为税是以某种特定行为的发生，对行为人加以课税为目的的一种税。我国现行的行为税法规主要有《中华人民共和国印花税暂行条例》《中华人民共和国城市维护建设税暂行条例》等。

印花税是指对经济活动中书立、领受具有法律效力的凭证的行为征收的一种税。该税以在凭证上粘贴印花税票的办法作为完税的标志，故称印花税。印花税纳税人分为立合同人、立据人、立账簿人和领受人。其税率为0.005%、0.03%、0.05%、0.1%四个档次的比例税率。其定额税率为每件5元。另外，证券（股票）交易印花税的税率经过多次调整，自2008年9月19日起，修改为单边征收0.1%的比率税率。

城市维护建设税是向缴纳增值税、消费税、营业税的单位和个人，以其实际缴纳的增值税、消费税、营业税税额为依据征收的一种税。其税率按纳税人所在地实行差别比例税率：市区为7%；县城、建制镇为5%；其他地区为1%。

六、资源类税法

资源类税是国家对我国境内从事资源开发、利用的单位和个人，就其资源生产和开发条件的差异而形成的级差征收的一类税。资源类税包括资源税、土地增值税、城镇土地使用税和耕地占用税等。我国现行的资源税法规主要有《中华人民共和国资源税暂行条例》《中华人民共和国土地增值税暂行条例》《中华人民共和国城镇土地使用税暂行条例》《中华人民共和国耕地占用税暂行条例》等。

资源税是对在我国境内开采应税矿产品及生产盐的单位和个人，因其资源条件差异所形成的级差收入征收的一种税。现行资源税对所有应税资源都实行有幅度的定额税率。在税目设置上将各种应税资源设置了7个税目，税目不同税率不同。如原油税额幅度为销售额的6%～10%；黑色金属矿原矿为2元/吨～30元/吨。

土地增值税是以在我国境内转让国有土地使用权、地上的建筑物及其附着物所取得的增值收入为征税对象的一种税，采用四级超率累进税率。土地增值额未超过扣除项目金额50%的部分为30%的税率；土地增值额超过扣除项目金额50%～100%的部分为40%的税率；土地增值额超过扣除项目金额100%～200%的部分为50%的税率；土地增值额超过扣除项目金额200%的部分为60%的税率。

城镇土地使用税是对在城市、县城、建制镇和工矿区范围内使用土地的单位和个人，按其实际占用的土地面积和规定的土地等级征收的一种级差资源税。它采用分类定额幅度税率，即按大、中、小城市和县城、建制镇、工矿区分别规定每平方米土地使用税的年税额。如大城市为每平方米年税额为1.5元～30元，中等城市为1.2元～24元；小城市为0.9元～18元。

耕地占用税是对占用耕地建房或从事其他非农业建设的单位和个人按其实际占用的耕地面积征收的一种税。它以纳税人实际占用的耕地面积为计税依据，从量定额征收，实行一次征收的办法。其税率为地区差别幅度定额税率，如人均耕地面积在1亩以下的地区，每平方米10元～50元；人均耕地面积在3亩以上的地区，每平方米5元～25元。

第六节　税收征管法律制度

税收征收管理制度是税务机关对纳税人依法征税和进行税务监督管理的法律规范的总称。《税收征收管理法》及其实施细则和各种实体税法中的征收征管条款构成了我国税收征收管理法的表现形式。

我国现行的《税收征收管理法》是2013年6月29日第十二届全国人大常委会第三次会议修订后的《税收征收管理法》，于2013年11月8日起施行。该法共6章、94条，与第二、三两次修订之前相比，内容更为全面和深入，规范更为详尽和具体，标志着我国税收征管法制建设进入了一个新的历史时期。2015年4月24日第十二届全国人大常委会第十四次会议《关于修改〈中华人民共和国港口法〉等七部法律的决定》，又对《税收征收管理法》第33条作出了修改。①

一、税收征管机关

税收征管机关有国家税务局、地方税务局、地方财政局和海关等。

1. 国家税务局系统主要负责下列主要税种的征收和管理：（1）增值税；（2）消费税；（3）中央企业所得税；（4）铁路、保险总公司、各银行及其他金融企业的营业税、所得税；（5）资源税；（6）外商投资企业和外国企业的各项税收及外籍人员缴纳的个人所得税；（7）证券交易税。

2. 地方税务局系统主要负责下列各税的征收和管理：（1）营业税；（2）个人所得税；（3）城建维护税；（4）资源税；（5）地方企业所得税；（6）城镇土地使用税；（7）按地方营业税附征的教育税附加；（8）各种行为税类等。

3. 目前，在部分地区的地方财政局负责下列各税的征收和管理：（1）耕地占用税；（2）契税。

4. 海关主要负责关税和海关代征税收的征收管理。

二、税务管理

税务管理包括税务登记管理、账簿、凭证管理和纳税申报管理三个部分。

（一）税务登记管理

又称纳税登记，是指纳税人在领取营业执照后向税务机关申请办理书面登记的法律手续。从事生产、经营的纳税人（包括企业，企业在外地设立的分支机构和从事生产、经营的场所，个体工商户和从事生产经营的事业单位），自领取营业执照之日起30日内，应持有关证件，向税务机关申报办理纳税登记。税务机关应当自收到申报的当日办理登记并发给税务登记证件。

从事生产、经营活动的纳税人，税务登记内容发生变化的，自工商行政管理机关办理变更登记之日起30日内或者在向工商行政管理机关申请办理注销登记之前，持有关证件向税务机关申报办理变更或者注销税务登记。

从事生产、经营的纳税人应当按照国家有关规定，持税务登记证件，在银行或者其他金融机构开立基本存款账户和其他存款账户，并将其全部账号向税务机关报告。银行和其他金融机构应当在从事生产、经营的纳税人的账户中登录税务登记证件号码，并在税务登记证件中登录从事生产、经营的纳税人的账户账号。

（二）账簿、凭证管理

从事生产、经营的纳税人及扣缴义务人按照国务院财政、税务主管部门的规定设置账簿，根据合法、有效的凭证记账，进行核算。从事生产、经营的纳税人的财务、会计制度或者财务、会计处理办法，应当报送税务机关备案。

税务机关是发票的主管机关，负责发票印制、领购、开具、取得、保管、缴销的管理

---

① 将第33条修改为："纳税人依照法律、行政法规的规定办理减税、免税。地方各级人民政府、各级人民政府主管部门、单位和个人违反法律、行政法规规定，擅自作出的减税、免税决定无效，税务机关不得执行，并向上级税务机关报告。"

和监督。单位、个人在购销商品、提供或者接受经营服务以及从事其他经营活动中，应当按照规定开具、使用、取得发票。增值税专用发票由国务院主管部门指定的企业印制；其他发票，按照国务院税务主管部门的规定，分别由省、自治区、直辖市国家税务局、地方税务局指定企业印制。未经前述规定的税务机关指定，不得印制发票。

从事生产、经营的纳税人、扣缴义务人必须按照国务院财政、税务主管部门规定的保管期限保管账簿、记账凭证、完税凭证及其他有关资料，而不得伪造、变造或者擅自损毁。

(三) 纳税申报

纳税申报，是指纳税人或者扣缴义务人在法定期限内向税务机关报送纳税申报表、财务会计报表、代扣代缴、代收代缴税款报告表以及税务机关根据实际需要要求纳税人和扣缴义务人报送的其他有关资料的法律行为。

纳税人必须依照法律确定的申报期限、申报内容如实办理纳税申报，报送纳税申报表、财务会计报表以及税务机关要求报送的其他纳税资料。扣缴义务人必须依照法律确定的申报期限、申报内容如实报送代扣代缴、代收代缴税款报告表以及税务机关要求报送的其他有关资料。纳税人、扣缴义务人可以直接到税务机关办理纳税申报或者报送代扣代缴、代收代缴税款报告表，也可以按照规定采取邮寄、数据电文或者其他方式办理上述申报、报送事项。纳税人、扣缴义务人不能按期办理纳税申报或者报送代扣代缴、代收代缴税款报告表的，经税务机关核准，可以延期申报。

根据《个人所得税法》及其实施条例的规定，纳税义务人有下列情形之一的，应当按照规定到主管税务机关办理纳税申报：(1) 年所得 12 万元以上的；(2) 从中国境内两处或者两处以上取得工资、薪金所得的；(3) 从中国境外取得所得的；(4) 取得应纳税所得，没有扣缴义务人的；(5) 国务院规定的其他情形。年所得 12 万元以上的纳税义务人，在年度终了后 3 个月内到主管税务机关办理纳税申报。纳税义务人办理纳税申报的地点以及其他有关事项的管理办法，由国家税务总局制定。《个人所得税法》第 8 条所说的“全员全额扣缴申报”，是指扣缴义务人在代扣税款的次月内，向主管税务机关报送其支付所得个人的基本信息、支付所得数额、扣缴税款的具体数额和总额以及其他相关涉税信息。全员全额扣缴申报的管理办法，由国家税务总局制定。

三、税款征收

(一) 应纳税款的核定

应纳税款的核定是税务机关依照自己的职权，对纳税人的应纳税额在调查测定的基础上依法确定的行为。依据《税收征收管理法》的规定，纳税人有下列情形之一的，税务机关有权核定其应纳税额：(1) 依照法律、行政法规的规定可以不设置账簿的；(2) 依照法律、行政法规的规定应当设置账簿但未设置的；(3) 擅自销毁账簿或者拒不提供纳税资料的；(4) 虽设置账簿，但账目混乱或者成本资料、收入凭证、费用凭证残缺不全，难以查账的；(5) 发生纳税义务，未按照规定的期限办理纳税申报，经税务机关责令限期申报，逾期仍不申报的；(6) 纳税人申报的计税依据明显偏低，又无正当理由的。

另外，对于未按照规定办理税务登记的从事生产、经营的纳税人以及临时从事经营的纳税人，由税务机关核定其应纳税额，责令缴纳；不缴纳的，税务机关可以扣押其价值相当于应纳税款的商品、货物。扣押后缴纳应纳税款的，税务机关必须立即解除扣押，并归还所扣押的商品、货物；扣押后仍不缴纳应纳税款的，经县以上税务局（分局）局长批准，依法拍卖或者变卖所扣押的商品、货物，以拍卖或者变卖所得抵缴税款。

应纳税款核定的方法如下：（1）税务机关可以参照当地同类行业或者类似行业中经营规模和收入水平相近的纳税人的税负水平核定；（2）按照营业收入或者成本加合理的费用和利润的方法核定；（3）按照耗用的原材料、燃料、动力等推算或者测算核定；（4）按照其他合理的方法核定。

以上一种方法不足以正确核定应纳税额时，还可以同时采用两种以上的方法核定。

（二）税款征收方式

根据我国《税收征收管理法》及其实施细则的规定，税款征收方式有5种：

1. 查账征收。查账征收是由纳税人依据账簿记载，先自行计算缴纳，事后经税务机关查账核实，如有不符时，可多退少补。这种征收方式主要对已建立会计账册、会计记录完整的单位采用。

2. 查定征收。查定征收是由税务机关根据纳税人的生产设备等情况在正常生产条件下的生产销售情况，对其生产的应税产品查定产量和销售额，然后依率征收的一种方式。这种方式主要对生产不固定、账册不健全的单位采用。

3. 查验征收。查验征收是由税务机关派员对纳税申报人的应税产品进行查验，并贴上完税证、查验证或盖查验戳，凭证运销的方式。这种方式主要对零星、分散的高税率工业产品采用。

4. 定期定额征收。定期定额征收是先由纳税人自报生产经营情况和应纳税款，再由税务机关对纳税人核定一定时期的税款征收率或征收额，实行增值税或营业税和所得税一并征收的一种征收方式。这种方式主要对一些营业额、所得额难以准确计算的小型纳税人适用。

5. 其他征收方式。如代扣代缴、代收代缴、委托代征、邮寄申报纳税等。

（三）税收保全措施

税收保全是当纳税义务人或扣缴义务人未按规定的期限缴纳或者解缴税款，纳税担保人未按规定的期限缴纳所担保的税款时，税务机关所采取的冻结、扣押、查封其财产的行为。税务机关采取税收保全措施的条件是：（1）税务机关有根据认为从事生产、经营的纳税人有逃避纳税义务行为的，可在规定的纳税期之前，责令限期缴纳应纳税款；（2）税务机关在限期内发现纳税人有明显的转移、隐匿其应纳税的商品、货物以及其他财产或应纳税收入的迹象的，可以责成纳税人提供纳税担保；（3）纳税人不能提供纳税担保；（4）经县以上税务局（分局）局长批准。

税收保全措施有两种：（1）书面通知纳税人开户银行或者其他金融机构暂停支付纳税人的金额相当于应纳税款的存款；（2）扣押、查封纳税人的价值相当于应纳税款的商品、货物或者其他财产。

（四）强制执行措施

强制执行是在纳税义务人或扣缴义务人未按规定的期限缴纳或者解缴税款，纳税担保人未按照规定的期限缴纳所担保的税款，由税务机关责令限期缴纳，逾期仍未缴纳的情况下采用。强制执行措施包括两种：一是书面通知其开户银行或其他金融机构从其存款中扣缴税款；二是扣押、查封、拍卖其价值相当于应纳税款的商品、货物或者其他财产，以拍卖所得抵缴税款。

以上所称其他财产，包括纳税人的房地产、现金、有价证券等不动产和动产。税法规定个人及其所抚养家属维持生活所必需的住房和用品，不在扣押、查封、拍卖之列。但是，机动车辆、金银饰品、古玩字画、豪华住宅，或者一处以外的住房不属于个人及其所抚养家属维持生活所必需的住房和用品，因此都属于税务机关依法扣押、查封、拍卖之列。

（五）税款征收的优先权

当税务机关征收税款的行为和债权人请求清偿债务的行为同时存在时，征收税款优先于无财产担保的债权。也就是说，纳税人同时欠缴国家税款和债权人债务时，应优先缴纳所欠国家税款。如果纳税人已经以自己的财产为债权人设定了担保，那么有财产担保的债权可于缴税之前优先清偿。但是，税务机关征收税款优先于无财产担保的债权，法律另有规定的除外；纳税人欠缴的税款发生在纳税人以其财产设定抵押、质押或者纳税人的财产被留置之前的，税收仍然应当先于抵押权、质权、留置权执行。

纳税人欠缴税款，同时又被行政机关决定处以罚款、没收违法所得的，税收优先于罚款、没收违法所得。

【案例 14—6】 **税收优先权行使案**①

2003 年 10 月 10 日，浙江省龙泉市国税局接到市中级人民法院“债权申报通知”。该通知称，龙泉市中级人民法院已于 2003 年 7 月 1 日受理了龙泉市国税局辖区内某锅炉厂（国有企业）的破产申请，限龙泉市国税局在接到通知后 1 个月内申报债权。

龙泉市国税局接到法院通知后，经清理核实，该锅炉厂 2002 年 12 月 8 日所申报的 20 万元税款以及所欠涉税罚款 10 万元均未缴纳。在确定申报债权的数额时，龙泉市国税局税务干部们产生了分歧：

第一种意见认为：申报债权的数额应包括 20 万元税款、10 万元罚款及 2002 年 12 月 11 日起至 2003 年 10 月 10 日止 20 万元欠税所产生的税收滞纳金；

第二种意见认为：申报债权的数额应包括 20 万元税款及 2002 年 12 月 11 日起至法院判决生效日止 20 万元欠税所产生的税收滞纳金。

根据 2002 年最高人民法院《关于审理企业破产案件若干问题的规定》第 61 条第 1 款第 1 项关于“行政、司法机关对破产企业的罚款、罚金”不属于破产债权的规定，罚款不构成破产债权，因此申报债权数额不能包括涉税罚款。故欠税企业破产后，税务机关作为债权人申报债权的数额应为破产企业欠缴的税款和税款滞纳金（税款滞纳之日起至法院破产案件受理之日止的滞纳金），不包括罚款。

（六）税款征收的代位权和撤销权

税款征收的代位权，是指因欠缴税款的纳税人有怠于行使到期债权等行为，对国家税收造成损害的，税务机关可以依照合同法的相关规定，向人民法院请求以自己的名义代位行使纳税人的债权的权利。税款征收的撤销权，是指因欠缴税款的纳税人有放弃到期债权，或者无偿转让财产，或者以明显不合理的低价转让财产而受让人知道该情形等行为，

① 参见《企业破产，税收债权如何确定》，载《中国税务报》，2003－11－26。

对国家税收造成损害的，税务机关可以依照合同法的相关规定，请求人民法院撤销纳税人行为的权利。

按照《税收征收管理法》的规定，欠缴税款的纳税人有下列行为之一，并且对国家税收造成损害的，税务机关可以依法行使代位权、撤销权：（1）纳税人怠于行使到期债权的；（2）纳税人放弃到期债权的；（3）纳税人无偿转让财产的；（4）纳税人以明显不合理的低价转让财产而受让人知道该情形的。

税务机关依法行使税款征收的代位权和撤销权，对于国家而言，能够有力地追缴纳税人欠缴国家的税款，保证国家财政的需要，维护国家利益。对于税务机关自身而言，是法律所赋予的一种民事追索权，是对税务机关原有权利的一种延伸和扩展，这样就扩大了税务机关追缴税款的范围，提高了它行使民事权利的力度。而对于欠缴税款的纳税人而言，《税收征收管理法》第50条第2款规定："税务机关依照前款规定行使代位权、撤销权的，不免除欠缴税款的纳税人尚未履行的纳税义务和应承担的法律责任。"

（七）税款的退还、补缴和追征

1．税款的退还。税款的退还是指对于纳税人多缴的税款，税务机关应依法返还给纳税人。对此，《税收征收管理法》规定：纳税人超过应纳税额缴纳的税款，税务机关发现后应当立即退还；纳税人自结算缴纳税款之日起3年内发现的，可以向税务机关要求退还多缴的税款并加算银行同期存款利息，税务机关及时查实后应当立即退还；涉及从国库中退库的，依照法律、行政法规有关国库管理的规定退还。

2．税款的补缴。税款的补缴是指由于税务机关的责任致使纳税人、扣缴义务人未缴或少缴税款的，税务机关可以要求其补缴。这种情况是由于税务机关的责任所导致，因此税务机关可以要求未缴或少缴税款的纳税人、扣缴义务人补缴税款，但是不得加收滞纳金，而且法律规定，税务机关要求补缴的时间是3年以内，超过3年则不可再要求纳税人、扣缴义务人补缴。

3．税款的追征。税款的追征是指因纳税人、扣缴义务人失误而未缴或少缴税款的，税务机关可以追征税款。这种情况是由于纳税人、扣缴义务人自己的失误所致，例如计算错误等，责任完全在于纳税人、扣缴义务人一方，因此，对于这种情况造成的未缴或少缴税款，税务机关不仅应追征税款，还应追征滞纳金。追征的时间一般是3年，有特殊情况的，可以延长至5年。

另外，对偷税、抗税、骗税的，税务机关追征其未缴或者少缴的税款、滞纳金或者所骗取的税款，不受上述规定期限的限制。

（八）税款征收的滞纳金

纳税人、扣缴义务人应按照法律、行政法规规定或者税务机关确定的期限，缴纳或者解缴税款。纳税人因有特殊困难，不能按期缴纳税款的，经省、自治区、直辖市国家税务局、地方税务局批准，可以延期缴纳税款，但是最长不得超过3个月。

纳税人未按照规定期限缴纳税款的，扣缴义务人未按照规定期限解缴税款的，税务机关除责令限期缴纳外，从滞纳税款之日起，按日加收滞纳税款万分之五的滞纳金。

四、税务检查

税务检查是税收征收管理的一个重要环节。它是指税务机关依法对纳税人履行缴纳税款义务和扣缴义务人履行代扣、代收税款义务的状况所进行的监督检查。纳税人、扣缴义务人必须接受税务机关依法进行的税务检查，如实反映情况，提供有关资料，不得拒绝、隐瞒。税务机关依法进行税务检查时，有关部门和单位应当支持、协助。税务机关在检查中发现纳税人有逃避纳税义务行为，并有明显的转移、隐匿其应纳税的商品、货物以及其他财产或者应纳税的收入的迹象的，可以按照法律规定的批准权限采取税收保全措施或者强制执行措施。

【背景资料】　　　　加大税务检查力度，打击涉税违法犯罪①

在严查涉税大案要案"十五"期间，全国税务系统以整顿和规范税收秩序为契机，抓住要害，突出重点，点面结合，以点带面，集中力量查处了一批影响恶劣、危害严重的大案要案，有效地震慑了犯罪分子，遏制了违法犯罪案件蔓延的势头。同时，通过及时总结经验，发现作案规律，采取应对措施，弥补税收征管的漏洞，为国家挽回了巨额税收损失。国家税务总局采取有效措施，积极做好涉税违法犯罪大案要案的查处与督办工作。2001 年至 2005 年，仅由国家税务总局稽查局直接组织查办和督办的全国性涉税大案要案就达 1 016 起，查补收入（含补税、罚款、滞纳金）138 亿元。据不完全统计，2001 年至 2005 年各级税务机关向公安机关移送涉税违法犯罪案件共计 27 746 件，追究了犯罪分子的刑事责任；通过新闻媒体、税务公告等形式曝光涉税案件 39 258 件，产生了巨大的社会影响。据初步统计，"十五"期间，各级税务机关共计检查纳税人 714 万户，发现有问题的 349 万户，查补收入 1 322 亿元。

五、违反税法的法律责任

违反税法的法律责任，是指税收法律关系的主体因违反税法所应承担的法律后果。这种法律责任主要分为行政责任和刑事责任两种。行政责任，是指当事人违反税法，尚不构成犯罪的，由税务机关或其提请的有关部门依照行政程序所给予的行政制裁。刑事责任，是指当事人违反税法情节严重，并触犯刑法构成犯罪的，由司法机关对其进行的刑事制裁。

根据税法规定，违反税法的法律责任大致可分为四种情况：纳税人的法律责任、扣缴义务人的法律责任、税务人员和税务机关的法律责任及其他税务当事人的法律责任。下面主要介绍涉及企业的税收法律责任。

（一）违反税务管理规定的行为及其法律责任

企业违反税务管理规定，不按规定的期限申报办理、变更或者注销税务登记；不按规定设置、保管账簿或者保管记账凭证和有关资料；不按照规定将财务、会计制度或者财务、会计处理办法和会计核算软件报送税务机关备查；不按规定将其全部银行账号向税务机关报告；不按规定安装、使用税控装置，或者损毁、擅自改动税控装置，由税务机关责令限期改正，可以处 2 000 元以下的罚款；情节严重的，处 2 000 元以上 10 000 元以下的罚款。

（二）违反税款征收规定的行为及其法律责任

1. 违反纳税申报规定的行为及其法律责任。企业未按照规定的期限办理纳税申报和报

---

① 参见《严厉打击涉税违法犯罪，整顿和规范税收秩序》，载 http://www.chinatax.gov.cn/view.jsp?code=200603201541423381。

送纳税资料的，由税务机关责令限期改正，可以处2 000元以下的罚款；情节严重的，可以处2 000元以上10 000元以下的罚款。企业不进行纳税申报，不缴或者少缴应纳税款的，由税务机关追缴其不缴或者少缴的税款、滞纳金，并处不缴或者少缴的税款50%以上5倍以下的罚款。

2. 偷税行为的法律责任。纳税人伪造、变造、隐匿、擅自销毁账簿、记账凭证，或者在账簿上多列支出或者不列、少列收入，或者经税务机关通知申报而不申报或者进行虚假的纳税申报，不缴或者少缴应纳税款的，是偷税。企业偷税的，由税务机关追缴其不缴或者少缴的税款、滞纳金，并处不缴或者少缴的税款50%以上5倍以下的罚款；构成犯罪的，依法追究刑事责任。

3. 逃避追缴欠税的行为及其法律责任。企业欠缴应纳税款，采取转移或者隐匿财产的手段，妨碍税务机关追缴欠缴的税款的，由税务机关追缴欠缴的税款、滞纳金，并处欠缴税款50%以上、5倍以下的罚款；构成犯罪的，依法追究刑事责任。

4. 抗税行为及其法律责任。以暴力、威胁方法拒不缴纳税款的，是抗税。纳税人抗税的，除由税务机关追缴其拒缴的税款、滞纳金外，依法追究刑事责任。情节轻微，未构成犯罪的，由税务机关追缴其拒缴的税款、滞纳金，并处拒缴税款1倍以上5倍以下的罚款。

5. 逾期未缴税款行为及其法律责任。企业在规定期限内不缴或者少缴应纳税款，经税务机关责令限期缴纳，逾期仍未缴纳的，税务机关除依法采取强制执行措施追缴其不缴或者少缴的税款外，可以处不缴或者少缴的税款50%以上、5倍以下的罚款。

六、税务争议的处理

（一）对纳税争议的处理

纳税人、扣缴义务人、纳税担保人同税务机关在纳税上发生争议时，必须先依照税务机关的纳税决定缴纳或者解缴税款及滞纳金或者提供相应的担保，然后可以依法申请行政复议；对行政复议决定不服的，可以依法向人民法院起诉。

（二）当事人对处罚不服的处理

当事人对税务机关的处罚决定、强制执行措施或者税收保全措施不服的，可以依法申请行政复议，也可以依法向人民法院起诉。但当事人对税务机关的处罚决定逾期不申请行政复议也不向人民法院起诉、又不履行的，作出处罚决定的税务机关可以采取《税收征收管理法》规定的强制执行措施，或者申请人民法院强制执行。

【司考真题】

1. 根据《税收征收管理法》的规定，税务机关可以采取税收保全措施。税收保全措施适用于以下哪种纳税义务人？（单项选择题）

A. 从事生产经营的纳税人　　B. 非从事生产经营的纳税人

C. 扣缴义务人和纳税担保人　　D. 所有应履行纳税义务的纳税人

答案：A。

解析：参见《税收征收管理法》第38条。

2. 税务机关在实行税收保全措施和强制措施时，下列哪些财产或物品不在此类措施范围之内？（多项选择题）

A. 纳税人甲仅有的一套住房

B. 纳税人乙个人所有的金银首饰

C. 纳税人丙自用的私人汽车

D. 纳税人丁所有的单价在5 000元以下的生活用品

答案：AD。

解析：参见《税收征收管理法》第38条第3款、第40条第3款。实际上对于本题，考生即使没有记住法条，根据常识，也应该能选出答案。法律背后实质是正义、合理性，即使没有记住法，也可以根据一般法理推论得出答案。

3. 税务机关采取税收保全措施有着严格的适用条件。下列几种情况哪些属于税务机关采取税收保全措施必须满足的条件？（多项选择题）

A. 税务机关有根据认为纳税人有逃避纳税义务的行为

B. 纳税人不能提供纳税担保

C. 必须经过县级以上税务局（分局）长批准

D. 扣押、查封物品的价值，必须与纳税人应履行的纳税义务相当

答案：BCD。

解析：参见《税收征收管理法》第38条、第42条。

4. 下列关于税收保全与税收强制措施的哪些表述是错误的？（多项选择题）

A. 税收保全与税收强制措施适用于所有逃避纳税义务的纳税人

B. 税收强制措施不包括从纳税人的存款中扣缴税款

C. 个人生活必需的用品不适用税收保全与税收强制执行措施

D. 税务机关可不经税收保全措施而直接采取税收强制执行措施

答案：ABD。

解析：参见《税收征收管理法》第38条、第40条。

5. 李某是个人独资企业的业主。该企业因资金周转困难，到期不能缴纳税款。经申请，税务局批准其延期三个月缴纳。在此期间，税务局得知李某申请出国探亲，办理了签证并预订了机票。对此，税务局应采取下列哪一种处理方式？（单项选择题）

A. 责令李某在出境前提供担保

B. 李某是在延期期间出境，无须采取任何措施

C. 告知李某：欠税人在延期期间一律不得出境

D. 直接通知出境管理机关阻止其出境

答案：A。

解析：参见《税收征收管理法》第31条、第44条。

6. 某企业因计算错误，未缴税款累计达50万元。关于该税款的征收，下列哪些选项是正确的？（多项选择题）

A. 税务机关可追征未缴的税款　　B. 税务机关可追征滞纳金

C. 追征期可延长到5年　　D. 追征时不受追征期的限制

答案：ABC。

解析：参见《税收征收管理法》第52条。

7. 甲公司欠税40万元，税务局要查封其相应价值产品。甲公司经理说："乙公司欠我公司60万元货款，贵局不如行使代位权直接去乙公司收取现金。"该局遂通知乙公司缴纳甲公司的欠税，乙公司不配合；该局责令其限期缴纳，乙公司逾期未缴纳；该局随即采取了税收强制执行措施。关于税务局的行为，下列哪些选项是错误的？（多项选择题）

A. 只要甲公司欠税，乙公司又欠甲公司货款，该局就有权行使代位权

B. 如代位权成立，即使乙公司不配合，该局也有权直接向乙公司行使

C. 本案中，该局有权责令乙公司限期缴纳

D. 本案中，该局有权向乙公司采取税收强制执行措施

答案：ABCD。

解析：选项A说法错误：《税收征收管理法》第50条第1款规定，欠缴税款的纳税人因怠于行使到期债权，或者放弃到期债权，或者无偿转让财产，或者以明显不合理的低价转让财产而受让人知道该情形，对国家税收造成损害的，税务机关可以依照合同法第73条、第74条的规定行使代位权、撤销权。据此可知，税务局在甲公司怠于行使债权的情形下，才能行使代位权。

选项B说法错误：《合同法》第73条第1款规定，因债务人怠于行使其到期债权，对债权人造成损害的，债权人可以向人民法院请求以自己的名义代位行使债务人的债权，但该债权专属于债务人自身的除外。据此可知，代位权的主张必须通过诉讼的方式进行。

选项C、D说法错误：根据《税收征收管理法》第40条的规定，从事生产、经营的纳税人、扣缴义务人未按照规定的期限缴纳或者解缴税款，纳税担保人未按照规定的期限缴纳所担保的税款，由税务机关责令限期缴纳，逾期仍未缴纳的，经县以上税务局（分局）局长批准，税务机关可以采取强制执行措施。据此可知，责令限期缴纳和税收强制措施的对象是纳税人、扣缴义务人、纳税担保人，不包括纳税人的债务人，所以税务局对乙公司无权采取税收强制措施，无权责令其限期缴纳。

【问题与思考】

1. 税收收入高速增长背后的法律问题

“十五”期间，全国税收收入实现历史性突破。税收年收入在2001年、2003年、2004年分别突破15 000亿元、20 000亿元和25 000亿元，2005年超过30 000亿元，达到30 866亿元。5年共入库税款109 217亿元（不包括关税和农业税收，未扣除出口退税），年均增长19.5%，5年翻了一番多，平均增速是同期GDP增长速度的两倍多。税收增收额2001年、2003年分别超过2 500亿元、3 400亿元，2004年和2005年连续超过5 000亿元。

“十五”时期税收收入随着经济发展稳定较快增长，大大增强了国家财政实力，为各级政府增强公共服务和社会管理职能、全面建设小康社会提供了可靠的财力保证。税收是财政收入最主要的来源。国家运用税收筹集财政收入，通过预算安排用于财政支出，提供公共产品和公共服务，维护国家安全和社会稳定，加强基础设施建设，支持“三农”发展，促进科技、教育、文化、卫生等社会事业发展，建立健全社会保障体系，满足人民群众日益增长的物质文化等方面的需要。

思考：(1) 请从税收征收管理法的角度分析我国税收收入增长的具体原因何在。

(2) 请从经济法的角度分析税收收入增长的惊人速度是否合理，其与GDP增长速度之间存在何种关系。

(3) 在此税收收入高速增长的前提下，怎样平衡国家的财政权和公民的财产权？

(4) 税收收入高速增长是否能反映我国现行税种结构体系存在的问题？这给新一轮税制改革带来了哪些启示？

2. 关于燃油税开征的思考

2008年12月18日国务院印发了《关于实施成品油价格和税费改革的通知》。2009年1月1日起实施成品油税费改革，取消原在成品油价外征收的公路养路费、航道养护费、公路运输管理费、公路客货运附加费、水路运输管理费、水运客货运附加费等六项收费，逐步有序取消政府还贷二级公路收费；同时，将价内征收的汽油消费税单位税额每升提高0.8元。沉寂了14年之久的"成品油税费改革"终于"拔剑"了。然而这不是一个完结，而是一个开始。围绕着燃油税，我们还需思考，如何完善成品油价格和税费改革，规范政府收费行为，达到公平社会负担、促进节能减排和结构调整的目的，如何依法筹措交通基础设施维护和建设资金以及促进交通事业稳定健康发展，这些对于整个社会都具有重大而深远的意义。

思考：(1) 从"费改税"的角度，分析燃油税如何发挥其作用、如何促进节能减排。

(2) 燃油税的出台，最重要的是国内成品油价格改革，当前国内成品油价格高于国际水平，试分析国家应如何从宏观调控政策上逐步完成国内成品油价格与国际的接轨。

3. 关于废止《农业税条例》的思考

2005年12月29日，第十届全国人大常委会第十九次会议通过了《关于废止〈中华人民共和国农业税条例〉的决定》，国家不再针对农业单独开征税种。农业税退出历史舞台，这对于我国建设社会主义新农村具有划时代意义。

历史上的税费改革不止一次，但每次税费改革后，由于当时社会政治环境的局限性，农民负担在下降一段时间后又涨到一个比改革前更高的水平。明清思想家黄宗羲称之为"积累莫返之害"。我们称之为"黄宗羲定律"。有学者指出，废除了农业税，我们还需要努力，彻底走出"黄宗羲定律"的怪圈。

另外，有不少人大代表都提出来，"废止农业税条例要注意法律对接"。例如，取消农业税虽然减轻了农民的负担，但对于县、乡财政来说，却是一个很大的损失，因为农业税是地方税，地方收入的减少将会带来不少问题。再如，有代表担心农业税减免以后所带来的好处被其他方面的因素抵消，甚至还加重农民负担，比如农料、肥料等生产资料的涨价，还有一些其他费用的收缴，等等，这些问题应该引起各方面重视。

思考：(1) 请回顾我国农村税费改革的历程，分析我国废止《农业税条例》的重要意义。

(2)《农业税条例》废止之后，如何在财政转移支付制度、宏观调控政策等诸多方面进行完善，确保减轻农民负担的法律制度能够落到实处？

4.《个人所得税法》进一步改革的问题

2005年9月27日，全国人大常委会就《个人所得税法》规定的工资、薪金所得税前扣除额调整问题举行了新中国首次立法修改听证会。2005年10月27日修正通过的《个人所得税法》将该标准由800元提升为1 600元，2008年进一步上调到2 000元。当然，这只是一次局部的修改，关于个人所得税法究竟采取何种税制模式，依然是其进一步改革要解决的重要问题。世界各国目前采用的是分类所得税制、综合所得税制和分类综合（混合）所得税制共三种个人所得税制。

思考：(1)《个人所得税法》修改的立法听证会对我国立法民主进程具有哪些重要

意义？

（2）对于我国来说，应采取何种个人所得税制较为合适？如果选择了其中一种所得税制，会对税收征管产生怎样的影响？税收征管的难易程度是否会影响个人所得税制的选择？

5. 增值税课征模式的选择问题

世界各国目前采取的有消费型、收入型和生产型等三种增值税的课征模式，这三种增值税的课征模式各有利弊之处。

思考：（1）上述三种课征模式具有的区别何在？

（2）我国现行的是何种课征模式？选择何种增值税的课征模式较为符合我国的实际情况？请评估一下这种课征模式的选择将对我国税收收入的增长规模和增值税纳税人产生怎样的影响。

6. 对非法收入征税的问题

根据财政部、国家税务总局于2006年1月发布的《关于加强教育劳务营业税征收管理有关问题的通知》（财税［2006］3号）的规定，国内学校超过规定收费标准的收费，以各种名义为由另外收取的费用以及各种赞助费、支教费等超过规定范围的收入，不属于免征营业税的教育服务收入，应当按照有关税法的规定征收营业税。该规定的公布引起了轩然大波。有学者甚至提出，加征“择校税”，可能成为学校乱收费的“法律依据”，从而导致学校乱收费合法化，让“超过规定收费标准的收费以及学校以各种名义收取的赞助费、择校费等”变得名正言顺。另有学者则认为，税务机关根据税法的规定进行征税，无须也无权判断收入的合法性，税务机关的征税行为不是道德判断的行为，更不会是合法性的认可。

思考：对非法收入的课税，是否将表明国家对此种收入的合法性的认可？或者说，国家对某种收入的征税是否表示此种收入是法律所认可的合法收入？

7. 对遗产税开征与否的思考

2006年8月11日，国家信息中心经济预测部在其一份名为“收入分配体制改革：一场静悄悄的革命”的报告中称，中国开征遗产税的时机已经成熟。不久之后，一份民众调查结果显示，合计有70.5%的人反对马上开征遗产税。2009年3月，被称为“中国首善”的陈光标向全国“两会”提交提案，呼吁向富人征收遗产税。陈光标认为，富人应该缴纳遗产税，至于这个遗产税的比率，至少应为60%。陈光标在提案中将征收遗产税的对象从全体国民缩小到富人群体，这样的提案将赢得广大民众的支持。但是也有不少反对者认为，尽管目前世界上有一百多个国家和地区征收遗产税，但“取消”正在成为一种趋势。2006年2月11日，香港取消遗产税。而在此前，意大利、瑞典、印度、马来西亚、新西兰及澳大利亚已先后取消这个税种。可见，对于是否开征遗产税，争议仍然很多。

思考：（1）在我国遗产税能否作为社会财富再分配的一项手段，有效缩小社会成员间的贫富差距？

（2）反对开征遗产税的人认为，征收个人所得税所需要的相关信息很不完善，因此开征条件并不成熟。试分析在个人所得税征收上如何完善个人财产信息的申报和收集。对于个人财产信息的收集在一定程度上增加了税收征管成本、降低了税收征管效率，试分析如何平衡税收效率与税收公平。

8. 论税收法定的重大意义

2015 年 3 月 18 日，修改后的《中华人民共和国立法法》，对税收法定原则进行了明确和细化，规定“税种的设立、税率的确定和税收征收管理等税收基本制度”只能由法律规定。

思考：(1) 为什么说这是贯彻落实税收法定原则的关键性一步？

(2) 对推动我国税收法治的建立和完善的意义。

(3) 税收法定使公民财产权利将得到更好保护。

第十五章

金融调控法律制度

参考文献

(一) 著作

1. 徐孟洲．金融法．3版．北京：高等教育出版社，2014
2. 吴志攀主编．金融法概论．5版．北京：北京大学出版社，2011
3. 朱大旗．金融法．2版．北京：中国人民大学出版社，2015
4. 王文宇．新金融法．北京：中国政法大学出版社，2003
5. 徐孟洲．金融监管法研究．北京：中国法制出版社，2008
6. 朱崇实主编．金融法教程．3版．北京：法律出版社，2011
7. 王广谦主编．中央银行学．3版．北京：高等教育出版社，2011

(二) 论文

1. 徐孟洲，郑人玮．我国银行危机救助法律制度的缺陷及其改进．中央财经大学学报，2004 (2)
2. 刘志云，卢炯星．金融调控法与金融监管法关系论．西南政法大学学报，2005 (4)
3. 周仲飞．最后贷款人制度的比较法研究．法学家，2005 (3)
4. 杨松．金融调控的法律问题分析．社会科学战线，2004 (6)
5. 侯怀霞．论法律的边界——以央行的宏观调控权为例．社会科学，2010 (12)

参考法规

1. 《中华人民共和国中国人民银行法》(2003年修正)
2. 《中华人民共和国外汇管理条例》(2008年修订)

3. 中国人民银行《关于加强存款准备金管理的通知》(2004 年)
4. 中国人民银行《关于改革存款准备金制度的通知》(1998 年)
5. 《中国人民银行货币政策委员会条例》(1997 年)

引例　美联储运用金融调控手段应对次贷危机

2007 年美国爆发次贷危机后，美国联邦储备委员会采取了一系列措施调控金融市场。在金融调控方面，主要的政策手段为降低联邦基金目标利率和向金融市场注资以增加金融市场的流动性。与美联储从 2004 年 6 月至 2006 年 6 月连续 17 次加息形成对比，危机爆发后美联储急剧降低联邦基金利率(参见表 15—1)。

表 15—1

日期	下降 (基点)	利率 (%)
2007 年		
9 月 18 日		4.75
10 月 31 日	25	4.50
12 月 11 日	25	4.25
2008 年		
1 月 22 日	75	3.50
1 月 30 日	50	3.00
3 月 18 日	75	2.25
10 月 8 日	75	1.5
10 月 29 日	50	1

同时，美联储不断向金融系统注入大量资金。如在 2007 年 8 月 10 日，美联储纽约分行通过 3 项回购操作，购买包括抵押贷款支持债券在内的总额高达 380 亿美元的证券，创“9·11 事件”以来最大的临时基金使用额；2007 年 8 月 17 日，美联储以优惠条件直接向银行提供贷款；2007 年 8 月 29 日，美联储通过隔夜回购协议再次向银行系统注入 52.5 亿美元临时储备金，美联储接受的抵押品包括 46.8 亿美元的抵押支持证券，3.69 亿美元的企业债和 2 亿美元的国债；2008 年 3 月 11 日，美联储宣布将扩大证券借贷项目，向其一级交易商出借最多 2 000 亿美元的国债；同时，美联储还表示将与欧洲央行、瑞士央行的临时性互惠货币安排的规模提高，该计划名为定期证券借贷安排 (Term Securities Lending Facility)，目的是促进美国国债和其他抵押品市场的流动性；2008 年 10 月 8 日，美联储宣布大量购买企业短期债——短期无担保商业票据。

第一节 金融调控法概述

金融，是货币资金融通的简称，是以银行等金融机构为中心的信用活动以及在信用基础上组织起来的货币流通。在市场经济条件下，金融联结着生产、交换、分配和消费等各个环节，是社会生产和再生产活动的有机组成部分。由金融活动产生的金融关系是与货币流通和银行信贷相联系的经济活动中形成的一类经济关系，对金融关系进行法律调整的制度包括金融调控法律制度和金融服务业经营法律制度。其中，金融调控法律制度，就是规定金融调控机构的性质、地位、职责、金融调控的方法、工具以及法律责任等的一系列法律制度，它是国家经济宏观调控法律制度的重要组成部分。

一、金融调控与金融调控法

金融调控是指中央银行依照法律，通过制定和实施货币政策等手段实现的宏观调控，它是经济宏观调控中最重要的一种手段。金融调控具有如下特征：

（一）金融调控主体是中央银行

由于金融调控关乎一国经济的稳定、健康发展，各国通常规定金融调控主体为中央银行。中国人民银行是我国的中央银行，依照《中国人民银行法》第2条第2款的规定，中国人民银行在国务院领导下，制定和执行货币政策，防范和化解金融风险，维护金融稳定。中国人民银行是我国的金融调控主体。

（二）金融调控的目的是实现宏观经济总量均衡、协调发展

金融调控是通过中央银行适度干预金融市场的货币供给量，以实现宏观经济总量均衡、协调发展。货币政策是一种长期性宏观经济政策，是以调节社会总需求为目标的间接性控制措施。

（三）金融调控的手段以货币政策为核心

货币政策，是指中央银行为实现特定的经济目标所采取的各种控制和调节货币供应量或信用量，进而影响宏观经济的方针、政策和措施的总称。制定和实施国家货币政策是中央银行完成其任务和实现其调控职能的核心所在。

（四）金融调控必须依法进行

中央银行必须在法定的权限内，按照法定程序，制订和执行金融调控方案，金融调控必须在法律规定的范围内运行。

金融调控法是调整中央银行在控制与调节货币供给量、利率、贷款量等过程中发生的金融宏观调控关系的法律规范系统。金融调控法以金融调控关系为调整对象，确定金融调控机构的性质、地位、职责，明确金融调控的目标与手段及金融调控的原则、工具以及法律责任等。金融调控法与金融服务业经营法共同构成金融法的体系，金融调控法是一国宏观调控法的重要组成部分，其对于维持社会总需求与总供给的平衡，实现国家宏观经济目标，保证国民经济稳定、健康、协调发展具有重要作用。

二、我国的金融调控立法

金融调控法律规范集中表现在一国的中央银行法中。1993年3月18日八届全国人大三次会议通过，并于2003年12月27日第十届全国人大常委会第六次会议修改的《中华人

民共和国中国人民银行法》(以下简称《中国人民银行法》),是我国金融调控法的主要规范性文件。在《商业银行法》《银行业监督管理法》中,为执行货币政策、防范和化解金融风险、维护金融稳定,而对存贷利率、同业拆借、境外借款、系统性银行业风险等作了规定;在《中华人民共和国外汇管理条例》(以下简称《外汇管理条例》)中,为执行货币政策、保持国际收支平衡,而在人民币汇率和外汇市场调控方面作了规定。上述金融法律和法规都是我国金融调控法的表现形式,但从总体而言,《中国人民银行法》是金融调控法的核心。

【背景资料】 **金融调控与金融监管**①

金融调控是指中央银行依照法律,通过制定和实施货币政策等手段实现的宏观调控,它是经济宏观调控中最重要的一种手段。而金融监督管理,简称金融监管,是指中央银行和金融管理机关对商业银行以及其他金融机构的组织和经营活动进行的监督管理。金融调控与金融监管共同体现了国家对经济的干预,但二者分属宏观调控领域和经营监管范畴,前者重在实现社会总需求与社会总供给之间的平衡;后者追求经济安全、控制金融风险和抵御金融危机。在主体方面,金融调控的主体是单一的,而金融监管的主体则多样化;在具体方法方面,金融调控采取综合多样的方法,有直接的方法如信贷计划、利率限额等,也有间接的方法如道义劝告、窗口指导等,而金融监管的方法较为单一,即限制和约束。

三、金融调控法在市场经济中的作用

在市场经济条件下,金融联结着生产、交换、分配和消费等各个环节,是社会生产和再生产活动的有机组成部分。无论是货币的发行和流通,还是金银、外汇以及有价证券等的买卖;无论是对社会公众存款的吸收,还是向企事业单位发放各种期限的贷款,这些货币资金融通的基本表现形式都属于金融活动的范畴。世界各国的经济实践表明,金融已经成为现代经济的核心,其在市场经济活动中发挥着不可替代的重要作用,其不但是资金运动的“信用中介”,而且是提高生产力发展水平的“黏合剂”和“催化剂”,是各国对其本国经济运行进行宏观调控的重要经济杠杆。

金融调控法作为调整中央银行在控制与调节货币供给量、利率、贷款量等过程中发生的金融宏观调控关系的法律规范系统,在市场经济中的作用主要表现在:

1. 防范和化解金融风险,维护金融稳定

金融调控法通过确定金融调控机构的性质、地位、职责,明确金融调控的目标与手段及金融调控的原则、工具以及法律责任等,促进金融调控目标的达成。中国人民银行是我国的金融调控主体,其进行金融调控的手段是以货币政策为核心,依照《中国人民银行法》第 2 条第 2 款的规定,在国务院领导下,制定和执行货币政策,防范和化解金融风险,维护金融稳定。可见,防范和化解金融风险,维护金融稳定,既是中央银行金融调控的目标,也是金融调控法的作用。

---

① 参见李昌麒、刘瑞复主编:《经济法》,241 页,北京,法律出版社,2004。

2. 维持社会总需求与总供给的平衡，实现国家宏观经济目标，从而保证国民经济稳定、健康、协调发展

市场经济的发展使得金融业愈显突出，以至于有人说，市场经济就是金融经济。金融调控主要是国家金融主管机关或授权机关为稳定金融市场，以引导资金流向、控制信用规模为目的，对有关的金融变量实行调节和控制。金融调控是国家宏观经济调控的重要组成部分，金融调控法律制度的各项具体制度——货币政策制度、存款准备金制度、基准利率制度、再贴现制度、再贷款制度、公开市场操作制度等，都是从宏观上和总量上对金融市场进行调控，所以说，金融调控法在市场经济中发挥着维持社会总需求与总供给的平衡，实现国家宏观经济目标，保证国民经济稳定、健康、协调发展的作用。

第二节 中央银行法律制度

金融调控是中央银行的基本职能之一，中央银行法是金融调控法的最主要的法律渊源，在金融调控法律制度体系中占有核心地位。

一、中国人民银行的法律地位和职责范围

中央银行产生于17世纪后半期，而中央银行制度的形成，则在19世纪初期。从1656年瑞典银行成立到1913年美国联邦储备体系形成，中央银行制度的建立经历了二百六十多年。中国的中央银行萌芽于20世纪初，于1904年清朝政府设立户部银行，1908年更名为大清银行，经理国库，发行纸币，部分地承担了中央银行的职责。1927年国民党政府制定《中央银行条例》，于1928年成立中央银行。新中国的中央银行是中国人民银行。1983年国务院作出决定：中国人民银行专门行使中央银行职能。1986年1月7日，国务院发布《银行管理暂行条例》，该条例从法律上确认了中国人民银行的中央银行地位。1995年3月18日八届全国人大三次会议通过并公布实施了《中国人民银行法》，从而以基本法律的形式确立了中国人民银行的性质、地位和职责，促进了我国中央银行体制的完善，对于保障中国人民银行制定和执行货币政策的科学性、权威性，保证金融体系稳健运行具有重大意义。

为了进一步健全金融监管体制，十届全国人大一次会议通过了《关于国务院机构改革方案的决定》，国务院决定设立银监会，统一监管银行、金融资产管理公司、信托投资公司等银行业金融机构。第十届全国人大常委会第六次会议于2003年12月27日通过了《全国人民代表大会常务委员会关于修改〈中华人民共和国中国人民银行法〉的决定》，对《中国人民银行法》作了修改。自此，中国人民银行不再履行金融监管职责，其职能主要是制定和执行货币政策，不断完善有关金融机构的运行规则，更好地发挥作为中央银行的宏观调控和防范与化解金融风险的作用。

（一）中国人民银行的法律地位

《中国人民银行法》第2条规定："中国人民银行是中华人民共和国的中央银行。中国人民银行在国务院领导下，制定和执行货币政策，防范和化解金融风险，维护金融稳定。"中国人民银行是代表国家进行金融管理和金融调控的特殊金融机构，是保证货币政策制定和执行的国家机关，在我国金融活动中处于金融组织体系的核心地位。

【司考真题】

下列关于中国人民银行执行货币政策的表述哪个是正确的？（单项选择题）

A. 中国人民银行在全国人民代表大会领导下独立执行货币政策

B. 中国人民银行在全国人民代表大会领导下与国家财政部共同执行货币政策

C. 中国人民银行在国务院领导下独立执行货币政策

D. 中国人民银行在国务院领导下与国家财政部共同执行货币政策

答案：C。

中国人民银行是我国的中央银行，是国家的发行银行、政府银行、储备银行以及银行的银行。所谓发行银行是指中国人民银行享有人民币的独占发行权，且法律规定人民币是我国唯一的法定货币；政府银行是指中国人民银行代表国家贯彻执行金融政策，代为管理国家财政收支并为政府提供各种金融服务，由中央人民政府即国务院领导；储备银行是指中国人民银行享有持有、管理、经营国家外汇储备和黄金储备的权力；银行的银行主要是指中国人民银行以商业银行等为业务对象，保管其存款准备金、发放再贷款、提供清算服务等。

中国人民银行的全部资本属于国家所有，在国务院领导下依法独立执行货币政策，履行职责，开展业务，不受地方政府、各级政府部门、社会团体和个人的干涉。为保证中国人民银行的独立性，法律还规定，财政不得向中国人民银行透支；中国人民银行不得直接认购、包销政府债券，不得向各级政府贷款；中国人民银行实行独立的财务预算管理体制，其预算经国务院财政部门审核后，纳入中央预算，接受国务院财政部门的预算执行监督。

【背景资料】 **中央银行的独立性问题**

中央银行独立性的问题实质就是如何处理中央银行和政府之间的关系的问题。中央银行独立性问题的提出，最早是要使其与一般商业银行相对脱离，不以营利为目的，而专注于中央银行业务。但随着国家对中央银行影响和干预的加强，中央银行日益沦为“政府的工具”，以至于其固有的职能难以实现。因此，目前各国中央银行的独立性主要是强调中央银行与政府之间的相对独立。确立独立性原则的理由主要有两点：（1）独立的中央银行是稳定货币的必要保障；（2）独立的中央银行是避免政党政治弊病，制衡政府过热经济决策倾向的重要力量。[①]

通观世界各个国家的具体做法，中央银行独立性的模式主要有4种：（1）中央银行直接对国会负责，具有较强的独立性。德国、美国等最为典型。（2）中央银行名义上隶属财政部但具有相对独立性。英国最为典型，素有中央银行鼻祖之称的英格兰银行是这种模式的代表。（3）中央银行隶属财政部，独立性较小。韩国以及1998年以前的日本较为典型。（4）中央银行隶属政府，与财政部并列。我国中央银行的独立性就是这种模式。

中国人民银行的独立只是相对的独立，即独立于地方政府、各政府部门、社会团体和个人。《中国人民银行法》第7条规定：中国人民银行在国务院领导下依法独立执行货币政策，履行职责，开展业务，不受地方政府、各级政府部门、社

① 参见朱大旗：《金融法》，48页，北京，中国人民大学出版社，2000。

会团体和个人的干涉。

而中国人民银行对于中央政府则具有一定的行政隶属性，主要表现在：《中国人民银行法》第2条第2款规定：中国人民银行在国务院领导下，制定和实施货币政策，防范和化解金融风险，对金融业实施监督管理。第5条规定：中国人民银行就年度货币供应量、利率、汇率和国务院规定的其他重要事项作出的决定，报国务院批准后执行。第10条规定：中国人民银行的行长人选由国务院总理提名，由全国人民代表大会决定；副行长由国务院总理任免。第12条规定：中国人民银行设立货币政策委员会，其职责、组成和工作程序，由国务院规定，报全国人大常委会备案。这些规定决定了中国人民银行在履行其核心职责（制定和执行货币政策）时无法独立于政府。

对于中国人民银行应隶属国务院还是隶属全国人民代表大会（或其常委会），以及如何从立法上保证它的独立性问题，主要有如下三种观点：第一，中国实行的市场经济还带有一定计划性，国家具有组织、领导、管理经济的职能，国家经济发展的战略与总体目标由中央决定，全国经济工作的开展则是由国务院统一组织和领导。在政府长远的总体经济目标与近期经济发展意图上，国务院和全国人民代表大会不会也不可能存在重大分歧，规定中国人民银行作为中央银行是国务院的组成部分，同财政部平行，直接受国务院领导，在中国社会主义制度下，不存在中央银行受不同党派和集团的利益所左右的问题。第二，中国人民银行要对政府机构保持独立性，须直接隶属全国人民代表大会（成其常委会），接受其管理和监督，在其指导下独立地制定和执行金融政策。这样会在某种程度上增强中国人民银行相对独立性，可以使中国人民银行不受政府短期经济政策的局限与随着短期经济政策摆动而摆动，减弱来自于外界对中央银行执行货币政策、控制货币供应和信贷规模的影响。第三，从中国国情出发，在政治体制未作相应改革的情况下，加强中国人民银行的独立性不在于中国人民银行是直接隶属全国人民代表大会还是直接隶属国务院，二者没有实质性的区别，任何人不得超越法律程序对中央银行进行干预。①

通过立法加强中央银行独立性已经成为世界各国加强中央银行独立性的普遍做法，支持中央银行相对政府保持独立性的学者，也借鉴了这一国际趋势的经验。有学者认为，我国可以从以下几个方面确立和保障中央银行的独立性：从立法上确定中国人民银行独立的法律地位，改变其隶属国务院的状况，使之直接对全国人大常委会的财经委员会（或成立专门的金融委员会）负责；修改《中国人民银行法》有关规定，使货币政策委员会成为中国人民银行制定和执行货币政策的决策机构；增设中国人民银行执行理事会，由总行行长、副行长及重要职能部门主管组成，改变中国人民银行行长个人负责的状况；《中国人民银行法》第七章规定的法律责任还缺乏切实配套的实施细则，应予完善。还有学者提出，应建立信息公开制度，提高货币政策的透明度。②

---

① 参见赵福军：《浅析中央银行独立性地位》，载 http://article1.chinalawinfo.com/article/user/article_display.asp?ArticleID=22315。

② 参见张炜主编：《银行业法制年度报告（2005）》，201～203页，北京，法律出版社，2006。

（二）中国人民银行的职责范围

按照《中国人民银行法》第 4 条的规定，中国人民银行依法履行下列 13 项职责：(1) 发布与履行职责有关的命令和规章；(2) 依法制定和执行货币政策；(3) 发行人民币，管理人民币流通；(4) 监督管理银行间同业拆借市场和银行间债券市场；(5) 实施外汇管理，监督管理银行间外汇市场；(6) 监督管理黄金市场；(7) 持有、管理、经营国家外汇储备、黄金储备；(8) 经理国库；(9) 维护支付、清算系统的正常运行；(10) 指导、部署金融业反洗钱工作，负责反洗钱的资金监测；(11) 负责金融业的统计、调查、分析和预测；(12) 作为国家的中央银行，从事有关的国际金融活动；(13) 国务院规定的其他职责。

中国人民银行应当组织或者协助组织银行业金融机构相互之间的清算系统，协调银行业金融机构相互之间的清算事项，提供清算服务。上述所称银行业金融机构，是指我国境内的商业银行、城市信用合作社、农村信用合作社等吸收公众存款的金融机构和政策性银行。在我国境内设立的金融资产管理公司、信托投资公司、财务公司、金融租赁公司以及经国务院银行业监督管理机构批准设立的其他金融机构，适用《中国人民银行法》对银行业金融机构的规定。

中国人民银行依法监测金融市场的运行情况，对金融市场实施宏观调控，促进金融业的稳定、协调与健康发展。

二、人民币的发行和管理

（一）人民币的法律地位

《中国人民银行法》规定："中华人民共和国的法定货币是人民币。"这一规定表明了人民币的法律地位，即它是我国境内流通使用的唯一合法货币。作为法定支付手段，以人民币支付我国境内的一切公共的和私人的债务，任何单位和个人不得拒收。我国实行独立、统一、稳定的货币政策，国家禁止金银、外币在国内市场自由流通。

（二）人民币的发行

人民币发行是指中国人民银行向流通领域投入人民币现金的行为。发行人民币、管理人民币流通是《中国人民银行法》赋予中国人民银行的职责之一。《中国人民银行法》明确规定："人民币由中国人民银行统一印制、发行。"

由于人民币的发行是基础货币的投放，它直接关系着货币币值的稳定、关系着整个国民经济的稳定，所以，长期以来，我国对人民币的发行坚持实行集中统一发行、计划发行和经济发行的原则，以保障正常的货币金融秩序。

（三）人民币的管理

《中国人民银行法》对人民币管理的规定主要有：禁止伪造、变造人民币；禁止出售、购买伪造、变造的人民币；禁止运输、持有、使用伪造、变造的人民币；禁止故意毁损人民币；禁止在宣传品、出版物或者其他商品上非法使用人民币图样；任何单位和个人不得印制、发售代币票券，以代替人民币在市场上流通；残缺、污损的人民币，按照中国人民银行的规定兑换，并由中国人民银行负责收回、销毁。2000 年 2 月，国务院发布了《人民币管理条例》(2014 年有修改)。

三、中国人民银行的业务范围

按照《中国人民银行法》的规定，中国人民银行的业务活动主要有：依法制定和执行货币政策、对金融业实施必要的监督和管理、提供金融服务等。

中国人民银行金融业务活动的特点是：不以营利为目的，不经营商业银行业务，不与商业银行竞争，不直接对一般工商企业和个人提供服务，而是以执行货币政策、保证货币政策目标实现为指导原则，以政府和金融机构为服务对象。

（一）作为政府银行的业务

1. 依照法律、行政法规的规定经理国库；

2. 代理国务院财政部门组织发行、兑付国债和其他政府债券；

3. 持有、管理、经营国家外汇储备、黄金储备；

4. 中国人民银行作为政府银行从事的其他业务。

（二）作为银行的银行的业务

1. 中国人民银行可以根据需要，为银行业金融机构开立账户，但不得对银行业金融机构的账户透支；

2. 组织或者协助组织银行业金融机构相互之间的清算系统，协调银行业金融机构相互之间的清算事项，提供清算服务；

3. 根据执行货币政策的需要，可以决定对商业银行贷款的数额、期限、利率和方式，但贷款的期限不得超过1年；

4. 中国人民银行作为银行的银行从事的其他业务。

（三）对金融业检查监督的业务

《中国人民银行法》规定，中国人民银行有权对金融机构以及其他单位和个人的下列行为进行检查监督：（1）执行有关存款准备金管理规定的行为；（2）与中国人民银行特种贷款有关的行为；（3）执行有关人民币管理规定的行为；（4）执行有关银行间同业拆借市场、银行间债券市场管理规定的行为；（5）执行有关外汇管理规定的行为；（6）执行有关黄金管理规定的行为；（7）代理中国人民银行经理国库的行为；（8）执行有关清算管理规定的行为；（9）执行有关反洗钱规定的行为。

前述所称中国人民银行特种贷款，是指国务院决定的由中国人民银行向金融机构发放的用于特定目的的贷款。

另外，中国人民银行根据执行货币政策和维护金融稳定的需要，可以建议国务院银行业监督管理机构对银行业金融机构进行检查监督。国务院银行业监督管理机构应当自收到建议之日起30日内予以答复。

当银行业金融机构出现支付困难，可能引发金融风险时，为了维护金融稳定，中国人民银行经国务院批准，有权对银行业金融机构进行检查监督。

中国人民银行根据履行职责的需要，有权要求银行业金融机构报送必要的资产负债表、利润表以及其他财务会计、统计报表和资料。

中国人民银行与国务院银行业监督管理机构、国务院其他金融监督管理机构应建立信息共享机制。

第三节 货币政策和货币政策目标的选择

金融调控的手段以货币政策为核心。制定和实施国家货币政策是中央银行完成其任务和实现其调控职能的核心所在。《中国人民银行法》明确规定，货币政策目标是保持货币币值的稳定，并以此促进经济增长。货币政策和货币政策目标的选择是金融调控法律制度的重要组成部分。

一、货币政策概述

制定和实施国家货币政策是中央银行完成其任务和实现其调控职能的核心所在。货币政策保障制度是《中国人民银行法》规定的重要内容。为达到货币政策目标，《中国人民银行法》规定了保障目标实现的工具性制度。

(一) 货币政策的概念

中央银行作为发行的银行、政府的银行、银行的银行，其主要职能就是协助政府制定并贯彻货币政策。因此，货币政策是中央银行完成其任务和实现其职能的核心所在。

所谓货币政策，是指中央银行为实现特定的经济目标所采取的各种控制和调节货币供应量或信用量，进而影响宏观经济的方针、政策和措施的总称。货币政策起源于20世纪30年代，盛行于第二次世界大战后，现在已成为各国中央银行对宏观经济进行调节的重要手段。货币政策的实质是正确处理经济发展和货币稳定的关系，使国民经济的有关指标通过货币机制的调控服从和服务于国民经济政策，并成为国民经济政策的重要组成部分。它在社会经济中扮演一个“制动器”的角色，与其他发挥驱动作用的宏观政策（如财政政策）相互牵制，从而保证经济持续、稳定、协调发展，为国民经济的发展创造一个良好的货币金融环境。正确制定和实施货币政策，是各国中央银行的重要职责。

货币政策的内容比较丰富，按照其运行机制，可以分为货币政策目标、货币政策工具、货币政策传导机制、货币政策效应等。

(二) 货币政策的特征

1. 货币政策是一种宏观经济政策。货币政策不是对单个银行或某一经济部门采取的具体经济措施，而是一种总量调节和结构调节相结合，并以总量调节为主的经济政策。其涉及国民经济运行中的货币供应量、信用量、利率、汇率及金融市场等宏观经济指标，并通过对这些指标的调节和控制进而影响社会总需求与社会总供给。

2. 货币政策是调节社会总需求的政策。社会总需求与社会总供给的平衡关系，是国民经济中的重要关系之一。社会总需求与社会总供给只有在总量上和结构上均保持平衡，国民经济才能持续、稳定、协调发展。而社会总需求总是体现为全社会货币支付能力的需求，货币政策则可以通过调节货币供应量来调节社会总需求，进而影响社会总需求与社会总供给的互动，使二者保持平衡。

3. 货币政策主要是间接调控经济的政策。对经济活动的各种比例关系的调节方式，一般有直接调节和间接调节两种。中央银行的货币政策对经济活动的调节主要是间接调节，即主要采取经济手段和法律手段，通过对市场主体经济活动的管理来对社会总需求进行调控，只有在必要的情况下才以行政手段进行直接干涉。

4. 货币政策具有长期性和短期性相结合的特点。货币政策目标具有长期性，而货币政策的各项具体措施又具有短期性、时效性的特点。所以货币政策是目标的长期性和措施的短期性的结合，短期措施服从于长期政策目标，是货币政策与其他经济政策的重要区别。

(三) 货币政策的组成

货币政策主要由以下政策构成：

1. 信贷政策。信贷政策是中央银行为控制货币供应量而对信贷活动采取的方针和措施，是银行分配信贷资金、组织管理信贷活动的重要依据，是国家经济政策在信贷资金供应方面的具体体现。中国人民银行作为中央银行，其信贷政策有自身特点：首先，中央银行制定和实施信贷政策的目标是稳定金融和通货，为国民经济的持续稳定发展创造良好的金融货币环境；其次，中央银行信贷政策的对象是政府、商业银行和其他金融机构；最后，中央银行的信贷政策是反经济周期的，即经济繁荣时，信贷政策应逐步紧缩，反之，在经济萧条时，信贷政策应逐步扩张。

中央银行的信贷政策主要包括两方面的内容：一是总量控制，即调控社会信用总规模，以适应经济发展的资金需要；二是结构性控制，即中央银行调节社会信用总量的构成及信用的方向，以合理分配资金，使社会资金的运用发挥最大经济效益。中央银行调控信贷活动的具体措施主要有：再贴现率政策、法定存款准备金政策、公开市场操作政策，以及信贷规模控制、证券市场信用控制、消费信用控制和不动产信用控制等。

2. 利率政策。利率政策是中央银行控制和调节市场利率以影响社会资金供求的方针和各种措施，是间接调控信贷活动的一种重要手段。利率政策与信贷政策是相互联系、相互补充的。中央银行的利率政策主要包括两方面的内容：一是中央银行通过其基准利率来调节和影响市场利率的一般水平，使利率水平能大致反映政策目标要求和社会资金供求状况；二是调节和控制整个社会的利率结构，以便使社会资金在价格体系指导下得以有效的分配，提高资金的使用效率。利率政策的工具主要有再贴现利率政策、利率限额、流动性比例控制等。

3. 外汇政策。外汇政策是指中央银行调节和控制外汇市场及汇率、实施外汇管制、控制国际资本流动、平衡国际收支的方针及各项措施。外汇政策一般包括以下内容：一是控制和调节外汇行市，稳定汇率；二是实施外汇管制，控制和调节资本的流出与流入；三是保持合理的外汇储备，以维持国际清偿能力；四是控制外汇市场交易并维持其稳定。外汇政策的具体工具主要是汇率管制、数量限制、行政管制等。与其他货币政策形式相比，中央银行外汇政策在具体实施上，虽具有间接性特点，但还明显体现出行政管制的直接调控特征。

二、货币政策目标的一般规定

(一) 货币政策目标的概念和种类

货币政策目标是一国中央银行据以制定和实施货币政策的目的。货币政策目标可分为终极目标和中介目标①，一般所称的货币政策目标仅指货币政策的终极目标。货币政策目标是一国的中央银行制定和实施货币政策的依据，中央银行的货币政策目标应在中央银行法中作出明确规定。

根据多数学者的观点，中央银行的货币政策所要达到的最终目标一般来说有四个，即稳定物价、充分就业、经济增长和国际收支平衡。

1. 稳定物价。所谓稳定物价就是使一般物价水平在短期内不发生显著的或急剧的波动。物价的稳定会给经济增长创造一个良好的金融环境并提供稳定的货币尺度，从而促进经济的持续稳定增长；而经济的稳定增长又会给币值的稳定创造良好的物质基础。所以，

---

① 中介目标，也称中间目标，是货币政策调控的主要对象。目前，各国货币政策的中介目标主要是货币供应量。

各国都很重视币值的稳定。稳定物价成为世界上大多数国家政府的一个宏观经济调节目标，也是货币政策经常要突出的最终调节目标之一。

要稳定物价，就要控制货币供应量，防止通货膨胀。通货膨胀是商品价格总水平的持续上涨，其实质是纸币贬值，但表现形式是物价上涨。虽然有学者认为，爬行的通货膨胀（价格总水平上涨率没有超过2%或3%）或温和的通货膨胀（价格总水平上涨率超过2%或3%）有促进生产或减少失业的积极效应，但严重、恶性的通货膨胀对经济、社会的危害甚大，必须认真治理。当然，稳定物价并非使币值保持绝对不变，事实上，将币值保持绝对不变既无必要也不现实。从总体上看，物价总是处于一种刚性上升趋势，如何将通货膨胀率控制在适当的限度内是各国中央银行始终关注的重要问题。根据20世纪60年代以来西方主要国家的经验，年通货膨胀率如能控制在5%以下，即可视为达到了稳定物价的目标。

2. 充分就业。充分就业并非指一切有劳动能力的人全部就业，而是指将失业率控制在合理的范围内。同时，充分就业并不排除因不满意货币工资水平而不愿意就业的“自愿失业”和因季节性或技术性原因而临时失业的“摩擦性失业”。一般认为失业率（社会的失业人数与愿意就业的劳动力的比率）在4%～5%即为充分就业。造成失业的原因很多，与中央银行货币政策有直接关系的是因为货币供给不足而造成失业率上升。中央银行运用货币政策为社会提供更多的就业机会，是社会公众和政府关心的经济目标。

3. 经济增长。经济增长是指一国或一个地区在一定时期内产品与劳务的增加，一般有两种衡量方式：一种是指一国或一地区在一定时期内所生产的商品和劳务的总量的增长，即国民生产总值（GNP）的增长；另一种是一国或一地区一定时期内生产商品和劳务的能力的增长，即国内生产总值（GDP）的增长。将经济增长作为货币政策目标，常与其他目标特别是稳定物价的目标发生矛盾甚至是冲突。尽管如此，促进经济增长，为经济增长提供货币的推动力，一直是中央银行货币政策目标的重要内容。

4. 国际收支平衡。国际收支平衡是指一国外汇收支相抵基本持平或略有顺差或逆差。在当今社会经济中，一国国际收支状况与其国内货币供应量有着密切联系。如果国际收支顺差过大，就意味着国内货币供给增大，市场商品供给减少，对发展中国家来说，会加大物价上涨的压力；相反，如果国际收支逆差过大，也会造成国内资源浪费，并且还会造成本国货币对外贬值，造成国内市场不稳定。因此，中央银行必须尽可能地使国际收支保持平衡。国际收支平衡有静态平衡和动态平衡之分。国际收支的静态平衡是指短期内国际收支相抵达到平衡，一般以一年为一周期。国际收支的动态平衡，是指以经济实际运行可以实现平衡的一段时期为平衡周期，在该周期内达到国际收支平衡。如何兼顾国际收支的静态平衡和动态平衡，是值得中央银行研究的一个重要课题。

（二）货币政策诸目标的统一和冲突

货币政策诸目标之间关系十分复杂。只有经济增长与充分就业二者之间是彼此一致的，除此之外，这四个目标相互之间都有矛盾。从货币政策角度来看，稳定物价与其他目标之间的矛盾尤为突出。

1. 稳定物价与经济增长的矛盾。从长远来看，稳定物价与经济增长应该是一种正相关关系：物价稳定能为经济增长提供良好的金融环境，经济增长又为物价稳定奠定可靠的经济基础。但二者并不总是协调发展的，在短期内时常会发生矛盾和冲突。因为经济增长必然会导致社会总需求的增加，社会总需求的增加又会引起货币供应量的增加，货币供应量的增加将会导致物价上涨，随之而来的便是通货膨胀。综观世界各国经济发展史，经济增长较快时期，物价总会有大幅度上涨；反之，在经济萧条时期，物价则会有一定程度的下降。

2. 稳定物价与充分就业的矛盾。英国经济学家菲利浦斯（A. W. Philips）最早提出：稳定物价与充分就业之间存在着一定的矛盾关系。首先，实现充分就业往往要以牺牲物价稳定为代价。因为要实现充分就业就必须刺激投资和消费的有效需求的增加，这就必然要求增加货币供应量，而货币供应量的增加和信用扩张又必然引起一般物价水平的上涨。其次，充分就业会引起工资水平的上涨，而工资是产品的重要成本之一，它的上涨又必将推动物价的上涨。最后，在通货膨胀时寻求物价稳定又将抑制充分就业，因为抑制通货膨胀要求通过紧缩信用和减少货币供应量来减少社会总需求，而社会总需求的减少又使企业不得不减少投资和缩减生产规模，从而减少就业。

3. 稳定物价与国际收支平衡的矛盾。稳定物价与国际收支平衡的矛盾主要体现为：当一国国内出现通货膨胀时，政府可能要牺牲国际收支平衡目标，即减少出口，以降低总需求水平，或增加进口，以提高总供给水平。在此情况下，国际收支逆差会越来越大，而国际收支状况的恶化，又为物价的继续上涨准备了条件。

正因为货币政策的各个目标间常常存在着冲突，所以任何一个国家要同时实现这四大目标是非常困难的。各国中央银行在制定和实施货币政策时，只能根据本国特定时期、特定条件下的经济运行情况，对各目标进行权衡，以尽量趋利避害，或两弊相衡取其轻，最终作出适当选择。

三、中国货币政策目标的选择

（一）理论争论

从中国实践来看，多年来一直是把稳定币值和促进经济增长作为中国人民银行货币政策目标中并列的双重目标。但由于我国资金短缺，操作中常常以牺牲“物价稳定”来促进经济增长，结果导致较严重的通货膨胀。因此，如何确定中国人民银行的货币政策目标就成了制定《中国人民银行法》不容回避的问题。围绕这一问题，理论界主要有以下几种有代表性的观点[①]：

1. 单一目标论。这又可以分为两种截然不同的观点：一种观点是从稳定物价是经济正常运行和发展的基本前提出发，主张稳定币值是货币政策的唯一目标。如王启人认为：“在促进经济保持适度增长的同时，注重稳定通货，这是中央银行义不容辞的职责。中央银行的性质与职能，决定了中央银行工作的中心是保持币值稳定。”另一种观点则是从马克思“货币资本的第一推动力和持续推动力”的经济思想出发，强调用最大限度的经济稳定增长保障经济起飞作为货币政策的目标，即货币政策的首要目标是经济增长。

2. 双重目标论。这种观点认为，我国中央银行的货币政策目标不应是单一发展经济或稳定物价，而应同时兼顾这两方面的要求，即把稳定物价和经济增长作为我国中央银行货币政策中并列的双重目标。如著名经济学家刘鸿儒认为：“多年的经验证明，货币政策的基本目标应该是双重的，即发展经济和稳定货币，而发展经济是基础，也是根本性的。”[②]

---

① 参见徐孟洲主编：《中国金融法教程》，92页，北京，中国人民大学出版社，1997。

② 刘鸿儒：《总结经验，探索规律》，载《金融研究》，1984（10）。

3. 多重目标论。持这种观点的学者认为，鉴于货币政策涉及面广，随着我国经济体制改革的深化和加入世界贸易组织，就业和国际收支问题对国民经济的影响也会增大，因此强调，我国货币政策目标必须包括充分就业、国际收支平衡和经济增长、稳定物价等方面，即目标应是多重的。

（二）我国货币政策目标的现实选择

《中国人民银行法》第3条规定："货币政策目标是保持货币币值的稳定，并以此促进经济增长。"该规定具体有以下几层含义：（1）中国人民银行首要的和直接的货币政策目标是保持货币币值的稳定，这是中国人民银行制定和实施货币政策的出发点和归宿点。（2）中国人民银行制定和实施货币政策，不是为了稳定币值而稳定币值，而是为了促进经济增长而稳定币值。（3）稳定币值和经济增长在货币政策目标序列中不是并列的，而是有层次和主次之分的。"有层次"是指稳定币值是货币政策目标的第一层次，促进经济增长是货币政策目标的第二层次。也就是说，中国人民银行只有在稳定币值后，才能促进经济增长。所谓有"主次之分"，是指中国人民银行的货币政策目标以稳定币值为主，稳定币值是促进经济增长的前提，这突出了中国人民银行稳定货币的责任。

可见，《中国人民银行法》对货币政策目标的规定并未局限于理论界提出的单一目标论、双重目标论和多重目标论，而是创造性地将货币政策目标表述为"有层次和主次之分的单一目标"。法律将稳定币值和经济增长的目标作如此规定，是因为：

1. 实践证明，只有人民币币值稳定，国民经济才能得以持续、快速、健康发展

首先，币值稳定，即货币供应量与国民经济所需要的货币供应量基本相符，才能使社会总需求与社会总供给大体平衡，社会再生产呈良性运行状态。如果一旦币值不稳定，出现通货膨胀，货币供求失衡，社会总需求大于总供给，国民经济就会因过热而出现失控。国家为了抑制通货膨胀，又不得不实行紧缩政策，造成国民经济大起大落，遭受严重损失。所以稳定币值具有稳定和维护经济秩序的作用，是经济的效率原则得以发挥作用的前提，为经济的健康发展奠定基础。

其次，币值稳定则物价相对稳定，职工的名义工资与实际工资基本保持一致，生活水平相对稳定，社会秩序安定。所以，稳定币值具有维护社会公平和维持社会秩序的作用，能够为国民经济的健康发展创造良好的社会环境。

最后，稳定币值本身所产生的总量平衡和结构协调，为国民经济的发展提供了条件，为实现其他宏观政策目标创造了必要的前提条件。中国人民银行通过调节货币信用总量，保持币值稳定，为国民经济的发展创造良好的货币金融环境，并以此促进经济增长，这就把货币政策目标和国家宏观经济政策目标协调起来了。

2. 稳定币值并促进经济增长，这也为外国的实践所证明

例如，德国自第二次世界大战以来，其经济的高速发展和币值的国内外稳定，在西方社会是颇负盛名的，这与德国的法定货币政策目标密切相关。德国的中央银行法即《德意志联邦银行法》第3条规定："德意志联邦银行运用本法律所赋予的货币方面的权力，以稳定货币为目的，调节流通中的货币量和提供给经济部门的信贷量。"这不仅维护了德国货币的稳定，使德国成为世界上通货膨胀率最低的国家之一，而且没有影响其经济的发展速度。这说明稳定币值并促进经济增长是可以实现的。

为保证中国人民银行依法制定和实施货币政策，《中国人民银行法》规定了相应的保护措施。其第5条规定："中国人民银行就年度货币供应量、利率、汇率和国务院规定的其

他重要事项作出的决定，报国务院批准后执行。中国人民银行就前款规定以外的其他有关货币政策事项作出决定后，即予执行，并报国务院备案。”第6条规定：“中国人民银行应当向全国人民代表大会常务委员会提出有关货币政策情况和金融业运行情况的工作报告。”第7条规定：“中国人民银行在国务院领导下依法独立执行货币政策，履行职责，开展业务，不受地方政府、各级政府部门、社会团体和个人的干涉。”

《中国人民银行法》对货币政策目标的规定，不仅为中国人民银行货币政策工具的运用指明了方向，也为中国人民银行排除各方面的干扰实现目标提供了法律依据，还为社会公众监督中国人民银行、评价其工作效果提供了具体的衡量标准，并使社会能够最终了解中国人民银行货币政策的含义和价值。

第四节　货币政策保障制度

为了保障货币政策目标的实现，《中国人民银行法》对中国人民银行执行货币政策过程中可以采用的货币政策工具作出了具体的规定，并形成相应的货币政策保障制度。《中国人民银行法》第23条第1款规定：“中国人民银行为执行货币政策，可以运用下列货币政策工具：（一）要求银行业金融机构按照规定的比例交存存款准备金；（二）确定中央银行基准利率；（三）为在中国人民银行开立账户的银行业金融机构办理再贴现；（四）向商业银行提供贷款；（五）在公开市场上买卖国债、其他政府债券和金融债券及外汇；（六）国务院确定的其他货币政策工具。”

一、存款准备金制度

（一）存款准备金制度的概念

存款准备金制度是指中央银行依据法律所赋予的权力，要求商业银行和其他金融机构按规定的比率在其吸收的存款总额中提取一定的金额缴存中央银行，并借以间接地对社会货币供应量进行控制的制度。提取的金额被称为存款准备金，准备金占存款总额的比率被称为存款准备率或存款准备金率。

存款准备金制度包括两个方面：一是法定准备金，二是超额准备金。法定准备金是以法律规定的形式缴存中央银行的存款准备金。其运作原理是中国人民银行通过调整存款准备金率，借以扩张或收缩商业银行的信贷能力，从而达到既定的货币政策目标；超额准备金是指银行为应付可能的提款所安排的除法定准备金之外的准备金，超额准备金是商业银行在中央银行的一部分资产。我国的超额准备金包括两个部分：一是存入中央银行的准备金，二是商业银行营运资金中的现金准备。前者主要用于银行间的结算和清算，以及用于补充现金准备，后者主要用于满足客户的现金需要。

以法律形式规定商业银行必须向中央银行缴存存款准备金，始于1913年美国《联邦储备法》。根据1935年美国银行法案，美国联邦储备银行被授予升降会员银行存款准备率的权力。到20世纪40年代，经过世界性的经济危机，存款准备金制度作为中央银行调节和控制货币供应量的重要工具的作用，开始被各国认识。于是，西方各国纷纷以法律形式规定存款准备金比率，并授权中央银行根据货币政策的需要，随时加以调整。

（二）存款准备金制度的作用

1. 保证商业银行存款支付和资金清偿能力。存款准备金制度最初的目的是防止银行出现大量现金挤兑时发生金融恐慌和危机，以保证银行资产的流动性和兑付能力，从而维护金融体系的稳定和安全。主要体现为：能够减缓商业银行债务负担和支付压力；对商业银行的支付和稳定有最后的保证作用；当商业银行存款下降时，中央银行按法定比例调减缴存存款准备金，可增加商业银行的头寸。

2. 调节和控制信贷规模，影响货币供应量。创造信用是现代银行的重要机能。中央银行依法创造法定货币，而依靠商业银行的扩张机能，可以创造数倍于法定货币的存款货币。存款准备金率降低，商业银行可派生的存款增加，造成扩张，扩大了货币的供应量；反之，存款准备金率提高，则产生收缩，货币供应量减少。中央银行通过调整存款准备金率，来实现对货币供应量的调节和控制。

3. 增强中央银行信贷资金宏观调控能力。法定准备金制度，对增强中央银行信贷资金宏观调控能力的作用主要表现为：一是集中法定准备金，增加了中央银行直接掌握的信贷资金总量；二是运用集中的法定准备金调控信贷总量；三是根据国家的产业政策，实行信贷倾斜，调整资金投向。实践证明，中央银行的宏观调控必须有一定的资金做后盾，中央银行掌握的资金越多，其调控能力越强、越有力。

(三) 我国的存款准备金制度

我国的存款准备金制度，是根据1983年9月国务院《关于中国人民银行专门行使中央银行职能的决定》重新恢复建立的。《中国人民银行法》对其作了明确规定，把它列为中国人民银行货币政策工具的首位。1998年3月24日中国人民银行发布《关于改革存款准备金制度的通知》，对有关存款准备金制度的事宜作了具体规定。根据现行法律、法规及行政规章的规定，我国存款准备金制度的内容主要有：

1. 存款准备金制度的实施对象

我国所有吸收一般存款（相对于财政性存款而言）的金融机构，包括商业银行、信用合作社、信托投资机构、财务公司和外资金融机构等，都有按规定比例和期限缴存存款准备金的义务。

2. 存款准备金率

存款准备金率由中国人民银行规定，并根据放松或紧缩银根的需要进行调整。自1984年以来，我国的存款准备金率先后进行了适时调整，起到了调节经济的作用。例如，2016年2月2日，中国社会科学院金融所发布的《金融蓝皮书：中国金融发展报告2016》指出，为加强金融机构支持经济结构调整能力，加大金融支持“三农”和小微企业的正向激励，中国人民银行从2015年年初至10月24日先后5次对符合相关条件的金融机构进行了定向降准（即降低存款准备金率）。

3. 存款准备金的计提

我国金融机构向中央银行缴存存款准备金，实行按旬考核的办法，即按上旬末应缴存款余额和规定的比率计算缴存额度，按期缴纳。

二、基准利率制度

(一) 基准利率制度的概念和作用机制

利率是利息率的简称，是指一定时期内利息的金额与存入或贷出金额的比率，由资金的供求关系决定。我国的利率分三种：第一，中国人民银行对商业银行及其他金融机构的存、贷款利率，即基准利率，又称法定利率；第二，商业银行对企业和个人的存、贷款利率，称为商业银行利率；第三，金融市场的利率，称为市场利率。其中，基准利率是核心，它在整个金融市场和利率体系中处于关键地位、起决定作用，它的变化决定了其他各种利率的变化。

基准利率政策是中央银行的一项重要货币政策工具。当中央银行提高基准利率时，商业银行等金融机构筹措资金的成本增加，对中央银行的贷款需求降低，商业银行等就会到资本市场去寻求贷款。由于商业银行等筹措资金的成本加大，其对外贷款的利率必然提高，相应其客户的贷款数额就会减少。这样，社会货币供应量就会减少。相反，当中央银行降低基准利率时，商业银行等的贷款利率也会随之降低，贷款数额加大，货币供应量会相应增加。因此，基准利率直接影响金融机构存贷款活动的开展，进而影响整个社会的信贷总量。中央银行通过提高或降低基准利率中的贷款利率，可起到限制或扩张社会信贷规模的作用。

（二）我国的基准利率政策

各国确定基准利率的方法并不完全一致。在市场经济发达国家，一般以中央银行的再贴现利率为基准利率，有的还包括中央银行的再贷款利率、基金利率等，金融机构的利率是参照此基准利率并根据市场情况自行确定的。例如，美国是以联邦资金市场利率为基准利率。我国1984年中央银行制度确立后，则以中国人民银行对各个金融机构的存、贷款利率为基准利率。《中国人民银行法》将基准利率与再贴现、再贷款并列为货币政策工具，因此，我国的基准利率是指法定利率。

基准利率是我国中央银行实现货币政策目标的重要手段之一，制定基准利率的依据是货币政策目标。当政策目标重点发生变化时，利率也应随之变化。不同的政策目标，产生不同的利率水平。当政策目标重点放在稳定币值时，中央银行的贷款利率就应当适当提高，以抑制过热的需求；相反，当政策目标侧重于刺激经济增长时，中央银行贷款利率应适时调低。如从1996年6月至1998年，我国中央银行货币政策随着经济的起伏变化，经历了“紧缩的——适度从紧的——积极的或扩张的”周期变化。中国人民银行连续8次调低金融机构的存贷款利率，同时降低了中央银行的准备金利率和再贷款利率。2004年10月，中国人民银行首次决定上调金融机构存贷款基准利率，转入新的加息周期。而在2008年，为了应对国际金融危机、保持国内经济稳定增长，中国人民银行又连续5次下调金融机构存贷款基准利率。2011年，为了管理通货膨胀预期，抑制购房需求和房价过快上涨，中国人民银行年内3次上调人民币存贷款利率。从2015年10月24日起，我国对商业银行和农村合作金融机构等不再设置存款利率浮动上限，标志着我国的利率管制已经基本放开，利率市场化改革基本完成。中国人民银行的利率调控将更加倚重市场化的货币政策工具和传导机制，在基准利率上加点形成差异化的利率定价，使市场机制在利率形成和资源配置中起决定性作用。

三、再贴现制度

（一）再贴现制度的概念及作用

贴现是指票据持有人在票据到期日前，为融通资金而向银行或其他金融机构贴付一定利息的票据转让行为。通过贴现，持票人得到低于票面金额的资金，贴现银行及其他金融机构获得票据的所有权。

再贴现是商业银行及其他金融机构以买入的未到期的贴现票据向中央银行办理的再次

贴现。从形式上看，再贴现与贴现并无区别，都是一种票据与信用相结合的融资方式。但从职能上看，再贴现是中央银行执行货币政策的重要手段之一，在再贴现过程中，中央银行根据执行货币政策的需要，买进商业银行等持有的未到期票据，让渡现实货币；商业银行等则为解决资金短缺而出让已贴现票据。所以，再贴现是商业银行及其他金融机构与中央银行之间的票据买卖和资金让渡的过程，是商业银行和其他金融机构向中央银行融通资金的重要方式。

此外，再贴现作为中央银行执行货币政策的重要工具之一，还可以起到扩张或收缩社会信用的作用。当中央银行需要收缩银根、抑制经济过快扩张时，就可提高再贴现率，使商业银行和其他金融机构向中央银行融资的成本提高，从而抑制信贷需求，减少货币供给；当中央银行需要放松银根、刺激经济发展时，就降低再贴现率，从而增加货币供给。另外，再贴现率可以影响市场利率，通过调整再贴现率，能及时将货币政策的意图传递给社会，并引导人们的投资、消费行为，推动货币政策目标的实现。在将再贴现率作为中央银行基准利率的国家，再贴现的作用尤为重要。

（二）再贴现的条件和对象

许多国家规定，再贴现票据必须是确有真实交易关系的票据。如德意志银行只购买那些在实质的商品交易基础上签发的商业票据，这些票据至少需要 3 个被公认有支付能力的义务人予以担保，并且在买入后 3 个月之内到期。随着形势和经济环境的变化，中央银行在很大程度上放宽了对再贴现票据的限制。

我国《票据法》第 10 条第 1 款规定："票据的签发、取得和转让，应当遵循诚实信用的原则，具有真实的交易关系和债权债务关系。"1997 年中国人民银行发布的《商业汇票承兑、贴现与再贴现管理暂行办法》第 3 条规定："承兑、贴现、转贴现、再贴现的商业汇票，应以真实、合法的商品交易为基础。"因此，我国的再贴现票据必须是具有真实的交易关系和债权债务关系的票据。

许多国家允许商业银行和金融机构办理再贴现，但也有些国家对再贴现对象有严格限制，如英格兰银行的贴现对象只是英国 11 家贴现银行而不是众多的商业银行，贴现银行可随时要求英格兰银行贴现其持有的一级证券或银行汇票。《中国人民银行法》把再贴现的对象规定为"在中国人民银行开立账户的金融机构"；1997 年中国人民银行发布的《商业汇票承兑、贴现与再贴现管理暂行办法》第 25 条规定："再贴现的对象是在中国人民银行及其分支机构开立存款账户的商业银行、政策性银行及其分支机构。对非银行金融机构再贴现，须经中国人民银行总行批准。"从而扩大了再贴现对象的范围。

（三）再贴现率

再贴现率是中央银行根据经济发展需要，反映中央银行货币政策意图所制定的利率。由于关系到中央银行的货币政策，所以必须谨慎行事。比如美国，再贴现率的制定和调整权分别属于美国中央银行的最高权力机构——联邦储备体系理事会和储备银行。前者有权决定再贴现率的基本水平和调整幅度，后者只能在前者确定的水平上，作一些微量调整。

调整再贴现率的目的在于影响商业银行准备金及社会的资金需求。各国对再贴现率有不同的规定，有的国家的再贴现率和中央银行放款利率有不同的规定；有的国家的再贴现率和中央银行放款利率相同；有的国家的再贴现率略低于中央银行的放款利率；有的国家还对不同时期、不同种类的票据，规定有不同的再贴现率。由于再贴现率是中央银行挂牌执行的，所以又称为银行率。这种银行率在各国利率体系中处于核心地位，其变化必然会影响到其他各种利率。其特点有三：

第一，再贴现利率是一种短期利率。因为中央银行提供的贷款以短期为主，再贴现合格票据的期限通常不超过3个月，最长也在1年以内。

第二，再贴现率是一种官定利率，它不同于市场利率。中央银行的再贴现率是根据国家信贷政策制定的，它在一定程度上反映了中央银行的货币政策意向。

第三，再贴现率是一种标准利率或最低利率。如英格兰银行贴现及放款有多种差别利率，而以其公布的再贴现利率为最低的标准。

再贴现制度虽然有其诸多积极的作用，但也存在着一定的局限性：对于货币供应量来说，再贴现制度不是一种理想的控制工具。因为中央银行在再贴现中处于被动地位，商业银行是否愿意到中央银行申请再贴现，以及再贴现多少，都取决于商业银行，中央银行处于不能预知的境地。而这种不能预知的情况势必会造成中央银行无法主动而有效地控制货币供应量。此外，如果商业银行都依赖于中央银行再贴现，就会增加中央银行的压力，从而削弱其控制货币供应量的能力。

再贴现制度缺乏弹性：一方面，再贴现率的随时调整，通常会引起市场利率的经常性波动，这会使企业或商业银行等无所适从；另一方面，再贴现率不随时调整，又不利于中央银行灵活地调整货币供应量。所以，再贴现制度的弹性很小。

正因为如此，在经历了20世纪30年代的经济大危机之后，西方国家再贴现制度的重要性开始下降，让位于主动权掌握在中央银行手中而又更具有弹性的公开市场业务。但尽管如此，再贴现工具仍与其他货币政策工具配合运用，是中央银行执行货币政策的有效工具之一。

四、再贷款制度

（一）再贷款制度的概念与作用

再贷款即中央银行贷款，是指中央银行向商业银行的贷款。在西方国家，由于市场经济比较成熟，其信用工具票据化程度较高，因而其中央银行对金融机构放款主要采取再贴现方式。我国自1984年中国人民银行专门行使中央银行职能以来，再贷款一直是我国中央银行的货币政策工具之一。

中国人民银行对金融机构的贷款依据其方式的不同，可以分为信用贷款和再贴现两种。信用贷款是指中国人民银行根据金融机构资金头寸情况，以其信用为保证发放的贷款。再贴现是指金融机构以其持有的、未到期的贴现票据向中国人民银行办理贴现，取得资金。再贷款与再贴现虽然都是中央银行向商业银行的放款，都是中央银行执行最后贷款人职能的体现，但二者又有所不同，中国人民银行对商业银行的再贷款作为信用贷款，无资金保证或物资保证；而中国人民银行对商业银行等金融机构的再贴现，因以商业银行等所持有的票据为基础，所以是有资金或物资保证的货币投放。又根据《中国人民银行法》第23条和第28条的规定，信用贷款是指中央银行向商业银行提供的贷款，不包括商业银行之外的其他金融机构。所以，在我国，再贷款即指中央银行向商业银行提供的信用贷款。

再贷款的作用主要体现为：

第一，中央银行通过调整再贷款利率，影响商业银行从中央银行取得信贷资金的成本和可使用额度，使货币供应量和市场利率发生变化。例如，当中央银行要收缩银根实行紧缩政策时，它可以提高再贷款利率，减少基础货币的投放量，增加商业银行向中央银行的贷款成本，抑制商业银行向中央银行的贷款。同时，商业银行为了营利，也会相应提高对客户的贷款利率导致借款成本增加，相应借款额就会相应减少，从而达到减少货币供应量的效果。反之，如果中央银行降低再贷款利率，就能达到放松银根、扩大信用规模、增加货币供应量的效果。

第二，再贷款利率的调整是中央银行向商业银行和社会各界宣传货币政策变动的一种有效方法，它能产生预告效果，从而在某种程度上影响人们的预期。当中央银行提高再贷款利率时，表明中央银行对通货膨胀的进展发出了警告，使厂商慎重从事进一步的投资扩张；如果中央银行降低再贷款利率，则表示在中央银行看来通货膨胀已经缓和，这样就会刺激投资和经济增长，在一定程度上起到调整产业结构和产品结构的作用。

（二）我国再贷款制度的内容

根据《中国人民银行法》、1999 年颁布并实施的《中国人民银行分行短期再贷款管理暂行办法》和《中国人民银行紧急贷款管理暂行办法》、2002 年颁行的《中国人民银行对农村信用合作社贷款管理办法》的规定，我国再贷款制度的主要内容有：

1. 再贷款的条件和期限

凡经中国人民银行批准，持有经营金融业务许可证，并在中国人民银行单独开立基本账户的金融机构，均可成为中国人民银行对金融机构贷款的对象。商业银行在坚持组织存款、加强系统内资金调度和市场融资的前提下，资金仍然不足，方可向中国人民银行申请借款。同时必须具备以下条件：（1）属于中国人民银行对金融机构贷款的对象；（2）信贷资金营运基本正常，贷款用途符合国家产业政策和货币政策的要求；（3）按有关规定及时、足额向中国人民银行交存存款准备金；（4）还款资金来源有保障；（5）归还中国人民银行贷款有信誉；（6）及时向中国人民银行报送计划、统计、会计报表及有关资料。

由于中国人民银行的再贷款主要用于解决商业银行临时资金的不足，《中国人民银行法》第 28 条规定："中国人民银行根据执行货币政策的需要，可以决定对商业银行贷款的数额、期限、利率和方式，但贷款的期限不得超过一年。"因此，中央银行对商业银行的贷款期限较短，最长不得超过 1 年。依据贷款期限的不同，具体划分为 20 天内、3 个月内、6 个月内、1 年期四个档次。

2. 再贷款的发放和收回

商业银行向中国人民银行申请贷款，必须填写中国人民银行贷款申请书，注明借款用途，说明借款原因，讲清资金运用状况，加盖有效印鉴，报送当地中国人民银行。中国人民银行依据经济发展、银根松紧和贷款条件，自主审查，决定贷与不贷、贷多贷少、贷款种类和贷款期限。商业银行应按照中国人民银行批准的贷款种类、期限和金额，与中国人民银行订立借款合同，办理借款手续。

中国人民银行对金融机构发放贷款，必须坚持期限管理，贷款到期必须收回。贷款到期，商业银行应主动办理还款手续；到期不办理还款手续的，中国人民银行有权将其贷款转入逾期贷款户，必要时从其存款户扣收。

中国人民银行对金融机构贷款到期后，金融机构确有困难不能按期归还的，应提前申请办理展期手续，每笔贷款只能展期一次，展期期限不超过原定期限。

3. 中国人民银行对再贷款的管理

中国人民银行对金融机构的贷款根据贷款的不同种类和期限，按不同的利率档次计收利息。逾期贷款按照中国人民银行的规定加收利息。中国人民银行总行按月考核中国人民银行各省、自治区、直辖市、计划单列城市分行对商业银行贷款的使用情况。对于不按总行规定，超限额发放贷款的，中国人民银行总行除责令其限期纠正外，可根据情节分别给予批评、通报批评、扣收贷款限额等处罚，并对单位负责人和直接责任人建议给予行政处分。

中国人民银行各分支机构要定期检查金融机构使用中国人民银行对金融机构贷款的情况。发现贷款使用不符合有关规定，或信贷投向不合理等情况，要督促其限期纠正，对纠正不力的，中国人民银行有权停止对该行贷款、收回或提前收回对该行的贷款，并建议其上级行追究有关人员的责任。

商业银行要定期及时向开户人民银行报送本行会计报表、信贷现金计划执行情况及其他有关资料。

各地中国人民银行要加强对金融机构贷款的统计和考核，按旬及时逐级填报“金融机构在人民银行存、贷款旬报表”。

【背景资料】 **最后贷款人法律制度**①

最后贷款人是一国中央银行履行银行的职能，向暂时出现流动性困难的银行提供紧急援助的一种制度安排，其目的是防止暂时流动性危机向清偿危机和系统性危机的转化。中央银行作为最后贷款人，向可能或已经发生信用危机的银行提供流动性支持是世界各国的普遍做法。如美国《联邦储备法》规定，作为最后借款人，美国联邦储备银行可以向会员银行提供临时性抵押贷款；德国《联邦信用业法》规定，德意志联邦银行可通过限额之内的合格票据再贴现和证券抵押贷款的方式向各银行随时提供流动性支持。我国的中央银行对出现流动性困难的银行提供救助的方式主要是再贷款。

中国人民银行以信贷资产质押方式发放信贷政策支持再贷款②

为贯彻落实国务院关于加大改革创新和支持实体经济力度的精神，2015年10月起，中国人民银行在上海、江苏等11省（市）推广信贷资产质押再贷款试点。试点工作进展顺利，2015年中国人民银行已对试点地区部分地方法人金融机构符合条件的3 022家贷款企业完成了央行内部评级，并将评级符合标准的信贷资产纳入中国人民银行发放再贷款可接受的合格抵押品范围，这有助于解决地方法人金融机构高等级债券质押品相对不足的问题，便利央行向地方法人金融机构提供流动性支持。截至2015年年末，试点地区的中国人民银行分支机构以信贷资产质押方式向31家地方法人金融机构合计发放信贷政策支持再贷款49.73亿元，引导金融机构扩大“三农”、小微企业等国民经济重点领域和薄弱环节信贷投放，降低社会融资成本，支持实体经济。

---

① 参见徐孟洲、郑人玮：《我国银行危机救助法律制度的缺陷及其改进》，载《中央财经大学学报》，2004(2)。

② 资料来源：中国人民银行货币政策司2016年1月10日公布。

五、公开市场操作制度

(一) 公开市场操作的概念和意义

公开市场操作是指中央银行在金融市场上买卖有价证券和外汇的活动。它是中央银行的一项主要业务，是货币政策的一种基本工具。中央银行买进或卖出有价证券或外汇意味着进行基础货币的吞吐，可以达到增加或减少货币供应量的目的。同时，中央银行买卖国债，可以影响国债供求，影响国债利率，从而间接影响商业银行利率。目前，公开市场业务操作已经成为中央银行调节银行体系流动性、引导市场利率走势、促进货币供应量平衡的主要手段之一。

作为一种货币政策工具，公开市场业务既具有一般货币政策工具的共同特征，又具有其自身的特点和优势。一是公开性和平等性。中央银行在公开市场上买卖外汇和政府债券，吞吐基础货币，是根据货币政策要求，按照市场原则，通过与众多交易对手竞价交易进行的，具有较高的透明度，有利于消除金融市场上的幕后交易弊端。二是灵活性。中央银行在公开市场上进行证券交易，能够根据货币政策需要，随时操作，也可以按较小的规模和步骤操作。在时间和数量上很灵活，是准备金制度和再贴现办法所难以做到的，因为准备金率和再贴现率不能变化太频繁。这一特点使中央银行对货币供应量既可以进行微调，也可以进行大幅度调整，不必等到情况已经十分严重时再采取措施，这样可以减少经济、金融的震荡。三是主动性。中央银行通过公开市场业务可以主动采取措施，根据一定时期货币政策的要求和该时期银根的松紧情况，进行经常性、连续性的操作，克服了其他货币政策工具如再贴现制度被动调整的局限性。正是由于公开市场业务操作具有上述优点，它在世界各国得到了日益广泛的使用，成为各国中央银行在实施金融宏观间接调控中运用较多的货币政策工具之一。

从各国开展公开市场业务的实践来看，它应具备以下基本条件：(1) 中央银行必须具有强大的资金实力。因为中央银行只有拥有足够的资金，才能够对整个金融市场进行干预和控制，影响社会信用供给，防止金融市场秩序紊乱。(2) 信用工具发达，金融市场上应具有相当种类和数量的有价证券。只有证券种类和数量齐全，中央银行才能依据货币政策的需要，有选择地进行买卖，吞吐足够数量的货币，促进货币政策目标的实现。(3) 必须有完善的金融市场机制，包括有效的金融监管体制。只有这样，中央银行才能独立地执行货币政策并将其采取的措施付诸实施，其他金融机构也才能对中央银行的宏观调控信息作出正确的反应。

(二) 国外关于公开市场操作的规定

国外对公开市场业务操作的规定主要有以下内容：

第一，负责公开市场操作的机构。如美国负责公开市场操作的机构是联邦公开市场委员会，根据美国《联邦储备法》的规定，该委员会集决策、执行、管理大权于一身，主要职责有：(1) 全权制定公开市场政策；(2) 决定联邦银行在公开市场上买卖证券的种类、数量和证券买卖的时间、地点及其他条件； (3) 制定有关公开市场活动的管理规定；(4) 按照规定对公开市场活动进行监督管理。根据有关规定，非经该委员会指示或规定，任何联邦银行不得参与公开市场业务，也不得拒绝参与公开市场业务。

第二，公开市场业务的操作对象。公开市场业务的操作对象主要是政府发行的有价证券，主要包括国库券和政府的长期公债券，广义上还包括政府直属部门发行的有价证券和地方政府发行的债券。美国《联邦储备法》第14条规定，下列有价证券可以作为公开市场业务操作对象：银行承兑票据，汇票，金块、金币和金证券，联邦政府、州政府以及县政府的公债等。政府有价证券之所以成为中央银行公开市场业务的主要操作对象，是因为政府证券一般没有倒账的风险，而且种类多，期限较短，流动性强，因而为各类投资者包括金融业、地方政府、外国官方机构以及私人投资者等所欢迎。

第三，公开市场业务的操作方式。公开市场业务的操作方式主要有三种：一是直接买卖有价证券，即中央银行进行有价证券买卖时，一次交割结清，不附带任何其他条件，通常用于国库券交易；二是回购协议交易，它是指证券商在卖出证券以后，必须在规定的时间、按规定的价格再从中央银行把证券买回来的交易方式；三是中央银行回购协议买卖，这种方式与第二种方式基本相同，但是出售证券和承担回购证券义务的是中央银行而不是证券商。

（三）我国关于公开市场操作的规定

我国公开市场操作制度是在金融体制改革的过程中建立和发展的。1994年中国人民银行设立了公开市场操作室，负责公开市场操作业务，并于同年4月在银行间外汇市场开始实际操作。另外，中国人民银行已经陆续建立了全国性的外汇交易中心、同业拆借市场和进行公开市场操作的国债登记结算公司，为公开市场业务的开展创造了条件。1995年《中国人民银行法》规定，中国人民银行在运用货币政策工具时，可以“在公开市场上买卖国债和其他政府债券及外汇”。1997年3月中国人民银行颁布了《公开市场业务暨一级交易商管理暂行规定》，为公开市场业务的操作提供了法律依据。

我国公开市场操作制度的主要内容有：

1. 公开市场操作的根据。中国人民银行主要根据货币供应量和商业银行备付金头寸以及市场汇率等指标的变化，决定公开市场操作的具体运作。运作决策由行长办公会议制定并下达，外汇操作由总行设在上海的公开市场操作室具体执行。日常的买卖活动由操作室根据总行的指令办理。

2. 公开市场操作的工具。中国人民银行进行公开市场操作的工具是国债、其他政府债券、金融债券和外汇。就国债而言，中国人民银行以买卖国债的形式吞吐基础货币，调节商业银行的资金头寸，进而影响货币供应量的增减变化。中国人民银行开展的第一批国债公开市场操作是在1996年4月9日，这次国债公开市场操作是以1996年财政部发行的无纸化短期国债为操作工具，通过中国人民银行公开市场操作室和各商业银行总行的联机网进行逐笔交易，交易风险由交易各方各自承担。就外汇而言，由于中国外汇交易中心的成立，统一的外汇市场已经形成，外汇与人民币买卖的数额较大，中国人民银行通过在银行间外汇市场买卖外汇，同样会起到吞吐基础货币的作用。2013年1月，中国人民银行创设了“短期流动性调节工具”，是一种公开市场业务工具的创新。

3. 公开市场操作的对象。中国人民银行通过同金融机构买卖国债、外汇开展公开市场业务。中国人民银行买卖外汇的操作是在银行间外汇市场上进行，交易的对象主要是银行，中国人民银行不对个人或企业、事业单位买卖外汇。中国人民银行在国债市场进行国债买卖，买卖的对象也不是个人和企业、事业单位，而是国债一级交易商。国债一级交易商，是指经中国人民银行审定的、具有直接与中国人民银行进行债券交易资格的商业银行、证券公司和信托公司。

4. 国债公开市场操作的交易方式。中国人民银行国债公开市场操作采取买卖和回购的交易方式进行，一级交易商与中国人民银行进行债券交易须签署有关协议。回购期限的档次分为7天、14天、21天、28天、2个月、3个月和4个月共7种。

债券交易一般采用招标方式进行，包括数量招标和利率招标（或价格招标）。具体中标原则由操作室规定。债券交易的资金清算按中国人民银行有关部门制定的会计核算手续办理。

5. 外汇公开市场业务的清算。外汇公开市场业务的清算由中国外汇交易中心实行集中清算，即会员（包括中国人民银行的公开市场操作室）在交易市场进行的外汇交易，通过交易中心集中办理资金清算。资金清算采取双向两级同步的清算方式和T+1的清算速度，即清算方式为外汇通过境外账户办理划款，人民币通过电子联行系统办理划款，外汇资金实行一级清算，人民币资金实行二级清算。清算速度为外汇交易资金于交易日后第一个营业日（如遇国内外休假日则顺延）内划入总中心、分中心以及会员指定的账户。

第五节　外汇管理法

外汇管理法，是调整在外汇管理活动中发生的社会关系的法律规范系统。它既是国家监管外汇市场的法律依据，又是金融调控法体系中的主要制度。通过外汇管理法监管外汇市场，规范国家外汇经营，促进与保持汇率稳定，实现货币政策目标，因而外汇管理法是我国金融调控法体系中的重要制度。

一、外汇管理法概述

（一）外汇的含义

外汇具有动态和静态两方面的含义。动态意义的外汇是“国际汇兑”的简称，即将一国货币换成另一国货币，以便清偿国际间的债权债务的活动；静态意义的外汇是指以外币表示的用于国际结算的支付手段。我国《外汇管理条例》是从静态意义来界定外汇的，其第3条规定，外汇是指下列以外币表示的可以用作国际清偿的支付手段和资产：（1）外币现钞，包括纸币、铸币；（2）外币支付凭证或者支付工具，包括票据、银行存款凭证、银行卡等；（3）外币有价证券，包括债券、股票等；（4）特别提款权；（5）其他外汇资产。

（二）外汇管理的概念及类型

外汇管理，又称“外汇管制”，是指一国依法对所辖境内的外汇收支、买卖、借贷、转移以及国际间结算、外汇汇率和外汇市场所实施的行政限制性措施。根据央行数据显示，截至2014年第一季度末，我国外汇储备余额为3.95万亿美元，高居世界首位。作为对外经济管理的重要组成部分，外汇管理的作用在于：（1）稳定本国货币的对外汇率；（2）防范外汇风险，保护国内市场，促进经济发展；（3）平衡本国国际收支。

目前，世界各国都实行外汇管理，但在管理的程度上有所不同，可分为三种类型：第一种是实行比较全面的外汇管理，即对经常项目和资本项目都实行管制，这类国家通常经济比较落后，外汇资金短缺，市场机制不发达，希望通过集中分配和使用外汇来达到促进经济发展的目的；第二种是实行部分外汇管制，即对经常项目的外汇交易不实行或基本不实行外汇管制，但对资本项目的外汇交易则进行一定的限制；第三种是基本不实行外汇管制，即对经常项目和资本项目的外汇交易不实行普遍和经常性的限制。

我国目前的外汇管理体制基本上属于部分外汇管制。表现为：对经常项目实行可兑换，对资本项目实行一定的管制；对金融机构的外汇业务实行监督管理；禁止外币在境内计价流通；保税区实行有区别的外汇管理。

（三）外汇管理法及其立法

外汇管理法，是调整在外汇管理活动中发生的社会关系的法律规范系统。它既是国家监管外汇市场的法律依据，又是金融调控法体系中的主要制度。通过外汇管理法监管外汇市场，规范国家外汇经营，促进与保持汇率稳定，实现货币政策目标，因而外汇管理法是我国金融调控法体系中的重要制度。

为使我国外汇管理适应对外开放的要求，国务院于1996年1月29日发布了《外汇管理条例》，自同年4月1日起施行。1997年1月，国务院对《外汇管理条例》进行了修订。2008年8月，我国根据新的形势对《外汇管理条例》又作了全面修订。《外汇管理条例》是我国外汇管理方面的基本立法。此外，中国人民银行、国家外汇管理局还先后发布了一系列外汇管理方面的法规、规章和规范性文件，如中国人民银行发布的《银行间外汇市场管理暂行规定》（1996年11月29日）、《离岸银行业务管理办法》（1997年10月23日）、《个人外汇管理办法》（2006年12月25日）等，国家外汇管理局发布的《境内外汇划转管理暂行规定》（1997年12月11日）、《经常项目外汇账户和境内居民个人购汇操作规程》（2006年4月19日）、《个人外汇管理办法实施细则》（2007年1月5日）、《境内机构境外直接投资外汇管理规定》（2009年7月13日）、《保险业务外汇管理指引》（2015年1月19日）、《合格境外机构投资者境内证券投资外汇管理规定》（2016年2月3日）等。

二、外汇管理的主要内容

（一）外汇管理机关和外汇管理的对象

根据《外汇管理条例》的规定，我国外汇管理机关是国家外汇管理部门及其分局、支局。外汇管理的对象是境内机构、境内个人的外汇收支或者外汇经营活动，以及境外机构、境外个人在境内的外汇收支或者外汇经营活动。其中，境内机构是指中华人民共和国境内的国家机关、企业、事业单位、社会团体、部队等，外国驻华外交领事机构和国际组织驻华代表机构除外。境内个人是指中国公民和在中华人民共和国境内连续居住满1年的外国人，外国驻华外交人员和国际组织驻华代表除外。

（二）经常项目外汇管理

经常项目，即国际收支中经常发生的交易项目，是指国际收支中涉及货物、服务、收益及经常转移的交易项目等。旧《外汇管理条例》在经常项目外汇管理方面主要包括三方面的内容：经常项目可兑换、经常项目外汇收入管理和进出口核销制度。其中，经常项目可兑换是指对属于经常项目下的各类交易，包括进口货物、支付运输费、保险费、劳务服务、出境旅游、投资利润、借债利息、股息、红利等，在向银行购汇或从银行外汇账户上支付时不受限制；银行结汇制是指境内机构的外汇收入应该结售给外汇指定银行；出口收汇和进口付汇核销制度是指境内机构的出口收汇和进口付汇，应当按照国家关于出口收汇核销管理和进口付汇核销管理的规定办理核销手续。2008年修订的《外汇管理条例》大大简化了经常项目外汇收支管理的内容和程序。条例在对经常性国际支付和转移不予限制的基础上，进一步便利经常项目外汇收支。取消了经常项目外汇收入强制结汇要求，经常项目外汇收入可按规定保留或者卖给金融机构；规定经常项目外汇支出按付汇与购汇的管理规定，凭有效单证以自有外汇支付或者向金融机构购汇支付。为保证经常项目外汇收支具有真实、合法的交易基础，条例要求办理外汇业务的金融机构应当对交易单证的真实性及其与外汇收支的一致性进行合理审查，同时规定外汇管理机关有权对此进行监督检查，监督检查可以通过核销、核注、非现场数据核对、现场检查等方式进行。

(三) 资本项目外汇管理

资本项目外汇是指国际收支中引起对外资产和负债水平发生变化的交易项目，包括资本转移、直接投资、证券投资、衍生产品及贷款等。我国资本项目外汇收支管理的基本原则是在放松经常项目汇兑限制的同时，完善资本项目管理，资本项目外汇管理也是2008年外汇管理条例修订的重点内容之一。

《外汇管理条例》对各类资本项目管理的规则是：(1) 资本项目外汇收入保留或者卖给经营结汇、售汇业务的金融机构，应当经外汇管理机关批准，但国家规定无须批准的除外。(2) 资本项目外汇支出，应当按照国务院外汇管理部门关于付汇与购汇的管理规定，凭有效单证以自有外汇支付或者向经营结汇、售汇业务的金融机构购汇支付。国家规定应当经外汇管理机关批准的，应当在外汇支付前办理批准手续。依法终止的外商投资企业，按照国家有关规定进行清算、纳税后，属于外方投资者所有的人民币，可以向经营结汇、售汇业务的金融机构购汇汇出。(3) 资本项目外汇及结汇资金，应当按照有关主管部门及外汇管理机关批准的用途使用。外汇管理机关有权对资本项目外汇及结汇资金使用和账户变动情况进行监督检查。

我国目前资本项目外汇管理主要包括直接投资、证券投资（主要是有价证券或者衍生产品发行、交易）和其他投资（主要是对外借债和对外担保）的资本项目管理。对于前两类，《外汇管理条例》规定：境外机构、境外个人在境内直接投资，经有关主管部门批准后，应当到外汇管理机关办理登记；境外机构、境外个人在境内从事有价证券或者衍生产品发行、交易，应当遵守国家关于市场准入的规定，并按照国务院外汇管理部门的规定办理登记。境内机构、境内个人向境外直接投资或者从事境外有价证券、衍生产品发行、交易，应当按照国务院外汇管理部门的规定办理登记；国家规定需要事先经有关主管部门批准或者备案的，应当在外汇登记前办理批准或者备案手续。对于对外借债和担保，《外汇管理条例》第18条规定："国家对外债实行规模管理。借用外债应当按照国家有关规定办理，并到外汇管理机关办理外债登记。国务院外汇管理部门负责全国的外债统计与监测，并定期公布外债情况。"第19条规定：提供对外担保，应当向外汇管理机关提出申请，由外汇管理机关根据申请人的资产负债等情况作出批准或者不批准的决定；国家规定其经营范围需经有关主管部门批准的，应当在向外汇管理机关提出申请前办理批准手续。申请人签订对外担保合同后，应当到外汇管理机关办理对外担保登记。经国务院批准为使用外国政府或者国际金融组织贷款进行转贷提供对外担保的，不适用前述规定。

(四) 金融机构外汇业务管理

1. 经营外汇资格。金融机构须经外汇管理机关批准，领取经营外汇业务许可证，才能经营外汇业务，并且不得超范围经营外汇业务。未经批准的任何单位和个人不得经营外汇业务。

2. 经营外汇业务的规则。经营外汇业务的金融机构，应按规定为客户开立外汇账户，办理有关外汇业务；应依规定交存外汇存款准备金，遵守外汇资产负债比例管理的规定，并建立呆账准备金；外汇指定银行办理结汇业务所需人民币资金应当使用自有资金，其结算周转外汇实行比例幅度管理；金融机构经营外汇业务，应当接受外汇管理部门的检查、监督，并应向外汇管理机关报送外汇资产负债表、损益表以及其他财务会计报表等资料；业务终止时应向外汇管理部门提出申请，并依法清算外汇债权债务，缴销经营外汇业务许可证。

（五）人民币汇率和外汇市场的管理

汇率是一国货币同他国货币之间的兑换比率，即一国货币用另一国货币表示的价格。自1994年起，我国人民币实行以市场供求为基础的、单一的、有管理的浮动汇率制度，由中国人民银行根据银行间外汇市场形成的价格，每日公布人民币对主要外币的汇率。从2005年7月21日起，我国开始实行以市场供求为基础、参考一篮子货币进行调节、有管理的浮动汇率制度。人民币汇率不再盯住单一美元，形成更富弹性的人民币汇率机制。中国人民银行于每个工作日闭市后公布当日银行间外汇市场美元等交易货币对人民币汇率的收盘价，作为下一个工作日该货币对人民币交易的中间价格。2008年《外汇管理条例》规定："人民币汇率实行以市场供求为基础的、有管理的浮动汇率制度。"此次修订，从行政法规层面肯定了2005年的改革成果。

外汇市场是进行外汇交易的场所，通常是无形市场。我国的外汇市场是全国统一的银行间外汇交易市场。市场交易主体是外汇指定银行和其他经批准经营外汇业务的金融机构。交易客体即交易的币种和形式，由国家外汇管理局规定和调整。外汇市场交易应当遵循公开、公平、公正和诚实信用的原则。国家外汇管理部门依法监督管理全国的外汇市场，国家外汇管理部门可以根据外汇市场的变化和货币政策的要求，依法对外汇市场进行调节。

【背景资料】　　中国人民币汇率形成机制的改革与完善[①]

中国人民银行于2005年7月21日发布了《中国人民银行关于完善人民币汇率形成机制改革有关事宜公告》（以下简称《公告》）。

《公告》宣布，为建立和完善我国社会主义市场经济体制，充分发挥市场在资源配置中的基础性作用，建立健全以市场供求为基础的、有管理的浮动汇率制度，经国务院批准，现就完善人民币汇率形成机制改革有关事宜公告如下：

1. 自2005年7月21日起，我国开始实行以市场供求为基础、参考一篮子货币进行调节、有管理的浮动汇率制度。人民币汇率不再盯住单一美元，形成更富弹性的人民币汇率机制。

2. 中国人民银行于每个工作日闭市后公布当日银行间外汇市场美元等交易货币对人民币汇率的收盘价，作为下一个工作日该货币对人民币交易的中间价格。

3. 2005年7月21日晚7时，美元对人民币交易价格调整为1美元兑8.11元人民币（即人民币对美元升值2%），作为次日银行间外汇市场上外汇指定银行之间交易的中间价，外汇指定银行可自此时起调整对客户的挂牌汇价。

4. 现阶段，每日银行间外汇市场美元对人民币的交易价仍在中国人民银行公布的美元交易中间价上下千分之三的幅度内浮动，非美元货币对人民币的交易价在中国人民银行公布的该货币交易中间价上下一定幅度内浮动。

中国人民银行将根据市场发育状况和经济金融形势，适时调整汇率浮动区间。同时，中国人民银行负责根据国内外经济金融形势，以市场供求为基础，参

---

① 参见《央行答问：中国为何完善人民币汇率形成机制改革》，载新华网，http：//news.xinhuanet.com/fortune/2005-07/21/content_3249847.htm。

考一篮子货币汇率变动，对人民币汇率进行管理和调节，维护人民币汇率的正常浮动，保持人民币汇率在合理、均衡水平上的基本稳定，促进国际收支基本平衡，维护宏观经济和金融市场的稳定。

这次人民币汇率形成机制改革的内容是，人民币汇率不再盯住单一美元，而是按照我国对外经济发展的实际情况，选择若干种主要货币，赋予相应的权重，组成一个货币篮子。同时，根据国内外经济金融形势，以市场供求为基础，参考一篮子货币计算人民币多边汇率指数的变化，对人民币汇率进行管理和调节，维护人民币汇率在合理、均衡水平上的基本稳定。参考一篮子货币表明外币之间的汇率变化会影响人民币汇率，但参考一篮子货币不等于盯住一篮子货币，它还需要将市场供求关系作为另一重要依据，据此形成有管理的浮动汇率。

1994 年以前，我国先后经历了固定汇率制度和双轨汇率制度。1994 年汇率并轨以后，我国实行以市场供求为基础的、有管理的浮动汇率制度。企业和个人按规定向银行买卖外汇，银行进入银行间外汇市场进行交易，形成市场汇率。中央银行设定一定的汇率浮动范围，并通过调控市场保持人民币汇率稳定。近年来，我国经常项目和资本项目双顺差持续扩大，加剧了国际收支失衡。2005 年 6 月末，我国外汇储备达到 7 110 亿美元。近年来对外贸易顺差迅速扩大，贸易摩擦进一步加剧。完善人民币汇率形成机制的改革正是在这样的背景下进行的，推进人民币汇率形成机制改革，是缓解对外贸易不平衡、扩大内需以及提升企业国际竞争力、提高对外开放水平的需要。人民币汇率改革的总体目标是，建立健全以市场供求为基础的、有管理的浮动汇率体制，保持人民币汇率在合理、均衡水平上的基本稳定。人民币汇率改革必须坚持主动性、可控性和渐进性的原则。主动性，就是主要根据我国自身改革和发展的需要，决定汇率改革的方式、内容和时机。汇率改革要充分考虑对宏观经济稳定、经济增长和就业的影响。可控性，就是人民币汇率的变化要在宏观管理上能够控制得住，既要推进改革，又不能失去控制，避免出现金融市场动荡和经济大的波动。渐进性，就是根据市场变化，充分考虑各方面的承受能力，有步骤地推进改革。

三、违反外汇管理法的法律责任

违反外汇管理法的行为主要有逃汇、非法套汇、扰乱金融秩序三种，我国《外汇管理条例》专章规定了这三种违法行为所应承担的法律责任。

（一）逃汇及其处罚

逃汇是指违反规定将境内外汇转移到境外，或者以欺骗手段将境内资本转移到境外的行为。对于逃汇行为的处罚是由外汇管理机关责令限期调回外汇，处逃汇金额 30%以下的罚款；情节严重的，处逃汇金额 30%以上等值以下的罚款；构成犯罪的，依法追究刑事责任。

（二）非法套汇及其处罚

非法套汇是指违反规定以外汇收付应当以人民币收付的款项，或者以虚假、无效的交易单证等向经营结汇、售汇业务的金融机构骗购外汇等行为。对于非法套汇的处罚是由外汇管理机关责令对非法套汇资金予以回兑，处非法套汇金额 30%以下的罚款；情节严重的，处非法套汇金额 30%以上等值以下的罚款；构成犯罪的，依法追究刑事责任。

（三）扰乱外汇管理秩序及其处罚

所谓扰乱外汇管理秩序，是指境内机构、外汇指定银行等违反《外汇管理条例》的规定，非法从事外汇业务及违反操作规则影响正常金融秩序的行为。《外汇管理条例》规定了以下扰乱外汇管理秩序行为的种类及其处罚办法。

1. 非法将外汇汇入境内、非法结汇和非法携带外汇出入境行为及其处罚

（1）违反规定将外汇汇入境内的，由外汇管理机关责令改正，处违法金额30%以下的罚款；情节严重的，处违法金额30%以上等值以下的罚款。非法结汇的，由外汇管理机关责令对非法结汇资金予以回兑，处违法金额30%以下的罚款。

（2）违反规定携带外汇出入境的，由外汇管理机关给予警告，可以处违法金额20%以下的罚款。法律、行政法规规定由海关予以处罚的，从其规定。

2. 扰乱外债管理秩序及其处罚

有擅自对外借款、在境外发行债券或者提供对外担保等违反外债管理行为的，由外汇管理机关给予警告，处违法金额30%以下的罚款。

3. 擅自改变外汇或者结汇资金用途、非法使用外汇行为及其处罚

违反规定，擅自改变外汇或者结汇资金用途的，由外汇管理机关责令改正，没收违法所得，处违法金额30%以下的罚款；情节严重的，处违法金额30%以上等值以下的罚款。违反规定，以外币在境内计价结算或者划转外汇等非法使用外汇行为的，由外汇管理机关责令改正，给予警告，可以处违法金额30%以下的罚款。

4. 扰乱外汇市场及其处罚

私自买卖外汇、变相买卖外汇、倒买倒卖外汇或者非法介绍买卖外汇数额较大的，由外汇管理机关给予警告，没收违法所得，处违法金额30%以下的罚款；情节严重的，处违法金额30%以上等值以下的罚款；构成犯罪的，依法追究刑事责任。

5. 金融机构扰乱外汇管理秩序行为及其处罚

（1）未经批准擅自经营结汇、售汇业务的，由外汇管理机关责令改正，有违法所得的，没收违法所得，违法所得50万元以上的，并处违法所得1倍以上5倍以下的罚款；没有违法所得或者违法所得不足50万元的，处50万元以上200万元以下的罚款；情节严重的，由有关主管部门责令停业整顿或者吊销业务许可证；构成犯罪的，依法追究刑事责任。

未经批准经营结汇、售汇业务以外的其他外汇业务的，由外汇管理机关或者金融业监督管理机构依照前述规定予以处罚。

（2）金融机构有下列情形之一的，由外汇管理机关责令限期改正，没收违法所得，并处20万元以上100万元以下的罚款；情节严重或者逾期不改正的，由外汇管理机关责令停止经营相关业务：1）办理经常项目资金收付，未对交易单证的真实性及其与外汇收支的一致性进行合理审查的；2）违反规定办理资本项目资金收付的；3）违反规定办理结汇、售汇业务的；4）违反外汇业务综合头寸管理的；5）违反外汇市场交易管理的。

6. 其他扰乱外汇管理秩序的行为及其处罚

有下列情形之一的，由外汇管理机关责令改正，给予警告，对机构可以处30万元以下的罚款，对个人可以处5万元以下的罚款：1）未按照规定进行国际收支统计申报的；2）未按照规定报送财务会计报告、统计报表等资料的；3）未按照规定提交有效单证或者提交的单证不真实的；4）违反外汇账户管理规定的；5）违反外汇登记管理规定的；6）拒绝、阻碍外汇管理机关依法进行监督检查或者调查的。

此外，境内机构违反外汇管理规定的，除依照外汇管理条例给予处罚外，对直接负责的主管人员和其他直接责任人员，应当给予处分；对金融机构负有直接责任的董事、监事、高级管理人员和其他直接责任人员给予警告，处5万元以上50万元以下的罚款；构成犯罪的，依法追究刑事责任。外汇管理机关工作人员徇私舞弊、滥用职权、玩忽职守，构成犯罪的，依法追究刑事责任；尚不构成犯罪的，依法给予处分。

【问题与思考】

1. 人民币汇率形成机制改革的法律问题

自2005年7月21日起，我国开始实行以市场供求为基础、参考一篮子货币进行调节、有管理的浮动汇率制度。人民币汇率不再盯住单一美元，形成更富弹性的人民币汇率机制。2008年修订的《外汇管理条例》规定“人民币汇率实行以市场供求为基础的、有管理的浮动汇率制度”，从行政法规层面肯定了2005年的改革成果。

思考：(1) 如何从金融调控法的角度分析“形成更富弹性的人民币汇率机制”的汇率制度改革?

(2) 人民币汇率制度改革的过程对金融调控法律体系的发展和完善具有怎样的启迪意义?

2. 金融调控与金融监管的比较

本章第一节【背景资料】中介绍了金融调控与金融监管的共同点与差别之处，在经济法“一体两翼”的体系中，金融法通常置于“两翼”中的“宏观调控法”部分。但实际上，金融法应一分为三——金融业务法、金融调控法与金融监管法，后两者分别属于“宏观调控法”和“市场规制法”。

思考：请举例说明金融调控与金融监管的联系与区别何在。

3. 最后贷款人制度的法律思考

最后贷款人制度作为中央银行向暂时出现流动性困难的银行提供紧急援助的一种制度安排，以防止暂时流动性危机向清偿危机和系统性危机转化为目的。中国人民银行对出现流动性困难的银行提供救助的方式主要是再贷款。

思考：(1) 在我国最后贷款人法律制度的构建中，应当注意从哪些方面着手进行?

(2) 中央银行是怎样通过最后贷款人制度履行金融调控职能的?

图书在版编目（CIP）数据

经济法学原理与案例教程／徐孟洲著．—3版．—北京：中国人民大学出版社，2016.6
21世纪法学系列教材
ISBN 978-7-300-22271-4

Ⅰ．①经… Ⅱ．①徐… Ⅲ．①经济法-法的理论-中国-高等教育-教材 Ⅳ．①D922.290.1

中国版本图书馆CIP数据核字（2015）第316611号

全国法律专业学位研究生教育指导委员会秘书处推荐教材
21世纪法学系列教材
总主编　曾宪义　王利明
经济法学原理与案例教程（第三版）
徐孟洲　著
Jingjifaxue Yuanli yu Anli Jiaocheng

出版发行	中国人民大学出版社		
社　　址	北京中关村大街31号	邮政编码	100080
电　　话	010－62511242（总编室）		010－62511770（质管部）
	010－82501766（邮购部）		010－62514148（门市部）
	010－62515195（发行公司）		010－62515275（盗版举报）
网　　址	http://www.crup.com.cn		
	http://www.ttrnet.com(人大教研网)		
经　　销	新华书店		
印　　刷	涿州市星河印刷有限公司	版　　次	2006年9月第1版
规　　格	185 mm×260 mm　16开本		2016年6月第3版
印　　张	30.25 插页1	印　　次	2019年3月第2次印刷
字　　数	738 000	定　　价	52.00元

《　　　　　　》※任课教师调查问卷

为了能更好地为您提供优秀的教材及良好的服务，也为了进一步提高我社法学教材出版的质量，希望您能协助我们完成本次小问卷，完成后您可以在我社网站中选择与您教学相关的 1 本教材作为今后的备选教材，我们会及时为您邮寄送达！如果您不方便邮寄，也可以申请加入我社的**法学教师 QQ 群：83961183（申请时请注明法学教师）**，然后下载本问卷填写，并发往我们指定的邮箱（cruplaw@163.com）。

邮寄地址：北京市海淀区中关村大街 31 号中国人民大学出版社 411 室收

邮　　编：100080

再次感谢您在百忙中抽出时间为我们填写这份调查问卷，您的举手之劳，将使我们获益匪浅！

基本信息及联系方式：※

姓名：__________ 性别：__________ 课程：____________________

任教学校：____________________ 院系（所）：_______________

邮寄地址：____________________ 邮编：_______________

电话（办公）：__________ 手机：__________ 电子邮件：__________

调查问卷：※

1. 您认为图书的哪类特性对您使用教材最有影响力？（　　）（可多选，按重要性排序）

   A. 各级规划教材、获奖教材　　B. 知名作者教材

   C. 完善的配套资源　　D. 自编教材

   E. 行政命令

2. 在教材配套资源中，您最需要哪些？（　　）（可多选，按重要性排序）

   A. 电子教案　　B. 教学案例

   C. 教学视频　　D. 配套习题、模拟试卷

3. 您对于本书的评价如何？（　　）

   A. 该书目前仍符合教学要求，表现不错将继续采用。

   B. 该书的配套资源需要改进，才会继续使用。

   C. 该书需要在内容或实例更新再版后才能满足我的教学，才会继续使用。

   D. 该书与同类教材差距很大，不准备继续采用了。

4. 从您的教学出发，谈谈对本书的改进建议：____________________

____

____

选题征集：如果您有好的选题或出版需求，欢迎您联系我们：

联系人：黄　强　联系电话：010-62515955

索取样书：书名：______________________________

书号：__________________________________

备注：※ 为必填项。